Unsichere Zeiten

Unsichere Zeiten

Herausforderungen gesell-
schaftlicher Transformationen

Verhandlungen des 34. Kongresses
der Deutschen Gesellschaft
für Soziologie in Jena 2008

Herausgegeben in deren Auftrag
von Hans-Georg Soeffner

Unter Mitarbeit von
Kathy Kursawe, Margrit Elsner
und Manja Adlt

Band 1

VS VERLAG

Bibliografische Information der Deutschen Nationalbibliothek
Die Deutsche Nationalbibliothek verzeichnet diese Publikation in der
Deutschen Nationalbibliografie; detaillierte bibliografische Daten sind im Internet über
<http://dnb.d-nb.de> abrufbar.

1. Auflage 2010

Lektorat: Frank Engelhardt

VS Verlag für Sozialwissenschaften ist eine Marke von Springer Fachmedien.
Springer Fachmedien ist Teil der Fachverlagsgruppe Springer Science+Business Media.
www.vs-verlag.de

Umschlaggestaltung: KünkelLopka Medienentwicklung, Heidelberg
Druck und buchbinderische Verarbeitung: MercedesDruck, Berlin
Gedruckt auf säurefreiem und chlorfrei gebleichtem Papier
Printed in Germany

ISBN 978-3-531-16817-3
Bd.1: 978-3-531-17378-8

Inhalt

Preisverleihungen

Plenen

Plenum: Das Antikorruptionsbündnis und die Renaissance der Bürgerlichen Öffentlichkeit – Ein Moderner Kreuzzug zur Moralisierung von Politik und Gesellschaft?

Plenum: Zonen der (Un-)Sicherheit – Wohlfahrtsstaat – Migration

Plenum: Wege der Sicherheitsgesellschaft – Gesellschaftliche, kulturelle und politische Transformationen der Konstruktion und Regulierung innerer Unsicherheiten

Teilband 2

Mittagsvorlesungen

Foren

1968 und die Soziologie

Wissenschaftliches Publizieren – Die Verlagsperspektive

Forschungsrating Soziologie

Konturen einer kritischen Gesellschaftstheorie im Zeitalter der neuen Unsicherheit

Author meets Critics

Andreas Reckwitz: „Das hybride Subjekt. Eine Theorie der Subjektkulturen von der bürgerlichen Moderne zur Postmoderne"

Günter Dux: „Warum denn Gerechtigkeit – Die Logik des Kapitals. Die Politik im Widerstreit mit der Ökonomie"

Wolfgang Knöbl: „Die Kontingenz der Moderne. Wege in Europa, Asien und Amerika"

CD-ROM

Die Gewissheit unsicherer Zeiten

Vorwort von Hans-Georg Soeffner

Der 34. Kongress der Deutschen Gesellschaft für Soziologie war bereits der dritte Soziologiekongress, der in Jena stattfand. „Das Wesen der Revolution" war das Thema des Soziologentages 1922 in Jena. Er stellte damit einen damals ‚aktuellen' Typus gesellschaftlicher Transformation in den Mittelpunkt einer Diskussion, in der sich ‚marxistische' und ‚bürgerliche' Soziologie gegenüberstanden. Beide Seiten formulierten nicht nur ihre jeweiligen Ansprüche und Kriterien, sondern auch – unmittelbar auf die konkrete sozialgeschichtliche Situation bezogen – ihre Gegenwartsdiagnosen und Gesellschaftsprognosen. Demgegenüber stand das Jenaer Soziologentreffen 1934 bereits im Zeichen nationalsozialistischer Deutungsgebote und Denkverbote. Wie das Dritte Reich so gab auch die folgende Deutsche Demokratische Republik einer selbstständigen Soziologie keinen Raum.

Das Thema des Jenaer Kongresses 2008 „Unsichere Zeiten" umfasste somit zwangsläufig einen historischen Rahmen gesellschaftlicher Transformationen, in den Nationalgeschichte und europäische Geschichte, Ideologie- und Wertewandel eingespannt sind. Dass wir als Gastländer des Kongresses unsere osteuropäischen Nachbarn einluden, ergab sich bei dieser Konstellation und diesem Thema nahezu von selbst. Bei der Diskussion des Kongressthemas war von Beginn an geplant, den ‚langen Atem' historischer Entwicklungen spürbar zu machen. Damit sollte ausgeschlossen werden, dass die gegenwärtigen, unsicheren Zeiten als Ausnahmezustand begriffen und zu einer einzigartigen, bisher nie dagewesenen Krise hochstilisiert werden.

Die zeitgeistabhängigen Politik- und Medienkommentare, mit denen wir uns während des Kongresses auseinandersetzen mussten, zeichneten sich jedoch gerade dadurch aus, dass sie der – insbesondere in Deutschland – schon seit langem florierenden Krisenrhetorik und einander jagenden Überbietungsformeln zu grotesker Blüte verhalfen. Von der bisher schlimmsten Weltwirtschaftskrise, die selbst den immer wieder rituell zitierten, berüchtigten ‚schwarzen Freitag' von 1929 in den Schatten stellt, war die Rede. Aus der Gegenüberstellung des damaligen und des gegenwärtigen New Yorker ‚Börsenkraches' wurde nicht nur, ebenso scheinbar plausibel wie erwartbar, erneut die These vom strukturell unvermeidbaren, zyklischen Zusammenbrechen eines kapitalistischen, auf das Prinzip des ungezügelten, freien Marktes gegründeten Weltwirtschaftssystems abgeleitet, sondern auch behauptet, die ‚Welt werde nie mehr so sein, wie sie bisher war'.

Diese griffige, allzeit verwendbare und beliebte Pathosformel des Feuilletons illustrierte nicht nur vorher schon den Anschlag auf die Twin Towers in New York am 11. September 2001 und die Tsunamikatastrophe 2004, sondern auch die Berichterstattung prominenter Pop-Zeitschriften nach dem Tod Michael Jacksons. Sie dient immer schon als Dramatisierungskonzept, mit dessen Hilfe man historische Zäsuren (große Revolutionen, Weltkriege und Massenvernichtungen oder technische Entwicklungsschübe) zu beschreiben oder zu setzen versucht, und sie fußt auf der unwiderlegbaren und zugleich auch trivialen Einsicht, dass die Welt von morgen nie die von gestern sein wird, ganz gleich, ob die Veränderungen kaum, als ‚schleichend‘, oder aber als beschleunigt und abrupt wahrgenommen werden.

Heute, ein dreiviertel Jahr später, lebt die Krisenrhetorik zwar noch, aber sie ist von den Frontseiten der Zeitungen weitgehend in das ‚Blattinnere‘ abgedrängt worden. Selbst im Wahlkampf beunruhigt die ‚größte Wirtschaftskrise aller Zeiten‘ die Medien anscheinend weniger als Dienstwagenaffären, Herrn Ackermanns Geburtstagsessen im Kanzleramt oder Vera Lengsfelds Ausschnitt. Ist also aus dem Krisenbewusstsein eine Bewusstseinskrise geworden, in der die Sehnsucht nach Normalität sich an Allerweltsskandälchen entzünden will, um das Gefühl der Bedrohung durch eine nichtbeherrschbare Gesellschafts- und Wirtschaftskrise in eine wohltemperierte Entrüstung über letztlich korrigierbare, moralische Verfehlungen umzuwandeln? Oder erleben wir lediglich das für die – durch die ‚Signatur‘ der Krise charakterisierte (Koselleck 1982) – europäische Moderne typische Wechselspiel aus Normalitäts- und Krisendiskurs, das am Ende den Krisendiskurs zwangsläufig als Sieger sieht, weil uns schließlich die ‚Krise immer wieder einholen wird‘?

Der Kongress hat sich beiden Fragen gestellt, indem er Gegenwartsdiagnose in historischer Perspektive zu leisten versuchte, Sozialstrukturanalyse, Wirtschafts- und Arbeitssoziologie mit wissenssoziologischen Fragestellungen verband, Theoriedebatten der empirischen Überprüfung und empirische Analysen der theoretischen Kontrolle aussetzte: in dem Wissen darum, dass Wissenschaft und der Glaube an sicheres Wissen und letzte Gewissheiten einander ausschließen. Insofern garantiert Wissenschaft denen, die sich ihr verschreiben immer eines: unsichere Zeiten.

Darüber hinaus gilt immer schon, dass Menschen letztlich nie in sicheren Zeiten leben, sondern ihre Hoffnungen oder Ängste, ihre Handlungen und Planungen immer wieder von der subjektiven Wahrnehmung und der kollektiven Empfindung zunehmender oder abnehmender Unsicherheit des Lebens leiten lassen. Auch bei dieser Feststellung handelt es sich nicht um eine tiefgründige, soziologische Erkenntnis, sondern um eine preisgünstige Allerweltsweisheit. Gleiches gilt für die Einsicht, dass Gesellschaften sich permanent ändern, wobei auch hier der jeweilige Grad der Transformation und die Geschwindigkeit der Transformationsprozesse in Abhängigkeit von den sie auslösenden historischen Situationen variieren. Insofern bot das Sujet und die Problemstellung des Jenaer Kongresses weder thematisch noch inhaltlich Neues.

Aber sie formen eine Perspektivik, durch die alltägliche Gewissheiten, politische Grundüberzeugungen und auch theoretische Konzepte und sozialwissenschaftliche Kategorien in Frage gestellt – unsicher werden. Mit der analytischen Herausarbeitung der Grenzen und der Begrenztheit von Gewissheiten zeigten sich die ‚Grenzen der Gemeinschaft' (Plessner 1981), das Unsicherheits- und Konfliktpotenzial der Religionen, die Grenzen des Sozialen in der ‚freien und sozialen Marktwirtschaft', die Entsicherung der Privatsphäre im Sicherheitsstaat und der Wohlfahrt im Wohlfahrtsstaat, die Grenzen nationaler Handlungsfähigkeit *und* weltgesellschaftlicher Organisationen, die Paradoxie des zunehmenden Einflusses von ökonomisierten Ideologien und der damit verbundenen Ökonomisierung der Lebensverhältnisse einerseits und der ökonomischen Wirklichkeit: dem Zusammenbruch der Finanzmärkte, der ungehemmten Spekulation mit Rohstoffen und Energiepreisen andererseits. Ob es um Systemumbrüche, die ‚Krise der Demokratie', den Kampf ums Überleben in Megastädten oder den Klimawandel ging – alle genannten Probleme waren Gegenstände des Kongresses –, immer schien die Perspektivik des Kongressthemas zunächst eher Endzeitliches als eine offene Entwicklung, eher Apokalypse als aktive Gestaltung optionaler Handlungsräume nahezulegen – so als seien die „Herausforderungen gesellschaftlicher Transformationen" bereits selbst so ins Negative transformiert, dass sich kein Herausforderer mehr fände, der dagegen halten könnte, und als könnten wir uns bestenfalls in der Welt so einrichten, „dass wir die Übel, die wir haben, lieber ertragen, als zu unbekannten fliehen" (Hamlet, zitiert nach Shakespeare 1867).

In eben jene apokalyptische, gegenutopische Tradition aber wollte sich der Jenaer Soziologiekongress nicht stellen. Der dem Thema beigegebene programmatische Rahmen hatte unmissverständlich klargestellt, dass die permanent, aber mit historisch je unterschiedlicher Beschleunigung sich vollziehenden Transformationen nicht nur zu immer neuen Formen der (oft zwanghaften) Erfüllung von Sicherheitsbedürfnissen, sondern auch zur Entdeckung neuer Handlungsspielräume und alternativer Gesellschaftsentwürfe führen können. So entsteht, wie der Kongress zeigte, für die deutsche Gegenwartsgesellschaft – und nicht nur für sie – ein paradoxes Missverhältnis. Einerseits wird im Bereich der inneren Sicherheit das Korsett der institutionellen und privaten Überwachung so eng geschnürt, dass der Demokratie ‚zu ihrer eigenen Sicherheit' die Freiheit beschnitten und die Rechtstaatlichkeit gefährdet wird. Gleichzeitig werden andererseits soziale Sicherungssysteme gelockert oder zur Disposition gestellt. Die Folge ist die Zunahme sozialer Unsicherheit. Strukturell ähnliche Paradoxien und die durch sie herausgeforderten Lösungen finden sich auf allen Ebenen gesellschaftlicher Transformationen – von den Individuen über Familien, Gemeinschaften, Lebensformen, Institutionen, Politik und Wirtschaftssystemen bis zur ‚Weltgesellschaft' und der Welt als einem Kosmos komplexer Umwelten. Kurz: Gesellschaftliche Transformationen stellen an Gesellschaften praktische und an die Soziologie analytische Herausforderungen, die aufeinander bezogen und so debattiert werden müssen, dass gegenüber den Zwängen der Faktizität ein Potential von Handlungsoptionen erkennbar wird.

Die Gestaltung des Kongresses, an dem neben den Jenaer Organisatoren und dem Vorstand der Deutschen Gesellschaft für Soziologie vor allem die Sektionen der

DGS beteiligt waren, brachte, wie im Nachhinein deutlich wird, den Beweis dafür, dass die gegenwärtige deutsche Soziologie sich nicht nur als analytisch-selbstreflexive, eher konstatierende, sondern auch als gestaltende Wissenschaft versteht: Der – gewollten – Verunsicherung alltäglicher Gewissheiten und wissenschaftlicher Routinen steht, gewissermaßen in spiegelbildlicher Doppelperspektivik, die Verantwortung gegenüber, die unsere Disziplin für ‚unsere Gesellschaft‘, den öffentlichen, politischen und intellektuellen Diskurs und der ihn tragenden Ideologien nicht lediglich funktional hat, sondern auch bewusst wahrnimmt. Der Soziologie muss es – in diesem Verständnis – sowohl darum gehen, die Bilder nachzuzeichnen und wissenssoziologisch zu analysieren, die Gesellschaften von sich entwerfen, als auch darum, eine intensive und vernunftgeleitete Diskussion über jene Bilder vom Menschen und jene Handlungsoptionen zu entfachen, die wir – rational begründet – verwirklichen wollen.

Bei solchen Bildkonzepten und Möglichkeitsentwürfen geht es nicht um luftige Visionen oder eine ‚Schau‘, als deren Ort Max Weber ‚das Lichtspiel‘ empfahl, sondern um sorgfältig erarbeitete, historisch und gegenwartsanalytisch begründete – auf die Zukunft hin jedoch auch wertorientierte, bedingte Prognosen. Bei solchen Prognosen ist das Scheitern einkalkuliert. Aber es gibt keinen Grund, aus diesem Scheitern einen prinzipiellen Defätismus abzuleiten. Im Gegenteil: Das Scheitern ist Teil eines soziologischen Experimentes, mit dessen Hilfe die Disziplin ihre Annahmen überprüfen und zu einer kritischen ‚Rekonstruktion‘ ihrer Theoreme (Lepsius 2008) gelangen kann.

Es ist kein Zufall, dass die Jenaer Soziologen dieses spezifische Kongressthema formuliert und programmatisch gerahmt haben: Die Themen der Bachelor- und Masterstudiengänge – Schwerpunkte: „Sozialer Wandel und Zeitdiagnose" sowie „Arbeit, Wohlfahrt, Profession" und die „Graduate School Human Behavior in Social and Economic Change" – prägen soziologische Lehre und Forschung in Jena ebenso wie das Forschungszentrum „Laboratorium Aufklärung". Dafür, dass diese spezifische Jenaer Ausrichtung programmatisch aufgegriffen und verallgemeinert wurde, ist den lokalen Organisatoren Klaus Dörre und Stephan Lessenich noch einmal herzlich zu danken, ebenso dem Organisationsteam (Margrit Elsner, Kathy Kursawe, Olaf Struck, Sylke van Dyk, Michael Corsten, David Strecker und Michael Kauppert sowie Marcus Schubert, Raphael Bernhardt, Manja Adlt und Oliver Hollenstein). Daneben hat, wieder einmal, die Leiterin der DGS-Geschäftsstelle in Essen, Dana Giesecke, unterstützt von Sonja Fücker, für eine reibungslose Koordination der Zusammenarbeit zwischen der DGS und den lokalen Kongressorganisatoren gesorgt. Auch hier habe ich zu danken.

Hans-Georg Soeffner, Essen, September 2009

Literaturverzeichnis

Hamlet, Prinz von Dänemark. In: Shakespeare, William (1867): Dritter Aufzug, Erste Szene: 399

Lepsius, Rainer M. (2008): Soziologie als Profession. Frankfurt./M.: Campus

Plessner, Helmuth (1981): Grenzen der Gemeinschaft. In: Plessner, Helmuth (1981): 135-234

Plessner, Helmuth (1981): Gesammelte Schriften. Fünfter Band. Macht und menschliche Natur. Frankfurt/M.: Suhrkamp

Shakespeare, William (1867): Dramatische Werke. Übersetzt von August Wilhelm von Schlegel und Ludwig Tieck. Vierter Band. Berlin: Reimer

Eröffnungsveranstaltung

Grußworte

Grußwort des Vorsitzenden der Deutschen Gesellschaft für Soziologie

Hans-Georg Soeffner

Die lokalen Organisatoren Klaus Dörre und Stephan Lessenich haben mit dem Themenvorschlag etwas bewiesen, was es nicht allzu oft gibt: theoretisches Gespür für eine aktuelle Situation. Dabei nutzen sie nicht nur die Forschungs- und Lehrschwerpunkte der Jenaer Soziologie: Sozialer Wandel, Ökonomischer Wandel, Zeitdiagnose, Arbeit – Wohlfahrt – Profession und das Jenaer Laboratorium Aufklärung, sondern auch den Standort ‚Neue Bundesländer'. Es ist ein Standort, der lange Zeit die Stagnation einer durch das Versprechen sozialer Sicherheit zusammengehaltenen, geschlossenen Gesellschaft erlebte, bevor er mit einer für diese Gesellschaft neuen und unerwarteten Unsicherheit konfrontiert wurde: Zunächst 40 Jahre lang eingeschnürt in das Zwangskorsett von Planwirtschaft, Weltanschauungs- und Denkdiktatur, wurde er zum Schauplatz dramatischer Umwälzungen. Damit verweist der diesjährige Kongress einerseits auf Ursachen, Bedingungen und Risiken von Transformationen, andererseits auf Freiräume und Chancen, die sich aus und in Transformationsprozessen ergeben, sofern man in offenen Gesellschaften lebt. Der Erfahrungsaustausch mit den Gastländern wird diese beiden Seiten der Veränderungsdynamik konkret sichtbar machen.

Mein Dank gilt der Stadt Jena, die selbst in den vergangenen 18 Jahren Subjekt und Objekt von noch andauernden Veränderungsprozessen war und ist und deren Gastfreundschaft wir in Anspruch nehmen dürfen. Zu danken habe ich auch den lokalen Veranstaltern, die in ihrer Doppelrolle als Organisatoren und Gastgeber jene äußeren Bedingungen geschaffen haben, die wir durch unsere Diskussion mit innerem Leben füllen müssen. Zu nennen sind hier noch einmal Klaus Dörre und Stephan Lessenich, vor allem aber auch die aktiven Gestalterinnen der Kongressorganisation, Margrit Elsner und Kathy Kursawe. Uns allen wünsche ich offene, mutige, analytisch anspruchsvolle und auch überraschende Diskussionen und Diskussionsergebnisse. Jena und Weimar stehen für Traditionen des Denkens, die hohe Maßstäbe setzen. Wir werden uns daran orientieren, und ich hoffe, dass wir diesen Vorgaben gerecht werden können.

Rede des Ministerpräsidenten des Bundeslandes Thüringen

Dieter Althaus

Sehr geehrter Herr Oberbürgermeister, lieber Herr Dr. Schröter,
Magnifizenz, lieber Professor Dicke,
sehr geehrter Professor Soeffner,
sehr geehrter Professor Dörre,
sehr geehrter Professor Lessenich,
sehr geehrter Professor Beck,
meine sehr verehrten Damen und Herren,

ich darf Sie herzlich in der „Stadt der Wissenschaft 2008" hier in Jena zu dieser wichtigen Tagung begrüßen – zum Internationalen Soziologiekongress mit dem Thema „Unsichere Zeiten – Herausforderungen gesellschaftlicher Transformationen". Ich bin gern gekommen, um den Kongress zu eröffnen.

Diskussionen, die Sie in den nächsten Tagen führen werden, führen auch die Politikerinnen und Politiker in dieser Zeit. Wir stehen im Kontext des 3. Oktober 1990. In der letzten Woche konnten wir die Volljährigkeit der deutschen Einheit feiern. Dieser Transformationsprozess, der mit dem Jahr 1989/1990 beginnen musste und Gott sei Dank beginnen konnte, war eine wahrhaft meisterliche Leistung: Ein Transformationsprozess, den Thüringen – und das gilt sicher auch für die anderen jungen Länder – sehr gut bewältigt hat. Gleichzeitig vollzogen sich umfassende Veränderungen in ganz Europa und in der Welt.

Hier in Jena kann man wie in einem Mikrokosmos die Veränderungen erleben – eine Stadt, die an die alte Tradition der Wissenschaft und der Wirtschaft anknüpfen konnte, die aber ebenfalls gerade die Wissenschafts- und Hochschullandschaft nutzen konnte, um den Transformationsprozess zu gestalten.

Unsicherheiten, fast schon existenzielle Verunsicherungen, sind in der heutigen Zeit für die Politik eine fast existenzielle Herausforderung. Neuartige Risiken versetzen die Menschen in Ängste. Häufig wird das Risiko verdrängt, aber gerade in den letzten Tagen und Wochen sind bestimmte Risiken deutlicher zum Ausdruck gekommen. Ich will nur Stichworte nennen: die Demografie, eine Herausforderung besonderer Art für die jungen Länder, aber auch ganz Europa; eine schrumpfende Gesellschaft; die Alterung unserer Gesellschaft, *die* Herausforderung für die Sozialsysteme. Sie machen die ältere Generation betroffen, machen aber auch der jungen Generation Sorge, wie ihre Alterssicherung wohl aussehen wird.

Die aktuelle Finanzkrise macht deutlich, wie stark die Weltwirtschaft von lokalen und auch überregionalen Krisen betroffen ist. Die Globalisierung und die damit verbundene Entwicklung der Weltbevölkerung hat es so noch nie in der Geschichte unseres Erdballs gegeben: Vor gut 100 Jahren hatte unsere Welt keine 1,6 Milliarden Menschen. Wir waren in der Mitte des letzten Jahrhunderts weniger als drei Milliarden Menschen. Wir waren am Ende dieses letzten Jahrhunderts etwa sechs Milliarden Menschen. Und wir werden in rund 40 Jahren, so die Prognose, neun bis 9,5 Milliarden Menschen sein.

Auch die damit verbundene globale Veränderung der wirtschaftlichen Zentren in der Welt bringt neue Herausforderungen mit sich, angeführt von der Technologie: Wenn man auf die konkrete Situation der Menschen schaut, spürt man, dass diese Veränderungen durchaus Risiken, aber auch Chancen in sich bergen. Sie selbst befassen sich regelmäßig mit den Stimmungen und den Auffassungen in der Gesellschaft, aber auch wir tun das. Wenn man die große Frage in Deutschland stellt: ‚Würden Sie gern in einem Land leben, in dem es keine Reichen und Armen gibt, sondern in dem möglichst alle gleich viel haben‘, ist eine erstaunliche ‚Stabilität‘ festzustellen: Etwa 50 Prozent der Menschen wollen genau eine solche Gesellschaft. Die Zahl derer, die eine stärker differenzierte Gesellschaft wollen, nimmt rapide ab – nach der letzten Allensbach-Umfrage auf unter 30 Prozent! Wenn Sie die neuen Deutschland-Trends aus diesem Jahr betrachten, dann wird deutlich: Die Bundesbürger fürchten sich vor dem sozialen Abstieg. Fast 60 Prozent der Deutschen erwarten, dass der Lebensstandard in den nächsten Jahren sinken wird. Und nur zehn Prozent gehen von einer gegenteiligen Entwicklung aus.

Die Folgen dieser Phänomene sind sehr klar zu spüren: Der Staat soll in dieser Situation für Sicherheit sorgen – für eine umfassende Sicherheit. Und er soll diese Sicherheit auch deutlich vermitteln, hat er sich doch in den letzten Jahren sehr stark als ‚die Quelle des Wohlstands‘ in unserer Gesellschaft herausgebildet. Dass der Staat eigentlich die Impulsaufgabe hat, die schöpferischen Kräfte des Volkes zu wecken, zusammenzuführen, zu pflegen und zu schützen und Rahmenbedingungen zu setzen, ist sicher nicht ganz verloren gegangen, aber man erwartet in dieser Situation vor allen Dingen eine sichernde und den Wohlstand erhaltende Funktion.

Die Veränderungen, die wir erleben, haben sehr viel zu tun mit dem 9. November 1989. Damals zerfiel die große Mauer innerhalb Deutschlands, innerhalb Europas, und damit hatten auch die sich durchaus abgrenzenden Systeme die Möglichkeit, die durchgängige Freiheit, die durchgängige Demokratieentwicklung zu organisieren.

Und ein dritter Punkt: Wir sind in Deutschland und Europa – Gott sei Dank – in einer guten demokratischen Tradition verfasst, wir dürfen im nächsten Jahr auf 90 Jahre Weimarer Republik und Weimarer Reichsverfassung zurückschauen, die nicht erfolgreich war, aber die eine große Demokratiegeschichte geschrieben hat. Wir dürfen im nächsten Jahr auf 60 Jahre Grundgesetz der Bundesrepublik

Deutschland schauen. Aber wir sind, wenn man es weltweit anschaut, nicht im Wettbewerb der Demokratien. Die Mehrheit der Menschen lebt in nichtdemokratischen Staaten, in autokratischen Staaten, in gelenkten Demokratien.

Drei wichtige Aufgaben sind zu lösen. Zum einen: Wir brauchen eine Erneuerung unserer Grundstruktur, wie Gesellschaft sich entwickelt, eine Erneuerung der Sozialen Marktwirtschaft. Sie war Erfolgskonzept nach dem Jahr 1948, und sie war auch Erfolgskonzept nach dem Jahr 1989. Sie hat also zweimal ihre Feuertaufe oder Bewährungsprobe bestanden. Sowohl 1948 wie 1990 gab es viele Skeptiker. 1948 begann mit der Sozialen Marktwirtschaft ein guter Aufstieg, der nicht nur die Wirtschaft vorangebracht hat, sondern auch den Wohlstand sehr breiter Schichten in Deutschland. Vor wenigen Wochen konnten wir hier in Jena einen Kongress erleben, der eine Schrift verfasst hat mit dem Titel „60 Jahre Soziale Marktwirtschaft". Dieser Schrift liegt der Jenaer Aufruf zur Erneuerung der Sozialen Marktwirtschaft zu Grunde – von der Globalisierung über die demografische Entwicklung bis hin zur Alterungsentwicklung und rasanten Technologieentwicklung. Wir müssen sie erneuern, weil ihre Regeln nicht mehr in das 21. Jahrhundert passen. Sie müssen angepasst werden. Nicht die Grundsätze, wohl aber die täglich anzuwendenden Regeln.

Eine zweite wichtige Aufgabe: Wir müssen der Familie wieder einen größeren Stellenwert einräumen. Eine Debatte, die wir inzwischen in ganz Deutschland intensiv führen. Aus dieser Debatte gibt es auch konkrete politische Entscheidungen. Die Familie gründet eine Gesellschaft, orientiert eine Gesellschaft und sorgt dafür, dass eine Gesellschaft auch Werte weitergibt. Die Familie ist also nicht eine Einrichtung der Gesellschaft, die sich in die Sozialpolitik abdrängen lässt, sondern muss immer der Kern von Politik sein. Und die Familie braucht stützende Elemente aus der Gesellschaft. Das gilt für die Politik, das gilt für die Unternehmen, das gilt in den Kommunen, das gilt in der Gesellschaft ganz generell.

Das dritte große Stichwort ist die Bildungspolitik. Ich glaube, dass die Bildungspolitik im 21. Jahrhundert die entscheidende Quelle für Solidarität und Wohlstand sein muss und sein kann. Deshalb ist die Bildung auch der Schlüssel für Entwicklung und Innovation in der Gesellschaft. Eine Stadt wie Jena beweist das augenscheinlich und erfolgreich. Aber Bildung ist eben auch der Schlüssel für die individuelle Entwicklung und damit die Nutzung der gesellschaftlichen Möglichkeiten. Diese Veränderungen brauchen aber weiter eine klare Orientierung. Wir müssen weiter eine solidarische Gesellschaft sein, in der die Grundlage für die Gemeinschaft auch dadurch gesichert bleibt, dass wir die Beteiligung sichern können, dass wir vor Not sichern müssen. Zweitens, dass wir die Kräfte in der Gesellschaft immer dort ernst nehmen, wo sie am besten entwickelt und auch wahrgenommen werden können. Unser Subsidiaritätsprinzip ist ebenso unbestreitbar. Zuviel wurde in den letzten Jahrzehnten auf höheren Ebenen entwickelt. Damit wurde diese Grundkraft, vor Ort Verantwortung zu tragen, in der Kommune, in der Familie, im

Unternehmen, geschwächt. Und drittens die Gemeinwohlorientierung, also dafür Sorge zu tragen, dass alle unsere Ordnungen und Regeln eine demokratische Grundstruktur sichern, dass die Werte, die uns wichtig sind – Menschenwürde, Freiheit, Gerechtigkeit – erhalten bleiben, und dass wir auch die gesellschaftlichen Prinzipien, solche Regeln zu sichern, erhalten, also die Institutionen unserer Gesellschaft.

Trotzdem müssen wir die Regeln anpassen, weil eben heute der Staat anders als in nationalökonomischen Zeiten eine stärkere Wettbewerbsherausforderung zu bestehen hat, auch als Gesamtsystem. Zwei große Herausforderungen stehen im Vordergrund: Zum einen müssen wir diese Regeln anpassen, damit sich die Wettbewerbsfähigkeit durch eine veränderte Ordnung, durch veränderte Regeln verbessert. Die Ökonomen sprechen dann oft von den so genannten makroökonomischen Bedingungen, die für die Wirtschaft in den Regionen wichtig sind, aber makroökonomisch verglichen werden – von den Steuern über die Sozialstaatsstrukturierung bis hin zum Arbeitsmarkt. Und zweitens, weil wir nur durch die Veränderung der Regeln auch eine bessere Steuerungswirkung in der Gesellschaft erhalten, müssen Anreize gesetzt werden, dass Eigenverantwortung, dass Selbstverantwortung sich umfassend lohnen und umfassend organisiert bleiben, oder Anreize, dass die Familie im Zentrum der Gesellschaft wieder umfassend gelebt wird und Wertschätzung erfährt.

Wenn sich diese Regeln verändern, wenn diese Regeln angepasst werden, dann, glaube ich, können wir sowohl die Wettbewerbsfähigkeit unserer Ordnung in Deutschland wie auch die individuelle Steuerungswirkung positiv erhalten. Oder da, wo sie nicht mehr positiv ist, verbessern. Das ist wichtig, damit wir in dieser sich stark verändernden Gesellschaft auch entsprechende Konsequenzen ziehen können.

Wir werden in der modernen Gesellschaft nach dem 9. November 1989 durch ein neues Zeitalter der Konnektivität ganz stark beeinflusst. Spätestens mit dem Begründen des Word Wide Web, spätestens also ab Mitte der 1990er Jahre, haben wir eine ganz neue, weltumspannende Informationssituation. Es entscheiden nicht mehr so sehr die Standortbedingungen allein, sondern die Nutzung dieser Information, an welchem Standort auch immer. Drittens hat auch die Veränderung unserer Organisation, die Digitalisierung der Organisation gerade im Arbeitsablauf, in den Produktionsprozessen, zu einer ungeheuren Dynamik geführt.

Was wir also brauchen, ist nicht das Bremsen dieser Entwicklung – das wäre ohnehin ein törichter Versuch, der scheitern müsste –, sondern die Nutzung dieser rasanten Entwicklungen auch in der Zukunft für den Erfolg einer Gesellschaft wie Deutschland oder auch den Erfolg eines Kontinents wie Europa. Wir sind dazu in der Lage, das haben wir in den letzten 18, 19 Jahren bewiesen. Das gilt für die neuen südosteuropäischen Staaten genauso wie für die neuen Länder in der Bundesrepublik Deutschland. Und das kann man sehr konkret an Thüringen nachvollziehen. Deshalb ist es wichtig, dass wir den Unsicherheiten, die vorhanden sind und die auch nicht wegdiskutiert werden können, die Chancen gegenüberstellen: Die Menschen sollen nicht vor den Risiken und Unsicherheiten am Ende zurückweichen, demotiviert werden oder Angst bekommen. Sondern sie sollen die Chancen nutzen, um Risiken zu bewältigen oder Risiken zu umgehen oder auch Risiken zu ertragen. Die Unsicherheiten dürfen nicht zu einer persönlichen Unsicherheit werden, sondern sollten als ein Stück Selbstverständlichkeit gesehen werden, die wir mit unserer eigenen Anstrengung immer wieder neu bewältigen können.

Insofern danke ich den Verantwortlichen, Herrn Professor Dörre, Herrn Professor Lessenich, ich danke Ihnen allen, die an dem 34. Soziologiekongress hier in Thüringen teilnehmen, dass Sie aufrütteln, dass Sie mit einem Thema in die Öffentlichkeit treten, das für Sie im Alltag sicher tagtäglich präsent ist, aber das uns auch politisch herausfordert. Wir wollen gerade im 21. Jahrhundert den Erfolg einer neu gewonnenen Demokratie in Thüringen und einer bestätigten Demokratie in ganz Deutschland und in Westeuropa, wir wollen den Erfolg der freiheitlichen Entwicklung auf keinen Fall gefährden. Insofern sind unsichere Zeiten Herausforderungen für gesellschaftliche Transformation, die wir bestehen können, wenn wir den Mut dazu haben, nicht die Unsicherheiten und Risiken über die Chancen zu stellen.

Vielen Dank!

Grußwort zur Eröffnungsveranstaltung

Albrecht Schröter, Oberbürgermeister der Stadt Jena

Sehr geehrter Herr Ministerpräsident Althaus,
Magnifizenz, sehr geehrter Herr Professor Klaus Dicke,
Herr Professor Soeffner,
Herr Professor Dörre,
Herr Professor Lessenich,
meine sehr geehrten Damen und Herren, liebe Gäste,

Jena hat sich auf Sie gefreut. Ich freue mich, Sie begrüßen und ein kurzes Gruß-wort an Sie richten zu dürfen. Jena, die Stadt der Wissenschaft 2008, die Lichtstadt, heißt Sie willkommen und hofft, dass Sie in dieser Woche nicht nur anregende Vorträge hören und interessante Gespräche miteinander führen, sondern dass Sie auch ein Stück des Reizes dieser Gegend, dieser Stadt und ihrer liebenswerten Menschen entdecken können. So können Sie erfahren, warum Jena so erfolgreich ist. Ich sage das durchaus selbstbewusst: Jena hat eine wirklich hervorragende Ent-wicklung genommen, insbesondere seit der friedlichen Revolution 1989/90.

Warum ist Jena so erfolgreich? Das Besondere ist das ideale Jenaer Klima. Nicht nur das natürliche Klima. Nein, was Jena groß macht, ist das besondere Klima des Verhältnisses zwischen Wissenschaft und Wirtschaft. Wir haben eine hervorragende Universität, die 450 Jahre alt geworden ist, und eine Fachhochschule mit 5.000 Studierenden, die auch eine ganz starke Bildungseinrichtung unserer Stadt ist. Wir haben Wirtschaftsunternehmen, die Jenas Ruf schon lange weit hinausgetragen haben, wie etwa Zeiss und Schott, und jüngere Firmen wie Jenop-tik, Analytik und viele kleinere Firmen. Zum Klima in der Stadt gehören all ihre kulturellen Einrichtungen wie auch die so genannten weichen Standortfaktoren, die sozialen Bedingungen, das Bündnis für Familie, eines der besten Kinderbetreu-ungsangebote in Deutschland. Diese Faktoren gemeinsam und ihr Zusammenwir-ken, sie bilden diesen besonderen Geist unserer Stadt, den Geist, der Jena so er-folgreich macht.

Wir sind im Ranking des schweizerischen Prognos-Institutes von 439 Kom-munen auf Platz 20 in ganz Deutschland unter den wettbewerbsfähigsten Städten genannt. Wir haben mit 23 Prozent einen der höchsten Anteile an akademisch gebildeten Arbeitnehmern in Deutschland. Wir sind eine der jüngsten Städte Deutschlands. Mehr als 50 Prozent der Menschen, die hier leben, sind unter 40 Jahre alt. Wir haben im Osten eine der geringsten Arbeitslosenquoten mit 8,4 Pro-zent, derzeit sind wir sozusagen knapp über dem Bundesdurchschnitt. Wir haben eine sehr starke wirtschaftliche Entwicklung, steigende Gewerbesteuereinnahmen, und wir haben in Jena ein Klima der Offenheit, der Liberalität, einen starken Bürgersinn.

Ich glaube, dass Jena ein Ort ist, den man sich merken sollte. Er wird manchmal ‚München des Ostens‘ genannt. Ich weiß immer nicht so genau, ob man wirklich auf so einen Vergleich stolz sein sollte, weil ich mitunter ein wenig befürchte, dass man auf die hohen Mieten und Grundstückspreise anspielt, die natürlich eine Stadt mit wenig Leerstand hat. Fachleute sagen, es gebe viel zu wenig Leerstand mit unter zwei Prozent, und das spüren manchmal Studierende in unserer Stadt. Aber wir haben immer noch 25.000 Studenten und ich hoffe, dass diese Zahl auch nicht zurückgeht.

Meine Damen und Herren, die mit dem Zug angekommen sind, sind in Jena-Paradies ausgestiegen. Willkommen im Paradies! Wir freuen uns, Sie hier zu haben. Fühlen Sie sich von Herzen willkommen, genießen Sie auch die gute Kneipenlandschaft, treffen Sie freundliche Menschen in dieser Stadt, fühlen Sie sich einfach wohl.

Grußwort des Rektors der Friedrich-Schiller-Universität Jena

Klaus Dicke

Sehr geehrter Herr Ministerpräsident, lieber Herr Althaus,
sehr geehrter Herr Oberbürgermeister, lieber Albrecht Schröter,
sehr geehrter Herr Kollege Soeffner,
liebe Kollegen Dörre und Lessenich,
meine sehr geehrten Damen und Herren,

Soziologenkongresse, soviel ist auch in unsicheren Zeiten sicher, spiegeln mal mehr, mal weniger gebrochen, den Zustand oder doch dominante Zustände einer Gesellschaft. Dies galt für den Jenaer Soziologenkongress 1922, bei dem die Disziplin so sehr mit sich selbst beschäftigt war, dass die Referate zum Thema ‚Revolution' die revolutionären Geburtswehen der Weimarer Republik und ihre Folgen gar nicht erst einzufangen versuchten; das galt für das ominöse ‚Soziologentreffen' von 1934 samt seiner Vorgeschichte, als in der Tat „deutsche Soziologen in Jena (...) einen Markstein in der Wissenschaft" setzten, wie der völkische Beobachter schrieb, den Markstein nämlich ihrer Selbstaufgabe als unabhängige Wissenschaft. Und natürlich wird dies auch für diesen 34. Kongress der Deutschen Gesellschaft für Soziologie gelten, der mit dem Thema „Unsichere Zeiten" und einem von aktuellen Themen reichlich durchsetzten Programm seine Spiegelflächen aufgestellt und poliert hat.

Das Widerspiegeln der Zeiten im Medium unabhängiger wissenschaftlicher Selbstreflexion der Gesellschaft ist heute zu einer Angelegenheit geworden, auf die eine Universität, die in der Wissgesellschaft Modernität behaupten will, in ihrer ganzen Breite schlechterdings nicht verzichten kann. Deshalb ist es für die Friedrich-Schiller-Universität eine außerordentliche Ehre und Freude, Sie im Jahr des 450. Universitätsjubiläums hier in Jena begrüßen zu dürfen. Ich danke der Deutschen Gesellschaft für Soziologie, dass sie die Universität Jena als Austragungsort ihres 34. Kongresses gewählt hat, und ich danke den Kollegen Dörre und Lessenich und ihren Teams sehr herzlich für die organisatorischen Mühen, die sie auf sich genommen haben. Und ich möchte gleich einen Dank an Silke van Dyk, Stephan Lessenich, Dirk Kaesler und Alexandra Schauer anschließen für den Band „Jena und die deutsche Soziologie", der ebenso wie Arbeiten von Herrn Kollegen Klingemann und anderen ein hochwillkommener Beitrag zum Bemühen der Universität Jena ist, zum Jubiläumsjahr die Universitäts- und Wissenschaftsgeschichte des 20. Jahrhunderts wissenschaftlich aufzuarbeiten. Ich habe den Band mit Interesse und Gewinn gelesen.

Unsichere Zeiten – in der Tat: Als am Samstag die Meldung von 17 Millionen gestohlener Datensätze von Politikern und Prominenten über die Bildschirme ging, habe ich meiner Frau etwas bange die Frage gestellt, ob ich denn prominent sei, und den Wirtschafts- und Finanzteil der Zeitungen liest man derzeit mit etwas flauen Gefühlen, und die rühren nicht vom Frühstück her. Transformation und Korruption, das Schwinden sozialer Sicherheit, das dem Gesetzesdenker Marx nahezu physisch widerliche, weil unberechenbare Marktgeschehen allüberall, eine Gesellschaft, in der in wenigen Jahrzehnten ‚abweichendes Verhalten' zu einer nahezu unbrauchbaren Kategorie geworden ist – unsichere Zeiten, in der Tat!

Was kann eine Gesellschaft, was kann eine Universität in solchen Zeiten von der Soziologie erwarten? Eines können sie nun ganz gewiss nicht erwarten: Sicherheit auf dem Rezeptblock der Wissenschaft. Ganz im Gegenteil, denn erstens ist Wissenschaft in sich ein ganz und gar unsicheres Unternehmen, das am lebendigsten ist, wo Thesen, Meinungen, Perspektiven streiten und wo am Reibeisen der Empirie die Späne fallen, und zweitens gibt es nur einen Punkt, an dem man eine unmittelbare Gesellschaftsrelevanz der Wissenschaft und der Sozialwissenschaften zumal verteidigen kann: Sie hat zu verunsichern, in Frage zu stellen, ungefragt Geltendes kritischer Überprüfung zuzuführen. Die Vernunft, auch und gerade die soziologische, ist Richterin, und ihr Amt braucht nichts mehr als Kritik. Sind unsichere Zeiten ‚Zeiten der Soziologie'?

Sie sind es nicht zwingend, aber wenn's gut gehen soll, sollten sie es sein. Soziologische Aufklärung ist mehr als gefragt, wenn sie denn Aufklärung ist, und weit mehr aus diesem Grund als im Blick auf das Rating des Wissenschaftsrates ist die Friedrich-Schiller-Universität froh und stolz, über eine höchst lebendige Soziologie zu verfügen, die sich auf die Erforschung von Transformationsvorgängen konzentriert. Die Stadt Jena weiß, was Transformation bedeutet: 1990 hatte die Universität ca. 5000 Studierende, und allein das Zeiss-Kombinat 27.000 Beschäftigte; heute können Sie die Relation in etwa umdrehen. Deshalb bin ich der Deutschen Gesellschaft für Soziologie für die Wahl des Tagungsortes Jena auch insoweit dankbar, als damit auch eine Anerkennung der Tatsache verbunden ist, dass hier die Soziologie keineswegs ein ‚Orchideenfach' oder ‚Begleitfach', sondern treibender Kern eines sozialwissenschaftlichen Forschungsschwerpunktes ist. Wir, und damit meine ich die Universität und die Jenaer Soziologie, haben den „guten Willen für die Soziologie", von dem Ferdinand Toennies 1922 sprach.

Dürfen wir also heute vom 34. Kongress der Deutschen Gesellschaft für Soziologie soziologische Aufklärung in unsicheren Zeiten erwarten? Wenn ich noch einmal ins Jahr 1922 zurückblicke, dann stimmen mich zwei Dinge hoffnungsvoll: Erstens war der Kongress 1922 eine Angelegenheit arrivierter Honoratioren des Fachs. Nur wenige Wochen vor diesem Kongress wurde hier in Jena das so genannte „republikanische Studentenkartell" gegründet mit dem Ziel, nach dem Mord an Rathenau verstärkt die Sache der Republik in den Universitäten gesellschaftsfähig zu machen. Im Ergebnis ist dieses Unternehmen gescheitert, und ich lasse die Frage offen, welchen Anteil an diesem Scheitern die Entwicklung der Soziologie zwischen 1922 und 1934 hatte. Heute jedenfalls ist eines anders: Der Nachwuchs redet mit, und schon dies weitet den intergenerationellen Spannbogen der Soziologie enorm aus. Und ein Zweites ist anders: Vielleicht würde auch heute Max Adler wegen eines überlangen Diskussionsbeitrages vom Vorsitzenden in Schranken gewiesen, aber der Ruch einer Weltanschauungskontrolle würde wohl kaum mehr aufsteigen. Zu sehr haben wir den Wert pluralistischer Ansätze schätzen gelernt, und zu sehr haben wir auch das professionelle Erfordernis prägnanter Kürze eingeübt, wobei ich keineswegs verschweigen möchte, dass loquacitas academica nach wie vor eine der gefährlichsten Pathologien für den Beruf des Wissenschaftlers darstellt.

Weshalb ich denn auch zum Schluss komme, Ihnen allen noch einmal ein herzliches Willkommen in Jena zurufe, Ihnen erkenntnisreiche Kongresstage und uns allen ein gutes Stück soziologischer Aufklärung in unsicheren Zeiten wünsche.

Grußwort der lokalen Veranstalter

Klaus Dörre und Stephan Lessenich

Verehrte Anwesende,

als Mitveranstalter des Kongresses möchte ich Sie – auch im Namen der Mitglieder des hiesigen Instituts für Soziologie – ganz herzlich in Jena willkommen heißen. Es ist uns eine Freude und große Ehre, Sie hier im Volkshaus begrüßen zu können. Selbstverständlich erwarten Sie von den lokalen Organisatoren eine Grundsatzrede zum Thema ‚Unsicherheit‘. Genug Stoff für eine solche Rede ist ja wahrlich vorhanden. Allerdings, so muss ich vorausschicken, stehen die Schockwellen auf den Weltfinanzmärkten und der Kongress für Soziologie in keinerlei Kausalbeziehung zueinander. Es handelt sich, so unbefriedigend diese Erklärung für SoziologInnen sein mag, um ein rein zufälliges Zusammentreffen zweier hoffentlich bedeutsamer Ereignisse.

Daher hat eine Grundsatzrede anders anzusetzen. Etwa bei den zahlreichen großen Geistern, die sich hier in Jena nicht nur mit unsicheren Zeiten befasst, sondern diese auch höchst selbst erlebt haben. Man könnte – sagen wir im Philosophenweg – Hegels ‚Eule der Minerva‘ aufsteigen lassen. Sie würde dann vielleicht mit Schillers Gartenhaus eine Stätte überfliegen, an der kreative Arbeit und äußerst prekäre Beschäftigung zumindest zeitweilig eine höchst produktive Synthese eingingen. Auf ihrem Weg zum Schlachtfeld von 1806 müsste die Eule eine Route passieren, auf der einst tausende Buchenwaldhäftlinge in den sicheren Tod marschierten. Sie würde über viele Zwischenstationen – verbunden mit Namen wie Haeckel, Goethe, Marx, Fichte und vielen, vielen anderen – den Rosenkeller, ehemals Treffpunkt junger DDR-Oppositioneller, überfliegen, um sich schließlich erschöpft in den Saale-Auen eine Pause zu gönnen. Dieser Ort, auch Jena Paradies genannt, war schon vor Jahrhunderten eine Zone besonderer (Un-)Sicherheit, weil dort städtische Regeln nicht galten. Unvermeidlich sähe sich unsere Eule im heutigen Paradies mit der profanen, gleichwohl hoch emotionalisierten Unsicherheit von Fußballfans konfrontiert, deren Verein sich – übrigens gegen alle Beschlüsse des hiesigen Instituts für Soziologie – wieder einmal im Abstiegskampf befindet. Und erst nach vielen weiteren Stationen würde sich der Vogel wohl unweit von hier auf dem Ernst-Abbe-Denkmal niederlassen; ein Denkmal, das an einen Unternehmer erinnert, der innovativen Geist mit großer Leidenschaft bei der Bekämpfung sozialer Unsicherheit verband. Bis heute begründet dieser Geist in Unternehmen wie Carl Zeiss Jena eine auf fachlichem Können, Präzision und Genauigkeit beruhende Identität; eine Identität, die sich – unsicherer Zeiten zum Trotz – bis in die Gegenwart gehalten hat. Und doch würden wir auf dem Rundflug auch lernen, dass just zu einer Zeit, da das Unternehmen feste Ufer erreicht zu haben scheint, erhebliche Teile der Belegschaft soziale Sicherheit als knapper werdendes Gut betrachten.

Natürlich ließe sich unsere Gesamterzählung durch wichtige Forschungsergebnisse des Jena-Hallenser Sonderforschungsbereichs 580 „Gesellschaftliche Entwicklungen nach dem Systemumbruch. Diskontinuität, Tradition und Strukturbildung" untermauern. In jedem Fall würden Sie alle feststellen, dass Unsicherheit in ihren zahlreichen Variationen an keinem anderen Ort besser verhandelt werden kann, als im Volkshaus zu Jena. Doch keine Sorge, diese Grundsatzrede wird nicht gehalten. Vielleicht, dieser Hinweis sei mir gestattet, wird demnächst eine ungehaltene Rede zu lesen sein, die manches erläutert, was hier nur angedeutet wurde. Ich übergebe das Wort an meinen Kollegen und Mitveranstalter Stephan Lessenich.

Meine sehr verehrten Damen und Herren, liebe Kolleginnen und Kollegen, Kommilitoninnen und Kommilitonen,

ich möchte Sie meinerseits ebenfalls herzlich begrüßen – unsere Ehrengäste wie all diejenigen der (insgesamt dann doch vermutlich fast zweitausend) Kongressteilnehmer und -teilnehmerinnen, die heute schon den Weg hierher ins Volkshaus gefunden haben. Wir wünschen Ihnen allen eine – je nach Ihren persönlichen Maßstäben – erfreuliche Woche der wissenschaftlichen Debatte, des beruflichen Erfolgs oder auch einfach nur des Wiedersehens mit alten Bekannten und der Begegnung mit professionell, akademisch oder sonst irgendwie Gleichgesinnten.

Für ein soziologisches Institut von der Größenordnung des hiesigen ist es nicht nur eine besondere Auszeichnung, sondern auch eine gewaltige organisatorische, logistische und personelle Herausforderung gewesen, den 34. Kongress der Deutschen Gesellschaft für Soziologie zu veranstalten. Was es tatsächlich bedeutet, ein solches Ereignis – und insbesondere seinen Erfolg – lokal zu verantworten, lässt sich außerhalb des engeren Kreises des Organisationskomitees wohl nur schwerlich ermessen und vermitteln. Um es mit dem Titel der Ad-hoc-Gruppe 46 auf diesem Kongress – „Ambivalenzen der Gastfreundschaft" – zu sagen: Es war im doppelten Wortsinne ein einmaliges Erlebnis – eines, das man sicher nicht missen, aber ebenso sicher auch nicht wiederholen mag.

Das Grußwort der lokalen Veranstalter ist natürlich immer auch Anlass und Gelegenheit für Danksagungen aller Art. Da die Liste der Institutionen, Organisationen und Personen, denen wir – gewissermaßen *urbi et orbi* – zu ehrlichem Dank verpflichtet sind, so unglaublich lang ist, möchte ich mir das Thema des in der vergangenen Woche veranstalteten (übrigens nur unwesentlich größeren) Historikerkongresses zu Dresden zu eigen machen und in Sachen Dankbarkeitsbekundung, ganz entgegen meiner sonstigen Art, radikal auf Ungleichheit setzen. Ich werde nämlich hier und heute nur drei, nein: vier Personen besonders erwähnen, in der Hoffnung, dass all die vollkommen ungerechtfertigter Weise nicht Genannten (ich denke da spontan etwa nur an unser phantastisches Grafikerteam aus Kassel, Sarah Cords und Rolf Eusterschulte) mir diese Selektivität nachsehen werden.

Die erste dieser vier Personen handele ich – ausschließlich zeitbedingt – ganz kurz ab: Ich möchte meinem Vorredner Klaus Dörre für sein Engagement und für seine (nicht nur in dieser Sache) mehr als bloß kollegiale Verbundenheit danken. Es war schön mit Dir, Klaus. Und ich glaube, das Rio Reisersche „Allein machen sie Dich ein!" hätte auch bei dieser Gelegenheit für jeden Einzelnen von uns gegolten.

Aber mein und unser beider eigentlicher Dank – und diese Bevorzugung werden nun alle Beteiligten verstehen – gilt zwei Personen, ohne die (um es angemessen pathetisch zu formulieren) wir alle heute nicht hier wären. Ohne sie hätte (um nur die Spitze des Eisbergs zu nennen) der Kongress keine Verlagsausstellung, die Teilnehmenden kein Programm und der Vorstand keine Hotelzimmer – und auch unser Griff nach den „Sternen" hätte wohl nicht so ohne Weiteres geklappt. Wie auch immer: Die allermeisten der fast zweitausend TeilnehmerInnen kennen sie namentlich, zwei Drittel haben mit ihnen gemailt und mindestens die Hälfte (ich kann es bezeugen!) hat mit ihnen telefoniert. Aber kaum jemand kann die Leistung ermessen, die Margrit Elsner und Kathy Kursawe für diesen Kongress erbracht haben. Ich möchte die bereits Anwesenden stellvertretend für alle Teilnehmenden um einen großen, kräftigen Applaus für unsere beiden Koordinatorinnen bitten.

Aber noch ein kurzer Nachtrag – und damit eine vierte, letzte Danksagung: Am 27. Februar 2008 ist der innere Kreis des Koordinationsteams durch eine dritte Person erweitert worden. An diesem Tag ist Helene geboren, und ihre Ruhe, Freundlichkeit und Zufriedenheit haben nicht das Wenigste zum Erfolg unseres gemeinsamen Unternehmens beigetragen. Wir wollen zum Dank und zum Abschluss unseres kurzen Auftrittes heute allen Dreien – Margrit, Kathy und Helene – als kleines Dankeschön für die Last, die sie in all den Monaten getragen haben, ihre ganz persönliche Kongresstasche überreichen. Ihnen wie auch allen Anderen wünschen wir nun, nach vollbrachter Vorbereitung, einen erfüllenden und erhellenden, spannenden und entspannten Kongress.

Eröffnungsveranstaltung

Eröffnungsvorträge

Die Kritik der soziologischen Vernunft[1]

Hans-Georg Soeffner

1. Kritik und Krise

Die Patenschaft Immanuel Kants am Titel meines Vortrages ist unverkennbar. Aber glücklicherweise ist es ganz unmöglich, in einem 30-minütigen, eher skizzenartigem Vortrag mit den beiden detaillierten Reflexionskompendien zu konkurrieren, in denen Kant sein Projekt der Aufklärung weiter vorantreibt.

Zudem grenzt sich die Soziologie als beobachtende, empirisch fundierte Erfahrungs- und Wirklichkeitswissenschaft – darin waren sich schon die Klassiker unserer Disziplin einig – explizit von der Philosophie ab; auch wenn sie mit dieser methodisierte Reflexion, analytische Denkfiguren, Verifikationsgebot und Wahrheitskriterien teilt. So hat die Soziologie von der Philosophie gelernt, die praktische durch die reine Vernunft und die reine durch die praktische Vernunft zu kritisieren. Aber aufgrund ihrer erfahrungswissenschaftlichen Fundierung einerseits und des Gebotes der analytischen Distanz zur gesellschaftlichen Praxis andererseits geht Soziologie weder in der reinen noch in der praktischen Vernunft auf.

Dennoch lohnt es sich auch für unsere Disziplin dem kantischen Denken zu folgen und – wie mein Lateinlehrer gesagt hätte – den genitivus objectivus gegen den genitivus subjectivus auszuspielen. Also: die Kritik an den Schwächen der soziologischen Vernunft einzubeziehen in die Kritik an der gesellschaftlichen Praxis durch die soziologische Vernunft. – Auf den ersten Blick erscheint die Geschichte unserer Disziplin als ein Beleg für solch ein erfolgreiches Wechselspiel der beiden Genitive miteinander. Leider nur auf den ersten Blick!

Denn einerseits behauptet die so genannte Meistererzählung in der Selbstberichterstattung unserer Disziplin – nicht zu unrecht –, die Soziologie sei ein Kind der gesellschaftlichen Krisen des 19. und des beginnenden 20. Jahrhunderts. Zweifelhaft ist aber andererseits die daran anschließende Folgerung, man könne Soziologie ganz allgemein als ‚Krisenwissenschaft' bestimmen. Vorausgegangene, gegenwärtig erlebte oder gefühlte und sich ankündigende Krisen bilden dann einen Vorrat an Beunruhigungsszenarien, der sich – dankenswerter Weise – nicht aufzeh-

---

1   Die Formulierung ist – das liegt nahe – schon anderen Autoren eingefallen, zuletzt Klaus Wahl. Da der Titel präzise das charakterisiert, was ich zu sagen habe, halte ich an ihm fest. Ähnliches gilt für die Formulierung „Kritik und Krise". Reinhart Koselleck nutzte sie (1973) für seine Studie zur „Pathogenese der bürgerlichen Gesellschaft". Ich erlaube mir die Wiederverwendung zur Beschreibung einer Verirrung der Soziologie.

ren lässt. Hinter ihm drohen die alltäglichen Formen und Funktionen menschlicher Vergesellschaftung in den grauen Bereich verdienten Desinteresses abgedrängt zu werden.

Daneben eröffnet sich für krisenbezogene Analysen, Diagnosen, bedingte Prognosen und Bewältigungsszenarien – hier wird gewöhnlich ebenso rituell wie missverständlich Max Weber zitiert – in ,ewiger Jugendlichkeit' ein unerschöpfliches Betätigungsfeld. Selbstverständlich ziert es eine intellektuell anspruchsvolle, selbstreflexive und kritische Disziplin, wenn sie sich selbst in diese Krisenanalyse einbezieht. Dass soziologische Diagnostiker bei angestrengter Selbstbetrachtung – nahezu zwangsläufig – in regelmäßigen Zyklen zu dem Schluss gelangen, auch die eigene Disziplin befinde sich in einer Krise, versteht sich dann beinahe von selbst. Es ist ein Selbstverständnis, in dem sich Beunruhigung über die unerfreuliche Diagnose und wärmende Freude über die eigene Kritikfähigkeit – in nur leicht verhohlener Koketterie – angenehm mischen.

Sicher, Krisendiagnosen gehören notwendig zum Geschäft der Soziologie. Sie sind aber, auch wenn sie wegen ihres Aufmerksamkeitsappeals sofort Kommentatoren und öffentliches Interesse anziehen, nur ein Teil dieses Geschäftes und nicht einmal dessen Basis. Denn die Grundlage des Sozialen und der Formen der Vergesellschaftung einschließlich der Entstehung von Krisen ist ein deutlich umfangreicherer Sachverhalt, den Georg Simmel dennoch in einfache Worte zu fassen versteht: „Gesellschaft (...) ist (immer schon) (...) da vorhanden, wo mehrere Individuen in Wechselwirkung treten" (Simmel 2008b: 33) und „die Sociologie als Einzelwissenschaft (...) erforscht [somit] dasjenige, was an der Gesellschaft ,Gesellschaft' ist". Dementsprechend bestimmt er als „das einzige Objekt einer Sociologie als besonderer Wissenschaft (...) die Untersuchung der Kräfte, Formen und Entwicklungen der Vergesellschaftung, des Mit-, Für- und Nebeneinanderseins der Individuen" sowie die Vergesellschaftungsformen und Inhalte, in denen sich Gesellschaft realisiert (ebd.: 35).

Dass nicht per se friedliche Zustände und soziale Harmonie entstehen, wenn Individuen zueinander in Wechselwirkung treten, sondern dass im Gegenteil Spannungen, Konflikte, Streit- und – nur im günstigen Falle – erfolgreiche Kompromissbildungen die Interaktion kennzeichnen, sahen Simmel und auch Weber sehr genau. Beide waren, jeder auf seine Weise, Kantianer. Und bei beiden wirkte ein zentraler Gedanke der kantischen Anthropologie nach: die Einsicht in den grundlegenden „Antogonism", der aus der „ungeselligen Geselligkeit" des Menschen entspringt. Denn der Mensch, so Kant,

> „(...) hat eine Neigung, sich zu *vergesellschaften*, weil er in einem solchen Zustande sich mehr als Mensch d. i. die Entwicklung seiner Naturanlagen fühlt. Er hat aber auch einen großen Hang, sich zu *vereinzeln* (isolieren); weil er in sich zugleich die ungesellige Eigenschaft antrifft, alles bloß nach seinem Sinne richten zu wollen, und daher allerwärts Widerstand erwartet, so wie er von sich selbst weiß, daß er seinerseits zum Widerstande gegen andere geneigt ist." (Kant 1971b: 37f.)

Vor diesem Hintergrund wird deutlich, warum, wie Simmel herausgearbeitet hat, der Geselligkeit als stimmiger „Spielform der Vergesellschaftung" (Simmel 2008c: 161) eine Sonderstellung zukommt. Der Normalfall ist unumgängliche, bisweilen aufgezwungene gesellschaftliche Interaktion im Zeichen der ‚ungeselligen Geselligkeit'. Gerade durch dieses spannungsreiche „Zusammenwirken vieler" kann – so Simmel – „etwas entstehen, was [seinerseits] jenseits des Individuums steht, und doch nichts Transzendentes [Außerweltliches] ist" (Simmel 2008d: 116): Gesellschaft als System und Prozess. Zugleich aber gilt für das Wechselverhältnis zwischen Individuum und Gesellschaft als objektiv erlebter Faktizität: Wie Gesellschaft als überindividueller, geschichtlicher Prozessablauf auf dem Umweg über das Individuum zu sich selbst kommt, so kommt das Individuum zu sich selbst auf dem Umweg über Gesellschaft und Vergesellschaftung.[2]

Soziologie als Wissenschaft der Wechselwirkungen zwischen den Individuen einerseits und zwischen Individuum und Gesellschaft andererseits ist somit die Analyse von Umwegen. Dementsprechend steht sie in einer konstitutiven Distanz sowohl zur jeweiligen Einzigartigkeit, Erlebniswelt und Unersetzbarkeit eines Individuums als auch zur Gesellschaft als einer abstrakten Vorstellung, die allerdings ihre Lebenskraft aus den Handlungen und Vorstellungen eben jener Individuen zieht, denen sie sich als objektive Faktizität entgegenstellt. Eben darum kann und muss auch die Soziologie das leisten, was Simmel Kunst und Religion zuschreibt: Sie muss ihren „Gegenstand in die größte Distanz rücken, um ihn in die größte Nähe zu ziehen" (Simmel 2008g: 327).

Dies gilt zwangsläufig auch für das Verhältnis, das die Soziologie zu sich selbst einnehmen muss. Es ist ein Verhältnis, das sich nicht in leerer Selbstreflexion erschöpfen kann. Neben der selbstreflexiven Kontrolle soziologischer Beobachtung, Analyse und Urteilsbildung steht immer die Verantwortung der Disziplin als Wirklichkeitswissenschaft gegenüber den gesellschaftlichen Verhältnissen und dem jeweiligen ‚Zeitgeist', mit denen sie sich konfrontiert sieht (Lepsius 2008: 11). In dieser Hinsicht gilt unverändert die Aufgabenstellung, die Helmuth Plessner 1959 zum 50. Jahrestag der Gründung unserer Fachgesellschaft formuliert hat: „Eine institutionalisierte Dauerkontrolle gesellschaftlicher Verhältnisse in kritischer Absicht und wissenschaftlicher Form – und nur das ist Soziologie als Fach – rechtfertigt sich allein gegenüber [der] Wirklichkeit." Es ist immer eine Wirklichkeit, die den „überlieferten Formen (...) davonläuft, weil Richtung und Geschwindigkeit ihrer Transformation von ihnen nicht mehr eingefangen werden" (Plessner 1959a: 15).

---

2   Vgl. die parallel verlaufende Argumentation bei Simmel (2008e: 225ff.) zum Verhältnis zwischen Gott und Mensch. Durkheims Feststellung, dass der Gott der Gesellschaft die Gesellschaft sei, erhält auf diese Weise eine zusätzliche Dimension.

2. Kritik der soziologischen an der Verabsolutierung der ökonomischen Vernunft

Eine spezifische und zugleich aufdringliche Manifestation des Zeitgeistes, mit der sich unsere Disziplin heute auseinanderzusetzen hat, ist das, was M. Rainer Lepsius – bezogen auf die Gegenwartssoziologie – als „Ökonomisierung der Wahrnehmungs- und Analysekategorien" bezeichnet hat (Lepsius 2008: 14). Gemeint ist damit die gegenwärtig zu beobachtende Ausdeutung nahezu aller sozialen Verhältnisse aus dem ökonomisch verkürzten Blickwinkel des Kosten-Nutzen-Kalküls und der Nutzenmaximierung. Die Verabsolutierung dieser Denkfigur ist so in soziologisches Denken eingedrungen, dass es sich nicht mehr selbstreflexiv kontrolliert und kritisch von dieser sich als Theorie verkleidenden Weltanschauung distanzieren kann. Es ist eine Weltanschauung, die sowohl den politischen, wirtschaftlichen und alltäglichen Jargon als auch zeitgenössische Theorieentwürfe prägt.

Ökonomismus als Weltanschauung ist nicht neu. Er hat sich lediglich an der Oberfläche eine neue Semantik gegeben, die nur notdürftig das ihr zugrunde liegende – schon 1848 prägnant charakterisierte – Prinzip verdeckt, „kein anderes Band zwischen Mensch und Mensch übrig [zu lassen] als das nackte Interesse" (Marx/Engels 2005: 46). Entstehung, Wirkung und Haltbarkeit dieses Prinzips distanziert verstehend zu erklären, nicht ihm zu verfallen, ist die Aufgabe unserer Disziplin. Anders ausgedrückt: Die Kritik der soziologischen an der ökonomischen Vernunft zu formulieren und zu begründen. – Nur so kann die Soziologie ihrer Aufgabe nachkommen, systematisch ein Spannungsverhältnis sowohl zur Alltagswahrnehmung als auch zu kollektiv geteilten Weltanschauungen und ihren so genannten Selbstverständlichkeiten aufzubauen. Und nur so kann sie das Illusionäre und die zweifelhaften Selbstlegitimationen der innerweltlichen Religion des jeweiligen Zeitgeistes freilegen.

Natürlich hat auch die ökonomische Vernunft als ‚Bereichsrationalität' mit spezifischer Reichweite eine analytische Funktion und damit einen legitimen Platz auf den Anwendungsfeldern der praktischen Vernunft. Zum universalen Erklärungs- und Handlungsprinzip überdehnt, verliert sie jedoch ihren analytischen Charakter und transformiert sich zu einer Weltanschauung, von der sich auch heute mit Marx sagen lässt: „Die Vernunft hat immer existiert, nur nicht immer in der vernünftigen Form" (Marx 2004a: 234).

Dass aber gerade unsere Disziplin gegenwärtig der Weltanschauung des Ökonomismus mit zu verfallen droht, ist erklärungsbedürftig, hatte doch Weber bereits dessen Grenzen deutlich sichtbar gemacht, indem er feststellte, dass „die ‚Einseitigkeit' und Unwirklichkeit der rein ökonomischen Interpretation des Geschichtlichen" bestenfalls als methodischer Kunstgriff erlaubt, sonst aber unfähig sei, „die uns umgebende Wirklichkeit des Lebens, in welches wir hineingestellt sind in ihrer

Eigenart" und in der „Kulturbedeutung ihrer einzelnen Erscheinungen" zu verstehen (Weber 1973a: 170).

Zwar sieht auch Weber, dass „Interessen ([allerdings] materielle und ideelle), nicht: Ideen (…) unmittelbar das Handeln der Menschen" beherrschen. Dann jedoch heißt es bei ihm: „[A]ber die ‚Weltbilder', welche durch ‚Ideen' geschaffen wurden, haben sehr oft die Bahnen bestimmt, in denen die Dynamik der Interessen das Handeln fortbewegte" (Weber 1988: 252). Für den einzelnen sozialen Akteur folgt daraus, dass er weder restlos vergesellschaftet und sozial determiniert ist, noch einer internalisierten Logik der Nutzenmaximierung folgt. Er ist, um mit Bourdieu zu sprechen, „weder Automat noch rationaler Kalkulator" (Bourdieu 1993: 73).

Allerdings hat sich – durch die zunehmende Dominanz des Wirtschaftssystems innerhalb des globalen Gesellschaftssystems – die Situation gegenüber dem 19. und beginnenden 20. Jahrhunderts dramatisch verschärft. Was Marx und Engels angesichts des sich formierenden Weltmarktes bereits für die Mitte des 19. Jahrhunderts plakativ gegen die Bourgeoisie als Klasse formulierten, ist heute der Realität sehr nahe gekommen: „Die moderne Staatsgewalt" wird mehr und mehr zu einem „Ausschuss, der die gemeinschaftlichen Geschäfte" (Marx/Engels 2005: 46) von weltweit agierenden Banken und Wirtschaftskonsortien verwaltet. Und was Simmel später über London als das Herz der englischen Geldwirtschaft sagt, indem er einen englischen Verfassungshistoriker zitiert, lässt sich heute auf die so genannte freie Marktwirtschaft übertragen. Sie hat im Verlauf ihrer ganzen Geschichte niemals als das Herz der menschlichen Gesellschaft gehandelt, manchmal vielleicht als ihr Verstand, immer jedoch als Geldbeutel derer, die davon profitierten (Simmel 2008f: 321f.)

Daraus resultiert eine enge Wechselwirkung von ökonomischen Strukturen und der Semantik des öffentlichen Diskurses, von Ökonomie als Logik des Wirtschaftens und Ökonomismus als Weltanschauung. Das Nutzenmaximierungspostulat dringt als ‚Kapitallogik' buchstäblich in alle Poren des menschlichen Lebens ein. Und obwohl der Traum von der Beseitigung der Mangelökonomie seine Wirkung nur entfalten kann, wenn man die Augen zukneift, beherrscht das Sprach- und Symbolrepertoire des Ökonomismus einen großen Teil gegenwärtiger Welt- und Lebensdeutung (Negt 2004: 19) – im öffentlichen Diskurs ebenso wie in den Stilblüten der Consultantrhetorik, der neuen Umgangssprache einer stetig wachsenden Evaluationsbürokratie.

Dieser Geist „geistloser Zustände"[3] drückt mehr aus, als sich an der Oberfläche seiner semantischen Ausdrucksformen zeigt. Hatte Hannah Arendt im Nationalismus als Weltanschauung das Ergebnis der Eroberung des Staates durch die Nation gesehen, so drückt sich im Ökonomismus als Weltanschauung die Erobe-

---

3   Marx über die Religion in einer „herzlosen Welt" (Marx 2004a: 275).

rung des Staates und der Politik durch die Logik der Ökonomie aus. – Es ist der Vorzug der soziologischen Perspektive, dass durch sie das Auseinanderklaffen von historisch-sozialen, politischen und ökonomischen Strukturen einerseits und den von ihnen ausgelösten weltanschaulichen Überhöhungen bzw. Legitimationsbemühungen andererseits sichtbar und damit analysierbar gemacht werden können: beispielhaft die kollektive Suche nach einer beruhigenden Antwort auf die Bedrohung durch globale transnationale Transformationsprozesse. Diese greifen unübersehbar in das alltägliche Leben der Menschen ein. Nicht nur die Individuen spüren die Bedrohung, sondern es wird auch immer deutlicher, dass die nationalstaatliche Politik den neuen Herausforderungen ebenso wenig adäquate Bewältigungsmechanismen entgegen zu setzen hat, wie eine ausschließlich national orientierte Soziologie imstande ist, die Gegenwartsgesellschaft zu analysieren.

Der Ökonomismus beruhigt hier. Er suggeriert, dass die auf Nutzenmaximierung beruhende Kapitallogik – aus der sich ja gerade Widersprüchlichkeit und Dynamik der Transformationsprozesse speisen – letztlich im Dienste einer höheren Vernunft stehe und der Geist des Kapitalismus ein guter sei: Im Lichte einer hinter allen Widersprüchen waltenden, sich selbst regulierenden Vernunft – ich erinnere an Adam Smith's Glauben an die unsichtbar steuernde Hand – werde das freie Spiel der Kräfte schließlich doch immer wieder in einem befriedigenden Gleichgewicht münden.

Die Anhänger dieser innerweltlichen Religion sehen in der dürftigen ökonomischen Wirklichkeit – dem Zusammenbruch der Finanzmärkte, der ungehemmten Spekulation mit Rohstoffen und Energiepreisen, der Armutsmigration und dem Abbau sozialer Sicherungssysteme – keinen Widerspruch zu ihrem Glauben. Im Gegenteil: Ganz in der Linie traditioneller religiöser Heilsbotschaften verweist man darauf, dass – der Funktionstüchtigkeit ökonomisch prästabilisierter Harmonie zuliebe – auch Opfer zu bringen seien, immer allerdings in der Hoffnung, dass man als praktizierender Ökonomist schon nicht zu den Opfern zählen werde. Vor allem dann nicht, wenn es gelingt, durch den Appell an den Gemeinsinn des Steuerzahlers die Kosten für die durch Eigennutzenmaximierung entstandenen Pleiten ‚fremd zu finanzieren'.

3. Im Zweifel Verantwortung!

Soziologie als bewusste, methodische Verunsicherung sowohl alltäglicher Gewissheiten als auch wissenschaftlicher Routinen und Standardüberzeugungen kann sich gegenüber einer solchen gesellschaftlichen Konstruktion von Wirklichkeiten und Weltanschauungen nicht lediglich als analytisch-selbstreflexive, eher konstatierende als gestaltende Wissenschaft verstehen. Bei aller methodischen Distanz zu ihrem Gegenstand steht sie nicht außerhalb der Gesellschaft, sondern in ihr. Als ‚angewandte Aufklärung' (René König) trägt Soziologie eine Mitverantwortung für die Gesellschaft, in der sie steht. Es ist ihre genuine Pflicht, die Bilder nachzuzeichnen und wissenssoziologisch zu analysieren, die Gesellschaften von sich entwerfen. Aber ebenso sehr muss sie eine intensive und vernunftgeleitete Diskussion anstoßen und in Gang halten, über jene Bilder vom Menschen und jene Handlungsoptionen, die wir – rational begründet – verwirklichen wollen.

Dabei kann es nicht darum gehen, der Politik oder wem auch immer verbindliche Anweisungen zu geben. Mit guten Gründen hat Weber betont, dass es niemals die „Aufgabe" der Soziologie als „Erfahrungswissenschaft sein kann, bindende Normen und Ideale zu ermitteln, um daraus für die Praxis Rezepte ableiten zu können" (Weber 1973a: 149). Denn die erfahrungswissenschaftlich ermittelte Wahrheit ist nicht nur historisch bedingt, standortgebunden und abhängig vom subjektiven Erkenntnisvermögen, sondern auch primär analytisch.

Als solche will sie zwar für alle gelten, „die Wahrheit wollen" (ebd.: 184), aber als analytische, historisch-erfahrungswissenschaftliche Wahrheit kann sie keine inhaltlich verbindlichen Normen setzen. Gerade in der analytischen Distanz gegenüber der Formulierung von Normen und in der Enthaltsamkeit gegenüber normativen Gewissheiten besteht der Wert dieser Wahrheit. „Wem diese Wahrheit", so Weber, „nicht wertvoll ist – und der Glaube an den Wert wissenschaftlicher Wahrheit ist Produkt bestimmter Kulturen und nichts Naturgegebenes –, dem haben wir mit den Mitteln unserer Wissenschaft nichts zu bieten." (ebd.: 213). Webers Hinweis auf die kulturabhängige Entstehung des Glaubens an den Wert wissenschaftlicher Wahrheit lässt sich vertiefen; denn das Spezifische dieser Wahrheit, besteht darin, dass sie sich – wie insbesondere Descartes, Kant und Husserl betonen – systematisch der Kritik und dem Zweifel aussetzt. Mit seiner Formel „Ich weiß, dass ich nicht weiß." macht sich Sokrates bekanntlich zum philosophischen Ahnherren dieses Zweifels in unserer Kultur. Neben den philosophischen tritt jedoch später auch ein existenzieller Zweifel, der unsere Kultur ebenso prägt und sie in ein für sie konstitutives, fortwährendes Spannungsverhältnis zwischen Säkularisierung und religiöser Bindung, innerweltlichen und metaphysischen Erlösungsvorstellungen treibt.

Dieser – auch von den christlichen Kirchen gern übersehene – zugleich fundamentale und wesentlich antifundamentalistische Zweifel wird dem Christentum durch dessen Religionsstifter selbst auferlegt. Indem ein Sohn Gottes und damit der Gott in seiner Dreieinigkeit an sich selbst zweifelt, tritt geschichtlich eine Religion auf den Plan, deren Charakteristikum nicht Glaubensgewissheit ist, sondern Ungewissheit: die Bedrohung der menschlichen Existenz durch den grundlegenden Zweifel an einer göttlichen Sinnstiftung und damit – in der Folge – an der Möglichkeit übergreifender Sinnstiftung überhaupt.

Mit seinem letzten Aufschrei „Mein Gott, mein Gott, warum hast du mich verlassen?" (Matthäus 27, 46) stellt der göttliche Religionsstifter sich selbst und damit die Möglichkeit von Religion überhaupt in Frage. Dass ein und nur *ein* Gott existiert und dass Götter miteinander kämpfen, sterben und wiederauferstehen, dass es verschlungene Wege zur letzten Wahrheit gibt und ebenso eine Fülle von Irrwegen, gehört zum komplexen Welterbe religiöser Vorstellungen. Mit dem Gott des Matthäusevangeliums aber nistet sich – und dies ist zugleich kulturspezifisch und ein novum humanum – neben den philosophischen ein grundlegender religiöser Zweifel in unseren Kulturkreis ein.

Das okzidentale Wissenschaftsverständnis beruht auf beiden: exemplarisch erkennbar in dem Versuch der wissenschaftlichen Konstruktion von Gottesbeweisen und der darauf folgenden, wissenschaftlich notwendigen Zerstörung eben jener ,Beweise'. Unbestreitbar ist der analytische Wert dieses Zweifels. Schwierig dagegen ist es, im Geist des Zweifels zu handeln und Verantwortung zu übernehmen. Goethes Feststellung ,der Handelnde hat kein Gewissen, nur der (später) Betrachtende hat eins' benennt das Problem präzise – ohne es zu lösen.

Die Soziologie als zwar wesentlich analytische – zugleich aber für ihren Gegenstand, die gesellschaftliche Wirklichkeit, mitverantwortliche – Disziplin, muss für sich eine Lösung dieses Problems finden. Es muss eine Lösung sein, die es ermöglicht, gesellschaftliche Handlungspotenziale zu erschließen – und auch zu entwerfen –, ohne dass hierdurch die analytische Leistung unserer Disziplin eingeschränkt wird. Anders ausgedrückt: Das aus reflexiver Distanz erwachsende analytische Potenzial, mit dessen Hilfe die Soziologie mehr sieht als der durch Handlungszwänge eingeengte, praktische Alltagsverstand, muss die Resultate der Vergangenheitsanalysen und Gegenwartsdiagnosen – nicht nur in Form bedingter Prognosen, sondern auch mit dem Mut zu wertorientierten Optionen – in die Zukunft projizieren.

Allerdings muss Klarheit darüber bestehen, dass bei solchen Prognosen und Möglichkeitsentwürfen das Scheitern immer einkalkuliert ist. Insofern handelt es sich bei ihnen einerseits nicht um Visionen oder eine ,Schau', als deren Ort Weber das „Lichtspiel" empfahl (Lepsius 2008: 111). Aber es gibt andererseits auch keinen Grund, angesichts des Scheiterns von Prognosen in prinzipiellem Defätismus zu versinken. Im Gegenteil: Das Kalkül mit dem Scheitern, *der in die Zukunft verlegte Zweifel,* muss Teil eines fortlaufenden soziologischen Experimentes sein, mit dessen Hilfe die Disziplin nicht nur ihre Annahmen überprüfen und zu einer kritischen „Rekonstruktion ihrer Theoreme" (ebd.: 65) gelangen kann. Sie wird so darüber hinaus auch ihrer gesellschaftlichen Mitverantwortung gerecht, indem sie ein Mehr an Denkmöglichkeiten und Handlungsoptionen entwirft: aus Einsichten Aussichten eröffnet.

Simmel hat mit einigem Enthusiasmus die Soziologie als eine „neue Methode zur Erkenntnis" beschrieben, als „neuen Schlüssel zu alten Schlössern" und „neues Brechinstrument für die alten Nüsse" (Simmel 2008d: 118). Aber nach ihrer Gründerzeit scheint unsere Disziplin viel an Selbstbewusstsein und Feuer verloren zu haben. Insofern gilt die Mahnung eines anderen Gründervaters, Max Webers, auch für uns und unser Verhältnis zur Soziologie: „Denn nichts ist für den Menschen als Menschen etwas wert, was er nicht mit Leidenschaft betreiben kann" (Weber 1973b: 589).

Dafür aber, dass Leidenschaft nicht blind macht, sorgen Kritik und Zweifel der soziologischen Vernunft. Diese für unsere Disziplin wünschenswerte Synthese aus Leidenschaft und Zweifel lässt sich zusammenfassen in der Devise Antonio Gramscis: ‚Optimismus des Willens, Pessimismus des Intellekts'.

Da ich nun schon einmal dabei bin, Devisen und Imperative zu formulieren, möchte ich Ihnen zum Abschluss meine Variation der letzten Feuerbach-These nicht ersparen, wobei ich eine grammatikalische Zweideutigkeit Marxens beseitige: Die Soziologen haben die Gesellschaft nur verschieden analysiert und interpretiert, es kommt darauf an, sie, *die Soziologen*, so zu verändern, dass ihre Interpretationen das praktische Handeln verändern (können) (Marx 2004b: 404).

Kurz: Einer Soziologie, der es gelingt, über die historisch-kritische Gegenwartsanalyse heraus – auf der Grundlage sorgfältiger Beobachtung, gründlicher Analyse und hellsichtiger Interpretation – Alternativen zu dem zu zeigen, was ist: dieser Soziologie gehört die Zukunft.

Literaturverzeichnis

Bourdieu, Pierre (1993): Soziologische Fragen. Frankfurt/M.: Suhrkamp

Kant, Immanuel (1971a): Werke in zehn Bänden. Band 9. Darmstadt

Kant, Immanuel (1971b): Idee zu einer allgemeinen Geschichte in weltbürgerlicher Absicht. In: Kant, Immanuel (1971a): 31-50

Koselleck, Reinhart (1973): Kritik und Krise. Eine Studie zur Pathogenese der bürgerlichen Welt. Frankfurt/M.: Suhrkamp

Lepsius, M. Rainer (2008): Soziologie als Profession. Frankfurt/M.: Campus

Marx, Karl (2004a): Die Frühschriften. Stuttgart: Kröner

Marx, Karl (2004b): Thesen über Feuerbach. Letzte (11.) These. In: Marx, Karl (2004a): 402-404

Marx, Karl/Engels, Friedrich (2005): Das kommunistische Manifest. Hamburg: Argument Verlag

Matthäus 27, 46. In: Die Bibel oder die ganze heilige Schrift des Alten und Neuen Testaments in der Übersetzung von Martin Luther (1931). Stuttgart: Privilegierte Württembergische Bibelanstalt

Negt, Oskar (2004): Zum Geleitwort. In: Marx, Karl (2004a): 7-19

Plessner, Helmuth (1959a): Eröffnungsvortrag. In: Plessner, Helmuth (1959b): 15

Plessner, Helmuth (Hrsg.) (1959): Deutsche Gesellschaft für Soziologie. Verhandlungen des 14. Deutschen Soziologentages. Stuttgart: Enke Verlag

Simmel, Georg (2008a): Individualismus der modernen Zeit und andere soziologische Abhandlungen. Frankfurt/M.: Suhrkamp

Simmel, Georg (2008b): Das Problem der Soziologie. In: Simmel, Georg (2008a): 31-38

Simmel, Georg (2008c): Soziologie der Geselligkeit. In: Simmel, Georg (2008a): 159-173

Simmel, Georg (2008d): Das Objekt der Soziologie. In: Simmel, Georg (2008a): 115-118

Simmel, Georg (2008e): Soziologie der Konkurrenz. In: Simmel, Georg (2008a): 202-224

Simmel, Georg (2008f): Die Großstädte und das Geistesleben. In: Simmel, Georg (2008a): 319-333

Simmel, Georg (2008g): Jenseits der Schönheit. Schriften zur Ästhetik und Kunstphilosophie. Frank-
    furt/M.: Suhrkamp
Weber, Max (1973a): Gesammelte Aufsätze zur Wissenschaftslehre. Tübingen: UTB
Weber, Max (1973b): Die „Objektivität" sozialwissenschaftlicher und sozialpolitischer Erkenntnis. In:
    Weber, Max (1973a): 146-214
Weber, Max (1973c): Wissenschaft als Beruf. In: Weber, Max (1973a): 582-613
Weber, Max (1988): Gesammelte Aufsätze zur Religionssoziologie I. Tübingen: UTB

Die Neuvermessung der Ungleichheit unter den Menschen: Soziologische Aufklärung im 21. Jahrhundert

Ulrich Beck

Nie waren die Menschen in Deutschland und Europa freier und sicherer. Doch dieser Soziologiekongress rätselt über ,unsichere Zeiten'. Wie geht das zusammen? Werden hier Luxusprobleme behandelt, um die uns die Menschen in anderen Ländern und Kontinenten – Tag für Tag konfrontiert mit Hunger, Gewalt und Unfreiheit – nur beneiden können?

Nein. Unsichere Zeiten meint Zeiten eines namenlosen, diskontinuierlichen Wandels grundlegender Koordinaten der Gegenwartsgesellschaft, der gesellschaftlich und politisch hochambivalent und dessen Ausgang völlig offen ist. In diesem Sinne erzwingt der Klimawandel die konzeptionelle Neuvermessung sozialer Ungleichheit. Die Überlagerung, man kann auch sagen: der Zusammenprall wachsender globaler Gleichheitserwartungen (Menschenrechte) sowie wachsender globaler und nationaler Ungleichheit mit den radikal ungleichen Folgen des Klimawandels und des Ressourcenverbrauchs kann schon bald das Gehäuse nationalstaatlich begrenzter Ungleichheit hinwegfegen wie der Hurrikan „Katrina" die Armenhäuser von New Orleans. Das sind unsichere Zeiten!

Die Neuvermessung von Ungleichheit im Zeitalter von Globalisierung und Klimawandel muss entlang von drei Arten von Entgrenzungsprozessen erfolgen:

(1) der Entgrenzung sozialer Ungleichheit,
(2) der Entgrenzung sozialer Gleichheit,
(3) dem Ende der Entgegensetzung von Natur und Gesellschaft.

Zum Schluss (4) werde ich die Frage aufgreifen: Was meint und wie wird eine kosmopolitische Erneuerung der Sozialwissenschaften möglich?

1. Entgrenzung sozialer Ungleichheit

Erste These: *Die Wahrnehmung sozialer Ungleichheit in Alltag, Politik und Wissenschaft beruht auf einem Weltbild, das territoriale, politische, ökonomische, gesellschaftliche und kulturelle Grenzen in eins setzt. Tatsächlich aber wird die Welt immer vernetzter. Diese empirisch gut belegte Zunahme von Verflechtungen und Interaktionen über nationale Grenzen hinweg erzwingt die Neuvermessung sozialer Ungleichheit.*

In der Ungleichheitssoziologie ist alles in Frage gestellt worden – Klassen, Schichten, Lebensstile, Milieus, Individualisierung usw. –, erst ganz allmählich aber beginnt die Debatte über den Territorialbezug, die Schollenbindung, die nationalstaatliche Rahmung sozialer Ungleichheit (z. B. Berger/Weiß 2008). Anders gesagt: Das Weltbild der sozialen Ungleichheit beruht auf den Prinzipien von Nationalität und Staatlichkeit, ohne dass dies in der Soziologie bis heute angemessen thematisiert wurde. Die meisten Klassentheoretiker, einschließlich Bourdieu, der so extensiv über Globalisierung in seinen letzten Jahren nachgedacht hat, identifizieren die Klassengesellschaft mit dem Nationalstaat. Dasselbe gilt für Wallerstein, Goldthorpe, für viele nicht-klassentheoretische Ungleichheitssoziologen. Übrigens auch für meine Individualisierungstheorie sozialer Ungleichheit.

Um die Reichweite dieser Hintergrundannahme auszuleuchten, ist es sinnvoll, zwischen Fragen *erster Ordnung* und Fragen *zweiter Ordnung* zu unterscheiden: Fragen erster Ordnung beziehen sich auf ‚Was-Fragen' sozialer Ungleichheit, Fragen zweiter Ordnung auf ‚Wer-Fragen'. Fragen erster Ordnung thematisieren die materielle Verteilung von Chancen und Pflichten, Ressourcen und Risiken, also Einkommen, Bildung, Besitz usw. Sie setzen die Antwort auf die nicht gestellten Fragen zweiter Ordnung voraus, nämlich auf die Fragen: *Wer* ist ungleich? Welche (Bezugs-)Einheit geht den sozialen Ungleichheiten voraus? Welches ist die angemessene Rahmung, in der die Fragen erster Ordnung aufgeworfen und politisch sowie soziologisch beantwortet werden können? Es ist die Kongruenz von politischem Status (nationaler Mitgliedschaft, Pass) und sozioökonomischem Status (Stellung in der nationalstaatlichen Ungleichheitshierarchie), die stillschweigend bei der Ungleichheitsanalyse bis heute vorausgesetzt wird. Sozialforscher verstehen und analysieren ihren Gegenstand vom Standpunkt einer nationalen Wir-Soziologie. Ungleichheitsgegensätze setzen nationalstaatliche Gleichheitsnormen ebenso voraus wie die Exklusion der nichtnationalen Anderen. Dieses Paradigma, das politischen und sozioökonomischen Status unreflektiert in eins setzt, nenne ich ‚methodologischen Nationalismus'.

Erst der kosmopolitische Blick deckt auf, dass die Meta-Prinzipien von Staat, Nationalität und Ethnizität die Bezugseinheit bilden, innerhalb deren die materielle Verteilung von Ressourcen konfliktvoll ausgehandelt wird. Der sozialwissenschaftliche Blick im Banne des methodologischen Nationalismus, kann gar nicht sehen, dass die Verbindung von Nationalität und Territorialität vorrangig die soziale Position von Individuen und Gruppen im Weltmaßstab festlegt – und das ist die eigentliche Dimension der Ungleichheit! Dem erwerbbaren Status innerhalb eines national-territorialen Rahmens geht ein zugewiesener, gleichsam ständisch-politischer Status der Herkunftsnation im internationalen System voraus (z. B. gemäß der Unterscheidung von Zentrum und Peripherie).

Anders gesagt: Der methodologische Nationalismus beruht auf einer doppelten Kongruenzannahme: einerseits der Kongruenz von territorialen, politischen, ökonomischen, gesellschaftlichen und kulturellen Grenzen; andererseits der Kongruenz von Akteurperspektive und sozialwissenschaftlicher Beobachterperspektive. Die Prämisse des normativ-politischen Nationalismus der Akteure wird unreflektiert zur Prämisse der sozialwissenschaftlichen Beobachterperspektive. Beide Kongruenzannahmen bestärken sich wechselseitig.

Der historische Trend verläuft genau in die Gegenrichtung: Territoriale, staatliche, ökonomische, gesellschaftliche Grenzen existieren zwar fort, aber sie koexistieren nicht mehr! Der notwendige Paradigmenwechsel kann auf drei Einsichten aufbauen:

- Soziale Klassen sind nur eine der historischen Formen von Ungleichheit.
- Der Nationalstaat ist nur einer der historischen Deutungsrahmen.
- ‚Das Ende der nationalen Klassengesellschaft' bedeutet nicht ‚das Ende der sozialen Ungleichheit', ganz im Gegenteil: verschärft sich dadurch die Ungleichheit im nationalen wie transnationalen Raum.

Wir erleben heute eine Art Wiederholung des Prozesses, der Max Weber vor Augen stand, als er die Ursprünge des modernen Kapitalismus analysierte. Mit dem Unterschied, dass dieser Prozess sich jetzt in globalem Maßstab vollzieht. Weber (1972) sagte, wir müssen die Trennung von Familienhaushalt und kapitalistischem Betrieb betrachten – mit anderen Worten: die Emanzipation der ökonomischen Interessen. Gegenwärtig erleben wir die Emanzipation der ökonomischen Interessen von den nationalen Bindungen und Kontrollinstitutionen. Das bedeutet die *Trennung von Herrschaft und Politik.* Letztes Beispiel: die globale Finanzkrise mit dem paradoxen Effekt, dass ausgerechnet die USA die Fahnenflucht in eine Art ‚Staatssozialismus für Reiche' antreten.

Dem sich herausbildenden Nationalstaat gelang es, die Politik- und Herrschaftsinstitutionen zu entwickeln, mit denen sich die sozialen und kulturellen Schäden des modernen Industriekapitalismus begrenzen ließen. Das geschah innerhalb der territorialen Grenzen des Nationalstaates und war eine Art Ehe zwischen Herrschaft und Politik, die jetzt in einer Scheidung endet – mit den Rufen nach einer transnationalen Wiederverheiratung. Entsprechend wird die Herrschaft, verwandelt in diffuse Macht, teilweise in den Cyberspace, in Märkte und mobiles Kapital ausgelagert, teilweise auf die Individuen abgewälzt, die die entstehenden Risiken allein bewältigen müssen. Zugleich beginnt ein Ringen um transnationale (Re-)Regulierungen – in der Finanzpolitik ebenso wie in der Klimapolitik.

Wodurch wird in einer Welt, in der die nationalen Grenzen – zumindest für Risiko, Kapital- und Informationsströme – durchlässig geworden sind, die Stellung im System sozialer Ungleichheit bestimmt? Interessanterweise wesentlich durch die Antwort auf genau diese Entgrenzung. Entsprechend muss zwischen aktiver und passiver Entgrenzung, aktiver und passiver Transnationalisierung von Personen,

Bevölkerungsgruppen oder ganzen Ländern unterschieden werden. Zum wichtigsten Einflussfaktor, der über die Position in der Ungleichheitshierarchie im globalen Zeitalter entscheidet, sind die Möglichkeiten oder Chancen zu Interaktion und Mobilität geworden. Dazu gehören Ressourcen aller Art – Pässe, Bildungspatente, Sprachen, Geld, also kulturelles, soziales und ökonomisches Kapital. Ebenso die länderspezifischen Einwanderungspolitiken: Nach welchen Kriterien (der Öffnung oder Schließung) richten die Länder im internationalen Wettbewerb um Humankapital ihre Migrationspolitik aus?

Ersetzt man den nationalen Blickwinkel durch einen transnationalen Blickwinkel, ergibt sich ein vollkommen anderes Bild der Grenzen überschreitenden Ungleichheitsdynamik: Auf der einen Seite finden sich die Aufsteiger, die ,aktiven Transnationalisierer'. Zu ihnen gehören ganz unterschiedliche Gruppen: Die globalen Eliten, die nicht mehr nur in Kategorien nationaler Räume denken und handeln; große Teile der jüngeren Generation (quer zu Bildungsabschlüssen), die bewusst transnational leben, entsprechend mobil sind, internationale Bildungspatente erwerben, Freundschaftsnetzwerke knüpfen und auf diese Weise ihr ,Beziehungskapital' vermehren; schließlich Migranten, die die Chancen der Globalisierung nutzen, z. B. indem sie den Familienverband als soziale Ressource einsetzen. Auf der anderen Seite dieser neuen Spaltung steht die abstiegsängstliche globale Mitte, die Transnationalisierung passiv erleidet: die äußerst heterogene Mehrheit derjenigen, die ihre materielle Existenz territorial definieren und angesichts der Bedrohung ihres Lebensstandards auf die Stärkung territorialer Grenzen und die Schärfung nationaler Identität pochen, den Schutz des Staates einklagend. Die unsicheren Zeiten zeigen hier ihr neonationales Gesicht: Der Hass auf ,die Anderen', auf Ausländer, Juden und Muslime wächst.

Ehrlich gesagt: Was die abstürzende Mitte besänftigen soll – das Zwillingsargument: Globalisierung ist unser Schicksal, Protektionismus ist kontraproduktiv –, tröstet, rettet niemanden. Der Wähler ist kein Masochist. Er wählt nicht die Partei, die seinen Abstieg verspricht. Ohne die Zustimmung der nationalen Mitte weltweit jedoch verliert eine Politik, die die internationale Integration wahren oder sogar ausbauen will, die Machtgrundlage.

Dass das nicht das ganze Bild ist, zeigen Mau et al. (2008). Sie haben die Hypothese – aktive Transnationalisierung (Interaktion über Grenzen hinweg) ist eine Quelle für kosmopolitische Einstellungen – im Hinblick auf die deutsche Bevölkerung im Jahre 2006 empirisch getestet. Ergebnis: Personen mit Grenzen überschreitenden Erfahrungen und Handlungsmöglichkeiten entwickeln mit größerer Wahrscheinlichkeit kosmopolitische Einstellungen gegenüber Fremden.

2. Entgrenzung sozialer Gleichheit

Zweite These: *Zum Problem, zum Konfliktstoff werden soziale Ungleichheiten nicht, weil die Reichen immer reicher und die Armen immer ärmer werden, sondern dann und nur dann, wenn sich anerkannte Gleichheitsnormen und Gleichheitserwartungen – Menschenrechte – ausbreiten. Wer die politische Wirksamkeit sozialer Ungleichheiten verstehen will, muss nach der Geschichte der sozialen Gleichheit fragen.*

Es muss also klar zwischen der Realität sozialer Ungleichheit und dem politischen Problem sozialer Ungleichheit unterschieden werden. Zum politischen Skandal avancieren soziale Ungleichheiten also erst historisch relativ spät – und dann zunächst in einem charakteristischen Widerspruch: Alle Menschen sind zugleich gleich und nicht gleich entlang nationaler Grenzen. Nationale Grenzen wirken als Wasserscheiden der Wahrnehmung. Sie machen soziale Ungleichheiten zum Politikum – nach innen – und produzieren, stabilisieren, legitimieren sie zugleich – nach außen. Unter welchen Bedingungen wird dieses Weltbild brüchig?

Brutale Ironie: Die Ungleichheit zwischen Armen und Reichen in der Weltgesellschaft nimmt die Form eines Champagnerglases an. Auf die 900 Millionen Menschen, privilegiert durch die Gnade der westlichen Geburt, entfallen 86 Prozent des Weltkonsums. Sie verbrauchen 58 Prozent der Weltenergie und verfügen über 79 Prozent des Welteinkommens sowie 74 Prozent aller Telefonverbindungen. Auf das ärmste Fünftel, 1,2 Milliarden der Weltbevölkerung, entfallen 1,3 Prozent des globalen Konsums, vier Prozent der Energie und 1,5 Prozent aller Telefonverbindungen.

Max Weber hat bekanntlich die Stabilität der Ungleichheits- und Herrschaftsordnung an die Legitimationsfrage gebunden. Welcher ‚Legitimitätsglaube‘ garantiert das Einverständnis der global Armen und Ausgeschlossenen mit der Ungleichheit der Weltgesellschaft? Meine Antwort lautet: Das Leistungsprinzip legitimiert *nationale* Ungleichheit, das Nationalstaatsprinzip legitimiert *globale* Ungleichheit (in anderer Form). Wie?

Nationale Grenzen trennen scharf zwischen *politisch relevanter und irrelevanter* Ungleichheit. Ungleichheiten innerhalb nationaler Gesellschaften werden in der Wahrnehmung enorm vergrößert; gleichzeitig werden Ungleichheiten zwischen nationalen Gesellschaften ausgeblendet. Die ‚Legitimation‘ globaler Ungleichheiten beruht also auf institutionalisiertem Wegsehen. Der nationale Blick ‚befreit‘ vom Blick auf das Elend der Welt. Er operiert mittels einer doppelten Exklusion: Er exkludiert die Exkludierten. Und daran ist die Ungleichheitssoziologie, die Ungleichheit mit nationalstaatlicher Ungleichheit gleichsetzt, unreflektiert beteiligt. Es ist schon erstaunlich, wie stabil die globalen Ungleichheiten aufgrund des stillen

Einverständnisses zwischen der nationalstaatlichen Herrschaft und der nationalstaatlich programmierten Soziologie – unter deren Anspruch auf wissenschaftliche
Wertfreiheit! – ,legitimiert' werden.

Die Ungleichheiten zwischen Ländern, Regionen und Staaten gelten als politisch unvergleichbar. Selbst massive Einkommensunterschiede zwischen Personen
gleicher Qualifikation, aber unterschiedlicher Staatsangehörigkeit gewinnen erst
politische Brisanz innerhalb eines Wahrnehmungshorizonts gemeinsamer Gleichheit: also wenn die Personen derselben Nation oder dem Staatenbund der EU
angehören oder in demselben Konzern, wenn auch in unterschiedlichen nationalen
Zweigniederlassungen, beschäftigt sind.

Genau aber das ist es, was der nationale Blick ausblendet: Je mehr Gleichheitsnormen sich weltweit ausbreiten, desto mehr wird der globalen Ungleichheit die
Legitimationsgrundlage des institutionalisierten Wegsehens entzogen. Die reichen
Demokratien tragen die Fahne der Menschenrechte in die letzten Winkel der Erde,
ohne zu bemerken, dass auf diese Weise die nationalen Grenzbefestigungen, mit
denen sie die Migrantenströme abwehren wollen, ihre Legitimationsgrundlage
verlieren. Viele Migranten nehmen die verkündete Gleichheit als Menschenrecht
auf Mobilität ernst und treffen auf Länder und Staaten, die – gerade unter dem
Eindruck zunehmender Ungleichheiten im Inneren – die Norm der Gleichheit an
ihren bewaffneten Grenzen enden lassen wollen.

3. Das Ende der Entgegensetzung von Natur und Gesellschaft

Dritte These: *Der Klimawandel, der als menschengemacht und katastrophal gilt,*
vollzieht sich in der Form einer neuartigen Synthese von Natur und Gesellschaft.
Die politische Folge: Das Weltbild der Gleichheit der Menschen wird verdrängt
durch das Weltbild einer durch Naturkatastrophen erzeugten natürlichen Un-
gleichheit der Menschen.

Die Befunde sind bekannt: Erderwärmung, schmelzende Polkappen, steigende
Meeresspiegel, Versteppung, Zunahme der Wirbelstürme. Das alles wird meist als
Naturkatastrophe verhandelt. Die Natur für sich aber ist nicht katastrophal. Der
Katastrophencharakter ergibt sich erst im Bezugshorizont der davon betroffenen
Gesellschaft. Die Katastrophenpotenziale lassen sich nicht aus der Natur oder
naturwissenschaftlichen Analysen ableiten, sondern spiegeln die soziale Verwund-
barkeit bestimmter Länder und Bevölkerungsgruppen durch die Folgen des Kli-
mawandels wider.

Der Klimawandel kann regionale Verwundbarkeit dramatisch verschärfen –
oder aber abbauen. So sieht sich Russland schon heute als Gewinner der künftigen
ökologischen Krisen, weil es über reiche Vorräte fossilen Brennstoffs verfügt und

weil höhere Temperaturen Landwirtschaft auch in Sibirien ermöglichen. Wenn sich der ökologische Imperativ durchsetzt, müssen die Menschen ihr Handeln in den verschiedensten Bereichen radikal verändern – von Gesundheit über Politik, Wirtschaft, Bildung bis hin zu Fragen der Gerechtigkeit. Der ökologische Imperativ handelt nicht von etwas, was ‚da draußen' wäre. Unsere gesamte Lebensform ist auf die ressourcenverschwenderische, naturindifferente industriegesellschaftliche Moderne eingestellt, die es mit dem Siegeszug des Industrialismus immer weniger gibt. Je mehr wir aus dem Paradies der Klima-Unschuld vertrieben werden, desto mehr werden unsere bisher selbstverständlichen Denk-, Lebens- und Praxisformen zum Gegenstand von Konflikten, vielleicht sogar als kriminell angeprangert.

Das Nationalstaatsprinzip, so habe ich argumentiert, ist nicht länger in der Lage, die Ungleichheiten des Klimawandels abzubilden. Was kann an die Stelle treten? Mein Vorschlag: das *Nebenfolgenprinzip*. Dieses besagt: Die Grundeinheit natürlich-sozialer Ungleichheit bilden Personen, Bevölkerungen, Regionen, die über nationalstaatliche Grenzen hinweg durch die Nebenfolgen von Entscheidungen nationaler Anderer existenziell betroffen sind.

Oft gilt inzwischen allerdings auch: Man exportiert die Klimagefahren entweder räumlich – in Länder, deren Eliten darin ihre Profitchancen sehen – oder zeitlich – in die Zukunft der noch ungeborenen Generationen. Für diesen florierenden Gefahrenexport müssen nationale Grenzen nicht beseitigt werden. Vielmehr ist ihre Existenz eine Voraussetzung. Nur weil diese Sicht- und Relevanzmauern in den Köpfen und im Recht fortbestehen, bleibt ‚latent' und ‚Nebenfolge', was bewusst getan wird.

Das Nicht-Wahrhabenwollen der Umwelt- als Innenweltgefahren findet sich am häufigsten dort, wo die Menschen keine Möglichkeit des Entkommens haben. Entsprechend werden die Risiken dahin abgewälzt, wo sie nicht wahrgenommen werden. Die Gefahrenakzeptanz in diesen Ländern ist nicht gleichzusetzen mit dem Einverständnis der Menschen dort, eher mit Stummheit und Sprachlosigkeit, die sich aus der Not nähren.

Globale Umweltgefahren setzen genau dies voraus und in Gang: Risikoerzeugung und Risikobetroffenheit werden räumlich und zeitlich entkoppelt. Was eine Bevölkerung an Katastrophenpotenzial in Gang setzt, trifft ‚Andere': die Menschen in fremden Gesellschaften und zukünftige Generationen. Entsprechend gilt: Wer die Entscheidung trifft, Gefährdungen Anderer auszulösen, kann dafür nicht mehr zur Verantwortung gezogen werden. Es entsteht – weltweit – eine organisierte Unverantwortlichkeit.

Die Folge könnte ein ‚natürliches Ungleichheitsgesetz des Klimawandels' à la Malthus sein: Indem die am härtesten Betroffenen sich durch die ‚Natürlichkeit' ihrer katastrophalen Lage auf sich selbst zurückgeworfen sehen, akzeptieren sie diese. Denn der Überlebenskampf vereinzelt. Unter dem Eindruck der naturgesetzlichen Gewalt der ‚Natur'-Katastrophe verschwindet deren gesellschaftliche Genese, wird die Natur selbst Legitimation von Ungleichheit und Herrschaft.

4. Was meint und wie wird eine kosmopolitische Erneuerung der Sozialwissenschaften möglich?

Zusammengefasst muss die Neuvermessung der Ungleichheit entlang dreier Koordinaten erfolgen:

(1) Die Soziologie sozialer Ungleichheit kann sich nicht länger auf die Prämisse der Unterscheidung von national und international verlassen. Die Gleichsetzung von sozialer mit nationaler Ungleichheit, die der methodologische Nationalismus vornimmt, ist zur Fehlerquelle par excellence geworden.

(2) Die Soziologie sozialer Ungleichheit kann nicht länger von der Globalisierung sozialer Gleichheit abstrahieren. Selbst wenn die Ungleichheiten nicht wachsen, wachsen die Gleichheitserwartungen – und delegitimieren, destabilisieren das System national-globaler Ungleichheiten. ‚Entwicklungsländer' verwestlichen sich und spiegeln so dem Westen zurück, dass die ‚Gleichheit' der Umweltzerstörung zur zivilisatorischen Selbstzerstörung führt.

(3) Die Geburtsprämisse der Soziologie, die Unterscheidung von sozialer und natürlicher Ungleichheit, ist unhaltbar geworden. Lebenslagen bzw. Lebenschancen, bisher vermessen im Horizont nationalstaatlich begrenzter Ungleichheit, verwandeln sich in *Überlebenslagen* bzw. *Überlebenschancen* in der Weltrisikogesellschaft. Gerade bei ‚Natur'-Risiken gibt es keine natürliche Gleichheit, sondern, im Gegenteil, soziale Ungleichheit in gesteigerter Form, Privilegierte und Nicht-Privilegierte. Während einige Länder bzw. Gruppen die Folgen der Wirbelstürme, Überschwemmungen usw. sozial einigermaßen auffangen können, erleben andere, die Nicht-Privilegierten, auf der Skala sozialer Verwundbarkeit, den Zusammenbruch der gesellschaftlichen Ordnung, die Eskalation der Gewalt.

Wer diese drei Komponenten zusammen denkt, stößt auf ein Paradox: Je mehr Gleichheitsnormen global an Geltung gewinnen, desto unlösbarer wird das Klimaproblem und desto verheerender werden die sozialökologischen Ungleichheiten der Nebenfolgen. Keine rosige Aussicht. Gerade aber diesen unbestechlichen, weltoffenen Realismus meint der Begriff des ‚methodologischen Kosmopolitismus'. Es geht nicht um Feiertagsrhetorik einer kosmopolitischen Weltverbrüderung, sondern um die Renaissance der Soziologie als Wirklichkeitswissenschaft jenseits des methodologischen Nationalismus.

Vierte These: *Klimawandel verschärft vorhandene Ungleichheiten von Armen und Reichen, Zentrum und Peripherie – aber hebt diese zugleich auf! Je größer die Gefahr für den Planeten, desto geringer die Möglichkeit selbst der Reichsten und Mächtigsten, ihr zu entkommen. Klimawandel ist beides: hierarchisch und demokratisch.*

Das beinhaltet ein neues aufklärerisches Programm. Der Klimawandel setzt – ähnlich dem antiken Kosmopolitismus (Stoa), dem *ius cosmopolitica* der Aufklärung (Kant) oder den Verbrechen gegen die Menschheit (Arendt, Japsers) – ein ‚kosmopolitisches Moment' frei: Globale Risiken konfrontieren mit den scheinbar fernen Anderen. Sie reißen nationale Grenzen ein und mischen das Einheimische mit dem Fremden. Der entfernte Andere wird zum inneren Anderen – nicht als Folge von Migration, vielmehr als Folge von globalen Risiken. Der Alltag wird – unfreiwillig – kosmopolitisch (‚erzwungene Kosmopolitisierung'): Menschen müssen ihr Leben führen und verstehen, im Austausch mit Anderen und nicht länger in der Begegnung mit ihresgleichen.

Der gängige, eingängige naive Katastrophenrealismus irrt. Klimarisiken sind nicht gleichbedeutend mit Klimakatastrophen. Klimarisiken sind die Antizipation zukünftiger Katastrophen in der Gegenwart. Diese ‚gegenwärtige Zukunft' der Klimarisiken ist real, die ‚zukünftige Zukunft' der Klimakatastrophen dagegen (noch) irreal. Doch schon die Antizipation des Klimawandels setzt einen grundlegenden Wandel hier und heute in Gang. Seitdem als unstrittig gilt, dass der Klimawandel von Menschen gemacht ist und katastrophale Folgen für Natur und Gesellschaft hat, werden die Karten in Gesellschaft und Politik neu gemischt, und zwar weltweit. Deshalb ist der Klimawandel keineswegs ein direkter, nicht zu verhindernder Weg in die Apokalypse – er eröffnet auch die Chance, die nationalstaatlichen Bornierungen der Politik zu überwinden und einen kosmopolitischen Realismus im nationalen Interesse zu entwickeln. Klimawandel ist beides. Er ist Ambivalenz pur.

Nur der durch die Kunst und Schule des methodischen Zweifelns geschärfte soziologische Blick kann dies aufdecken und öffentlich gegen die Dominanz von Zynismus und Ratlosigkeit wenden. Deshalb kann die Soziologie des Klimawandels als ein Lehrstück für die kreative Wirkung unsicherer Zeiten gelten. Wie lässt sich diese Signatur der Zweiten, reflexiven Moderne in der Soziologie verorten?

Das Hauptproblem der Soziologie heute besteht darin, dass sie die falschen Fragen stellt. Die Leitfragen der Gesellschaftstheorien sind zumeist auf Stabilität und Ordnungsbildung ausgerichtet und nicht auf das, was wir erfahren und daher begreifen müssen: den epochalen Prämissen- und Koordinatenwandel in der Moderne.

Dem beobachtbaren Prozess einer gesellschaftlichen Mutation der Moderne – wenn ich diesen biologischen Ausdruck verwenden darf –, der angesichts der selbstzerstörerischen Folgen radikalisierter Modernisierung die Gesellschaftsstruktur *von innen heraus* revolutioniert, stehen die verschiedenen Soziologien hilflos gegenüber. Für diesen Prozess der – wie es Joseph A. Schumpeter (2005) ausdrückte – ‚schöpferischen Zerstörung‘, der doch, wie die Klassiker lehren, zum Wesen der kapitalistischen Moderne gehört, verfügt sie über keine Gesellschaftstheorie, keinen empirischen Bezugsrahmen, keine Forschungsroutinen, keine entsprechend transnationale Organisationsform ihrer Forschung und Lehre.

Nicht unwahrscheinlich ist, dass Gesellschaft wie Soziologie auf das überfallartige Neue mit einer Schreckensstarre antworten, die es gewaltsam auf das scheinbar altgültige Muster der industriegesellschaftlichen nationalstaatlichen Wandellosigkeit des Wandels verpflichten will und, wie es bei Angstzuständen zu gehen pflegt, ein hohes Maß an Brutalität erkennen lässt. In derart ‚unsicheren Zeiten‘ verwandeln sich selbst gelassene Soziologen in manchmal fröhliche Reaktionäre – und merken es nicht.

Allerdings gibt es auch andere Signale. Die von mir skizzierte Neuvermessung der Ungleichheit erlaubt eine methodologische Schlussfolgerung, nämlich – wie gesagt – den kosmopolitischen Imperativ: Grenzen übergreifende Lebens- und Überlebenslagen lassen sich nur in einer kosmopolitischen Perspektive – das heißt in neu zu findenden, neu zu definierenden, Grenzen übergreifenden Fokussen, die die national ausgeschlossenen Anderen einbeziehen – deutend verstehen und ursächlich erklären. Tatsächlich haben in der Entwicklung der letzten zehn Jahre Sozialwissenschaftler und Sozialwissenschaftlerinnen verschiedener Disziplinen die Einnahme der kosmopolitischen Perspektive der Globalität erprobt und praktiziert. Um nur exemplarisch einige Schlüsselnamen und -ansätze zu nennen – Glick Schiller, Weiß, Pries: Transnationalismus; Bayly: moderne Geschichte als Weltgeschichte in kosmopolitischer Perspektive; Habermas: postnationale Konstellation; Stichweh, Albert: Weltgesellschaft, Weltstaat; John Meyer: Weltkultur; Albrow: das globale Zeitalter; Levy, Sznaider: kosmopolitische Erinnerung; Ong, Randeria, Römhild: glokale Ethnographie; Zürn: Kritik des methodologischen Nationalismus; Grande: kosmopolitische Politikwissenschaft; Mau: kosmopolitische Einstellungen als Konsequenz transnationaler Erfahrungsräume und viele andere mehr. Dies zeigt: Teile der Sozialwissenschaft (auch in Deutschland) beginnen sich konzeptionell und empirisch zu öffnen. Gerade das ist ja auch Thema dieses Soziologiekongresses, und ich bin gespannt, wie die Debatte verläuft.

Was aber meint der Schlüsselbegriff ‚Kosmopolitisierung‘? Keinesfalls Globalisierung, sondern soziologisch hochrelevante Nebenfolgen der Globalisierung, nämlich die aus der Erosion nationaler Grenzen weltweit hervorgehende unfreiwillige Konfrontation mit dem fremden Anderen. Die Grenzen sind sicherlich nicht verschwunden, aber unscharf geworden und durchlässig für Informationsströme, Kapitalbewegungen, Finanzrisiken und ökologische Gefahren sowie für bestimmte Menschengruppen (Touristen ja, Migranten nein). Kosmopolitisierung heißt sicherlich nicht, dass nun alle Menschen automatisch Kosmopoliten würden. Eher ist das Gegenteil zu beobachten: eine weltweite Welle der Renationalisierung. Aber die soziologische Schlüsseleinsicht lautet: Im Alltag wie in den Sozialwissenschaften entsteht ein immer stärkerer Bedarf für eine Hermeneutik des Fremden, weil wir in einer Welt leben und forschen, in der gewalttätige Spannungen und Spaltungen sowie unvorhersehbare Interdependenzen normal werden und neuartige Gefahren untrennbar mit Aufbruchsmöglichkeiten verwoben sind.

Wir stehen im Banne einer Soziologie, deren Grundlagen in den vergangenen hundert Jahren gelegt wurden. Das erste Jahrhundert der Soziologie ist nun vorbei. Auf dem Weg in das zweite geht es darum, den Raum der soziologischen Imagination und Forschung – und damit auch der soziologischen Aufklärung – neu zu erschließen und zu bestimmen, für die kosmopolitische Konstellation zu öffnen. Dafür gibt es historische Voraussetzungen gerade in Deutschland, in dem die Debatte um Kosmopolitismus und Patriotismus die intellektuelle Öffentlichkeit des späten 18. und des 19. Jahrhunderts aufwühlte. Heinrich Heine (1997) sagte sogar: Der Kosmopolitismus sei der eigentliche Beitrag der Deutschen zur Weltkultur. Jedoch eine kosmopolitische Soziologie bedeutet etwas anderes, eine Soziologie, die die ontologisierten Prämissen und Dualismen der nationalstaatlichen Soziologie – wie national und international, Wir und die Anderen, Gesellschaft und Natur – in Frage stellt und auf diese Weise einen neuen soziologischen Blick, eine neue soziologische Grammatik für die beschreibende Theorie der Phänomene sozialer Ungleichheit (in der Verknüpfung von Armut, Reichtum und ökologischer Zerstörung, Ressourcenverknappung usw.) gewinnt. Eine kosmopolitische Soziologie unterscheidet sich von einer universalistischen, indem sie nicht mit einem meist aus dem eigenen – europäischen – Erfahrungszusammenhang gewonnenen Abstraktum beginnt (z. B. ‚Weltgesellschaft‘ oder ‚Weltsystem‘ oder das ‚autonome Individuum‘ usw.).

Allerdings gehört auch diese selbstkritische Offenheit dazu: Das Forschungsprogramm der kosmopolitischen Soziologie steckt noch in den Anfängen. Wir haben damit im Münchner SFB „Reflexive Modernisierung" begonnen. Die Fragen lauten: Wie können neue transnationale Untersuchungseinheiten definiert werden? Welches ist ihre Komparatistik? Wenn es richtig ist, dass die Produktion empirischer Daten nationalstaatlich orientiert und organisiert ist, wie wird eine transnationale quantitative Empirie möglich? Wie wird es möglich, die Allgegenwart der kulturell und politisch Anderen in die soziologischen Perspektiven und Methoden zu integrieren? Was heißt die Hermeneutik des fremden Anderen? Können wir die Transformationszeit im *status nascendi* überhaupt begreifen, erforschen? Unsere alten Irrtümer und Fehler kennen wir, wie aber können wir unsere neuen Irrtümer und Fehler in der Erforschung der neuen Wirklichkeit erkennen, abwenden? Die Menschheit könnte dem Irrtum der Raupe erliegen, meint Burkhard Müller (2008). Diese Menschheitsraupe befindet sich im Stadium der Entpuppung, beklagt aber ihr Verschwinden, weil sie den Schmetterling, zu dem sie wird, noch nicht ahnt. Umgekehrt könnte es allerdings geschehen, dass wir uns allzu sehr auf die viel zitierte Hölderlinsche Hoffnung verlassen, wonach mit den Gefahren auch das Rettende wächst. Dann würde der Anstrengung, die notwendig ist, um ein Schmetterling zu werden, der Antrieb entzogen. Die Frage, ob die Soziologie selbst sich eine Raupe auf dem Weg zum Schmetterling ist, wage ich nicht zu beantworten. In jedem Fall wünsche ich diesem Kongress bei der Aufklärung dieser Ambivalenzen unsicherer Zeiten anregende Vorträge, aufregende Debatten. Und bedanke mich für Ihre Aufmerksamkeit.

Literaturverzeichnis

Albert, Matthias/Stichweh, Rudolf (Hrsg.) (2007): Weltstaat und Weltstaatlichkeit. Beobachtungen globaler politischer Strukturbildung. Wiesbaden: VS Verlag

Albrow, Martin (2007): Das globale Zeitalter. Frankfurt/M.: Suhrkamp

Bayly, Christopher A. (2006): Die Geburt der modernen Welt. Eine Globalgeschichte 1780-1914. Frankfurt/M./New York: Campus

Berger, Peter A./Weiß, Anja (Hrsg.) (2008): Transnationalisierung sozialer Ungleichheit. Wiesbaden: VS Verlag

Glick Schiller, Nina (2005): Transnational social fields and imperialism. Bringing a theory of power to Transnational Studies. In: Anthropological Theory 5(4): 439-461

Grande, Edgar (2006): Cosmopolitan political sciences. In: The British Journal of Sociology 57(1): 87-111

Habermas, Jürgen (1998): Die postnationale Konstellation. Politische Essays. Frankfurt/M.: Suhrkamp

Heine, Heinrich (1997): Sämtliche Schriften. Band 3. Hrsg. von K. Briegleb. München: dtv

Hengartner, Thomas/Moser, Johannes (Hrsg.) (2006): Grenzen und Differenzen. Zur Macht sozialer und kultureller Grenzziehungen. Leipzig: Leipziger Universitätsverlag

Landfried, Christine (Hrsg.) (2001): Politik in einer entgrenzten Welt: 21. wissenschaftlicher Kongress der Deutschen Vereinigung für Politische Wissenschaft. Köln: Verlag Wissenschaft und Politik

Levy, Daniel/Sznaider, Natan (2001): Erinnerung im globalen Zeitalter: Der Holocaust. Frankfurt/M.: Suhrkamp

Levy, Daniel/Sznaider, Natan (2002): Memory Unbound. The Holocaust and the Formation of Cosmopolitan Memory. In: European Journal of Social Theory 5(1): 87-106

Mau, Steffen (2007): Transnationale Vergesellschaftung. Die Entgrenzung sozialer Lebenswelten. Frankfurt/M./New York: Campus

Mau, Steffen/Mewes, Jan/Zimmermann, Ann (2008): Cosmopolitan attitudes through transnational social practices? In: Global Networks 8(1): 1-24

Meyer, John W. (2005): Weltkultur. Wie die westlichen Prinzipien die Welt durchdringen. Frankfurt/M.: Suhrkamp

Müller, Burkhard (2008): Sein Schrei verhallte in der Masse des Weltgeräusches. In: Süddeutsche Zeitung vom 01.08.2008: 12

Ong, Aihwa (2005): Flexible Staatsbürgerschaften. Die kulturelle Logik von Transnationalität. Frankfurt/M.: Suhrkamp

Pries, Ludger (2007): Die Transnationalisierung der sozialen Welt. Sozialräume jenseits von Nationalgesellschaften. Frankfurt/M.: Suhrkamp

Randeria, Shalini (2006): Rechtspluralismus und überlappende Souveränitäten. Globalisierung und der „listige Staat" in Indien. In: Soziale Welt 57(3): 229-258

Römhild, Regina (2006): Ethnografie und Imagination. Das neue europäische Grenzregime als Forschungsfeld. In: Hengartner, Thomas/Moser, Johannes (2006): 175-184

Römhild, Regina (2008): Reflexive Mediterranisierung. Tourismus, Migration und die Verhandlungen der Moderne an den Grenzen Europas (unveröffentlichte Habilitationsschrift)

Schumpeter, Joseph A. (2005): Kapitalismus, Sozialismus und Demokratie. Stuttgart: UTB

Stichweh, Rudolf (2000): Die Weltgesellschaft. Soziologische Analysen. Frankfurt/M.: Suhrkamp

Weber, Max (1972): Wirtschaft und Gesellschaft. Tübingen: Mohr Siebeck

Weiß, Anja (2005): The Transnationalization of Social Inequality. Conceptualizing Social Positions on a World Scale. In: Current Sociology 53(4): 707-728

Zürn, Michael (2001): Politik in der postnationalen Konstellation. Über das Elend des methodologischen Nationalismus. In: Landfried, Christine (2001): 181-203

Eröffnungsveranstaltung

Preisverleihungen

Übersicht der Preisträger

Im Rahmen der Eröffnungsveranstaltung des 34. Kongresses der Deutschen Gesellschaft für Soziologie wurden die Ehrenmitgliedschaft der DGS sowie die folgenden Preise verliehen:

Ehrenmitgliedschaft

Adalbert Hepp

Preise für herausragende Abschlussarbeiten

Christoph Arndt: Cleavage-Wahlverhalten in West- und Ostdeutschland seit der Wiedervereinigung. Stabilität und Wandel im Kontext von Reformpolitik

Norbert Krause: Die Debatte um Studiengebühren. Systematische Rekonstruktion eines rapiden Meinungswandels

Dissertationspreise

Thomas Spiegler: Home Education in Deutschland

Sabine Frerichs: Judical Governance in der europäischen Rechtsgemeinschaft. Integration durch Recht jenseits des Staates

René-König-Lehrbuchpreis

Monika Wohlrab-Sahr/Aglaja Przyborski (2008): Qualitative Sozialforschung. Ein Arbeitsbuch. München: Oldenbourg Verlag

Preis für hervorragende Leistungen auf dem Gebiet der öffentlichen Wirksamkeit der Soziologie

Michael Hartmann

Preis für ein herausragendes wissenschaftliches Lebenswerk

Burkart Lutz

Preise der Fritz Thyssen Stiftung für Sozialwissenschaftliche Aufsätze – Zeitschriftenjahrgang 2007

Jens Beckert/Mark Lutter: Wer spielt, hat schon verloren? Zur Erklärung des Nachfrageverhaltens auf dem Lottomarkt. In: Kölner Zeitschrift für Soziologie und Sozialpsychologie 59(2): 240-270

Gunther Mai: Die Agrarische Transition. Agrarische Gesellschaften in Europa und die Herausforderung der industriellen Moderne im 19. und 20. Jahrhundert. In: Geschichte und Gesellschaft 33: 471-514

Herbert Obinger/Reimut Zohlnhöfer: Abschied vom Interventionsstaat? Der Wandel staatlicher Subventionsausgaben in den OECD-Ländern seit 1980. In: Swiss Political Science Review 13(2): 203-236

Roger Berger/Rupert Hammer: Die doppelte Kontingenz von Elfmeterschüssen. Eine empirische Analyse. In: Soziale Welt 58: 379-418

Laudatio zur Verleihung der Ehrenmitgliedschaft der Deutschen Gesellschaft für Soziologie an Adalbert Hepp

Hans-Georg Soeffner

Die Ehrenmitgliedschaft der Deutschen Gesellschaft für Soziologie wird verliehen an Herrn Adalbert Hepp. Wir begründen diese Verleihung kurz und hoffentlich prägnant wie folgt: Herr Hepp, heute Senior Editor, früher verantwortlicher ‚Programmleiter Wissenschaft' des Campus Verlages, hat über Jahrzehnte hinweg durch eine engagierte Verlagspolitik unsere Disziplin gefördert: Durch die Publikation soziologischer Lehrbücher, attraktiver sozialwissenschaftlicher Reihen, der Tagungsbände der Soziologiekongresse und seit kurzem des Forums der DGS „Soziologie". Herr Hepp hat es verstanden, über mehrere Generationen hinweg sozialwissenschaftlichen Autorinnen und Autoren die Möglichkeiten zu geben, ihre Forschungsergebnisse, Theorien und Methoden vorzustellen. Auch – und dies betone ich besonders – in Zeiten, als unsere Disziplin an Attraktivität verloren hatte. Ohne die vom Campus Verlag getragenen und von Herrn Hepp angestoßenen Diskussionen wäre die Soziologie nicht nur weniger sichtbar, sondern auch weniger erfolgreich gewesen. Fachliche Kompetenz, hohes Engagement, die Mischung aus kritischer Offenheit und menschlicher Liebenswürdigkeit haben aus der Zusammenarbeit des Campus Verlags, vertreten durch Herrn Hepp, und unserer Disziplin eine Erfolgsgeschichte gemacht, die in dieser Kontinuität in der deutschen Verlagslandschaft sonst nicht zu finden ist.

Laudatio zur Verleihung des Preises für ein herausragendes wissenschaftliches Lebenswerk an Burkart Lutz

Michael Schumann

Neuerdings wissen es alle. Und die immer kluge Frankfurter Allgemeine titelt: „Nicht die Krise ist das große Rätsel des Kapitalismus, sondern die Fiktion der Stabilität" (*FAZ* vom 28.09.2008: 38). Das ‚goldene Zeitalter' nach dem Zweiten Weltkrieg sei eben ein Sonder- und Glückfall gewesen.

Einer hat das bereits vor mehr als 20 Jahren gewusst: Burkart Lutz. Er stand damit in der Soziologie ziemlich einsam da. Die Theorie der Modernisierung und der Neokorporatismus bestimmten den wissenschaftlichen und politischen Mainstream. Die ersten wirtschaftlichen Krisenerscheinungen in den 1980er Jahren hatte der Interventionsstaat danach gut im Griff. Also konnte die Prosperität zum immer währenden Normalzustand deklariert werden.

Burkart Lutz setzte den „kurzen Traum" dagegen. Seine 1984 vorgelegte Stagnationstheorie des modernen Kapitalismus wurde von ihm in den 1980er Jahren gegen den Zeitgeist geschrieben. Im Lichte der aktuellen Entwicklungen erweist sie sich als eine der wenigen polit-ökonomischen, soziologischen Zeitdiagnosen unserer Zunft mit prognostischem Wahrheitsanspruch und Realitätsgehalt. Wie viele Soziologen können das schon für ihren ‚Blick nach vorne' beanspruchen?

Lieber Burkart Lutz, die Deutsche Gesellschaft für Soziologie verleiht Dir den „Preis für ein herausragendes wissenschaftliches Lebenswerk", weil es in wichtiger Weise zur fachlichen Entwicklung der Soziologie beigetragen hat. Wie könnte sie die Begründung für diese Ehrung besser ausdrücken als durch die Thematik des heute beginnenden Soziologentages. Es geht um „unsichere Zeiten". Es geht darum, wie Hans Georg Soeffner formuliert, die Soziologie als „Krisenwissenschaft" zu begreifen. Und zu Recht greift das Themenpapier zum Kongress die Lutz'schen Analysen aus den 1980er Jahren auf. Die Phänomenologie zeitgenössischer Verunsicherung, um die es in diesen Tagen gehen soll, kann sich in zentralen Punkten an Deiner frühzeitigen Problematisierung der institutionellen Sicherheitsgarantien und -versprechungen der westlich-wohlfahrtstaatlichen Moderne orientieren.

Meine Damen und Herren, ein Laudator, den die Regie eine klare Zeitvorgabe von vier Minuten gesetzt hat, kann kaum den Anspruch der Vollständigkeit bei Person- und Werkbeschreibung erfüllen. Deswegen bleibt mir nur eine sehr persönliche Akzentuierung.

Wir ehren mit Burkart Lutz einen der bedeutendsten ‚Nachkriegssoziologen', der ein Leben lang seinem Anspruch an Soziologie treu geblieben ist. Er wollte mit der Soziologie immer mehr betreiben als nur Wissenschaft von der Gesellschaft im akademischen Elfenbeinturm. Er wollte immer auch Gesellschaft beeinflussen, mitgestalten. Wie Burkart Lutz selbst in seinen autobiografischen Überlegungen zur „Soziologie als Beruf" formuliert: „Nach dem Scheitern unserer Hoffnungen auf einen wirklichen Neubeginn nach dem Kriege (…) hatten wir gewissermaßen eine Rechnung mit der deutschen (…) ‚restaurativen' Gesellschaft zu begleichen. Und [ich verstand] Soziologie durchaus als eine Chance dazu" (Lutz 1998: 68).

Anfangs ging es ihm um einen Beitrag zur Überwindung des Nazi-Deutschland und den Aufbau einer tragfähigen Demokratie. Und auch weiterhin definierte er seine Soziologie über die gesellschaftlich gesetzten Probleme, nicht entlang der akademischen Debatten. Seine wissenschaftliche Wahrheitssuche orientierte sich stets daran, was mit ihren Resultaten für eine gesellschaftliche Praxis, für den Aufbau einer besseren Gesellschaft eingebracht werden kann, exemplarisch in den Themenfeldern Technik-, Wissenschafts-, Bildungs- und Arbeitsforschung, basiert auf einer immer wieder methoden-innovativen Empirie.

Er wählte dafür den Platz außerhalb des förmlichen Wissenschaftsbetriebes. Als ‚Solitär' (von Friedeburg), ohne Lehrstuhl und Verbeamtung, steht Burkhart Lutz damit zugleich für eine bis in die Gegenwart wirksame Eigenheit von Arbeits- und Industriesoziologie: eine doppelte Institutionalisierung des Fachs innerhalb und außerhalb der Universitäten.

Seine Soziologie will angewandte Aufklärung leisten. Man kann Burkart Lutz wohl zu recht einen Theoretiker und Praktiker gesellschaftlicher Transformation nennen. Mit diesem Anspruch begleitete er gleichermaßen den Übergang vom NS-Regime in die Bundesrepublik, deren verschiedene Aufbau- und Umbauphasen und die vereinigungsbedingten Umbrüche in Ostdeutschland. Der diesjährige Soziologentag nimmt dieses Soziologieverständnis von Burkart Lutz auf – eine schöne, verdiente Anerkennung für ihn.

Ein letztes Wort. Mit der heutigen Ehrung feiern wir das Lebenswerk eines großen Soziologen. Dabei gilt: Es ist noch längst nicht zu Ende gebracht. Burkart Lutz bleibt aktiv. Wie er mir verraten hat, arbeitet er gerade an einer „Neuformulierung der gültigen Rationalisierungsparadigmen". Das verspricht neue Einsichten über den postfordistischen Strukturwandel. Wir gratulieren Burkart Lutz zum Preis und erwarten mit Spannung seine neuen Erkenntnisse.

Literaturverzeichnis

Bolte, Karl Martin/Neidhardt, Friedhelm (Hrsg.) (1998): Soziologie als Beruf. Soziale Welt, Sonderband 1. Baden-Baden: Nomos
Lutz, Burkart (1984): Der kurze Traum immerwährender Prosperität. Eine Neuinterpretation der industriell-kapitalistischen Entwicklung in Europa des 20. Jahrhundert. Frankfurt/M.: Campus
Lutz, Burkart (1998): Die Einheit von Biographie und Beruf als Risiko und Chance. In: Bolte, Karl Martin/Neidhardt, Friedhelm (1998): 65-84

Laudatio zur Verleihung des Preises der Fritz Thyssen Stiftung für sozialwissenschaftliche Aufsätze des Jahres 2007[1]

Heiner Meulemann

Wie in jedem Jahr werden die Arbeiten für den Thyssenpreis zuerst von den Herausgebern von fünfzehn deutschsprachigen Zeitschriften vorgeschlagen und dann von einer Jury sozialwissenschaftlicher Fachkollegen ausgewählt: In diesem Jahr hat die Jury den ersten Preis vergeben an:

> *Jens Beckert* und *Mark Lutter* (Köln) für den Aufsatz: ,Wer spielt, hat schon verloren? Zur Erklärung des Nachfrageverhaltens auf dem Lottomarkt' in der *Kölner Zeitschrift für Soziologie und Sozialpsychologie.*

Die Autoren versuchen die bekannte Paradoxie zu erklären, warum jede Woche Millionen von Bürgern Lotto spielen, obwohl die Gewinnerwartung weit unter den Loskosten liegt. Sie prüfen mit Daten einer repräsentativen Bevölkerungsbefragung vier Erklärungen: Die Spieler schätzen die Gewinnwahrscheinlichkeit zu hoch ein; sie glauben ihre Lebenssituation verbessern zu können; sie erwarten Spaß und Spannung vom Spiel und sie wollen durch Spielgemeinschaften Sozialkapital gewinnen. Im Ergebnis zeigt sich, dass keine Erklärung allein zutrifft, aber jede ein gewisses Recht hat, so dass man das Spielen am besten durch Typen erklärt, die alle vier Motive in unterschiedlicher Weise verbinden.

Dieser Aufsatz hat die Jury durch seinen formal guten Aufbau, seine stringente und kenntnisreiche Argumentation, seine systematische Ableitung von testbaren Hypothesen aus ökonomischen und soziologischen Theoriestücken so überzeugt, dass sie ihm den ersten Preis verliehen hat.

Der zweite Preis wurde in diesem Jahr zwei Mal vergeben, und zwar an

> *Gunther Mai* (Erfurt) für den Aufsatz: ,Die Agrarische Transition. Agrarische Gesellschaften in Europa und die Herausforderungen der industriellen Moderne im 19. und 20. Jahrhundert' in *Geschichte und Gesellschaft*

---

[1] Die Jury dankt Karl-Wilhelm Grümer (Köln) für die Verwaltung und Berichterstattung der Preisverleihung.

und an

Herbert Obinger (Bremen) und *Reimut Zohlnhöfer* (Heidelberg) für den Aufsatz: ‚Abschied vom Interventionsstaat? Der Wandel staatlicher Subventionsausgaben in den OECD-Ländern seit 1980' in der *Schweizer Revue für Politikwissenschaft*.

Der Aufsatz von *Mai* behandelt anschaulich und detailreich die Probleme des Übergangs von mehr oder weniger agrarisch geprägten Ökonomien Europas zu industrialisierten Gesellschaften im Verlauf der letzten beiden Jahrhunderte. Er beschreibt vier Facetten des Übergangs: Erstens werden die Konfliktlagen beschrieben, die sich in jedem Land ähnlich herausbilden. Zweitens wird die Veränderung der Lebenswelt auf dem Lande nachgezeichnet. Aus beiden Entwicklungen werden drittens die politischen Reaktionen der Landbevölkerung abgeleitet, die sich im Genossenschaftswesen und in Bauernparteien konkretisiert haben. Schließlich wird viertens die ‚Entbäuerlichung' des ländlichen Raumes nach dem zweiten Weltkrieg besonders in Westeuropa erörtert, die mit einer ‚Verbürgerlichung' und ‚Verstädterung' verbunden ist.

Die Jury zeichnet diese Arbeit aus, weil sie eine immense Literaturbasis in einer Art und Weise verarbeitet, die die ungeheure Wucht, Schnelligkeit und Brisanz des Übergangs von Agrar- zu Industriegesellschaften erfahrbar macht, ohne die Differenziertheit der Entwicklung in den einzelnen Teilen Europas aus dem Auge zu verlieren. Die nationalen Besonderheiten erscheinen dabei nicht nur als isolierte Entwicklungen, sondern immer auch als Mosaiksteine einer gesamteuropäischen Entwicklung.

Der Aufsatz von *Obinger* und *Zohlnhöfer* analysiert die Determinanten der staatlichen Subventionsausgaben und ihrer Veränderungen in den vergangenen 25 Jahren und behandelt die Frage nach der Konvergenz dieser Entwicklung. Er gibt einen Überblick über die Entwicklung der Subventionsausgaben in 21 OECD-Ländern und der Beihilfen in 15 EU-Staaten. Er zeigt, dass Subvention wie Beihilfen deutlich zurückgegangen sind, nachdem sie zuvor angestiegen waren, und dass Anstieg wie Rückgang in den europäischen Länderfamilien ähnlich verlaufen: Anstieg wie Rückgang sind am geringsten in den angelsächsischen und am stärksten in den nordeuropäischen Staaten; die Länder des europäischen Kontinents liegen dazwischen. Seit 1980 konvergiert die Entwicklung der Subventionen in den Länderfamilien.

Der Aufsatz zeigt beispielhaft wie makrosoziale Hypothesen entwickelt und an amtlichen Daten mit Hilfe von Regressionsanalysen überprüft werden können. Er ist logisch und stringent aufgebaut und beeindruckt durch die Klarheit der Darstellung einer sachlich und methodisch schwierigen Materie.

Der dritte Preis wurde vergeben an:

> *Roger Berger* und *Rupert Hammer* (Leipzig) für ihren Aufsatz ‚Die doppelte Kontingenz von Elfmeterschüssen. Eine empirische Analyse' in der *Sozialen Welt.*

Die Autoren prüfen theoretisch wie empirisch, welche soziologischen Theorien der doppelten Kontingenz geeignet sind, die Standardsituation des Elfmeters und mit ihr vergleichbare Situationen alltäglicher Interaktion zu verstehen. Sie zeigen, dass das Problem der ‚doppelten Kontingenz' beim Elfmeter theoretisch weder mit Parsons' noch mit Luhmanns Überlegungen, sondern nur mit Hilfe der Spieltheorie modelliert werden kann. Aus der Spieltheorie leiten sie dann Hypothesen ab und prüfen sie an einem Datensatz von rund 1000 Elfmetersituationen der ersten Bundesliga aus den Spielzeiten 1992 bis 2004. Die Hypothesen werden weitgehend bestätigt, wenn auch mehr für das Verhalten der Torhüter als für das der Schützen.

Mit der Prämierung dieses Aufsatzes würdigt die Jury nicht nur die wissenschaftliche Arbeit von zwei jüngeren, noch nicht etablierten Forschern, sondern auch den Mut, das zentrale sozialwissenschaftliche Thema der sozialen Interaktion theoretisch wie empirisch auf ungewöhnliche und innovative Art und Weise anzugehen.

Das Antikorruptionsbündnis und die Renaissance der Bürgerlichen Öffentlichkeit – Ein Moderner Kreuzzug zur Moralisierung von Politik und Gesellschaft?

Einleitung zum Plenum: Das Antikorruptionsbündnis und die Renaissance der Bürgerlichen Öffentlichkeit – Ein Moderner Kreuzzug zur Moralisierung von Politik und Gesellschaft?

Hans-Georg Soeffner und Dirk Tänzler

Korruption gedeiht im Dunkeln, genauer: in der Verschwiegenheit, für die nicht nur die am unmoralischen Tausch unmittelbar Beteiligten verantwortlich sind, sondern auch die scheinbar unbedarften anderen, die wir ‚Gesellschaft' nennen. Ihr Schweigen ist eine notwendige Bedingung für die Existenz und Fortdauer des Übels. Als problematisch für Theorie und Praxis der Antikorruption erweist sich nicht allein das so genannte Dunkelfeld, in dem sich Korruption zuträgt, sondern auch das aus dem Bewusstsein der Gesellschaftsmitglieder Verdrängte aber doch Offensichtliche: Alltägliche Gelegenheitskorruption gibt es nur, wo die Gesellschaft die Tat insgeheim billigt, weil die Chance an Korruption teilzuhaben für alle groß und von großer praktischer Relevanz, somit allgemeine gesellschaftliche Praxis ist, wie in den postsozialistischen Ländern oder auf Sizilien. Gleiches gilt selbst dann, wenn die Mehrheit, das ‚gemeine Volk', ausgeschlossen bleibt, wie im Falle der strukturellen Korruption im Rahmen scheinbar legaler Geschäfte von Wirtschaftsunternehmen.

Genauer betrachtet ist der Sachverhalt ‚Korruption' keine Erfindung der Korrumpierenden und Korrumpierten, sondern eine gesellschaftliche Zuschreibung: die moralische Abwertung eines bestimmten Typus von der Norm abweichenden Verhaltens – weniger eine Selbstbeschreibung als eine Beobachtungskategorie vom Standpunkt eines scheinbar unbeteiligten, aber wertenden und dann irgendwie doch betroffenen Dritten. Die zentrale Frage im Hinblick auf eine Definition von Korruption ist daher die Frage danach, was in einer Gesellschaft als ‚normal' und normenkonform gilt. Daraus folgt, dass, streng genommen, ‚Korruption' kein objektiver Tatbestand ist (eine insbesondere im Hinblick auf den juristischen Diskurs folgenreiche Einsicht), sondern eine sich historisch wandelnde gesellschaftliche Konstruktion. Sinn und Bedeutung der Definition von Korruption erschließen sich in einer Analyse der Verwendungsweise der Definition in der je spezifischen historischen Situation.

Die formale Analyse lässt sich allerdings noch weitertreiben. Das Phänomen Korruption ist bedingt durch die kulturelle Wahrnehmung eines spezifischen Typus von Handeln und bestimmt durch den Grad an Toleranz oder Nichttoleranz der Gesellschaft gegenüber dem als korrupt geltenden Handeln. Das Maß an Toleranz wiederum hängt ab von der Existenz oder Nichtexistenz der Idee einer Gemeinschaft und einer deren Binnenmoral transzendierenden Form allgemeiner gesellschaftlicher Solidarität, einem auf ein ‚common good' gerichtetes, weder utilitaristisch noch verwandtschaftlich, nachbarschaftlich oder religiös motiviertes, Allgemeininteresse. Ein solches Allgemeininteresse kann es, streng genommen, nur dort geben, wo die Trennung zwischen Öffentlichem und Privatem eingeführt ist, also in funktional differenzierten Gesellschaften. Korruption erscheint somit dann als eine Vermischung der für die Funktionssysteme jeweils geltenden Rationalitäten, z. B. das Verfolgen privater oder ökonomischer Ziele in der Politik, das Verfolgen privater oder politischer Ziele in der Ökonomie, das Verfolgen politischer oder ökonomischer Ziele in der bürgerlichen Familie. Die Adelsfamilie, daran sei erinnert, war einst ein politisches Bündnis und die Bauernfamilie ein ökonomischer Zweckverband. Sie förderten also Praktiken der Unterstützung und Vorteilsnahme, die uns heute als korrupt erscheinen.

Die Wahrnehmung von Korruption bezieht sich somit auf die Realität sozialen Handelns und die damit verfolgten Vergemeinschaftungs- und Vergesellschaftungsvorstellungen. Andererseits erscheint Korruption selbst als eine jeweils historisch spezifische gesellschaftliche Definition sozialen Handelns. Soziologisch von Interesse sind nun solche gesellschaftlichen Übergangsprozesse, in denen sich die Kultur verändert und damit u. a. die Wahrnehmung dessen, was als Korruption verstanden wird. In den 1960er Jahren des letzten Jahrhunderts war eine den Optimismus liberaler Gesellschaften nach dem Zweiten Weltkrieg zum Ausdruck bringende funktionalistische Denkweise vorherrschend, die Korruption als Übergangsphänomen zur sich durchsetzenden Moderne betrachtete. Diese Sichtweise geriet im Zuge der epochalen Umwälzungen seit 1989 und der sie begleitenden zivilgesellschaftlichen Antikorruptionskampagne in Verruf. Antikorruption wurde zum Schlachtruf einer ‚neuen sozialen Bewegung' wider das Grundübel des Globalisierungszeitalters. In Gestalt einer non-governmentalen Moralinstitution ist aus der Bewegung eine ‚fünfte Macht' im Staate geworden, die wesentlichen Einfluss auf das politische Agenda-Setting nimmt.

Dieser Prozess kann gedeutet werden als überraschende, mediengestützte Renaissance der bürgerlichen Öffentlichkeit, auf die – im Verbund mit den Institutionen der Europäischen Union – breite Bevölkerungsschichten in Osteuropa, aber auch in Westeuropa, ihre von der offiziellen Politik enttäuschten Hoffnungen setzen. Die außerparlamentarische Moralpolitik der Nichtregierungsorganisationen als charismatische Kerninstitutionen einer partizipativen Demokratiebewegung tritt aber nicht nur als Gegenmacht zur repräsentativen Politik (z. B. Greenpeace), sondern zunehmend auch im Bündnis mit dem Staat, z. B. als professioneller Auftragnehmer für Aufgaben auf, die weder in staatlicher noch privater Regie durchführbar scheinen (z. B. Transparency International). Das Antikorruptionsbündnis repräsentiert daher nicht nur eine neue Stufe im Strukturwandel der Öffentlichkeit und der Politik unter den Bedingungen der Globalisierung, sondern reflektiert möglicherweise auch eine Verschiebung im Verhältnis von Gesinnungs- und Verantwortungsethik politischer Akteure.

Politik und Gesellschaft erfahren dabei durch den Antikorruptionsdiskurs eine Moralisierung in doppelter Gestalt: Im positiven Sinne hat der Diskurs zur Wiederentdeckung der ‚common good'-Orientierung in der Gesellschaft beigetragen und ein gesteigertes Engagement für gesellschaftliche Belange bewirkt – lange vor einer solchen Umorientierung im Zuge der aktuellen Finanz- und Wirtschaftskrise. Im negativen Sinne führt eine Moralisierung von Politik und Wirtschaft zur Kolonialisierung der einzelnen Funktionsbereiche durch fremde Wertvorstellungen aus anderen Sphären. Damit stellt sich die Frage, ob der Antikorruptionsdiskurs unbeabsichtigt fördert, was er zu bekämpfen vorgibt. Tatsächlich lässt sich beobachten, dass sich z. B. in Bulgarien eine ‚Politisierung der Korruption' etabliert hat, wobei der Antikorruptionsdiskurs als Mittel genutzt wird, politische Gegner ‚moralisierend' zu disqualifizieren, aber ansonsten alles beim Alten zu belassen. Außerdem ist eine Antikorruptionsindustrie mit Millionenumsätzen (Werbekampagnen, Forschungsprogramme, Beratertätigkeiten) entstanden, die das ursprünglich moralische Prinzip ökonomisch korrumpiert. Der hier aufgezeigte Zusammenhang zwischen einer sich wandelnden Wahrnehmung als ‚strukturierende Struktur' einerseits und korruptem Handeln im Kontext eines sozio-historischen Diskurses andererseits bildet den Hintergrund der Beiträge zum Plenum.

‚Der Anti-Korruptionskampf'. Mobilisierungskampagnen von Eliten und Nicht-Regierungs-Organisationen in ostmitteleuropäischen Gesellschaften (Polen, Tschechische Republik)

Helmut Fehr

Einleitung

In immer neuen Wellen werden in der Öffentlichkeit Polens und der Tschechischen Republik Korruptionsfälle thematisiert: Amtsmissbrauch[1] und der Kauf von Politikern zählen ebenso dazu wie spektakuläre Fälle versuchter Erpressung[2]. Unter der Oberfläche von (Geld-)Affären lassen sich in beiden Gesellschaften Dimensionen korruptiven Handelns bestimmen, die auf *tradierte* kulturelle Muster der Patronage, des Nepotismus und Klientelismus hindeuten. Diese Kontexte für Korruption werde ich im ersten Teil meines Beitrags unter Bezugnahme auf die Hypothese des ‚amoralischen Familialismus' (Kapitel 1) genauer bestimmen. Im Hauptteil behandele ich politische Kampagnen, die unter Vorzeichen des ‚Anti-Korruptionskampfes' eingeleitet worden sind und die Elemente manipulativer Öffentlichkeit aufweisen: die Politik der ‚sauberen Hände' und die ‚Rywin-Affäre' (Kapitel 2). Daran anschließend werde ich (Kapitel 3) auf Fallbeispiele aus der Kampagnenführung von Nicht-Regierungs-Organisationen eingehen, die auf einer Mischung von Informationsarbeit und exemplarischen Aktionen beruhen und zur Herausbildung eines neuen Typs von unabhängiger Öffentlichkeit in Ostmitteleuropa beitragen. Meine Ausgangsüberlegungen lassen sich so formulieren: Die Kontinuität der Korruption nach 1989 gründet auf ‚vererbten' *kulturellen* Mustern des

---

1   So die Affäre des polnischen Vize-Premiers W. Pawlak, der im März 2009 durch Begünstigungen von Freunden, seiner Freundin und Familienmitgliedern im Amt in den Mittelpunkt öffentlicher Kritik geriet (siehe Dziennik vom 12.03.2009: 1; *Gazeta Wyborcza* vom 14.03.2009: 1-2). In der Tschechischen Republik wird der Chef des Obersten Rechnungshofs, F. Dohnal, verdächtigt, Staatsgelder für private Zwecke verschwendet zu haben (siehe Bericht von Radio Prag vom 29.05.2009 http://www.radio.cz/de/artikel/ 116788 (Stand: 30.06.2009)).

2   Siehe dazu den Fall des tschechischen ODS-Abgeordneten Jan Morava, der ähnlich wie die angebliche Überführung einer früheren PO-Abgeordneten während des polnischen Wahlkampfs 2007 als Teil des „Anti-Korruptionskampfs" inszeniert wurde (Frankfurter Rundschau vom 12.09.2008:6 ; *Gazeta Wyborcza* vom 06.10.2007: 1). Ferner der politische Druck auf tschechische Abgeordnete im Verlauf der Präsidentschaftswahlen vom Februar 2008 (u. a. durch Versenden von Briefe an Abgeordnete, die angeblich Pistolenkugeln enthielten).

Nepotismus, der Patronage und des Klientelismus, die nicht nur als Erbschaften
der kommunistischen Regimes zu interpretieren sind. Es handelt sich vielmehr um
kulturelle Muster, die für die kommunikative Infrastruktur beider Gesellschaften
bereits vor deren wieder erlangter nationaler Unabhängigkeit 1918 und 1989 eine
Wirkungsmacht besaßen.[3]

1. Transformationsgesellschaften und ‚amoralischer Familialismus'

Die Hypothese des ‚amoralischen Familialismus' (siehe Tarkowski 1994)[4] gründet
auf folgenden Annahmen: Politische Akteure (Eliten, politische Parteien) verorten
sich primär auf der Grundlage von Loyalitäts- und informellen Beziehungsmustern
aus Freundschaftszirkeln und Clans. Die Angehörigen der Machteliten in beiden
Transformationsgesellschaften bevorzugen durch einseitige Orientierungen an
Mustern des ‚amoralischen Familialismus' Entscheidungsstile, die die Rolle informeller Mechanismen der Interessenartikulation verstärken[5].

Partikulare Interessenorientierungen und egoistische Nutzenkalküle des politischen Elitenhandelns (siehe Tarkowski 1994; Podgórecki 1994) werden vorwiegend
durch lokale Gemeinschaften und ‚politische Familien' geprägt, die weder normative Orientierungen am demokratischen Gemeinwohl noch Wertorientierungen der
Bürgergesellschaft erlauben. ‚Amoralische' und ‚egoistische' Motive des Handelns
werden nicht unter ethischen Gesichtspunkten kritisiert. Es geht Banfield, Tarkowski u. a. vielmehr um Analysegesichtspunkte, die die illegitime Rolle von partikularen Interessenorientierungen unterstreichen. In einer Gesellschaft ‚politischer
Familien' (siehe Tarkowski 1994; Lewenstein 2006: 163-196) überwiegen kurzfristige Ziele des Gewinns materieller Vorteile oder einflussreicher Positionen[6]. Patronage, Nepotismus, Loyalität gegenüber Freunden und ‚Parteifreunden' vermischen
sich mit anderen Mechanismen der Korruption, wie Amtsmissbrauch[7]. Dies war in
den Affären mit den lokalen ‚roten Baronen' 2005 im Milieu der postkommunisti-

---

3   Siehe Jarosz (2005): 245-246; Gehring/Delinic (2009): 1-5.
4   Muster des „amoralischen Familialismus" wurden zuerst von Edward Banfield in empirisch-
    theoretischen Studien über die lokale politische Kultur in Süd-Italien aufgewiesen. Die Unfähig-
    keit, institutionelle Regeln und Organisationen oberhalb des Niveaus von persönlichen Loyalitä-
    ten, Cliquen und informellen Netzwerken zu entwickeln und zu erhalten, wurde danach als grund-
    legend für „amoralischen Familiarismus" bestimmt (siehe Banfield 1958: 89). Barbara Lewenstein
    hat in einem neueren Aufsatz die Hypothese zutreffend in der Frage „Gesellschaft von Bürgern"
    oder von „Familien" für die Gegenwartsanalyse Polens zugespitzt (Lewenstein 2006: 163ff.).
5   Siehe Jarosz 2005; Kamiński/Kamiński 2004; Kurczewski 2007; Wołek 2004.
6   Siehe Banfield 1958: 85; Tarkowski 1994: 152; Podgórecki 1994; T. Bogucka, Mądry Polak na
    swoim, in: *Gazeta Wyborcza* vom 06/07.06.2009: 19.
7   So im Prozess wegen Amtsmissbrauchs gegen zwei Mitglieder der polnischen Bauernpartei (PSL)
    (*Gazeta Wyborcza* vom 23.09.2008: 3).

schen Allianz (SLD) der Fall, ähnlich im kommunalen Politikfeld von Teschen (Csesky Tĕsin) (Cichomski 2007: 557ff.). So werden die (lokale und öffentliche) Verwaltung und der Staat ‚in Besitz' genommen, und die Instrumentalisierung des Rechts gilt als Muster der Interessenwahrnehmung. Ein Interesse an der Lösung von öffentlichen Problemen wird als unzweckmäßig und ‚unnormal' aufgefasst. Die Identifikation mit Zielen formaler Organisationen, Parteien und Programmen erscheint unangemessen; primärer Maßstab des Handelns und der Beteiligung in Organisationen ist Loyalität, die Verfahrensregeln ausschließt und institutionelles Wissen überflüssig erscheinen lässt. Dem entspricht ferner eine ‚intuitive' Institutionen-Auffassung (Podgórecki 1994), die in postkommunistischen Gesellschaften nicht nur für das Handeln von politischen Akteuren, sondern auch für die Einstellungen der BürgerInnen im öffentlichen Raum prägend ist.

2. Von der Politik der ‚sauberen Hände' zum Elitenkampf

Damit gelangen wir zum übergreifenden Mobilisierungsthema der parteipolitischen Eliten in beiden ostmitteleuropäischen Ländern. In den polnischen Wahlkämpfen 2005 und 2007 kreisten die Slogans, die sich die Partei „Recht und Gerechtigkeit" (PiS) auf die Fahnen geschrieben hatte, um den ‚Kampf gegen Korruption'. Im Verlauf der beiden Wahlkampagnen suchten sich die Brüder Kaczyński ebenso wie Ende der 1990er Jahre der tschechische Premier Zeman als Vorreiter der ‚politischen Reinigung' zu profilieren. Die Kontexte für die Kampagnen waren in beiden Ländern unterschiedlich, die Absichten ähnlich: *öffentliche Bloßstellung* als Strategie im Anti-Korruptionskampf. Ein Schwerpunkt, der in der Wahlkampagne 2007 mit der ‚Entlarvung' von Politikern aus dem Regierungslager durch Premier Kaczyński begann (‚Überführung' des Vize-Premiers Lepper, ‚Samoobrona', als ‚bestechlich') und der sich in der Schlussphase des Wahlkampfs in einer inszenierten Aktion der „Zentralen Anti-Korruptions-Behörde" (CBA) gegen eine Sejm-Abgeordnete der bürgerlichen Plattform (PO) wiederholen sollte: die ‚Entlarvung' einer angeblich bestochenen Politikerin vor laufenden Fernsehkameras. In einem ähnlichen Fall bewirkte das Vorgehen der „zentralen Anti-Korruptions-Behörde" (CBA) den Selbstmord der Politikerin Barbara Blida aus der postkommunistischen Allianz (SLD), die – wie sich im Verlauf der Untersuchung durch eine Kommission des Sejm herausstellte – grundlos beschuldigt worden war[8].

In der Tschechischen Republik gipfelten 1997 die Geldaffären der konservativen Bürgerpartei (ODS) im Bruch der Regierung (siehe Wojtas 2006: 70ff.). Sie wurden begleitet vom Zynismus der neuen Eliten, der in dem Slogan von Václav

---

8   Siehe *Gazeta Wyborcza* vom 12.05.2009: 2.

Klaus einen Ausdruck fand: ‚Geld stinkt nicht'. Als Premier wurde V. Klaus aus dem Amt gedrängt, ohne dass er die politische Verantwortung für die ‚Partei-Spendenaffäre' übernahm, die auf den illegitimen Umgang mit finanziellen Ressourcen und erfundenen Sponsoren zurückging. Im Urteil von Akteuren aus dem Milieu der tschechischen Nicht-Regierungs-Organisationen wird das Dilemma der Liberal-Konservativen auf einen Nenner gebracht:

> „Es ist unglaublich, dass diejenigen, die am meisten über das freie Unternehmen und über den freien Markt sprachen, am wenigsten Lust dazu hatten, das größte Hindernis in diesem Land zu beseitigen – die allgegenwärtige Korruption" (Interview p, Prag 2003; eigene Quelle).

Die geforderte Aufarbeitung der Korruptionsaffäre unter dem Slogan Politik der ‚sauberen Hände' wurde nur rhetorisch betrieben: als Teil einer Wahlkampagne, die alle Merkmale des ritualisierten Parteienkampfes verstärkte. Nach dem Ende des tschechischen Wahlkampfes 1998 und der Regierungsübernahme durch die konkurrierenden Sozialdemokraten unter M. Zeman traten die zuvor verbreiteten Slogans des ‚Anti-Korruptions-Kampfes' wieder in den Hintergrund. Eine Ausnahme bildete die Erklärung der ‚Vier-Parteien-Koalition' aus Freiheits-Union (US), Christliche Demokraten (KDU-CSL), Demokratischer Bürger-Allianz (ODA) und Demokraten (DEU), die als Reaktion auf den Finanzskandal innerhalb der Klaus-Regierung 1998 entstanden ist und in einer gemeinsamen Erklärung noch 1999 dafür plädierte, dass „Politik den Bürgern dienen müsse" (Declaration, Manuskript 1999: 2). In diesem Zusammenhang ist auch deren Grundlagenkritik am schwachen Zustand der demokratischen Kultur und Tendenzen zur Bürokratisierung in der zentralen Verwaltung der Tschechischen Republik zu lesen: „The bureucratized system of the state administration, in combination with the wide powers granted to civil servants ist he optimal environment for ever-present corruption" (Declaration, Manuskript 1999: 2).

Eine Aufarbeitung der Affäre hätte die Kooperation im Rahmen des ‚Toleranzabkommens' bzw. ‚Oppositionsvertrages' zwischen den regierenden tschechischen Sozialdemokraten und der in die Opposition geratenen Liberal-Konservativen Partei (ODS) Václav Klaus beeinträchtigt. Die von der Bürgerbewegung „Impulse 99" im Herbst 1999 in dem Manifest „Danke! Tretet ab!"[9] zugespitzte Ablehnung der Parteien manifestierte eine tiefe Kluft zwischen der Welt der selbst-interessierten politischen Führungsgruppen und der Welt der BürgerInnen. Der Legitimationsverlust der tschechischen Machteliten drückte sich auch in Einflussnahmen auf unabhängige Massenmedien aus: Drohungen und Einschüchterungen gegenüber regierungskritischen Journalisten waren verbreitet. Manipulative

---

9   Siehe Erklärung ehemaliger Studenten zum zehnten Jahrestag des 17.11.1989, in: Berichte zu Staat und Gesellschaft der Tschechischen und Slowakischen Republik 1999(4). München: 39-41.

Einflussnahmen wurden gemeinsam von den regierenden tschechischen Sozialdemokraten und den oppositionellen Liberal-Konservativen auf der Grundlage des
,Oppositionsvertrags' praktiziert. Die versuchte Inbesitznahme des unabhängigen
,öffentlich-rechtlichen' Fernsehens im Winter 2000/2001 gehört ebenso in diesen
Zusammenhang wie Angriffe auf Zeitschriften und Zeitungen. Im Fernsehstreit
des Winters 2000/2001 wurden allerdings auch die Grenzen der neuen Machteliten
markiert: Unter dem öffentlichen Druck einer Bürgerinitiative und des anhaltenden
Protests der Redakteure musste die vom Machtkartell aus Sozialdemokraten und
ODS betriebene Besetzung der Leitungsposten im öffentlich-rechtlichen Fernsehen durch politische Gefolgsleute wieder zurück genommen werden. Die von
beiden großen tschechischen Parteien praktizierte Politik der mangelnden Trennung zwischen Amt, Loyalität und Person[10] deutete auf Grundprobleme der Transformation hin: Die interaktive Ebene zwischen politischem Patron und loyalen
Gefolgsleuten bildet eine Seite der Praxis von Korruption (siehe Kubiak 2006: 18-
19); eine andere wird in ,systemischen' Dimensionen von Korruption sichtbar, die
über die politische Arena hinaus auch in anderen Bereichen bis in die Gegenwart
wirksam sind: Neuere Affären über gefälschte akademische Urkunden an der Juristischen Fakultät der Universität Pilsen und der Streit über Mafia in der Justiz (*Li-
dove Noviny* vom 23.10.2009:1-2) unterstreichen die Wirkungsmacht systemischer
Mechanismen der Korruption in der Tschechischen Republik.

3. Rywingate oder das System der ,unsichtbaren Macht': Systemische Dimensionen der Korruption

Die Rywin-Affäre von 2002 steht für ein Bestechungsmanöver, in dem Elemente
des politischen Spiels von Machteliten und systemische Dimensionen der Korruption zutage traten: im Verhältnis von Staatsmacht, Massenmedien und Gesellschaft.
Der Bestechungsversuch des Filmregisseurs Lew Rywins gegenüber Adam Michnik
als Repräsentanten des früheren dissidentischen Milieus und des größten unabhängigen Medienunternehmens („Gazeta Wyborcza", „Agora") bestand in dem Angebot, ein neues Mediengesetz zu ,kaufen'. Das Kaufangebot zielte auf die moralische
Legitimation der unabhängigen Öffentlichkeit. Und erfolgte nach Maßstäben, die
in Beziehungsnetzen der neuen und alten Machteliten gängig waren: Lew Rywin
unterbreitete in einem von Michnik auf Tonband festgehaltenem Gespräch sein
Geldangebot im Namen einer „unsichtbaren Gruppe der Staatsmacht" (Jarosz
2005: 20). Als Gegenleistung sollte von der Verlagsgruppe „Agora" die Zustim-

---

10 So zählten zu in Leitungsgremien des öffentlich-rechtlichen Fernsehens berufenen Gefolgsleuten
der Sozialdemokraten und der Liberal-Konservativen Partei (ODS) u. a. ein Ehepaar.

mung für ein restriktives Mediengesetz erreicht werden[11]. Im Fall der Annahme des Angebots wäre das von *Gazeta Wyborcza* repräsentierte Ethos der Glaubwürdigkeit zerstört worden.

Im polnischen Parlament wurde 2003 ein Untersuchungsausschuss gebildet, der die Hintergründe der Rywin - Affäre aufklären sollte. Dieses Gremium wandelte sich in eine Arena zur Eigenprofilierung der politischen Akteure und weitete seinen Auftrag in manipulativer Absicht aus: Statt der Aufklärung einer Affäre betrieben die von den Parteien entsandten Abgeordneten im Rywin - Untersuchungsausschuss parteipolitische Kämpfe und symbolische Politik, die das bekannte Maß überschritten. Eine radikale politische Rhetorik und strategische Interessen der Abrechnung mit (partei-)politischen Konkurrenten dominierten die Tätigkeit. Im Verlauf der Tätigkeit des Rywin-Ausschusses wurden eine Reihe Stereotypen und Verdachtsbilder erprobt. Und danach erschien der Adressat der versuchten Bestechung, Adam Michnik, als Mitspieler der Affäre – eine Verdrehung der Rollen und Perspektiven. Das Thema der versuchten Bestechung erlangte über längere Zeit eine Resonanz in den Massenmedien und gipfelte in neuen politischen Rahmendeutungen und Feindbildern. Für die Interpretation der Affäre Rywin wurden in den Massenmedien zwei Rahmendeutungen diskutiert: 1. Die Auffassung, dass Rywin nur ein Ausdruck des ‚Systems‘ der Machtbeziehungen in der III. Republik ist. 2. Die Affäre Rywin beruht auf einer Krise der Staatsmacht und der Gesellschaft des postkommunistischen Polens, die alle Dimensionen einer Legitimationskrise beinhaltet. Für beide Rahmendeutungen ist eine Annahme grundlegend: Informelle Strukturen der Machtausübung beeinflussen Politik und Wirtschaft so weitgehend, dass die Legitimation der neuen demokratischen Institutionen ausgehöhlt wird. Kritische Absichten der Aufklärung wurden im Verlauf der massenmedial verstärkten Debatten zunehmend durch politische Gegnerstereotypen überlagert, so dass schließlich Verdichtungssymbole und Personalisierungen überwogen. Die Rahmendeutungen ‚neue – alte Seilschaften‘ wurden hierbei durch konservative Journalisten mit politischen Verschwörungsformeln und Kritik an der ‚neuen‘ Demokratie in moralischen Termini assoziiert: Polen unterliege einer moralischen Krise, das politische System Polens erscheine als „krank“ (Śpiewak 2003: 145). Und die polnische Krise sei zuerst eine Krise des Politischen und eine *Krise des Vertrauens* (ebd.: 146).

Die Wiederherstellung von Vertrauen als Quelle demokratischer Legitimation stand nicht im Mittelpunkt des ‚Anti-Korruptionskampfes‘ der rechten Parteien, die im Herbst 2005 die Parlamentswahlen gewannen und sich der Rahmendeutungen ‚neue – alte Seilschaften‘ als Losung bedienten. Es ging dem Lager der Kaczyński-Brüder und ihren Verbündeten vielmehr darum, mit Konfrontation als

---

11   Siehe Jarosz 2005: 262.

rhetorischem Schlüsselwort eine politische Strategie vorzugeben, die entschiedenes Handeln suggerierte: die Annahme eines ‚starken' Staates, der im Kampf gegen Seilschaften in Verwaltung, Justiz und Massenmedien als Agentur des Umbaus fungieren sollte. Dabei scheint es den selbst ernannten Vorkämpfern gegen Korruption auch nicht um demokratische Reformen zu gehen. Im Gegenteil: Die Ernennung des Justizministers der Partei „Recht und Gerechtigkeit" (PiS), Ziobro, zum Generalstaatsanwalt Polens im Frühjahr 2007 verdeutlichte, dass Premier Jarosław Kaczyński im Konflikt mit angeblich tödlichen Seilschaften, Grundsätze des demokratischen Gemeinwesens aufgab, wie das Prinzip der Gewaltenteilung. Im symbolischen Kampf gegen Korruption akzeptierten die konservativen und national-populistischen Parteien auch Amtsmissbrauch als strategisches Mittel: So veranlasste der von Premier Jarosław Kaczyński eingesetzte Leiter der zentralen Anti-Korruptionsbehörde (CBA), Mariusz Kamiński (PiS), bis zu seiner Abberufung im Oktober 2009 immer wieder Aktionen, die seine Kompetenzen als Behördenleiter überschritten und auf illegalen Methoden gründeten: Von spektakulär vor laufenden Fernsehkameras inszenierten Verhaftungen angeblich korrupter Ärzte in Kliniken, über Bloßstellungen und Denunziationen von Mitgliedern und Politikern mit „Recht und Gerechtigkeit" konkurrierender Parteien bis zum Einsatz von ‚Undercover-Agenten' und illegalen Abhöraktionen ausgewählter Journalisten – durchgängig wurden gesetzliche Rahmenbedingungen ignoriert[12]. Die neu gebildete staatliche Institution CBA wurde auf diesem Weg als Instrument der Vorbereitung von politischen Intrigen und des parteipolitischen Kampfes genutzt: In der ‚Glückspielaffäre' 2009 von Angehörigen der konkurrierenden „Bürgerlichen Plattform" (PO) und dem angeblich ‚mafiösen Spiel' von Beamten und Angehörigen der PO-Regierung Donald Tusks bei der misslungenen Privatisierung der Schiffswerft in Danzig ging es Mariusz Kamiński – loyaler Gefolgsmann der Kaczynski-Brüder – als Leiter der zentralen Anti-Korruptions-Behörde (CBA) ausschließlich um strategische Absichten: nämlich durch manipulative Informationen das gegnerische Lager der „bürgerlichen Plattform" (PO) zu bekämpfen.

Im Unterschied zur nationalistisch-populistischen Regierung von Jarosław Kaczyński setzte die Ende 2007 an die Macht gelangte bürgerliche Plattform (PO) die Wiederherstellung von Vertrauen als Leitlinie der Politik. Danach sollte auch der Anti-Korruptionskampf auf transparente Weise erfolgen, wie Premier Tusk immer wieder betonte. Die Benennung der Abgeordneten Julia Pitera zur Ministerin für Koordinationsaufgaben im Kampf gegen Korruption deutete in diese Richtung: Julia Pitera hatte sich nämlich durch ihr früheres Engagement als Sprecherin von Transparency International Polen und als Sejm-Abgeordnete den Ruf einer

---

12   Vor diesem Hintergrund ist auch die Anklage gegen Mariusz Kamiński, der ehemalige Leiter des zentralen Anti-Korruptionsamtes (CBA), vor dem Gericht in Rzeszów Ende September 2009 zu betrachten: Die Anklage erhob den Vorwurf des Amtsmissbrauchs und illegaler Einsatzmethoden.

unbestechlichen Akteurin erworben. Ihre Tätigkeit stieß allerdings nach zwei Jahren auf Barrieren im eigenen Lager. Im Kompetenzgerangel mit dem Chefberater im Amt des Premiers, Michał Boni, konnte Pitera weder durch Entwürfe für ein Anti-Korruptionsgesetz noch für ein Gesetz zur Lobbyarbeit überzeugen. Der Streit im liberal-konservativen Lager des Premiers Donald Tusk offenbarte alle Struktur- und Funktionsmängel der parteipolitischen Eliten: In den Mobilisierungskampagnen gegen Korruption werden partikulare Ziele überbetont, die von innerparteilicher Konkurrenz über Karriereabsichten bis zu Kämpfen über die Deutungshoheit in der Öffentlichkeit reichen. Der politische Sprachgebrauch im Dienst des Anti-Korruptionskampfes fällt in der parteipolitischen Arena zunehmend ritualisierter und aggressiver aus. Zugleich fehlen im Denkhorizont der Eliten selbstkritische Einsichten, vor allem auf Seiten der konservativ-nationalen Politiker und Journalisten: dass korruptive Mechanismen die Demokratie degenerieren und dass die Sprache des Kampfes gegen Korruption im semantischen Feld der „Verteidigung der Demokratie"[13] verortet werden sollte. Ansonsten geraten die erforderliche Ausarbeitung von Regeln und Gesetzen zur Regulierung von Interessenpolitik aus dem Blick.

4. ‚Aktions-Öffentlichkeit' und Aufbau der Demokratie ‚von unten'

Die Kampagnenführung von Nicht-Regierungsorganisationen und neuen Bürgerinitiativen verbindet Forderungen nach Aufklärung mit Zielen demokratischer Reformen: Der ‚Anti-Korruptionskampf' bildet im Handeln der NGOs einen Kristallisationspunkt für die Entstehung von Aktions-Öffentlichkeiten. Auf diesem Hintergrund ist die Informationsarbeit von Transparency International – Warschau und – Prag auch als zivilgesellschaftlich orientierte Mobilisierungskampagne zu betrachten: der Herstellung von Öffentlichkeit über praktische Fragen. Die Schlüsselfragen lauten: Wie wollen wir die Demokratie aufbauen? Wie können gesetzliche Rahmenbedingungen für Interessenpolitik bestimmt werden? Welche ethischen Maßstäbe sollen für politisches Handeln von politischen Amtsinhabern und Abgeordneten zu Grunde gelegt werden? Welche Standards sollen für Entscheidungen in der öffentlichen Verwaltung verpflichtend sein? Und welches Berufsethos soll für Juristen, Wissenschaftler, Ärzte und Journalisten gelten? [14]

In diesem Zusammenhang interessieren Überlegungen, die Lösungsstrategien zur Überwindung von Korruption beinhalten. Sowohl in der polnischen als auch in

---

13   Marek Beylin, Z korupcją trzeba walzyć inaczej, in: *Gazeta Wyborcza* vom 17./18.10.2009: 23.
14   Siehe dazu Transparency International – Czech Republic (2009): Annual Report 2008, Praha: 60-90 und den Kodex der „Ethik für Journalisten": „Anti-Korruptions-Standards – Ethik in den Massenmedien" (Zabrowski 2006: 163).

der tschechischen Mediendebatte gibt es Anhaltspunkte dafür, dass die von den Transparency International-Gruppen vorgeschlagenen Konzepte für den Aufbau einer demokratischen Infrastruktur im lokalen politischen Raum und für Rahmenbedingungen der Interessenpolitik als konstruktiv beurteilt werden. So wurden die Vorschläge der tschechischen Sektion von Transparency International für einen Gesetzesvorschlag zur Stellung von Interessenverbänden im öffentlichen und politischen Leben[15] von Senator Zieleniec aufgenommen und fanden Eingang in einem vom Prager Parlament verabschiedeten Gesetz. Die Reformvorhaben von Transparency International in der Tschechischen Republik setzen mit Bildungsprojekten und Rechtsberatung der Bürger im lokalen Politikfeld an, einem Bereich, der von den politischen Parteien vernachlässigt wird. Hierbei bietet Transparency mit den Anti-Korruptionsberatungs-Zentren (ALAC)[16] den Bürgern und Bürgerinnen kostenlose Rechtsberatung in allen Fällen, in denen Anzeichen für Korruption auftreten. Impulse für demokratische Reformen gingen auch vom „Interventionsprogramm" (siehe dazu: Pitera: 150-156) der Transparency International Gruppe Polen aus, das in ausgewählten Städten, wie Danzig (siehe Adamowicz 2006: 39ff.), umgesetzt wurde und für den Aufbau der Demokratie ‚von unten‘ sensibilisierte (z. B. „Gmina"-Projekt). Ähnlich ausgerichtet sind die Serie von TI-Konferenzen in kleineren tschechischen Städten, die Bürgerengagement unterstützen sollen. Ein anderes Beispiel für die konstruktive Handlungsweise von Transparency International sind die Lösungsvorschläge zur Reform des tschechischen Gesundheitswesens und zur Untersuchung politischer Delikte von gewählten Parlamentariern, die Transparency International-Prag vorgelegt hat[17].

In beiden Transformationsgesellschaften ist Korruption im Sport ein Grundproblem, das mit finanziellen Transaktionen einhergeht, die der öffentlichen Kontrolle entzogen sind. Aufklärung über Netzwerke von Sportfunktionären, die in den polnischen und tschechischen Fußballligen finanzielle Ressourcen der Vereine für partikulare Ziele veruntreuten, wurde nicht von Seiten der Sportverbände und Parteien betrieben. Ansätze zur Offenlegung der dichten persönlichen Verbindungen im Profisport wurde von Transparency-Initiativen und Journalisten geboten: durch kritische Hintergrundanalysen, Presseerklärungen und öffentliche Stellungnahmen.[18]

---

15 Transparency International Czech Republic (2006): Conflicts of Interests. Praha.

16 Siehe Transparency International – Česká republika http://www.transparency.cz/alac (Stand: 30.10.2009).

17 Siehe Annual reports Transparency International Czech Republic: 2004-2007. Praha: TI. Ferner: P. Prchal (2007): Inverstigation of crimes committed of elected representatives. Working Paper. Praha.

18 Siehe Transparency International – Czech Republic (2009): Annual Report 2008. Praha: 70-71; Transparency International – Polska (2008)

5. Schlussfolgerungen und vergleichende Gesichtspunkte

Aus den bisherigen Überlegungen lassen sich einige Schlussfolgerungen ziehen, die vor allem Gesichtspunkten der vergleichenden Korruptionsforschung entgegenlaufen (Della Porte et al. 2002):

1. Klientelismus ist in beiden Übergangsgesellschaften keine Variante der Interessenpolitik, sondern ein informeller Reziprozitätsmechanismus.[19]

2. Die neuen Machteliten betrachten die Besetzung von staatlichen Institutionen unter dem primären Gesichtspunkt der *Inbesitznahme' des Staates* durch loyale Personen aus der eigenen Partei oder deren Umfeld. Dass diese Strategien der Inbesitznahme des ‚Staates' und staatlicher Institutionen die Grundlagen demokratischer Kultur aushöhlen, wird an immer neuen Fallbeispielen deutlich. Die Übernahme von Leitungspositionen im öffentlich-rechtlichen Fernsehen (TVP)) durch das politische Netzwerk Piotr Farfals, eines durch Gerichtsurteils als ‚neonazistisch' und antisemitisch eingestuften Politikers aus dem Milieu der „Liga der polnischen Familien" (LPR), verweist auf einen besonderen Fall ‚amoralischen Familialismus'.[20]

3. Die „Schwäche des Staates" – ein Slogan im Anti-Korruptionskampf der polnischen National-Populisten („Recht und Gerechtigkeit", PiS,) ist auf einen Mangel an Repräsentativität von Eliten und Interessenartikulation zurückzuführen. Dieses Dilemma der Elitenbildung ist für alle ostmitteleuropäischen Transformationsgesellschaften kennzeichnend. In Polen und der Tschechischen Republik werden diese Entwicklungsdilemmata trotz unterschiedlicher historischer und kultureller Rahmenbedingungen in übereinstimmender Weise ersichtlich.[21]

4. Maßstäbe des ‚amoralischen Familialismus' wirkten sich desintegrierend auf den gesellschaftlichen Zusammenhalt aus und blockierten nach 1989 auch die Bildung legaler Kriterien des politischen und organisatorischen Wandels in den Übergangsgesellschaften. Falsche Loyalitäten und informelle Verbindungen zwischen Politik und Geschäft prägen in beiden Transformationsgesellschaften eine Grauzone. Neuere empirische Untersuchungen zur Rolle politischer Eliten im lokalen Raum bestätigen diese Entwicklungsdilemmata und politischen Spaltungstendenzen (Dudzińska/Post 2009: 158-170).

---

19 Dieser Sachverhalt tritt besonders im Verhältnis von Zentrum und Region in Polen zutage. Ein Angehöriger der oberschlesischen politischen Eliten bestimmt die illegalen Dimensionen von Klientelismus mit folgenden Worten: „Wir haben weiter diese Verfahrensweise [im polnischen Original: klientelizm], d. h. das Geld wird immer noch nicht nach Gesetz verwaltet, also nach klaren Kriterien, sondern ‚reist' auf vielen Wegen über z. B. verschiedene Agenturen der Stiftung des Staates" (Interview fr, Kattowitz 2001; eigene Quelle).

20 Siehe dazu: List w sprawie Farfala. In: *Gazeta Wyborcza* vom 05.04.2009: 4.

21 Siehe Wołek 2004; Jarosz 2007; Cichomski 2007: 557-559; Dylus et al. 2006.

5. Erscheinungsformen der *zunehmenden ‚Gesetzlosigkeit'* in der Folge von Instrumentalisierung des Rechts durch Spitzenpolitiker (wie zum Beispiel PiS-Justizminister Ziobro) und ein Mangel sozialen Gemeinschaftslebens und sozialer Ordnung: Damit werden Fragen der Anomiedebatte (Podgórecki 1994) angesprochen. In diesem Zusammenhang gehören auch in beiden Gesellschaften verbreitete Einstellungsmuster des ‚Fatalismus' unter den BürgerInnen, die von einem paralysiertem Glauben in Institutionen begleitet werden.[22] Wenn *Fatalismus und paralysierter Glauben* im Verhältnis zu öffentlichen Institutionen überwiegen, muss von *Pathologien des gesellschaftlichen Lebens* ausgegangen werden: Der gesellschaftliche Zusammenhalt ist schwach, Probleme der sozialen Integration werden von ‚amoralischen Familialisten' ausgeblendet.

6. Durchgängig handelte es sich beim ‚Anti-Korruptionskampf' der parteipolitischen Eliten in beiden Ländern um Mobilisierungsstrategien, die das klassische Repertoire von Elitenkämpfen zum Tragen brachten: Von appellativer politischer Sprache zur Mobilisierung neuer Anhänger über Verdichtungssymbole, von der Rhetorik der ‚Reinigung' bis zum moralischem Rigorismus und der ‚Aufarbeitung' von ‚Vergangenheit' und des ‚Kampfs' gegen ‚dunkle' Seilschaften und Netzwerke. Die Slogans sind in der politischen Öffentlichkeit beider Länder ähnlich, die Wortwahl im Elitenkampf nur durch einige Akzente geringfügig verändert (‚rote Barone'; ‚organisiertes Verbrechen'; ‚Unterwelt' u. a.). Parallel hierzu sind Tendenzen der Moralisierung und des öffentlichen Bloßstellens festzuhalten, die polarisierende Effekte in der Öffentlichkeit erzeugen sollen: Die Diskreditierung von parteipolitischen Konkurrenten und die Erzeugung politischer Feindbilder werden mit Hass und Revanche als politische Mechanismen verknüpft.

7. In den Elitenkämpfen im symbolischen Feld Korruption geht es nicht um Vorwürfe, die durch die Wirklichkeit bestätigt werden: „Hier dreht sich der Kampf darum, die Öffentlichkeit davon zu überzeugen, dass es eine Affäre gibt, selbst wenn es sie nicht gibt" (Paradowska/Janicki 2009). Das politische Spiel zwischen feindlichen Lagern beeinflusst zwanzig Jahre nach den gewaltlosen Revolutionen von 1989 alle Bereiche des öffentlichen Lebens in Ostmitteleuropa.

8. Von den Formen des exzessiven Elitenkampfs hebt sich die themenorientierte Mobilisierung der Bürgerinitiativen und NGOs ab, wie u. a. die öffentlichen Stellungnahmen der tschechischen Bürgerinitiative „Impulse 99" (Prag), „Gegen Korruption" der Batory Stiftung Warschau und der Transparency International Gruppen belegen. Die durch öffentliche Stellungnahmen, Dokumentationen und unabhängige Untersuchungen aufgeworfenen Probleme reichen von aktuellen Fällen des Missbrauchs öffentlicher Gelder bis zu politischen Konflikten, die die

---

22 Siehe Rozmowa Korupcja z Grzegorz Makowski: „To n ie jest skorumpowany kraj". In *Gazeta Wyborcza* vom 15./16.11.2008: 20-21; Bogucka (2009): 19.

neuen Parteien tabuisieren (zum Beispiel: intransparente Wege der Parteienfinan-
zierung).

9. Die Hypothese der *Pfadabhängigkeit postkommunistischer Gesellschaften*
(Stark 1995: 66-79) muss durch die Annahme der kulturell tradierten Korruption
ergänzt werden (siehe Holmes 1993): Die mentalitätsgeschichtlich zu erhellenden
kulturellen Faktoren erhalten in der Gegenwart einen so hohen Stellenwert, der
über die Wirkungsmacht korruptiver Stile der kommunistischen Machteliten zurück verfolgt werden kann: nämlich bis zur politischen Kultur der Zwischenkriegs-
Republiken in Polen und der Tschechoslowakei und auf die im historischen Gedächtnis der Polen idealisierte Periode der ‚Adels-Republik‘.

10. Die Konfliktlinien zwischen neuen politischen Eliten und Gegeneliten
(Bürgerinitiativen und Nicht-Regierungs-Organisationen, wie Transparency International) lassen sich nicht zureichend in den Unterscheidungsdimensionen von
„Verantwortungs-“ versus *„Gesinnungsethik“* (siehe Weber 1988: 551-560) erfassen. Aus den bisherigen Überlegungen können die beiden Schlussfolgerung gezogen werden: dass 1) im symbolischen Kampf gegen Korruption (wie in den Wahlkampagnen in der Tschechischen Republik 1998, 2006 und in Polen 2005, 2007)
parteipolitische Eliten Elemente gesinnungsethischen Handelns überbetonen; und
dass 2) Handlungsorientierungen (ein ‚demokratisches Ethos‘) für Abgeordnete,
Politiker und Journalisten zuerst von Akteuren der Nicht-Regierungs-
Organisationen in die öffentliche Meinungsbildung eingebracht werden.

Schlussbemerkungen

In Polen und der Tschechischen Republik kristallisieren sich im ‚Anti-
Korruptionskampf‘ unterschiedliche Formen von Öffentlichkeit heraus, die in zwei
Typen Ausdruck finden:

Erstens in Formen manipulativ hergestellter Öffentlichkeit, deren Umrisse im
politischen Spiel der neuen Machteliten erkennbar wird. Für manipulative Öffentlichkeit ist eine in Ostmitteleuropa verbreitete konfrontative Rhetorik kennzeichnend, begleitet von Tendenzen der direkten Einflussnahme auf Massenmedien[23]
und künstlich erzeugter politischer Feindbilder, die in einem aggressiven politischem Sprachgebrauch gipfeln: ‚Unterwelt‘ , Mafia, ‚Politik der sauberen Hände‘,
‚dunkle Seilschaften‘, ‚Lumpen-Liberalismus‘ oder Journalisten in den Massenme-

---

23   Siehe dazu die ‚Affäre Wolf‘, in deren Verlauf der jüngst abgelöste tschechische Premier Topolá-
      nek zugunsten eines politischen Freundes mit finanziellen Mitteln in den Massenmedien zu inter-
      venieren versuchte (Radio Prag vom 17.03.2009. http://www.radio.cz/de/artikel/114286 (Stand:
      30.06.2009).

dien als ‚negative Elemente' (Ex-Premier Jarosław Kaczyński). Dabei nehmen die parteipolitischen Eliten die Zerstörung des öffentlichen Lebens in Kauf.

Zweitens in Formen von ‚Aktions-Öffentlichkeiten', die den themenorientierten Mobilisierungskampagnen von Nicht-Regierungs-Organisationen (Transparency International Warschau und Prag) und neuen Bürgerinitiativen zu Grunde liegen. Im Mittelpunkt der Kampagnenführung stehen hier praktische Fragen, die auf das Selbstverständnis der Übergangsgesellschaften zielen: Wie sollen das demokratische Gemeinwesen und unabhängige Öffentlichkeit begründet werden? Foren wie öffentliche Versammlungen und Anhörungen stehen im Mittelpunkt der Informationsarbeit. Das Medium Kritik wird als Bestandteil öffentlicher Meinungsbildung rehabilitiert („kritische Publizität"[24]), genauer: als Maßstab für öffentliche Meinungsbildung und demokratische Willensbildung erhellt. Im Ergebnis werden im Streit über Demokratie Grundprobleme der politischen und gesellschaftlichen Transformation aufgeworfen, die in den auf Machterwerb ausgerichteten Elitenkämpfen keinen Stellenwert erhalten:

1. die Schlüsselfrage: Eine Gesellschaft von Bürgern oder ‚politischen Familien' (Lewenstein 2006)? Und

2. in selbstreflexiver Absicht Annahmen, die auf Demokratisierung als Lernprozess abstellen: „Ein ehrlicher Staat beginnt konsequent mit der rechtlichen Erziehung der Bürger und der Achtung vor dem Gesetz (...) Ein ehrlicher Staat braucht ehrliche Bürger!" (Erklärung der „Freiheits-Union"/UW vom 23.11.2003).[25]

Literaturverzeichnis

Adamowicz, Paweł (2006): Jakość polskich standardów antykorupcyinich. In: Dylus, Aniela et al. (2006): 39-46

Banfield, Edward (1958): The Moral Basis of a Backward Society, Glenoce, Ill.: The Free Press

Beylin, Marek (2009): Z korupcją trzeba walczyć ignaczej. In: Gazeta Wyborcza vom 17./18.10.2009: 23

Bogucka, Teresa (2009): Mądry Polak na swoim. In: Gazeta Wyborcza vom 06./07.06. 2009: 19

Cichomski, Mariusz (2007): „Zatrudowanie" na „Sznapstadtu". In: Kurczewski, Jacek (2007): 550-559

---

[24] So der offene Brief in der Angelegenheit des Missbrauchs des staatlichen Fernsehens durch das politische Netzwerk des Ex-Nazis P. Farfał, den der Publizist und Historiker Jerzy Jedlicki u. a. in der *Gazeta Wyborcza* (vom 31.03.2009: 1) veröffentlichten. Ferner: „List w sprawie Farfała. Nie dla Farfala." In: *Gazeta Wyborcza* vom 05.04.2009: und der Aufruf des Regisseurs Krzysof Krauze „Bojkotujmy TVP". In: *Gazeta Wyborcza* vom 06.04.2009: 1 .

[25] Ucziwe państwo. In: *Gazeta Wyborcza* vom 2.12.2003:17. Mit ähnlichen Überlegungen für die Tschechische Republik Ex-Außenminister Karel von Schwarzenberg in einem Interview mit H. Gehring und T. Delinic (in: KAS Länderberichte vom 29.06.2009, Praha 2009:3).

„Danke tretet ab!". Erklärung ehemaliger Studenten zum zehnten Jahrestag des 17.11.1989. In: Berichte zu Staat und Gesellschaft der Tschechischen und Slowakischen Republik (1999), 4. München: 39-41

Della Porte, Donatella/S. Rose Ackerman (Hrsg.) (2002): Corrupt exchanges. Baden-Baden: Nomos

Dylus, Aniela/Rudkowski, Andrzej/Zabrowski, Marcin (Hrsg.) (2006): Korupcja. Oblicza, uwarunkowania, przeciwdziałanie. Wrocław: Ossolineum

Dudzińska, Agnieszka/Post, Barbara (2009): Political Representation on the local level. In: Wasilewski, Jacek (2009): 151-177

Gehring, Hubert/Delinic, Zomaš (2009): „Stell dir vor, es ist Europa und keiner geht hin". Interview mit Fürst Karel von Schwarzenberg. In: KAS Landesberichte vom 29.06.2009: Konrad Adenauer Stiftung: 1-5

Holmes, Leslie (1993): The End of Communist Power: Anti-Corruption Campaigns and Legitimation Crisis, Oxford: Oxford University Press

Jarosz, Maria (2005): Macht, Privilegien, Korruption. Wiesbaden: Harrassowitz Verlag

Jarosz, Maria (Hrsg.) (2007): Transformacja, Elity, Społeczeństwo. Warszawa: PAN ISP

Kamiński, Antoni Z./Kamiński, Bartholomiej (2004): Korupcja Rządów. Warszawa: PAN ISP

Kubiak, Anna (2006): Codzenne doświadzenia korupcyne Polaków – Barometr korupcji 2006. Warszawa: Fundacja Batorego

Kurczewski, Jacek (Hrsg.) (2007): Lokalne Wzory Kultury Politycznej. Warszawa: Trio

Lewenstein, Barbara (2006): Społeczeństwo rodzin czy obywateli. In: Societas/Communitas 1: 163-196

Makowski, Grzegorz (2008): Korupcja jako problem społeczny. Warszawa: Wydawnictwo TRIO

Makowski, Grzegorz (2008): „To nie jest skorumpowany kraj". In: Gazeta Wyborza: 15/16.11.2008: 20-21

Paradowska, Janina/Janicki, Mariusz (2009): Eine Affäre mit der Affäre. In: Polytka, Nr. 41 vom 07.10.2009 (Polityka auf Deutsch: http:// www..de-pol.info.de (Stand: 04.11.2009)

Pitera, Julia (2006): Wkąd Transparenc International Polska w przezwyciężanie korupcji. In: Dylus, Aniela et al. (2006): 150-156

Podgórecki, Adam (1994): Polish Society. Westport/London: Praeger Publishers

Skórzyński, Jan (Hrsg.) (2003): System Rywina. Warszawa: Świat Książki

Śpiewak, Paweł (2003): Koniec złudzen. In: Skórzyński, Jan (2003): 143-147

Stark, David (1995): Das Alte im Neuen. Institutionenwandel in Osteuropa. In: Transit 9: 66-79

Tarkowski, Jacek (1994): Socjologia świata polityki, Patroni i klienci,.Warszawa: IFIS

Wasilewski, Jacek (2009): Political Leadership in Polish counties. Warsaw: PAN ISP

Weber, Max (1988): Gesammelte Politische Schriften. Tübingen: Mohr Siebeck

Weber, Max (1988): Politik als Beruf. In: Weber, Max (1988): 505 -560

Wojtas, Kinga (2006): Wypły korupcji na finansowane partii politycznych na przykładzie czeskiej ODS. In: Dylus, Aniela et al. (2006): 70-87

Wołek, Artur (2004): Demokracja nieformalna. Warszawa: PAN ISP

Zabrowski, Marcin (2006): Skanner życia publicznego, czyli media wobec korupcji. In: Dylus, Aniela et al. (2006): 161-172

Vertrauen als soziale Determinante zur Reduktion der Handlungsunsicherheit bei Korruptionsentscheidungen[1]

Peter Graeff

Einleitung

In vielen sozialwissenschaftlichen Erklärungsansätzen und auch im deutschen Recht wird Korruption als intentionales Handeln von Personen aufgefasst, die sich in einer spezifischen Amtsposition in öffentlichen oder privaten Organisationen befinden. Die Amtsträger führen die Korruption nicht ‚unbewusst' oder ohne Ziel aus, sondern sie versuchen über korrupte Machenschaften ihre Interessen durchzusetzen. In der Soziologie bietet sich ein handlungstheoretischer Zugang an, um die Gründe für diese Missbrauchstaten der Amtsträger zu analysieren. Ein solcher handlungstheoretischer Ansatz kann etwa an den Interessen und der Verteilung der Kontrollrechte der Akteure ansetzen (Coleman 1995: 172). Die Akteursinteressen können in Korruptionssituationen zwar ein großes Spektrum aufweisen, sie zielen aber in den häufigsten bekannten Fällen auf die Erlangung von Geld oder Sachzuwendungen ab (Korruption Bundeslagebild 2007: 14). Üblicherweise möchte ein Akteur bei der Bestechung eines Amtsträgers, dass dieser die Kontrollrechte in seinem Amt zum Vorteil des Bestechenden ausnutzt. Im ‚Gegenzug' lässt der Bestechende dem Amtsträger Leistungen zukommen, die im Amt in dieser Weise nicht vorgesehen waren. Die handlungstheoretische Analyse einer solchen, meist langfristigen Tauschbeziehung zwischen dem Bestechenden und dem Amtsträger stellt das ‚soziale Phänomen' der Korruption in den Vordergrund und abstrahiert vom Verhalten einzelner, so dass im Folgenden vor allem die Bedingungen bedeutsam sind, unter den die Akteure Entscheidungen für und gegen Korruptionsmöglichkeiten fällen. Darüber hinaus sind auch die Folgen ihrer Handlungen von Interesse, die teils geplant, teils nicht intendiert zustande kommen.

In Anlehnung an die theoretischen Ausführungen von Coleman (1995) sollen im Folgenden zunächst die Merkmale des Handlungssystems untersucht werden, in welchem korrupte Transaktionen zwischen Amtsträgern und Bestechenden erbracht werden. Der viel diskutierte, nicht eindeutige Begriff der Korruption wird dabei als ein sanktionsrelevantes Delikt aufgefasst, das im Kern den Missbrauch eines Amtes zum Vorteil eines Dritten (dem Bestechenden) bezeichnet. Grundsätz-

---

1   Der vorliegende Beitrag greift auf einige theoretische Überlegungen aus dem Artikel „Why should one trust in corruption?" (Graeff 2005) zurück und führt diese in Anwendung auf bestimmte Korruptionssituationen weiter.

lich ergeben sich andere soziale Beziehungen und Handlungslogiken, wenn die korrupten Akteure ihre Taten nicht freiwillig planen und ausführen können, wie das etwa bei einer Nötigung oder einer Erpressung der Fall ist. Im Gegensatz zur Korruptionssituation basieren Transaktionen, bei denen einer der Akteure gegen den Willen des anderen seine Handlungen durchsetzen kann, auf einseitig akkumulierter Macht. Soziale Aspekte treten dabei als Erklärungsfaktoren für das Verhalten der Akteure in den Hintergrund. Der Mächtige besitzt eine einseitige Handlungssicherheit und benötigt die Zustimmung des anderen nicht.[2]

In der vorliegenden Analyse wird aber davon ausgegangen, dass der Amtsträger und der Bestechende freiwillig handeln.[3] Diese Annahme korrespondiert mit der Beobachtung, dass beide einen Vorteil aus der Korruption haben, den sie realisieren können, wenn jeder die versprochenen Leistungen erbringt und nichts davon an die Öffentlichkeit dringt.

Im Einklang mit weiten Teilen der sozialwissenschaftlichen, ökonomischen und juristischen Literatur lässt sich die Korruptionssituation für die Akteure durch drei Merkmale charakterisieren (Bannenberg 2002; Lambsdorff 1999): Sie handeln freiwillig, es gibt eine Sanktionsgefahr, falls die Korruption bekannt wird, und es gibt keine rechtliche Institution, bei der die bei der Korruption versprochenen Leistungen eingeklagt werden können. Die Akteure müssen damit rechnen, dass ihre Taten durch Dritte sanktioniert (üblicherweise mit strafrechtlichen Mitteln) und verfolgt werden können, da das Ausnutzen der Amtsposition wegen negativer externen Effekte für Dritte unter Strafe steht.[4] Man kann seine Leistungen auch nicht vor Gericht einklagen, falls der andere eine in Aussicht gestellte Leistung nicht beibringen will. In einer solchen Handlungssituation tritt bei der Korrupti-

---

2   Die Folgen sind andere als bei Korruptionshandlungen von freiwillig handelnden Akteuren. Erpresste oder Genötigte haben ein Interesse daran, den Erpresser/Nötiger strafrechtlich zu verfolgen oder sich zu rächen. Genau das tritt bei korrupten Transaktionspartner nicht auf, wenn beide einen Vorteil aus ihren Taten ziehen. Im deutschen Recht gilt Korruption daher als ‚opferloses‘ Delikt, bei dem die Öffentlichkeit, aber nicht die Korruptionspartner selbst geschädigt werden.

3   Zwar wird davon im deutschen Strafrecht auch ausgegangen, aber in der Korruptionsliteratur, gerade in der praxisrelevanten, wird dieser Punkt oft nicht vorausgesetzt, da es eine Reihe von sozialen Verführungsstrategien gibt, welche die Einwilligung in eine Korruption forcieren. Dazu gehören etwa das ‚Anfüttern‘, bei dem ein Bestechender über das Anbieten kleiner ‚Aufmerksamkeiten‘ die Bestechungsbereitschaft eines Amtsträgers prüft. Der Bestechende erhöht den Wert der ‚Aufmerksamkeiten‘, bis dieser schließlich eine solche Einflussposition auf den Amtsträger erlangt hat, dass der Bestochene keine Möglichkeit mehr besitzt, von weiteren Tauschhandlungen zurückzutreten. Die eigentliche Korruption, um die es dem Bestechenden geht, ist dann eine Erpressung, in der der Bestechende die Menge der ‚Aufmerksamkeiten‘ als Druckmittel gegen den Amtsträger benutzt.

4   Korruption führt zu einer Reihe von Schäden für Dritte (siehe Graeff 2009a). Besondere Bedeutsamkeit hat in der öffentlichen Verwaltung der dadurch entstehende Vertrauensverlust der Bevölkerung in deren Arbeitsweise.

onsentscheidung eines Akteurs eine Handlungsunsicherheit auf. Falls er davon ausgehen muss, dass der andere nicht über die Korruptionstat schweigt oder seine Leistung nicht in der vorgesehenen Weise erbringen wird, ist es nicht rational, sich auf eine solche riskante Korruptionstat einzulassen. Erst wenn ein Akteur davon ausgeht, dass der andere seine Leistung fair erbringt und dass die Korruption auf den privaten Handlungsraum der Akteure beschränkt bleibt (also nicht an die Öffentlichkeit dringt), sollte er bereit sein, die riskante Transaktion zu wagen. Da die gleichen Entscheidungsbedingungen auch für den jeweils anderen Akteur gelten müssen, sind die Annahmen reziprok. Erfolgreiche Korruptionsdelikte verlassen den privaten Handlungsraum der Akteure nicht (Stegbauer 2002: 68): Die Korruption „(...) ist getarnt durch Gegenseitigkeitsbeziehungen, die durch persönliche Freundschaften oder Vertrauen gekennzeichnet sind."

Reziprozität ist zwar eine universelle Handlungs- oder Leistungslogik in allen Gesellschaften (Gouldner 1960), in Bezug auf Korruption realisiert sie sich aber über die üblicherweise in der Literatur berichteten Handlungsstrategien wie etwa der ‚Wie Du mir, so ich Dir'-Strategie (Kolm 2000). Die Reziprozität bei Korruptionshandlungen schließt eine Ressourcenungleichheit ein, die sich darin zeigt, dass der Amtsträger dem Bestechenden eine Leistung aus seiner Position gewähren kann, die der Bestechende sonst in dieser Weise nicht bekommen hätte. Im Gegenzug existiert etwas, was der Amtsträger auch von dem Bestechenden bekommen möchte. Ein altruistische Motivation zur Reziprozität, wie sie zuweilen in der Literatur beschrieben wird (Noteboom 2002; Putnam 2000: 134), existiert für die korrupten Akteure nicht, sie wäre auch im Lichte der riskanten Handlungen kaum denkbar. Korruption ist daher auch kein einfaches Tauschen von Geschenkleistungen, denn solche Austauschbeziehungen benötigen keine Erwartungsreziprozität in der oben beschriebenen Weise zur Reduktion der Handlungsunsicherheit. Dauerhafte, für Dritte transparente Tauschbeziehungen basieren auf Ehrlichkeit (Banfield 1975) und schädigen in der Regel die Dritten nicht. Korruption weist aber wegen seiner negativen externen Effekte Schädigungen für nicht an der Korruption beteiligte Personen auf (was auch deren strafrechtliche Verfolgung implizieren kann), so dass die korrupten Akteure einerseits Ehrlichkeit einander unterstellen müssen, gleichzeitig aber auch einvernehmlich die Schädigung und die Unehrlichkeit gegenüber Dritten in Kauf nehmen wollen.

Die Reduktion von Handlungsunsicherheit bei Korruptionsentscheidungen

Die Frage, in welcher Weise korrupte Akteure ihr Problem der Handlungsunsicherheit lösen, ist identisch mit der Frage, unter welchen Bedingungen Akteure die Erwartungsreziprozität in ihrer Beziehung unterstellen. Aus den in der Presse berichteten und den von den Untersuchungsbehörden aufgedeckten Korruptionsfällen ist bekannt, dass korrupte Akteure in vielen Fällen enge soziale Beziehungen besitzen, zuweilen miteinander verwandt sind (Nepotismus) oder sich bereits seit langer Zeit gut kennen. In den meisten Fällen werden diese Akteure auch zukünftig miteinander zu tun haben, so dass langfristige Bestrafungs- oder Bekräftigungsstrategien bei korrupten Transaktionen in ihre Entscheidungsmöglichkeiten einfließen. Die Akteure besitzen Wissen über die Zuverlässigkeit miteinander und können einschätzen, ob jemand sich bei einem Korruptionsgeschäft fair und langfristig als verschwiegen herausstellt. Ihre Handlungsunsicherheit kann über das gegenseitige Vertrauen zueinander reduziert werden. Dieses Vertrauen in Korruptionsbeziehungen kann über die Häufigkeit des gegenseitigen Umganges miteinander und dem Wissen voneinander beeinflusst werden. Je häufiger Akteure miteinander umgehen, desto größer wird ihr Erfahrungsschatz über die Zuverlässigkeit des anderen und desto subjektiv größer wird ihre Einschätzung, ob der andere als Partner bei riskanten Korruptionsgeschäften in Frage kommt. Soziale Interdependenzen, wie sie etwa in Familien oder Partnerschaften existieren, mögen ebenfalls zur Reduktion der Unsicherheit beitragen, entscheidend bleibt das Wissen und die daraus abgeleitete Erwartungsreziprozität, die notwendig für die Offerte oder die Annahme eines Korruptionsgeschäftes ist.

Während eine handlungstheoretische Erklärung der Reduktion von Handlungsunsicherheit durch Vertrauensprozesse an der Interaktionshäufigkeit und dem Wissen über den (potenziellen) Korruptionspartner ansetzt, ist diese Erklärung für situative, nicht auf Wiederholung angelegte Korruptionsdelikte kaum zutreffend. Bannenberg (2002: 480) hat diese Art der Korruption „Einzelfallkorruption" genannt:

> „Einzelfallkorruption (...) wird bei günstiger Gelegenheit begangen, die Personen sind sich in der Regel fremd und die Tat ist nicht auf Wiederholung angelegt. Das Geschehen beschränkt sich meist auf zwei oder wenige Personen (...)."

Wenn sich die Akteure vor der Korruption unbekannt sind, das Risiko in einer Korruptionssituation trotzdem gegeben ist, beruht die Erwartungsreziprozität auf anderen Informationen als dem spezifischen Wissen, das jeder Akteur von seinem Korruptionspartner hat. Vielmehr können die Akteure auf generelle, akteursunabhängige Informationen zurückgreifen. Ein solches Wissen kann über Korruptionsnormen vermittelt werden, die für spezifische Situationen, aber unabhängig vom konkreten Korruptionspartner das erwartungsgemäße Handeln vorgeben. Normen und individuelles Vertrauen sind zwei Mechanismen, welche die Handlungssicherheit in Korruptionssituationen derart erhöhen können, dass die Akteure bereit werden, sich auf die riskante Entscheidung für eine Korruption einzulassen.[5] Diese Mechanismen implizieren auch Erklärungen, warum Korruptionsbeziehungen von dritter Seite (etwa den Strafverfolgungsbehörden) nur schwer zu zerschlagen sind (siehe auch Nell 2009).

Normen und Vertrauen sind auch die entscheidenden Mechanismen zur Reduktion von Handlungsunsicherheit in korrupten Netzwerken (Graeff/Stessl 2009). In der soziologischen Literatur wird die Größe des Netzwerkes als eine der zentralen Eigenschaften für dessen Funktionsfähigkeit gesehen. Das trifft auch bei Netzwerken mit korrupten Akteuren zu: Je größer diese werden, desto schwieriger wird es, akteursspezifisches Wissen für eine Zuverlässigkeitseinschätzung aufzubauen. Oftmals behilft man sich mit „intermediärem Vertrauen" (Coleman 1995: 232), das in gleicher Weise die Handlungsunsicherheit reduziert wie das direkte Vertrauen in die Zielperson. Dieser Beitrag konzentriert sich auf die Reduktion der Handlungsunsicherheit über Vertrauensprozesse zwischen Akteuren. Eine nähere Darstellung der Einflüsse von Normen auf die Handlungsunsicherheit wird in Graeff (2005, 2009b) gegeben.

Vertrauen als Mechanismus der Reduktion von Handlungsunsicherheit bei Korruptionsentscheidungen

Der Begriff des Vertrauens wird ebenso wie der Korruptionsbegriff nicht in einheitlicher Weise in der Literatur verwendet (Sitkin/Roth 1993). Es gibt aber Kernmerkmale, die bei nahezu allen Autoren auftauchen und die eine Minimaldeutung des Begriffes nahe legen.

Vertrauen, das sich auf spezifische Personen richtet, existiert weder in Situationen, in denen vertrauende Akteure Handlungsstrategien mit sicherem Ausgang wählen (Hardin 2006: 28), noch in den Situationen, in denen alle möglichen Entscheidungsrisiken, denen ein vertrauender Akteur in einer Situation ausgesetzt ist, relevant werden. Vielmehr spricht man in weitgehender Übereinstimmung von interpersonalem Vertrauen, wenn für den vertrauenden Akteur ein Risiko im Umgang mit dem vertrauennehmenden Akteur existiert, das aus der Unsicherheit resultiert, dass der andere in erwarteter Weise handeln wird (Rousseau et al. 1998; Graeff 1998; Neubauer 1999; Schweer/Thies 2003). Das impliziert, dass Vertrauen die Bereitschaft, verletzlich zu sein, einschließt (Mayer et al. 1995). In einer eher

---

5   Es ist zu vermuten, dass die Anteile des Vertrauens und der Normen, die zur Regelung von Korruptionsbeziehungen verwendet werden, mit der Häufigkeit der Akteursinteraktionen variieren (siehe Graeff 2005). Je häufiger die Interaktion ist, desto höher sollte das Wissen über den anderen werden und desto höher sollte auch das Vertrauen ausfallen, selbst wenn die Beziehung zuvor lediglich über Normen stabilisiert wurde (Bunker/Cohen 1983).

handlungstheoretischen Deutung des Begriffes bezieht sich die Verletzlichkeit auf die Kosten, die entstehen, wenn sich herausstellt, dass das Vertrauen in den vertrauenempfangenden Akteur fehlinvestiert war. Umgekehrt resultiert auch ein Gewinn, wenn das Vertrauen bestätigt wird. Gewinne und Kosten kommen in einer Vertrauenssituation nur dadurch zustande, dass ein Kontrollverzicht des Vertrauenden geleistet wird. Er gibt also Ressourcen zu Gunsten des vertrauennehmenden Akteurs auf und setzt sich damit einem Risiko aus (Deutsch 1973).

Kontrollverzicht und Risiko sind notwendige Merkmale des Vertrauens in nahezu allen sozialwissenschaftlichen Konzepten. Darüber hinaus verwenden gerade dyadische Vertrauensansätze auch das Merkmal der Reziprozität (Neubauer 1991). Die Reziprozität bei dyadischem Vertrauen ist notwendig für die langfristige Aufrechterhaltung von Austauschbeziehungen (Neubauer 1999). Ohne Reziprozität gäbe es lediglich ein dauerhaft einseitiges Vertrauen, also eine ständig einseitige Verletzlichkeit und Ressourcenübertragung, ohne dass der vertrauennehmende Akteur die Vertrauensinvestitionen des anderen in ähnlicher Form zurückgäbe. Es mag nur wenige soziale Settings geben, wo eine solche Beziehung auf Dauer möglich ist. Für ein Handlungssystem, in dem die Akteure aufgrund ihrer eigenen Entscheidung sich für oder gegen ein korruptes Geschäft mit einem anderen entscheiden, ist die spezielle Form der Erwartungsreziprozität ein notwendiges Kriterium für das Aussprechen oder das Annehmen einer Korruptionsofferte. Die Erwartungsreziprozität setzt das Erkennen der Korruptionssituation voraus: Die Akteure müssen das Risiko wahrnehmen, das mit dem illegalen Geschäft verbunden ist, sie müssen sich über die Konsequenzen ihres Handelns (der Nichteinklagbarkeit ihrer Leistungen sowie der Möglichkeit der strafrechtlichen Verfolgung) im Klaren sein. Allerdings treten für korruptionswillige Akteure die Vorteile in den Vordergrund. Wenn sich die Akteure gegenseitig Vertrauen können und den korrupten Deal vollbringen, dann haben sie beide einen Nutzenzuwachs, den sie sonst nicht hätten erreichen können. Der Bestechende erhält eine Leistung, die der Amtsträger in dieser Weise nicht hätte geben dürfen, und der Amtsträger erhält reziprok eine Gegenleistung, die sein Amt in dieser Weise ebenfalls nicht vorsieht. Die Realisierung der Nutzen, die sich aus ihrer Korruption ergeben, sind aber davon abhängig, ob der andere sich tatsächlich an die Bedingungen des korrupten Geschäftes hält und vertrauenswürdig handelt. Wenn der Amtsträger vertrauensvoll seinen Teil der Korruption erfüllt, verbessert er die Situation des Bestechenden und umgekehrt. Das Ergebnis des Korruptionsgeschäftes hängt genau wie beim dyadischen Vertrauensaustausch in anderen sozialen Situationen vom jeweils anderen ab. Dabei gehen die Akteure keine gerichtlich verwertbaren Verpflichtungen ein, sondern stellen ihre Ressourcen dem anderen in einem nur aus der Beziehung selbst heraus stabilisierten Tauschsystem zur Verfügung. Üblicherweise stellen die Akteure erst nach einer hinreichend langen Zeit fest, ob die Korruption erfolgreich war, nämlich erst dann, wenn man sicher ist, dass der andere seine Leistungen fair erfüllt und die

Bedingungen der Korruptionsdurchführung beachtet hat, vor allem, dass er die Korruption nicht an Dritte kommuniziert hat, die als potenzielle Opfer einen Anreiz haben könnten, die Machenschaften an die Öffentlichkeit zu bringen und zu verfolgen.

Diese vier beschriebenen Merkmale des Vertrauens (Coleman 1995) – den Nutzenzuwachs, der sonst nicht eingetreten wäre; die Ergebniskontrolle; die Abwesenheit der offiziellen Verpflichtung und die Zeitverzögerung – sind elementare Bestandteile der korrupten Transaktionen, bei denen die Handlungsunsicherheit mit Hilfe des Wissens über den anderen Akteur reduziert werden kann.

Man kann die Reduktion der Handlungsunsicherheit über Vertrauen auch als ein Entscheidungsspiel beschreiben, dessen Parameter der mögliche Gewinn (G) und Verlust (L), den der Akteur bei der korrupten Transaktion erwarten kann, und die Vertrauenswürdigkeit (p) des Korruptionspartners sind (Coleman 1995: 126). Ein (rationaler) Akteur wird Vertrauen zum anderen Akteur haben und sich daher an einer korrupten Transaktion beteiligen, wenn $p*G > (1-p)*L$, wenn also die Chance, mit einer positiven Auszahlung die Transaktion zu beenden, relativ zur Chance, mit einer negativen Auszahlung die Transaktion zu beenden, größer ist als der Verlust relativ zum Gewinn. Die Vertrauenswürdigkeit einer Person kann als die Wahrscheinlichkeit interpretiert werden, mit der man eine positive Auszahlung erwartet.

Diese Entscheidungsparameter ergänzen die zuvor gemachten Überlegungen zu korrupten Transaktionen. Gewinne und Verluste sind zentrale Größen im Entscheidungskalkül freiwillig und rational handelnder Akteure. Der Parameter ‚p' lässt sich als das Ergebnis der Reziprozität interpretieren, der durch Kenntnisse und erfolgreiche Transaktionen mit dem Korruptionspartner das Zutrauen steigert.

Man mag kritisch gegen diesen Vertrauensbegriff einwenden, dass Vertrauen eine lineare Funktion des Risikos ist, was insbesondere bei Interpretationen konkreter Werte zur Vertrauenswürdigkeit einer Person merkwürdige Ergebnisse hervorbringen kann. Ein rationaler Akteur wird nach dem obigen Entscheidungskriterium bei gleich großen Verlusten dann Vertrauen zeigen, wenn die Vertrauenswürdigkeit größer als 0,5 ist. Die Vertrauenswürdigkeit muss größer als 0,9 werden, wenn der mögliche Verlust zehnmal größer als der erwartete Gewinn ist (Noteboom 2002). Setzt man diese Überlegungen fort, ergibt sich das höchste Vertrauen dann, wenn die Wahrscheinlichkeit eines guten Ausganges gleich eins ist. Damit existiert aber kein Risiko mehr und folglich ist auch kein Vertrauen mehr nötig. Man mag dagegen einwenden, dass die Extremwerte der Entscheidungsparameter ohnehin nicht erreichbar sind, etwa weil keine Person eine hundertprozentige Vertrauenswürdigkeit besitzen kann. Zwar wird die Vertrauenswürdigkeit eines Korruptionspartners über die Häufigkeit erfolgreicher Korruptionen hinweg steigen, aber eine Gewissheit über die Handlungsentscheidung eines freiwillig und rational handelnden Akteurs kann auf diese Weise nicht erreicht werden. Die Lernprozesse

im Umgang mit dem anderen sind oftmals Nebenprodukte des alltäglichen Umganges, die zwar generalisierbar sein mögen, aber nicht auf alle möglichen Situationen übertragen werden können. Akteure, die Ämter aufnehmen, lernen erst über
die Zeit hinweg ihre Organisation und Kollegen kennen, knüpfen Sozialkontakte
und erfahren, auf welchen Wegen ihre Interessen durchgesetzt werden können.
Man lernt, wie man am besten mit den organisationseigenen Schwierigkeiten zu-
rechtkommt und wie man Vorkommnisse, die nicht auffallen sollen, verheimlichen
kann. Vor allem erfährt man erst über die Zeit hinweg, wer als möglicher Korruptionspartner in und außerhalb der Organisation in Frage kommt und für wen die
Vorteile aus der Amtsposition von Interesse sein können. Soziale Beziehungen und
ihre alltägliche Ausgestaltung ist wegen des dabei generierten Wissens über die
anderen eine Grundlage, auf der Korruptionspartnerschaften entstehen können
(Lambsdorff et al. 2002). Bereits in den ersten Beiträgen zur Vertrauensforschung
wurde festgestellt, dass Vertrauenswürdigkeit und die Bereitschaft, Vertrauen zu
schenken, mit der Interaktionshäufigkeit steigt (Deutsch 1958; Solomon 1960;
Boon/Homes 1991). Die ‚gemeinsame Geschichte' und der kommunikative Austausch gibt einem Akteur die Möglichkeit, Intentionen und Handlungen von anderen aus eigener Perspektive (vor allem im beruflichen Umfeld) zu beurteilen (Be-
cerra/Gupta 2003). Es ist offensichtlich, dass Treffen der Akteure, die außerhalb
des Berufsumfeldes, etwa auf Familienfeiern, stattfinden, auch das Wissen übereinander und damit das Vertrauen positiv beeinflussen können, so dass nepotistische
Korruptionsverbindungen nicht nur aufgrund der sozialen Verpflichtungen der
Verwandtschaft, sondern auch aufgrund einer besseren Einschätzungssituation
stabilisiert werden.

Vertrauensbegriffe und ihre unterschiedlichen Verständnisweisen

Die hier vorgestellte Konzeption von Vertrauen lässt sich nicht auf alle Phänomene, die mit Vertrauen zu tun haben, übertragen: Vertrauen in korrupten Transaktionen wird in diesem Beitrag als ein kognitives, intentionales Konstrukt aufgefasst,
das nur in bestimmten Situationen Anwendung findet. Sympathieeinschätzungen
oder andere emotionale Anteile, die bei Vertrauen eine Rolle spielen können, sind
weitgehend unbedeutend (Graeff 1998). Das Vertrauen zwischen korrupten Akteuren existiert nicht über unterschiedliche Situationen hinweg und ist daher kein
dispositionales Vertrauen (solche ‚trait-basierten' Vertrauensformen wurden beispielsweise von Deutsch (1973) oder Wrightsman (1991) vorgeschlagen). Allerdings
ist es auch kein Konstrukt, das allein über situationale Merkmale bestimmt wird, da
die Korruptionsentscheidung auf rationalen Abschätzungen beruht, bei denen
Gewinne und Kosten eine Rolle spielen.

Interpersonales Vertrauen zwischen Korruptionsakteuren ist immer spezifisches Vertrauen in bestimmte andere Akteure (Uslaner 2009: 134). Dieser Begriff muss von generalisiertem Vertrauen abgegrenzt werden. Generalisiertes Vertrauen spielt wegen der relativ einfachen Möglichkeit der Erfassung vor allem in empirischen sozialwissenschaftlichen Arbeiten, insbesondere in der empirischen Sozialkapitalforschung eine Rolle.

Generalisiertes Vertrauen als eine situationsübergreifende Erwartung über das Verhalten anderer Akteure wurde von Rotter (1971) als ein Konstrukt vorgeschlagen, das auf Erfahrungen aus einer Vielzahl ähnlicher Situationen beruht. Er entwickelt zu dessen Erfassung die Interpersonal Trust Scale (ITS), die das Ausmaß abbildet, in dem eine Person den verbalen Äußerungen anderer Glauben schenkt (Petermann 1996; Schweer/Thies 2003). Die empirischen Studien mit dieser Itembatterie nahmen die Ergebnisse vorweg, die später von Putnam (1993) oder Coleman (1988) im Zusammenhang mit den positiven Konsequenzen von Sozialkapital gefunden wurden: Hohes dispositionales interpersonales Vertrauen hat positive Konsequenzen für einzelne Gesellschaftsmitglieder und auch für die Gesellschaft. Rotters Begründungen lauten ähnlich wie die von Putnam: Vertrauensvolle Individuen begehen weniger strafrechtlich relevante Delikte, sie sind rücksichtsvoller im Umgang mit anderen und haben auch ein höheres Vertrauen in Staatsinstitutionen. Bei Rotters (1971) Untersuchungen zeigten sich an positiven Konsequenzen für die Individuen selbst, dass vertrauensvolle Personen glücklicher, sozial angepasster und weniger konfliktfreudig waren (Petermann 1996; Mielke 1991). Sie wirken auf andere Personen attraktiver und moralischer. Sie wurden auch eher als Freunde akzeptiert. Rotter (1980) weist darauf hin, dass diese Art des Vertrauens nicht mit Leichtgläubigkeit verwechselt werden darf. Nach seiner Ansicht zeigen vertrauensvolle Personen nicht aufgrund ihrer Naivität mehr Vertrauen, sondern weil sie ein anderes Menschenbild als misstrauische Personen haben. Vertrauensvolle Individuen räumen anderen solange einen persönlichen ‚Kredit‘ ein, bis diese ihr Vertrauen verletzen, während misstrauische umgekehrt vorgehen und solange misstrauisch bleiben, bis kein Grund für Misstrauen mehr besteht.

Bereits hier deutet sich ein Unterschied zwischen interpersonalem Vertrauen in Korruptionsbeziehungen und generalisiertem Vertrauen an. Während generalisiertes Vertrauen eine begünstigende Bedingung sein kann, dritte oder fremde Personen sozial einzubeziehen, können sich Amtsträger und Bestechender nur im Binnenverhältnis vertrauen und müssen sich darüber einig sein, Dritte auszuschließen und zu schädigen. Ihr Vertrauen bedeutet, dass für andere Kosten entstehen. Generalisiertes Vertrauen produziert keine Kosten für andere.

Diskussion

Hardin (2006: 19, kursiv im Original) hat mit seinem Konzept der „encapsulated interests" die Interessendependenz rationaler Akteure für die Herstellung und die Aufrechterhaltung von Vertrauen herausgestellt:

> „(…) I trust someone if I have reason to believe it will be in that person's interest to be trustworthy in the relevant way at the relevant time. (…) My trust turns (…) on whether my own interests are encapsulated in the interests of the Trusted, that is, on whether the Trusted counts my interests as partly his or her own interests (…)."

Reziprozität, welche die Handlungsunsicherheit bei Korruptionsentscheidungen reduziert, kann auf einem solchen Vertrauen beruhen. Denn es ermöglicht über die Kenntnisse vom Korruptionspartner die notwendige Interessenabschätzung, die für die Entscheidung für oder gegen ein Korruptionsgeschäft nötig ist. Zu den besonderen Eigenschaften vertrauensbasierter Korruptionsbeziehungen gehört ihre hohe Stabilität, die einerseits vom gemeinsamen vergangenen und zukünftigen Umgang miteinander, andererseits von der Nutzenverschränkung der Akteure herrührt. Diese hohe Stabilität zeigt sich insbesondere dann, wenn Korruptionsbeziehungen von außen – etwa von Seiten der Staatsanwaltschaft mit Hilfe von Strafvergünstigungen – zerschlagen werden sollen. In diesen Fällen halten die Beklagten oftmals ‚dicht' und verraten einander nicht, obwohl die kurzfristigen (juristischen) Kosten für ihr Schweigen relativ hoch sind.

Die hier vorgestellten Überlegungen lassen sich auf vielerlei Bereiche der Korruptionsforschung übertragen, von denen einige Aspekte nur kurz angesprochen werden sollen.

Üblicherweise wird Korruption aus mikrosoziologischer und -ökonomischer Perspektive im Rahmen eines Prinzipal-Agenten-Modells betrachtet (Banfield 1975; Graeff 2005), in neben den vertraglichen Bedingungen der Akteure auch deren soziale Beziehungen abgebildet werden können. Korruption impliziert in diesem Modell immer die Hintergehung des Prinzipals, der dem Amtsträger als seinem Agenten eine Machtposition eingeräumt hat, welche dieser zu Gunsten des Bestechenden (dem Klienten) ausnutzt. Das Vertrauensverhältnis zwischen Amtsträger und Bestechenden kann nur eingeschränkt durch die vom Prinzipal vertraglich vorgegebenen Bedingungen oder Gestaltungen der Arbeit (wie etwa Job Rotation) verändert werden, insbesondere wenn der Umgang der korrupten Akteure nicht allein auf das berufliche Umfeld beschränkt ist. Allerdings können korrupte Transaktionen durch den Prinzipal in öffentlichen wie privaten Organisationen gefördert werden, wie das etwa in großen Unternehmen der Fall ist, in denen der Vorstand nach außen hin beispielsweise über die Einführung eines Code of Conducts die Korruptionsfreiheit des Unternehmens demonstriert, den Mitarbeitern aber nahe legt, dass korrupte Transaktionen, die zur Akquirierung von Aufträgen führen, auch dem Gesamtunternehmen zugute kommen können.

Unternehmen fördern oftmals Vertrauensprozesse zwischen Mitarbeitern oder in Teams mit dem Ziel, deren Effektivität und Effizienz durch den Abbau von Transaktionskosten (etwa in Form von Kommunikationsbarrieren) zu erhöhen. Vertrauen senkt zwar in Unternehmen die Transaktionskosten der Arbeitenden (Dyer/Chu 2003), kann aber eine Grundlage für die Verheimlichungen sein, welche für korrupte Transaktionen nötig ist. Wenn etwa ein Corpsgeist zwischen den Teammitgliedern aufkommt und die partikularen Interessen des Teams den (universalistischen) Interessen des Unternehmens zuwiderlaufen, wird Korruption oftmals von den Teammitgliedern als ein Instrument eingesetzt, bürokratische oder rechtliche Vorgaben des Unternehmens zu umgehen. Korrupte Zellen in Organisationen haben ein Interesse daran, nur solche Mitglieder für ihre Gruppe zu akquirieren, denen sie vertrauen können, denn auf diese Weise kann deren Gruppen-,Compliance' ohne weitere Transaktionskosten sichergestellt werden. Die korrupten Akteure müssen in ihrem Binnenverhältnis die Reziprozität akzeptieren und sich gegenüber den anderen Gruppenmitgliedern als ,fair' erweisen. Dazu gehört vor allem, die Gefahr der Strafverfolgung durch Geheimhaltung der korrupten Taten zu vermeiden. Die Akteure sind eine ,Solidargemeinschaft', die für ihre Mitglieder Sozialkapital auf Kosten der nicht an der Korruption beteiligten Personen bilden. Korruption impliziert daher immer eine soziale Differenzierung, welche Ähnlichkeiten zu der dualistischen Ethik zeigt, die von Max Weber beschrieben wird (Weede 2002: 40): Was im Binnenverhältnis der korrupten Akteure (den Stammesmitgliedern) verboten ist – wie Betrug oder Lügen –, ist im Außenverhältnis zu Dritten erlaubt. Freiwillig handelnde Akteure gehen die Korruption nur ein, wenn sie davon ausgehen können, dass unfaire Handlungen des Korruptionspartners nicht auftreten (da sie sonst ihre Vorteile nicht sicherstellen können), gleichzeitig müssen sie aber dieses ,unfaire' Handeln gegenüber Dritten zeigen.

Man kann dieses Paradox auch für öffentliche Ämter betrachten: Im Idealfall besitzen die Bürger die Zuversicht, dass die Amtsträger und öffentlichen Institutionen im Rahmen der akzeptierten Gesetze und Vorgaben handeln und damit vornehmlich dem öffentlichen Wohl (und so vorwiegend dem Wohl der Bürger) dienen. Da Korruption mit dem Wissen der Beteiligten ihrem eigenen Wohl und nicht dem der Allgemeinheit dient, brauchen die korrupten Transaktionspartner die Sicherheit, dass ihre Transaktion nicht als Verlust der Allgemeinheit bekannt wird. Diese Sicherheit ist personenspezifisch, da der beteiligte Korruptionspartner die Reziprozitätsbedingung einhalten muss. Die Zuversicht in öffentliche Amtsträger und Institutionen, dass diese regelgerecht handeln, ist dagegen weder personen- noch situationsgebunden. Wenn Korruptionsfälle bekannt werden, suggerieren diese, dass die Zuversicht in die öffentlichen Institutionen ungerechtfertigt war. Es wird offensichtlich, dass neben der unpersönlichen Behandlung öffentlicher Angelegenheiten auch persönliche und private Geschäfte existieren, welche nicht zum Wohl der Bürger sind. Ein ‚Vertrauen' in das (öffentliche) System, das von der Annahme des wohlfahrts-orientierten öffentlichen Handelns für die Bürger ausgeht, kann unter diesen Umständen nicht existieren. Vielmehr besitzen bekannt gewordene Korruptionsvorfälle die negative Externalität, dass Unsicherheit über das Handeln öffentlich Bediensteter aufgebaut wird.

Diese Argumentation tritt der bereits in der Literatur öfters geäußerten Meinung entgegen (McMullan 1961; Smelser 1985), dass gerade in der Unpersönlichkeit öffentlichen Handelns ein Problem liege, dass über Korruption entschärft werden kann. Smelser (1985: 215) argumentiert, dass ein vertrauensvolles Verhältnis zwischen Beamten und Bürger aufgrund dieser Unpersönlichkeit nicht zustande kommen kann, und führt aus:

> „Jenen, deren Vertrauen im allgemeinen auf stärker unmittelbaren und partikularistischen Beziehungen mit anderen basiert, ist eine solche Entpersönlichung der Vertrauensbeziehung oft fremd und wenig willkommen. Die korrupte Handlung kann als Anpassungsleistung an die neuartigen, generalisierten Beziehungen zwischen Bürokrat und Allgemeinheit verstanden werden. Da die korrupte Interaktion direkt und situationsgebunden ist – man denke an ein Geschenk für eine Entscheidung, eine Bestechung für eine Handlung, ein Bakschisch für eine Rechtsbeugung – bringt sie den Bürokraten und das Mitglied der Allgemeinheit in eine weniger unsichere und mehrdeutige Beziehung. Korruption dient so als Mittel, in die Beziehung zwischen einem unpersönlichen Autoritätssystem und einer Allgemeinheit, die diesem System weder Verständnis noch Loyalität entgegenbringen mag, Vertrauen einzuführen und eine konkrete Form zu verleihen."

Selbst wenn man den Begriff des Vertrauens im weitesten Sinne betrachtet, ist diese positive Konsequenz der Vertrauensbildung in keinem Fall zu erwarten. Es hat auch weder Resultate von Fallstudien noch quantitative empirische Befunde gegeben, die eine solche Vorstellung unterstützen. Im Gegenteil: Die partikularistische Natur des Korruptionsgeschäfts verhindert die positiven Konsequenzen, die man mit Vertrauen in Verbindung bringt.

Literaturverzeichnis

Banfield, Edward C. (1975): Corruption as a feature of governmental organisation. In: Journal of Law and Economics 18(3): 587-605

Bannenberg, Britta (2002): Korruption in Deutschland und ihre strafrechtliche Kontrolle. Neuwied: Luchterhand

Baumgartner, Elisabeth/Sauter, Friedrich C./Trolldenier, Hans-Peter (Hrsg.) (1991): Ich und Gruppe. Göttingen: Hogrefe

Becerra, Manuel/Gupta, Anil K. (2003): Perceived trustworthiness within the organization: the moderating impact of communication frequency on trustor and trustee effects. In: Organization Science 14(1): 32-44

Boon, Susan D./Holmes, John G. (1991): The dynamics of interpersonal trust: resolving uncertainty in the face of risk. In: Hinde, Robert A./Groebel, Jo (1991): 190-211

Bunker, Stephen G./Cohen, Lawrence E. (1983): Collaboration and Competition in Two Colonization Projects: Toward a General Theory of Official Corruption. In: Human Organization 42: 106-114

Coleman, James S. (1995): Grundlagen der Sozialtheorie. Band 1. München: Oldenbourg

Deutsch, Morton (1958): Trust and Suspicion. In: Journal of Conflict Resolution 2: 265-279

Deutsch, Morton (1973): The resolution of conflict. New Haven: Yale University Press

Dyer, Jeffrey H./Chu, Wujin (2003): The role of trustworthiness in reducing transaction costs and improving performance: empirical evidence from the United States, Japan, and Korea. In: Organization Science 14(1): 57-68

Fleck, Christian/Kuzmics, Helmut (Hrsg.) 1985): Korruption. Zur Soziologie nicht immer abweichenden Verhaltens. Königstein/Taunus: Athenäum

Gérard-Varet, Louis-Andre/Kolm, Serge C./Mercier-Ythier, Jean (Hrsg.) (2000): The Economics of Reciprocity, Giving and Altruism. Houndmills/Baingstoke: Macmillan Press

Gouldner, Alvin W. (1960): The norm of reciprocity: A preliminary statement. In: American Sociological Review 25: 161-178

Graeff, Peter (1998): Vertrauen zum Unternehmen und Vertrauen zum Vorgesetzten. Modellentwicklung und empirische Überprüfung verschiedener Arten des Vertrauens, deren Determinanten und Wirkungen bei Beschäftigten in Wirtschaftsunternehmen. Berlin: WVB

Graeff, Peter (2005): Why should One Trust in Corruption? The Linkage between Corruption, Trust, Norms, and Social Capital. In: Lambsdorff, Johann Graf et al. (2005): 21-42

Graeff, Peter (2009a): Im Sinne des Unternehmens? Soziale Aspekte korrupter Transaktionen im Hause Siemens. In: Graeff, Peter et al. (2009): 151-174

Graeff, Peter (2009b): Social Capital: The Dark Side. In: Svendsen, Gert Tinggaard/Svendsen, Gunnar Lind Haase (2009): 143-161

Graeff, Peter/Stessl, Antonia (2009): Effektives Compliance: Ursachen, Hindernisse und Lösungsvorschläge. Eine kritische Betrachtung institutionenökonomischer Compliance Strategien und die Anwendung des Prinzipal-Agenten-Klienten-Modells zur Analyse sozialer Aspekte von Korruption in Unternehmen. (im Erscheinen)

Graeff, Peter/Schröder, Karenina/Wolf, Sebastian (Hrsg.) (2009): Der Korruptionsfall Siemens. Analysen und praxisnahe Folgerungen des wissenschaftlichen Arbeitskreises von Transparency International Deutschland. Baden-Baden: Nomos

Hardin, Russell (2006): Trust. Cambridge: Polity Press

Hinde Robert A./Groebel, Jo (Hrsg.) (1991): Cooperation and prosocial behavior. Cambridge: Cambridge University Press

Kolm, Serge-Christophe (2000): The Theory of Reciprocity. In: Gérard-Varet, Louis-Andre et al. (2002): 114-141

Lambsdorff, Johann Graf (1999): Korruption als mühseliges Geschäft – eine Transaktionskostenanalyse. In: Pieth, Mark/Eigen, Peter (1999): 56-87

Lambsdorff, Johann Graf/Teksoz, S. Utku (2002): Corrupt Relational Contracting. Diskussionsbeiträge aus dem Volkswirtschaftlichen Seminar der Universität Göttingen. Beitrag Nr. 113

Lambsdorff, Johann Graf/Taube, Markus/Schramm, Matthias (Hrsg.) (2005): The New Institutional Economics of Corruption. London: Routledge

Mayer, Roger C./Davis, James H./Schoorman, David (1995). An integrative model of organizational trust. In: Academy of Management Review 20: 709-734

McMullan, M. (1961): A Theory of Corruption. In: Sociological Review 9(2): 181-201

Mielke, Rosemarie (1991): Differentielle Psychologie des Vertrauens. Bielefelder Arbeiten zur Sozialpsychologie. Nr. 156

Nell, Mathias (2009): Die Selbstanzeige als Instrument der Korruptionsbekämpfung. In: Graeff, Peter (2009): 47-62

Neubauer, Walter (1991): Bedingungen des dyadischen Vertrauens in der Zusammenarbeit in Industrie und Verwaltung. In: Baumgartner, Elisabeth et al. (1991): 105-115

Neubauer, Walter (1999): Zur Entwicklung interpersonalen, interorganisationalen und interkulturellen Vertrauens durch Führung. Empirische Ergebnisse der sozialpsychologischen Vertrauensforschung. In: Schreyögg, Georg/Sydow, Jörg (1999): 89-116

Noteboom, Bart (2002): Trust. Forms, Foundations, Functions, Failures and Figures. Cheltenham, UK: Edward Elgar

Petermann, Franz (1996): Psychologie des Vertrauens. Göttingen: Hogrefe

Pieth, Mark/Eigen, Peter (Hrsg.) (1999): Korruption im internationalen Geschäftsverkehr. Neuwied: Luchterhand

Robinson, John P./Shaver, Philip R./Wrightsman, Lawrence S. (Hrsg.) (1991): Measures of personality and social psychological attitudes: Volume 1: Measures of social psychological attitudes. San Diego, CA: Academic Press

Rotter, Julian B. (1971): Generalized expectancies for interpersonal trust. In: American Psychologist 26: 443-452

Putnam, Robert D. (1993): Making Democracy Work: Civic Traditions in Modern Italy. Princeton: Princeton University Press

Putnam, Robert D. (2000): Bowling Alone. The collapse and revival of American community. New York: Simon & Schuster

Schreyögg, Georg/Sydow, Jörg (Hrsg.) (1999): Managementforschung 9. Berlin: de Gruyter

Schweer, Martin/Thies, Barbara (2003): Vertrauen als Organisationsprinzip. Perspektiven für komplexe Systeme. Bern: Huber

Smelser, Neil J. (1985): Stabilität, Instabilität und die Analyse der politischen Korruption. In: Fleck, Christian/Kuzmics, Helmut (1985): 202-228

Sitkin, Sim B./Roth, Nancy L. (1993): Explaining the limited effectiveness of legalistic „remedies" for trust/distrust. In: Organizational Science 4: 367-392

Solomon, Leonard (1960): The influence of some types of power relationships and game strategies upon the development of interpersonal trust. In: Journal of Abnormal Social Psychology 61: 223-230

Stegbauer, Christian (2002): Reziprozität. Einführung in die sozialen Formen der Gegenseitigkeit. Wiesbaden: Westdeutscher Verlag

Svendsen, Gert Tinggaard /Svendsen, Gunnar Lind Haase (Hrsg.) (2009): Handbook of Social Capital: The Troika of Sociology, Political Science and Economics. Cheltenham, UK: Edward Elgar

Uslaner, Eric (2009): Corruption. In: Svendsen Gert Tinggaard/Svendsen, Gunnar Lind Haase (2009): 127-142

Weede, Erich (2000): Asien und der Westen. Politische und kulturelle Determinanten der wirtschaftlichen Entwicklung. Baden-Baden: Nomos

Wrightsman, Lawrence S. (1991): Interpersonal trust and attitudes toward human nature. In: Robinson, John P. et al. (1991): 373-412

Corruption as a Business Practice? Corporate Criminal Liability in the European Union

Wolfgang Hetzer

1. Introduction

In November 2006, the front page of a highly respected German newspaper carried the following headline:

"200 million undeclared earnings at Siemens"

These sorts of sums at least are said to have been paid into covert funds. According to press reports on the available findings, the total amount of money 'diverted' could be far greater. It is suspected that the funds are used to pay bribes all over the world. Several Siemens employees – some in senior positions – have been arrested. Initial reports alleged that the culprits had formed a 'gang' to set up slush funds (Ott/Balser 2006). A short while later, the same newspaper carried the following headline:

"Board knew bribes were being paid"

According to the press, senior management at the company had been informed that Siemens was engaging in bribery. If the statements made by a long-serving staff member who was arrested are true, a former Board member knew about the covert funds and the company's corrupt practices (Ott et al. 2006). As far as one commentator is concerned, these accusations have turned the case into a declaration of moral bankruptcy for the company and its management. The question is being openly asked as to how a whole group of senior managers could perform their dirty deeds for years on end without being discovered. The company's defensive response to the case is equally puzzling. Although Siemens had learned about crucial investigations by the Swiss Public Prosecution Service early and had conducted its own internal investigations, the company seems to have thought it unnecessary to notify the German PPS (Balzli et al. 2006).[1]

---

[1] According to the press, it is not Siemens' practice to report criminal actions by its staff.

The journalists are unanimous in their views. The company's crisis management inspires no more confidence than the practices of a management board that otherwise sings the praises of the free market. The thought process leading to this conclusion is simple and convincing:

> "Corruption runs contrary to the rules, to obligations and prosperity, and it does not pay. Anyone who gives a bribe paralyses market forces. He disregards the consequences for society and his own company."(Leyendecker 2006: 25)

Then there is the question of whether Siemens has drafted cheap ethical principles in total contradiction of what appears to be the company's culture. In any event, at the end of November 2006 the first consequences were seen, with several employees being released from their duties and suspended in response to the allegations after a new 'ombudsman' (the lawyer Jordan from the Beckstein practice) had confirmed supposedly 'sufficient grounds for suspicion'. It is immaterial whether these measures were prompted by reports that the American Securities and Exchange Commission (SEC) were interested in the case. What is certain is that the company's future prospects looked uncertain. The SEC can base its activities on the Foreign Corrupt Practices Act (FCPA) of 1977 and can go as far as to withdraw access to the stock exchange if bribery and covert funds are brought to light. The adoption of the Sarbanes-Oxley Act in 2002 to combat fraudulent accounting gave the American law enforcement agencies additional powers that they can also deploy against foreign public companies. This makes the claims recently published in the final report by the Committee on Capital Markets Regulation all the more remarkable. The Committee, which consists of 22 leaders from the investor community, business, finance, law, accounting, and academia, argues that the United States is in danger of losing its position as the world's leading financial centre. It contends that the competitiveness of American capital markets is restricted by overly strict laws and rules, and that this drives up the cost for companies of raising capital. Among the Committee's recommendations is a call for the reform of the criminal prosecution of offences, whether committed by managers or by the company as a whole. Companies should be punished as entities only as a final resort and only where they "have become criminal enterprises from top to bottom".[2]

It is a matter of public conjecture that the above suspicions have effects that go far beyond Siemens. The revelations brought to light a serious problem that is not confined to German industry. Abroad, companies apparently still see corruption as a peccadillo or necessary evil. The top of the bribery statistics league table tends to be dominated by companies involved in major projects, such as power stations, dams or airports.

---

2   For further details see *Frankfurter Allgemeine Zeitung* 02.12.2006: 14.

There are sound reasons for Public Prosecutors to be stepping up their fight against corruption: bribes may oil the wheels of business for some multi-international corporations, but for the economies most affected in Africa, Asia, Eastern Europe, and Latin-America they have devastating consequences. Bribery and baksheesh clog up the works whenever attempts are made to escape poverty. Corruption fosters organized crime, undermines democracy and acts as a brake on economic growth. In African countries it has apparently already led to capital flight on a massive scale. According to the United Nations, the cost of investment in corrupt states is 20 percent higher (Balser 2006).

Other commentators argue that given the considerable sums involved it is reasonable to suspect that the corrupt practices employed by the offenders to obtain contracts for Siemens while enriching themselves at the same time are part of a system. The Siemens scandal shows, they claim, how high the price of contracts is, when the line between right and wrong is blurred right up to the upper echelons of the company (*FAZ* 24.11.2206: 13). Experienced specialist journalists do not see the revelations made public so far as a neat detective story; they see the episode as an "interminably tangled and unsavory muddle that may involve members of the global player's senior management" ( ). The original story of a 'gang' in the company's basement that had devised cunning methods of getting their hands on millions is clearly fiction. There are serious indications that a 'Siemens system' did in fact exist. While they may not be legal experts, these observers realize that the offence cannot be described solely in terms of the concept of individual responsibility – with its perpetrator and victim – that provides the framework for classical criminal law. They even believe that the case could revive the calls by 'corruption busters' for a recasting of corporate criminal law. In the final analysis, the problem of the criminal liability of companies has still not been solved. Outsiders need time to gain even a vague idea of the diversity in the corruption biotope of a major international company. And it would seem that those on the inside either do not know what is happening or do not wish to know (Leyendecker/Ott 2006).

2. Wishful thinking and structural problems

This new (or old) impenetrability, which could be described as 'organized irrespon-sibility', makes us all the more grateful for clear indications as to the way forward. This time the path has been mapped out by the Chairman of Germany's Social Democrat Party (SPD), Kurt Beck, who stated at a party conference on economic affairs in November 2006 that he could not accept that such practices were "quietly becoming part and parcel of reality and, as a reality, a form of behavior that was accepted with a nod and a wink": "We must not go down that road, and that is something Siemens managers should also know" (Bovensiepen 2006: 5).

Germany's Chancellor, Angela Merkel, also provides significant markers for the way forward whenever she points out that politics starts with the study of the real situation.

Both statements show that what follows are not simply questions of judicial policy or criminal law theory; they are also intrinsic problems of perception. It is impossible to decide from Kurt Beck's words whether he is concerned about a risk ahead or an existing reality. It is no longer correct to say that corrupt practices are gradually ('quietly') becoming reality. By the same token, the question is no longer whether we will be able to go down this road. Many companies that want to sur-vive in the world of international competition went down this road a long time ago and are heading ever more rapidly in that direction. In the past it was not just Sie-mens that came off the rails. To put it more simply, companies all over the world are suspected of having been awarded contracts in part or primarily because they bribed the people taking the decisions. This is not, as Kurt Beck appears to believe, a 'creeping process'. Hard facts have been unearthed in the course of investigations and penalized in enforceable judgments. In our context we no longer need to speculate like Robert Musil in his novel "The Man without Qualities" about the 'sense of multifarious possibilities'. A truism says it all, namely that reality is always really real.

The principle of the presumption of innocence in no way alters business, criminal and social reality. It is also a current-day reality that leading management figures in other major international companies – such as Volkswagen AG[3] – are at least suspected of corruption. Some of the suspicions have already been confirmed in detailed confessions. In the 'real world' it is also the case that these charges are not leveled solely at the above companies. The list of actual corrupt practices and networks at various levels in business (including the unions), the administration and the world of politics are far longer. So we are faced with successful and appar-

---

3   See the lively descriptions of the company's corporate governance by Selenz, Hans-Joachim (2005): Schwarzbuch VW. Frankfurt/M.: Eichborn.

ently systemic corrupt practice in Germany and all over the world. The point at which we could turn a blind eye, which Kurt Beck may still see as an option for the future, is in fact long gone. It is open to debate whether the statements quoted are due to a simple misunderstanding of a reality we can find everywhere or a facet of the wishful thinking that is also widespread among politicians.

The view put forward by the chancellor – that political action should be based on the prior detection and analysis of existing situations – is not only correct; it is also necessary. Yet all too often, politics does not start with an observation of the real situation; it begins with taking up positions and formulating wishes and promises. Even in Germany this process is not always characterized primarily by a grounded and objective approach. The reasons are obvious. There is therefore no need to examine the differences and similarities on which much attention has focused recently between the party (i.e. its manifesto) and its living a lie. It is more important to examine whether the law as it stands is in a position to prevent and prosecute a kind of corporate crime that causes damage over and above the amounts of money involved.

Literature on the subject steadfastly maintains that Germany's legal armory is equal to the task of combating corruption and corporate crime. According to one standard work on the Administrative Offences Act (*Ordnungswidrigkeitengesetz* – OWiG), "all in all, the scope and severity of the range of penalties applicable to bodies corporate in Germany can stand international comparison" (Göhler 2006: note 17).[4] The debate on the "punishment of companies" (Volk 1993: 429-430)[5] or "companies as offenders" (Alwart 1993: 768-769) has in fact been going on for a long time. However, although European law and foreign legal systems have been blazing a trail for some considerable time, German law has lagged behind. Although it once appeared in the 1950s that the discussion had died down for the time being, it flared up some time in the mid-eighties and has been with us ever since.

Some think that the negative recommendations presented by the Commission on the Reform of Criminal-Law Penalties in March 2000 helped to restore a degree of calm (BMJ 2000). One of the reasons this is welcomed – leaving aside any question of legal policy or pragmatic content – is because there is a view that the wide range of implications for criminal-law theory are still unresolved or at least open. The differences of opinion, particularly with regard to criminal procedure and the prevailing view of liability, are seen as too great and it is felt that they result in incompatibilities that are hard to resolve (Volk/Britz 2006: note 1). Against this backdrop, core criminal law is still governed by the traditional principle of *societas*

---

4   On basic questions of criminal-law theory and crime policy regarding corporate crime see Schünemann, Bernd (1982): wistra: 41-50.
5   More recently, see: Kremnitzer (2001): ZStW 113: 539-564.

delinquere non potest.[6] It is still widely claimed that core criminal law is characterized solely by individual actions. Where criminal actions are linked to corporate activity, section 14 of the Criminal Code and the corresponding provisions of section 9 OWiG can be applied as a method of closing loopholes in criminal law. In the process the aim is to take more drastic measures with regard to the liability of natural persons.[7]

According to what is supposedly the 'generally prevailing view', legal persons or bodies corporate are not capable of committing criminal offences or being held liable for them under criminal law. Consequently, no penalties may be imposed on them. It is, however, recognized that the Constitutional Court has not definitively concluded that bodies corporate are not punishable under criminal law.[8] This makes the question of whether, as far as the Constitution is concerned, there is room for maneuver in Germany all the more interesting (Volk/Britz 2006: note 2). Thus far, only a minority has been inspired. The majority fall back on the existing legal state of play, arguing that supplementary criminal-law provisions are the sole *sedes materiae* in relation to the imposition of penalties on companies. A key function is attributed to section 30 OWiG, which has been 'beefed up' by legal developments (including legislation to combat corruption) and contains its own sanctions (Volk/Britz 2006: note 3). In this situation, we have to look at the range of legal instruments available for dealing with corporate crime, but we will have to broaden the perspective. Any insistence on traditional theoretical (self-)limitations and the predicaments (or perhaps even clichés) of 'liability theology' would be analytically wrong, intellectually boring and overly conservative in terms of crime policy. If not particularly unusual, this would be bad enough in itself. However, this approach has become objectively dangerous. It has not only led Germany to become divorced from the rest of the world; the failure to innovate to get to grips with especially dangerous types of crime creates risks that some legal experts and liability theoreticians do not wish to see or fail to grasp.

The situation becomes more critical if we are forced to view corruption as business practice (Eidam 1996). As the number and seriousness of allegations against senior employees at multinational corporations continue to grow, it needs to be established whether this form of crime can still be confined to the company or subcompany level. An all-embracing and profound structural problem may have developed at global level that extends far beyond the scope of criminal law. This is

---

6   A corporate body may not commit a wrongful or criminal act.
7   On attempts to combat economic crime by means of the 'troika' of sections 9, 130 and 30 OWiG, see Többens, Hans (1999): NStZ: 1-2; See also Bruns (1982): GA: 1-2 and Achenbach (1990): JuS: 601-602.
8   Official Collection of decisions of the German Constitutional Court 20, 323, 331, 335 (the Bertelsmann-Lesering ruling).

why we must do more than examine the existing legal situation. We must also discuss legal policy initiatives undertaken so far and future strategic options for dealing with corporate crime.

3. The legal starting point

It must be stressed that section 30 OWiG sets out the penalties applicable to legal persons and bodies corporate consistently and definitively for all cases in question. German criminal law and law on administrative offences makes no provision for other punitive-type measures applicable specifically to legal persons and bodies corporate, such as the prohibition of certain activities or the closure of a plant (Göhler 2006: note 2). Under certain circumstances, the section allows a fine to be imposed on a legal person or body corporate. The possibility arises where an action by a natural person constitutes a criminal or administrative offence. German law targets different categories of persons:

1. Bodies entitled to represent a legal person or a member of such a body;
2. The board of an association without legal personality or member of that board;
3. Members of a corporation of persons with legal personality who are entitled to represent the organization;
4. Fully authorized representatives of a legal person or body corporate;
5. Holders of a general power of attorney or general agents of a legal person or body corporate occupying executive positions;
6. Other persons responsible for the running or operations of a legal person or body corporate, including management supervision or the exercising of any other top-level supervisory powers.

The action of these categories of natural persons must have been contrary to the duties incumbent on the legal person or body corporate. A fine may also be imposed if the legal person or body corporate has benefited or was intended to benefit financially (§30(1) OWiG). Where the criminal act has been willfully committed a fine of up to €1 million may be imposed, while the maximum fine for acts of negligence is €500,000 (§30(2) OWiG).

Corporate fines may also be imposed on foreign entities responsible for the undertaking, where the basic offence is punishable under German law and the articles of association of the foreign entity responsible for the undertaking are comparable with those of the legal person or body corporate from a legal point of view.

In practical terms, however, fines are imposed only where the company is based or has assets in Germany (Göhler 2006: note 1). Legal persons include all 'social organizations' endowed with legal personality under the legal system, most notably:

- Public limited companies;
- Private limited companies;
- Cooperative societies;
- Registered associations;
- Foundations;
- European companies.

As bodies corporate, partnerships with legal personality and partnerships without legal personality are treated in the same way as legal persons. The law does not exclude legal entities set up under public law. However, the general view is that corporate fines will not often need to be imposed, although in specific cases it may be necessary to use the penalties provided by section 30 OWiG to require the management of legal entities established under public law (e.g. water or energy utilities) to act in accordance with the law. This is why there is theoretically no compelling reason not to permit the imposition of a fine (Göhler 2006: notes 8-11). Fines imposed on legal persons and bodies corporate have a number of purposes:

1. To ensure that the same punishment is applied as would be imposed on natural persons;
2. As an appropriate response to the seriousness of the offence to ensure that duties are properly performed in future;
3. To encourage members of legal persons/bodies corporate to base the designation of the bodies or the people acting for them on propriety as well as business acumen (general preventive objective);
4. To create the possibility of imposing penalties under section 130 OWiG in all cases where the actual offence (the underlying offence) is committed below the level of the legal representation (representative body, senior management level) of the body corporate;
5. To render operative the links between sections 9, 30 and 130 OWiG.

There are a number of underlying considerations (Göhler 2006: notes 8-11):

- The imposition of the same penalties as would be imposed on a natural person prevents the legal person, which can only act through its bodies, from benefiting from activities undertaken in its interests without having to face the disadvantages of a failure to comply with the law when the act was committed, which would be the case if no penalties could be imposed. This would place legal persons at an advantage in relation to natural persons;

- A fine based on the personal circumstances of the person acting on behalf of the legal person or body corporate would inevitably be insufficient. Members of the body corporate would not be put under sufficient pressure to counter a desire for gain that generates dishonesty and a failure to comply with legal requirements and prohibitions. The risk involved in reoffending would be seen as small;

- It is one of the functions of general preventive objectives that, where there may be a conflict with the law, management should be deterred from electing to commit the offence for the sake of the economic benefits accruing to the body corporate;

- There is a close relationship between section 30 OWiG and the breach of the duty of supervision under section 130 OWiG, as section 130 OWiG makes it possible to impose penalties on legal persons or bodies corporate in cases where the actual (underlying) offence is committed below the level of the legal representation (representative body, senior management level) of the body corporate;

- It must be borne in mind that, in the case of repeat offences, which can be characterized by the personal traits of the company owner, it is section 9 OWiG that makes the initial offence committed by a member of the legal person or body corporate the underlying offence.

In Germany it is assumed that corporate fines are compatible with the constitutional principle that applies to punitive-type measures, namely *nulla poena sine culpa*.[9] The legal person may only act through natural persons who have assumed responsibility for it; their liability may be attributed to the legal person.

In the literature, the majority of legal experts reject academic concerns regarding corporate fines (Lemke/Mosbacher 2005: notes 9-10). While fines are considered to have a repressive character and can therefore be imposed only in response to unlawful conduct, they must not necessarily be imposed in response to unethical conduct, as fines are not considered expressions of ethical condemnation (Schroth 1986: 162-163; Schmidt 1990: 131). Attempts to justify the imposition of penalties on legal persons or bodies corporate on the basis of 'necessity arising from legal

---

9   Official Collection of decisions of the German Constitutional Court 20, 333.

interests'[10] or to consider them legal measures to ensure commercial supervision (Otto 1993: 25-26) are also rejected as incompatible with the Constitutional Court's interpretation of grounds for imposing penalties on legal persons. Ultimately, attempts to derive and develop independently penalties for criminal conspiracy from 'corporate power and corporate responsibility' run contrary to the Court's interpretation. This approach assumes that all breaches of the law are committed by the body corporate where they are committed in pursuance of its own interests and where it does not prevent them. Generally speaking, corporate fines are seen as independent penalties. German law has long abandoned the notion that they should be classified as 'side effects' of a body's actions Göhler 2006): notes 13-14).

4. Legal policy initiatives

In Germany the introduction of corporate penalties under criminal law has been rejected, not least because of the effect of recent developments that have drawn a demarcation line between administrative offences and criminal law.[11] The view was taken that the aims of penalizing legal persons and bodies corporate could also be achieved by imposing fines. It was argued that the imposition of a penalty under criminal law was incompatible with the law on criminal liability, which requires charges to be brought on socio-ethical grounds. It is also seen as incompatible with the 'essence' of liability, which expresses censure on socio-ethical grounds. And socio-ethical charges cannot be brought against legal persons. Given the alarming recent cases of social and economic failure by numerous companies and groups all over the world, however, this conclusion appears outmoded. It is a fact that some of these conglomerates have developed into centers of excellence for crime, and this kind of romantic definition cannot really impinge upon their operations. As this distorted view of the delicately chased building of liability theory appears to allow no more than the conclusion that only the 'value-free' penalty of fines may be applied to legal persons and bodies corporate, it is all the more remarkable that a large number of people are now advocating corporate penalties, and in many countries corporate penalties are a standard part of the range of punishments under

---

10   Such a necessity is deemed to exist where there is no other way to protect legal interests and where the safeguarding of the legal interests under threat is considered more important than the losses caused to the body corporate.

11   See the references to the efforts made in this direction at the 40th German Law Conference (1953), by the Criminal Law Review Commission (1953–1959) and Parliament with the creation of the New General Section of the Criminal Code in Göhler, Erich (2006): note 7 and Jescheck, Hans-Heinrich (1953): DÖV: 539-540.

criminal law.[12] Nevertheless, they are vigorously opposed in Germany (Peglau 2001a: 208-209, 2001b: 406-407; Arzt 1999: 783). One critic goes as far as to argue that modern criminal law no longer has any character at all. It curries favor with almost all the other areas of law and allows itself to be abused to paper over the cracks left by political failure. He contends that the *ultima ratio* has largely become the *prima ratio* (Hamm 1998:662). While it is recognized that international developments have made the subject an area for political initiatives, it is also claimed that corporate penalties as provided in foreign legal systems offer a blurred and hazy picture.

However, as early as the first half of the 19th century Anglo-American legal circles recognized that bodies corporate could be held liable for criminal offences and this notion of criminal liability has increasingly made inroads into legal thinking in continental Europe.[13]

From a German perspective, both in terms of the application and scope and of the penalties provided, foreign penal models present a wide and varied picture. Some commentators are unable to identify a convincing theoretical design or a generally viable criminal policy program. They lament the lack of comparative-law investigations on the implementation and efficiency of criminal-law corporate penalties abroad (Göhler 2006: note 15a). Nevertheless, it is recognized that the effective punishment of bodies corporate is permanently on the agenda for discussion by international bodies (such as the EU, the Council of Europe or the OECD). However, it is pointed out that there appears to be no prospect of the Member States reaching a consensus on the introduction of corporate penalties under criminal law. It is also stressed that the German Government has not given any undertaking to this effect. The recommendations by the Committee of Ministers of the Council of Europe of 20 October 1988 (No R (88) 18), which include a catalogue of penalties for examination by the signatory States, are said to be nothing more than recommendations and leave the way free for administrative-law penalties. The same is claimed to apply to agreements and framework decisions on

---

12   See the summary in Zeder (2006): 16-17.
13   On France see Koch (1995): ZStW 107: 405-406; Klein (1995): RIW 1995: 373-374: On Switzerland see Pieth (2001): ZStrR 119: 1-2 and Pieth, Mark: ZStrR 121: 353-354; Eidam (2006): PHI: 154-155; Seelmann/Schmid (2001): FS: 169-170; On Austria see Bauer, Christina (2003) Fragen der Verbandsstrafbarkeit. Linz: Trauner and Steininger (2006): Verbandsverantwortlichkeitsgesetz. Wien: Linde; see also Barfuß (2005): ÖJZ: 877-878. On transferability to German criminal law see Knopp/Rathmann (2005): JR: 359-360. The situation in Poland and Finland is described by Weigend/Namysfowska-Gabrysiak (2004): ZStW 116: 541-542 and Lahti (2003): ZStW 115: 753-754. Over the last ten to 15 years many States have decided to introduce models with a clear criminal law element, while others have opted for administrative-law and mixed models. See the summaries provided by Zeder (2006): 16ff. The subject has also been under discussion in China for some considerable time, see Wang (1995): ZStW 107: 1019-1020.

the subject by EU Member States under Article 34 ECT (Göhler 2006: note 16a). Reference is made to the amendment to section 30(2)(4) OWiG, which includes fully authorized representatives of or holders of a general power of attorney or general agents acting for a legal person or body corporate and thereby greatly extends the circle of persons who can commit underlying offences for which fines may be imposed.[14] The scope has since been generally extended to cover senior management.

The 2002 Act implementing the Second Protocol of 19 June 1997 to the Convention on the protection of the European Communities' financial interests allowed Germany to return to long-held ideas regarding reform.[15] They were based on the Commission's ideas for combating financial crime and could not be got through the Bundestag at the time (Göhler 2006: note 17). In the negotiations on the Second Protocol two-thirds of the Member States had openly favored the introduction of corporate criminal liability throughout Europe (see Korte (1998): NJW: 1464-1465).

It is also remarkable that European business law has long provided for fines to be imposed on undertakings and groups of undertakings, which include legal persons and bodies corporate.[16] The range of penalties available goes beyond section 30 OWiG. Companies are not only held liable for the actions of their bodies, legal representatives and the senior figures listed in section 30(1),(4) and (5) OWiG; they are also responsible for all persons who have worked for the company. While doubts have been voiced as to whether EC restrictive practice legislation satisfies all constitutional requirements, it is admitted that recent restrictive practices legislation[17] has incorporated central elements into German law – apparently with the acceptance of grave constitutional risks and blatant breaches in the system with regard to the rest of administrative law.[18]

In Germany the legal debate on corporate liability flared up yet again over five years ago, when the criminal liability of legal persons became a subject for discus-

---

14   The amendment was introduced by the Second Environmental Crimes Act of 27.6.2006 (BGBl. I 1440).

15   Act implementing the Second Protocol of 19 June 1997 to the Convention on the protection of the European Communities' financial interests, the Joint Action on corruption in the private sector of 22 December 1998 and the Framework Decision of 29 May 2000 on increasing protection by criminal penalties and other sanctions against counterfeiting in connection with the introduction of the euro of 22.08.2002 (BGBl. I 3387). For details of the changes brought about see Achenbach, Hans (2002): wistra: 441-442.

16   Article 23 of Council Regulation (EC) No 1/2003 of 16 December 2002 on the implementation of the rules on competition laid down in Articles 81 and 82 of the Treaty (restrictive practices – OJ L 1, 04.01.2003: 1).

17   Seventh Act amending the Restrictive Practices Act of 07.07.2005 (BGB I: 1954).

18   According to Göhler 2006: note 16.

sion in the Commission's negotiations on the reform of the penal system. It prepared the ground for its discussions, which took place on 29-30 November 1999, by setting up a subgroup on corporate criminal liability to address the questions of the need for legislative action and of possible penalty models or penalties.[19] After an extremely heated debate, the group did not put proposals to the vote. There was agreement that international and supranational legislation did not automatically require Germany to introduce criminal-law penalties for bodies corporate. Their introduction would take criminal law in a new direction that would create multifaceted problems in terms of the Constitution and of criminal and criminal procedural law. Supporters put forward the following arguments:

- There was an international trend towards the introduction of corporate liability;
- Criminal law operates as a safeguard against the risks of future co-existence;
- There were problems in attributing liability and obtaining evidence when prosecuting individuals under criminal law in connection with corporate crime;
- Other legal instruments failed to offer sufficient protection for collective legal goods (such as the environment).

Opponents used the following arguments:

- A broad range of corporate penalties already existed (sections 30 and 130 OWiG);
- Measures could be taken under administrative law;
- Confiscation and forfeiture were criminal-law measures;
- There was no need to transfer penal options into criminal law;
- The problems in attributing liability and obtaining proof when prosecuting individuals were exceptional;
- There were constitutional concerns regarding the principles of culpability proportionality.

The working party distinguished between a model that attributed individual liability measured by traditional criteria to the company, the model of original corporate liability based on the direct liability of the company management and a measures model, which did not seek to penalize on the basis of the attribution of liability and

---

19   Peglau assesses the final report in ZRP 2001b: 406-407.

provided solely for the imposition of disciplinary measures that had to be devised anew. After a discussion of possible corporate penalties based on the recommendations by the Committee of Ministers of the Council of Europe, the conclusion was reached that most of the penalties listed already existed in Germany, but in the law on minor offences and, above all, administrative law, rather than in criminal law. In the debate on the need for legislative action in the field of criminal law several arguments in support of action were of particular importance:

- Given the considerable changes in criminal law in recent years, going back to the 1950s would no longer help;
- Companies have a greater responsibility than individuals, a fact that is not reflected in criminal courts with the result that individuals are required to perform duties that can no longer be fulfilled so that they can be punished;
- Problems proving breach of duty lead to collusion;
- Breaches of duty should be punished where the duty lies (with the company);
- Individual criminal law is overburdened as it is now intended to solve problems rather than, as in the past, to punish;
- Corporate criminal law needs to be geared more to prevention, and this should be accompanied by improvement in corporate structures;
- Civil law penalties are insufficient safeguards of collective legal goods.

Most of the Commission, however, allowed themselves to be convinced by the following arguments:

- There is not enough evidence of loopholes in the penal system and 'organized irresponsibility' cannot be taken as a general rule or practice;
- There are sufficient possible penalties provided by sections 30 and 130 OWiG, by restrictive practices legislation and administrative law (e.g. section 35 of the Trade, Commerce and Industry Regulation Act; sections 20 and 21 of the Pollution Control Act and sections 35 et seq. of the Credit System Act);
- The introduction of corporate criminal liability would impose additional strain on the already overburdened criminal law system;
- A new Code of Criminal Procedure is needed;
- Criminal law cannot deal with companies set up specifically for criminal ends, as they are wound up after the offence has been committed, and therefore the individuals behind them still need to be prosecuted;

- It is not the task of the criminal justice system to steer social developments;
- The criminal justice system does not have the 'wherewithal' to reconstruct company practices or to supervise and wind up businesses;
- There are doubts as to whether the principle of culpability can be implemented (the liability of bodies corporate and punishment of innocent shareholders);
- International trends are irrelevant as structures differ (e.g. in Anglo-American legal systems criminal law closes loopholes that exist because administrative law is 'underdeveloped' and no distinction is made between criminal law and minor offences legislation).

After these discussions the Commission came out against introducing corporate liability penalties, but designed its remit so that it could go beyond traditional criminal law and examine whether it would be advisable and appropriate to introduce corporate penalties in other legal fields. In view of the proximity of criminal law, however, it wanted to confine almost exclusively itself to extending the range of instruments available under minor offences legislation. The Commission had, however, already acknowledged that section 30 OWiG needed to be brought into line with international legal instruments.[20] Some Commission members reached the conclusion that a system of original (corporate) liability could close loopholes left by sections 30 and 130 OWiG regarding, for example, 'organized irresponsibility'.

Owing to interpretations of duties for the persons listed in section 130 OWiG by the courts, individual initiation of minor offences has repercussions on individual criminal law in relation to crimes of omission. For the purposes of prevention it would be preferable for companies to bear original liability, especially as the duties mentioned are often overstretched, so that companies could be punished under minor offences legislation. This view is countered by the argument that sections 30 and 130 OWiG effectively allow for no loopholes and that the existing range of instruments has caused very few problems. It is suggested that at most the offence described by section 30 OWiG could be slightly extended (by removing the phrase 'in senior positions', for example) to ease the pressure on section 130 OWiG to extend individual liability. In any event, no further minor offence based on the model of original liability should be added to sections 30 and 130 OWiG.

The debate also covered possible shortcomings in existing minor offences legislation in connection with offences committed abroad and a review of additional

---

20 Such as the Second Protocol to the Convention on the protection of the European Communities' financial interests in relation to 'inspectors' and Council of Europe's Convention of 4 November 1998 on the Protection of the Environment through Criminal Law in relation to 'representatives'.

penalties under minor offences legislation. Again the recommendations made by the Council of Europe's Committee of Ministers were taken as the point of reference (R 88/17). Some of the options listed there could (additionally) be envisaged as penalties under minor offences legislation. Lastly, the Commission considered whether existing ceilings on fines imposed on legal persons listed in section 30 OWiG were proportionate with respect to the framework for fines imposed on individual offenders.

5. Alternative crime policy strategies

The European Council has adopted an impressive volume of legal instruments in the field of judicial cooperation that provide for the harmonization of certain offences and the liability of legal persons:

- Joint action of 21 December 1998 adopted by the Council on the basis of Article K.3 of the Treaty on European Union, on making it a criminal offence to participate in a criminal organization in the Member States of the European Union (OJ L 351, 29.12.1998: 1);
- Council Framework Decision of 29 May 2000 on increasing protection by criminal penalties and other sanctions against counterfeiting in connection with the introduction of the euro (OJ L 140, 14.06.2000: 1);
- Council Framework Decision of 28 May 2001 on combating fraud and counterfeiting of non-cash means of payment (OJ L 149, 02.06.2001: 1);
- Council Framework Decision of 13 June 2002 on combating terrorism (OJ L 164, 22.06.2002: 3);
- Council Framework Decision of 19 July 2002 on combating trafficking in human beings (OJ L 203, 01.08.2002: 1);
- Council Framework Decision of 28 November 2002 on the strengthening of the penal framework to prevent the facilitation of unauthorized entry, transit and residence (OJ L 328, 15.12.2002: 1);
- Directive 2003/6/EC of the European Parliament and of the Council of 28 January 2003 on insider dealing and market manipulation (OJ L 96, 12.04.2003: 16);
- Council Framework Decision 2003/568/JHA of 22 July 2003 on combating corruption in the private sector (OJ L 192, 31.07.2003: 54);
- Council Framework Decision 2004/68/JHA of 22 December 2003 on combating the sexual exploitation of children and child pornography (OJ L 13, 20.01.2004: 44);

- Council Framework Decision 2004/757/JHA of 25 October 2004 laying down minimum provisions on the constituent elements of criminal acts and penalties in the field of illicit drug trafficking (OJ L 335, 11.11.2004: 8);
- Council Decision 2005/211/JHA of 24 February 2005 concerning attacks on computer systems (OJ L 68, 15.03.2005: 67);
- Council Framework Decision 2005/667/JHA of 12 July 2005 to strengthen the criminal-law framework for the enforcement of the law against ship-source pollution (OJ L 255, 30.09.2005: 164).

The provisions relating to the liability of legal persons are the same in most of the above acts. This is also true of proposals regarding other areas of criminal activity, which range from collusion with regard to public procurement contracts, fraud, corruption and money-laundering to the detriment of the Communities, and racism and xenophobia to trafficking in human organs and tissues (See Zeder 2006: 10-12). They require everyone to introduce 'effective and dissuasive penalties'. According to case law on the subject, Article 10 ECT requires Member States to take all measures necessary to guarantee the application and effectiveness of Community law. The Member States must take special care to ensure that infringements of Community law are penalized under conditions, both procedural and substantive, which are analogous to those applicable to infringements of national law of a similar nature and importance. The penalties must be effective, proportionate and dissuasive (see ECJ judgment in Case 68/88 *Commission v Hellenic Republic* [1989] ECR 2965, para. 23-24).

The same trend can be seen in the Council of Europe and a large number of international agreements, including the United Nations Convention against Corruption (Article 26). There are a considerable number of factors relating to criminal policy that bolster the argument for extending criminal liability to bodies corporate (see von Bubnoff, 2004: 447, 453). Steps are in fact being taken all over the world to extend criminal liability (see Dannecker 2001: 101-102; Heine 1996: 211, 213, Heine 2000: 871, Heine 2001: 22, 34).

Neither the revolutionary developments in legal systems elsewhere nor European and international initiatives on criminal law have managed to prod Germany into activity in this field (Hetzer 1999: 212-213). Whether pointing up recent criminological findings and modern social and business trends will have any impact in the foreseeable future is debatable. This makes it all the more important to remember that Sisyphus was a happy man. However, it should not be forgotten that many years ago crime policy was already awash with prophets with academic pretensions prophesying that corporate liability would arrive in Germany. It was even announced that, in 1999, a coup would take place that could lead to a clean break with the old system (Wegner 1999: 186-187).[21] Clearly this has still not come about. It is pointless to speculate about the reasons; it may be more useful to examine the current situation more coolly from a criminalistic and crime policy perspective.

It is hard to deny that crime committed in the interests, at the risk and under the influence of bodies corporate does not just pose a greater specific threat. Given the considerable extent of the damage caused to legal interests, the criminal liability of individual bodies cannot take account of the seriousness of the offence or the need for specific and general prevention with regard to a body corporate whose powers and interests are behind the offence. Moreover, in large companies the extensive delegation of tasks to parts of the organization make it hard to bring anyone to account, and in any case the penalty imposed on the individual is in no way proportionate to the benefits derived by the company. The body corporate simply sees the consequences as costs to be written off. This situation generates a 'preventive vacuum'. The use of penalties for corporate criminal liability would have a significant deterrent effect.[22]

Legal persons and bodies corporate, which include businesses and other bodies in modern industrial societies, have increased their relative economic importance over individuals – above all as a consequence of globalization – to an extent that defies comprehension. Their potential power and prospects of success also attract the attention of organized crime. As a form of crime committed by businesses, corporate crime has assumed alarming proportions. Over 80 per cent of all serious economic crime is committed under the cover provided by a company, and the amounts involved run into tens of billions.

Over eight years ago Jürgen Meyer and other SPD-MPs attempted to shed light on key aspects of corporate crime in a major inquiry.[23] They viewed corporate crime as all offences committed by the staff of a company or committed in its interests. The most important aspects of this kind of crime included aiding and abetting tax evasion by transferring capital abroad through banks and money-laundering by investing the proceeds of crime in lawful business activities. One of the suppositions underlying the major inquiry was the argument that the concept of individual responsibility in classical criminal law – with its perpetrator and victim, who are natural persons – is not effective when it comes to combating crime committed by legal persons and bodies corporate. Numerous other aspects were listed that confirmed the inquirers' beliefs that this modern development in the world of crime could be combated only by starting with the persons responsible. It

---

21   On this subject see Hetzer (1999c): 529-530.
22   See in general von Bubnoff (2004): 453.
23   BT-Drs. 13/9682.

is true that only the company itself can address the problem through supervisory and information systems. A systemic flaw has developed as a consequence of years of failure to recognize risks and take preventive measures. It is not possible to go back to specific one-off decisions. Germany's personal criminal law has reached the limits of what it can attain. The inquirers were therefore right to urge that the problem of corporate criminal liability be addressed without delay (Hetzer 1999a: 361-362).

Although this appeal was made many years ago, legal policy has still not responded. This is hard to understand, since legislation on the assumption of responsibility can be adopted freely. The concept of negligence enshrined in administrative law is more closely linked to social and legal factors and less to personal and moral misconduct than the criminal law concept of liability. This is what has made it possible to bring charges against bodies corporate on social grounds in the form of organizational negligence. Bodies corporate could therefore be brought to account if they fail to run their undertaking in accordance with the law. In such a case it is unnecessary to identify a specific individual as the offender (see Hetzer 1999b: 570, 576).

Modern corporate criminal law would not impose any unduly heavy new burdens. In fact, it would improve the conditions for competition. Companies employing criminal methods gain a near-insuperable competitive advantage over law-abiding companies. Criminal-law penalties for such conduct could even be a method for exercising control in accordance with the requirements of a market economy (Hetzer 1999b: 577, 578).

6. Conclusion

In Europe and worldwide, modern crime policy has resulted in the creation of a separate system of penalties for bodies corporate based on criminal law. Renowned exponents of German criminal justice have reached the firm conviction that the nature and emerging significance of corporate crime justify taking this course from both a legal and a law enforcement point of view.[24] In the longer term the German legal system will not be able to disregard European and international legal developments. However, as yet it is still impossible to predict whether and when the Union will provide standard definitions and detailed rules in an EU legal act on penal law.

---

24 It should be borne in mind that criminal law measures are always accepted when there is a perceived practical need for them. On this subject, see Schmitt 1958: 230.

The European Commission's Green Paper on the approximation, mutual recognition and enforcement of criminal sanctions in the European Union of 30 April 2004 still confines itself to listing the options, but raises the questions of whether there is a need for generally applicable rules and whether it would be advisable to reduce the differences between the systems in the Member States.[25] However, the German legal system is not obliged to wait for detailed proposals from Brussels. Today, we have not only detailed and commendable academic surveys and studies (for example, Ackermann 1984; Müller 1985; Schroth 1993; Heine 1995; Lütolf 1997); we also have proposals for highly sophisticated and practical models to establish corporate liability under criminal law (for example, von Bubnoff 2004: 484-485). In the final analysis, we should be able to assume that there is a need - and the time is right - for these questions to be answered on the basis of a large number of constructive and detailed contributions (Huss 1978: 237-338; Bottke 1991: 1-2, 52-53, 1997: 241-242; Hirsch 1995: 285-286; Hamm 1998: 662-663; Scholz 2000: 435-436; König 2003: 267-268), European and international rules, and against the backdrop of the following conclusions:

1. More and more companies operating worldwide seem to believe that in the competition for contracts they must resort to unlawful actions and bribery to influence decision-taking;

2. The involvement of staff at all levels of the company in criminally corrupt networks makes it increasingly difficult to draw a clear distinction between bodies corporate and perpetrators;

3. In some cases companies have transformed themselves into centers of excellence for crime, and behavior typical of organized crime has become an aspect of standard business practice;

4. The unlawful use of money and other assets not only damages individual legal goods; as a function of business life and politics it has reached a dimension that threatens the system;

5. In view of the dangers posed by corporate crime a trend has developed in Europe and worldwide to introduce corporate criminal liability;

6. In Germany everything works perfectly, and when it does not, there is always the Administrative Offences Act;

---

25   COM(2004)334 final.

7. However, Germany's lonely course cannot meet the modern challenges posed by corporate crime;

8. The concept of individual liability in classical criminal law – with natural persons as perpetrator and victim – is not effective when it comes to combating crime committed by legal persons;

9. Corporate criminal liability enshrined in the legal system would not only increase the options for prevention and enforcement; it would also improve the conditions for competition and thus reflect economic thinking more faithfully.

References

Abschlußbericht der Kommission zur Reform des strafrechtlichen Sanktionensystems: Bundesjustizministerium 2000: www.bmj.de/media/archive/137.pdf (date: 15.12.2009)
Achenbach, Hans (1990) in: JuS: 601-602
Achenbach, Hans (2002) in: wistra: 441-442
Ackermann, Bruni (1984): Die Strafbarkeit juristischer Personen im deutschen Recht und in ausländischen Rechtsordnungen. Frankfurt./M.: Peter Lang
Alwart, Heiner (1993) in: ZStW 105: 768
Arzt, Gunther (1999) in: ZStW 111: 783
Balser, Markus (2006) in: Süddeutsche Zeitung, 25/26 November 2006: 4
Balzli, Beat/Deckstein, Dinah/Schmitt, Jörg (2006) in: Der Spiegel. No. 48, 27 November 2006: 70, 72
Barfuß, Walter (2005) in: ÖJZ: 877-878
Bauer, Christina (2003): Fragen der Verbandsstrafbarkeit. Linz: Rudolf Trauner
Bottke, Wilfried (1991) in: wistra: 1-2, 52-53
Bottke, Wilfried (1997) in: wistra: 241-242
Bovensiepen, Nina (2006) in: Süddeutsche Zeitung, 28 November 2006: 5
Bruns, Hans J. (1982) in: GA: 1-2
Dannecker, Gerhard (2001) in: GA: 101-102
ECJ judgment in Case 68/88 Commission v Hellenic Republic [1989] ECR 2965
Eidam, Gerd (1996) in: Kriminalistik: 543-544
Eidam, Gerd (2006) in: PHI: 154-155
Frankfurter Allgemeine Zeitung, 24 November 2006: 13
Frankfurter Allgemeine Zeitung, 2 December 2006: 14
Göhler, Erich (2006): Ordnungswidrigkeitengesetz. München: C. H. Beck
Hamm, Rainer (1998) in: NJW: 662-663
Heine, Günter (1995): Die strafrechtliche Verantwortlichkeit von Unternehmen. Baden-Baden: Nomos
Heine, Günter (1996) in: ÖJZ: 211, 213
Heine, Günter (2000) in: ÖJZ: 871
Heine, Günter (2001) in: ZStrR 119: 22, 34
Hetzer, Wolfgang (1999) in: ZRP: 529-530
Hetzer, Wolfgang (1999a) in: wistra: 361-362
Hetzer, Wolfgang (1999b) in: Kriminalistik: 570-578
Hetzer, Wolfgang (1999c) in: ZFIS: 212-213
Hirsch, Hans-Joachim (1995) in: ZStW 107: 285-286

Huss, Alphonse (1978) in: ZStW 90: 237-338
Jescheck, Hans-Heinrich (1953) in: DÖV: 539-540
Klein, Eckart (1995) in: RIW 1995: 373-374
Knopp, Lothar/Rathmann, Dörthe (2005) in: JR: 359-360
Koch, Birgit (1995) in: ZStW 107: 405-406
König, Stefan (2003) in: DRiZ: 267-268
Korte, Christiane (1998) in: NJW: 1464-1465
Lahti, Raimo (2003) in: ZStW 115: 753-754
Lemke, Michael/Mosbacher, Andreas (2005): Ordnungswidrigkeitengesetz. Heidelberg: Müller
Leyendecker, Hans/Ott, Klaus (2006) in: Süddeutsche Zeitung, 25/26 November 2006: 36
Leyendecker, Hans (2006) in: Süddeutsche Zeitung. 2/3 December 2006: 25
Lütolf, Sandra (1997): Strafbarkeit der juristischen Person. Dissertation. Zürich
Müller, Ekkehard (1985): Die Stellung der juristischen Person im Ordnungswidrigkeitenrecht. Köln:
      Deubner
OJ L 1, 04.01.2003: 1
OJ L 13, 20.1.2004: 44
OJ L 68, 15.3.2005: 67
OJ L 96, 12.4.2003: 16
OJ L 351, 29.12.1998: 1
OJ L 140, 14.06.2000: 1
OJ L 149, 02.06.2001: 1
OJ L 164, 22.06.2002: 3
OJ L 192, 31.7.2003: 54
OJ L 203, 01.08.2002: 1
OJ L 255, 30.9.2005: 164
OJ L 328, 15.12.2002: 1
OJ L 335, 11.11.2004: 8
Ott, Klaus/Balser, Markus (2006) in: Süddeutsche Zeitung. 23 November 2006: 1
Ott, Klaus/Leyendecker, Hans/Balser, Markus (2006) in: Süddeutsche Zeitung. 25/26.11. 2006: 1
Otto, Harro (1993): Die Strafbarkeit von Unternehmen und Verbänden. Berlin: de Gruyter
Peglau, Jens (2001a) in: JA: 208-209
Peglau, Jens (2001b) in: ZRP: 406-407
Pieth, Mark (2001) in: ZStrR 119: 1-2
Pieth, Mark (2003) in: ZStrR 121: 353-354
Scholz, Rupert (2000) in: ZRP:435-436
Schroth, Ulrich (1986) in: wistra: 162-163
Schroth, Hans-Jürgen (1993): Unternehmen als Normadressaten u. Sanktionssubjekt. Gießen: Seelmann
Schmidt, Karsten (1990) in: wistra: 131
Schmitt, Rudolf (1958): Strafrechtliche Maßnahmen gegen Verbände. Stuttgart: Verlag W. Kolhammer
Seelmann, Kurt/Schmid, Niklaus (2001) in: FS: 169-170
Selenz, Hans-Joachim (2005): Schwarzbuch VW. Frankfurt/M.: Eichborn
Steininger, Einhard (2006): Verbandsverantwortlichkeitsgesetz. Wien: Linde
Többens, Hans (1999) in: NStZ: 1-2
Volk, Klaus/Britz, Guido (2006): Münchener Anwaltshandbuch, Verteidigung in Wirtschafts- und
      Steuerstrafsachen. München: C. H. Beck
Volk, Klaus (1993) in: JZ: 429-430
Von Bubnoff, Eckhart (2004) in: ZEuS: 447-485
Wang, Shizou (1995) in: ZStW 107: 1019-1020
Wegner, Arthur (1999) in: ZRP: 186-187
Weigend, Ewa/Namysfowska-Gabrysiak, Barbara (2004) in: ZStW 116: 541-542
Zeder, Fritz (2006): VbVG Verbandsverantwortlichkeitsgesetz „Unternehmensstrafrecht". NWV: Wien

Zonen der (Un-)Sicherheit – Wohlfahrtsstaat – Migration

Einleitung zum Plenum: Zonen der (Un-)Sicherheit – Wohlfahrtsstaat – Migration[1]

Stephan Lessenich, Heike Solga und Anja Weiß

Zu Beginn des 21. Jahrhunderts sehen sich westeuropäische Wohlfahrtsstaaten zunehmend mit den Paradoxien und Spannungen zwischen einer globalisierten, international offenen Ökonomie und den nach wie vor nationalstaatlich geschlossenen Institutionen der sozialen Sicherung konfrontiert. Insofern der – national verfasste – Wohlfahrtsstaat markterzeugte Unsicherheiten zu kompensieren versucht, erleichtert er zugleich eine ökonomische Öffnung nationaler Wirtschaften und eine Globalisierung zumal dann, wenn letztere mit Unsicherheiten, Umschichtungen und sogar Brüchen einhergeht. In dieser Bedeutung von Unsicherheitseindämmung kann ein wohlfahrtsstaatliches Regime die Möglichkeiten von Individualisierung und räumlicher wie sozialer Mobilität fördern und in dem Maße, indem es verlässliche Zugänge zu den Institutionensystemen anbietet, auch die Attraktivität nationaler Wirtschaften und Gesellschaften für Immigration erhöhen.

Umgekehrt können mit dem Bestreben, soziale Sicherheit zu erzeugen bzw. zu erhalten, sowohl Prozesse der Ausschließung ‚nach außen‘ – gegenüber ImmigrantInnen – wie auch Prozesse der Marginalisierung oder Prekarisierung ‚nach innen‘ – im Sinne einer Begrenzung oder gar eines Ausschlusses von sozialen Sicherungsleistungen und -versprechen – einhergehen. Dabei können im Außen- wie im Innenverhältnis ‚neue‘ Ungleichheiten in den Zugangschancen zu den Institutionen und Leistungen der wohlfahrtsstaatlichen Sicherungssysteme entstehen, ‚alte‘ Disparitäten können perpetuiert oder verschärft werden – und es können sich neuartige ‚Zonen der Unsicherheit‘ herausbilden, in denen möglicherweise andere, nichtstaatliche Strategien der Unsicherheitsbewältigung (z. B. Verwandtschaftsbeziehungen, Reziprozitätsnetzwerke, Organisationsmitgliedschaften) an Gewicht gewinnen.

Das im Folgenden dokumentierte Plenum widmet sich dem Spannungsverhältnis zwischen einem (teilweisen) Ausschluss von den Sicherheitsversprechen nationaler Sozialstaaten (insbesondere von ImmigrantInnen) und der gleichzeitigen Veränderung von Sicherungsversprechen und Garantien sozialer Sicherheit. Es geht der Frage nach, wer de facto und diskursiv in das Sicherheitsversprechen und die sozialen Sicherungen von Wohlfahrtsstaaten eingebunden ist. Mit welchen Zonen, Formen und Graden der Unsicherheit sind verschiedene Sozialkategorien – vom ‚Prekariat‘ bis zu den MigrantInnen – konfrontiert und wie geht gerade die zweite

---

1 Gemeinsames Plenum der Sektionen „Migration und ethnische Minderheiten“, „Soziale Ungleichheit und Sozialstrukturanalyse“ und „Sozialpolitik“.

Generation mit Widersprüchen zwischen Teilhabeversprechen und Inklusion um? Insbesondere im Bereich der Reproduktionsarbeit ist ein Spannungsverhältnis zwischen der (Nicht-)Teilhabe der Arbeitskräfte an nationalstaatlich verfassten Rechtssystemen und der strukturellen Notwendigkeit informeller Arbeit zu beobachten. Anscheinend sind es Formen und Mechanismen der sozialen Reproduktion – also z. B. transnationale Ehen, aber auch die Entstehung von ethnisch heterogenen Nachfolgegenerationen –, welche die nationalen Grenzen des Wohlfahrtsstaates am nachhaltigsten in Frage stellen.

Zuwanderung und die Ressourcen wohlfahrtsstaatlicher Solidarität

Steffen Mau und Christoph Burkhardt

Einleitung

Der Wohlfahrtsstaat lässt sich als soziales Arrangement zur Bewältigung kollektiver Risiken und der Moderation sozialer Ungleichheiten verstehen. Diese Funktion ist sozial voraussetzungsvoll, weil Risikoausgleich und damit die Abmilderung sozialer Ungleichheiten eine ungleiche Verteilung von Kosten und Lasten mit sich bringt. Voraussetzung für seine Herausbildung war die Entstehung moderner National-staaten als soziale Organisationsform, welche aufgrund einer Gemeinschaftsunter-stellung ihren Mitgliedern Umverteilungsopfer auferlegen kann (Offe 1998).

Dieser Beitrag widmet sich der Frage, inwieweit Zuwanderung eine Heraus-forderung für die solidarischen Ressourcen des Wohlfahrtsstaats darstellt, da Zu-wanderer die Zusammensetzung der auf dem Territorium lebenden Bevölkerung verändern. Da diese Gruppen auf Integrationsangebote angewiesen sind, müssen sich soziale Teilhaberechte auch auf sie ausweiten. Die Frage lautet nun, ob dies Rückwirkungen auf die Unterstützung für den Wohlfahrtsstaat hat.

In diesem Beitrag wird zunächst anhand der Literatur diskutiert, inwieweit Zuwanderung und die daraus resultierende größere Heterogenität der Wohlfahrts-staatsklientel Legitimitätsprobleme aufwerfen kann. Es wird die Frage gestellt, wie es um die Reproduktion von Solidarität bestellt ist und welche Herausforderungen die zunehmende De-Nationalisierung des Konzeptes der Mitgliedschaft beinhaltet. Im empirischen Abschnitt wird analysiert, inwieweit es in westeuropäischen Wohl-fahrtsstaaten eine generelle Unterstützung für wohlfahrtsstaatliche Umverteilung gibt und ob die Legitimation des Wohlfahrtsstaats europäischer Prägung von Zu-wanderung beeinflusst wird.

Migration, Inklusion und Solidarität

Seit einigen Jahren gibt es eine intensive Debatte zum Verhältnis von Wohlfahrts-staat, Inklusion und Migration (Bommes/Geddes 2000; Bommes/Halfmann 1998). Migration kann als grundlegende Herausforderung der Normalbedingungen mitgliedschaftlicher Inklusion gewertet werden, weil Wanderungen die Kompositi-on der sich auf dem Territorium aufhaltenden Bevölkerung verändern und die grundlegende Frage aufwerfen, auf welche Weise diesen Personengruppen der Zugang zu sozialen Rechten eröffnet werden soll. Es ist weder möglich noch wün-

schenswert den Zugang zu den wohlfahrtsstaatlichen Leistungen für hinzu-
kommende Gruppen zu verwehren. Die meisten westeuropäischen Länder sind seit
einigen Jahrzehnten mit Einwanderungsprozessen konfrontiert und es besteht die
Notwendigkeit, auch für diese Gruppen Inklusionsangebote zu machen. Seit den
1950er und 1960er Jahren ist es zu einer massiven Veränderung gekommen: Selbst
wenn nicht alle Zuwanderergruppen gleichermaßen soziale Anspruchsrechte geltend machen können, so lässt sich in der Tendenz doch eine De-Nationalisierung
der Solidaritätspraktiken beobachten, welche besonders weitgehend bei jenen
Gruppen ist, die Aufenthaltsrechte ohne Beschränkung genießen. Guiraudon umreißt diese Entwicklung wie folgt:

> „The main evolution in the area of social rights has consisted in making nationality irrelevant for
> the enjoyment of benefits. Regarding social protection, reforms extended non-contributive bene-
> fits as opposed to insurance based to non-nationals, de-linked residence status and welfare rights
> whereby welfare-receiving foreigners risked expulsion, increased the possibility to export benefits
> (health, unemployment, pensions), suppressed reciprocity as a criterion for granting foreigners
> benefits, and sometimes also reduced the duration of stay required to qualify for certain pro-
> grammes." (Guiraudon 2002: 135)

Damit ergibt sich, dass „Migranten mit anhaltendem Aufenthalt in die gleichen
Rechte wie die Staatsbürger hineinwachsen" (Halfmann/Bommes 1998: 97).

Dies stellt für den wohlfahrtsstaatlichen Solidaritätszusammenhang eine große
Herausforderung dar, da sich Solidarität immer weniger auf staatsbürgerliche Mitgliedschaft oder nationale Gemeinschaftsgefühle beziehen kann und Umvertei-
lungstoleranz trotz wachsender ethnischer Heterogenität erzeugt werden muss.
Erschwerend kommt hinzu, dass Zuwanderer überproportional häufig auf wohlfahrtsstaatliche Versorgung angewiesen sind und sie auch in der öffentlichen Diskussion verstärkt als Transferempfängergruppe wahrgenommen werden (Boeri et
al. 2002). Damit ist klar, dass die Einbeziehung von Migranten oder Gruppen,
welche nicht als ‚zugehörig' wahrgenommen werden, die Legitimation von solidar-
gemeinschaftlichen Sicherungssystemen unterminieren kann (Bommes/Halfmann
1998; zur Diskussion siehe Banting 2000; Banting/Kymlicka 2006).

Die Frage des Zusammenhangs zwischen ethnischer Diversität und wohlfahrtsstaatlicher Solidarität ist in der Literatur umfassend diskutiert worden (Alesi-
na/Glaeser 2004; Banting/Kymlicka 2004; Bommes/Geddes 2000). Dabei wird die
größere Diversität von Gesellschaften oft als Problem begriffen, weil angenommen
wird, dass die individuelle Solidaritätsbereitschaft stark davon abhängt, ob wohlfahrtsstaatliche Hilfe innerhalb eines durch Kultur, Sprache und Herkunft abgesi-
cherten Gemeinschaftszusammenhangs gewährt wird oder ob sie über die Grup-
pengrenzen hinausgeht. Wir-Gefühle, Homogenität und gemeinschaftliche Bindungen gelten als vorteilhaft für alle Formen sozialer Solidarität. Mit Hilfe von
Makroindikatoren für 54 Länder zeigen Alesina und Glaeser (2004: 133ff.), dass es

einen negativen Zusammenhang zwischen der „racial fractionalization", einem von ihnen entwickelten Maß zur Messung von Diversität, und dem Niveau der Sozialausgaben gibt.

Um den Zusammenhang zu untermauern, kann man sich auf die umfangreiche Forschung zu Vorurteilen und Fremdenfeindlichkeit berufen (Gang et al. 2002; Pettigrew 1998; Pettigrew/Tropp 2000). So ist belegt worden, dass es eine allgemeine Tendenz zur Ingroup-Bevorzugung gibt, weil Menschen dazu neigen, der eigenen Gruppe bzw. als gleich wahrgenommenen Personen eher bestimmte Rechte und Ansprüche zuzugestehen als Gruppen, die als fremd wahrgenommen werden. Solche Privilegierungsstrategien der eigenen Gruppe finden sich in vielen Lebensbereichen, in denen ein Wettbewerb um knappe Güter stattfindet. Die Verteilungsinstitutionen des Wohlfahrtsstaats, die kollektive Güter für soziale Bedarfs- und Risikolagen bereitstellen, sind natürlich prädestiniert, Gruppenkonflikte zu induzieren. Wie eine Reihe von Studien belegen konnte, unterliegt die Akzeptanz von Zuwanderern und das Ausmaß von ihnen gewährten Rechten maßgeblich auch der gefühlten Bedrohung, die von der Anwesenheit von ethnischen Minderheiten ausgeht (Raijman et al. 2003; Scheepers et al. 2002). Untersuchungen zur Akzeptanz wohlfahrtsstaatlicher Politiken belegen, dass Menschen in der präferierten Zumessung von Sozialtransfers Unterschiede zwischen Trägern derselben Staatsbürgerschaft und zugewanderten ethnischen Minoritäten machen (Jäckle 2004). In der Hierarchie der als ‚deserving' angesehenen Gruppen stehen Zuwanderer unter den einheimischen Gruppen (van Oorschot 2006; van Oorschot/Uunk 2007).[1] Vor dem Hintergrund dieser Befunde lautet unsere Forschungsfrage: Bedeutet die wachsende Heterogenisierung derer, die in die wohlfahrtsstaatlichen Systeme einbezogen sind, tatsächlich einen Verlust an Legitimität und Unterstützung? Gibt es einen Zusammenhang zwischen Zuwanderung und der Unterstützung für den Wohlfahrtsstaat?

Daten und Methode

Der empirische Abschnitt der vorliegenden Studie besteht aus zwei Teilen. Zunächst werden mit Hilfe von Aggregatdaten auf Länderebene bivariate Beziehungen von Länderindikatoren und Einstellungsdaten dargestellt. Anschließend werden multivariate Verfahren eingesetzt, die aufgrund ihrer Mehrebenenstruktur ein

---

1   Van Oorschot (2006) sowie van Ooorschot und Unk (2007) überprüfen den Zusammenhang zwischen ‚deservingness' und der Frage, inwiefern Migranten als weniger berechtigt zum Empfang von Sozialleistungen angesehen werden als andere benachteiligte Bevölkerungsgruppen wie Alte, Kranke und Arbeitslose. Tatsächlich finden die Autoren eine Rangfolge: Demnach verdienen in den Augen der Bevölkerung alte Menschen die meisten Hilfeleistungen, Migranten hingegen stehen am untersten Ende.

Bild des Zusammenhangs zwischen Solidarität und ethnischer Heterogenisierung vermitteln können, als es eine ausschließliche Betrachtung bivariater Daten erlauben würde. Wir nutzen zur Untersuchung Umfragedaten des European Social Survey (2002/2003) für 17 westeuropäische Länder (Tabelle 3, Anhang). Bei der Analyse wurden jeweils nur die Staatsbürger des betreffenden Landes in die Berechnungen mit aufgenommen. Für alle Länder wurden relevante Makroindikatoren zusammengestellt und zum Individualdatensatz hinzugefügt. Als multivariates Regressionsverfahren kommen Mehrebenenmodelle mit fixen Effekten zum Einsatz. Als abhängige Variable ziehen wir ein Item zu Rate, welches die Einstellung zu staatlicher Umverteilung erfasst: „Der Staat sollte Maßnahmen ergreifen, um Einkommensunterschiede zu verringern". Die Antwortkategorien reichen von ‚stimme stark zu' bis ‚lehne stark ab' (5-stufige Skala).

Als erklärende Faktoren auf der Individualebene verwenden wir einschlägige soziodemografische Variablen, die insbesondere in Studien zu ethnisch motivierten Vorurteilen herausgearbeitet wurden. Dies sind der Erwerbsstatus, das Bildungsniveau, der sozio-ökonomische Status und die politische Orientierung. Bekannt ist, dass vor allem Arbeitslose, Personen mit geringerer Bildung und niedrigerem sozio-ökonomischen Status sowie konservativer politischer Einstellung zur Ausbildung von Vorurteilen neigen und Mitgliedern ethnischer Minderheiten geringere soziale Rechte zusprechen als der Mehrheitsbevölkerung (Coenders/Scheepers 2003; Raijman et al. 2003). Das von uns erfasste Bildungsniveau basiert auf dem ISCED-97-Standard der UNSECO[2] und erfasst den höchsten berufsbildenden Abschluss. In unserer Analyse unterscheiden wir zwischen drei Stufen. Der Erwerbsstatus ist dichotom kodiert und differenziert zwischen beschäftigten und nicht beschäftigten Personen. Die politische Ausrichtung wird über eine elfstufige endpunktbeschriftete Links-Rechts-Skala gemessen. Hohe Werte bilden hier konservative bis nationalistische Wertorientierungen ab, während niedrigere Werte auf eine liberale bis linke politische Orientierung schließen lassen. Als klassische Kontrollvariablen werden das Geschlecht und das Alter der Befragten in die Analyse aufgenommen.

Auf der Länderebene verwenden wir die folgenden unabhängigen Variablen:[3] Gemäß unserer Fragestellung interessiert uns als unabhängiger Faktor zunächst das Ausmaß der sozialen und ethnischen Heterogenisierung. Dieses bilden wir mit Hilfe von fünf (im deskriptiven Teil der Untersuchung) bzw. vier (im multivariaten Teil) Maßen für Zuwanderung ab. Neben dem Index ethnischer Fraktionalisierung (Alesina et al. 2003)[4] sind dies der Zuwandereranteil in Prozent (2002), der Anteil

---

2   ISCED = International Standard Classification of Educational Degrees.
3   Für eine detaillierte Übersicht siehe Tabelle 3 im Anhang.
4   Alesina und Glaeser (2004) verwenden für ihre Analysen sowohl den „Index of Ethnic Fractionalization" als auch den „Index of Racial Fractionalization". Die Datendokumentation lässt eine Re-

im Ausland geborener Personen (2002), die Immigrationsrate (pro 1.000 Einwohner 1995-2000) und der Anteil der im Ausland geborenen Personen aus nicht westlichen Ländern (Personen von außerhalb Westeuropas, Kanadas, den USA, Neuseelands und Australiens, 2001/2002). Zugleich kontrollieren wir den Effekt des ökonomischen Wohlstands der Länder in Form des Bruttoinlandsprodukts (pro Kopf, in Kaufkraftparitäten), die Stärke linker Parteien, die Einkommensungleichheit, die Arbeitslosigkeitsrate und das Wohlfahrtsstaatsregime. Wir beziehen uns dabei auf die etablierte Literatur der Wohlfahrtsstaatsforschung, welche diese Faktoren als maßgeblich für die wohlfahrtsstaatliche Entwicklung bzw. die Unterstützung des Wohlfahrtsstaats benannt hat (u. a. Wilensky 1975; Korpi 1983; Esping-Andersen 1985; Bonoli 1997; Svallfors 1997; Arts/Gelissen 2001; Mau 2003; Taylor-Gooby 2005). Im sich nun anschließenden Abschnitt werden die Befunde aus den bivariaten Vergleichen der europäischen Länder wiedergegeben. Anschließend wenden wir uns der Diskussion der Regressionsmodelle zu.

Prekäre Solidaritäten? Empirische Befunde

Vor dem Hintergrund eines möglichen Aufweichens von Solidarität als Folge kontinuierlicher Migration in die europäischen Wohlfahrtsstaaten stellt sich die Frage, wie es um den Rückhalt des umverteilenden Wohlfahrtsstaats in Europa im Zusammenhang bestellt ist. Zunächst haben wir den Zusammenhang zwischen Sozialausgabenniveau und dem Index der ethnischen Fraktionalisierung von Alesina et al. (2003; siehe Anhang) geprüft. Die Verteilung sowie das Ergebnis der Korrelation deuten für unsere europäischen Fälle nicht auf ein Muster hin, nach dem größere Fraktionalisierung zu einem geringeren Ausgabenniveau führt (Abbildung 1). Der Zusammenhang ist als schwach zu bezeichnen. Auch die am rechten Rand der Verteilung aufzufindenden stark fraktionalisierten Länder Belgien, Luxemburg, Schweiz und Spanien unterscheiden sich in ihrem wohlfahrtsstaatlichen Ausgabenniveau nicht maßgeblich von den anderen Ländern. So erreichen beispielsweise Großbritannien und Spanien ein ähnliches Niveau hinsichtlich der öffentlichen Sozialausgaben, obwohl Spanien eine annähernd vierfach große ethnische Fraktionalisierung aufweist.

Der Fraktionalisierungsindex leidet allerdings sowohl unter heterogenen Quelldaten als auch unter methodischen Problemen, hervorgerufen durch die Berücksichtigung sehr unterschiedlicher Dimensionen wie religiöser, linguistischer und ethnischer Differenzierung. Zudem ist er nicht geeignet, die Frage der Zuwan-

produktion der Ergebnisse sowie die Verwendung für eigene Berechnungen insbesondere des letztgenannten Indexes nicht zu. Wir stützen uns in unseren Analysen daher auf den Index der ethnischen Fraktionalisierung (Alesina et al. 2003), dessen Daten besser dokumentiert sind.

derung hinreichend zu messen. Daher beziehen wir im Folgenden alternative Maße zur direkten Erfassung von Zuwanderung ein (siehe hierzu den vorhergehenden Abschnitt sowie Tabelle 3 im Anhang) und sehen vom weiteren Gebrauch des Fraktionalisierungsindexes ab. Zugleich beziehen wir uns auf Einstellungen zum Wohlfahrtsstaat und nicht auf Sozialausgaben als Proxy für Solidarität.

Abbildung 1: Ethnische Fraktionalisierung und öffentliche Sozialausgaben (in Prozent des BIP)

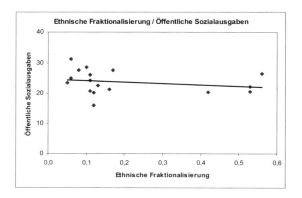

Quelle: Siehe Anhang.

Abbildung 2 zeigt den Zusammenhang zwischen Einstellungen zur staatlichen Begrenzung der Einkommensungleichheit und den verschiedenen Diversitätsmaßen. Sowohl der Zuwandereranteil als auch der Anteil im Ausland geborener Personen sind negativ mit der Befürwortung wohlfahrtsstaatlicher Einkommensumverteilung verknüpft. Allerdings sind diese Zusammenhänge nur recht schwach und nicht signifikant. Der Vergleich von einzelnen Ländern mit ähnlichen Werten hinsichtlich Zuwanderung zeigt indes erneut, dass damit nicht automatisch ähnliche Einstellungswerte einhergehen. Wir nehmen dies als Hinweis für die Notwendigkeit eines multivariaten Verfahrens, welches bei der Aufdeckung von weiteren moderierenden und intervenierenden Effekten hilfreich sein sollte.

In der nun folgenden multivariaten Betrachtung greifen wir auf die Zustimmung zur wohlfahrtsstaatlichen Umverteilung als abhängige Variable zu und testen die Effekte der unabhängigen Variablen auf Individual- sowie auf Länderebene. Zunächst überprüfen wir die Effekte der unabhängigen Variablen auf der Individualebene in Kombination mit jeweils einem Diversitätsmaß auf Länderebene. Auf diese Weise lassen sich die Effekte der Migrationsmaße gegenüberstellen und auf ihren Erklärungsgehalt überprüfen. Anschließend wird dann die aussagekräftigste

Kennzahl für Migration ausgewählt und mit weiteren Makroindikatoren in die Regression eingebracht.

Abbildung 2: Befürwortung staatlicher Umverteilung (Zustimmung in Prozent) – Migrationsindikatoren

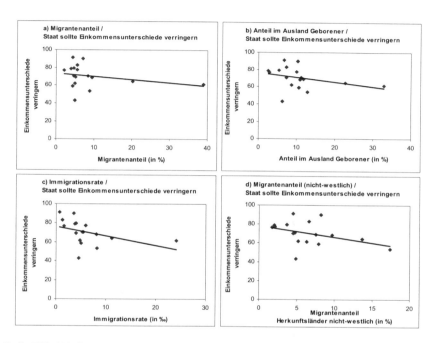

Quelle: ESS 2002/2003 (Eigene Berechnung. Die beiden Zustimmung signalisierenden Kategorien ‚stimme stark zu‘ und ‚stimme zu‘ wurden zusammengefasst). Siehe auch Anhang.

Tabelle 1 gibt einen Überblick über die erste Gruppe der berechneten Modelle. Der Intraklassenkorrelationskoeffizient gibt Auskunft über die Verteilung der Varianz der abhängigen Variablen auf die Individual- und Länderebene. In unserem Fall liegen bis zu zwölf Prozent der Varianz der abhängigen Variablen auf der Ebene der Kontextfaktoren. Makrofaktoren kann demnach durchaus ein Beitrag zur Varianzaufklärung zugesprochen werden. Allerdings werten wir dies gleichzeitig als Hinweis für die vergleichsweise geringe Erklärungskraft von Kontextfaktoren für Einstellungsunterschiede zwischen den Ländern. Der weitaus größere Einfluss auf Einstellungen zu wohlfahrtsstaatlicher Umverteilung geht demnach von Individualfaktoren aus.

Tabelle 1: Befürwortung von Umverteilung – Mehrebenen-Regression

	Modell 1		Modell 2		Modell 3		Modell 4	
Ebene 1: Individualva-								
riablen								
- *Geschlecht*	-,164	***	-,164	***	-,164	***	-,164	***
(männlich=1)	(,019)		(,019)		(,019)		(,019)	
- *Alter*	,003	**	,003	**	,003	**	,003	**
(in Jahren)	(,001)		(,001)		(,001)		(,001)	
- *Bildungsniveau*								
(Ref.kat.=niedrig)								
- *mittel*	-,131	***	-,131	***	-,131	***	-,131	***
	(,023)		(,023)		(,023)		(,023)	
- *hoch*	-,354	***	-,354	***	-,354	***	-,354	***
	(,025)		(,025)		(,025)		(,025)	
- *Links-rechts-Skala*	-,094	***	-,094	***	-,094	***	-,094	***
(0 = links, 10 = rechts)	(,011)		(,011)		(,011)		(,011)	
- *Beschäftigungsstatus*	,181	**	,181	**	,181	**	,181	**
(nicht beschäftigt=1)	(,066)		(,066)		(,066)		(,066)	
Ebene 2: Ländervari-								
ablen								
- *Migrantenanteil (% der*	-,012	**						
Gesamtbevölkerung)	(,004)							
- *Anteil im Ausland*			-,017	*				
geborener Migranten (%			(,006)					
der Gesamtbevölkerung)								
- *Migrantenanteil nicht-*					-,032	***		
westlich (% der Gesamt-					(,009)			
bevölkerung)								
- *Immigrationsrate*							-,030	*
							(,013)	
Konstante	4,392	***	4,480	***	4,503	***	4,474	***
	(,085)		(,106)		(,097)		(,101)	
-2*loglikelihood	75132,8		75131,9		75132,3		75130,6	
Varianz innerhalb der	,948		,948		,948		,948	
Länder	(,053)		(,053)		(,053)		(,053)	
Varianz zwischen den	,105		,100		,099		,091	
Ländern	(,036)		(,037)		(,039)		(,033)	

Anmerkungen: n_i=26943, n_j=17; unstandardisierte Koeffizienten, Standardfehler in Klammern; Signifikanzniveau: * p<,05; ** p<,01; *** p<,001. Leeres Modell: Konstante: 3,737*** (,088); -2*loglikelihood:
76894,3; Varianz innerhalb der Länder: 1,011 (,057); Varianz zwischen den Ländern: ,131 (,039);
Intraklassenkorrelation: ,12, AV: Die Regierung sollte Einkommensunterschiede verringern (Likert-
Skala 1-5).

Quelle: ESS 2002/2003, eigene Berechnungen.

Tabelle 2: Befürwortung von Umverteilung – Mehrebenen-Regression

	Modell 5		Modell 6		Modell 7		Modell 8		Modell 9	
Ebene 2: Ländervariablen										
- Migrantenanteil nicht- westlich (% der Gesamtbevölkerung)	-,032 (,007)	***	-,028 (,011)	*	-,031 (,009)	**	-,025 (,015)		-,035 (,009)	**
- BIP (p.k. ln)	-,689 (,231)	**								
- Gini-Index			,031 (,018)							
- Anteil linker Parteien					,004 (,004)					
- Arbeitslosenrate							,065 (,022)	**		
Wohlfahrtsregime (Ref.kat..= *Kontinental*)										
- Sozialdemokratisch									-,144 (,192)	
- Liberal									-,187 (,129)	
- Mediterran									,425 (,166)	*
Konstante	11,570 (2,349)	***	3,507 (,611)	***	4,330 (,230)	***	4,055 (,219)	***	4,503 (,162)	***
-2*loglikelihood	75125,8		75129,1		75131,7		75124,8		75124,2	
Varianz innerhalb der Länder	,948 (,053)		,948 (,053)		,948 (,053)		,948 (,053)		,948 (,053)	
Varianz zwischen den Ländern	,065 (,027)		,080 (,022)		,095 (,037)		,068 (,026)		,058 (,021)	

Anmerkungen: n_i=26943, n_j=17; unstandardisierte Koeffizienten, Standardfehler in Klammern; Signifikanzniveau: * p<,05; ** p<,01; *** p<,001. Leeres Modell: Konstante: 3,737*** (,088); -2*loglikelihood: 76894,3; Varianz innerhalb der Länder: 1,011 (,057); Varianz zwischen den Ländern: 0,131 (,039); Intraklassenkorrelation: ,12, AV: Die Regierung sollte Einkommensunterschiede verringern (Likert-Skala 1-5). Die Koeffizienten für die Individualebene werden in dieser Tabelle nicht aufgeführt, da sie nur geringfügigen Schwankungen unterliegen. Für die Effekte der Individualvariablen verweisen wir auf Tabelle 1.

Quelle: ESS 2002/2003, eigene Berechnungen.

Wenden wir uns nun den einzelnen Koeffizienten zu: Auf der Individualebene sind alle Effekte signifikant. Es zeigt sich, dass Frauen eher wohlfahrtsstaatliche Umverteilung unterstützen. Zudem steigt die Befürwortung mit zunehmendem Alter der Befragten, sinkt allerdings mit höherem Bildungsniveau. Sich politisch links verortende Personen und Beschäftigungslose sind ebenfalls eher unter den Unterstützern von Einkommensumverteilung als Mittel zur Bekämpfung von sozialer Ungleichheit zu finden. Auf der Makroebene zeigen sich signifikante negative Effekte für alle vier Migrationsmaße. Die Bereitschaft zur Unterstützung des Wohlfahrtsstaats hängt demnach vom Ausmaß ethnischer Diversität ab.

In den nun folgenden Analysen kontrollieren wir sowohl für eines dieser Migrationsmaße als auch für weitere Makrovariablen auf der Kontextebene. Über die direkte Gegenüberstellung von Diversity als Indikator mit aus der wohlfahrtsstaatlichen Literatur bekannten Kennzahlen erhoffen wir uns Erkenntnisse über die tatsächliche Bedeutung von Migration für die Solidaritätsbereitschaft in westeuropäischen Wohlfahrtsstaaten, insbesondere auch im Vergleich zu anderen für Solidarität wichtigen Faktoren. Als Migrationsmaß werden wir uns auf den Zuwandereranteil von außerhalb der nicht-westlichen Länder konzentrieren. Bei dieser Migrantengruppe handelt es sich um eine besonders sichtbare, sowohl innerhalb der Gesellschaft als vermutlich auch hinsichtlich des wohlfahrtsstaatlichen Versorgungsaufwands.[5] In Tabelle 2 berichten wir daher die Ergebnisse unserer Berechnungen, in denen wir neben dem Effekt des Zuwandereranteils von Migranten von außerhalb der EU, Nordamerika und Ozeanien für weitere Kontextfaktoren kontrollieren. Um der Datenlage und den Vorgaben hierarchisch-linearer Regressionsmodelle Rechnung zu tragen, bringen wir neben dem Migrationsmaß jeweils nur einen zusätzlichen Erklärungsfaktor auf der Kontextebene ein.

Wenden wir uns nun den Ergebnissen zu: Im Hinblick auf unsere Alternativmaße finden wir signifikante Effekte in den Modellen 5, 8 und 9 und vor allem für das Bruttoinlandsprodukt sowie für die Arbeitslosenrate. Insbesondere jene Modelle zeichnen sich auch durch einen etwas größeren Varianzanteil auf Länderebene und besseren Model-fit aus. Offensichtlich ist die wohlfahrtsstaatliche Solidarität in reicheren Ländern weniger stark ausgeprägt. Zudem steigt der Wunsch nach staatlichen Interventionen mit steigender Arbeitslosenrate. Reichere Länder und jene mit höheren Beschäftigtenraten sind somit seltener unter den Unterstützern wohlfahrtsstaatlicher Umverteilung anzutreffen. Ganz im Gegensatz hierzu ist die Unterstützung des umverteilenden Wohlfahrtsstaats in den Mittelmeerländern größer als im kontinentaleuropäisch-korporatistischen Cluster. Soziale Ungleichheit, aber auch die Regierungsbeteiligung linker Parteien sind hingegen für die Erklärung von Länderunterschieden der abhängigen Variable nicht von Bedeutung. Die Effekte des Migrationsmaßes unterliegen in den Modellen 5 bis 9 geringfügigen Schwankungen, wenngleich die Koeffizienten negativ bleiben. Eine gänzliche Aufhebung des negativen Effekts kann demnach auch durch die Einbeziehung wohlfahrtsstaat-

---

5   Diese Gruppe von Migranten kann aufgrund ihrer strukturellen Benachteiligung als überdurchschnittlich abhängig von wohlfahrtsstaatlichen Transferleistungen angesehen werden.

licher Makrofaktoren nicht erreicht werden. Insbesondere wenn für die Arbeitslosenrate kontrolliert wird, verschwindet jedoch der signifikante Effekt. Der Wunsch nach Umverteilung in einem Land ist danach nicht von der Präsenz von Migrantengruppen beeinflusst, wenn man die Arbeitslosigkeitsrate kontrolliert. Es steht zu vermuten, dass der Effekt der Arbeitslosenrate jenen des Diversitätsmaßes moderiert. Höhere Arbeitslosigkeit führt offenkundig zu sozialen Spannungen, fördert aber gleichzeitig auch materielle Verlustängste, die den Wunsch nach wohlfahrtsstaatlicher Solidarität und den Ruf nach Umverteilung verstärken. Auf diese Weise überlagert der Drang nach materieller Sicherheit und sozialem Zusammenhalt den negativen Effekt von Zuwanderung.

Welten der Diversität

Die Ergebnisse zeigen, dass im intra-europäischen Vergleich Anzeichen für einen negativen Zusammenhang zwischen ethnischer Diversität und wohlfahrtsstaatlicher Solidarität aufzufinden sind. Dieser ist allerdings nicht als stark zu bezeichnen. Dies gilt umso mehr, wenn man einige Länder, die als Ausreißer im Sample zu finden sind, aus der Analyse ausschließt. Hier sind insbesondere die Schweiz, Belgien und Luxemburg zu nennen. Im multivariaten Verfahren zeigte sich, dass neben dem Zuwandereranteil auch andere Makroindikatoren auf die Unterstützung des Wohlfahrtsstaats wirken. So konnten vor allem das Bruttoinlandsprodukt sowie die Arbeitslosenrate als relevante Einflussgrößen ausgemacht werden. Andere Studien, welche sich auf informelle Solidarität und das generalisierte Vertrauen in verschiedenen Wohlfahrtsstaaten beziehen, kommen gleichfalls zu dem Ergebnis, dass die These der grundlegenden Gefährdung europäischer Wohlfahrtsstaaten durch Immigration überzogen ist (Halvorsen 2007; van Oorschot 2008).

Was man annehmen kann, sind sehr unterschiedliche und komplexe Verbindungen zwischen sozialpolitischen Arrangements und ethno-sozialer Heterogenität (Banting 2000). In kulturell und sozial pluralen Ländern wie den USA und Kanada wirkten die vorhandenen ‚cleavages' als Hemmnisse einer nationalen Wohlfahrtspolitik, entweder direkt oder vermittelt durch institutionelle Fragmentierungen. Daneben gibt es Länder, welche sich durch die Kombination großer sozialer Homogenität, zentralisierter politischer Institutionen und expansiver wohlfahrtsstaatlicher Dynamik auszeichnen, so die skandinavischen Länder. In anderen Ländern ist es aber trotz großer Diversität gelungen, ein umfassendes Wohlfahrtssystem zu etablieren. Ein Land wie Belgien war trotz großer kultureller und sozialer Heterogenität offensichtlich in der Lage, ausgebaute Sozialleistungssysteme hervorzubringen (Banting 2000). Dies kann vor allem auf konsensorientierte Politiken und Institutionen zurückgeführt werden.

Mit dieser Perspektive, die hier nur angedeutet werden kann, erschließt sich ein neuer Zugang zum eingangs vorgestellten trade-off zwischen Solidarität und Hete- rogenisierung. Man darf zwar grundsätzlich davon ausgehen, dass die soziale Basis eines großzügigen und umfassenden Wohlfahrtsstaats besonders dann stabil ist, wenn keine grundlegenden ethnischen und sozialen Spaltungen vorhanden sind, aber die Kombination aus Generosität und Diversität ist nicht unmöglich. Ob dies gelingt, dafür sind die institutionellen Designs der politischen Institutionen und des Wohlfahrtsstaats vermutlich entscheidende Größen.

Literaturverzeichnis

Alesina, Alberto/Devleeschauwer, Arnaud/Easterly, William/Kurlat, Sergio/Wacziarg, Romain (2003): Fractionalization. In: Journal of Economic Growth 8(2): 155-194

Alesina, Alberto/Glaeser, Edward L. (2004): Fighting Poverty in the US and Europe. A World of Difference. Oxford: Oxford University Press

Armingeon, Klaus/Leimgruber, Philipp/Beyeler, Michelle/Menegale, Sarah (2006): Comparative Politi- cal Data Set 1960-2004. Bern: Institute of Political Science, University of Berne

Arts, Wil/Gelissen, John (2001): Welfare States, Solidarity and Justice Principles. Does the Type Really Matter? In: Acta Sociologica 44(4): 283-300

Banting, Keith G. (2000): Looking in Three Directions. Migration and the European Welfare State in Comparative Perspective. In Bommes, Michael/Geddes, Andrew (2000): 13-33

Banting, Keith G./Kymlicka, Will (2004): Do Multiculturalism Policies Erode the Welfare State? In: Van Parijs, Phillipe (2004): 227-284

Banting, Keith G./Kymlicka, Will (Hrsg.) (2006): Multiculturalism and the Welfare State. Recognition and Redistribution in Contemporary Democracies. Oxford: Oxford University Press

Boeri, Tito/Hanson, Gordon/McCormick, Barry (Hrsg.) (2002): Immigration Policy and the Welfare System. Oxford: Oxford University Press

Bommes, Michael/Halfmann, Jost (Hrsg.) (1998): Migration in nationalen Wohlfahrtsstaaten. Theoreti- sche und vergleichende Untersuchungen. Osnabrück: Universitätsverlag Rasch

Bommes, Michael/Geddes, Andrew (Hrsg.) (2000): Immigration and Welfare. Challenging the Borders of the Welfare State. London/New York: Routledge

Bonoli, Giuliano (1997): Classifying Welfare States. A Two-dimension Approach. In: Journal of Social Policy 26(3): 351-372

Citrin, Jack/Sides, John (2006): European Immigration in the People's Court. In Parsons, Craig A./Smeeding, Timothy M. (2006): 327-361

Coenders, Marcel/Scheepers, Peer (2003): The Effect of Education on Nationalism and Ethnic Exclu- sionism. An International Comparison. In: Political Psychology 24(2): 313-344

Esping-Andersen, Gøsta (1985): Politics Against Markets. The Social Democratic Road to Power. Princeton, NJ: Princeton University Press

Gang, Ira N./Rivera-Batiz, Francisco L./Yun, Myeong-Su (2002): Economic Strain, Ethnic Concen- tration and Attitudes Towards Foreigners in the European Union. IZA Discussion paper 578. Bonn: Forschungsinstitut zur Zukunft der Arbeit

Guiraudon, Virginie (2002): Including Foreigners in National Welfare States. Institutional Venues and Rules of the Game. In: Rothstein, Bo/Steinmo, Sven (2002): 129-156

Halfmann, Jost/Bommes, Michael (1998): Staatsbürgerschaft, Inklusionsvermittlung und Migration. Zum Souveränitätsverlust des Wohlfahrtsstaates. In: Bommes, Michael/Halfmann, Jost (1998): 81-101

Halvorsen, Knut (2007): Legitimacy of Welfare State in Transitions from Homogeneity to Multi-culturality. A Matter of Trust. In: Mau, Steffen/Veghte, Benjamin (2007): 239-260

Jäckle, Nicole (2004): Ethnische Hierarchien, Gerechtigkeitseinstellungen und die gerechte Verteilung von Sozialhilfe. In: Liebig, Stefan et al. (2004): 161-193

Korpi, Walter (1983): The Democratic Class Struggle. London: Routledge/Kegan Paul

Liebig, Stefan/Lengfeld, Holger/Mau, Steffen (Hrsg.) (2004): Verteilungsprobleme und Gerechtigkeit in modernen Gesellschaften. Frankfurt/M./New York: Campus

Mau, Steffen (2003): Wohlfahrtspolitischer Verantwortungstransfer nach Europa? Präferenzstrukturen und ihre Determinanten in der europäischen Bevölkerung. In: Zeitschrift für Soziologie 32(4): 302-324

Mau, Steffen/Veghte, Benjamin (Hrsg.) (2007): Social Justice, Legitimacy and the Welfare State. Aldershot: Ashgate

OECD (2006): International Migration Outlook. Annual Report. Paris: OECD

OECD (2007a): Employment Outlook. Paris: OECD

OECD (2007b): Social Expenditure Database. Paris: OECD

Oskamp, Stuart (Hrsg.) (2000): Reducing Prejudice and Discrimination. Mahwah, NJ/London: Lawrence Erlbaum

Offe, Claus (1998): Demokratie und Wohlfahrtsstaat. Eine europäische Regimeform unter dem Stress der europäischen Integration. In: Streeck, Wolfgang (1998): 99-136

Parsons, Craig A./Smeeding Timothy M. (Hrsg.) (2006): Immigration and the Transformation of Europe. Cambridge: Cambridge University Press

Pettigrew, Thomas F. (1998): Intergroup Contact Theory. In: Annual Review of Psychology 49(1): 65-85

Pettigrew, Thomas F./Tropp, Linda R. (2000): Does Intergroup Contact Reduce Prejudice? Recent Meta-analytic Findings. In: Oskamp, Stuart (2000): 93-114

Raijman, Rebeca/Semyonov, Moshe/Schmidt, Peter (2003): Do Foreigners Deserve Rights? Determinants of Public Views Towards Foreigners in Germany and Israel. In: European Sociological Review 19(4): 379-392

Rothstein, Bo/Steinmo, Sven (Hrsg.) (2002): Restructuring the Welfare State. Political Institutions and Policy Change. New York: Palgrave

Scheepers, Peer/Gijsberts, Mérove/Coenders, Marcel (2002): Ethnic Exclusionism in European Countries. Public Opposition to Civil Rights for Legal Migrants as a Response to Perceived Ethnic Threat. In: European Sociological Review 18(1): 17-34

Streeck, Wolfgang (Hrsg.) (1998): Internationale Wirtschaft, nationale Demokratie. Herausforderungen für die Demokratietheorie. Frankfurt/M./New York: Campus

Svallfors, Stefan (1997): Worlds of Welfare and Attitudes to Redistribution. A Comparison of Eight Western Nations. In: European Sociological Review 13(3): 283–304

Taylor-Gooby, Peter (2005): Is the Future American? Or, Can Left Politics Preserve European Welfare States from Erosion through Growing 'Racial' Diversity? In: Journal of Social Policy 34(4): 661-672

United Nations Development Programme (2004): Human Development Report 2004. Cultural Liberty in Today's Diverse World. New York: United Nations Development Programme

Van Oorschot, Wim (2006): Making the Difference in Social Europe. Deservingness Perceptions among Citizens of European Welfare States. In: Journal of European Social Policy 16(1): 23-42

Van Oorschot, Wim (2008): Solidarity towards immigrants in European welfare states. In: International Journal of Social Welfare 17(1): 3-14

Van Oorschot, Wim/Uunk, Wilfred (2007): Multi-level Determinants of Public's Informal Solidarity towards Immigrants in European Welfare States. In: Mau, Steffen/Veghte, Benjamin (2007): 217-238

Van Parijs, Phillipe (Hrsg.) (2004): Cultural Diversity versus Economic Solidarity. Brüssel: De Boeck

Wilensky, Harold L. (1975): The Welfare State and Equality. Structural and Ideological Roots of Public Expenditures. Berkeley: University of California Press

Anhang

Tabelle 3: Makroindikatoren

	Sozialausgaben	Ethnische Fraktionalisierung	Migrantenanteil	Anteil im Ausland Geborener	Migrantenanteil (nicht-westlich)	Immigrationsrate	BIP	Gini index	Arbeitslosenrate	Anteil linker Parteien
	(in % des BIP)	Index (0-1)	(in %)	(in %)	(in %)	(in ‰)	$ in KKP		(in %)	
AT	26,1	0,11	9,5	10,8	9,7	8,1	29220	30,0	5,3	37,5
BE	26,5	0,56	8,4	11,1	4,7	5,2	27570	25,0	7,3	53,1
CH	20,5	0,53	20,2	22,8	13,7	11,1	30010	33,1	3,1	28,6
DE	27,6	0,17	8,9	12,8	17,4	8,2	27100	28,3	8,1	32,1
DK	27,6	0,08	4,9	6,2	4,9	4,5	30940	24,7	4,5	50,7
ES	20,3	0,42	4,6	5,3	3,7	4,0	21460	32,5	11,4	48,8
FI	22,5	0,13	2,1	2,8	1,7	1,6	26190	26,9	9,1	36,0
FR	28,7	0,10	5,6	7,3	6,6	1,3	26920	32,7	9,0	54,7
GB	20,1	0,12	4,9	8,6	5,2	4,8	26150	36,0	5,2	43,6
GR	21,3	0,16	7,0	10,3	8,2	3,5	18720	35,4	10,0	71,1
IE	15,9	0,12	5,5	10,0	2,1	5,9	36360	35,9	4,4	15,0
IT	24,2	0,11	3,9	2,5	2,0	3,8	26430	36,0	9,1	31,5
LU	22,2	0,53	39,0	32,9	6,3	24,1	61190	30,8	3,0	33,4
NL	20,7	0,11	4,3	10,6	7,9	5,0	29100	32,6	2,3	40,5
NO	25,1	0,06	4,6	7,3	4,5	5,4	36600	25,8	4,0	65,8
PT	23,5	0,05	4,3	6,7	4,5	0,7	18280	38,5	5,1	36,8
SE	31,3	0,06	5,1	11,8	7,5	4,0	26050	25,0	4,0	76,9

Quellen:

(a) Öffentliche Sozialausgaben (2003, in Prozent des BIP) (OECD 2007b);

(b) Index der Ethnischen Fraktionalisierung, verschiedene Jahre (Alesina et al. 2003). Dieser Index berücksichtigt die ethnische und linguistische Zugehörigkeit ethnischer Gruppen, um das Ausmaß der Heterogenität einer Gesellschaft zu beschreiben (min.=0, max.=1);

(c) Migrantenanteil (in Prozent der Gesamtbevölkerung 2002, Frank reich 1999, Griechenland 2001) (OECD 2006);

(d) Anteil im Ausland geborener Personen (in Prozent der Gesamtbevölkerung 2002, Spanien 2001, Frankreich 2005, Griechenland 2001, Italien 2001) (OECD 2006);

(e) Anteil an Personen von außerhalb der westlichen Wohlfahrtsstaaten (Personen von außerhalb Westeuropas, der USA, Kanada, Neuseeland, Australien und Island in Prozent der Gesamtbevölkerung 2001/2002 außer Frankreich 1999 und Irland 2002) (Citrin/Sides 2006);

(f) Immigrationsrate pro 1000 Einwohner (1995-2000) (OECD 2006);

(g) BIP pro Kopf (2002, Kaufkraftparitäten in US-Dollar) (United Nations Development Programme 2004: 139). Für die Mehrebenenregressionen wurden logarithmierte Werte verwendet;

(h) Gini-Index, verschiedene Jahre (United Nations Development Programme 2004: 188). Der Gini-Index misst die Verteilung von Einkommen. Ein Wert von null steht für perfekte Gleichverteilung, 100 steht für perfekte Ungleichverteilung;

(i) Standardisierte Arbeitslosenrate (in Prozent der Arbeitsbevölkerung, 2002) (OECD 2007a: 245);

(j) Anteil der Sitze linker Parteien (sozialdemokratische und andere) im Regierungskabinett (in Prozent aller Sitze; arithmetisches Mittel gewichtet nach Dauer in Tagen, 1990-2002) (Armingeon et al. 2006).

(k)Wohlfahrtsregime

Die aufgenommenen Länder wurden dummy-kodiert:

Kontinental: Österreich, Belgien, Deutschland, Frankreich, Italien, Luxemburg, Niederlande, Schweiz (Referenzkategorie)

Mediterran: Portugal, Spanien, Griechenland

Liberal: Großbritannien, Irland

Sozialdemokratisch: Schweden, Norwegen, Finnland, Dänemark

Wohlstandskonflikte und Unsicherheitsverschärfung. Die Mitte der Gesellschaft gerät unter Druck

Berthold Vogel

Die materielle, moralische und mentale Befindlichkeit der Mehrheitsklasse dieser Gesellschaft ist wieder Gegenstand gesellschaftspolitischer Debatten und soziologischer wie volkswirtschaftlicher Analyse. Wie steht es um die Mitte der Gesellschaft? Wie steht es um Ingenieure, kaufmännische Angestellte und Abteilungsleiter, um Assistenzärzte, Erzieher und wissenschaftliche Mitarbeiter oder um Berater und Projektentwickler? Schon an dieser Aufzählung wird deutlich: Immer dann, wenn die Rede auf die Mitte der Gesellschaft kommt, dann haben wir es mit einem Begrenzungsproblem zu tun. Wo fängt sie an? Wo hört sie auf? Die soziale Mitte der Gesellschaft präsentiert sich seit jeher als ein Ort der Unschärfen und Übergänge (Vogel 2009). Insofern war die Mittelklasse schon immer ein Ort soziologischen Unbehagens. Denn sie fügt sich weder den klassenkämpferischen Vorstellungen einer polarisierten Gesellschaft. Noch passt sie sich problemlos in das kategoriale und sozialstrukturanalytische Bedürfnis nach klarer Unterscheidbarkeit ein.

Um die Mitte der Gesellschaft soziologisch und statistisch handhabbarer zu machen, war die Soziologie als Ordnungswissenschaft der modernen Gesellschaft immer wieder darum bemüht, diesen Ort des sozialen Raumes neu zu portionieren und zu klassifizieren. Ein bewährtes Klassifikationsmuster war beispielsweise ihre Zweiteilung in die ‚alte' und ‚neue' Mitte bzw. in den kleinselbständigen handwerklich und kaufmännisch geprägten ‚alten Mittelstand' auf der einen Seite und den von moderner Verwaltungs-, Angestellten- und Bürokultur geprägten „neuen Mittelstand" (Geiger 1949) auf der anderen. Prominent ist aber auch die strukturelle Dreiteilung der sozialen Mitte – in untere, mittlere und obere Mittelklasse. In den Schaubildern und Schulbüchern der 1970er Jahre war die Mitte schließlich immer der Zwiebelbauch – die berühmte ‚Bolte-Zwiebel' prägte das Selbstverständnis der ‚alten Bundesrepublik'. Doch auch die Analyse sozialer Ungleichheit verfeinerte sich seit den späten 1980er Jahren: Die Mittelklasse vervielfältigte sich nun – in diverse Milieus (konservative, progressive), in Lebensstile (hedonistisch oder asketisch) oder in Lebenslagen (siehe Vester et al. 2001 sowie insgesamt Berger 2003; Geißler 2006).

Wie auch immer man die Kriterien der Zugehörigkeit zur Mitte dreht und wendet – das Denken der Gesellschaft von ihrer Mitte her hat mit Unschärfen zu tun. Gleichwohl finden sich in der Literatur konkrete Anhaltspunkte, die der sozia-

len Mitte Kontur geben (Nolte/Hilpert 2007). Wer zur Mittelklasse[1] gehört, verfügt
zum einen über einen höheren formalen Bildungsabschluss – das sind mittlerweile
das Abitur oder abiturähnliche Fachschulabschlüsse; er oder sie haben eine oder
mehrere beruffachliche Abschlüsse absolviert und nehmen eine ihrer Qualifikation
entsprechende betriebliche Stellung ein. Wer zur Mittelklasse zählt, hat quantitativ
zwar schmale, aber qualitativ dennoch wirksame familiäre Bindungen. Schließlich –
und das ist ein zentraler Punkt – verfügen Mittelklasseangehörige über einen hin-
reichenden Wohlstand für eine eigenständige, von Zufälligkeiten weitgehend be-
freite Lebensführung. Wer zur Mittelklasse gehört, der verfügt über Optionen und
Ligaturen, über Auswahlmöglichkeiten und bindende bzw. verbindende soziale
Beziehungen (Dahrendorf 1992).

Doch zur Definition der Mittelklasse bedarf es noch einer weiteren wichtigen
Komponente. Die Rede ist von sozialer Mobilität bzw. von der sozialen Laufbahn
(siehe Bourdieu 1984). Ein Gutteil der heutigen Mittelklasseangehörigen sind Aufsteiger. Die mittelklassedominierten Gesellschaften Europas sind allesamt Aufsteigergesellschaften. Die qualifizierte Mittelklasse von heute kam gestern aus Eltern-
häusern von Industriearbeitern, Handwerkern, Landwirten oder so genannten
‚kleinen' Angestellten. Seit den späten 1950er Jahren verließen diese Aufsteiger ihre
‚Herkunftsmilieus', kamen mehr und mehr an Fachschulen und Universitäten an
und fanden im Anschluss überproportional häufig Arbeit im expandierenden
Staatssektor der Gesundheits-, Bildungs- und Verwaltungsberufe. Über den ‚beruflichen Mobilitätskanal' der öffentlichen Dienste (Becker 1993) verliefen in den
vergangenen Jahrzehnten zahlreiche soziale und berufliche Aufstiege. Aufgrund
ihrer hohen internen Mobilitätsdynamik sind Aufsteigergesellschaften nicht nur
strukturell besondere Gesellschaften. Sie zeichnen sich auch durch ein besonderes
soziales Klima aus. Aufsteiger unterscheiden sich in dreifacher Hinsicht von Sta-
tusstabilen. Ihre Ungleichheitssensibilität ist sehr ausgeprägt, sie formulieren uner-
müdlich neue Sicherheitsbedürfnisse und auch die Permanenz ihrer Statussorgen –
gerade mit Blick auf den eigenen Nachwuchs – ist nicht zu übersehen. Aufsteiger

---

1   Im vorliegenden Text (und auch anderen Orts, Vogel 2009) wird der Begriff der ‚Mittelklasse'
    gewählt. Das hat folgende analytische Gründe: Im sozialstrukturellen Begriff der ‚Klasse' kommt
    im Unterschied zum Begriff der ‚Schicht' oder ‚Lage' erstens die sozioökonomische Fundierung
    sozialer Ungleichheit in erwerbsarbeitszentrierten Gesellschaften deutlicher zum Ausdruck. Zwei-
    tens weist der Klassenbegriff stets auf Herrschafts- und Machtverhältnisse hin; er verdeutlicht auf
    diese Weise die politische und rechtliche Formierung der Gesellschaft. Drittens enthält der Klas-
    senbegriff systematisch den Hinweis auf Prozesse der Klassifizierung, die ein zentrales Moment
    der Bildung und Verfestigung sozialer Ungleichheit repräsentieren; der Klassenbegriff ist daher
    akteursbezogen und berücksichtigt die symbolische Dimension gesellschaftlicher Ungleichheit.
    Kurzum, im Klassenbegriff wird deutlicher und präziser als in den Begriffen von ‚Schicht', ‚Stand'
    oder ‚Lage' das Zusammenwirken von Marktchancen, Machtchancen und Repräsentationschan-
    cen hervorgehoben.

bzw. sozial Aufwärtsmobile sind daher strukturell nervös und tendenziell überbesorgt. Dieses soziale Klima struktureller Nervosität und übermäßiger Besorgnis prägt bis heute zahlreiche europäische Wohlstandsgesellschaften und bestimmt aktuell wesentlich unsere Diskussionen über Prekarität, wohlfahrtsstaatlichen Wandel oder soziale Integration. Ungleichheitssensibilität, Sicherheitsbedürfnis und Statussorge sind wichtige ,Orientierungsorgane' weiter Teile der Mittelklasse.

Aus alledem wird deutlich, dass wir es bei der Bemühung um eine Definition der Mittelklasse nicht nur mit methodischen Problemen der statistischen Klassifikation zu tun haben. Bei der Frage nach dem Oben, der Mitte und dem Unten geht es immer auch um normative Ordnungsvorstellungen des Sozialen. Die Mitte der Gesellschaft kann als ein Stabilitätszentrum betrachtet werden, aber eben auch als ein Ort ständiger Unruhe und Nervosität – als Turbulenzzentrum. Der Titel dieses Beitrags „Wohlstandskonflikte und Unsicherheitsverschärfungen" signalisiert diese traditionelle Spannung von Stabilität und Turbulenz, aber eben auch neue Ungleichheiten und Nervositäten in der Mitte der Gesellschaft. Weiterhin deutet der (Unter-)Titel meines Beitrags: „Die Mitte der Gesellschaft gerät unter Druck" auf einen Kipppunkt der gesellschaftlichen Entwicklung hin: von stabilen mittleren Lagen zur sozialen Fragmentierung der Mittelklasse, von Optionen und Ligaturen zu Gefährdungen und Unsicherheiten, von Chancen zur eigenständigen Lebensführung zu den Zwängen prekären Wohlstands, zu neuen Formen sozialer Verwundbarkeit und zu Abstiegssorgen bzw. realen Abstiegserfahrungen.

An diese Formel der ,Wohlstandskonflikte' sind drei Prämissen gebunden, die die nachfolgende Argumentation strukturieren: Erstens die Mittelklasse als Mehrheitsklasse ist das Produkt des modernen Wohlfahrtsstaates. Zweitens: Die Ungleichheit innerhalb dieser Mittelklasse verstärkt sich. Das ist wesentlich auf die wachsende Prekarität öffentlicher Beschäftigung zurückzuführen. Der öffentliche Sektor ist gewissermaßen der Transmissionsriemen, der die Prekarität der Arbeitswelt in die Mitte der Gesellschaft befördert. Drittens: Die Prekarität der öffentlichen Dienste bzw. der gemeinwohlverpflichteten Tätigkeiten verändert nicht nur kurz- bis mittelfristig das Ungleichheitsgefüge der Gesellschaft, sondern langfristig auch die normative Grundsubstanz des Sozialen. Entlang dieser Prämissen ergibt sich folgender Aufbau des Textes: (1) Die Mittelklasse. Ein gefährdetes Staatsprodukt. (2) Der öffentliche Dienst. Vom Stabilitätszentrum zum Prekaritätszentrum der Gesellschaft. (3) Wohlstandskonflikte und Wohlstandsfragen. Zur Entwicklung normativer Wertmaßstäbe in ,unsicheren Zeiten'.

1. Die Mittelklasse. Ein gefährdetes Staatsprodukt

Der soziologische Zusammenhang ist unzweifelhaft – ohne einen expansiven und
steuerkräftigen Wohlfahrtsstaat kann es keine breite und wohlhabende Mittelklasse
geben. Das gilt nicht nur hierzulande, das gilt für alle wohlfahrtsstaatlich entwickelten Gesellschaften. Die Mittelklasse wird nur dort und dann zur Mehrheitsklasse,
wenn Staat und Politik bereit sind, intensive wirtschaftliche und institutionelle
Initiativen in Gang zu setzen. Doch das in den Nachkriegsjahrzehnten etablierte
Erfolgsbündnis aus Wohlfahrtsstaat und Arbeitnehmergesellschaft zeigt seit einiger
Zeit in nahezu allen europäischen Staaten Zeichen deutlicher Erschöpfung. Der
Zuwachs atypischer Beschäftigungsformen, die stärkere Differenzierung der Ar-
beitswirklichkeiten und die Neubestimmung wohlfahrtsstaatlicher Politik verändern
die Welt der Mittelklasse, der beruffachlichen Arbeitnehmermitte auf grundlegende
Weise.

Die Arbeitswelt ist deutlich brüchiger und vielgestaltiger, ungewisser und un-
gleicher geworden. Alle Daten zu Erwerbsarbeit, Arbeitsmarkt und Beschäftigung
sind unmissverständlich (siehe jüngst Statistisches Bundesamt 2009). Prekarität
heißt das aktuelle Signalwort neuer sozialer Ungleichheit in der Arbeitswelt (siehe
hierzu Vogel 2008; Castel/Dörre 2009). Die neue Prekarität der Arbeitswelt lässt
sich an zahlreichen Entwicklungen ablesen. Zum einen an der veränderten betrieblichen Gestalt der Erwerbsarbeit: Betriebe spalten sich in unterschiedliche Funktionsbereiche auf (externe Flexibilisierung), die Belegschaft gliedert sich in vielfältige
Statusgruppen (interne Flexibilisierung): dazu zählen Leiharbeiter, befristet Angestellte, Werkauftragsnehmer, geringfügig Beschäftigte oder Praktikanten. Im Zuge
dieser Pluralisierung der Beschäftigungsformen bilden sich Erst- und Zweitbelegs-
chaften, die in unmittelbarer Konkurrenz zueinander stehen (Grimm/Vogel
2007). Dieses innerbetriebliche Muster sozialer Ungleichheiten löst mehr und mehr
die Differenzierung von Stamm- und Randbelegschaften ab. Die soziale Einheit
des Betriebs bricht auf und verliert ihre integrative und kohäsive Funktion. Betriebe sind häufig nur noch ein Konglomerat unterschiedlicher Statusformen und
Teilfirmen. Unter dem Dach eines Betriebs finden sich heute eine Vielzahl von
verschiedenen Status- und Beschäftigungsformen. Ein weiterer Indikator neuer
sozialer Ungleichheiten in der Arbeitswelt ist der Wandel der rechtlichen Rahmenbedingungen der Erwerbsarbeit. Das Arbeitsrecht begünstigte und ermöglichte in
den vergangenen Jahren eine Ausweitung flexibler Beschäftigungsformen. Exemplarisch sind hier auf der einen Seite die politische Forcierung der Arbeitnehmer-
überlassung zu nennen, aber auch die rechtliche Installierung neuer Beschäftigungsformen (Minijobs, Arbeitsgelegenheiten). Auf der kollektivrechtlichen Ebene
beobachten wir den allmählichen, aber unaufhaltsam scheinenden Abschied vom
Flächentarifvertrag und die verstärkte Praxis der Betriebsvereinbarungen (und die
dort kollektivrechtlich eingebauten Änderungsvorbehalte). Zur neuen Gestalt der

Erwerbsarbeit gehören schließlich auch die veränderten Ansprüche an Erwerbsarbeit. Infolge der durchschnittlich höheren Qualifikation der Erwerbstätigen und infolge des wachsenden Anteils der Frauenbeschäftigung etablieren sich in der Mitte der Arbeitnehmerschaft andere Ansprüche an Arbeit und Beruf. Dazu zählen Wünsche nach mehr Flexibilität und weniger Ortsgebundenheit der Arbeit; Wünsche nach einer stärkeren Variation der Arbeitsaufgaben und nach weniger engen Bindungen an betriebliche Gemeinschaften. Die korporative Arbeitsgesellschaft der fixen Tarifverträge, der fest gefügten Berufskarrieren, der starren Arbeitszeiten und der engen betrieblichen Bindungen kollidiert nicht nur mit veränderten Arbeitgeberinteressen, sondern auch mit einem partiellen, aber gewichtigen sozialkulturellen Wandel der Arbeitnehmerbedürfnisse.

Diese hier nur grob umrissenen Veränderungen der Erwerbsarbeit korrespondieren mit markanten Veränderungen in der wohlfahrtsstaatlichen Architektur. Beide Entwicklungen verstärken den Trend zu verschärfter sozialer Unsicherheit und Ungleichheit. Das Steuerungsprinzip der ‚Sorge‘, das auf die Dämpfung sozialer Ungleichheit, auf die Bereitschaft zum Schutz des Erreichten (Statussicherung) und auf die umfassende Gestaltung des Sozialen zielt, werden ersetzt durch Steuerungsprinzipien der ‚Gewährleistung‘. Wohlfahrtsstaatliche Leistungen konzentrieren sich jetzt auf die Grundsicherung in den Wechselfällen des Leben (die Leistungsbereitschaft des Staates verändert sich), das Leistungsverhältnis wird kontraktualisiert (vertraglicht), d. h. der Bürger wird zum Vertragspartner und zum Kunden definierter staatlicher Dienstleistungsangebote, und die wohlfahrtsstaatliche Leistungserbringung wird zum Projekt (Jugendhilfe, Stadtteilentwicklung). Das Resultat dieser Veränderungen ist der ‚gewährleistende Wohlfahrtsstaat‘, der ein grundsätzlich anderes politisches und rechtliches ‚Rollenverständnis‘ hat als der ‚sorgende Wohlfahrtsstaat‘ (zu dieser Transformation Vogel 2007). In seiner Gewährleistungsaufgabe kennzeichnen den Wohlfahrtsstaat andere Rechts-, Beschäftigungs- und Leistungsformen – Grundsicherung, Vertrag und Projekt. Diese veränderte wohlfahrtsstaatliche Architektur und ‚Form‘ bleibt nicht ohne gesellschaftliche Folgen. Für die Struktur, die Lebensführung, die Erwerbsbedingungen und die Mentalität der Mittelklasse sind sie von unmittelbarer Bedeutung. Denn deren steuerliche, berufliche und familiäre Leistungskraft kann nicht unabhängig von der Entwicklung des staatlichen Gefüges gedacht werden. Die Mittelklasse bleibt ein Staatsprodukt.[2]

---

2   Nebenbei bemerkt ist es verblüffend, in welcher Weise jetzt von der Rückkehr des Staates die Rede ist – als käme da so ein selbstbewusster Kraftprotz daher wie in besten keynesianischen Zeiten. Tatsache ist aber doch, dass in fiskalischer Hinsicht der Bund, die Länder und insbesondere die Kommunen (vor Ort finden zwei Drittel aller wohlfahrtsstaatlichen Aktivitäten statt) ausgemergelte Schindmähren sind. Die Obszönität der Geschichte besteht darin, dass die, die den wohlfahrtsstaatlichen Gaul steuerpolitisch, beschäftigungspolitisch und infrastrukturpolitisch ha-

Doch die zentralen Stützen der Mittelklasse – eine qualifizierte, auskömmliche und dauerhafte Arbeit und ein steuerstarker wie auch soziale und berufliche Statuslagen sichernder Wohlfahrtsstaat – verlieren an Tragfähigkeit. Die Daten und Befunde hierzu sind eindeutig. Die wachsende soziale Ungleichheit in der Mitte der Gesellschaft und das deutliche Schrumpfen der Einkommensmitte zeigen Statistiken zur Einkommensverteilung. Der Niedriglohnsektor wächst überproportional, aber auch die höchsten Einkommensgruppen haben kräftig zugelegt. Die Einkommensmitte verliert in beide Richtungen – vor allem jedoch ‚nach unten‘ (Grabka/Frick 2008; Horn et al. 2008). Eine Entwicklung, die wir auch aus den USA kennen – Paul Krugman hat das einmal als das Ende der ‚Great Compression‘ in der Einkommensverteilung beschrieben (Krugman 2002). Arbeitssoziologische Studien zeigen, dass der Einsatz von Leiharbeitern, befristet Beschäftigten oder Minijobbern mittlerweile auch im Bereich höherer Qualifikation – in den beruffachlichen Arbeitsmärkten – selbstverständlich geworden ist. Ja, noch mehr: Alle Studien deuten darauf hin, dass Konzessionsbereitschaft, Mobilität und Flexibilität gerade auf den mittleren Ebenen der Arbeitswelt eingefordert werden (Vester et al. 2007). Schließlich weisen zahlreiche empirische Erhebungen auf wachsende Abstiegsängste und reale Abstiegserfahrungen in typischen Mittelklasseberufen und -milieus hin (Heitmeyer 2006; Vester 2005; Müller-Hillmer 2006). Die Befunde dieser Studien werden von international vergleichenden Studien gestützt (Zunz et al. 2002; Paugam/Gallie 2002; Chauvel 2006). Die These wachsender sozialer Ungleichheit sowohl zu Lasten der Mittelklasse als auch innerhalb der Mittelklasse ist mithin empirisch ‚belastbar‘. Wir haben es nicht nur mit gefühlten Ungleichheiten zu tun, sondern auf einer sehr soliden Datenbasis zeigen sich neue Ungleichheitserfahrungen. Diese Erfahrungen werden aktuell durch die Finanz- und Wirtschaftskrise zweifelsohne forciert. Zwar ist die Krise keineswegs der Auslöser oder die zentrale Schubkraft der skizzierten Entwicklung, doch wenn die gesellschaftliche Mitte tatsächlich ein Staatsprodukt ist und bleibt, dann ist zu erwarten, dass insbesondere die Überspannung der öffentlichen Finanzen und somit die Umgestaltung des Staatssektors starke Ungleichheitseffekte in der Mitte der Gesellschaft zur Folge haben wird.

---

ben verhungern lassen, nun wiederum diejenigen sind, die dieses entkräftete Staatsross aus dem Stall führen, aufsatteln und lautstark verkünden, jetzt wird wieder geritten.

2. Der öffentliche Dienst. Vom Stabilitäts- zum Prekaritätszentrum der Gesellschaft

Im vorhergehenden Abschnitt wurde die Mittelklasse als ein gefährdetes Staatsprodukt vorgestellt. Es ist offensichtlich, dass deren Schicksal sehr eng mit dem Zustand und der Leistungskraft des Wohlfahrtsstaates verknüpft ist. Doch an welchem Bereich des gesellschaftlichen Lebens können wir diese Verknüpfung in besonders exemplarischer Weise nachvollziehen? Vieles spricht dafür, dass sich die skizzierten Gefährdungen der staatsbedürftigen Mittelklasse auf besonders markante Weise in den öffentlichen Diensten bündeln und kristallisieren. Was kennzeichnet die öffentlichen Dienste? Zwei Antworten sind hier möglich: eine strukturebezogene und eine soziologische Bestimmung der öffentlichen Dienste. Mit Blick auf die strukturelle Gestalt der öffentlichen Dienstleistungen ergibt sich ein sektoral orientiertes Konzept. Sektorales Konzept bedeutet, dass in die öffentlichen Dienstleistungen alle Arten von Dienstleistungen einzurechnen sind, deren ‚Produkte‘ sich auf das gesellschaftlich Allgemeine beziehen. Hierzu zählen dann neben den Tätigkeiten im Staatssektor sowohl die öffentlichen Dienstleistungen, die in teilprivatisierter oder in vollständig privatisierter Regie erbracht werden (aber noch unter der Gewährleistungsaufsicht des Staates stehen: zum Beispiel die Stromversorgung, die Post oder den Bereich der Telekommunikation), aber auch die umfangreichen Angebote und Leistungen der Wohlfahrtsverbände.[3] Auf der Grundlage dieses sektoralen Konzepts sprechen wir von 25 Prozent aller Erwerbstätigen, also rund zehn Millionen Beschäftigte in Schulen oder öffentlichen Verwaltungen, in der kommunalen Wohnungs- und Verkehrswirtschaft oder im Gesundheitswesen und nicht zuletzt bei ‚Diakonie‘ und ‚Caritas‘.

In soziologischer oder sozialgeschichtlicher Hinsicht ergibt sich noch einmal ein anderer Blick auf die öffentlichen Dienste. Vier Punkte sind hier zu nennen: Sozialstrukturell sind sie der zentrale Aufstiegsmotor bzw. die stabile Aufstiegsleiter wohlfahrtsstaatlich geprägter Gesellschaften. Darüber hinaus bilden sie zweitens den arbeits- und sozialrechtlich stilbildenden Kern der Arbeitsgesellschaft – die kollektiven Vorstellungen von einem Normalarbeitsverhältnis und von einer gelungenen Erwerbslaufbahn sind weniger industriewirtschaftlich, sondern eher staatswirtschaftlich geprägt. Drittens repräsentieren die öffentlichen Dienste als Verwaltung des Sozialen Momente der Beharrung und Stabilität gegenüber der

---

3   Zweifelsohne folgen Wohlfahrtsverbände einer grundsätzlich anderen organisatorischen, rechtlichen und sozialen Logik (siehe hierzu etwa Bode (2004) sowie Nullmeier (2001)). Dennoch zielen auch deren Leistungen in substanzieller Art und Weise auf die Herstellung und Gewährleistung von Gemeinwohl. Alleine vom Ergebnis der Tätigkeit von Einrichtungen wie ‚Diakonie‘ und ‚Caritas‘ her betrachtet, ist es zu rechtfertigen, Wohlfahrtsverbände in sektoraler Hinsicht in die öffentlichen Dienstleistungen mit einzubeziehen.

Dynamik wirtschaftlicher Prozesse und der Wechselhaftigkeit politischer Interventionen. Hier finden arbeitsteilige, mobile und individualisierte Gesellschaften einen Ruhepol und Stabilitätskern – oder sie können ihn dort finden, wenn sie es politisch wünschen. Und schließlich bewirtschaften die öffentlichen Dienste viertens den normativen Haushalt moderner, demokratischer Wohlfahrtsstaaten – es geht um Gemeinwohl, um Daseinsvorsorge, um die Prinzipien öffentlicher Verantwortung. Wenn wir diese Kriterien auf die aktuelle Entwicklung des öffentlichen Dienstes anwenden, dann sehen wir, dass der Aufstiegsmotor zwar erheblich ins Stottern gekommen ist, doch in arbeits- und sozialrechtlicher Hinsicht hat der öffentliche Dienst durchaus seine stilbildende Funktion beibehalten – freilich in grundsätzlich anderer Weise als noch vor einigen Jahren. Der öffentliche Beschäftigungssektor hat sich jetzt zum Nervositäts- und Prekaritätszentrum der Arbeitsgesellschaft entwickelt. Wenn wir in die Bildungseinrichtungen, die Verwaltungen oder in den Gesundheits- und Pflegebereich schauen, dann stellen wir fest, dass sich dort unsichere und wenig aussichtsreiche Beschäftigungsverhältnisse (siehe auch Czerwick 2007) normalisieren. Die Verminijobbung und Kurzfristigkeit öffentlicher Beschäftigung findet auf nahezu allen Funktionsebenen statt. Auch die materielle Gestalt der Beschäftigung verändert sich grundlegend: Arbeitszeiten werden verlängert, allerdings bei reduziertem Gehalt; Gratifikationen und Sonderzahlungen werden gestrichen; und es vollzieht sich ein rasanter Zerfall des einst fest gefügten Tarifvertragssystems der öffentlichen Dienste in eine bemerkenswerte Tarifpluralität. Beispielsweise sind im Bereich der Telekom seit Mitte der 1990er Jahre aus einem ursprünglich einheitlichen Tarifbereich zwölf eigenständige Haustarifverträge für einzelne Tochterunternehmen des Telekomkonzerns entstanden (der Fachterminus lautet hier: Vertöchterungspolitik) (Brandt/Schulten 2008). Der öffentliche Dienst ein Ruhepol und Stabilitätskern – das scheint Vergangenheit zu sein.

Welche Konsequenzen haben diese Entwicklungen für das Strukturgefüge der Gesellschaft? Die soziologisch interessierte Wohlfahrtsstaatsforschung fragt nicht danach. Zwar ist die Form und Wirkung des Staates auf Beschäftigungsquoten, Geschlechterverhältnisse und Armutdaten hier und in anderen Ländern ein großes Thema. Doch weder in der Öffentlichkeit noch in den Gesellschaftswissenschaften wird diskutiert oder geforscht, welche Folgen es hat, wenn die wohlfahrtsstaatlich initiierte Gestaltung der Gemeingüter bzw. die wohlfahrtsstaatlich organisierte Bewirtschaftung des normativen Haushalts der Gesellschaft mehr und mehr in die Hände eines neuen, oftmals sehr gut qualifizierten, aber schlecht bezahlten und unsicher beschäftigten Dienstleistungsprekariats gelegt wird. Was bedeutet es, wenn in den öffentlichen Dienst- und Sorgeleistungen die systematische Prekarisierung der Prekaritätsbearbeiter, die Verunsicherung der Unsicherheitsbewältiger und die materielle Degradierung der Armutsverhinderer zum Regelfall wird? Bedarf es nicht – um Gemeinwohl stiftende und auf sozialen Ausgleich zielende Leistungen zu erfüllen, oder um notwendige Trennungslinien ziehen zu können zwischen öffentlichen und privaten Interessen – eines Personals, das seiner selbst sicher sein kann und darf? Wie sehen die Pflege, die Sicherheitsleistungen, die Beratungen, die Zuteilungen und Bildungsbemühungen derer aus, die selbst zu tun haben, dass sie über die Runden kommen, dass sie sich von Vertrag zu Vertrag hangeln, und dass sie sich im Benchmarkingprozess behaupten? Soziologisch gehaltvolle Expertisen zu diesen Fragen stehen noch aus.

Doch die Lage der öffentlichen Beschäftigung ist weniger eindeutig als es zunächst scheinen mag. Denn zur allmählichen Entwicklung der öffentlichen Dienste zu einem instabilen und erwerbsbiografisch häufig wenig aussichtsreichen ‚Prekaritätszentrum' gehören auch widersprüchliche und gegenläufige Prozesse. Auch hier gilt: Es gibt keinen sozialen Wandel, der nur Verlierer und Absteiger kennt. Selbstverständlich erschließen sich im Wandel der Organisationsformen und Anforderungen der Berufswelt immer auch neue berufliche und soziale Perspektiven. Die stärkere Marktorientierung staatlichen Handelns, die steigende Nachfrage nach Beratung, nach Therapie oder nach Mediation eröffnet qualifizierten Fachkräften neue berufliche Perspektiven. Controller und Berater, Therapeuten und Case-Manager profitieren von der wachsenden Verschränkung von öffentlichem Sektor und privatem Betrieb. Sie profitieren von betriebswirtschaftlichen Kalkülen und therapeutischem Bedarf. Der öffentliche Dienst als zentraler Arbeitsort und Kristallisationspunkt der Mittelklasse ist nicht nur im Sinkflug. Aber er verliert grundlegend an Homogenität und (so steht zu befürchten) an Funktions- und Gestaltungsfähigkeit. Seine strukturellen und – ein sehr wichtiger Punkt – seine amtsethischen Voraussetzungen (seine Unabhängigkeit, die Kontinuität seiner Leistungen, seine rechtliche Bindung an das Gemeinwohl) verlieren an Bedeutung. Die Funktion, die Gestalt und die Arbeit öffentlicher Dienste wird künftig zum Gegenstand sozialer und politischer Konflikte werden (müssen), denn am ‚arbeitenden Staat' hängt nicht zuletzt der Wohlstand des sozialen Ganzen. Wohlstandskonflikte und Wohlstandsmaßstäbe kommen auf diese Weise ins Spiel.

3. Wohlstandskonflikte und Wohlstandsfragen: Zur Entwicklung normativer Wertmaßstäbe in ‚unsicheren Zeiten'

In den Monaten nach dem Zusammenbruch der Finanzmärkte im Herbst 2008 war von der ‚Rückkehr' des Staates zu hören und zu lesen. Doch welche Art von Staat kehrt hier zurück? In welchem Zustand ist dieser Staat? Ist mit dem ‚Staat' das nervöse Arrangement umschrieben, das unter publizistischem Beifall und weitgehender öffentlicher Gleichgültigkeit in die Mühlen von ‚Public Private Partnership' oder von ‚New Public Management' geraten ist? Was und wer ist dieser ‚Staat', der da auf die Bühne zurückkehrt? Verfügt staatliches Handeln über Gestaltungskraft

oder läuft der Staat nur wirtschaftlichen Forderungen nach, da seine eigene Legitimität mit ökonomischer Stabilität untrennbar verknüpft ist (Forsthoff 1971; Vogel
2007)? Hat sein Personal und haben seine rechtlichen Instrumente angesichts
fragmentierter öffentlicher Dienstleistungen noch die Kraft und den Einfluss, die
Regeln in den aufbrechenden Wohlstandskonflikten zu setzen, die ihm nun abver-
langt werden. Kurzum: Kann der ‚Staat' bzw. seine privatisierten Teilbereiche Sicherheit in ‚unsicheren Zeiten' geben, wenn sich sein Personal konsequent von
Befristung zu Minijob und Tarifabsenkung hangelt?

Wir können in der Soziologie in Reaktion auf eine scheinbare Renaissance des
Staates (die möglicherweise auch dessen definitiver Substanzverlust ist) diese Fragen stellen, doch wir wissen zugleich nicht mehr so recht, wovon wir sprechen,
wenn die Rede auf den Staat kommt. In Zeiten neuer Staatsbedürftigkeit leidet die
Soziologie unter ihrer mehr oder weniger systematischen Staatsvergessenheit. Der
methodologische Anti-Etatismus der Soziologie der vergangenen Jahrzehnte findet
sich gleichermaßen in der Individualisierungsdebatte, der Globalisierungsanalyse
und der Modernisierungstheorie. Dieser Anti-Etatismus sorgt dafür, dass die Sozialforschung nur noch Gesellschaften kennt – dafür allerdings Gesellschaften in
erstaunlicher Vielfalt: Die Risikogesellschaft und die Erlebnisgesellschaft waren in
den 1980er Jahren prominent, die Informations- und Wissensgesellschaft drängten
in den 1990er Jahren nach vorne. Die Netzwerkgesellschaft und die Weltgesellschaft machen aktuell Karriere. Von der Staatsbedürftigkeit der Gesellschaft (Vogel
2007) bzw. von der wohlfahrtsstaatlichen Formierung und Gestaltung der Daseinsvorsorge oder der ökonomischen wie technischen Strukturen war lange keine Rede
mehr.

Doch ist die Soziologie in gesellschaftsdiagnostischer Hinsicht nicht aufgefor-
dert, sich ein tragfähiges Bild von den Rechtsgrundlagen, den Gestaltungsspielräu-
men, den Arbeitsbedingungen und den Handlungsanforderungen des Wohlfahrtsstaates zu machen? Wenn wir in ‚unsicheren Zeiten' den Begriff des ‚Staates' wieder auf die Vorderbühne empirischer Forschung holen, dann erinnert uns das
daran, dass wir in den öffentlichen Dienstleistungen, in der Daseinsvorsorge, in der
Wohlfahrtspflege auf einen normativen Kern stoßen, der die entscheidende Ressource bildet, um die ‚unsicheren Zeiten' und die daraus resultierenden
Wohlstandskonflikte nicht nur als Fragen der Rechnungslegung oder der Organisa-
tionseffizienz zu betrachten. In den Wohlstandskonflikten werden die Wertmaßstäbe für die künftige Qualität des gesellschaftlichen Zusammenlebens verhandelt.
Gleichwohl signalisiert die Formel der Wohlstandskonflikte keineswegs nur Besorgnis. Sie ist im Gegenteil ein Plädoyer für mehr Konflikte um die Frage, welcher
Art der künftige Wohlstand sein soll und wie wir künftig zu welchem Preis
Wohlstand organisieren und herstellen wollen. Welche Grundbedingungen sind
erforderlich, um bestimmte Wohlstandsleistungen herzustellen? An welchen politischen, sozialen, ökonomischen Zielen bemessen wir Wohlstand? Und nicht zuletzt:

Was ist uns die Herstellung öffentlicher Güter wert? Das sind soziale Fragen, die aus der Mitte kommen und kommen müssen. Freilich: Es geht nicht um ein Plädoyer für den Konflikt um des Konfliktes willen. Welche Maßstäbe legen wir an die Konflikte um Qualität und Quantität, um Preis und Leistung künftigen Wohlstands an? Es geht um die Neubestimmung der Wertmaßstäbe der ‚gegenseitigen Verantwortung‘ und des ‚hilfreichen Beistands‘. Oswald von Nell-Breuning hat sie 1968 (sic!) in seinem Programmtext „Baugesetze der Gesellschaft" formuliert (Nell-Breuning 1968). Diese Maßstäbe bewegen sich jenseits leerer Marktrhetorik und jenseits einer Logik der Gewinner und Verlierer. Sie sind voraussetzungsvoll: Sie bedürfen vitaler öffentlicher Dienste und Verwaltungen, leistungsfähiger rechtlicher Schutzkreise und der Wohlfahrtsverantwortung derer, die in der Vergangenheit vom Wohlfahrtsstaat stark gemacht wurden (Vogel 2009: 270ff.). Zugleich beinhalten sie die notwendigen Fragen: Wer kann welche Lasten tragen? Wem können welche Belastungen zugemutet werden? Wer benötigt staatliche Leistungen? Wer zweckentfremdet staatliche Subventionierung? Das klassische Fragerepertoire wohlfahrtsstaatlicher Politik taucht an dieser Stelle wieder auf – allerdings (und das macht die Sache so kompliziert) nicht mehr unter Bedingungen des Wachstums, sondern unter Bedingungen schrumpfender Ressourcen. Denn wo immer in der Vergangenheit gesellschaftliche Konflikte zu lösen waren, hieß die Konflikt dämpfende Antwort ‚Mehr von allem‘. Künftig wird die Konflikt verschärfende Antwort ‚Anders statt Mehr‘ lauten müssen. Die fiskal-, steuer- und wirtschaftspolitische Realität nach der exzessiven Verschuldungsbereitschaft der öffentlichen Hände lässt keine andere Wahl. Das zumindest ist sicher in diesen unsicheren Zeiten.

Literaturverzeichnis

Becker, Rolf (1993): Staatsexpansion und Karrierechancen. Berufsverläufe im öffentlichen Dienst und in der Privatwirtschaft. Frankfurt/M./New York: Campus

Berger, Peter A. (2003): Kontinuitäten und Brüche. Herausforderungen für die Sozialstruktur- und Ungleichheitsforschung im 21. Jahrhundert. In: Orth, Barbara et al. (2003): 473-490

Bode, Ingo (2004): Disorganisierter Wohlfahrtskapitalismus. Die Reorganisation des Sozialsektors in Deutschland, Frankreich und Großbritannien. Wiesbaden: VS Verlag.

Bourdieu, Pierre (1984): Die feinen Unterschiede. Kritik der gesellschaftlichen Urteilskraft. Frankfurt/M.: Suhrkamp

Brandt, Torsten/Schulten, Thorsten (2008): Liberalisierung und Privatisierung öffentlicher Dienstleistungen und die Erosion des Flächentarifvertrags. In: WSI-Mitteilungen 10: 570-576

Castel, Robert/Dörre, Klaus (Hrsg.) (2009): Prekarität, Abstieg, Ausgrenzung. Die soziale Frage am Beginn des 21. Jahrhunderts. Frankfurt/M./New York: Campus

Chauvel, Louis (2006): Les classes moyennes à la derive. Paris: Le Seuil

Czerwick, Edwin (2007): Die Ökonomisierung des öffentlichen Dienstes. Dienstrechtsreformen und Beschäftigungsstrukturen seit 1991. Wiesbaden: VS Verlag

Dahrendorf, Ralf (1992): Der moderne soziale Konflikt. Stuttgart: DVA

Forsthoff, Ernst (1971): Der Staat der Industriegesellschaft. München: C.H. Beck

Geiger, Theodor (1949): Die Klassengesellschaft im Schmelztiegel. Köln/Hagen: Verlag Gustav Kie-
   penheuer
Geißler, Rainer (2008): Die Sozialstruktur Deutschlands. Wiesbaden: VS Verlag
Grabka, Markus M./Frick, Joachim R. (2008): Schrumpfende Mittelschicht – Anzeichen einer dauerhaf-
   ten Polarisierung der verfügbaren Einkommen? DIW-Wochenbericht 10/08 vom 5. März 2008
Grimm, Natalie/Vogel, Berthold (2007): Gespaltene Belegschaften. In: Die Mitbestimmung. Magazin
   der Hans-Böckler-Stiftung. 10/11: 35-37
Heitmeyer, Wilhelm (2006): Wo sich Angst breit macht. In: Die Zeit. 14.12.2006: 21-22
Herbert-Quandt-Stiftung (Hrsg.) (2007): Zwischen Erosion und Erneuerung. Frankfurt/M.: Societas
   Verlag
Horn, Gustav/Logeay, Camilla/Zwiener, Rudolf (2008):Wer profitierte vom Aufschwung? IMK (Insti-
   tut für Makroökonomie und Konjunkturforschung) Report Nr. 27 vom März 2008
Müller-Hilmer, Rita (2006): Gesellschaft im Reformprozess. Zwischenergebnisse einer Studie der Fried-
   rich-Ebert-Stiftung, durchgeführt von TNS Infratest Sozialforschung. München: Infratest
Nell-Breuning, Oswald von (1968): Baugesetze der Gesellschaft. Gegenseitige Verantwortung – Hilfrei-
   cher Beistand. Freiburg: Herder
Nolte, Paul/Hilpert, Dagmar (2007): Wandel und Selbstbehauptung. Die gesellschaftliche Mitte in
   historischer Perspektive. In: Herbert-Quandt-Stiftung (2007): 11-101
Nullmeier, Frank (2001): Auf dem Weg zu Wohlfahrtsmärkten?. In: Süß, Werner (2001): 269-281
Orth, Barbara/Schwietring, Thomas/Weiß, Johannes (Hrsg.) (2003): Soziologische Forschung: Stand
   und Perspektiven. Opladen: Westdeutscher Verlag
Paugam, Serge/Gallie, Duncan (2002): Soziale Prekarität und Integration. Bericht für die Europäische
   Kommission. Generaldirektion Beschäftigung. Eurobarometer 56.1. Brüssel
Statistisches Bundesamt (2009): Niedrigeinkommen und Erwerbstätigkeit. Wiesbaden (www.destatis.de)
Süß, Werner (Hrsg.)(2001): Deutschland in den neunziger Jahren. Politik und Gesellschaft zwischen
   Wiedervereinigung und Globalisierung. Opladen: Leske + Budrich
Vester, Michael/Oertzen, Peter von/Geiling, Heiko/Hermann, Thomas/Müller, Dagmar (2001):
   Soziale Milieus im gesellschaftlichen Strukturwandel. Zwischen Integration und Ausgrenzung.
   Frankfurt/M.: Suhrkamp
Vester, Michael/Teiwes-Kügler, Christel/Lange Vester, Andrea (2007): Die neuen Arbeitnehmer.
   Zunehmende Kompetenzen – wachsende Unsicherheit. Hamburg: VSA
Vester, Michael (2005): Die „Eieruhr-Gesellschaft". Die Wohlstandsmitte bröselt auseinander, und die
   Furcht vor sozialem Abstieg wächst. In: Frankfurter Rundschau 20.05.2005: 7
Vogel, Berthold (2007): Die Staatsbedürftigkeit der Gesellschaft. Hamburg: Hamburger Edition
Vogel, Berthold (2008): Prekarität und Prekariat – Signalwörter neuer Ungleichheiten. In: Aus Politik
   und Zeitgeschichte 33/34: 12-18
Vogel, Berthold (2009): Wohlstandskonflikte. Soziale Fragen, die aus der Mitte kommen. Hamburg:
   Hamburger Edition
Zunz, Oliver/Schoppa, Leonard/Hiwatari, Nobuhiro (Hrsg.) (2002): Social Contracts under Stress. The
   Middle Classes of America, Europe, and Japan at the Turn of the Century. New York: Russell Sage
   Foundation

Der graue Markt für Altenpflege. Institutionelle Voraussetzungen und Ambivalenzen transnationaler Pflege

Ursula Dallinger und Antje Eichler

1. Einführung

In den alternden europäischen Gesellschaften entwickelt sich seit einigen Jahren transnational praktizierte Altenpflege. Der wachsende Pflegebedarf für Ältere wie auch die abnehmenden Pflegepotentiale der mittleren Generation einerseits und die Zunahme der temporären weiblichen Arbeitsmigration in Haushaltstätigkeiten andererseits münden in graue Pflegemärkte. Tätigkeiten der Versorgung, Pflege und Haushaltsarbeit – eben ‚Care' – werden zunehmend von Frauen übernommen, die von ärmeren in reichere postindustrielle Länder wandern und auf einem informellen transnationalen Pflegearbeitsmarkt landen (Sassen 2001; Gather et al. 2002). In Deutschland handelt es sich vor allem um Frauen aus Polen und anderen mittel- und osteuropäischen Ländern; weitere Länder mit einem nennenswerten Arbeitsmarkt für graue Pflege wie Italien oder Österreich weisen andere länderspezifische Migrationsmuster auf. Der Begriff eines ‚grauen Marktes für Altenpflege' umfasst sowohl Tätigkeiten in Privathaushalten im Rahmen der Regelungen des Arbeitnehmer-Entsendegesetzes (AEntG) der grenzüberschreitenden Erbringung von Dienstleistungen wie auch Schwarzarbeit.

Unser Beitrag diskutiert graue Pflegemärkte als das Ergebnis bestimmter Dienstleistungsregime und als das *nicht intendierte* Ergebnis einer mehr Markt anstrebenden Pflegepolitik. Diese will den Kunden, der mit ‚Pflegegeld' bedarfsgerechte Pflegearrangements wählt und neue Pflegepotenziale jenseits familialer und formeller Pflege erschließt. Pflegebedürftige und ihre Familien machen Ernst damit, sich als Kunden zu verhalten. Ausgestattet mit Geldleistungen suchen sie sich die günstigste und bedarfsgerechteste Pflegedienstleistung. Die wird angeboten von Migrantinnen, die sich über die partiell offenen Grenzen Europas bewegen und häusliche Pflege zu einem viel niedrigeren Preis zugänglich machen als sie der nationale Markt für formelle Altenpflege anbietet. Im Folgenden soll gezeigt werden, dass bestimmte Pflege- und Dienstleistungsregime die Entstehung von grauen Pflegemärkten gewissermaßen nahe legen. Informelle Pflegemärkte bilden sich, wenn Pflegedienstleistungen weder durch den Staat leicht zugänglich gemacht werden noch ein Markt für billige personenbezogene Dienstleistungen möglich oder erwünscht ist und wenn hohe Preise für Dienstleistungen das ‚Selbermachen' in der Familie fördern. Der Beitrag argumentiert, dass graue Arbeitsmärkte für Altenpflege institutionell bedingt sind. Zu diesen Bedingungen gehört (1) die unterschiedliche Stellung von ‚Care' in verschiedenen Dienstleistungsökonomien. Das zeigen wir im Anschluss an Überlegungen von Esping-Andersen (1993) und Iversen/Cusack (2000) zur unterschiedlichen Stellung sozialer Dienstleistungen, die sich auch auf Altenpflegepolitiken beziehen lassen (2). Zu den Bedingungen gehört weiter eine Pflegepolitik, die Vermarktlichung fördert (3). Drittens werden die Möglichkeiten transnationaler Pflege von grenzregulierenden Praktiken der Länder geprägt, besonders von denen, die die Europäisierung der Arbeits- und Dienstleistungsmärkte begleiten (4). Ein Fazit bezieht das so genannte Dienstleistungs-Trilemma auf die Debatte um graue Altenpflege (5).

2. Die Organisation von Dienstleistungen

Beim Übergang zur postindustriellen Gesellschaft ändern sich Muster geschlechtsspezifischer Arbeitsteilung. Die expandierende Dienstleistungsökonomie bietet ‚weibliche' Arbeitsplätze an, durch die die Arbeitsmarktpartizipation von Frauen steigen kann. Dies schafft aber eine Pflegelücke, weil Frauen immer weniger nur für unbezahlte Haushalts- und Pflegearbeit verfügbar sind. Die Dienstleistungsökonomie sollte aber auch jene sozialen Dienstleistungen bereitstellen, durch die Frauen traditionelle familiale Versorgungs- und Pflegeaufgaben abgeben können (Esping-Andersen 1990). Deren Verfügbarkeit und wie diese organisiert sind – als marktliche und/oder öffentliche Dienstleistung oder eben neuerdings auch als Beschäftigung von Migrantinnen – schwankt jedoch. Wie Versorgungs- und Haushaltätigkeiten für Kinder und ältere Menschen organisiert werden, hängt vom Dienstleistungsregime einer Gesellschaft ab. Bisher betrachtete man Pflegepolitiken in der vergleichenden Forschung im Rahmen international variierender Sozialpolitik-Regime (Kondratowitz 2005; Ungerson/Yeandle 2007). Die dabei benannten ‚Care-Regime' (auch ‚Care Arrangements' oder ‚Systems of Care Provision') entsprechen im Großen und Ganzen den ‚drei Welten' des Wohlfahrtskapitalismus – liberale, konservative und sozialdemokratische Wohlfahrtsstaaten – von Esping-Andersen (1990). Die kritische Rezeption des Regimemodells durch feministische Ansätze ergänzte die von Esping-Andersen verwendeten Klassifikationskriterien der Dekommodifizierung und Stratifizierung um die Dimension des Familialismus. Das bezieht sich auf die Art und Weise, in der Wohlfahrtsstaaten die Sorgearbeit der Frau in der Familie behandeln, mit sozialen Rechten ausstatten oder auf Dienstleistungsmärkte auslagern (Lewis 1998; Leitner 2003). Auch der hier eingeführte Begriff der *Dienstleistungsregime* schließt an diese Regimetypologie an, betrachtet aber unterschiedliche Formen der Organisation des Dienstleistungssektors über die engere sozialpolitische Beeinflussung hinaus. Wir schließen an diese Überlegungen an, die ursprünglich im Kontext der breiteren Debatte um die Folgen der De-Industrialisierung für Beschäftigung, Einkommensverteilung und staatliche Sozialausgaben entwickelt wurden (Esping-Andersen 1993; Iversen/Cusack 2000; Iversen/Wren 1998).[1] Diese Typologie betrachtet die Organisation und Rolle von formellen und informellen Dienstleistungen im Kontext von Arbeitsmarkt- und Sozialpolitik wie auch im Rahmen der in einer Gesellschaft akzeptablen Ungleichheit. Das Konzept verbindet also unterschiedliche Pflegeregime, Arbeitsmärkte und Ungleichheit.

a) *Der angloamerikanische, liberale Pfad:* Liberale Sozialstaaten, wie Großbritannien, Kanada oder die USA, schöpfen wenig der Wirtschaftsleistung ab und finanzieren nur in geringem Umfang Transfers und personenbezogene soziale Dienstleistungen. Diese sollen sich im privaten Sektor entwickeln, was durch deregulierte Arbeitsmärkte, dezentralisierte Arbeitsbeziehungen und durch das Zulassen von Lohnunterschieden gefördert wird. Die im sekundären Sektor freigesetzte Arbeit wird in privaten Dienstleistungsbeschäftigungen aufgefangen, wo sich ein Niedriglohnsektor entwickelt. Die wenig produktiven, arbeitsintensiven und gering bezahlten Dienstleistungen werden jedoch von Arbeitssuchenden auch wegen des geringen ,Social Wage' übernommen. Die Entstehung eines Dienstleistungsproletariats wird hier offenbar hingenommen.

b) *Der skandinavische, sozialdemokratische Pfad:* Dieser Wohlfahrtsstaatstyp zeichnet sich durch seine Dienstleistungsintensität und durch hohe Sozialausgaben aus (Huber/Stephens 2001). Die hohe Beschäftigungsrate im öffentlichen Dienstleistungssektor soll teils De-Industrialisierung bewältigen, teils gehört sie zum sozialdemokratischen Dienstleistungsregime. Die Regulation des Arbeitsmarkts und der Arbeitsbeziehungen wird aufrechterhalten. Dadurch fehlt die Lohnspreizung im Dienstleistungssektor, der eigentlich nur dann expandiert, wenn Löhne sich nach unten bewegen können und so auch einfache personenbezogene Dienstleistungen mit geringer Produktivität nachgefragt werden. Staatlich subventionierte Löhne auch einfacher Dienstleistungen gleichen dies aus. Sozialpolitik fördert keine tradierten Familienstrukturen (wie in den kontinentaleuropäischen und katholischen/rudimentären Wohlfahrtsstaaten), sondern Frauenerwerbstätigkeit und qualifizierte öffentliche Dienstleistungen.

c) *Der kontinentale, korporatistische Pfad:* Dieser Typ der Sozialpolitik hat wie der sozialdemokratische Dienstleistungsstaat ein hohes Ausgabenvolumen, das

---

1   Ursprünglich zeigten Iversen/Cusack (2000) anhand des Modells, dass die Entwicklung der Sozialausgaben wenig mit der Globalisierung zu tun hat, sondern von internen Faktoren wie der De-Industrialisierung und dem Übergang in eine Dienstleistungsgesellschaft bestimmt wird. Die hier gemeinte Forschung kombiniert Dienstleistungs- und Produktionsregime (Scharpf 1997; Huber/Stephens 2001) und betrachtet Unterschiede der Arbeitsmarktinstitutionen und Arbeitsbeziehungen als Ursache länderspezifischer ,outcomes' wie Arbeitslosigkeit oder Ungleichheit der Einkommen. Eine Anwendung zum Problem des Wachstums der Dienstleistungsbeschäftigung findet man bei Kemmerling (2003).

aber anders verwendet wird. Ausgaben fließen primär in monetäre Transfers und nicht in öffentliche Dienstleistungen. Arbeitsmarktregulierung und Lohnkompression verhindern, dass ein Sektor gering bezahlter privater Dienstleistungen entsteht, die im Zuge des Wandels zur Dienstleistungsgesellschaft redundante Arbeitskraft auffängt. Kemmerling (2003) bezeichnete diesen Typ als ‚weinenden Dritten‘, weil trotz hoher Sozialausgaben wenig Dienstleistungsbeschäftigung entsteht. Personalintensive, wenig rationalisierbare Pflegetätigkeiten werden wegen der ‚Baumolschen Kostenkrankheit‘ zu teuer für die Nachfrage durch Privathaushalte, zugleich sind staatlich subventionierte Dienstleistungen gering. Dies fördert das ‚Selbermachen‘ (*Self-Servicing*) einfacher Dienstleistungen durch den Haushalt. Diesen Typ vertreten Länder wie Deutschland, Österreich und Frankreich.

Tabelle 1: Dienstleistungsregime – Konstellationen aus Dienstleistungssektor, öffentlichen Ausgaben und Ungleichheit

Länder	Erwerbsbeteiligung Frau 2006 und Anstieg seit 2001[1]	Beschäftigte in öffentlichen Dienstleistungen in %[2]	Niedriglohn in personenbezogenen Dienstleistungen[3] in %	Öffentliche Ausgaben für Altenpflege 2000[4]
Schweden	70,7/ - 1,6	21,6 (1995)	6,9 (Fin)	2.74
Dänemark	73,4/ +1,4	20,8 (1995)	-	2,60
Deutschland	62,2/ + 3,5	8,5 (1991)	16,6	0,95
Österreich	63,5/ +2,8	13,4 (1994)	16,5	1,32
Italien	46,3/ +5,2	8,4 (1994)	-	0,60
GB	65,8/ +0,8	9,1 (1995)	20,2	0,89
USA	66,1/ -1,0	10,3 (1995)	24,9	0,74

Quellen und Anmerkungen:

1) Eurostat (2008): Europa in Zahlen. Eurostat Jahrbuch: 253.
2) In Prozent der Bevölkerung im Erwerbsalter. Civil Government Employment, Producers of Government Services. Cusack (1998).
3) Prozent aller Beschäftigten des Sektors personale Dienstleitungen mit Niedriglohn. Niedriglohn ist definiert als Einkommen Vollzeit-Beschäftigter, das unter zwei Dritteln des Durchschnittseinkommens liegt. OECD (1996).
4) Staatliche Ausgaben für Pflege in Prozent des GDP, 2000 (OECD 2005: 31).

Tabelle 1 umreißt anhand von Indikatoren die verschiedenen Dienstleistungsregime. Die Erwerbsbeteiligung von Frauen als Indikator der Kapazitäten der Haushalte zum Selbstpflegen schwankt in erwarteter Weise zwischen den Regimen mit einer hohen Frauenerwerbsquote in den skandinavischen Ländern. Zugleich lässt sich an den höheren Zuwächsen der Frauenerwerbsbeteiligung in konservativen und mediterranen Ländern der Nachholbedarf an familienersetzenden Dienstleistungen ablesen. Der Anteil der in staatlichen Dienstleistungen Beschäftigten indiziert, wie stark Regime die Entlohnung auch niedrig qualifizierter Versorgungstätigkeiten öffentlich stützen. Die hohe Quote der staatlich finanzierten Dienstleistungsbeschäftigung skandinavischer Länder weist sie als Regime mit einer egalitäreren öffentlichen Entlohnung aus. In eine ähnliche Richtung weist der Indikator Niedriglohn. Der Anteil staatlicher Ausgaben für Altenpflege am Bruttosozialprodukt zeigt die Verfügbarkeit von Alternativen zur Pflege Älterer durch die Familie. Diese sind in Regimen mit niedrigem Ausgabenanteil geringer.

3. Pflegepolitik und Marktelemente

Die beschriebenen Konstellationen setzen sich in regimespezifischen *Pflegepolitiken* fort. Liberale Staaten präferieren Märkte für Pflegedienstleistungen und bieten diese nur wenig selbst an. Ein geringer ‚Social Wage' (Lohnersatzleistungen) macht niedrige Löhne auch für Pflegedienstleistungen möglich. Die Beschäftigung von Migrantinnen in Privathaushalten für Pflege und Versorgung ist der Logik des liberalen Sozialstaats gewissermaßen immanent. In sozialdemokratischen Regimes tritt der Staat selbst als Anbieter von Pflegedienstleistungen auf. Die dort relativ gute Bezahlung und Arbeitsbedingungen sind finanzierbar, weil die Bürger wiederum ein hohes Sozialbudget über Steuern und Sozialbeiträge finanzieren, was jedoch als zumutbar und akzeptabel gilt.[2] Die ausgebauten öffentlichen Pflegedienste machen das Ausweichen auf halb- und illegale Pflegearbeit unnötig. Die Pflegepolitik konservativer Länder verfolgt dagegen eine Mischung aus mehr Markt, mehr formellen Dienstleistungen und neuen Anreizen und Leistungen für Familien. Das öffentliche Dienstleistungsangebot (wozu auch das der Wohlfahrtsverbände zählt) ist eher teuer und knapp, weshalb das ‚Self-Servicing' durch die Familie dominiert. Aber auch der ‚Familialismus' dieser Länder, d. h. die starke normative Verankerung der Verantwortung der Familie für die Pflege Älterer, ist für dieses spezifische Dienstleistungsregime konstitutiv. Die wegen des demografischen Wandels unumgänglichen pflegepolitischen Reformen zielen auf die Ausweitung des Angebots an Pflegedienstleistungen durch mehr Markt; in Deutschland etwa sollte die Zulassung privater Anbieter von Altenpflege für mehr und bedarfsgerechtere Angebote sorgen. Qualitätssicherungsmaßnahmen sollen gleichzeitig hohe Standards wahren.

---

2   Universelle Anrechte auf soziale und pflegerische Dienstleistungen in sozialdemokratischen Wohlfahrtstaaten werden oft als Zeichen einer besonderen Solidarität hervorgehoben. Man sollte aber zur Kenntnis nehmen, dass diese Staaten im Zuge der Retrenchment-Politik Beschäftigung gerade im Bereich soziale Dienstleistungen abbauten (Iversen/Wren 1998).

Pflegepolitische Reformen wollen die Ressourcen der Pflege ausweiten durch mehr Sach- wie auch Geldleistungen. Zugleich ist eine weit reichende Kommodifizierung von ,Care' und ihre Überführung in formelle bezahlte Arbeit aus Kostengründen und wegen normativer Leitbilder unerwünscht. Sowohl Geld- als auch Sachleistungen decken deshalb nur partiell den Gesamtpflegebedarf ab. Pflegebedürftige und ihre Familie sollen eigene Ressourcen – sei es Zeit für informelle Pflege oder Geld zur Bezahlung selbst beschaffter Pflegepersonen – aktivieren, um den vollen Pflegebedarf zu decken. Da der Grad, zu dem Pflegebedarf gedeckt werden kann, direkt vom Preis von Pflegedienstleistungen abhängt, agieren Pflegebedürftige und ihre Angehörigen nun preisbewusst (Rothgang 2000).

In mediterranen Ländern stellt die Pflegepolitik noch stärker als im konservativen care-regime auf informelle Familienpflege ab. Da es wenig öffentliche Pflegedienstleistungen gibt, die Frauenerwerbstätigkeit aber steigt, setzen frei einsetzbare staatliche Geldleistungen den Anreiz für die Beschäftigung von Migrantinnen als nicht deklarierte Pflegearbeiterin. Eine traditionell tolerierte Schattenwirtschaft und entsprechende Migrationspraktiken verstärken diese Tendenz.

Pflegepolitische Reformen in den konservativen und mediterranen Ländern setzen den Focus auf Geldleistungen. Es ist einerseits als soziale Anerkennung des ,Self-Servicing' durch Familie und informelle Netze gedacht. Andererseits sollen Pflegebedürftige und ihre Familien neue unterstützende Pflegeressourcen erschließen und selbst beschaffte Kräfte finanzieren können.[3] Weiter sollen Pflegehaushalte die Form der Versorgung damit selbst wählen und die von Konsumentenbedürfnissen gesteuerte Nachfrage soll zugleich das Angebot bedarfsgerechter machen. Das neue Leitbild des wählenden ,Kunden', der mit Pflegegeld ausgestattet über mehr Marktmacht verfügt, ist Teil einer Vermarktlichung der Pflege, die als Mittel der Kostenbegrenzung und der Reform zugleich betrachtet wird.[4]

Nicht vorgesehen war, dass Pflegebedürftige und ihre Familien unter den neuen Rahmenbedingungen transnational als Kunden agieren.[5] Sie umgehen die für Privathaushalte oft schwer finanzierbaren Preise formeller Pflege und die erwartete ,Eigenleistung', die bei fehlendem Haushaltseinkommen in Form von Pflegezeit

---

3   Schon weil das Pflegegeld so gering ist, würde konsequenterweise nur ein Niedriglohnsektor bezahlbar sein, auf dem nur Menschen mit alternativen Einkommensquellen existieren können. Anders als in liberalen Regimen wird das aber in konservativen nicht diskutiert, weil vollwertige Arbeitsplätze gar nicht geplant werden.

4   Siehe Bauer et al. 2005; Bode 2005; Lundsgaard 2006; OECD 2005: 49ff.; Rostgaard 2006; Ungerson/Yeandle 2007.

5   Studien über die Verwendung von Pflegegeld lassen erkennen, dass Geldleistungen a) einen Niedriglohnsektor fördern, b) zu niedrig sind, um ein wirklicher Lohn für Angehörigenpflege zu sein, c) wenig zur erhofften Expansion qualifizierter Arbeitsplätze in der Pflege beitrugen (Österle 2007) und d) Graue Pflegemärkte fördern. Zudem verschieben Cash-for-Care-Programme die Grenzen zwischen bezahlter und unbezahlter Pflegearbeit (Ungerson/Yeandle 2007).

der Frau geleistet wird. Sie nutzen die Differenz der Kaufkraft bzw. das Lohngefälle zwischen den ökonomisch besser entwickelten west- und südeuropäischen Ländern einerseits und den mittel- und osteuropäischen oder außereuropäischen Migrationsländern andererseits. Haushalte mit Pflegebedürftigen setzen die begrenzten monetären Leistungen dort ein, wo sie ein Maximum an Gegenleistung bringen. Sie erhalten ein Volumen personenbezogener Dienstleistungen, das ihnen bei einer Bezahlung auf nationalem Niveau nicht zugänglich wäre und das der Präferenz, zuhause gepflegt zu werden, entspricht. Versorgung auch nachts und am Wochenende war bisher allenfalls mit sehr hohen Einkommen bezahlbar. Pflegegeld erhöht die Kaufkraft, so dass auch weniger Privilegierte nun die unbezahlte, familiale Pflege der Frau durch privat bezahlte Pflegekräfte substituieren können, was zuvor nur bei hohen Einkommen möglich war. Transfers für Pflege machen die Beschäftigung von Migrantinnen zur erschwinglichen Alternative (Österle/Hammer 2007; Bettio et al. 2004).

4. Umfang und Regulierung grauer Pflegemärkte

Pflege- und Betreuung älterer Menschen sind in Deutschland, Österreich und Italien traditionell Aufgabe der Familie. Der soziodemografische Wandel führt in den genannten Ländern zu vermehrten sozialpolitischen Aktivitäten, um die Versorgung älterer pflegebedürftiger Menschen sicherzustellen. Während in skandinavischen Wohlfahrtsstaaten Care-Tätigkeiten im öffentlichen Raum verortet werden und dort staatliche Dienstleistungen Familienangehörige von Versorgungsaktivitäten entlasten, wird in den betrachteten Ländern mit Hilfe von Transferzahlungen die informelle und familiäre Care-Arbeit gestärkt. Dass sich die Nachfrage Pflegebedürftiger in den betrachteten Ländern zunehmend auf graue Märkte konzentriert, ist auf die zum Teil teuren und zum Teil fehlenden regulären Pflegeangebote des Staates oder der Wohlfahrtsverbände zurückzuführen. Ausgehend von wohlfahrts- und migrationstheoretischen Überlegungen werden im folgenden Abschnitt die verschiedenen Ansätze zur Regulierung grauer Pflegearbeitsmärkte im Vergleich gezeigt. Für den Vergleich werden mit Deutschland, Österreich und Italien drei Länder ausgewählt, die sich in ihren pflegepolitischen Ansätzen ähneln. Alle drei Länder vertreten eine familienorientierte Pflegepolitik und betonen die Versorgung Pflegebedürftiger im familiären Rahmen.

Die Ergebnisse des Ländervergleichs zeigen, dass die Ursachen für die Entstehung von grauen Pflegemärkten in allen drei Ländern gleich sind. Gleichzeitig gibt es in Österreich und Italien Entwicklungen, die diese migrantisch geprägten Betreuungsarrangements auf eine legale Rechtsgrundlage stellen.

Die Art und Weise, wie sich Migrantinnen in den Vergleichsländern auf den nationalen Arbeitsmärkten positionieren können – legal oder illegal –, ist letztlich auch
das Ergebnis der nationalen Migrationspolitik und der Umsetzung gemeinsamen
europäischen Rechts. Beides soll als Grenzziehungspolitik verstanden werden
(Tabelle 2).

4.1 Deutschland

Die Nachfrage nach Pflegedienstleistungen, die über den grauen oder schwarzen
Markt angeboten werden, hat in den letzten Jahren insbesondere im Bereich der
24-Stunden-Pflege in privaten Haushalten stark zugenommen. Während der Eigen-
anteil, der zusätzlich zu den Leistungen der Pflegeversicherung für eine 24-
Stunden-Pflege bei regulären Pflegediensten aufgewendet werden müsste, bis zu
2.500 Euro und mehr beträgt, bieten Migrantinnen diese Leistungen zwischen 650
und 1.500 Euro an. Schätzungen gehen davon aus, dass zwischen 50.000 und
70.000 dieser Pflegehilfen, insbesondere aus Polen und der Tschechischen Republik, auf der Basis dieses Arrangements tätig sind (Kondratowitz 2005: 420).

In Deutschland gibt es bislang keine legale Möglichkeit Migrantinnen in der
Pflege in Privathaushalten zu beschäftigen. Pflege soll, dem Willen des deutschen
Gesetzgebers zufolge, familiären und informellen Nachbarschaftsnetzwerken oder
regulär in Deutschland ansässigen Pflegedienstleistern vorbehalten sein. Die An-
stellung einer Haushaltshilfe ist nur über die Zentralstelle für Arbeitsvermittlung
(ZAV) der Bundesagentur für Arbeit zulässig (BA 2007). Diese Möglichkeit wird
jedoch wegen stark regulierter Arbeitszeitregelungen und hohem bürokratischen
Aufwand kaum nachgefragt, was auch die Vermittlungszahlen für das Jahr 2006
belegen, nach denen circa 2.800 Haushaltshilfen aus Osteuropa nach Deutschland
vermittelt wurden (BT-Drucks. 16/2278).

Eigentlich sollte mit der Öffnung der europäischen Grenzen auch der Wett-
bewerb unter den Pflegeanbietern und die Wahlfreiheit der Konsumenten im
Dienstleistungssektor gefördert werden. Aber aus Angst vor der ‚Billigkonkurrenz'
aus dem Osten hemmt der deutsche Gesetzgeber den Zugang osteuropäischer
Arbeitnehmer zum deutschen Arbeitsmarkt. Mittels Übergangsregelungen wird die
Dienstleistungsfreiheit osteuropäischer Pflegeanbieter noch bis 2011 (Polen,
Tschechien, Slowakei usw.) bzw. 2014 (Rumänien und Bulgarien) enorm eingeschränkt. Da auch die Angebote osteuropäischer Vermittlungsagenturen unter
diese Richtlinie fallen, stuft der deutsche Gesetzgeber diese als illegal ein.

4.2 Österreich

Eine ganz andere Entwicklung ist dagegen in Österreich zu beobachten. Auch hier ist der Markt mit geschätzten 60.000 ausländischen Pflegekräften im Vergleich relativ groß (Österle et al. 2006). Und auch dort wurden Migrantinnen anfänglich durch ähnliche Übergangsregelungen wie in Deutschland vom offiziellen Arbeitmarkt ausgeschlossen und somit gezwungen illegal ihre Pflegedienstleistungen anzubieten. Seit dem Jahr 2006 vollzieht sich ein grundlegender Wandel in der Pflegepolitik, indem sie die Unterversorgung an finanzierbaren Pflegedienstleistungen und sinkende familiäre Pflegepotenziale anerkennt und Migrantinnen als Erbringer von Pflegedienstleistungen in das Pflegesystem integriert.

Die Substitution oder Ergänzung familiärer Pflegearbeit durch Migrantinnen wird hier aktiv unterstützt und legale Formen der Beschäftigung von Migrantinnen in Privathaushalten mit dem Ausländerbeschäftigungsgesetz geschaffen. Das so genannte Amnestiegesetz (2006) schützte zunächst Pflegekräfte und Auftraggeber vor der Strafverfolgung und das Hausbetreuungsgesetz (2007) legte schließlich die arbeits- und gewerberechtliche Grundlage für die legale Beschäftigung von Migrantinnen in Privathaushalten.

4.3 Italien

Auch in Italien erschweren soziale und demografische Wandlungsprozesse die Realisierung der familiären Versorgung. Im Unterschied zu Deutschland und Österreich wurden hier keine nennenswerten Versuche unternommen den regulären Markt für Care-Tätigkeiten als Ergänzung zum familiären Pflegepotenzial auszubauen. Die Pflegeinfrastruktur ist unzureichend und weist starke regionale Differenzen zwischen Norditalien mit einer vergleichsweise stark ausgebauten und Süditalien mit einer schwach ausgebauten Pflegeinfrastruktur auf. Stattdessen stehen überwiegend Transferleistungen zur Verfügung, die die Pflege im familiären Rahmen unterstützen sollen. Fehlende Infrastruktur führte in Italien zur zunehmenden Hinwendung der Betroffenen zu privaten Pflegerinnen. Neben den nur stundenweise, überwiegend durch Nachbarinnen erbrachten Dienstleistungen handelt es sich beim Großteil der privaten Kräfte um Migrantinnen, die als so genannte ‚Live-in' in der Familie der pflegebedürftigen Person wohnen. Dass dieses Betreuungsarrangement boomt, zeigen Ergebnisse einer regionalen Studie in Modena, nach denen dort bereits 27,3 Prozent der Haushalte mit Pflegebedürftigen Migrantinnen beschäftigen[6] (Bettio et al. 2004).

---

6   Vergleichbare Zahlen gibt es für Deutschland und Österreich bislang noch nicht.

Anders als Deutschland und Österreich hatte Italien kein weitergehendes Interesse, den Zugang ausländischer Arbeitnehmer zum Arbeitsmarkt mittels Übergangsregelungen zu begrenzen. Denn schon immer gehörte Italien zu den europäischen Ländern, in denen die Migration besonders hoch ist und das traditionell über eine starke Schattenwirtschaft verfügt. Staatlich reguliert wird der graue Pflegemarkt mit Hilfe des Legge-Bossi-Fini (2006) (van Hooren 2008). Es bezieht sich im Wesentlichen auf die nachträgliche Legalisierung illegaler Einwanderer und ist mit dem politischen Ziel verbunden den Arbeitsmarkt mit billigen Arbeitskräften zu sättigen. Gesetzliche Regelungen legalisieren hier zwar den Aufenthaltsstatus der Migrantinnen, Regulierungen bezüglich der Arbeitszeiten und der Entlohnung sowie des Zugangs zu sozialen Rechten sind aber nicht vorgesehen. Dies spricht dafür, dass der italienische Staat sich auch weiterhin weitgehend aus der Versorgung pflegebedürftiger Personen heraushält und diese Aufgabe bei den Familien verbleibt. Regulative Eingriffe z. B. bezüglich der Arbeitszeiten würden letztlich die Nachfrage nach billigen Pflegedienstleistungen wieder auf den grauen Pflegemarkt lenken.

Tabelle 2: Grenzziehungspolitik

	Nationale Regelungen/Praktiken gegenüber Öffnung der Märkte durch EU (Arbeitnehmer- und Dienstleistungsfreizügigkeit)	Allgemeine Kennzeichen
Italien	Regularisierung illegaler Migranten	Laissez faire, Tolerierung, aposteriore Legalisierung
	Quotenregelung	
	Arbeitserlaubnis erforderlich	
Österreich	Eingeschränkt bis 2009 für OME-Mitgliedsstaaten	Legalisierung und Integration ins eigene Pflegesystem
	Arbeitserlaubnis erforderlich	
	Sektorale Öffnung für die Pflegebranche	
	Ausländerbeschäftigungsgesetz	
Deutschland	Eingeschränkt bis 2011 für OME-Mitgliedsstaaten	Abschottung, partielle Öffnung, Widerstand der Interessenverbände
	Arbeitserlaubnis erforderlich	

Quelle: Eigene Darstellung.

Insgesamt können trotz ähnlicher sozialpolitischer Problemstellungen drei verschiedene Wege im Umgang mit grauen Pflegemärkten beobachtet werden. Der deutsche Weg ist durch eine restriktive Politik im Umgang mit transnationalen Pflegearrangements gekennzeichnet, die in einer vorübergehenden Schließung des nationalen Arbeitsmarktes für ausländische Pflegeanbieter mündet. Er drängt am stärksten auf formelle Arbeitsverhältnisse. Dass Privathaushalte sich transnational mit grauer und notfalls auch schwarzer Pflege versorgen, wird als Billigpflege und unliebsame Konkurrenz stigmatisiert.

Der österreichische Weg ist dagegen durch eine Neuausrichtung der Verteilung von Pflegearbeit auf formelle und informelle Pflege durch die Familie gekennzeichnet. Durch die gesetzliche Verankerung von migrantischen Betreuungsarrangements vollzieht sich ein Wandel von einem zunächst stark familialistisch geprägten Pflegearrangement hin zu einem gemischten Arrangement, das die Ergänzung oder Substitution familiärer Sorgearbeit zulässt. Damit werden nicht nur Veränderungen in der Lebenswelt von Familien anerkannt, sondern deren Möglichkeiten der Wohlfahrtsproduktion neu verortet. Italiens Weg ist im Wesentlichen durch eine pragmatisch orientierte Grenzziehungspolitik gekennzeichnet: Migranten finden zunächst in der Schattenwirtschaft Arbeit, der Staat reagiert darauf mit der Legalisierung des Aufenthaltstatus der Migrantinnen.

5. Fazit

In grauen Pflegemärkten überschneiden sich drei voneinander unabhängige Prozesse: Zunehmend temporäre, weibliche und auf den Haushalt als Beschäftigungsort zielende Arbeitsmigration, die Europäisierung, in deren Zuge sich grenzüberschreitende Dienstleistungen und Migration entwickeln sowie das Knappwerden unbezahlter familialer Sorgearbeit in den Zielländern der Migration. Diese Prozesse werden von den verschiedenen Dienstleistungsregimen überformt, die mit dem so genannten Dienstleistungstrilemma unterschiedlich umgehen. Das Fazit greift die Perspektive dieses Begriffs (Iversen/Wren 1998) nochmals zur Verdeutlichung des sozial- und arbeitsmarktpolitischen Kontextes grauer Altenpflege auf. Danach haben Dienstleistungsregime jeweils spezifische Zielkonflikte zwischen drei sozialpolitischen Zielen: Dem Beschäftigungszuwachs im Dienstleistungssektor, einer gewissen Gleichheit der Einkommen und der Begrenzung der Sozialausgaben (siehe Abbildung 1). Zwei Ziele lassen sich jeweils kombinieren, aber auf Kosten des dritten. Das heißt für konservative und mediterrane Regime, in denen graue Altenpflege in nennenswertem Umfang existiert:

Das Ziel geringer Lohndisparitäten und ausreichend entlohnter Arbeitsplätze macht Pflege zu teuer für die meisten Privathaushalte. Private Nachfrage entsteht wenig. Auch wurde formelle Pflegearbeit relativ wenig ausgeweitet, wenngleich die sozialpolitisch initiierte Nachfragestützung ein Mehr an privaten Pflegedienstleistern nach sich zog. Dennoch zielen die pflegepolitischen Reformen stärker auf Kostenbegrenzung, die Stützung der Rolle der Familie und die qualifizierten Pflegearbeitsplätze bei den meist intermediären Dienstleistungsanbietern. Konservative Regime begrenzen so öffentliche Ausgaben und Einkommensungleichheit, aber

sind weniger leistungsfähig bezüglich des Angebots an Arbeitsplätzen im Dienstleistungssektor und leicht zugänglicher Altenpflege. Diesen Mangel muten sie Familien bzw. Frauen zu.

Die Beschäftigung von Migrantinnen entschärft das Trilemma, indem sie kurz-
fristig einheimische Niedriglöhne in der Pflege vermeidet und ohne weitere Anhe-
bung der Sozialausgaben für Altenpflege ein finanzierbares Angebot entsteht.
Langfristig kann graue Pflege dennoch zu mehr Einkommensungleichheit im Al-
tenpflegesektor führen, da die am geringeren Lohnniveau der Herkunftsländer
ausgerichtete Bezahlung internationale Konkurrenz in die vor Auslagerung zunächst geschützten personenbezogenen Pflegedienstleistungen hineinträgt. Wenn
man auch gering qualifizierte Haushalts- und Pflegearbeit sozial absichern will, hat
das Konsequenzen an anderer Stelle, nämlich höhere Pflegeausgaben, deren Finanzierung auf die Akzeptanz der Beitragsentrichter oder Steuerzahler treffen muss.
Jede Option erzeugt Nachteile an einer der Spitzen des Dreiecks. Welcher Nachteil
sich durchsetzt, ist letztlich das Ergebnis von Interessenkonflikten zwischen Finan-
zierern, Benefiziaren und weiteren Interessengruppen und ebenso von ,Equity-
Choices' (Österle 2001), also der Akzeptabilität verschiedener Optionen vor dem
Hintergrund von Gerechtigkeits- und Angemessenheitsideen.

Abbildung 1: Das Dienstleistungstrilemma konservativer Regime

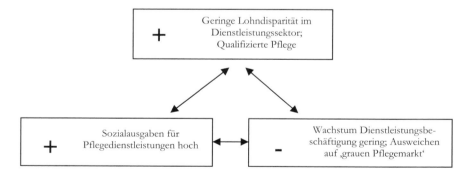

Quelle: Eigene Darstellung.

Graue Altenpflege erlaubt es beruflich qualifizierten Frauen, sich der für konserva-
tiv-korporatistische Regime typischen Erwartung des ,Self-Servicing' zu entziehen.
Dies schafft jedoch neue Gender-Ambivalenzen: Frauen mit guten Beschäftigungschancen in der postindustriellen Service-Ökonomie delegieren die Pflegelücke, die

ihre posttraditionalen Lebensentwürfe hinterlassen, an gering entlohnte Migrantinnen. Die neue Genderordnung erfordert Care-Arbeit von Orten, wo sie keinen Schattenpreis hat. Dies löst einen ‚Care Drain' aus, wodurch formelle und informelle Pflege- und Versorgungspotenziale in den Herkunftsländern fehlen.

Literaturverzeichnis

Bauer, Ullrich/Rosenbrock, Rolf/Schaeffer, Doris (2005): Stärkung der Nutzerposition im Gesundheitswesen. Gesundheitspolitische Herausforderung und Notwendigkeit. In: Iseringhausen, Olaf/Badura, Bernhard (2005): 187-201

Bettio, Francesca/Platenga, Janneke (2004): Comparing Care Regimes in Europe. In: Feminist Economics 10: 85-113

Bode, Ingo (2005): Einbettung und Kontingenz. Wohlfahrtsmärkte und ihre Effekte im Spiegel der neueren Wirtschaftssoziologie. In: Zeitschrift für Soziologie 34: 250-269

Bundesagentur für Arbeit (BA) (2007): Merkblatt zur Vermittlung von Haushaltshilfen in Haushalte mit Pflegebedürftigen nach Deutschland. Hinweise für Arbeitgeber. Nürnberg

Cusack, T.R. (1998): Data on public employment and wages for 21 OECD countries. WZB

Esping, Andersen, Gösta (1990): The three worlds of welfare capitalism. Cambridge: Polity Press

Esping-Andersen, Gösta (1993): Changing Classes. Stratification and Mobility in Post-industrial Societies. London et al.: Sage

Gather, Claudia/Geißler, Birgit/Rerrich, Maria S. (Hrsg.) (2002): Weltmarkt Privathaushalt. Bezahlte Hausarbeit im globalen Wandel. Münster: Westfälisches Dampfboot

German American Academic Council Foundation-Bonn (Hrsg.) (1997): Labor Markets in the USA and Germany. Third Public GAAC Symposium, Bonn, 10.-11. Juni, 1997. Baden-Baden: Nomos

Huber, Evelyne/Stephens, John D. (2001): Development and Crisis of the Welfare State. Parties and Policies in Global Markets. Chicago/London: University of Chicago Press

Iseringhausen, Olaf/Badura, Bernhard (2005): Wege aus der Versorgungsorganisation: Beiträge zur Versorgungsforschung. Bern: Huber

Iversen, Torben/Wren, Anne (1998): Equality Employment, and Budgetary Restraint. The trilemma of the service economy. In: World Politics 50: 507-546

Iversen, Torben/Cusack, Thomas R. (2000): The Causes of Welfare State Expansion. Deindustrialisation or Globalization? In: World Politics 52: 313-349

Kemmerling, Achim (2003): Die Rolle des Wohlfahrtsstaats bei der Entwicklung unterschiedlicher Dienstleistungssektoren. Wohlfahrtsregime und Dienstleistungsbeschäftigung. ISSN Nr. 1011-9523. Berlin: WZB

Kondratowitz, Hans-Joachim (2005): „Beschäftigung von Migrantinnen in der Pflege. In: Zeitschrift für Gerontologie und Geriatrie 38: 417-423

Leitner, Sigrid (2003): Varieties of Familialism. The caring function of the family in a comparative perspective. In: European Societies 5: 353-375

Lewis, Jane (Hrsg.) (1998): Gender, social care and welfare state restructuring in Europe. Aldershot: Ashgate

Lundsgaard, Jens (2006): „Choice and long-term care in OECD countries: Care outcomes, employment and fiscal sustainability". In: European Societies 8(3): 361-384

OECD (1996): Employment Outlook. Earnings inequality, low-paid employment and earnings mobility. Paris: 72

OECD (2005): Long-Term Care for Older People. Projecting OECD Health and Long-term care expenditure. Economics Departments Working papers 477

Österle, August (2001): Equity choices and long term care policies in Europe: Allocating ressources and burdens in Austria, Italy, the Netherlands and the United Kingdom. Aldershot: Ashgate

Österle, August/Schneider, Ulrike/Schober, Christian/Schober, Doris (2006): Die Kosten der Pflege in Österreich. Ausgabenstrukturen und Finanzierung. Online verfügbar unter: http://www.wu-wien.ac.at/sozialpolitik/pub/fbn02_06 (Stand: 24.09.2008)

Österle, August/Hammer, Elisabeth (2007): Care allowances and the formation of care arrangements: the Austrian experience. In: Ungerson, Claire/Yeandle, Sue (2007)

Rostgaard, Tine (2006): Constructing the care consumer. Free choice of home care for the elderly in Denmark. In: European Societies 8: 443-464

Rothgang, Heinz (2001): Wettbewerb in der Pflegeversicherung. Zeitschrift für Sozialreform: 423-448

Sassen, Saskia (2001): Migranten, Siedler, Flüchtlinge. Von der Massenauswanderung zur Festung Europa. Frankfurt/M.: Fischer Verlag

Scharpf, Fritz (1997): „Employment and the Welfare State: A Continental Dilemma". In: German American Academic Council Foundation-Bonn (1997): 387-416

Ungerson, Claire/Yeandle, Sue (2007): Cash for care in Developed Welfare States. Houndsmill: Palgrave Macmillan

Van Hooren, Franca (2008): Bringing policies back in: How social and migration policies affect the employment of immigrants in domestic care for the elderly in the EU-15. Paper for the ESA conference „Transforming elderly care at local, national and transnational levels". Copenhagen June 2008

Restriktive Migrationsgesetze und die Entstehung transnationaler Heiratsmärkte

Elisabeth Beck-Gernsheim

1. Einleitung

In den Wohlstandsregionen der Welt werden die Migrationsgesetze zunehmend restriktiver gefasst. Gleichzeitig nimmt die Zahl der Eheschließungen zu, bei denen ein Partner aus der Ersten Welt kommt, der oder die andere aus der Zweiten bzw. Dritten Welt. In meinem Beitrag will ich den Zusammenhang zwischen diesen beiden Entwicklungen untersuchen. Meine These lautet, vorweg knapp zusammengefasst: Restriktive Migrationsgesetze produzieren ihre eigenen Nebenfolgen. Sie wirken als institutionelles Anreizsystem zur Förderung der Heiratsmigration. Diesen Gedanken werde ich in vier Schritten entwickeln:

1.) Rapide Zunahme der Migrationswünsche
2.) Restriktive Migrationsgesetze
3.) Auf der Suche nach Migrationswegen: die Heiratsoption
4.) Heiratsmigration: Zwei Varianten

2. Rapide Zunahme der Migrationswünsche

Die enorme globale Ungleichheit ist bekannt. Während ein Teil der Menschheit in Frieden und relativem Wohlstand lebt, lebt der andere Teil – die Mehrheit – in politisch und ökonomisch instabilen Regionen, unter Bedingungen von Armut und Elend, Verfolgung und Rechtlosigkeit.

Gleichzeitig sind diese gegensätzlichen Welten immer stärker miteinander vernetzt – über Massenmedien, Ausbreitung von Gleichheitsnormen, Tourismus –, und die Bewohner der Armutsregionen haben auf den verschiedensten Ebenen ständig Bilder einer Existenzform vor Augen, die von den Bedrohungen und Ängsten ihrer Erfahrung weit entfernt ist. In der Folge sind die Menschen dort immer weniger bereit, ihr Schicksal als gegeben hinzunehmen. Stattdessen wollen sie teilhaben am besseren Leben.

Von daher erklärt sich, was empirische Studien durchgängig zeigen: In den Armutsregionen der Welt breiten sich Migrationswünsche aus. Im Gefolge kultureller Globalisierung wird für immer mehr Menschen Migration zum dominanten Lebensprojekt. Migration ist die moderne Form der Aufstiegsmobilität.

3. Restriktive Migrationsgesetze

Die Frage ist allerdings, wie sich solche Migrationshoffnungen erfüllen lassen. Denn seitdem Armut und Arbeitslosigkeit auch in der Ersten Welt zunehmen, lassen viele Länder kaum noch Arbeitsmigranten herein: Die ‚Festung Europa' bzw. ‚Festung Erste Welt' umgibt sich mit immer höheren Mauern. Doch solche Maßnahmen erweisen sich als nur bedingt effektiv. Wie einschlägige Untersuchungen zeigen, geben viele der Migrationswilligen nicht auf, sondern suchen stattdessen nach Auswegen, Umwegen, möglichen Lücken, um doch noch dorthin zu gelangen, wo sie sich ein besseres Leben erhoffen. In der Folge entwickeln sich zwischen Einwanderungsbehörden und Einwanderungssuchenden „Katz-und-Maus-Spiele" der verschiedensten Art, so Rajni Palriwala und Patricia Ubreroi (2008: 46). Die amerikanische Soziologin Caroline H. Bledsoe hat diese Dynamik prägnant zusammengefasst: „Creating policies inevitably creates the potential for actions that contravene these policies" (2004: 97).

In dieser Situation gewinnen die Einreisebestimmungen der westlichen Länder zentrale Bedeutung. Sie werden zum Orientierungsmaßstab, an dem die Menschen in der restlichen Welt sich ausrichten – nicht in der Form einfacher Hinnahme, sondern auf dem Weg aktiver Gestaltung, indem sie darin Vorgaben für eigene Handlungsoptionen entdecken und kreativ nutzen. Dabei erweisen sich viele Migrationswillige als geschickt, einfallsreich und flexibel: als „Artisten der Grenze", wie Ulrich Beck dies nennt (Beck 2004: 157). Das heißt, sie übersetzen die Vorschriften in Handlungsstrategien der verschiedensten Art. Sie bemühen sich, ihre persönlichen Voraussetzungen, Merkmale, Lebensumstände daraufhin zuzuschneiden, damit sie möglichst ‚passgerecht' werden, also tauglich für den Wettbewerb um Migrationschancen.

Das kann zum Beispiel über Ausbildung gehen. Ein anschauliches Beispiel liefert die Fallstudie von Annett Fleischer (2007) zur Situation in Kamerun. Fleischer zeigt, wie sich in Kamerun eine besondere Art der Sozialisation entwickelt hat, eine ‚Erziehung zum Weggehen', oder genauer: eine Erziehung zum Studium in Deutschland (in Kamerun ist Deutschland das Sehnsuchtsland, weil es hier historisch etablierte Verbindungen gibt). Dabei suchen die älteren Mitglieder des Familienverbands aus der Gruppe der heranwachsenden Söhne und Töchter, Nichten und Neffen denjenigen aus, der besonders intelligent, sozial gewandt, sprachbegabt ist. Er – oder sie – wird zum Hoffnungsträger, auf den sich die Ressourcen des Familienverbandes konzentrieren. Für ihn legen alle zusammen, um Sprachkurse, weiterführende Schulen, Visa und Reisekosten zu finanzieren. So wird der auserwählte Kandidat systematisch aufgebaut, sprich tauglich gemacht für die Anforderungen deutscher Behörden. Für den Familienverband ist dies eine Investition in die Zukunft: In Kamerun wie in vielen anderen Ländern ist Migration ein Familien- und Gemeinschaftsprojekt, nach festen Regeln der Ehre und des wechselseitigen

Austausches organisiert. Wer also dank der Hilfe des Familienverbandes nach Deutschland gelangt, von dem kann der Familienverband später Gegenleistungen erwarten – Geldüberweisungen, mitgebrachte Konsumgüter, Unterstützung für den Nachzug weiterer Familienmitglieder.

In anderen Regionen Afrikas konzentrieren sich die Hoffnungen auf eine Ausbildung sportlicher Art. Wenn einer der Söhne Ballgeschick zeigt, legen die Familien alle Ressourcen zusammen, um sein Talent fördern zu lassen. Dies in der Hoffnung auf einen professionellen Talentsucher, der den jungen Mann entdeckt – und damit der Einstieg in die internationale Fußball-Karriere beginnt (Alber 2009; Walt 2008).

Aber das sind Sonderfälle, spezielle Talente voraussetzend. Im Normalfall bleiben den Migrationswilligen nur drei Optionen: entweder der Sprung in die Illegalität (sehr risikovoll) oder der Antrag auf Asyl (wenig aussichtsreich) oder schließlich das Recht auf Familienzusammenführung. Dies wird je nach Land einmal enger, einmal weiter gefasst, aber im Kern ist die Regel stets ähnlich (Kofman 2004). Wer in den USA, in der EU, in Kanada oder Australien legal ansässig ist, kann enge Familienangehörige nachholen, die anderswo leben.

4. Auf der Suche nach Migrationswegen: die Heiratsoption

In der Regel zählen zu diesen engen Familienangehörigen Eltern, Kinder und Ehepartner. Ehepartner – das ist das entscheidende Stichwort. Das Spannungsverhältnis zwischen Migrationshoffnungen und Migrationshürden ist der Stoff, aus dem sich neue Präferenzen der Partnersuche entwickeln. Es ist der Stoff, aus dem heraus ein neuer Traum entsteht und globale Verbreitung gewinnt: der Traum von der Heirat, die eine Einreise in eines der Wohlstandsländer erlaubt.

Eine solche Heirat kann man auf verschiedenen Wegen anstreben, je nach lokalen Gegebenheiten und persönlichen Umständen. Ich möchte zwischen zwei Varianten unterscheiden:

- Basis-Option: Diese betrifft Heiratswillige, die keine persönlichen Verbindungen zur Ersten Welt haben. Sie müssen auf allgemein zugängliche Formen der internationalen Partnersuche zurückgreifen. Als Vermittlungsinstanzen bieten sich an: Heiratsagenturen, Zeitungsanzeigen, Internet, zum Teil auch Sex-Tourismus. Im Erfolgsfall kommt es zu einer binationalen Ehe, charakterisiert durch ein ,Wohlstandsgefälle' zwischen den Herkunftsländern der Partner (Beispiel: deutscher Mann, philippinische Frau).

- Privilegierte Option: Hier geht es um Heiratswillige, die in einem der früheren Kolonialländer oder der früheren Anwerbeländer für Arbeitsmigration leben. Für sie kann sich diese historische Verbindung als eminent nützlich erweisen. Denn im Lauf der Zeit haben sich oft transnationale Netzwerke herausgebildet, die als Vermittlungsinstanz für ein Ehe-Vorhaben dienen können.

Im Folgenden werde ich nur auf die zweite Option genauer eingehen.

5. Transnationale Heiratsmuster: die privilegierte Option

Die Familienbeziehungen in vielen nicht-westlichen Gesellschaften sind, wie oft gesagt, von Normen der kollektiven Verpflichtung bestimmt. Prinzipien von Solidarität, Respekt und Gehorsam regulieren das weit verzweigte Netzwerk des Familienverbandes, wechselseitige Unterstützung ist selbstverständliche Erwartung und Pflicht.

Das gibt denen, die in der Türkei leben oder in einem der anderen Länder, aus denen die Arbeitsmigranten einst kamen, besondere Chancen. Er oder sie hat vielfach Verwandte, die einst die Heimat verließen und inzwischen in einem der Anwerbeländer ansässig sind. Daran können die Migrationwilligen nun mit ihren Hoffnungen anknüpfen. Zum Beispiel in Pakistan: „Nach England auswandern – das ist das Sehnsuchtziel der jungen Männer, die vom Aufstieg träumen. Und so richten sie all ihre Hoffnungen darauf, unter den in England ansässigen Verwandten eine junge Frau zu finden, die ihnen via Heirat die Einreise ermöglicht" (Shaw 2004: 279). Und ähnliche Hoffnungen haben junge Männer – und Frauen – auch in anderen Ländern.

So können diejenigen, die im Herkunftsland leben, Familiennetzwerke einsetzen und an Familienloyalität appellieren, um unter den im globalen Norden angekommenen Familienmitgliedern einen Heiratspartner/eine Heiratspartnerin zu finden. Gegebenenfalls können die Angehörigen in der Heimat der Bereitschaft zur Familienloyalität auch ein Stück ‚nachhelfen', indem sie sozialen Druck ausüben (Ballard 1990: 243). Hier spielt der Ehrbegriff eine entscheidende Rolle, der in vielen der Herkunftsländer eine wesentliche Grundlage der sozialen Ordnung und des sozialen Zusammenhalts darstellt. Wer die Gebote der Familienloyalität nicht einhält, dessen Ruf und dessen Ehre sind bedroht. Wenn also die Migranten den Heiratsofferten aus der Heimat nicht zustimmen, dann können ihre Angehörigen über sie sagen, dass sie moralische Grundsätze nicht achten; womit ihre Ehre irreparablen Schaden erleidet.

Unter diesen Bedingungen verwundert es nicht, dass transnationale Heiratsverbindungen zwischen Herkunftsland und Ankunftsland weit verbreitet sind. Die Daten lassen durchgängig eine ähnliche Grundlinie erkennen: Ob Türken in Deutschland, Pakistani in Großbritannien, Marokkaner in Frankreich – viele Migranten heiraten einen Partner bzw. eine Partnerin, die aus dem Herkunftsland kommen (Beck-Gernsheim 2007). Um nur drei Beispiele zu nennen:

- Eine Untersuchung von Migranten-Ehen in Belgien zeigt anhand von Daten der belgischen Volkszählung des Jahres 1991: Von den türkischen Migranten haben circa 70 Prozent einen Partner/eine Partnerin geheiratet, der/die bei der Eheschließung aus der Türkei nach Belgien kam. Von den marokkanischen Migranten haben gut 50 Prozent einen Partner/eine Partnerin geheiratet, der/die bei der Eheschließung aus Marokko nach Belgien kam (Lievens 1999).

- Eine Studie von Gaby Straßburger, die die 29.000 Eheschließungen türkischer Migranten in Deutschland im Jahr 1996 untersucht hat, kommt zu folgendem Ergebnis: Mehr als 60 Prozent heirateten einen Partner/eine Partnerin, der/die vor der Heirat in der Türkei lebte und dann auf dem Weg der Familienzusammenführung nach Deutschland kam (Straßburger 1999: 148).

- Die Daten des Statistischen Zentralinstituts der Niederlande zeigen für die Jahre 1999-2001: Fast zwei Drittel aller in den Niederlanden lebenden Türken und Marokkaner heiraten einen Partner/eine Partnerin, der/die nach der Eheschließung vom Heimatland in die Niederlande einreist. Das gilt sowohl für Männer wie für Frauen. In der zweiten Generation liegen die Werte zwar etwas niedriger, aber erreichen immer noch zwischen 50 und 60 Prozent (Bijl et al. 2005: 4).

Offensichtlich etabliert sich im Zeitalter von Migration und Globalisierung ein neues Kriterium der Partnerwahl. In den Ländern der Zweiten und Dritten Welt wird bei der Auswahl von Ehekandidaten immer mehr danach gefragt, ob der junge Mann/die junge Frau ‚Migrationspotenzial' anbieten kann. Hier ist die geografische Distanz zwischen Herkunftsland und Aufnahmeland kein Zufall, im Gegenteil: Sie ist der heimliche Heiratsvermittler und Trauzeuge der Paare.

6. Schluss

Im öffentlichen Bewusstsein hat Heiratsmigration eine Aura des ‚Anrüchigen'. In Medien und Politik werden solche Ehen kriminalisiert, als ‚Scheinehen' verdächtigt. Aus feministischer Sicht werden sie als Teil der weltweiten Ausbeutung von Frauen gesehen und als Beispiel für Männergewalt (Muster: dominanter westliche Mann/hilflose philippinische Frau). Dem Normalbürger wiederum erscheint Heiratsmigration als fremd, ja barbarisch, weil nicht auf Liebe gegründet, sondern auf instrumentellen Motiven.

In solchen Bildern sind charakteristische Fehlannahmen und Verzerrungen enthalten, die ich abschließend in Stichworten andeuten will.

1) Wer die Interessen von Frauen vor Augen hat, muss wissen: Für Frauen war – und ist – Heirat oft die einzige Möglichkeit der Existenzsicherung und des sozialen Aufstiegs. Heute ist Heiratsmigration gerade für Frauen der ärmeren Regionen und Schichten oft der effektivste und sozial am meisten akzeptierte Weg, um Sozialstatus und ökonomische Sicherheit zu erreichen. In diesem Sinne schreiben die Herausgeberinnen des Bandes „Marriage, Migration and Gender":

> „Die Sozialwissenschaften dürfen nicht die Häufigkeit des Mißbrauchs ignorieren, aber sie sollten sich gleichzeitig auch nicht nur auf die Opferrolle konzentrieren. Wir brauchen eine Perspektive, die auf den gesellschaftlichen Kontext abgestimmt ist und die zeigt, dass die Verknüpfung von Migration und Heirat für Frauen Chancen wie Risiken enthält" (Palriwala/Uberoi 2008: 24).

2) Wenn jede aus instrumentellen Motiven geschlossene Ehe eine Scheinehe wäre, dann wären alle europäischen Fürstenhäuser auf Scheinehen gegründet. Damals ging es fast nie um romantische Gefühle, sondern um die Sicherung und Mehrung von Macht und Besitz (wie es zur Heiratspolitik in Österreichs Herrscherhaus hieß: „Bella gerant alii/tu felix Austria nube"). Wenn alle aus instrumentellen Motiven geschlossenen Ehen Scheinehen wären, so wären auch wir alle Produkte von Scheinehen. Ob Adel, Bürgertum oder Bauern: Die romantische Liebe als Heiratsmotiv ist auch in Europa erst mit dem Übergang zur Moderne entstanden.

3) Manche Autoren sprechen deshalb von einem kulturellen Missverständnis, das solche Ehen „häufig zu Unrecht in den Verdacht einer ‚Scheinehe'" bringe (so z. B. Nauck 2004: 92). Nach der von mir vorgestellten Perspektive sind solche Aussagen zutreffend – und greifen doch in wesentlicher Hinsicht zu kurz. Denn sie sehen Heiratsmigration aus einer kulturalistisch-relativierenden Perspektive, als Teil ‚anderer' Kulturen und Traditionen. Aber sie blenden ‚unseren', den westlichen Anteil aus: die immer restriktiver gefassten Migrationsgesetze, die andere Migrationswege kaum noch zulassen. Die Heiratsmotivation, wie wir sie heute erleben, entsteht nicht aus kulturellen Traditionen allein – sondern erst da, wo diese zusammentreffen mit spezifisch modernen Zielen (westlich produzierten Migrationshoffnungen) und mit spezifisch modernen Handlungsbarrieren (westlichen Migrationsgesetzen). In diesem Sinne gilt: Heiratsmigration ist auch ein Produkt eben jener Gesetze, die Migration verhindern sollen.

Literaturverzeichnis

Ballard, Roger (1990): Migration and kinship: the differential effect of marriage rules on the processes of Punjabi migration to Britain. In: Clarke, Colin et al. (1990): 219-249

Beck, Ulrich (2004): Der kosmopolitische Blick. Frankfurt/M.: Suhrkamp

Beck-Gernsheim, Elisabeth (2007): Transnational lives, transnational marriages: a review of the evidence from migrant communities in Europe. In: Global networks 7(3): 271-288

Bijl, Rob V./Zorlu, Aslan/van Rijn, Annet S./Jennissen, Roel P. W./Blom, Martine (2005): The Integration Monitor 2005. The social integration of migrants monitored over time: trend and cohort analyses. Cahier 2005-16a. Published by the Research and Documentation Centre of the Dutch Ministry of Justice together with Statistics Netherlands. Englische Version im Internet www.wodc.nl/images/ca2005-16a_full%20text_tcm44-58653.pdf (Stand: 20.10.2009)

Bledsoe, Caroline H. (2004): Reproduction at the Margins: Migration and Legitimacy in the New Europe. In: Demographic Research. Special Collection 3(4): 87-116

Clarke, Colin/Peach, Ceri/Vertovec, Steven (Hrsg.) (1990): South Asians Overseas. Migration and ethnicity. Cambridge et al.: Cambridge University Press

Fleischer, Annett (2007): Family, obligations, and migration: The role of kinship in Cameroon. In: Demographic Research 16(13): 413-440

Jonker, Gerdien (Hrsg.) (1999) Kern und Rand. Religiöse Minderheiten aus der Türkei in Deutschland. Berlin: Verlag Das Arabische Buch

Kofman, Eleonore (2004): Family-Related Migration: A Critical Review of European Studies. In: Journal of Ethnic and Migration Studies 30(2): 243-262

Lievens, John (1999): Family-Forming Migration from Turkey and Morocco to Belgium: The Demand for Marriage Partners from the Countries of Origin. In: International Migration Review 33(3): 717-744

Nauck, Bernhard (2004): Familienbeziehungen und Sozialintegration von Migranten. In: IMIS-Beiträge 23: 83-104

Palriwala, Rajini/Uberoi, Patricia (Hrsg) (2008): Marriage, migration and gender. London: Sage

Palriwala, Rajini/Uberoi, Patricia (2008): Exploring the links: Gender Issues in marriage and migration. In: Palwirala, Rajini/Uberoi, Patricia (2008): 23-62

Scott, Jacqueline/Treas, Judith/Richards, Martin (Hrsg.) (2004): The Blackwell Companion to the Sociology of Families. Malden et al.: Blackwell

Shaw, Alison (2004): Immigrant Families in the UK. In: Scott, Jacqueline et al. (2004): 270-285

Straßburger, Gaby (1999): „Er kann deutsch und kennt sich hier aus". Zur Partnerwahl der zweiten Migrantengeneration türkischer Herkunft. In: Jonker, Gerdien (1999): 147-167

Walt, Vivienne (2008): Field of Dreams. In: Times 30.06.2008: 42-49

Prozesse sozialer Distanzierung in Zeiten ökonomischen und sozialen Wandels: Migrantennachkommen in Frankreich und Deutschland

Ingrid Tucci

Einführung

Will man die Situation der Migrantennachkommen im deutsch-französischen Vergleich analysieren, dann gilt es, die strukturellen und institutionellen Unterschiede zwischen Frankreich und Deutschland herauszuarbeiten. Strukturelle und institutionelle Rahmenbedingungen bilden eine Struktur von Opportunitäten und Grenzen für Gruppen und Individuen. Die französische und die deutsche Gesellschaft erleben seit ein paar Jahrzehnten tief greifende strukturelle Veränderungen: Niedergang der Industriearbeit, Massenarbeitslosigkeit und Prekarisierung. Junge Menschen mit Migrationshintergrund sind in beiden Gesellschaften mit besonderen Formen von Ausgrenzung und Unsicherheiten konfrontiert. Traditionen der Staatsbürgerschaft, institutionelle Praktiken des Umgangs mit dem ‚Anderen' als auch Prozesse der strukturellen Marginalisierung spielen als Rahmenbedingungen für die Entwicklung unterschiedlicher Distanzierungsprozesse und daraus folgend unterschiedlicher Partizipationsmodi von Migrantennachkommen eine zentrale Rolle.

Anhand empirischer Ergebnisse über junge Menschen, die in Deutschland einen türkischen Hintergrund und in Frankreich einen nordafrikanischen bzw. maghrebinischen Hintergrund haben, zeigt dieser Beitrag, dass diese Gruppen unterschiedliche Partizipationsmodi aufweisen und dass soziale Distanzierung bzw. Ausgrenzung in beiden Ländern in unterschiedlichen Phasen des Lebenslaufes der Migrantennachkommen stattfindet. Die Nachkommen der türkischen Migranten in Deutschland und der nordafrikanischen Migranten in Frankreich unterscheiden sich zwar in ihrem kulturellen Hintergrund, jedoch kamen ihre Eltern als ArbeitsmigrantInnen nach Frankreich bzw. Deutschland. Frankreich konnte allerdings die Arbeitskräfte in seinen Kolonien rekrutieren, so dass die Zuwanderung in diesem Fall durch eine besondere, schmerzhafte Geschichte gekennzeichnet ist. Jede Gruppe bildet heute im jeweiligen Land die quantitativ größte Gruppe. Die meisten von ihnen, jedoch nicht alle, gehören der muslimischen Konfession an. Die generalisierte öffentliche Abwertung des Islams in beiden Ländern führt in gewissem Sinne zu einer Abwertung dieser jungen Menschen. Und schließlich gehören sie auch zu den sichtbaren Minderheiten in beiden Ländern: Die politische, öffentliche (und auch wissenschaftliche) Aufmerksamkeit ist auf sie gerichtet.

Die Partizipationsmodi dieser beiden Gruppen im Vergleich zu den Partizipationsmodi der einheimischen Kinder werden anhand quantitativer Auswertungen deutscher Mikrodaten (das Sozio-oekonomische Panel – SOEP) und französischer Mikrodaten (u. a. die Enquête Histoire Familiale) analysiert. Vor dem Hintergrund der empirischen Ergebnisse werden am Ende dieses Beitrags zwei Typen sozialer Distanzierung vorgestellt. Diese zwei sozialen Logiken schließen sich nicht gegenseitig aus. Sie betonen vielmehr den Zeitpunkt im Lebensverlauf, an dem Ausgrenzung stattfindet.

Theoretischer Rahmen

Dieser Beitrag bezieht sich u. a. auf den Ansatz der *Segmented assimilation* von Portes und Zhou (Portes/Rumbaut 1990; Zhou 1992; Portes/Zhou 1993), die auf die Nicht-Linearität des Integrationsprozesses verweisen. Portes und Zhou nennen verschiedene Faktoren, die erklären können, warum bestimmte Gruppen innerhalb der Migrantennachkommen verwundbarer sind als andere bzw. warum bestimmte Gruppen andere, schwierigere Partizipationsmodi aufweisen. Diese Faktoren sind (1) Hautfarbe, (2) Konzentration in benachteiligten Vierteln, (3) Struktur der co-ethnischen Gemeinschaft, (4) Beziehungen zwischen Herkunfts- und Zuwanderungsland, (5) Zustand der Wirtschaft im Zuwanderungsland. Uns interessieren insbesondere die Variationen dieser Faktoren im Ländervergleich – es wird allerdings nicht möglich sein, auf all diese Dimensionen in diesem Beitrag einzugehen. In diesem Ansatz rückt z. B. die Frage nach den Mechanismen der Produktion von Ungleichheit entlang der Kriterien ‚Migration' oder ‚Herkunft' in den Vordergrund. Allerdings bezieht sich dieser Ansatz auf die amerikanische Gesellschaft, und die Rolle dieser Dimensionen in der Produktion sozialer Ungleichheit ist vermutlich von Land zu Land unterschiedlich.[1] Inwieweit Institutionen die Partizipationsmodi von Migrantennachkommen und die Prozesse der Inklusion und Exklusion im Lebensverlauf mitgestalten, wird im Ansatz von Portes und Zhou außerdem wenig berücksichtigt. Gerade bei internationalen Vergleichen können solche institutionellen Unterschiede jedoch ausschlaggebend sein.

In der vergleichenden Migrationforschung wurden Typologien von Integrationsmodellen oder Inkorporationsregimes entwickelt, die mehr oder weniger gemeinsam haben, dass sie u. a. zwischen Deutschland als ‚ethnische Nation' und Frankreich als ‚politische bzw. staatsbürgerschaftliche Nation' unterscheiden. Die Arbeiten, die sich insbesondere mit den Migrantennachkommen in verschiedenen

---

1   Die Frage der Hautfarbe hat z. B. nicht die gleiche Bedeutung in Europa wie in den USA. Jedoch wird sie in Frankreich zunehmend thematisiert, wenn es um Diskriminierung und Segregation geht.

Gesellschaften befassen, betonen den Einfluss des nationalen Kontextes auf die Art der Partizipation der Migrantennachkommen (Heckmann et al. 2001; Silbermann/Alba 2009; Schnapper 2007; Heath/Cheung 2007; *International Migration Review* 2003 37(4); *Ethnicities* 2008 7(3); die ersten Ergebnisse des TIES-Projektes[2]). Diese unterschiedlichen geschichtlichen, strukturellen und institutionellen Rahmenbedingungen bilden für Migrantennachkommen eine Struktur von Opportunitäten und Grenzen. Sie bestimmen zum einen ihre Art, an der Gesellschaft zu partizipieren, und zum anderen die Mechanismen sozialer Distanzierung und den Moment im Lebenslauf, an dem diese soziale Distanzierung – *mise à distance sociale* – stattfindet. Hier wird die Hypothese formuliert, dass jeder Typ sozialer Distanzierung einer Idee der Integration zugrunde liegt.

Das Konzept der sozialen Distanz ist zentral im Werk von Kwan und Shibutani. Nach diesen Autoren kann die soziale Distanz – definiert als ein Gefühl von Nähe gegenüber bestimmten Individuen – auch institutionalisiert sein. Durch einen restriktiven Zugang zur Staatsbürgerschaft kann z. B. ein Stratifizierungssystem aufrechterhalten werden, in dem ethnische Grenzziehungen den Zugang zu bestimmten Positionen regeln (Kwan/Shibutani 1965; hierzu auch Alba/Nee 1997: 43). Nach Kwan und Shibutani funktioniert ethnische Stratifizierung – wenn sie stabil ist – wie eine moralische Ordnung. Wenn sie über Generationen hinweg fortbesteht, dann nur, weil sie sich auf einen gesellschaftlichen Konsens über die Mechanismen, die ihr inhärent sind, gründet. Die so geschaffene bzw. aufrechterhaltene moralische Ordnung wird von allen in der Gesellschaft als ‚natürlich angesehen'. Diese Idee liegt nah an dem Konzept der symbolischen Gewalt von Bourdieu (1977, 1997).

Auf der Grundlage dieser theoretischen Ansätze können drei Ebenen von Mechanismen sozialer Distanzierung herausgearbeitet werden: die strukturelle, die institutionelle und die damit eng verbundene symbolische Ebene. Bevor die Ergebnisse aus den empirischen Analysen vorgestellt werden, sollen wichtige Unterschiede im Ländervergleich im folgenden Abschnitt herausgearbeitet werden.

---

2   Das TIES-Projekt (The Integration of the European Second Generation) hat im Jahr 2003 begonnen und hat zum Ziel, einen Datensatz zu schaffen, der international vergleichbar ist. Das Projekt wird unter anderem von Maurice Crul und Jens Schneider (Institute for Migration and Ethnic Studies IMES, Universität Amsterdam) koordiniert (für weitere Informationen siehe http://www.tiesproject.eu/).

Deutschland und Frankreich: Zwei Strukturen von Opportunitäten und Grenzen

Im deutsch-französischen Vergleich hat man es mit unterschiedlichen Mechanismen der *Differenzerzeugung durch Institutionen* zu tun. In Frankreich existiert das ius soli seit 120 Jahren und Migrantennachkommen erhalten mit der Staatsbürgerschaft, der *citoyenneté,* in gewissem Sinne ein Versprechen auf Gleichheit. In Deutschland wurde das ius soli erst im Jahr 2000 eingeführt, so dass Migrantennachkommen in Deutschland Ausländer bleiben und mit dieser Differenz aufwachsen.

Die Schule bzw. das Bildungssystem kann ebenfalls Differenz erzeugen. Durch die Errichtung des *collège unique* im Jahr 1975, besuchen bis heute alle Kinder bis zum 15. Lebensjahr in Frankreich eine einzige Einrichtung. Das weiterhin existierende dreigliedrige Bildungssystem in Deutschland führt dagegen zu einer frühen Orientierung und Selektion der Schülerschaft. In Frankreich wird einen besonders großen Wert auf das Erreichen allgemein bildender Abschlüsse gelegt: In den 1980er Jahren war das politische Ziel, dass 80 Prozent einer Generation das *Baccalaureat* erreichen sollten. So stieg in Frankreich zwischen 1991 und 2002 der Anteil der Hochschulabsolventen unter den 25 bis 34-Jährigen von 20 Prozent auf 37 Prozent an, während er in Deutschland bei circa 22 Prozent stagnierte. Allerdings ist die berufliche Ausbildung nicht nur verbreiteter in Deutschland als in Frankreich, sie hat auch einen höheren Stellenwert. Aufgrund dieser angerissenen Unterschiede ist zu erwarten, dass das französische Bildungssystem eher in der Lage ist, Gleichheit im Zugang zu Bildungsabschlüssen zu erzielen, insbesondere zu höheren Abschlüssen.

Auf *struktureller Ebene* ist das Schicksal von Migrantenkindern mit dem Niedergang der industriellen Arbeit eng verbunden. Allerdings ist der Schock der De-Industrialisierung in Frankreich besonders stark gewesen: Zwischen 1965 und 2004 verlor Frankreich insgesamt 25 Prozent der Stellen im Bereich der Industrie. Dagegen verlor Westdeutschland nur 14 Prozent der Stellen in diesem Sektor im selben Zeitraum. Nach Daten des Jahres 2001 war die Mehrheit der ausländischen Staatsbürger in Deutschland in der Industrie und in Frankreich im Dienstleistungssektor tätig, was auf eine stärkere Arbeitsmarktsegmentierung entlang ,ethnisch-kultureller' Linien in Deutschland hindeutet (Tucci 2009). Dies bedeutet u. a., dass junge Menschen mit Migrationshintergrund bessere Beschäftigungschancen in dieser Branche in Deutschland als in Frankreich haben. Schließlich dauern die Arbeitslosigkeitsphasen beim Eintritt in den Arbeitsmarkt in Frankreich länger als in Deutschland (Quintini et al. 2007), was möglicherweise auf die niedrigere Jugendarbeitslosigkeit zurückzuführen ist (elf Prozent gegenüber 20 Prozent im Jahr 2007, Eurostat 2009).

Es gibt also eine stärkere Konkurrenz zwischen den jungen Bewerbern in Frankreich als in Deutschland. Inwiefern haben Migrantennachkommen von der Bildungsexpansion profitiert und in welchem Segment des Arbeitsmarktes sind sie anzutreffen?

Daten

Die im Folgenden präsentierten Berechnungen basieren auf der Enquête Histoire Familiale von 1999 für Frankreich und auf dem Sozio-oekonomischen Panel (SOEP) von 2002 für Deutschland (SOEP-Gruppe 2001). Beide Befragungen unterscheiden sich im Hinblick auf die Größe der Stichprobe, jedoch sind sie für die Bevölkerung Frankreichs bzw. Deutschlands repräsentativ. Unser Fokus liegt auf den jungen Erwachsenen zwischen 16 (bzw. 18 für Frankreich) und 40 Jahren, die in Deutschland bzw. Frankreich geboren oder im Alter von 15 Jahren oder jünger zugewandert sind. Die jungen Erwachsenen können entweder die deutsche bzw. französische Nationalität oder eine ausländische Nationalität haben. Dies ist für Frankreich besonders wichtig, da die Mehrheit der Migrantennachkommen französische StaatsbürgerInnen sind. Wenn die Migrantennachkommen nicht Ausländer sind, wurde der Migrationshintergrund für Frankreich auf Basis der Eltern-information ermittelt und für Deutschland auf der Grundlage der Informationen zur Einbürgerung und zur ursprünglichen Staatsangehörigkeit.

Ethnische Ungleichheiten im Zugang zu Bildungsabschlüssen

Im Hinblick auf die erreichten Bildungsabschlüsse ist die Situation der Nachkommen maghrebinischer Migranten in Frankreich durch eine Polarisierung gekennzeichnet, während die Situation junger Menschen türkischer Herkunft in Deutschland durch eine Relegation in die niedrigeren Bildungszweige gekennzeichnet ist.

Tabelle 1: Risiko, ohne Abschluss die Schule zu verlassen (Logistische Regression, Odds ratios)

	Frankreich		Deutschland	
	I	II	I	II
Geschlecht (Ref.: Männer)	1.030+	1.025	1.008	1.010
Alter	1.024**	1.028**	0.920**	0.917**
Herkunft (Ref.: Frank-reich/Deutschland)				
Maghreb/Türkei, geb. in Frank-reich/Deutschland	1.375**	1.315**	3.687**	2.654**
Maghreb/Türkei, geb. im Ausland	2.014**	1.475**	11.657**	8.602**
Südeuropa, geb. in Frank-reich/Deutschland	1.266**	1.054	2.429**	1.932**
Südeuropa, geb. im Ausland	2.144**	1.587**	7.906**	6.489**
Berufliche Stellung des Vaters (Ref.: Angestellter)				
Arbeiter		2.195**		2.472**
Selbständig		1.177**		1.071
Nicht erwerbstätig		4.739*		3.390**
Fehlende Werte		2.978**		2.801**
Konstante	-2.157**	-2.677**	0.051	-0.604*
Fallzahl	98400	98400	6961	6961
Pseudo R² (McFadden)	0.01	0.03	0.09	0,10

Quelle: SOEP 2002 und EHF 1999. +: P<0.1, *: P<0.05, **: P<0.01. Ohne Befragte, die sich noch in einer Ausbildung befinden.

Schaut man auf die Wahrscheinlichkeit, ohne Abschluss die Schule zu verlassen, dann bestehen in beiden Ländern nach Kontrolle der sozialen Herkunft Benachteiligungen für die Herkunftsgruppen (Tabelle 1). Junge Menschen türkischer Herkunft, die in Deutschland geboren sind, haben eine zweieinhalb Mal höhere Chance, ohne Abschluss die Schule zu verlassen, im Vergleich zu jungen Menschen deutscher Herkunft. In Frankreich spielen die Herkunft und der Geburtsort eine deutlich weniger wichtige Rolle. Die Höhe des Effekts für junge Menschen maghrebinischer Herkunft, die in Frankreich geboren sind, unterscheidet sich kaum von der Höhe des Effekts für diejenigen, die im Ausland geboren sind. Dieses Ergebnis könnte dadurch zu erklären sein, dass das Bildungssystem in den ehemaligen nordafrikanischen Kolonien dem französischen Bildungssystem ähnlich ist.

Der Zugang zu höheren Abschlüssen gilt hier als Indikator für Bildungserfolg. Im Hinblick auf die Chance, einen Hochschulabschluss zu haben, scheint im ersten Modell die Benachteiligung der jungen Menschen maghrebinischer und türkischer Herkunft ähnlich zu sein, wobei die Effekte in Deutschland deutlich stärker sind (Tabelle 2).

Tabelle 2: Chance, einen Hochschulabschluss zu erhalten (Logistische Regression, Odds ratios)

	Frankreich		Deutschland	
	I	II	I	II
Geschlecht (Ref.: Männer)	1.368**	1.397**	0.858*	0.866*
Alter	0.999*	0.995**	1.110**	1.119**
Haushaltsgröße	0.755**	0.774**	0.775**	0.784**
Verheiratet (Ref.: Nein)	1.289**	1.274**	1.353**	1.340**
Herkunft (Ref.: Frankreich/Deutschland)				
Maghreb/Türkei, geb. in Frankreich/Deutschland	0.945*	0.967	0.195**	0.311*
Maghreb/Türkei, geb. im Ausland	0.536**	0.877	0.359**	0.569*
Südeuropa, geb. in Frankreich/Deutschland	0.679**	0.916*	1.168**	1.560*
Südeuropa im Ausland geb.	0.388**	0.636**	0.491*	0.675
Berufliche Stellung des Vaters (Ref.: Angestellter)				
Arbeiter		0.275**		0.394**
Selbständig		0.619**		1.246*
Nicht erwerbstätig		0.211**		0.515**
Fehlende Werte		0.293**		0.483**
Konstante	-0.719**	-0.161**	-3.721**	-3.670**
Fallzahl	98400	98400	6960	6960
Pseudo R² (McFadden)	0.03	0.08	0.09	0.13

Quelle: SOEP 2002 und EHF 1999. +: P<0,1, *: P<0,05, **: P<0,01. Ohne Befragte, die sich noch in einer Ausbildung befinden.

Wenn für die soziale Herkunft kontrolliert wird, dann verlieren die Effekte für die Nachkommen maghrebinischer Migranten an statistischer Signifikanz, unabhängig von ihrem Geburtsort. Damit wird die Benachteiligung der jungen Menschen maghrebinischer Herkunft vollständig durch ihre soziale Herkunft erklärt, was für junge Menschen südeuropäischer Herkunft nicht der Fall ist. Brinbaum und Kieffer (2005) zeigen, dass gerade Letztere eher kürzere berufliche Bildungsgänge und Erstere einen allgemein bildenden und längeren Bildungsweg bevorzugen.

Die Ergebnisse für Deutschland deuten auf einen besonders starken Zusammenhang zwischen der ethnisch-kulturellen Herkunft und dem Zugang zu höheren Abschlüssen. Junge Menschen türkischer Herkunft erwerben signifikant seltener hohe Abschlüsse und werden somit relativ massiv ausgegrenzt, unabhängig von ihrem Geburtsort. Die Berücksichtigung der sozialen Herkunft erklärt nicht allein die schlechtere Stellung der Nachkommen türkischer Migranten in Deutschland. Ihre frühe massive Relegation in die niedrigen Bildungszweige, die nicht zu einer akademischen Laufbahn führen, erklärt vermutlich dieses Ergebnis.

Der Ausschluss der Migrantennachkommen aus der deutschen Staatsbürgerschaft hat lange Zeit dazu beigetragen, die Differenz aufrechtzuerhalten. Damit wurden die Differenzen im Zugang zu bestimmten Opportunitäten (wie zum Beispiel zur Beschäftigung im öffentlichen Dienst) durch Kategorien wie die des Ausländers legitimiert. Die quasi-automatische Aufnahme der Migrantennachkommen in die Gemeinschaft der Staatsbürger in Frankreich führte im Gegensatz dazu zu einer Verschleierung der Differenz. Schaut man nun auf die empirischen Ergebnisse bezüglich des Zugangs zu Bildungsabschlüssen, dann wird ersichtlich, dass das Erzielen hoher Abschlüsse in Frankreich zu einer zusätzlichen Verschleierung der Differenz bzw. der Grenzen führt. In Deutschland führen die Relegation in die niedrigen Bildungszweige und die massive Ausgrenzung im Hinblick auf den Erwerb hoher Abschlüsse zu einer zusätzlichen Betonung der Differenz bzw. der Grenzen. Durch die Absetzung der Nachkommen türkischer Migranten in die niedrigeren Bildungszweige wird eine Situation geschaffen, die möglicherweise die ethnische Segmentierung des Arbeitsmarktes entlang ethnisch-kultureller Linien aufrechterhält.

Ausgrenzungsmechanismen am Arbeitsmarkt

Die Arbeitsmarktpartizipation ist als weitere Form der organischen Partizipation zentral. Dabei geht es insbesondere darum, zu schauen, wie sich junge Erwachsene mit Migrationshintergrund unter den strukturellen Rahmenbedingungen und mit ihren Ressourcen auf dem Arbeitsmarkt platzieren bzw. in welchem Segment der Sozialstruktur sie anzutreffen sind. Die Nachkommen nordafrikanischer Migranten in Frankreich haben deutlich bessere Chancen, gute Abschlüsse zu erlangen als die Nachkommen türkischer Migranten in Deutschland. Jedoch zeigt sich, dass Erstere beim Übergang in den Arbeitsmarkt mit besonderen Schwierigkeiten konfrontiert sind (Tabelle 3). Bei gleichem Bildungsniveau und gleicher sozialer Herkunft haben junge Menschen maghrebinischer Herkunft eine fast zweimal höhere Chance, arbeitslos zu sein, im Vergleich zu jungen Menschen französischer Herkunft. Diese Benachteiligung am Arbeitsmarkt gilt sowohl für Niedrig- als auch für Hochqualifizierte (Tucci 2009: 180-181).

Tabelle 3: Risiko, arbeitslos zu sein (Logistische Regression, Odds ratios)

	Frankreich		Deutschland	
	I	II	I	II
Geschlecht (Ref.: Männer)	2.005**	2.171**	1.272*	1.245*
Alter (Ref.: 31 bis 40 Jahren)	1.991**	2.182**	0.945	0.974
Haushaltsgröße	1.203**	1.146**	1.197**	1.148**
Verheiratet (Ref.: Nein)	0.466**	0.484**	0.404**	0.424**
Herkunft (Ref.: Frankreich/Deutschland)				
Maghreb/Türkei	1.987**	1.834**	2.377**	1.477+
Südeuropa	1.138**	1.011	0.357*	0.269*
Bildungsniveau (Ref.: Niedrig)				
Mittel		0.573**		0.466**
Hoch		0.315**		0.234**
Berufliche Stellung des Vaters (Ref.: Angestellter)				
Arbeiter		1.089**		1.710**
Selbständig		0.782**		1.082
Nicht erwerbstätig		1.753**		2.037*
Fehlende Werte		1.346**		1.922**
Konstante	-3.481**	-2.894**	-2.722**	-2.256**
Fallzahl	89329	89329	5163	5163
Pseudo R² (McFadden)	0.06	0.10	0.03	0.07

Quelle: SOEP 2002 und EHF 1999. +: P<0,1, *: P<0.05, **: P<0.01. Ohne Befragte, die sich noch in einer Ausbildung befinden.

Die Benachteiligung junger Menschen türkischer Herkunft ist ebenfalls hoch. Wird nur für demographische Variablen kontrolliert, dann haben sie eine mehr als zweimal höhere Chance arbeitslos zu sein im Vergleich zu jungen Menschen mit deutschem Hintergrund. Nach Kontrolle der sozialen Herkunft und des Bildungsniveaus sinken – im Gegensatz zu den Ergebnissen, die die nordafrikanischen Migrantennachkommen betreffen – der Effekt und auch sein Signifikanzniveau. Diese Ergebnisse deuten darauf hin, dass die ethnisch-kulturelle Herkunft in Frankreich erst beim Übergang in den Arbeitsmarkt eine Rolle zu spielen beginnt, während sie in Deutschland in der Schule als besondere Benachteiligungsdimension zu betrachten ist.

Aufgrund der Länderunterschiede im Hinblick auf den Grad der De-Industrialisierung wurde die Hypothese formuliert, dass die Migrantennachkommen in Deutschland weiterhin einen Platz im industriellen Sektor haben. So zeigen die Ergebnisse in Tabelle 4, dass junge Menschen türkischer Herkunft im industriellen Sektor überrepräsentiert sind und im Dienstleistungssektor unterrepräsentiert bleiben. Im Gastgewerbe besteht eine deutliche Überrepräsentation, die ein Hinweis auf eine Nischenökonomie darstellt.

Tabelle 4: Sektorale Konzentration (ratio)

	Land-wirtschaft	Industrie	Bau	Handel	Gastge-werbe	Dienstleis-tungen	Dienstleis-tungen gesamt
Herkunft							
Frankreich	120	103	90	98	88	100	99
Maghreb	29	74	82	102	117	113	111
Maghreb*	19	77	91	93	131	113	110
Südeuropa	39	112	149	118	108	89	96
Deutschland	105	95	100	97	91	103	101
Türkei	4	163	67	80	301	68	83
Südeuropa	0	130	108	74	66	97	90

Quelle: SOEP 2002 und EHF 1999, gewichtet. * Befragte, deren beide Elternteile im Maghreb geboren wurden. Ratio>100: Überrepräsentation im jeweiligen Sektor, Ratio<100: Unterrepräsentation.

In Frankreich gestaltet sich die Erwerbstätigkeit junger Menschen maghrebinischer Herkunft anders. Sie haben die Industriearbeit verlassen und sind im Dienstleistungssektor überrepräsentiert. Dies bestätigt die Erkenntnisse aus qualitativen Studien (Beaud/Pialoud 2004), die auf den Wunsch nach einem ‚sauberen' Arbeitsplatz bei jungen Menschen mit maghrebinischem Hintergrund hingewiesen haben. Ihre Aspiration nach Berufen, die nicht denjenigen ihrer Eltern entsprechen, zeigt sich in den folgenden Ergebnissen (Tabelle 5). Bei gleicher Bildung, sozialer Herkunft und Geschlecht haben die Nachkommen maghrebinischer Migranten eine statistisch hochsignifikant niedrigere Chance, einen Arbeiterberuf auszuüben. Für die Nachkommen der türkischen Migranten in Deutschland ist die Situation umgekehrt. Auch nach Kontrolle dieser Variablen haben sie eine anderthalb Mal höhere Chance als Arbeiter beschäftigt zu sein. Die Partizipationsmodi der Migrantennachkommen hängen daher von deren kulturellen Ressourcen sowie von dem Zustand der Wirtschaft und von den damit verbundenen Arbeitsmarktentwicklungen ab.

Tabelle 5: Chance, als Arbeiter tätig zu sein (Logistische Regression, Odds ratios)

	Frankreich	Deutschland
Herkunft (Ref.: Deutschland / Frankreich)		
Maghreb/Türkei	0.708**	1.606+
Südeuropa	1.028+	1.070
Konstante	2.248**	-0.503
Fallzahl	76601	4646
R²	0.28	0.25

Quelle: SOEP 2002 und EHF 1999. +: P<0.1, *: P<0.05, **: P<0.01. Kontrollvariablen: Geschlecht, Alter, Geburtsort, Haushaltsgröße, Familienstand, Bildungsniveau und berufliche Stellung des Vaters.

Das französische Beispiel zeigt, dass sich die formell rechtliche Gleichheit nicht systematisch in eine bessere Partizipation der Migrantennachkommen am Arbeitsmarkt übersetzen lässt. Das Versprechen auf Sicherheit und Integration, das durch die Staatsbürgerschaft und die Schule gemacht wird, wird am Arbeitsmarkt enttäuscht (Tucci/Groh-Samberg 2008). Im Grunde erscheinen hier zwei Situationen: einerseits eine Situation von Sichtbarkeit am Arbeitsmarkt der Nachkommen maghrebinischer Migranten – sie konkurrieren mit jungen Menschen französischer Herkunft um Positionen am Arbeitsmarkt. Andererseits zeichnet sich die Situation junger Menschen türkischer Herkunft am Arbeitsmarkt durch eine Quasi-Unsichtbarkeit aus. Sie sind nicht zuletzt aufgrund ihrer im Durchschnitt niedrigeren Bildungsabschlüsse in bestimmten Sektoren am Arbeitsmarkt tätig, in denen sie nicht wirklich in Konkurrenz zu den Einheimischen stehen.

Zwei Typen sozialer Distanzierung?

Diese Ergebnisse zu Bildung und Arbeitsmarktpartizipation weisen auf zwei Prozesse der sozialen Distanzierung hin. Die Platzierung der Nachkommen von Migranten aus der Türkei in Deutschland wird hier als das Ergebnis einer sozialen *Distanzierung durch Relegation* interpretiert, während sie für junge Menschen nordafrikanischer Herkunft in Frankreich als das Ergebnis einer sozialen *Distanzierung durch Diskriminierung* interpretiert werden kann. Die soziale Distanzierung durch Relegation schließt u. a. an das Konzept der ‚neofeudalen Absetzung nach unten bzw. nach oben' von Hoffmann-Nowotny (1973) an. Nach Hoffmann-Nowotny ist der Erhalt der etablierten Ordnung durch eine Absetzung dadurch möglich, dass Menschen auf bestimmte Positionen in der Sozialstruktur nicht mehr aufgrund von erwerbbaren Kriterien (wie z. B. Bildung), sondern durch zugeschriebene Kriterien (wie z. B. die ethnisch-kulturelle Herkunft) verteilt werden. Diese Verschiebung der ,Bewertungsgrundlage' führt zu einer Akzeptanz dieser Kriterien, so dass Migranten bzw. Einheimische im Adaptationsprozess ihren Platz ,unten' bzw. ,oben' behalten. Wenn diese Form der Adaptation funktioniert, dann nur, weil die Individuen diese Bewertungsgrundlage als legitim anerkennen. Die lange Tradition des restriktiven deutschen Staatsbürgerschaftsrechts begünstigt diese Anerkennung der Kategorien. Durch eben diese Anerkennung erfolgt eine Verinnerlichung des Sinnes für Grenzen bzw. des Sinnes für das, was einem zusteht oder nicht. Gleichzeitig kann dies zum Erhalt starker Beziehungen zur eigenen ethnisch-kulturellen Gemeinschaft beitragen.

Der Prozess sozialer Distanzierung durch Diskriminierung unterliegt anderen – jedoch ähnlichen – Mechanismen. Die Ergebnisse für Frankreich haben gezeigt, dass sich die Nachkommen der maghrebinischen Migranten den Einheimischen im Hinblick auf ihre Bildungschancen angeglichen haben. Insofern haben sie ebenfalls hohe Ansprüche im Bezug auf ihre Position am Arbeitsmarkt. Allerdings werden ihre Versuche, die Mittelklasse zu erreichen, beim Übergang in den Arbeitsmarkt gebremst. Soziale Distanzierung durch Diskriminierung funktioniert wie ein *Ruf zur Ordnung* (Bourdieu 1997: 210), der zum Erhalt der etablierten Ordnung beiträgt. Die Relegation ist zwar auch eine Form von Diskriminierung, jedoch unterscheiden sich diese Prozesse darin, dass die erste Form der Distanzierung schon in der Schule, während letztere später im Lebensverlauf stattfindet. Diese zwei, sich nicht ausschließenden sozialen Logiken beruhen daher auf Mechanismen, die sich auf drei Ebenen auswirken (Tabelle 6). Die institutionellen und symbolischen Ebenen sind eng miteinander verbunden. Denn u. a. durch die Institutionen werden legitimierte und als legitim angesehene Kategorien geschaffen, Grenzen etabliert oder verwischt, die wiederum eine Basis für symbolische Macht darstellen. Die ethnische Grundlage der deutschen Nation steht dabei im Zentrum der Problematik des Abweisens des Anderen. Die deutsche Tradition stellt die Migrantennachkommen vor zwei Alternativen: kulturelle Assimilation oder Distanzierung. Dabei ist das Erreichen der kulturellen Assimilation in Deutschland besonders ,problematisch', denn dieses ,Deutschsein' gründet auf dem *Ethnos* und nicht – wie es in Frankreich dem Anspruch nach der Fall ist – auf dem politischen Willen. Trotz der Einbeziehung der Migrantennachkommen in die Gemeinschaft der Staatsbürger in Frankreich und der scheinbaren Auflösung einer Grenze bleibt diese weiterhin bestehen (Leclerc-Olive 1997). Polizeikontrollen, diskriminierende Gerichtsurteile (Jobard 2006; Jobard/Névanen 2007) und überdurchschnittliche Arbeitslosigkeitsbetroffenheit erinnern die Jugendlichen maghrebinischer Herkunft daran, dass sie eine Minderheitenposition in der französischen Gesellschaft innehaben und möglicherweise nicht als legitime Konkurrenten betrachtet werden (Tucci 2010).

Tabelle 6: Zwei Typen sozialer Distanzierung

Prozesse sozialer Distanzierung	... durch Relegation (Deutschland)	... durch Diskriminierung (Frankreich)
Mechanismen		
- institutionelle Ebene	Schule Staatsbürgerschaft	Schule Citoyenneté
- symbolische Ebene	Betonung der Grenzen Verinnerlichung der Grenzen	Verschleierung der Grenzen Verlust des Sinnes für Grenzen
- strukturelle Ebene	Segmentierter Arbeitsmarkt	Konkurrenz um Positionen (Legitime Konkurrenten?)
Funktion	Aufrechterhaltung der Ordnung	Erinnerung an die Ordnung
Auswirkungen		
- individuell	Resignation, ‚Unter sich sein'	Frustration, Rückzug
- gesellschaftlich	wenig soziale Spannungen	soziale Spannungen

Quelle: Eigene Darstellung.

Neben dem Prozess sozialer Kategorisierung, in dem das Individuum beim Vergleich zwischen der eigenen und einer anderen Gruppe automatisch dazu tendiert, distinktive Eigenschaften als Kriterien der Abgrenzung und der Abwertung des Anderen zu nutzen, können auch in Anlehnung an Blumers Ansatz des *sense of group position* (1958) zusätzlich historisch-kollektive Prozesse in Betracht gezogen werden. Das Gefühl, dass bestimmte Privilegien nur einem Teil der Gesellschaft zustehen, entstand in einem spezifischen Moment der Geschichte, als eine Gruppe einer anderen überlegen war. So verfestigt sich der Sinn für die Position der eigenen Gruppe im Verhältnis zur anderen. Aufgrund der Kolonialgeschichte ist dies insbesondere im Fall Frankreichs relevant, während das Verhältnis zwischen der türkischen und der einheimischen Bevölkerung in Deutschland nicht auf einem ähnlich historisch belasteten Fundament gründet. Der Ansatz von Blumer ermöglicht es zu verstehen, warum der Versuch junger Maghrebiner, sich an die Mehrheit anzugleichen, auf Abwehrreaktionen seitens dieser Mehrheit trifft. Die Repräsentation einer Über- und Unterordnung auf der Basis von ‚ethnisch-kulturellen Kriterien' wird bei manchen ‚auf den Kopf gestellt'. Hier kann man auch an die Idee von Bourdieu zum Sinn für den eigenen aktuellen und eventuellen Platz anschließen (Bourdieu 1997: 220). Während dieser Sinn für Grenzen bei jungen Menschen türkischer Herkunft aus der Institutionalisierung der Grenze zwischen In- und Ausländern beruht, haben die Nachkommen maghrebinischer MigrantInnen einen Wandel ihres Referenzrahmens durchgemacht. Die zwei genannten Ausgrenzungsmechanismen haben unterschiedliche individuelle und gesellschaftliche Auswirkungen. Während die Relegation möglicherweise den Erhalt der ethnisch-kulturellen Bindungen fördert, führt die Diskriminierung auf der individuellen Ebene zu einer erhöhten Frustration, die auch zu einem Rückzug in die eigene ethnisch geprägte Welt bzw. zu erhöhten sozialen Spannungen führen kann. Die Unruhen in den Banlieues könnten die Konsequenz dieses durch die Institutionen vermittelten, jedoch strukturell enttäuschten Versprechens auf Gleichheit sein (Tucci 2004; Tucci/Groh-Samberg 2009). Diese Diskrepanz zwischen Erwartungen und realer Lage kann ebenfalls zu einer Ablehnung der Nation führen. So zeigen Ergebnisse, dass gerade die persönlich erfahrene Diskriminierung zu einer Verringerung des Zugehörigkeitsgefühls zu Frankreich führt und zu einer Zunahme der religiösen Praxis (Tucci 2009).

Fazit

Diese Ergebnisse haben gezeigt, dass die Benachteiligungen, mit denen Migrantennachkommen in Frankreich und Deutschland konfrontiert sind, in unterschiedlichen Phasen ihres Lebensverlaufs stattfinden. Diese Unterschiede auf der Ebene der Sequenz von Exklusionsmechanismen sind zum größten Teil auf Länderunterschiede zurückzuführen. Daraus folgt, dass eine Analyse der *länderspezifischen* Differenzkonstruktion sowie der nationalen Rahmenbedingungen für eine soziologische Analyse der Inklusions- und Exklusionsprozesse von Migrantennachkommen *in verschiedenen Gesellschaften* unabdingbar ist. Erst die Betrachtung des institutionellen, strukturellen und geschichtlichen Kontextes kann verstehen helfen, warum die Integration auf der individuellen sowie gesellschaftlichen Ebene zwischen zwei oder mehr Ländern unterschiedlich oder ähnlich abläuft.

Literaturverzeichnis

Alba, Richard/Nee, Victor (2003): Remaking the American mainstream. Assimilation and contemporary immigration. Cambridge/London: Harvard University Press

Alba, Richard/Silberman, Roxanne (2009): The Children of Immigrants and Host-Society Educational Systems. Mexicans in the United States and North Africans in France. In: Teachers College Record 111(6): 1444-1475

Beaud, Stéphane/Pialoux, Michel (2004): Retour sur la condition ouvrière. Enquête sur les usines Peugeot de Sochaux-Montbéliard. Paris: Editions Fayard

Blumer, Herbert (1958): Race prejudice as a sense of group position. In: The Pacific Sociological Review 1(1): 3-7

Bourdieu, Pierre (1977): Sur le pouvoir symbolique. In: Annales. Economies, Sociétés, Civilisations 32(3): 405-411

Bourdieu, Pierre (1997): Méditations pascaliennes. Paris: Seuil

Brinbaum, Yael/Kieffer, Annick (2005): D'une génération à l'autre, les aspirations éducatives des familles immigrées. Ambition et persévérance. In: Education et formations 72: 53-75

Eurostat (2009): Beschäftigung und Arbeitslosigkeit. Europäische Kommission. Online verfügbar unter: http://epp.eurostat.ec.europa.eu/tgm/table.do?tab=table&init=1&language=de&pcode=tsdec46 0&plugin=1 (Stand: 21.10.2009)

Fassin, Didier/Fassin, Eric (Hrsg.) (2006): De la question sociale à la question raciale? Représenter la société française. Paris: La Découverte

Heath, Anthony F./Cheung, Sin Y. (2007): Unequal Chances. Ethnic minorities in Western labour markets. In: Proceedings of The British Academy 137: 221-270

Heckmann Friedrich/Lederer, Harald/Worbs, Susanne (2001): Effectiveness of national integration strategies towards second generation migrant youth in a comparative perspective. In: European forum for migration studies. Bamberg: University of Bamberg

Hoffmann-Nowotny, Hans-Joachim (1973): Soziologie des Fremdarbeiterproblems. Stuttgart: Enke Verlag

Jobard, Fabien (2006): Police, justice et discriminations raciales. In: Fassin, Didier/Fassin, Eric (2006): 211-228

Jobard, Fabien/Névanen, Sophie (2007): Discriminations dans les décisions judiciaires en matière d'infractions à agents de la force publique (1965-2005). In: Revue Française de Sociologie 48(2): 243-272

Leclerc-Olive, Michèle (1997): Jeunes d'origine maghrébine. Entre frustration et reconnaissance. In: Revue Européenne des Migrations Internationales 13(2): 95-116

OECD (2004/2005): Regards sur l'éducation. Paris

OECD (2004): Statistiques trimestrielles de la population active

Portes, Alejandro/Zhou, Min (1993): The new second generation. Segmented assimilation and its variants. In: The Annals of the American Academy of Political and Social Sciences 530: 74-96

Quintini, Glenda/Martin John P./Martin, Sébastien (2007): The changing nature of the school-to-work transition process in OECD countries. IZA Discussion Paper 2582

Schnapper, Dominique (2007): Qu'est-ce que l'intégration? Paris: Gallimard

Shibutani, Tamotsu/Kwan, Kian M. (1965): Ethnic stratification. A comparative approach. New York: Macmillan

SOEP Group (2001): The German Socio-Economic Panel (GSOEP) after more than 15 years – Overview. E. Holst, D. R. Lillard and T. A. DiPrete – Proceedings of the 2000 Fourth International Conference of German Socio-Economic Panel Study Users (GSOEP2000). In: Vierteljahreshefte zur Wirtschaftsforschung 70(1): 7-14

Tucci, Ingrid (2010) : Les descendants de migrants maghrébins en France et turcs en Allemagne : deux types de mise à distance sociale? In: Revue française de sociologie, in Erscheinen

Tucci, Ingrid (2009): Les descendants des immigrés en France et en Allemagne: des destins contrastés. Participation au marché du travail, formes d'appartenance et modes de mise à distance sociale. Humboldt Universität zu Berlin und Ecole des Hautes Etudes en Sciences Sociales Paris

Tucci, Ingrid/Groh-Samberg, Olaf (2008): Das enttäuschte Versprechen der Integration. Migrantennachkommen in Frankreich und Deutschland. In: Revue Suisse de Sociologie 34(2): 307-333

Zhou, Min (1997): Segmented Assimilation. Issues, controversies and recent research on the new second generation. In: International Migration Review 31: 975-1008

Wege der Sicherheitsgesellschaft – Gesellschaftliche,
kulturelle und politische Transformationen der Konstruktion
und Regulierung innerer Unsicherheiten

Einleitung zum Plenum: Wege der Sicherheitsgesellschaft – Gesellschaftliche, kulturelle und politische Transformationen der Konstruktion und Regulierung innerer Unsicherheiten[1]

Axel Groenemeyer

Auch wenn es zunächst so klingen mag, ‚Sicherheitsgesellschaft' soll nicht in irgendeiner Weise als Gegenbegriff zum Konzept der ‚Risikogesellschaft' verstanden werden. Allerdings teilt er mit diesem die Grundannahme, dass moderne Gesellschaften seit einiger Zeit einer grundlegenden Transformation der Konstruktionen sozialer Ordnung und der Politik unterliegen, in denen Risiken und Unsicherheiten einen zentralen Platz einnehmen. Der Aspekt, der mit dem Begriff ‚Sicherheitsgesellschaft' betont werden soll, ist die Entwicklung neuer Kontrollkulturen, in der sowohl die staatliche Kontrolle abweichenden Verhaltens als auch die soziale Kontrolle im Alltag neue Formen annehmen, die den Charakter der Gesellschaft als ‚Sicherheitsgesellschaft' nachhaltig prägen.

Moderne Gesellschaften sind immer auch als politisch und staatlich verfasste Gesellschaften verstanden worden, was insbesondere im Bereich der inneren Sicherheit unmittelbar evident ist und auch in Zeiten forcierter Globalisierung weiterhin evident bleiben wird. Seit den Zeiten, als Thomas Hobbes sein Modell des Leviathan entwickelte, gehört es zum Allgemeingut, den Staat als Garanten innerer und äußerer Sicherheit aufzufassen und ihn über seine ureigenste Aufgabe – die Herstellung und Gewährung von Sicherheit für das Leben und Eigentum der anerkannten Staatsbürger und Staatsbürgerinnen vor Gewalt und Diebstahl sowohl von innen als auch von außen – zu definieren. Wenn es also um innere Sicherheit geht, so liegt es nahe, zunächst einmal die staatliche Politik in diesem Bereich in den Blick zu nehmen, denn soziale Ordnung und soziale Beziehungen werden in besonderer Weise immer auch über die zentralen Mittel und Institutionen der Herstellung von Sicherheit und Ordnung – das Recht und insbesondere das Strafrecht und die dazugehörenden Institutionen von Polizei, Justiz und Strafe – geprägt.

Was allerdings jeweils als Bedrohung der sozialen Ordnung aufgefasst und in welcher Weise darauf reagiert wird, ist mit dieser Aufgabenbestimmung staatlicher Politik keineswegs festgelegt, sondern immer auch in Zusammenhang mit Entwicklungen der Gesellschaft verstanden worden. Furcht vor Gewalt, Kriminalität und Aufruhr begleiten die Entwicklung moderner Gesellschaften von Beginn an, von

---

1 Die Plenumsveranstaltung auf dem Kongress der Soziologie 2008 wurde gemeinsam organisiert und veranstaltet von den Sektionen „Politische Soziologie", „Rechtssoziologie", „Soziale Probleme und soziale Kontrolle" und „Stadt- und Regionalsoziologie".

der Furcht vor Vagabunden und heimatlosen Banden über den Schrecken gegenüber ‚gefährlichen Klassen' im ‚Großstadtdschungel' und der Angst gegenüber ‚gefährlichen Jugendlichen' bis hin zum Schrecken vor äußeren und inneren Feinden und dem Entsetzen über einzelne Gewaltanschläge und den damit einhergehenden Bedrohungsszenarien. Heutzutage sind es vielfach Jugendliche und Heranwachsende mit Migrationshintergrund und islamische Terroristen, aber auch ‚gefährliche Serientäter' und ‚pädophile Kinderschänder', die als Bedrohung von Sicherheit und Ordnung gesehen werden.

Jenseits sich wandelnder dominanter Feindbilder und Konstruktionen neuer Bedrohungsszenarien verändern sich auch die Orientierungen und Institutionen, mit denen auf diese Bedrohungen der Sicherheit reagiert wird. Ausgehend von der liberalen Version des Rechtsstaates, dessen Grundprinzipien im 18. Jahrhundert mit den zivilen Rechten des Staatsbürgers (Bürgerinnen waren damals noch nicht vorgesehen) formuliert wurden, entwickelte sich mit der Forderung und Realisierung von sozialen Rechten im 19. und 20. Jahrhundert das Model sozialstaatlicher Integration und sozialer Ordnung, das auch für den Bereich der inneren Sicherheit als Rehabilitationsideal der Kontrolle von Kriminalität leitend wurde. Die Kontrolle von Kriminalität und die Herstellung von Sicherheit war in beiden Modellen als ein Problem von Experten und Expertinnen konzipiert (Polizei, Justiz, Soziale Arbeit) (siehe Garland 1985, 2001; Groenemeyer 2001).

Wenn heute von ‚Sicherheitsgesellschaft' die Rede ist, dann können mindestens fünf Entwicklungslinien benannt werden, die es gerechtfertigt erscheinen lassen, von einer grundlegenden Transformation des Systems der inneren Sicherheit zu sprechen:

Erstens die Allgegenwärtigkeit von Bedrohungen der Sicherheit. Unabhängig von statistisch erfassbaren Häufigkeiten bilden Bedrohungen die Grundlage für mediale und politische Empörungen, kreieren moralische Paniken und sind im Einzelfall geeignet, als ‚kulturelles Drama' die Richtung politischer und gesellschaftlicher Entwicklungen nachhaltig zu beeinflussen. Mittlerweile ist das Gefühl allgegenwärtiger Bedrohung durch Gewalt und Kriminalität in das Alltagsleben eingesickert und durchdringt die Organisation sozialer Beziehungen und das Verhalten der Gesellschaftsmitglieder in öffentlichen und privaten Räumen auch jenseits unmittelbarer Gefährdungslagen und Risikosituationen, d. h. wir erleben eine Popularisierung von Bedrohungslagen und Sicherheitsregimen.

Zweitens eine Politisierung und Entprofessionalisierung von Sicherheitspolitiken. Kriminalitätskontrolle war immer die zentrale Domäne des staatlichen Anspruchs auf das Gewaltmonopol gewesen und zumindest in Kontinentaleuropa eine Angelegenheit für Experten und Spezialistinnen des Strafrechts, der Rechtspolitik und der sozialen Dienste. Die allumfassende Mediatisierung von Bedrohungen und der Wandel demokratischer Kultur verführen allerdings zu einer politischen Instrumentalisierung z. B. in Wahlkämpfen und setzen damit eine sich selbst verstärkende Eigenlogik zwischen Steigerung der Verunsicherung und Kriminalitätsfurcht einerseits und deren politische Instrumentalisierung andererseits in Bewegung. Dass Roland Koch 2008 mit dieser Strategie knapp gescheitert ist, gibt allerdings Hoffnung, dass diese Strategie der politischen Mobilisierung eines „governing through crime" (Simon 2007) oder „governing through fear" nicht unter allen Bedingungen erfolgreich ist und möglicherweise die jeweils in den verschiedenen Ländern unterschiedlichen institutionellen Voraussetzungen hierfür spezifiziert werden müssen.

Drittens eine Neukonfiguration öffentlicher Räume durch Privatisierung und Technisierung sozialer Kontrolle. Wir erleben in den letzten Jahren eine Neukonfiguration öffentlicher Räume, die sich charakterisieren lässt einerseits durch eine Privatisierung der Konstruktionen von Sicherheit und Ordnung, abzulesen an der Entwicklung privater Sicherheitsdienste und der Entstehung so genannter ‚gated communities', und andererseits durch die Entwicklung allgegenwärtiger Überwachung und ‚postdisziplinärer' (Lianos 2005; Lianos/Douglas 2000) technischer Kontrollen von Zugangbedingungen. Soziale Kontrolle, die sich für lange Zeit überwiegend auf die Täter und ihre Veränderung durch Abschreckung, soziale Dienste und Sozialpolitik bezog, wird in vielen Bereichen ersetzt durch Orientierungen an Kontrolle von Situationen, die, wenn möglich, an automatisierte Techniken übergeben wird.

Viertens ein grundlegender Wandel der Logik politischer und staatlicher Sicherheitsproduktion. Den ‚alten' Bedrohungen von Sicherheit und Ordnung sollte – zumindest dem Programm nach – über Mechanismen der Integration und der Pädagogisierung begegnet werden. Die Politik innerer Sicherheit folgte dem Programm eines Rehabilitationsideals mit dem Ausbau sozialer Sicherungssysteme und sozialer Dienste, und selbst das staatliche Strafen sollte diesem Ideal folgen. Es ist außerordentlich aufschlussreich, sich heutzutage die entsprechenden Debatten z. B. zu Beginn der 1970er Jahre anzuschauen: Selbst in den USA gab es damals eine Regierungskommission, die Alternativen zur Gefängnisstrafe entwickelte und ihre Abschaffung in Erwägung zog. Das Verhältnis von Sozialpolitik und Politik innerer Sicherheit oder Kriminalpolitik als die beiden zentralen Politikfelder der Strukturierung sozialer Ordnung ist im Prozess einer grundlegenden Neustrukturierung mit gravierenden Folgen für die dadurch erzeugte Ordnung sozialer Beziehungen, für das Verhalten und Selbstverständnis von Subjekten in öffentlichen und privaten Räumen und selbstverständlich für die Verfassung und Kultur der Demokratie und der damit verbunden Freiheiten der Individuen. Während für lange Zeit die Bearbeitung und Kontrolle von Bedrohungen der sozialen Ordnung in erster Linie über eine Resozialisierung und Reintegration von Tätern angestrebt wurde, tritt jetzt zunehmend die Idee des Gesellschaftsschutzes an deren Stelle. Die Folge hiervon ist ablesbar im Ansteigen exkludierender Maßnahmen, z. B. im Anstieg der Gefangenenraten und in der Verlängerung freiheitsentziehender Strafen.

Schließlich gehört zu den Entwicklungen der gegenwärtigen Sicherheitsgesellschaft *fünftens die Entwicklung einer Kontrollkultur der gleichzeitigen Moralisierung und Ent-*

moralisierung abweichenden Verhaltens. In den politischen, öffentlichen und besonders auch in kriminologischen Diskursen sehen wir einerseits eine Zunahme der (Re-)Moralisierung abweichenden Verhaltens von Devianz, die sich in öffentlicher Empörung, der Produktion von Sündenböcken und Forderungen nach exkludierender Punitivität ausdrückt. Andererseits und parallel dazu werden aber auch Tendenzen der Thematisierung von Devianz als (sozial-)technisch zu bewältigendes und entmoralisierendes, tendenziell versicherbares Risiko sichtbar, bei der der Täter oder der Schadensverursacher als handelnde Subjekte nicht mehr thematisiert werden, sondern nur noch Risikosituationen und Risikopopulationen im Fokus stehen. Parallel zur Zunahme gesellschaftlicher und politischer Toleranz gegenüber bestimmten unkonventionellen Verhaltensweisen und deren Akzeptanz als Lebensstilelement im Rahmen einer Pluralisierung von Lebenswelten finden wird eine Zunahme von Orientierungen, die eine expressivere Ablehnung anderer Formen von Devianz signalisieren und eine Verstärkung punitiver Maßnahmen nahe legen. Dies zeigt sich nicht nur über die Ausweitung exkludierender Maßnahmen und expressiver Formen der Stigmatisierung, sondern auch über sich verändernde Haltungen und Einstellungen in der Bevölkerung.

Literaturverzeichnis

Garland, David (1985): Punishment and Welfare: A History of Penal Strategies. Aldershot: Ashgate

Garland, David (2001): The Culture of Control. Crime and Social Order in Contemporary Society. Chicago: University of Chicago Press

Groenemeyer, Axel (2001): Von der Sünde zum Risiko? – Bilder abweichenden Verhaltens und die Politik sozialer Probleme am Ende des Rehabilitationsideals. In: Groenemeyer, Axel (2001): 146-182

Groenemeyer, Axel (Hrsg.) (2001): Soziale Probleme. Konstruktivistische Kontroversen und gesellschaftliche Herausforderungen. Themenheft Soziale Probleme 12(1/2). Herbolzheim: Centaurus

Lianos, Michalis (2005): Le nouveau contrôle social. Toile institutionnelle, normativité et lien social. Paris: L'Harmattan

Lianos, Michalis/Douglas, Mary (2000): Dangerization and the End of Deviance. The Institutional Environment. In: British Journal of Criminology 40: 261-278

Simon, Jonathan (2007): Governing Through Crime. How the War on Crime formed American Democracy and Created a Culture of Fear. Oxford: Oxford University Press

Innere Sicherheit und soziale Unsicherheit. Sicherheitsdiskurse als projektive Bearbeitung gesellschaftsstrukturell bedingter Ängste?

Albert Scherr

Ausgangspunkt der folgenden Überlegungen ist die in der Fachdiskussion verbreitete These eines Zusammenhanges zwischen ökonomisch und gesellschaftspolitisch bedingter Unsicherheit einerseits und ihrer politischen Bearbeitung als Kriminalitätsfurcht andererseits. Mit unterschiedlicher Akzentuierung wird in den einschlägigen Diskussionsbeiträgen (siehe Garland 2003; Hirtenlehner 2006; Krasmann 2003: 256ff.; Kury 2008a, 2008b; Mahnkopf 2008; Scherr 1997; Stehr 2008; Wacquant 2000, 2008) angenommen, dass die Verbindung eines krisenhaften ökonomischen Wandels mit einer neoliberal konturierten Politik des Ab- und Umbaus des Sozialstaates in Richtung auf eine sogenannte aktivierende Sozialpolitik (Dahme/Wohlfahrt 2005) zur Ausbreitung sozialer Ängste führt, zu einer „Verallgemeinerung von Unsicherheit" (Unger 2007: 55). Dieses diffuse Unsicherheitserleben werde im Rahmen der Politik Innerer Sicherheit aufgriffen und dort in einer spezifischen Form bearbeitet: Die in sozialer Entsicherung begründete Wahrnehmung, mit einer bedrohlichen gesellschaftlichen Entwicklung konfrontiert zu sein, werde als mit den Mitteln von Polizei und Strafjustiz bearbeitbare Angst vor Kriminalität, insbesondere vor Gewaltkriminalität, thematisiert. Dies führe zu einer Stärkung repressiver Formen der Überwachung und Kontrolle – nicht zuletzt mit dem Effekt einer sozial selektiven Kriminalisierung der Armutsbevölkerung; zu einer Veränderung, die Loic Wacquant pointiert als Transformation des Sozialstaates „zum Strafstaat" (Wacquant 2008: 401) charakterisiert.

Eine solche Tendenz der Verschiebung von einer sozialpolitischen zu einer kriminalpolitischen Bearbeitung von Unsicherheit, Armut und Ausgrenzung ist für die USA inzwischen recht umfassend dokumentiert und analysiert worden (siehe etwa Garland 2003; Simon 2007; Sutton 2004a; Wacquant 2000, 2006, 2008; als Überblick Dollinger 2007: 152ff.). Deutlichstes Indiz hierfür ist ein Anstieg der Zahl der Gefängnisinsassen von 380.000 im Jahr 1975 auf ca. 2 Millionen im Jahr 2000, bei einem gleichzeitigen massiven Abbau von Sozialleistungen (Wacquant 2008: 400).

Wie im Weiteren zu zeigen sein wird, ist die Annahme einer analogen Entwicklung für die Bundesrepublik jedoch problematisch. Denn es sind zwar durchaus ähnliche Tendenzen, aber auch erhebliche Unterschiede in Rechung zu stellen. Dies gilt im Hinblick auf zumindest drei Dimensionen:

- Ein Abbau sozialstaatlicher Leistungen hat zwar durchaus stattgefunden; dieser geht jedoch keineswegs mit einer Absenkung sozialer Leistungen auf das US-amerikanische Niveau einher und auch nicht mit einer vergleichbaren Entstehung von Hyper-Ghettos mit einer, so Wacquant, „endemischen Kriminalität" (Wacquant 1997b: 173) und einer weitreichenden „Politik der Kriminalisierung von Armut" (Wacquant 2008: 401).

- Kriminalpolitik ist zwar durchaus auch in der Bundesrepublik eine Form der Thematisierung und Bearbeitung gesellschaftsstrukturell bedingter Ängste, aber zumindest gegenwärtig nicht die zentral bedeutsame. Vielmehr ist im politischen Diskurs inzwischen eher eine entdramatisierende Thematisierung gewöhnlicher Kriminalität zu beobachten: Staatlich-politische Bedrohungsszenarien und Sicherheitsversprechen fokussieren stattdessen nunmehr stärker die Bekämpfung der imaginierten Bedrohungen durch islamischen Terrorismus einerseits, die unerwünschte Einwanderung andererseits und entwickeln darauf bezogen Instrumente einer expansiven Sicherheitspolitik. Deren neue Qualität liegt nicht zuletzt darin, dass dabei von einer prinzipiellen Auflösung der Unterscheidung von äußerer und innerer Sicherheit ausgegangen wird. Einwanderungsbegrenzung, Kriegsführung, Stärkung des BKA und Maßnahmen gegen Alltagskriminalität werden damit in eine übergreifende Perspektive eingerückt, die in Forderungen nach einer Stärkung des Sicherheitsstaates münden (siehe etwa Schäuble 2008).

- Durch Arbeitslosigkeit, Armut, Prekarisierung und die Einschränkung sozialstaatlicher Leistungen bedingte soziale Ängste werden in der Bundesrepublik politisch thematisiert und eigenständig artikuliert; vorliegende Daten belegen die Annahme einer Wahrnehmungsverschiebung im Sinne einer projektiven Verschiebung in Richtung auf wachsende Kriminalitätsfurcht nicht (siehe unten).

Im Weiteren werde ich diese Einschätzungen zunächst etwas näher erläutern. Vor diesem Hintergrund werde ich dann nach den Bedingungen fragen, die eine Verschiebung gesellschaftlicher Ängste in Kriminalitätsfurcht bzw. Furcht vor Terrorismus und unregulierter Einwanderung ermöglichen bzw. verhindern. Abschließend werden die Verstrickungen sozialwissenschaftlicher Forschung in die politische und mediale Erzeugung von Bedrohungsszenarien anzusprechen sein.

1. Entwicklungstendenzen der Sicherheitspolitik

Varianten der These, dass gesellschaftsstrukturell bedingte soziale Unsicherheit auf der Grundlage unterschiedlicher Verschiebungen indirekt bearbeitet wird, knüpfen an einen sozialwissenschaftlichen Diskurs an, der seit Beginn der 1980er Jahre damit rechnet, dass die strukturelle Krise des Fordismus zu einer Infragestellung des tradierten Sozialstaatsmodells und zugleich einem Ausbau repressiv-kontrollierender Sicherheitspolitik führen wird. Bereits 1980 formulierte Joachim Hirsch in seiner Monografie mit dem programmatischen Titel ‚Der Sicherheitsstaat':

> „Die Entwicklung des Sicherheitsstaates kann als Ausdruck einer spezifischen politisch-sozialen Krise des Fordismus gewertet werden. (…) Je prekärer die massenhafte gesellschaftliche ‚Normalisierung' wird, desto heftiger werden die Reaktionen auf (tatsächliche oder drohende) ‚Abweichungen'. (…) Das ist der Grund dafür, dass das hervorstechende Charakteristikum der aktuellen Veränderungen im Staatsapparat die Herausbildung, Ausdifferenzierung und Vereinheitlichung umfassender Kontroll- und Überwachungsnetze ist." (Hirsch 1980: 94ff.)

Vergleichbare Überlegungen finden sich aktuell prominent in den Analysen von Loic Wacquant. Wacquant fasst seine Diagnose wie folgt zusammen:

> „Das Paradoxon des neoliberalen Strafregimes besteht darin, ‚mehr Staat' in Gestalt von Polizei, Strafgerichten und Gefängnissen in Stellung zu bringen, um der allgemeinen Zunahme objektiver und subjektiver Unsicherheit zu begegnen, die gerade durch ‚weniger Staat' an der Wirtschafts- und Sozialfront in den führenden Ländern der Ersten Welt verursacht wurde. (…) Dies ist kein bloßer Zufall: Gerade weil die Staatseliten, nachdem sie zu der neuen herrschenden Ideologie des allmächtigen Marktes konvertiert waren, die Zuständigkeit des Staates für sozioökonomische Angelegenheiten beschnitten oder aufgegeben haben, müssen sie seine Mission in Sachen ‚Sicherheit' überall ausweiten und stärken." (Wacquant 2005: 131)

Untersuchungen der sicherheitspolitischen Diskurse (siehe etwa Kampmeyer/Neumeyer 1993; Kunz 2005) und der Gesetzesentwicklung seit den 1980er Jahren (Dünkel 2002; Klose/Rottleuthner 2008; Hirsch 2008) sind vielfältige empirische Belege zu entnehmen, die diese Einschätzungen bestätigen. Burkhard Hirsch (2008: 15) fasst seinen Rückblick auf die Entwicklung seit Beginn der 1980er Jahre zu der Einschätzung zusammen, dass sich ein Prozess der „innenpolitischen Aufrüstung" vollzogen habe und verweist in diesem Zusammenhang auf folgende neu geschaffene Gesetze bzw. Gesetzesänderungen:

- das Anti-Terrorismus-Gesetz von 1976;
- das Gesetz zur Bekämpfung des Terrorismus von 1986;
- das Gesetz zur Bekämpfung der Organisierten Kriminalität von 1992;
- das Verbrechungsbekämpfungsgesetz von 1994;
- das Gesetz zur Bekämpfung der organisierten Kriminalität von 1998;
- die Terrorismusbekämpfungsgesetze von 2002 und 2003 und das Terrorismusbekämpfungsänderungsgesetz von 2006;

- Änderungen der Polizei- und Verfassungsschutzgesetze der Länder, verschiedene Strafrechtsänderungsgesetze, das Telekommunikationsgesetz von 1996.

Für den Bereich des Strafrechts und der Kriminalpolitik diagnostiziert Winfried Hassemer (2006) zudem den wachsenden Einfluss von Gefahrenabwehrdiskursen, welche die Freiheitsrechte und Unschuldsvermutungen unter den Verdacht stellen, präventiv sinnvolle Sicherheitsmaßnahmen zu behindern. Alexander Klose und Hubert Rottleuthner (2008: 393) argumentieren, dass ein „kumulativer Effekt der Sicherheitsgesetzgebung" zu diagnostizieren sei. Dieser resultiere daraus, dass gesetzliche Normen, die in bestimmten Phasen der Sicherheitspolitik geschaffen wurden, in Folge des Bedeutungsrückgangs einer sicherheitspolitischen Bedrohung nicht abgeschafft wurden, sondern erhalten blieben.

Den skizzierten Entwicklungen korrespondieren auf der Ebene der politischen und medialen Diskurse unterschiedliche Kampagnen seit den 1980er und 1990er Jahren, in denen zunehmende Gewalt, Jugendkriminalität, Kinderkriminalität sowie Ausländerkriminalität thematisiert wurden (Cremer-Schäfer/Steinert 1998: 94ff.; Stehr 2008: 319ff.).[1]

Es finden sich also nicht nur in den USA, sondern auch in Europa und in der Bundesrepublik Tendenzen, die die These einer postfordistischen bzw. neoliberalen Umstellung von einer sozialstaatlichen Integrationspolitik zu einer ausgrenzenden und punitiven Politik bestätigen. Hinzuweisen ist aber im Vergleich Westeuropas mit den USA auch auf erhebliche Unterschiede:

Die *Gefangenenrate* ist in der Bundesrepublik zwischen dem Anfang der 1980er Jahre und dem Anfang der 1990er Jahre zunächst gesunken, dann wieder auf das Ausgangsniveau von ca. 100 Gefangenen pro 100.000 Einwohner gestiegen (Dünkel 2002: 8; Kießling 2008). Zuwachsraten wie in Großbritannien oder den USA sind hierzulande jedoch – jedenfalls bislang – nicht festzustellen. Vor dem Hintergrund der ca. um den Faktor acht höheren Inhaftiertenraten in den USA (Walmsley 2009) hat Jens Alber (2006) entsprechend angemerkt, dass die „Gefangenenrate (…) neben der Armutsquote und der Einkommensungleichheit" eines der zentralen Merkmale ist, die das europäische Sozialmodell deutlich von den USA unterscheiden. Damit übereinstimmend hat John R. Sutton (2004a, 2004b) in

---

[1] Im Zusammenhang hiermit sind – als ein materieller Effekt – die Zunahme der Zahl der Strafgefangenen und der Anstieg der Gefangenenrate seit Beginn der 1980er Jahre zu erwähnen (Strafgefangene nach Angaben des Statistischen Bundesamtes: 1987: 42.238; 1997: 68.000; 2005: 78.700; siehe dazu Dünkel 2002; Hofer 2004). Dieser Anstieg verbindet sich mit einer spezifischen Kriminalisierung von Migranten bzw. Ausländern in allen europäischen Staaten, nicht zuletzt in Folge der massiven Einschränkung des Asylrechts (Alt 2006; BKA 2006: 195ff.; Wacquant 2006).

einer international vergleichenden Datenanalyse aufgezeigt, dass es einen signifikanten Zusammenhang zwischen dem gesellschaftlichen Einfluss von Gewerkschaften und sozialdemokratischen bzw. linken Parteien einerseits und Inhaftierungsraten andererseits gibt: Er argumentiert, dass sich dieser Zusammenhang zentral darüber herstellt, dass sozialstaatliche Politik es erlaubt, auf eine Politik der Kriminalisierung der Armen und Arbeitslosen weitgehend zu verzichten; wer sozialstaatlich alimentiert oder in sozialstaatlich finanzierten Maßnahmen beschäftigt wird, wird damit der Population der deklassierten Armen entzogen, die einem hohen Kriminalisierungsrisiko unterliegt.

Abbildung 1: Entwicklung der Gefangenrate in der Bundesrepublik Deutschland

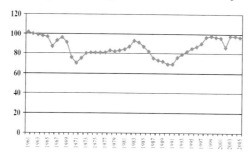

Quelle: Kießling 2008: 13.

Vor diesem Hintergrund stellt Sutton die von Wacquant formulierte Prognose in Frage, dass in der Folge der wirtschaftspolitischen Anlehnung Europas an den US-amerikanischen Neoliberalismus auch mit einer Adaption der „more punitive means of managing inequality" US-amerikanischer Prägung zu rechnen sei (Sutton 2004a: 14). Wacquant (2002: 269ff.) hat selbst auf eine weitere Differenz hingewiesen: Eine rassistisch codierte Politik der Kriminalisierung der Armutsbevölkerung auf der Grundlage einer Sozial- und Wirtschaftspolitik, die zur Herausbildung von „Hyperghettos" (ebd.: 274) mit einer „endemischen Kriminalität" (Wacquant 1997b: 173) geführt hat, was einen enormen Anstieg der Zahl der Tötungsdelikte einschließt, hat in Europa keine direkte Entsprechung.

Zudem setzen sich die erwähnten *Kriminalitätsdiskurse* der 1980er und 1990er Jahre gegenwärtig in der Bundesrepublik nicht fort. In der politischen Kommentierung der Kriminalitätsberichterstattung wird aktuell gerade nicht die Gefährdung durch wachsende Kriminalität behauptet; vielmehr wird Deutschland dort als „eines der sichersten Länder der Welt" (Schäuble/Zypries 2006: XLI; Schäuble 2008) dargestellt und eine entdramatisierende Thematisierung gewöhnlicher Kriminalität angestrebt, die die vermeintlichen Ängste der Bürger zwar ernst nimmt, aber auf populistische Dramatisierungen verzichtet.

In die Funktion einer Bedrohung, durch deren Kontrolle und Bekämpfung staatliche Politik Sicherheit zu gewährleisten verspricht, werden stattdessen Islam bzw. Islamismus eingerückt. Dabei verbindet sich eine Deutung des Islams bzw. Islamismus als Gefährdung der Demokratie bzw. der westlichen Zivilisation mit einer Darstellung des Islamismus als Ursache von Terrorismus (siehe dazu Ruf 2006; Sing 2004, 2008: 181ff.). Der Bundesinnenminister formuliert, dass „der weltweit operierende islamische Terrorismus (…) heute eine der größten Gefahren für unsere Sicherheit" sei (Schäuble 2007). Aus einer von ihm in Auftrag gegebenen sozialwissenschaftlichen Studie folgert er, „dass sich in Deutschland ein ernstzunehmendes islamistisches Radikalisierungspotential entwickelt" habe (ebd.). Der Entwurf eines neuen BKA-Gesetzes zielt entsprechend explizit auf die „Abwehr von Gefahren des internationalen Terrorismus" und schlägt dazu weitreichende Kompetenzausweitungen des BKA vor.

Dieser Gefahrenabwehrdiskurs verschränkt sich im Hinblick auf die nach Deutschland eingewanderten Muslime mit einem Verständnis von Integrationsmaßnahmen als Terrorismusprävention. Dabei geht der Bundesinnenminister – in offenkundiger Anlehnung an die sogenannte ‚Desintegrationsthese' – davon aus, dass „ein deutlicher Zusammenhang zwischen defizitärer gesellschaftlicher Integration und fundamentaler religiöser Orientierung" (Schäuble 2007) besteht; allerdings bezieht er diese These wohl ausschließlich auf Muslime.

Die Gegenseite der innenpolitischen Kontroll- und Integrationsbemühungen stellt eine *Migrationspolitik* dar, die in Hinblick auf Flüchtlinge durch eine spezifische Verschränkung sozialpolitischer und sicherheitspolitischer Perspektiven gekennzeichnet ist: Zu Beginn der 1990er Jahre wurden Asylsuchende bekanntlich zentral als Belastung des Sozialstaates dargestellt und dabei zum Objekt einer folgenreichen Politik, welche die Begrenzung der sogenannten ‚Asylantenfluten' zu einer zentralen Staatsaufgabe erklärte. Nach der massiven Einschränkung des Asylrechts 1993 transformierte sich die Auseinandersetzung über Asylsuchende in die Problematik der Kontrolle sogenannter ‚Illegaler', auf die u. a. mit einem weitreichenden Ausbau von Sicherungsmaßnahmen an den EU-Außengrenzen reagiert wurde und wird: Die zur Verhinderung illegalisierter Einwanderung geschaffene EU-Agentur Frontex verfügt gegenwärtig über einen Jahresetat von 70 Millionen Euro, 20 Flugzeugen 25 Hubschrauber und 100 Booten (Jung 2008). Kritische Beobachter weisen darauf hin, dass die Außengrenzen der EU faktisch auch Außengrenzen der menschenrechtlichen Binnenmoral sind (Fischer-Lescano/Löhr 2007); im ersten Halbjahr 2008 wurden offiziell 380 Todesopfer bei Fluchtversuchen registriert, 2007 ca. 500 (siehe dazu www.proasyl.de/de/informationen/asyl-in-europa). Die Empörung über diesen Sachverhalt hält sich ersichtlich in Grenzen. Hinzu kommen Verschärfungen der EU-Richtlinien, die eine Inhaftierung von

Flüchtlingen innerhalb der EU ermöglichen (Pelzer 2008) sowie der Aufbau sogenannter Auffanglager vor allem in Nordafrika (Flüchtlingsrat 2005; Pieper 2008). Damit ist eine Parallelstruktur zu den klassischen Gefängnissen entstanden, die als Institutionalisierung von Elementen einer transnationalen EU-Sicherheitspolitik verstanden werden kann.

2. Soziale Ängste und Kriminalitätsfurcht

In Hinblick auf die These einer Verschiebung von einer Politik des helfenden zu einer Politik des strafenden Staates liegt also die Einschätzung nahe, dass es zwar auch im klassischen Bereich der Kriminalpolitik durchaus Tendenzen zu einer Erweiterung von Straftatbeständen und einer Verschärfung von Sanktionen mit der Folge eines Anstiegs der Zahl der Inhaftierten gibt, dass aber bislang keineswegs von einer qualitativen Veränderung auszugehen ist, die der US-amerikanischen Entwicklung korrespondiert. Veränderungen im Bereich des Strafrechts, des Jugendstrafrechts und der justiziellen Praxis kommen zudem gegenwärtig weitgehend ohne legitimierende Kampagnen aus; sie scheinen der öffentlichen Rechtfertigung kaum zu bedürfen und finden in der Öffentlichkeit eher geringe Beachtung. Versuche der journalistischen Skandalisierung (siehe etwa Prantl 2008) und die Öffentlichkeitsarbeit von Bürgerrechtsorganisationen (siehe u. a. Müller-Heidelberg et al. 2007) erzielen nur begrenzte Resonanz.

Aus dieser Einschätzung der bisherigen Entwicklung kann aber ersichtlich nicht abgeleitet werden, dass ein weiterer Abbau sozialstaatlicher Leistungen in Verbindung mit einem forcierten Ausbau sicherheitsstaatlicher Instrumente ausgeschlossen werden kann. Insofern stellt sich die Frage nach den Erfolgsbedingungen, also auch den Legitimationsgrundlagen politischer Programmatiken, die auf eine kriminalpolitische Bearbeitung der tatsächlichen bzw. imaginierten Folgen zunehmender Ungleichheit bei gleichzeitigen Einschränkungen sozialstaatlicher Leistungen ausgerichtet sind.

Diesbezüglich wurde die These entwickelt, dass eine solche Erfolgsbedingung in einer ‚Wahrnehmungsumlenkung' zu sehen sei, durch die soziale Unsicherheit sich in Kriminalitätsfurcht transformiert. Johannes Stehr (2008: 325) fasst diese These wie folgt:

> „Thematisiert werden nicht mehr die sozioökonomisch verursachten problematischen Lebensverhältnisse einer ansteigenden Armutsbevölkerung, sondern die Armen werden nunmehr selbst moralisch verurteilt. Ihre vermeintliche ‚Kultur der Armut' ist vor allem darüber moralisierbar, dass sie als Ursache von Kriminalität und Gewalt definiert wird."

Diese These kann zwar einige Plausibilität für sich beanspruchen. Für die gegenwärtige Situation in der Bundesrepublik finden sich jedoch keine starken empirischen Belege dafür, dass sich eine solche Wahrnehmungsumlenkung tatsächlich vollzieht und spezifisch auf Kriminalität richtet. Im Gegenteil deuten die vorliegenden Befragungsdaten darauf hin, dass es zwar eine zunehmende Wahrnehmung sozialer Unsicherheit gibt, die sich jedoch als solche sowie als Feindseligkeit gegen Einwanderer und Minderheiten, aber nicht primär oder gar exklusiv als Kriminalitätsfurcht, artikuliert (siehe auch Heitmeyer/Mansel 2008): Seit Anfang der 1990er Jahre dominieren unter den „Ängsten der Deutschen" nach den Daten der R+V-Versicherung (2007) „wirtschaftspolitische Themen". An der Spitze der abgefragten Ängste steht im Jahr 2006 die „Angst vor steigenden Lebenshaltungskosten", auf Platz 3 die „Angst vor Arbeitslosigkeit", während die „Angst vor Straftaten" sich auf Rangplatz 13 findet. In Hinblick auf die Entwicklung seit Beginn der 1980er Jahre stellt das Allensbach-Institut (2004: 1ff.) fest: „Während zu Beginn der 1980er Jahre Umweltängste und die Angst vor Kriminalität im Vordergrund standen, sind in den letzten Jahren soziale Sorgen und Ängste groß geworden." Angst davor, „dass ich überfallen und beraubt werde", äußerten im Jahr 1992 noch 42 Prozent der Befragten, 2004 waren es 29 Prozent. Vergleichbares zeigen weitere Items (ebd.). Zudem hat die seit 2001 anhaltende Thematisierung des sogenannten islamistischen Terrors zur Folge, dass seit 2003 die „Angst vor Terrorismus" auf der Rangliste der größten Ängste der Deutschen wiederkehrend den Rangplätze fünf und sechs eingenommen hat und sie war und ist eine Legitimationsgrundlage für Überwachungsgesetze und die Erweiterung der Befugnisse der Sicherheitsbehörden. Die projektive Verschiebung sozialer Ängste scheint in der Bundesrepublik also eine spezifische Richtung zu nehmen, die auch darin zum Ausdruck kommt, dass in der bereits erwähnten Allensbach-Befragung (2004: 2) „Angst vor weiterer Zuwanderung" mit 46 Prozent am häufigsten genannt wird und in einschlägigen Untersuchungen (Heitmeyer et al. 2008) eine verbreitete Feindseligkeit gegen unterschiedliche Minderheiten konstatiert wird.

Zwar gibt es durchaus auch empirische Hinweise darauf, dass es gleichwohl auch projektive Transformationen sozialer Ängste in Kriminalitätsfurcht gibt (Hirtenlehner 2006).[2] So argumentiert Helmut Hirtenlehner (2006) auf der Grundlage einer österreichischen Regionalstudie, dass statistische Evidenzen dafür vorliegen, dass „Kriminalitätsfurcht (…) als Metapher bzw. Code für eine fundamentale existenzielle Verunsicherung fungieren kann".[3]

Vor dem Hintergrund des bislang Dargestellten ist es aber nicht plausibel anzunehmen, dass sich gesellschaftspolitisch bedingte Ängste zwangsläufig und unmittelbar in Kriminalitätsfurcht und eine darauf bezogene Sicherheitspolitik trans-

---

2 Zur methodischen Problematik der Messung von Kriminalitätsfurcht siehe Sessar 2008.
3 Zudem argumentiert Helmut Kury (2008a), dass zwar nicht Kriminalitätsfurcht, aber durchaus Punitivität im Sinne der Forderung nach harten Strafen zugenommen hat.

formieren. Es ist vielmehr plausibel anzunehmen, dass im jeweiligen gesellschaftlichen Kontext einflussreiche politische und mediale Diskurse folgenreiche Angebote und Bahnungen dafür etablieren, wie sich soziale Ängste artikulieren bzw. welche Befürchtungen als sozial anschlussfähig und artikulierbar gelten. Solche Diskurse sind nun wiederum – wie in den Auseinandersetzungen bei der hessischen Landtagswahl im Jahr 2007 deutlich wurde – durchaus riskant: Der Versuch, durch die Thematisierung der vermeintlich hoch problematischen Kriminalität sogenannter ausländischer Jugendlicher Wählerstimmen zu gewinnen, war gerade nicht erfolgreich (siehe dazu Funke 2008).

An diesem Beispiel wird deutlich: Bedrohungsszenarien und Feindbildkonstruktionen sind potentiell umstritten und nicht beliebig durchsetzungsfähig. Diesbezüglich bedeutsame Erfolgs- und Misserfolgsbedingungen sind aber bislang wenig erforscht. Ich möchte diesen Beitrag aber gleichwohl nicht mit der einschlägigen Formel ‚further research is needed' beenden, sondern noch einige diesbezüglich relevante Aspekte skizzieren.

3. Erfolgsbedingungen von Sicherheitsdiskursen

Eine erste Bedingung dafür, dass es durch mediale und politische Diskurse gelingen kann, unspezifische Ängste in Richtung auf bestimmte Bedrohungsszenarien in eine vermeintlich bearbeitbare Furcht zu transformieren, ist zunächst in der Entdifferenzierung der Problemwahrnehmung zu sehen: Konkrete Befürchtungen – etwa vor drohender Arbeitslosigkeit – müssen erst in eine unbestimmte Angst verwandelt werden, bevor sie – als Kriminalitätsfurcht, terroristische Bedrohung oder Ähnliches –diskursiv respezifiziert werden können. Dies ist nach vorliegenden Ergebnissen sozialpsychologischer Forschung insbesondere in Phasen einer kollektiven emotionalen Erregung wahrscheinlich; also dann, wenn reale oder imaginierte Bedrohungen zu Panik- bzw. Stressreaktionen führen, die das rationale Unterscheidungsvermögen einschränken und zu projektiven Formen der Angstbewältigung führen, insbesondere zur Aggression gegen Minderheiten (Aronson et al. 2004: 509).[4] Dass eine solche Dynamik kollektiver Erregung tatsächlich politisch hoch relevant werden kann, wurde in der Bundesrepublik zuletzt Anfang der 1990-er Jahre deutlich: Die politische und mediale Inszenierung einer Bedrohung durch

---

4   In der einschlägigen sozialpsychologischen Forschung, die in den USA unter dem Titel ‚Terror-Management-Theory' betrieben wird (vgl. Landau et al. 2004), wurde nachgewiesen, dass der politische Diskurs in den USA nach 9/11 wachsende Zustimmung für George Bush gerade darüber hergestellt hat, dass die Beschwörung einer weitreichenden Bedrohung mit der Inszenierung des mächtigen schützenden Führers verbunden wurde. Zur Erklärung wird darauf verwiesen, dass die Wahrnehmung existenzieller Bedrohungen eine autoritäre Reaktionsbereitschaft im Sinne der Bereitschaft freisetzt, sich Schutz versprechenden Autoritäten unterzuordnen.

sogenannter ‚Asylantenfluten' und ‚Einwanderungswellen' hat einerseits fremden-
feindliche Gewalt freigesetzt, andererseits zur Konturierung und Verstetigung einer
Flüchtlings- und Asylpolitik geführt, in deren Zentrum das Versprechen steht,
durch repressive Maßnahmen Schutz vor unkontrollierter Zuwanderung zu bieten.
Eine weitere Plausibilitätsbedingung solcher Diskurse kann darin gesehen werden, dass die als Projektionsfolie angebotene Bedrohung hinreichend plausibel
erscheinen muss. Diesbezüglich wäre es zweifellos naiv, von der Annahme einer
direkten Realitätsprüfung durch das Publikum medialer und politischer Diskurse
auszugehen – zumal es sich um mediale Realitätskonstruktionen handelt, die in der
Regel kaum einen Bezug zu in eigenen alltäglichen Kontexten überprüfbaren Sach-
verhalten haben. Eine wichtige Rolle bei der Beglaubigung oder Infragestellung
entsprechender Behauptungen spielen diejenigen, die als exponierte Journalisten
sowie politisch und medial nachgefragte wissenschaftliche Experten politisch angebotene Realitätsdeutungen kommentieren. Folglich kommt sozialwissenschaftli-
chem Wissen in diesem Zusammenhang eine nicht vernachlässigbare Bedeutung
zu.
Diesbezüglich ist nun festzustellen, dass bei der Konstruktion von Bedrohungsszenarien nicht nur im politischen und medialen Diskurs, sondern auch im
wissenschaftlichen Diskurs ein Denkstil einflussreich ist, der als ‚Logik des Verdachts' gekennzeichnet werden kann. Dass man sich nicht wundern müsse, wenn
die Armen stehlen, wird bereits bei Friedrich Engels formuliert (Engels 1845/1974:
183). Auch der bekannte Topos, dass Sozialpolitik die beste Kriminalpolitik sei,
setzt die Annahme einer Verknüpfung von sozialer Lage und Kriminalität voraus.
Wenn Varianten dieser Verknüpfung auch gegenwärtig noch als gültig behauptet
werden und damit suggeriert wird, dass Armut die Wahrscheinlichkeit solcher
Formen von Kriminalität steigert, die die Sicherheit der Wohlhabenden bedrohen,
dann liegt geradezu nahe, den Ausbau sicherheitsstaatlicher Instrumente als eine
notwendige Ergänzung des neoliberal als erforderlich betrachteten Abbaus sozialstaatlicher Leistungen zu begreifen. Soziolätiologisch ausgerichtete Kriminalitätstheorien, die darauf zielen, Sozialpolitik als kriminalpräventive Politik einzufordern,
müssen entsprechend damit rechnen, dass sie unter neoliberalen Vorzeichen als
Legitimationstheorien für Kontroll- und Sanktionskonzepte interpretiert werden,
die sich gegen die Armutsbevölkerung bzw. die sogenannten Desintegrierten richten; sozialätiologische Kriminalitätstheorien waren und sind in den Prozess der
sozialen selektiven Kriminalisierung involviert – und sie können dies wissen. Denn
es ist plausibel anzunehmen und auch empirisch nachgewiesen worden, dass wissenschaftlich gestützte Annahmen über eine erhöhte Wahrscheinlichkeit von Straftaten bei bestimmten Bevölkerungsgruppen zu einer polizeilichen bzw. justiziellen
Praxis der selektiven Kontrolle und Sanktionierung beitragen, die als selbsterfül-
lende Prophezeiung wirksam wird (Schumann 2006).

Dies ist kein Generaleinwand gegen die Legitimität einer Forschung, die sich mit dem Konnex von sozialen Lagen und Prozessen sozialer Ausgrenzung mit Kriminalisierung und Kriminalität befasst.[5] Denn dass bestimmte Ausprägungen von Armut und sozialer Ausgrenzung, wie sie für US-amerikanische Ghettos (Wacquant 1997b, 2002) und französische Banlieus (Dubet/Lapeyronnie 1983) beschrieben worden sind, *unter angebbaren Bedingungen*, gleichwohl aber nur *bei einem Teil* der Benachteiligten und Deklassierten zu *bestimmten* Formen kriminalisierbaren Verhaltens führen, insbesondere zu Jugendgewalt und zur Entwicklung einer Drogenökonomie, kann als unstrittig gelten (siehe dazu Kersten 2002).

Wissenschaftliche Analysen, die solche Zusammenhänge in den Blick nehmen, übersetzen sich aber keineswegs direkt in gesellschaftlich verbreitete Bedrohungswahrnehmungen und – auch in Zeiten der ökonomischen Krise – keineswegs notwendig in die Vorstellung, sich zuspitzender gesellschaftlicher Desintegrationsprozesse, von denen zu erwarten ist, dass sie mit bedrohlich ansteigender Kriminalität einhergehen. Vielmehr bedarf es eines eigenständigen politischen und medialen Diskurses, damit sich die sprichwörtliche ‚Angst der Mittelklassen vor dem Absturz‘ in Kriminalitätsfurcht sowie die Zustimmung zu punitiven Konzepten transformiert.[6]

---

5   Es wäre m. E. aber durchaus geboten, im Hinblick auf die Kommunikationsbedingungen des medialen und politischen Diskurses auf solche Vereinfachungen zu verzichten, die hinter den Stand des verfügbaren wissenschaftlichen Wissens und sachlich gebotener Differenzierungen zurückfallen. Zu diesem Wissen gehört auch, dass die politische und mediale Thematisierung von Kriminalität regelmäßig mit Dramatisierungen, Vereinfachungen und trivialsoziologischen Konstruktionen verdächtiger Gruppen einhergeht, auf deren Problematisierung nicht verzichtet werden kann. Zu diesen trivialsoziologischen Verdachtskonstruktionen trägt aber eine Forschung bei, die mit theoretisch unreflektierten sozialen Klassifikationen operiert und auf dieser Grundlage Korrelationen, etwa zwischen muslimischer Religionszugehörigkeit und der in standardisierten Befragungen erhobenen Aussagen zu individueller Gewaltbereitschaft, berechnet und diese dann zu ethnisierenden Generalisierungen wie der Folgenden zusammenfasst: „Eine deutlich höhere Gewaltaffinität junger Muslime ist auch multivariat nachweisbar; sie lässt sich nicht durch eine erhöhte soziale Benachteiligung junger Muslime allein erklären" (Brettfeld/Wetzels 2007: 312). Dass die daran anschließende Information, dass die Differenz zwischen Muslimen und Nicht-Muslimen sich statistisch auflöst, wenn der Einfluss „traditioneller Vorstellungen von Männlichkeit" kontrolliert wird (ebd.) in der politischen Interpretation der Studie verschwindet, erstaunt wenig. Damit ist darauf hingewiesen, dass kriminalsoziologische Forschung veranlasst ist, zwischen ethnisierenden bzw. sozialstrukturellen Klassifikationen und realen Gruppen zu unterscheiden, wenn höchst problematische Zuschreibungen vermieden werden sollen, die von einem vorurteilsbereiten politischen und medialen Diskurs bereitwillig aufgegriffen werden.

6   Dass in der politischen Kommunikation wiederkehrend versucht wird, einen solchen Diskurs zu inszenieren, ist soziologisch erklärbar. Verwunderlich wäre es eher, wenn politisch darauf verzichtet würde, mit der Beschwörung der durch Kriminalität und Terrorismus drohenden Gefahren eine Realitätswahrnehmung herbeizuführen, die es ihr erlaubt, sich als notwendiger und mächtiger Akteur zu inszenieren.

An den einschlägigen sozialwissenschaftlichen Diskurs ist jedoch die Frage zu adressieren, wie es zu vermeiden ist, dass sich wissenschaftliche Forschung in einen solchen Diskurs, der der ‚Logik des Verdachts' folgt, verstrickt und damit zur Legitimationsbeschaffung punitiver Strategien beiträgt. Dies ist – so meine abschließende These – im Rahmen einer Forschung, die die Untersuchung von Gewalt und Kriminalität nicht in eine Analyse der heterogenen Bewältigungsformen von Armut und politischen Strategien im Umgang mit Armut und Ausgrenzung einbettet, kaum vermeidbar. Denn eine solche Forschung erzeugt immer wieder Darstellungen eines mehr oder weniger direkten Bedingungszusammenhanges und etabliert Erwartungen, die sich in der politischen und medialen Kommunikation in Varianten des Bildes der ‚gefährlichen Unterklassen' transformieren. Zudem ist es generell außerordentlich fraglich, ob sich der Begriff Kriminalität als Explanandum in sozialwissenschaftlichen Theorien eignet, da dieser bekanntlich auf höchst heterogene Ereignisse bzw. Handlungsweisen verweist.

Analoges gilt für eine Forschung, die islamische Religiosität als mögliche Ursache von Terrorismus in den Blick nimmt (Brettfeld/Wetzels 2007), ohne, wie von Islamwissenschaftlern gefordert, die spezifischen gesellschaftspolitischen Entstehungsbedingungen eines militanten Islamismus im arabischen Raum, insbesondere Ägypten und Saudi-Arabien, mit zu thematisieren und in der Folge dem Konstrukt eines Konfliktes der Werte und Kulturen verhaftet bleibt, der die problematische Tradition des älteren Orientalismus fortschreibt (siehe dazu kritisch Steinberg 2008; Ruf 2006).

Eine Soziologie, die Distanz zu ihrer unhintergehbaren Verstrickung in den politischen und medialen Diskurs wahren will, ist nach meinem Dafürhalten darauf verwiesen, empirische Forschung nicht an den begrifflichen Setzungen dieser Diskurse zu orientieren. Gesellschaftlich folgenreiche Konstrukte wie Kriminalität und Islamismus (aber nicht zuletzt auch Ethnizität und neuerdings Migrationshintergrund) sind als Grundlage wissenschaftlicher Forschung in dem Maße problematisch, wie ihre gegenstandskonstitutiven Implikationen theoretisch ungeklärt bleiben. *Eine Forschung, die sich an den kategorialen Vorgaben politischer Diskurse orientiert, unterläuft bereits auf der Ebene ihrer Gegenstandskonstitution wissenschaftlich gebotene Differenzierungen und vergibt sich die Chance, politische Diskurse durch das Beharren auf eigenständigen Perspektiven zu irritieren.* Sie wird als praxisrelevante Forschung nachgefragt, dient als solche aber primär der Legitimierung bereits etablierter Sichtweisen und Strategien.

Folglich ist m. E. anzustreben, die Aufspaltung in eine kritisch-diskursanalytische oder ideologiekritische Forschung einerseits und eine pragmatisch anwendungsorientierte Empirie andererseits zu überwinden. Dazu ist es erforderlich, dass begriffskritische Analysen nicht allein als externe Kritik empirischer Forschung formuliert werden, sondern zur Entwicklung eigenständiger Forschungsdesigns führen. Diese Aufspaltung erzeugt nach beiden Seiten hin Begrenzungen, die durch wechselseitige kritische Kommentierungen nicht überwunden werden können.

Literaturverzeichnis

Alber, Jens (2006): Das „europäische Sozialmodell" und die USA. In: Leviathan 34(2): 208-241

Alt, Jörg (2006): Leben in der Schattenwelt. Materialanlage. 8. Online verfügbar unter: www.joerg-alt.de/Publikationen /Materialanlagen/materialanlagen.html (Stand: 21.04.2009)

Anhorn, Roland/Bettinger, Frank (Hrsg.)(2002): Kritische Kriminologie und Soziale Arbeit. Weinheim/München: Juventa

Anhorn, Roland/Bettinger, Frank/Stehr, Johannes (Hrsg.) (2008): Sozialer Ausschluss und Soziale Arbeit. Wiesbaden: VS Verlag

Aronson, Elliot/Wilson, Timothy D./Akert, Robin M. (2004): Sozialpsychologie. München: Pearson Studium

Bittlingmayer, Uwe H./Eickelpasch, Rolf/Kastner, Rolf/Rademacher, Claudia (2002): Theorie als Kampf? Opladen: Leske + Budrich

Bourdieu, Pierre (1997): Das Elend der Welt. Konstanz: UVK

Brettfeld, Karin/Wetzels, Peter (2007): Muslime in Deutschland. Berlin: Bundesministerium des Innern

Brumlik, Micha (Hrsg.) (2008): Ab nach Sibirien? Wie gefährlich ist unsere Jugend? Weinheim/München: Beltz

Bundeskriminalamt (2006): Polizeiliche Kriminalstatistik 2006. Wiesbaden: Bundeskriminalamt

Bundesministerium des Inneren (2007): Muslime in Deutschland. Hamburg: Bundesministerium des Inneren

Cremer-Schäfer, Helga/Steinert, Heinz (1998): Straflust und Repression. Münster: Westfälisches Dampfboot

Dahme, Heinz-Jürgen/Wohlfahrt, Norbert (Hrsg.) (2005): Aktivierende Soziale Arbeit. Hohengehren: Schneider Verlag

Dessecker, A.xel (Hrsg.) (2006): Jugendarbeitslosigkeit und Kriminalität. Wiesbaden: Kriminologische Zentralstelle

Dollinger, Bernd (2007): Sozialpolitik als Instrument der Lebenslaufkonstitution. In: Zeitschrift für Sozialreform 53(2): 147-164

Dubet, Francois/Lapeyronnie, Didier (1983): Im Aus der Vorstädte. Stuttgart: Klett-Cotta

Dünkel, Frieder (2002): Der deutsche Strafvollzug im internationalen Vergleich. Online verfügbar unter: www.rsf.uni-greifswald.de/duenkel/publikationen/internet/sanktionenrechtstrafvollzug.html (Stand: 21.04.2009)

Engels, Friedrich (1845/1974): Die Lage der arbeitenden Klasse in England. Berlin: Dietz

Fischer-Lescano, Andreas/Löhr, Tillmann (2007): Menschen- und flüchtlingsrechtliche Anforderungen an Maßnahmen der Grenzkontrolle auf See. Berlin: European Center for Constitutional and Human Rights (ECCHR)

Flüchtlingsrat Niedersachsen/Komitee für Grundrechte und Demokratie/Forschungsgesellschaft Flucht und Migration (Hrsg.) (2005): AusgeLagert. Flüchtlingsrat. Zeitschrift für Flüchtlingspolitik 110

Fröhler, Norbert/Hürtgen, Stefanie/Schlüter, Christiane/Thiedke, Mike (Hrsg.) (2004): Wir können auch anders. Perspektiven von Demokratie und Partizipation. Düsseldorf: Westfälisches Dampfboot

Funke, Hajo (2008): Vom Landesvater zum Polarisierer. In: Brumlik, Micha (2008): 18-40

Garland, David (2003): Die Kultur der ‚High Crime Societies'. In: Oberwittler, Dietrich/Karstedt, Susanne (2003): 36-68

Hassemer, Winfried (2006): Sicherheit durch Strafrecht. In: Höchstrichterliche Rechtsprechung im Strafrecht 7(4): 130-143

Heitmeyer, Wilhelm (Hrsg.) (2008): Deutsche Zustände. Folge 6. Frankfurt/M.: Suhrkamp

Heitmeyer, Wilhelm/Mansel, Jürgen (2008): Gesellschaftliche Entwicklung und gruppenbezogene Menschenfeindlichkeit. In: Heitmeyer, Wilhelm (2008): 13-35

Hirsch, Joachim (1980): Der Sicherheitsstaat. Frankfurt: Europäische Verlagsanstalt

Hirsch, Burkhard (2008): Action! Das Ritual des machtvollen Lehrlaufs. In: Müller-Heidelberg, Till et al. (2008): 14-24

Hirtenlehner, Helmut (2006): Kriminalitätsfurcht - Ausdruck generalisierter Ängste und schwindender Gewissheiten? In: Kölner Zeitschrift für Soziologie und Sozialpsychologie 58(2): 307-331

Hofer, Hanns von (2004): Die Entwicklung der Gefangenenraten in achtzehn europäischen Ländern, 1983-2002. In: Kriminologisches Journal 8, Beiheft: 196-205

Institut für Demoskopie Allensbach (2004): Ängste und Sorgen in Deutschland. In: Allensbacher Berichte (21): 1-4

Institut für Demoskopie Allensbach (2006): Terroranschläge in Deutschland? Die Mehrheit ist besorgt. In: Allensbacher Berichte 14

Jung, Elmar (2008): Front gegen Flüchtlinge. In: Süddeutsche Zeitung 19.8.2008: 5

Kampmeyer, Eva/Neumeyer, Jürgen (Hrsg.) (1993): Innere Unsicherheit. Eine kritische Bestandsaufnahme. München: Verein zur Förderung der sozialpolitischen Arbeit

Kersten, Joachim (2002): „Richtig männlich". Zum Kontext Geschlecht, Gemeinwesen und Kriminalität. In: Anhorn, Roland/Bettinger, Frank (2002): 75-86

Kießling, Michael (2008): Der Strafvollzug in Deutschland. Fortschritt durch Föderalismus. Freiburg: Max-Planck-Institut (Manuskript)

Klose, Alexander/Rottleuthner, Hubert (2008): Gesicherte Freiheit? In: Prokla 152: 377-398

Krasmann, Susanne (2003): Die Kriminalität der Gesellschaft. Zur Gouvernementalität der Gegenwart. Konstanz: UVK

Kunz, Thomas (2005): Der Sicherheitsdiskurs. Bielefeld: transcript

Kury, Helmut (2008a): Mehr Sicherheit durch mehr Strafe? In: Aus Politik und Zeitgeschichte 40-41: 1-11

Kury, Helmut (Hrsg.) (2008b): Fear on Crime – Punitivity. New Developments in Theory and Research. Bochum: BUV

Landau, Mark J. et al. (2004): Deliver Us from Evil: The Effects of Mortality Salience and Reminders of 9/11 on Support for President Bush. In: Personality and Social Psychology Bulletin 30(9): 1136-1150

Ludwig-Mayerhofer, Wolfgang (Hrsg.) (2000): Soziale Ungleichheit, Kriminalität und Kriminalisierung. Opladen: Leske + Budrich

Mahnkopf, Birgit (2008): Unsicherheit für alle? Online verfügbar unter: http://igkultur.at (Stand: 21.04.2009)

Müller-Heidelberg, Till et al. (Hrsg.) (2007): Grundrechte-Report 2007. Frankfurt/M.: Fischer Verlag

Oberwittler, Dietrich/Karstedt, Susanne (Hrsg.): Soziologie der Kriminalität. In: Kölner Zeitschrift für Soziologie und Sozialpsychologie. Sonderheft 43. Wiesbaden: VS Verlag

Pelzer, Marei (2008): Flucht ist kein Verbrechen. In: Müller-Heidelberg, Till et al. (2008): 51-54

Pieper, Tobias (2008): Die Gegenwart der Lager – Zur Mikrophysik der Herrschaft in der deutschen Flüchtlingspolitik. Münster: Westfälisches Dampfboot

Poya, Abba/Reinkowski, Maurus (Hrsg.): Das Unbehagen in der Islamwissenschaft. Bielefeld: transcript

Prantl, Heribert (2008): Der Terrorist als Gesetzgeber. München: Droemer Knaur

R+V Versicherung (2007): Die sieben größten Ängste der Deutschen 1991 bis 2006. Online verfügbar unter: www.ruv.de/de/presse/download/pdf/aengste_der_deutschen_2007/20070906_aengste 2007_19 91_2007_groesste_7.pdf. (Stand: 21.04.2009)

Ruf, Werner (2006): Islam, Gewalt und westliche Ängste. In: Prokla 143: 265-280

Schäuble, Wolfgang/Zypries, Brigitte (2006): Vorwort. In: 2. Periodischer Sicherheitsbericht. Berlin: Bundesministerium des Inneren/Bundesministerium der Justiz

Schäuble, Wolfgang (2007): Vorwort. In: Bundesministerium des Inneren (2007)

Schäuble, Wolfang (2008): Innere Sicherheit in Zeiten der Globalisierung. Rede von Bundesminister Dr. Wolfgang Schäuble zur Abschlussveranstaltung des Seminars für Sicherheitspolitik bei der Bundesakademie für Sicherheitspolitik am 27. Juni 2008 in Berlin. Online verfügbar unter: www.bmi.bund.de/cln_028/nn_662956/Internet/Content/Nachrichten/Reden/2008/06/BM__Seminar__Sicherheitspolitik.html (Stand: 21.04.2009)

Scherr, Albert (1997): Sicherheitsbedürfnisse, soziale Ausschließung und Kriminalisierung. In: Kriminologisches Journal 29(4): 256-266

Schumann, Karl. F. (2006): Berufsbildung, Arbeit und Delinquenz: empirische Erkenntnisse und praktische Folgerungen aus einer Bremer Längsschnittstudie. In: Dessecker, Axel: 43-68

Sessar, Klaus (2008): Fear on Crime or Fear on Risk? In: Kury, Helmut (2008b): 25-32

Simon, Jonathan (2007): Governing Through Crime. Oxford: Oxford University Press

Sing, Martin (2004): Ethik am Ground Zero: Krieg als moralische Mission. Demokratie und Islam als Kampfbegriffe zur Legitimierung politischer Gewalt. In: Fröhler, Norbert et al. (2004): 78-96

Sing, Martin (2008): Auf dem Marktplatz der Islamgespenster. In: Poya, Abba/Reinkowski, Maurus (2008): 171-192

Stehr, Johannes (2008): Soziale Ausschließung durch Kriminalisierung. In: Anhorn et al. (2008): 319-334

Steinberg, Guido (2008): Die Islamwissenschaft und der 11. September. In: Poya, Abbas/Reinkoswki, Maurus (2008): 193-208

Sutton, John R. (2004a): Imprisonment and Opportunity Structures in Modern Western Democracies. University of California. Online verfügbar unter: www.soc.ucsb.edu/faculty/sutton (Stand: 21.04.2009)

Sutton, John R. (2004b): The Political Economy of Imprisonment in Affluent Western Democracies. In: American Sociological Review 69(2): 170-185

Unger, Roberto Magabeira (2007): Wider den Sachzwang. Berlin: Klaus Wagenbach Verlag

Wacquant, Loic (1997a): Über den politischen Umgang mit dem Elend in Amerika. In: Leviathan 25(1): 50-66

Wacquant, Loic (1997b): Über Amerika als verkehrte Utopie. The Zone. In: Bourdieu, Pierre (1997): 169-193

Wacquant, Loic (2000): Über den Export des neuen strafrechtlichen Commonsense nach Europa. In: Ludwig-Mayerhofer, Wolfgang (2000): 85-118

Wacquant, Loic (2002): Tödliche Symbiose. In: Bittlingmayer, Uwe H. et al. (2002): 269-318

Wacquant, Loic (2005): Zur Militarisierung städtischer Marginalität. In: Das Argument 263: 131-147

Wacquant, Loic (2006): Bestrafung, Entpolitisierung, rassistische Einordnung. In: Prokla 143: 203-222

Wacquant, Loic (2008): Die Bedeutung des Gefängnisses für die neue Armut. In: Prokla 151: 399-412

Walmsley, Roy (2009): World Prison Population List (eighth edition). International Centre for Prison Studies. Online verfügbar unter: www.kcl.ac.uk/depsta/law/research/icps/downloads/wppl-8th_41.pdf (Stand: 10.06.2009)

Der weltweite ‚punitive turn': Ist die Bundesrepublik dagegen gefeit?
Fritz Sack

Zum ersten Mal nimmt die deutsche Soziologie mit dem diesjährigen Generalthema ihres Soziologentages – ‚Unsichere Zeiten' – einen Gegenstand zur Hand, der sich längst nicht mehr in den alleinigen Zuständigkeitsbereich einer Bindestrichsoziologie bzw. einer Sektion, etwa derjenigen, die ‚Soziale Probleme und soziale Kontrolle' in ihrem Fokus hat, verbannen lässt. ‚Sicherheit' ist seit einigen Jahren zunehmend zum Mittel- und Brennpunkt gesellschaftlicher Befindlichkeit und Selbstbeschreibung avanciert. Freilich trifft diese Beobachtung für die soziologische Diskussion in anderen Ländern in stärkerem Maße zu, als dies für die deutsche Situation gesagt werden kann.

Als eine zweite Eingangsbemerkung ist ein Sachverhalt zu benennen, der die gesellschaftliche und politische Zentrierung der ‚Sicherheit' nachhaltig charakterisiert und unterstreicht. Obwohl das Konzept ‚Sicherheit' durchaus verschiedene Bedeutungen und Unterbedeutungen besitzt, wird es in der politischen und öffentlichen Diskussion weitgehend eingeengt und synonym verwandt im Sinne von ‚Innerer Sicherheit', d. h. auf Kriminalität, Normverletzungen, abweichendes Verhalten und ähnliche Phänomene bezogen. Der polnische, seit vielen Jahren in England lehrende Soziologe Zygmunt Bauman stellt dem deutschen einheitlichen Begriff ‚Sicherheit' drei unterschiedliche Aspekte des Begriffs in der englischen Sprache gegenüber, die den gemeinten Zusammenhang sehr deutlich machen: ‚safety', ‚security' und ‚certainty' erfassen verschiedene Dimensionen von Sicherheit. Dabei hat lediglich die erste Dimension eine kriminologische Konnotation. ‚Security' meint soziale Sicherheit und ‚certainty' bedeutet so viel wie Planungssicherheit und Gewissheit (Bauman 2000: 12f.). Die Pointe von Baumans Analyse, der er eine eigene Monografie gewidmet hat, besteht in der Verschiebung und Projektion der Unsicherheit insgesamt auf den einzig vermeintlich handhabbaren Aspekt der ‚safety', dem Schutz vor Kriminalität (ebd.: 75ff.).

1. Die These des ‚punitive turn' – am Beispiel der Studie David Garlands

In den Mittelpunkt meiner Überlegungen stelle ich die These einer radikalen kriminalpolitischen Wende, wie sie von dem an der New York University lehrenden schottischen Kriminalsoziologen David Garland vor nunmehr sieben Jahren monographisch dargestellt und belegt wurde. Garlands Monographie „Culture of Control" (2001) ist freilich eine Reihe von Arbeiten und Publikationen vorausgegangen, die hier nur summarisch genannt werden können (Gordon 1990; Irwin/Austin 1994, 2000; Simon 1993).

Neben Vorläufern von Garland ist auch auf parallele Forscher und Publikationen sowie auf Nachfolger Garlands zu verweisen. Auch hier muss der bloße Verweis genügen – auch auf nur einen Autor: auf die weitgehend unabhängig von Garland erstellten Arbeiten des am Berkeley Campus der University of California arbeitenden französischen Soziologen Loïc Wacquant, zuletzt auf sein „Bestrafen der Armen" (2009). In der Tat: Dass Garland keinen kriminalpolitischen ‚Ausreißer' auf dem Gebiet der Kriminologie darstellt, belegt eine kürzlich erschienene Studie des holländischen Kriminologen Tom Daems (2008), der neben den Arbeiten von Garland und Wacquant die Publikationen von zwei weiteren Kriminologen – dem britischen, in Neuseeland lehrenden Kriminologen John Pratt und dem holländischen Kriminologen Hans Boutellier – zum Gegenstand seiner komparativen Analyse über „Making Sense of Penal Change" gemacht hat.

1.1 Zur Studie und zum Kontext von Garlands Studie[1]

Garlands Studie hat die größte Resonanz in der wissenschaftlichen Öffentlichkeit – und darüber hinaus – gefunden (dazu im Einzelnen Sack 2007, 2008). Davon zeugen die mittlerweile erfolgten mindestens fünf Übersetzungen der Arbeit – in sämtliche südeuropäischen Sprachen (italienisch, spanisch, portugiesisch), selbst ins Chinesische. Seit kurzem gibt es auch eine deutsche Ausgabe mit einem längeren Vorwort von Klaus Günther und Axel Honneth (Garland 2008). Auch in der allgemeinen Soziologie hat die Studie große Beachtung gefunden. Ihre älteste Zeitschrift, die AJS, hebt ihre Besprechung mit dem euphorischen Ausruf an: „This is sociology at its best" (Lyon 2003: 258).

Zu ihrer Charakterisierung ist ein kurzer Verweis auf eine Vorgänger-Studie von Garland hilfreich. Diese verfolgte eine analoge Strategie und Zielsetzung. Unter dem Titel „Punishment and Welfare" hat er die Transformation des klassischen Strafrechts des 19. Jahrhunderts in das wohlfahrtsstaatliche Strafrecht des 20. Jahrhunderts in seinen täterstrafrechtlichen, institutionellen, kriminologischen und sozialstrukturellen Dimensionen nachgezeichnet (Garland 1985).

Gleich im Vorwort bringt Garland in den beiden ersten Sätzen des Buches Ziel und Ergebnis seiner Studie auf den Punkt:

---

1   Die folgenden Zitate sind im englischen Original belassen, da zur Zeit der Entstehung dieses Textes die deutsche Fassung noch nicht verfügbar war.

„This book is about the culture of crime control and criminal justice in Britain and America. Or, to be more precise, it is about the dramatic developments that have occurred in our social response to crime during the last thirty years and about the social, cultural, and political forces that gave rise to them" (Garland 2001: VII).

Garland zieht fast alle sprachlichen Register, um Ausmaß, Heftigkeit und Abruptheit der Entwicklung selbst für Experten auf diesem Gebiet deutlich zu machen. So schreibt er nach einer ersten exemplarischen Benennung von Kriterien dieser neuen „'law and order' politics", die inzwischen zum gewohnten und hingenommenen „taken-for-granted"-Alltag gehörten:

„But the most striking fact about these crime policies, is that every one of them would surprise (and perhaps even shock) a historical observer viewing this landscape from the vantage point of the recent past. As recently as thirty years ago, each of these phenomena would have seemed highly improbable, even to the best-informed and most up-to-date observer" (ebd.: 1).

Das sind in der Tat starke, dezidierte Feststellungen und Befunde, im Modus der Bestimmtheit und zweifelsfreier Faktizität formuliert und vertreten. Die empirischen Belege, die Garland für seine These heranzieht, erstrecken sich – wie er es gleich zu Beginn seines Vorworts notiert – auf „a complex set of practices and institutions, ranging from the conduct of householders locking their doors to the actions of authorities enacting criminal laws, from community policing to punishment in prison and all the processes in between" (ebd.: VII).

Dieses Spektrum der empirischen Wirklichkeit der staatlichen und gesellschaftlichen Reaktion auf Kriminalität begleitet die Argumentation durch den gesamten Text hindurch – mal in stichwortartiger Verdichtung (ebd.: 24), mal ausführlicher zur Kennzeichnung der zentralen „strategy of punitive segregation", des „punitive turn" (ebd.: 142).

1.2 Die einzelnen Indikatoren des Strukturwandels der Kontrolle

Im Einzelnen und zum Zwecke der komparativen Replikation seiner Befunde zieht Garland vor die Klammer ihrer theoretischen Verarbeitung und analytischen Interpretation insgesamt zwölf „Indikatoren des Wandels" des von ihm untersuchten Feldes (ebd.: 6ff.). Diese reichen vom Niedergang des Prinzips der Resozialisierung, dem ‚Herzstück' des wohlfahrtsstaatlichen Strafrechts, dessen Zerfall Garland in großem Detail rekonstruiert – „A movement that initially aimed to enhance prisoners' rights, minimize imprisonment, restrict state power, and end predictive restraint, ultimately ushered in policies that did quite the opposite" (ebd.: 53) –

über den ‚Populismus' in der Kriminalpolitik,[2] die zunehmende Opferorientierung im Strafrecht, die Renaissance des Gefängnisses, den Ausbau der Kriminalprävention, Tendenzen der Privatisierung und Kommerzialisierung in diesem Bereich; nicht zuletzt bis hin zu theoretischen Tendenzen in der Kriminologie in Richtung Rational-Choice-Positionen.

Soweit die wichtigsten Einzelindikatoren, die Garland seiner These zugrunde legt. Alle eignen sich als komparative Kriterien, die nicht an nationale Grenzen und Jurisdiktionen gebunden sind. Garland bündelt sie zu einer Art Masterformel, die eine fundamentale Verkehrung des Verhältnisses von Staat und Gesellschaft bedeutet: Statt des rechtsstaatlich gemeinten und garantierten Schutzes der Mitglieder der Gesellschaft *vor* dem Staat forderten die Mitglieder der modernen Gesellschaft Schutz *durch* den Staat.[3] Zur Realisierung dieses Schutzes setze der moderne Staat auf das Mittel des Strafrechts.

An zwei markanten kriminalpolitischen Slogans aus dem Munde zweier prominenter Mitglieder der politischen Klasse demonstriert Garland diese kriminalpolitische Tendenz. „Prison works" ist der eine, „to condemn more and to understand less" der andere. Beide gehen auf das Jahr 1993 zurück. Während der erste vom damaligen britischen Innenminister Michael Howard stammt,[4] geht der zweite auf den damaligen Premierminister John Major zurück.[5] Beide kriminalpolitischen Parolen sind geradezu Kontrastgrundsätze zu allen kriminalpolitischen Folgerungen, die aus den Einsichten und Erkenntnissen der Kriminologie jeglicher Couleur zu ziehen sind.

Ich schließe damit die knappe Skizze der Studie von Garland ab und verweise bezüglich weiterer Einzelheiten sowie des weitgehend positiven Echos im Einzelnen auf mehrere Aufsätze, in denen ich einige Informationen und Diskussionen dazu zusammen getragen habe (Sack 2006, 2007, 2008).

2. Der punitive turn: amerikanischer ‚exceptionalism' oder allgemeine Entwicklung? – Oder: Von der Flucht vor der Realität zur Zuflucht der Kollegenbeschimpfung

In den Mittelpunkt der von Garlands Studie ausgelösten, zum Teil sehr kontroversen Diskussion ist zunehmend die Frage der Generalisierbarkeit seiner Befunde gerückt. Handelt es sich um eine Entwicklung, die auf die USA und England, die

---

2   Vgl. dazu u. a. als englischen Autor Pratt (2007) und als französischen Beitrag Salas (2005).
3   "The call for protection *from* the state has been increasingly displaced by the demand for protection *by* the state" (Garland 2001: 12; Hervorhebungen im Original).
4   Vgl. hierzu Garland (2001: 132, 153f.), der die genauen Umstände des Zitats notiert.
5   Vgl. Garland (2001: 9, 184, 272), der sich mehrmals auf dieses Prinzip beruft.

beiden im Fokus seiner Analyse stehenden Länder, beschränkt ist, oder lässt sich diese auch in anderen Ländern beobachten?

2.1 USA: Schrittmacher oder „Ausreißer" der Entwicklung? – ‚exceptionalism'

Die Frage nach der Verallgemeinerung der Befunde Garlands wird dabei oft auf die Frage nach der Übertragbarkeit der Entwicklung in den USA auf andere Länder beschränkt und zugespitzt. Hier spielt auch auf dem Feld der Kriminalpolitik das Stichwort eines allgemeinen ‚american exceptionalism' eine wichtige Rolle. Der englische Kriminologe David Downes hat die mögliche Vorreiterrolle der USA auf dem Gebiet der Kriminal- und Sicherheitspolitik auf diesen schönen Nenner gebracht: „The cliché that what happened in California yesterday is happening in the rest of America today, and will happen in Europe tomorrow, cannot be lightly dismissed" (Downes 2001: 66). Eine Reihe von Autoren sehen dagegen andere Länder gegen eine den USA analoge Entwicklung auf dem Gebiet der Kriminalpolitik immunisiert.

„USA ist nicht Europa", lautet der meist pauschale Einwand – eine Feststellung, die ebenso richtig wie banal und leer ist. Garland selbst gründet seine These – das sahen wir schon – in empirischer Hinsicht ausschließlich auf die Entwicklung der Kriminalpolitik in den USA sowie in seinem Herkunftsland England bzw. Schottland. Die Einbeziehung Englands ist als Versuch der Neutralisierung des ‚exceptionalism-Arguments' zu lesen: „[It] suggests that the USA is by no means unique in its responses to crime or in the social processes that underlie it." Und noch deutlicher: „(…) one would expect that other societies experiencing late modern patterns of development will also have to grapple with problems and concerns of this kind" (Garland 2001: IX).[6]

Garland bekräftigt seine Position drei Jahre später in einer ausführlichen Erwiderung auf seine Kritiker (Garland 2004). Den Bezug auf den amerikanischen Exzeptionalismus weist er als „essentialist" und „a-historical" zurück: „In that sense, every nation is exceptional - and none are" (ebd.: 183). Stattdessen insistiert Garland auf die Existenz struktureller Determinanten der Kriminalpolitik, ohne jedoch in Abrede zu stellen, dass „choices and actions are, of course, dispositive, in

---

6 Dass Garland von einer Generalisierbarkeit seiner Befunde ausgeht, ergibt sich aus einer Reihe analoger Formulierungen. Er stützt seine These vor allem auf determinierende strukturelle Wandlungsprozesse moderner Gesellschaften, wie es im nachstehenden Zitat deutlich wird: „…that many of the underlying problems and insecurities are - or soon will be - familiar to other late modern societies, even if their cultural and political responses and social trajectories turn out to be quite different" (Garland 2001: 7).

the final instance". Allerdings – und dies fügt er sogleich an: „But it is possible to overestimate the scope for political action, and to overstate the degree of choice that is realistically available to governmental and non-governmental actors" (ebd.: 181). Eine derartige Position hält er für „somewhat un-sociological". Und etwas süffisant formuliert er: „They [political actors – FS] are the final movers rather than the prime ones" (ebd.).

Allerdings betrachtet Garland seine Arbeit keineswegs schon als ausgemachte Antwort auf die komparative Generalisierbarkeit seiner Befunde. Er sieht jedoch in seiner Studie das Verdienst: „(…) stating a definite thesis in a way that lends itself to comparative investigation (…) it should be possible to examine the extent to which the Anglo-American patterns of adaptation that I have identified are exhibited elsewhere" (Garland 2004: 179f.). Diese Einschätzung teilt auch Malcolm Feeley in seinem Rezensionsessay über Garlands Studie: „(…) set the standard for a body of work that is just developing" (Feeley 2003: 127).

2.2 Michael Tonry: der ‚Anti-Garland‘ der kriminologischen Diskussion

Den Mangel an komparativer Forschung in Bezug auf Garlands These beklagt auch – wenige Jahre nach deren Erscheinen – Michael Tonry (2004: 1195): „Genuinely comparative work is in its infancy" – und kündigt ein Jahr nach Feeleys Artikel den Beginn des Aufbaus eines „body of evidence" (ebd.: 1188) an. Allerdings glaubt sich Tonry damals schon zu der Feststellung berechtigt, dass Garland mit der Behauptung irre, dass westliche Gesellschaften sich generell kriminalpolitisch parallel zu den USA und England entwickelten (ebd.).

Tonry kommt zweifellos das Verdienst zu, sich intensiver als die meisten Kriminologen mit der Frage der Generalisierbarkeit der Befunde Garlands befasst zu haben. Darauf ist gleich noch ausführlicher zurückzukommen. Der bereits drei Jahre nach Garlands Studie angeschlagene Tenor seiner Auseinandersetzung mit Garland sei jedoch schon hier mitgeteilt. Sie zielt auf eine sehr prinzipielle Zurückweisung von Garlands These. Seine Kritik ist nach meiner Kenntnis von einer Heftigkeit, die es rechtfertigt, ihn gleichsam als eine Art ‚Anti-Garland‘ zu bezeichnen.

Zwar bestreitet Tonry nicht die von Garland für die USA und England ausgemachte Situation. Auch an der enormen Zunahme der Gefangenenrate in den einst als europäisches Vorzeigeland geltenden Niederlanden kann er nicht vorbeigehen Aber die Entwicklung bzw. Situation in Finnland, Japan, Frankreich – und vor allem in Deutschland – hält Tonry Garlands Befunden nachhaltig entgegen. Überhaupt Deutschland: Diesem Land sind Titel und Erscheinungsort dieses ersten widersprechenden Artikels „Why Aren't German Penal Policies Harsher and Imprisonment Rates Higher?" aus dem Jahre 2004 gewidmet.

Und am Ende gelangt Tonry zu einem „contrast between American politisation and German insulation" (ebd.: 1205) – Deutschland in (splendid) Isolierung und Absonderung, gleichsam eine Art ‚exceptionalism' des anderen Extrems, nicht der Punitivität, sondern der Liberalisierung bzw. Permissivität in strafrechtlichen und kriminalpolitischen Dingen.

Die Kritik an der These des ‚punitive turn' in der Version Garlands steigert Tonry drei Jahre später in einer Textsammlung der „Crime-and-Justice"-Reihe in einer Weise, die diesen Band insgesamt geradezu zu dem bereits genannten ‚Anti-Garland' macht (Tonry 2007b). In ihm präsentieren zehn Autoren die kriminalpolitischen Tendenzen in sechs Einzelländern (England, Frankreich, Belgien, Niederlande, Kanada, Japan) sowie den vier skandinavischen Ländern. Bemerkenswert ist das Fehlen der USA sowie Deutschlands.

Die Sammlung enthält nur zwei Texte, die nicht auch punitive Tendenzen für die analysierten Länder deutlich ausmachen – selbst für Japan heißt es in der Bilanz: „Japan's penal policy has become more severe and less focused on rehabilitation" (ebd.: 371). Dies gilt auch für die sorgfältige und detaillierte Analyse der vier skandinavischen Länder.

Die Ausnahme scheint in der Tat Frankreich zu bilden. An den beiden in diesem Band enthaltenen Texten zur französischen Situation lässt sich die Charakterisierung dieser Aufsatzsammlung als ‚Anti-Garland' in geradezu bemerkenswerter Weise demonstrieren: Beide Autoren kommen in ihrer Argumentation ohne jegliche Bezugnahme auf Garlands These aus, obwohl es darum geht, ob die Kriminalpolitik seit den siebziger Jahren punitiver geworden ist „and whether they are converging with those of the United States" (Roché 2007: 542).

Ebenso wenig wie Garland zu Wort kommt, findet man bei den beiden französischen Autoren innerfranzösische Stimmen, die ein gänzlich anderes Bild zeichnen als das hier präsentierte. Weder kommt die Monographie der beiden französischen Justizpraktiker und Dozenten Garapon und Salas aus dem Jahre 1996 zu Wort, die damals bereits von der „République pénalisée" – so der Titel ihres Buches – sprachen, noch findet die Studie von Salas über „La volonté de punir. Essai sur le populisme pénal" aus dem Jahre 2005 Erwähnung,[7] die sich natürlich auf Garland bezieht.

---

7   Der Haupttitel der Studie von Salas deckt sich fast wörtlich mit dem redaktionellen, aber durchaus treffenden Titel, unter dem die Frankfurter Rundschau einen Vortrag des ehemaligen Vizepräsidenten des Bundesverfassungsgerichts und Frankfurter Strafrechtsprofessors Winfried Hassemer (2000) dokumentiert hat: „Die neue Lust auf Strafe".

2.3 Deutschland: ein Fall des inversen ,exceptionalism'?

Vor allem aber interessiert hier der Fall Deutschland – die Titelfrage dieses Beitrags. Wie hält es Tonrys Band mit Deutschland und seiner Kriminal- und Sicherheitspolitik? Als separater Länderbericht kommt Deutschland in diesem Band zwar
nicht vor, aber als Folie für die Zurückweisung der Garland-These ist es durchgängig präsent, nicht nur im resümierenden Einführungsartikel von Tonry selbst, sondern auch etwa bei Roché (2007: 472, 475). So kommt Tonry in seinem Resümee,
das den Anspruch formuliert, eine Bilanz der einschlägigen Forschungsliteratur zu
bieten – „This essay takes stock of the literature as it now stands" (Tonry 2007b: 5)
–, auf sein schon drei Jahre zuvor gefälltes Urteil zurück, proklamiert auch hier
erneut irrig, dass (auch) Deutschlands Gefangenenrate „(was) basically flat in the
final quarter of the twentieth century" (ebd.).[8]

Nicht nur hier irrt Tonry. Es gibt m. E. keinen Zweifel, dass die Kriminal- und
Sicherheitspolitik in der Bundesrepublik einen deutlichen Schwenk und ,turn' gemacht hat. Und dies nicht erst kürzlich, nicht auch erst seit ,nine-eleven', wie manche Beobachter es haben wollen. Statt empirischer Belege im Einzelnen – auf die
angestiegenen Gefangenenraten habe ich bereits hingewiesen – möchte ich einige
wenige kompetente Zeugen und einfache Beobachtungen zu Wort kommen lassen.

Eine der ersten Stimmen aus dem Bereich des Strafrechts, die auf seine Verschärfung hingewiesen haben, ist die des bereits erwähnten Strafrechtslehrers und
vormaligen Vizepräsidenten des Bundesverfassungsgerichts, Winfried Hassemer.
Dieser traf bereits in einem Vortrag im Dezember 2000 – also vor der Publikation
von Garlands Monographie – die folgende Feststellung: „Seit ich meine strafende
Umwelt mit wachen Augen beobachten kann, habe ich nie so viel selbstverständliche Strafbereitschaft, ja Straffreude wahrgenommen wie heute" (Hassemer 2001a:
458f.). Und konkretisierte dies wie folgt:

> „Reform des Strafrechts – das ist seit zwei Jahrzehnten ein einäugiges Unterfangen. Es geht in die-
> ser Reform, (…), um nichts anderes als um Verschärfungen – im materiellen Strafrecht um neue
> Tatbestände, erhöhte Strafdrohungen und vereinfachte Voraussetzungen einer Verurteilung; im
> Strafprozessrecht um neue und verschärfte Ermittlungsmethoden" (ebd.: 477).

In ähnlicher Deutlichkeit spricht der Würzburger Strafrechtslehrer Eric Hilgendorf
in einem rund sieben Jahre späteren Aufsatz über „Beobachtungen zur Entwicklung des deutschen Strafrechts 1975-2005" von „erhöhter Punitivität", „Straf-

---

8   Um aus Raummangel nur einen Beleg zu geben: Entgegen der Behauptung einer „basic stability of
     German imprisonment rates" (ebd.: 1204) hat sich die deutsche Gefangenenrate in knapp 1,5
     Jahrzehnten von Anfang der 1990er bis zu Beginn des 21. Jahrhunderts um mehr als ein Drittel
     erhöht: von 71 im Jahre 1992 auf 97 in 2005.

rechtshypertrophie" und schreibt: „Der Überblick über die Strafrechtsentwicklung zwischen 1975 und 2005 bringt einen deutlichen Trend zu mehr und zu schärferem Strafrecht an den Tag. Das Strafrecht zieht sich nicht zurück, sondern dehnt sich immer weiter aus" (Hilgendorf 2007: 200).

In komparativer bzw. diachroner Hinsicht formuliert Hilgendorf präziser noch als Hassemer: „Während 1975 noch Forderungen nach Entkriminalisierung vorherrschten, hat sich der Zeitgeist heute in Richtung auf immer mehr und immer schärfere Kriminalisierung gedreht" (ebd.: 203). Diesen Stimmen ließen sich weitere hinzufügen. Sie beziehen sich nur erst auf die gesetzlichen Instrumente von Kriminalpolitik, nicht schon auf deren Implementation. Diese Differenz wird gerne von den Kritikern der Punitivitätsthese ins Feld geführt, als ob schärfere Gesetze nur Schall und Rauch sind.

Mir erscheint etwas anderes weiterhin bemerkenswert. Bei beiden zitierten Autoren handelt es sich um Rechtswissenschaftler. ‚Interdisziplinäre' Bezugnahmen aus den Reihen der deutschen Kriminologie oder Soziologie sucht man indessen vergeblich – von Ausnahmen abgesehen: Von „Straflust und Repression" sprachen Helga Cremer-Schäfer und Heinz Steinert (1998) bereits zwei Jahre vor Hassemers Vortrag. Als jüngste Ausnahme aus soziologischer Sicht ist auf das eindringliche deutsche Vorwort von Klaus Günther und Axel Honneth (2008) zur deutschen Ausgabe von Garlands Studie hinzuweisen. Ohne jeglichen Anflug von Zweifel und Einschränkung schließen sie ihren zehnseitigen Text mit dieser Feststellung:

> „Diese wenigen Beispiele mögen genügen, um zu belegen, dass Garlands *Kultur der Kontrolle* in vielen Hinsichten Anknüpfungspunkte für die deutsche Diskussion nicht nur über Kriminalpolitik und Strafkultur, über Sicherheit und Freiheit bietet, sondern auch über die Formation einer neuen Gesellschaftsstruktur" (Günther/Honneth 2008: 16).

Desinteresse und offensichtlicher Mangel an Betroffenheit gelten übrigens wohl auch für die fast vollständige kriminologische Abwesenheit und Teilnahmslosigkeit an der Diskussion um das ‚Feindstrafrecht' – eine bekanntlich von Jakobs identifizierte ‚zweispurige' Entwicklung des deutschen Strafrechts: eine Spur für den im Prinzip rechtstreuen, wenn auch gelegentlich normverletzenden ‚Bürger', eine zweite für den notorisch und kognitiv fehlenden ‚Feind'. Diese Diskussion ist bisher eine rein rechtsinterne geblieben, auch dort im Wesentlichen von republikanischen Anwälten und Strafverteidigern am Kochen gehalten – und sie ist weiterhin im Wesentlichen auf der rein normativen Ebene geführt worden.[9]

Es verlangt nach Erklärung: Weder die deutsche Kriminologie noch andere einschlägige empirische sozialwissenschaftliche Disziplinen haben das Feindstraf-

---

9   Vgl. hierzu meinen Aufsatz in der bürgerrechtlich orientierten Zeitschrift *Vorgänge* (Sack 2007b). Dort findet sich auch eine Rekonstruktion der Diskussion mit zahlreichen Nachweisen.

recht als Gelegenheit oder Herausforderung aufgegriffen, der Diskussion eine empirische und theoretische Wendung hinzuzufügen – auch hier sind Ausnahmen zu notieren: ältere schon aus der Feder des allzu früh verstorbenen Detlev Frehsee, der schon in den 1990er Jahren ein sehr waches Auge auf die poröse und rechts-staatserodierende Entwicklung des Strafrechts und seine punitive Instrumentalisie-rung durch Politik und Medien geworfen hat.[10] Als Ausnahme von (rechts-)sozio-logischer Seite sind auch neuere ethnologisch orientierte und rechtsstaatstheore-tisch höchst kritische wie brisante Analysen von Trutz von Trotha (2003) und Peter Hanser und von Trotha (2002) zu nennen.

Ich beende damit den Blick auf die deutsche kriminal- und sicherheitspoliti-sche Tendenz und deren punitive Wendung. Nur ein Bruchteil der sachlichen und personellen Belege und Erscheinungen ist in der deutschen kriminal- und sicher-heitspolitischen Bilanz zur Sprache gekommen. Sie reichen hin, um auch die Bun-desrepublik im Sog der punitiven Wende zu verorten. Mir ist vor diesem Hinter-grund schlicht unverständlich, wie Deutschland die Rolle zugewiesen werden kann, gleichsam ein Bollwerk gegen die punitive Flut in der Kriminalpolitik zu sein. Das war es um die Jahrtausendwende nicht, auf die sich Tonry noch 2004 bezieht, das war es erst recht nicht drei Jahre später in der als ‚Anti-Garland' bezeichneten Textsammlung.

Die deutsche Kriminalpolitik als Ausreißer der Liberalität und Permissivität und Gegenmodel zu derjenigen der USA, Englands usw. zu betrachten, als Fall des ‚exceptionalism' konträrer Art, das lässt sich in meinen Augen nur als politisches Wunschdenken bezeichnen. Als Außenstehender, der die deutsche Situation im Wesentlichen nur über seine eigene Sprache zu erschließen vermag, mag dies hin-gehen. Zur Erklärung der weitgehenden Sprachlosigkeit, schlichten Leugnung und einer an Leugnung grenzenden Relativierung durch viele deutsche Kriminologen gegenüber dieser Entwicklung bedarf es nicht weiterer und zusätzlicher einschlägi-ger Forschung.[11] Vielmehr hat man sich ins Revier der Wissenssoziologie zu bege-ben, um an die tieferen Gründe der weitgehenden Rezeptionsblockaden einer punitiven Wirklichkeit zu gelangen, deren ungenierte und sich brüstende Selbstdar-stellung jeglichen methodischen Aufwand wissenschaftlicher Herkunft ins Ridiküle und Überflüssige verweist.

---

10 Eine eindrucksvolle Kollektion von Texten Frehsees aus den 1990er Jahren hat sein Bielefelder Kollege Wolfgang Schild ediert (Frehsee 2003).
11 Jedenfalls keine Forschung des Ob, um nicht weiter dem abträglichen Vorurteil Nahrung zu geben, die Soziologie oder auch Kriminologie würden mit ihren Methoden nur noch das heraus-finden, was eh schon jedermann weiß. Wie sich die ‚Logik' der Punitivität im Einzelnen – z. B. in-stitutionell, akteursspezifisch, lokal – realisiert, Widerständen begegnet etc., sind dagegen interes-sante Fragen, die der Erforschung harren, aber auch bereits ‚unterwegs' sind. So erscheint dem-nächst eine Dissertation von Lutz (im Erscheinen) über den punitivitätsinduzierten Wandel im Bereich der Sozialarbeit.

3. Muster und Motive: auf der Suche nach den Gründen der Flucht vor der Wirklichkeit

Am Ende eines mehr als irritierenden Befundes einer hartnäckigen und kontrafaktischen Leugnung einer kriminalpolitischen Regression auch in der Bundesrepublik durch die dafür zuständige Disziplin der Kriminologie kommt man an der Suche nach den Gründen dieser Verweigerung nicht vorbei. Ich möchte dazu in aller Kürze drei Überlegungen anstellen und entnehme diese in unterschiedlicher Weise aus der Diskussion über die These der Punitivität.

3.1 Der Vorwurf der ‚Unwissenschaftlichkeit' der These

Eine erste Strategie der Leugnung findet sich bei dem schon bekannten schärfsten Kritiker von Garland, Michael Tonry. Seine Abwehr gegen die Punitivitätsthese grenzt an eine Art der Kollegenbeschimpfung. Tonry spricht mehr oder weniger unverhohlen der These Garlands ihre Wissenschaftlichkeit und Seriosität ab. „Many of the generalisations bandied about in discussions of penal policy in Western countries are not true" (Tonry 2007a: 1). Dieser Eingangsfeststellung lässt Tonry – unter Bezug auf zwei weitere englische Kollegen – die für einen empirischen Wissenschaftler nahezu ehrenrührige Erläuterung folgen: „If penal populism (Pratt 2007) or populist punitiveness (Bottoms 1995) exists at all, it is mostly as reifications in academics' minds of other academics' ideas" (ebd.). Der Vorwurf der Reifikation ist bekanntlich „ein typisches Argument der Ideologiekritik". Berger und Luckmann definieren Reifikation wie folgt: „Reifikation ist, die Produkte menschlicher Aktivität so zu verstehen, als wären sie etwas anderes als menschliche Produkte" (für beide Zitate siehe Wikipedia: ‚Reifikation').

Weiter kritisiert Tonry die in der Diskussion und in Buchtiteln verwendeten Konzepte wie ‚penality' (Garland), ‚punitiveness' (Pratt u. a.), ‚punitivism' or ‚punitivity': „These are all ugly words" (Tonry 2007a: 7). Die schmähendste Feststellung Tonrys ist diese:

> „(…) much of the armchair 'theoretical' writing is useless, assuming that a 'punitive turn' has occurred, which it then tries to explain without bothering to establish, whether policies and practices have changed and in what ways. David Garland's work (e.g., 2001) has inspired much armchair theorizing" (ebd.: 39).

Weil Tonry die pejorative Konnotation von ,armchair theory'[12] wohl bekannt ist, setzt er seiner Schmähung doch noch hinzu: „While no informed person would deny that Garland's writing is insightful and provocative, there are few David Garlands" (ebd.). Weniger schonend geht Tonry mit anderen Kollegen um. Für den bereits erwähnten John Pratt, Jurist und Kriminologe englischer Herkunft und Prägung, hat er nur eine Fußnoten-Bemerkung übrig: „Not everyone has learned this", womit er eine Bemerkung Garlands über eine gewisse kriminalpolitische Spannbreite in verschiedenen Ländern meint (ebd.: 3). Und auch für Ian Loader, Professor für Kriminologie und Direktor am kriminologischen Institut in Oxford, findet Tonry nur spöttische Bemerkungen über dessen kürzliche Kritik an den – wie Loader sie nennt – ,Platonic Guardians' der liberalen Kriminalpolitik.

3.2 Über die Preisgabe ,liberaler' Kriminalpolitik

Loader gibt mir das Stichwort zu meiner zweiten Überlegung bezüglich des Widerstands gegen die Wirklichkeit der kriminalpolitischen Wende bzw. des ,punitive turn'. Der aus englischer Sicht verfasste Aufsatz Loaders spricht in meinen Augen eine Schlüsselrolle an, die mir auch für die deutsche Diskussion zentral zu sein scheint. Und dies in mehrfacher Hinsicht – zur ,Einsicht' in die an Donquichotterie grenzende, wenig erfolgreiche Opposition gegen den allenthalben – u. a. in der ,Punitivität' – sichtbaren Rechtsstaatsabbau in modernen Gesellschaften zum einen, in der ,theoretischen' Zuwendung zu dieser beklagten Situation zum anderen.

Loader zeichnet in seinem Text den „Fall of the Platonic Guardians" (2006) nach. Es geht um den Verfall des kriminalpolitischen Liberalismus sowie den Aufstieg des kriminalpolitischen Populismus. Das meint die Ablösung des distanzierten Expertentums von Praktikern und Wissenschaftlern zugunsten einer politisierten und öffentlichen Kriminalpolitik, die sich insbesondere zu Wahlkampfzeiten und im Anschluss an spektakuläre Straftaten, etwa aus dem Bereich von Sexualstraftaten oder besonders brutaler Gewaltdelikte, beobachten lässt.[13] Die Pointe, an der Tonry gegenüber Loader Anstoß nimmt, besteht aus zwei Punkten. Das für Tonry und auch in manchen deutschen Ohren Unerhörte und zutiefst Verstörende an der

---

12 Nicht auszuschließen ist, dass Tonry diesen Begriff von Garland selbst übernommen hat, der ihn zur Charakterisierung und Kritik in Bezug auf die kriminologische Übernahme der „rational choice theory" zur Erklärung kriminellen Verhaltens verwendet (Garland 2001: 130).

13 Eine exzellente einschlägige Studie, freilich erneut nur für die USA, hat Beckett (1998) vorgelegt. Bekannt sind auch einige derartige politische Ausfälle des früheren Bundeskanzlers Gerhard Schröder gegen Ausländer sowie gegen Sexualstraftäter. Ein ,Lehrstück' dieser Art von Kriminalpolitik lieferte im vergangenen Jahr im hessischen Wahlkampf der CDU-Spitzenkandidat Roland Koch.

Analyse und Position von Loader ist zum einen die Charakterisierung der liberalen Kriminalpolitik als ‚liberalen Elitismus' bzw. ‚platonisches Wächtertum' – beides Ausfluss einer liberalen Ideologie.

Zum anderen aber, noch gravierender vermutlich für die Verteidiger der kritisierten Position, ist wohl das analytische bzw. theoretische Fazit, das Loader in Bezug auf diese Position zieht, ich zitiere „There are good reasons to suggest that, whatever one makes of its desirability, the ambition of reinstalling Platonic guardianship to its position of former dominance has become sociologically untenable" (Loader 2006: 581). Und unter Bezugnahme auf Garlands Studie, aber nicht nur auf sie, identifiziert er den Verfall liberaler Kriminal- und Sicherheitspolitik so:

> „(...) this disposition towards the governance of crime has been undone by a series of economic, social and cultural transformations that have over the latter third of the twentieth century eroded its conditions of possibility (...) There are, then, cogent reasons why Platonic guardianship cannot and should not be revived" (ebd.: 581f.).

Leugnung und Widerstand gegen die These Garlands, insbesondere in Deutschland, aber auch etwa in Frankreich, mögen ihren tieferen Grund in einem gesellschaftlichem Selbstverständnis und Selbstbild haben, das einen idealistischen und voluntaristischen Überschuss auszeichnet, der sich der ‚Bedingungen ihrer Möglichkeit', von denen Loader spricht, nicht vergewissert oder nicht eingesteht. Nicht nur hält die Kriminologie kontrafaktisch und gegen alle Evidenz an einem kriminalpolitischen und liberalen Modell fest, dessen außerkriminelle, gesellschaftliche Bedingungen nicht mehr existieren oder nachhaltig erodiert sind. Sie nimmt auch gar nicht erst die Fragen nach diesen außerkriminellen Voraussetzungen und Bedingungen liberaler Kriminal- und Sicherheitspolitik in ihre Agenda auf. In einer kurzen abschließenden Bemerkung möchte ich ein Stück in diese Richtung gehen.

3.3 Die Angst der Kriminologie vor der Soziologie

Meine letzte und abschließende Überlegung zu möglichen Gründen der Abwehr punitiver Tendenzen betrifft die Angst der (hauptsächlich: deutschen) Kriminologie vor der Soziologie, insbesondere vor derjenigen, die sich auf die Gesellschaft als Ganze, auf ihre gesellschaftstheoretischen Ambitionen bezieht. Es geht um die von Loader angemahnten gesellschaftlichen Determinanten der jeweiligen Kriminalpolitik. Ich greife dazu noch einmal auf die fundamentale Kritik von Tonry – und mit ihm auch auf die deutschen Kritiker – an Garland zurück, wobei dieser für eine ganze Reihe anderer hier nicht genannter Forscher steht. In seinen perspektivischen Schlussüberlegungen für „a new generation of comparative studies" (Tonry 2007a: 40), in denen er Forschungen à la Garland rundweg eine Absage erteilt, formuliert Tonry an erster Stelle eine Forschungsstrategie, die die gesamte Richtung der von ihm kritisierten Forschung zurückweist und für obsolet erklärt: „First, the effort to explain the emergence of a ubiquitous, monolithic 'new punitiveness' or 'punitive turn' (…) needs to be replaced with efforts to explain many things" (ebd.: 38). Das ist schlicht gleichbedeutend mit dem Verzicht auf und der Absage an die Möglichkeit von Aussagen über kollektive und Makrogebilde oberhalb der rein individuellen und Mikroebene. Das ist methodologischer Individualismus pur, wie er übrigens fälschlicherweise von Hess (2001) der Position Garlands unterstellt wird. Wenn man diesen wissenschaftlichen Defätismus nicht teilt, sondern soziologisch darauf insistiert, dass der kriminalpolitischen Wende strukturelle Wandlungen gesellschaftsweiter und gesamtgesellschaftlicher Art zugrunde liegen, die nicht auf dem Sektor der Kriminalität zu lokalisieren sind, so hat die Kriminologie diesen außerkriminologischen Faden konsequenter aufzunehmen, als sie dies zu tun pflegt. Für die deutsche Kriminologie lässt sich dies umstandslos und fast ohne Abstriche sagen. Garland fasst diese Strukturwandlungen unter das Signum der „late modernity" und zielt, wie wir oben schon sahen, auf die Identifizierung der „(…) social, cultural, and political forces that gave rise to them" (den ‚dramatic developments'). Daneben, obwohl in diesem Zitat nicht präsent, betont Garland insbesondere – detailliert und über den gesamten Text hinweg[14] – den ökonomischen Faktor als einen der treibenden Kräfte der Entwicklung der repressiven Wende. In einem seiner resümierenden Folgerungen heißt es: „If the watchwords of post-war social democracy had been *economic control and social liberation,* the new politics of the 1980s put in place a quite different framework of *economic freedom and social control*" (Garland 2001: 100; Hervorhebungen im Original).

Logik und Wirken des ökonomischen Faktors für die Kriminalität und den Umgang mit ihr erfolgt in der Tat in einer Weise, wie es sich die Vertreter der Disziplin nicht zu denken, erst recht natürlich nicht zu formulieren getrauen, obwohl auch hier Stichworte wie ‚Ökonomisierung des Sozialen' (Krasmann 2003) und „Vom wohltätigen zum strafenden Staat" (Wacquant 1997) vorliegen. Diese gilt es aufzunehmen und fortzuentwickeln. Man muss es nicht gerade so salopp formulieren, wie es die New York Times in ihrer Ausgabe vom 12.01.1993 tat: „From P.C. to E.C." Auch nicht nach der Art der Spin-Doktoren von Bill Clinton in seinem erfolgreichen ersten Wahlkampf gegen George Bush sen. im Jahre 1992.

---

14   In aller politischen Unbefangenheit zitiert Garland zur Erfassung der „modernizing dynamic of capitalist production and market exchange" in der „late modernity" eine längere Passage aus dem kommunistischen Manifest von Marx und Engels – jene berühmte Stelle, deren englische Fassung nahezu poetische Qualität eignet: „All that is solid melts into air (…)" (Garland 2001: 79).

Gegen Bushs Werte- und Moral-Wahlkampf war Clintons erfolgreicher Slogan: „It's the economy, stupid."[15]

Literaturverzeichnis

Bauman, Zygmunt (2000): Die Krise der Politik. Fluch und Chance einer neuen Öffentlichkeit. Hamburg: Hamburger Edition

Courakis, Nestor (Hrsg.) (2001): Die Strafrechtswissenschaften im 21. Jahrhundert. Festschrift für Professor Dr. Dionysios Spinellis. Athen: Verlag Sakkoulas

Cremer-Schäfer, Helga/Steinert, Heinz (1998): Straflust und Repression. Zur Kritik der populistischen Kriminologie. Münster: Westfälisches Dampfboot

Daems, Tom (2008): Making Sense of Penal Change. London: Oxford University Press

Downes, David (2001): The macho penal economy. Mass incarceration in the United States. A European perspective. In: Punishment and Society 3(1): 61-80

Feeley, Malcolm M. (2003): Crime, social order and the rise of neo-conservative politics. In: Theoretical Criminology 7(1): 111-130

Frehsee, Detlev (2003): Der Rechtsstaat verschwindet. Strafrechtliche Kontrolle im gesellschaftlichen Wandel von der Moderne zur Postmoderne. Gesammelte Aufsätze. Berlin: Duncker & Humblot

Garapon, Antoine/Salas, Denis (1996): La République pénalisée. Paris: Hachette

Garland, David (1985): Punishment and Welfare. A history of penal strategies. Aldershot: Gower

Garland, David (2001): The Culture of Control. Crime and Social Order in Contemporary Society. Oxford: Oxford University Press

Garland, David (2004): Beyond the Culture of Control. In: Critical Review of International Social and Political Philosophy 7(2): 160-189

Garland, David (2008): Kultur der Kontrolle. Verbrechensbekämpfung und soziale Ordnung in der Gegenwart. Frankfurt/M.: Campus

Gordon, Diana R. (1990): The justice juggernaut. Fighting street crime, controlling citizens. New Brunswick: Rutgers University Press

Günther, Klaus/Honneth, Axel (2008). Vorwort. In: Garland, David (2008): 7-16

Hanser, Peter/Trotha, von Trutz (2002): Ordnungsformen der Gewalt. Reflexionen über die Grenzen von Recht und Staat an einem einsamen Ort in Papua-Neuguinea. Köln: Rüdiger Köppe Verlag

Hassemer, Winfried (2000): Die neue Lust auf Strafe. In: Frankfurter Rundschau vom 20.12.2000: 16

Hassemer, Winfried (2001): Gründe und Grenzen des Strafens. In: Vormbaum, Thomas (2001): 458-484

Hess, Henner (2001): Rezension zu David Garland: The Culture of Control. In: Kriminologisches Journal 33(3): 227-233

Hilgendorf, Eric (2007): Beobachtungen zur Entwicklung des deutschen Strafrechts 1975-2005. In: Hilgendorf, Eric/Weitzel, Jürgen (2007): 191-215

Hilgendorf, Eric/Weitzel, Jürgen (Hrsg.) (2007): Der Strafgedanke in seiner historischen Entwicklung. Berlin: Duncker & Humblot

Inhetveen, Katharina/Klute, Georg (Hrsg.) (2009): Begegnungen und Auseinandersetzungen. Festschrift für Trutz von Trotha. Opladen: Leske + Budrich

---

15 Robert Reiner (2007, 2007/08) hat erst kürzlich sehr nachhaltig für die Rückkehr der „politischen Ökonomie" in die kriminologische Diskussion plädiert – auch mit Bezug auf den Wahlkampf-Slogan Clintons.

Irwin, John/Austin, James (2000): It's About Time. America's Imprisonment Binge. Belmont, Cal.: Wadsworth Publishing Company

Klimke, Daniela (Hrsg.) (2008): Exklusion in der Marktgesellschaft. Wiesbaden: VS Verlag

Krasmann, Susanne (2003): Die Kriminalität der Gesellschaft. Zur Gouvernementalität der Gegenwart. Konstanz: UVK

Loader, Ian (2006): Fall of the Platonic Guardians. Liberalism, Criminology and Political Responses to Crime in England and Wales. In: The British Journal of Criminology 46(4): 561-586

Lyon, David (2003): Rezension zu David Garland: The Culture of Control. In: American Journal of Sociology 109(1): 258-259

Maguire, Mike/Morgan, Rod/Reiner, Robert (Hrsg.) (2007): The Oxford Handbook of Criminology. Oxford: Oxford University Press

Pratt, John (2007): Penal Populism. London/New York: Routledge

Reiner, Robert (2007): Political economy, crime and criminal justice. In: Maguire, Mike et al. (2007): 341-382

Reiner, Robert (2007/08): It's the political economy, stupid! A neo-Clintonian criminology. In: Criminal Justice Matters 70: 7-8

Ruf, Werner (Hrsg.) (2003): Politische Ökonomie der Gewalt. Staatszerfall und die Privatisierung von Gewalt und Krieg. Friedens- und Konfliktforschung. Band 7. Opladen: Leske + Budrich

Sack, Fritz (2006): Gesellschaftliche Entwicklung und Sanktionseinstellungen. Anmerkungen zur deutschen kriminalpolitischen Diskussion. In: Soziale Probleme 17(2): 155-173

Sack, Fritz (2007a): Die deutsche Kriminologie – von ‚draußen' betrachtet. In: Kriminologisches Journal, Beiheft 9: 205-230

Sack, Fritz (2007b): Juristen im Feindstrafrecht. Wer den Rechtsstaat verteidigen will, muss die Gründe seines Niedergangs in den Blick nehmen. In: Vorgänge. Zeitschrift für Bürgerrechte und Gesellschaftspolitik (178): 5-26

Sack, Fritz (2008): Die deutsche Kriminologie im Lichte des Werkes von D. Garland. In: Klimke, Daniela (2008): 301-322

Sack, Fritz (2009): Kriminalsoziologie. Gesellschaftstheoretische Pfade. In: Inhetveen, Katharina/Klute, Georg (2009): 49-74

Salas, Denis (2005): La volonté de punir. Essai sur le populisme pénal. Paris: Hachette

Simon, Jonathan (1993): Poor Discipline. Parole and the Social Control of the Underclass, 1890-1990. Chicago/London: University of Chicago Press

Tonry, Michael (2004): Why aren't German penal policies harsher and imprisonment rates higher? In: German Law Journal 5(10): 1187-1206

Tonry, Michael (2007a): Determinants of Penal Policy. In: Tonry, Michael (2007b): 1-48

Tonry, Michael (Hrsg.) (2007b): Crime, Punishment, and Politics in Comparative Perspective. Crime and Justice. A Review of Research. Band 36. Chicago: Chicago University Press

Trotha, von Trutz (2003): Die präventive Sicherheitsordnung. In: Ruf, Werner: 51-75

Roché, Sebastian (2007): Criminal Justice Policy in France. Illusions of Severity. In: Tonry, Michael (2007b): 471-550

Vormbaum, Thomas (Hrsg.) (2001): Jahrbuch der juristischen Zeitgeschichte. Band 2. Baden-Baden: Nomos

Wacquant, Loïc J.D. (1997): Vom wohltätigen zum strafenden Staat. Über den politischen Umgang mit dem Elend in Amerika. In: Leviathan 25(1): 50-66

Wacquant, Loïc (2009): Bestrafen der Armen. Zur neoliberalen Regierung der sozialen Unsicherheit. Opladen: Barbara Budrich

Die Entgrenzung des Prinzips ‚Hausordnung' in der neoliberalen Stadt

Marcus Termeer

Anfang 2006 beschäftigt sich die *Süddeutsche Zeitung* mit der ersten deutschen *Gated Community*, der Villen- und Apartment-Siedlung ‚Arcadia' in Potsdam. Sieben Jahre nach der Gründung gebe es noch immer massiven Leerstand. Das Fazit des Artikels ist dann auch eindeutig: „Wohnen hinter Mauer und Zaun gilt hierzulande als unattraktiv" – anders als sonst in Europa zwischen Großbritannien und Russland, anders vor allem als in den USA (*SZ* vom 13. Januar 2006). Und auch der seit Jahren zum Thema forschende Geograf Georg Glasze stellt damals fest: In deutschen Kommunalverwaltungen sei man wohl einhellig gegen diese Art Privateigentum (ebd.).

Das hat sich inzwischen offenbar geändert. So führt im April 2008 ein eigens ausgelegter roter Teppich in die Baugrube der *Gated Community* ‚Kloster-Gärten'. Zur Grundsteinlegung schreitet nicht nur der Vorstandsvorsitzende des Investors und Bauherrn Frankonia Eurobau AG, sondern auch ein strahlender Münsteraner Stadtdirektor (*Westfälische Nachrichten* vom 12. April 2008).

Allein Frankonia Eurobau mit Hauptsitz im rheinischen Nettetal baut oder plant derzeit eine ganze Reihe derartiger ‚Premium-Quartiere': in Hamburg die ‚Sophienterrassen', in Münster die ‚Kloster-Gärten', in Düsseldorf das ‚Andreasquartier', die ‚Heinrich Heine Gärten' und die ‚Königskinder', in München die ‚Lenbach Gärten', um nur einige zu nennen (Frankonia Eurobau: Premium Quartiere).[1] Zur Zielgruppe zählen „hochqualifizierte Leistungsträger, die sehr hohe Wohn-, Sicherheits- und Qualitätsansprüche haben und die progressiven und innovativen Lebensformen offen gegenüber stehen" (Frankonia Eurobau: Zielgruppen). Zur „Produktphilosophie" zählt prominent „ein vielfältiges Sicherheits- und Serviceangebot" (Frankonia Eurobau: Produktphilosophie). Für solche Sicherheitsangebote in bewachten Wohnsiedlungen gehören Videokameras, Bewegungsmelder sowie Alarmschaltungen zum Standard (Glasze 2003: 11). Zentral aber ist hier die Figur des *Doorman*, bei dem nicht nur die Fäden der Technik zusammenlaufen (Wehrheim 2002: 187). Er personifiziert die „Symbolik des Ausschlusses" (ebd.: 185). *Gated Communities* sind nicht – wie Wohnstraßen und selbst Villenviertel normalerweise – prinzipiell von allen durchquerbar, sondern sind nur noch Befugten

---

[1] Internetquellen werden im Text zur besseren Lesbarkeit durch solche Angaben oder auch durch Kürzel wie ‚WIN: BID' gekennzeichnet und in der Literaturliste aufgelöst.

zugänglich. *Doorman*-Wohnen findet auch in Deutschland schon seit längerem in luxuriösen Appartementhäusern statt, ebenso aber auch am anderen Ende der Segregation, in Wohnkomplexen für SozialmieterInnen (ebd.).

1. Die Ausweitung des Prinzips ‚Hausordnung' auf den öffentlichen Raum

Ich möchte die offenbare Konjunktur einer derartigen Zitadellen-Kultur in einen breiteren Kontext stellen: die Ausweitung des Prinzips ‚Hausordnung' in der neoliberalen Stadt. *Gated Communities* funktionieren nach klar definierten Zugangs- und Ausschlusskriterien. Gerade diese Wohnformen dokumentieren daher eine fortschreitende Privatisierung und Funktionalisierung des öffentlichen Raums. Diese zeigt sich grundsätzlich schon länger, deutlicher und vor allem verbreiteter in *Shopping Malls* und exklusiven Einkaufspassagen, in einer „Intensivierung der Kommerzialisierung von Stadtzentren" (Wehrheim 2002: 155). Sie zeigt sich desgleichen in einem seit Jahren anhaltenden Boom der privaten Sicherheitsindustrie, in zunehmenden Public-Private-Partnerships zwischen solchen Privatunternehmen, Stadtverwaltungen und Polizei, in verstärkt eingesetzten kommunalen Ordnungsdiensten und in Strategien zum Einsatz von Arbeitslosen als ‚milieukundige' Ordnungskräfte gegen Randgruppen. Den genannten Beispielen gemein ist eine Vermischung der Prinzipien des Gesetzes und der Prinzipien der Regel bzw. Hausordnung.

Eine Hausordnung ist eine *einseitige* Regelung von Verhaltensweisen in privaten oder funktionalen Räumen, der sich die NutzerInnen zu unterwerfen haben. Zuwiderhandlungen machen einen unerwünscht. Auch der französische Philosoph Martin Mongin hat die Vermischung der Prinzipien des Gesetzes und der Prinzipien der Regel oder Hausordnung konstatiert. Denn, so Mongin, die omnipräsenten privaten Ordnungs- und Sicherheitskräfte in *Shopping Malls*, Einkaufszentren usw., die die Regeln repräsentieren und ausüben, initiieren „ein Macht- oder Autoritätsverhältnis", sie verbreiten eine Gesetzesdrohung, obwohl sie real keine anderen rechtlichen Befugnisse haben als alle BürgerInnen. Die Dresscodes der Wachleute – Uniformen, Anzüge, Namens- und Funktionsschilder, Kommunikationsequipment – schaffen eine „Asymmetrie" der Autorität. Und durch den präventiven Charakter der Überwachung werden (potenzielle) KundInnen zugleich zu potenziellen DelinquentInnen (Mongin 2008: 12).

Shopping Malls (und länger schon Bahnhöfe) sind doppelwertige Räume, also Räume in Privateigentum, „die der Öffentlichkeit offen stehen und in denen sich ein immer größerer Teil des gesellschaftlichen Lebens abspielt" (ebd.: 13). Das heißt auch, dass diese Räume ihre BesucherInnen oft darüber im Unklaren lassen, ob sie privat oder öffentlich sind. Sie breiten sich auch in Deutschland zunehmend aus und werden zugleich zu Vorbildern. Während innerstädtische Straßen oft als „Orte der Unsicherheit" gelten, so Jan Wehrheim (2007: 278), werde „ein betriebswirtschaftlicher Vorteil von *Shopping Malls* in der Produktion eines ‚perfect environments' gesehen, das Sicherheit (...) und über den ‚feel-good-factor' Profitmaximierung ermöglichen soll". Ein solcher betriebswirtschaftlicher Vorteil sollte sich, so die Überlegungen kommunaler ‚Entscheider', auch auf die Innenstädte übertragen lassen.

Mit Michel Foucault erachtet Mongin die Vermischung der Sphären von Recht und Regeln als Charakteristikum der Disziplinargesellschaft. Sie entspringe dem „Kerker-Kontinuum". Die Anwesenheit von Aufsehern in öffentlichen Räumen markiere eine „Ausweitung der Gefängnisform" und deren Logik von Disziplinierung und Sanktionierung (Mongin 2008: 13).

Ich folge Mongin in vielem, werde aber auch notwendige Differenzierungen beisteuern. Da wäre etwa die Frage nach der im Anschluss an Gilles Deleuze allenthalben diagnostizierten Kontrollgesellschaft. Differenziert werden muss zudem zwischen *kommunalen Ordnungskräften*, zu denen Angestellte der Ordnungsämter sowie Hilfskräfte gehören, und *privaten Sicherheitskräften*, *Securities* in *Shopping Malls*, aber auch Discountern, sowie den schon erwähnten *Doormen* in *Gated Communities* und exklusiven Apartmenthäusern. Differenziert werden muss daher auch nach den Logiken der jeweiligen Dresscodes, des jeweiligen Habitus, den Logiken der „Ortseffekte" nach Pierre Bourdieu (1998), des ‚Spacings' nach Martina Löw (2001) – und damit nach den jeweiligen Wahrnehmungen durch die ‚Kundschaft'. Hier gibt es zwangsläufig Unterschiede zwischen exklusiven und weniger exklusiven Räumen. Festzuhalten ist dann auch, dass sich die Tätigkeit privater Wachleute keineswegs nur asymmetrisch gegen potenzielle Delinquenz richtet, sondern auch als ‚Kundendienst' wahrgenommen wird.

Die tendenzielle Entgrenzung des Prinzips Hausordnung in den öffentlichen Räumen geschieht in wechselseitiger Verbindung mit der Transformation von BürgerInnen in KundInnen. Diese „Kundenorientierung", so Stephan Voswinkel (2004: 149f.), hat eine Konsequenz: „Nicht mehr der Bürger ist die Legitimationsbasis des demokratischen Staates, sondern der ‚Kunde' ist der neue Souverän. Zum Kunden aber wird man nicht durch Rechte, sondern durch Kauf-, und Marktmacht." Der öffentliche Raum wird zum *funktionalen* Raum zugunsten der KundInnen und zu*un*gunsten der anderen. Basis der Kundenorientierung ist die ‚unternehmerische Stadt' (Harvey 1989).

2. Die Stadt als ‚Unternehmen', ihre KundInnen und die anderen

Die postfordistische Entwicklung der Stadt zum ‚Unternehmen' (Harvey 1989) wird schon seit längerem konstatiert. Sie ist geprägt durch die Transformation einer formal-bürokratisch-administrativen Ausrichtung von Politik in Formen von Public-Private-Partnerships, einer verstärkten Orientierung an „einkommensstarken

Haushalten (...) und internationalen Investoren", einer „Festivalisierung der Stadtpolitik" und einer Verschärfung der Sicherheitspolitik (Heeg 2004: 187f.). Ziel ist
es, im nationalen wie internationalen städtischen ‚Standortwettbewerb' das Profil
und den Bekanntheitsgrad für Investitionen zu stärken, die Qualifikation lokaler
Arbeitskräfte zu optimieren, die administrativen Abläufe effizienter im Sinne betriebswirtschaftlicher Abläufe zu gestalten und den Entwicklungen des globalen
Marktes anzupassen (ebd.: 188). Unternehmerische Strukturen haben zumindest
zwei miteinander verbundene Konsequenzen: Sie richten die Stadtentwicklung am
Profit aus und sie sind an Beziehungen zu KundInnen orientiert.

Eine am Profit ausgerichtete Stadtentwicklung hat Volker Kirchberg (1998b:
42) als „Urban Political Economy" definiert. Ins Werk gesetzt wird sie durch eine
„Wachstumskoalition", die aus Immobilienwirtschaft und Vertretern der Stadtverwaltung, von Stadtmarketing und Tourismus besteht. Ziel ist die „Erlebnisstadt"
als Repräsentation der „Lebensstile der urban orientierten Mittelklassen", in der
„sich zwar neue urbane Identitäten formieren", allerdings als „konsumistische[]
Formen der Identitätsbildung", wie Ronneberger et al. (1999: 72) das ausdrücken.

In Marx'scher Terminologie kann man sagen: Der Gebrauchswert des Raums
wandelt sich in seinen Tauschwert. Henri Lefèbvre (1972) hat das schon vor Jahrzehnten dargestellt: der tauschwertorientierte Handel mit dem Lebensraum der
Menschen, die verstärkte Fragmentierung und Hierarchisierung von Stadt-Raum als
letztem Schritt eines menschenfeindlichen Kapitalismus, der für das Ende des
gewachsenen urbanen Lebens und für den Rückzug des passiven Menschen ins
Private und in den Konsum sorgt. Auch wenn Lefèbvre betont, der Raum sei ein
soziales Produkt und kein irgend gearteter ursprünglicher: Mit der Vorstellung
eines nicht entfremdeten Raums klingt allerdings auch etwas vermeintlich zu be-
freiendes ‚Authentisches' an, das als Trugschluss gelten kann. Nicht erst seit Fou-
caults Arbeiten, sondern schon seit Adornos „Negativer Dialektik" (1966). Nach
Bourdieu (2003: 135) werden gesellschaftliche Strukturen zum agierenden (gesellschaftlich geprägten) Leib. Was dieser „gelernt hat, das besitzt man nicht wie ein
Wissen, sondern das ist man". Da der Habitus soziale Strukturen produziert und
reproduziert, erscheinen der Wahrnehmung Handeln und Strukturen als ‚natürlich'
und ‚authentisch'. Das trifft dann auch auf Identitätsbildungen durch Konsum zu.
Zudem geht Lefèbvre (logischerweise) noch von den dominierenden „sozialen
Raumproduktionen (...) in der fordistischen Produktionsweise" (Bareis 2007: 224)
aus: vom Vorrang der „Repräsentationen des Raums" und der Abdrängung der
„gelebten und mit Symboliken belegten ‚Räume der Repräsentation'" (ebd.).
Postfordistische Räume hingegen subsumieren – bis zu einem bestimmten Punkt
zumindest –. das, was Lefèbvre noch als nicht entfremdete Räume beschreibt,
machen es zum Bestandteil einer Verwertungskette und setzen es damit auch zur
Stabilisierung bestehender Machtverhältnisse ein.

Künstlerische Raumproduktionen, etwa bei der *Documenta* in Kassel oder bei den *skulptur projekten* in Münster, mögen sie auch noch so politisch-kritisch sein, sind längst feste Bestandteile des Städte-Marketings und können innerhalb einer ‚Ökonomie der Symbole' (Zukin 1998) selbst zu „symbolische[n] Schwellen" werden. „Symbolische Schwellen", also Inszenierungen von Hochkultur etwa als strategisches Angebot an exklusive Gruppen, die aufgrund vorgegebener Verhaltensweisen, Wissensbestände – kurz: kulturellen Kapitals – Nichteingeweihte abschrecken, dienen zur symbolischen Ausgrenzung und damit der räumlichen Segregation (Kirchberg 1998a: 91). Der Erlebnisraum Stadt soll frei sein von Belästigungen, Gefährdungen, Unsicherheiten und von irritierender sozialer Heterogenität. Und: „Als einziges legitimiertes Verhalten gilt letztendlich nur der Konsum" (ebd.: 92).

Kirchberg nennt die Segregation eine „Optimierung des Immobilien-Marketings" (1998b: 44). Stelle eine Homogenisierung städtischer Räume doch die effizienteste Zielgruppenwerbung dar. Wie eine Baupolitik zugunsten von einkommensstarken Schichten und Dienstleistungsunternehmen inzwischen zum zentralen Feld im neoliberalen Städtewettbewerb wird, zeigt Susanne Heeg (2008). Sie untersucht die Strategie eines *property-led development* konkret am Beispiel Bostons; schon, weil sie seit den 1990er Jahren in nordamerikanischen Städten ihren Anfang genommen habe. Eine solche an den Bedürfnissen wohlhabender Haushalte und der Dienstleistungsökonomie orientierte Strategie von Stadtpolitik und Investoren erhalte aber „eine immer größere Resonanz [auch] in europäischen bzw. deutschen Städten" (ebd.: 12). Sie soll postfordistischen Umbrüchen wie Deindustrialisierungen begegnen und den Städten zu Einnahmen durch Gewerbe-, Grund- und Einkommenssteuern verhelfen, vor allem durch

> „Großprojekte auf innerstädtischen Brach- und untergenutzten Flächen (…). Die Lage in der Nähe von Schwerpunkten städtischer Dienstleistungsökonomien macht entsprechende Flächen für kapitalkräftige Investoren und Projektentwickler attraktiv. Denn dort besteht eine große Nachfrage nach urbanem Wohnen und Büroflächen. Änderungen von Nachfragemustern, vor allem die hohe Wertschätzung von wassernahen bzw. innerstädtischen Standorten lassen einen umfangreichen Markt erwarten. Großprojekte werden aus diesen Gründen in der Stadtpolitik als solide Basis für Wachstum und wirtschaftlichen Funktionswandel gesehen: sie sollen physische Regeneration und wirtschaftliche Entwicklung verbinden" (ebd.: 15).

Da die Städte selbst meist keine aktive Baupolitik mehr betreiben, müssen bei dieser Art Wirtschaftsförderung private Immobilienkonzerne und -akteure durch ihnen genehme ökonomische Verwertungsbedingungen motiviert werden. Ihre „Interessen werden in die Planung eingeschrieben", ihre „stadtpolitischen Analysen" erhalten in Public-Private-Partnerships ein gesteigertes Gewicht. Das bedeutet einen tendenziellen Abschied von einer längerfristigen und umfassenderen Stadtplanung zugunsten von Flexibilisierung, Kurzfristigkeit und Einzelfallbezügen, „um die Anpassungsfähigkeit an ökonomische Dynamiken, Interessen und Trends zu gewährleisten". Und es bedeutet oft eine „Herauslösung spezifischer Räume aus einer gesamtstädtischen Perspektive" (ebd.: 15f.), eine städtebauliche Konzentration auf innerstädtische ‚Filetstücke' und die Bedürfnisse prosperierender Schichten.

2.1 Symbolische Schwellen werden zu manifesten Schwellen: stilvolle Exklusion

Die Kundenorientierung der unternehmerischen Städte fördert eine weitere Ausdehnung des Prinzips ‚Hausordnung' in den tatsächlich öffentlichen Raum. Als relativ wenig repressiv wirkende Strategie erscheint die seit Jahren ausgreifende Privatisierung des öffentlichen Raums per Außengastronomie, wie sie etwa in der Altstadt Münsters praktiziert wird. Münster ist eine relativ reiche, mittlere Großstadt, geprägt durch (gehobene) Mittelschichten, Hochschulen, Verwaltung und den tertiären Sektor. Im „Integrierten Stadtentwicklungs- und Marketingkonzept" der Stadt Münster betont die Arbeitsgruppe Forum City 2004 zwar die „[h]ohe Lebensqualität" in der Innenstadt, moniert aber zugleich, es gebe hier „zu wenig Plätze in der City, an denen Bürger/-innen sich aufhalten können (...) bzw. sie werden nicht in Wert gesetzt" (ISM 2004: 59). Bei dieser Inwertsetzung gibt es offenbar eine Priorität „[z]u wenig Gastronomie mit Außenplätzen" (ebd.). Mitglieder des Forums City sind VertreterInnen von ansässigen Unternehmen, der Stadtverwaltung, des städtischen Eigenbetriebs Münster-Marketing, der Parteien im Stadtrat sowie der Industrie- und Handelskammer. Noch im selben Jahr meldet das Ordnungsamt einen Erfolg. 13 neue solcher Standorte gebe es in der Innenstadt, insgesamt seien es hier nun 56 (von 199 in ganz Münster).

> „Die Gemeinsamkeit von Gastronomen und Verwaltung funktioniert auch bei der Pflege des architektonisch attraktiven Ambientes in der Altstadt. Gemeinsam mit der Kaufmannschaft, dem Hotel- und Gaststättenverband, Denkmalschützern und Marketing-Fachleuten sind Grundsätze für die Gestaltung der Außengastronomie entwickelt worden",

heißt es in einer Pressemitteilung (Stadt Münster: PresseInfo vom 12. August 2004). Der Konsum im angestrebten Flair europäischer Stadt-Ambientes wird real als Lebensqualität genossen. Zugleich findet eine scheinbar liberale Form sozialer Exklusion statt. Die Café-Möblierung öffentlicher Plätze verdrängt zwangsläufig – und offenbar gewollt – unerwünschte Gruppen zugunsten zahlender Kunden und ‚richtigen Benehmens'. Ausgeborgt von Elisabeth Timm (2001) lässt sich von ‚Ausgrenzung mit Stil' sprechen, kommt hier doch dem ‚sozial ästhetisch urteilenden Blick' eine zentrale Bedeutung zu. Eine solche Form symbolischer Exklusion über „das lebensstil-spezifische Konsumieren" (Kirchberg 1998b: 51) urbaner Mittelschichten zeigt auch: „Symbolische Schwellen" können zu juristischen Schwellen werden, per Ausübung des ‚Hausrechts' durch die Gastronomie-Betreiber.

Eine solche gastronomische City-Möblierung gehört zum Typus der Strategien, die Wehrheim (2002: 155) „Downtown as Shopping Mall" nennt. Bei dieser

Form des aus Erfahrungen in *Shopping Malls* gespeisten „latenten Ausschluss[es] durch Ästhetisierung" agieren inzwischen auch in Deutschland *Business Improvement Districts* (BIDs). Vorbild sind die nordamerikanischen BIDs, Public-Private-Partnerships aus Sicherheitsdiensten, Polizei und ansässigen Unternehmen, die nicht nur (besonders gegen Randgruppen) „überwachende Kontrolle privatrechtlich ausüben", sondern ebenso ein „harmonisiertes Angebot an Waren und Dienstleistungen" zentral managen (ebd.). „Wer die Stadtzentren nutzen darf und wie diese gestaltet werden, orientiert sich am Markt, sodass Nicht-Kaufkräftige tendenziell immer weniger Einfluss auf die Gestaltung der Innenstädte haben und im äußersten Fall diese de facto nicht mehr nutzen können" (ebd.).

Derzeit seien „bundesweit Modellprojekte in der Umsetzung", um die nordamerikanischen Vorbilder

„in unterschiedlich abgewandelten Formen auf deutsche Verhältnisse an[zu]wenden, denn auch für deutsche Städte bietet das Modell eine Reihe von Möglichkeiten, etwas gegen sinkende Attraktivität von Innenstädten zu unternehmen. Gemeinsam ist allen Modellen, dass sie sich auf Initiative der Betroffenen gründen und selbstbestimmtes Handeln und Finanzverantwortung vor Ort ermöglichen, um die kommunalen Leistungen durch attraktive Maßnahmen ‚on Top' zu bereichern. Dieser Maßnahmenkatalog reicht in anderen Städten von Pflegemaßnahmen des öffentlichen Raumes, Steigerung der Sicherheit, Werbung und Marketing" (WIN: BID),

heißt es bei der Münsteraner BID „Initiative Starke Innenstadt". Gebildet wird sie aus der Wirtschaftsinitiative Münster, Münster-Marketing sowie dem Runden Tisch der Innenstadtkaufleute (ebd.), Akteuren, die auch im oben genannten Forum City mitgewirkt und mehr Außengastronomie gefordert haben.

‚Downtown as Shopping Mall' steht aber weitaus häufiger für repressive(re) Strategien der Übertragung von Strukturen des exkludierenden Hausrechts auf den öffentlichen Raum der Städte, etwa durch Gefahrenabwehrverordnungen.

2.2 Die Auflösung der Grenzen zwischen Kriminalität und bisher nicht strafbaren Handlungen

Kommerzielle Sicherheitsdienste boomen weltweit. Für Deutschland, wo die Branche bisher zum Niedriglohnsektor zählt, prognostiziert das US-Marktforschungsunternehmen Freedonia Group bis 2013 einen Umsatz von über zehn Milliarden Euro (2006 waren es sechs Milliarden) und einen Anstieg der Beschäftigten von ca. 200.000 auf ca. 300.000 (Eick et al. 2007: 20). Auch eine Studie des Hamburgischen WeltWirtschaftsInstituts und der Berenberg Bank (2008) verspricht der Sicherheitsindustrie bis 2030 einen ‚dramatischen' Bedeutungszuwachs. Etwa, weil „eine größere finanzielle Ungleichheit tendenziell zu einem erhöhten Gefährdungspotential durch Kriminalität [führt]. Diese kann aber durch eine erhöhte Vorsicht ausgeglichen werden" (ebd.: 8).

Die in der Studie gefeierte „Geburt eines Wachstumsmarktes" (ebd.: 45) wird öffentlich gefördert. Ein Beispiel ist die Public-Private-Partnership zwischen den Städten Mühlheim-Ruhr und Essen, der dortigen Polizei und einer Reihe privater Sicherheitsunternehmen. Die Privaten fahren Tag und Nacht Streife und melden der Polizei „auffällige Sachverhalte" (Stadt Mühlheim an der Ruhr: Pressemeldung vom 16. April 2008). Dies, obwohl zugleich betont wird, dass es relativ wenig Kriminalität in beiden Städten gebe. Die Begründung liest sich dann so: „Die vergleichsweise niedrige Kriminalitätsrate in Mühlheim an der Ruhr und Essen soll zum Markenzeichen der beiden Städte werden. Gleichzeitig soll die Sicherheit weiter erhöht werden. (…) Sicherheit ist ein wichtiger Standortfaktor" (ebd.).

Solche Kooperationen zur Überwachung und Abschreckung liegen im Trend. So patrouillieren schon länger ‚Schwarze Sheriffs' auf dem Berliner Kudamm, in der Hohe Straße in Köln oder auf der Königsallee in Düsseldorf. Hier arbeite die Stadt im Rahmen ihrer „Integrierte[n] Kommunale[n] Sicherheitspolitik" seit 1999 mit fünf privaten Sicherheitsfirmen zusammen, berichtet *Der Sicherheitsdienst* (*DSD* 2008: 22), das Verbandsorgan des Bundesverbandes Deutscher Wach- und Sicherheitsdienste. Derartiges lässt sich aber nicht nur kommunal, sondern auch auf Bundesebene beobachten. Nach einem Bericht der Zeitung *Behörden Spiegel* vom Juli 2008 prüften das Bundesinnenministerium und die Deutsche Bahn AG Möglichkeiten, hoheitliche Aufgaben der Bundespolizei an private Dienste im Bahnauftrag zu übertragen.

Eick et al. machen im neoliberalen Projekt urbaner Eliten im Wesentlichen zwei Punkte aus: Erstens eine „zunächst ideologisch vorbereitete" Schaffung neuer Märkte (Liberalisierung), eine Privatisierung, mit der auch bislang öffentliche Aufgaben „eine (neue) Warenförmigkeit" erhalten ((Re-)Kommodifizierung), und eine (Re-)Regulierung, mit der „aus Sicht des Kapitals und der politischen Eliten" Wettbewerb geschaffen und erhalten und die dafür notwendigen Infrastrukturen gesichert werden. Zugriffe, die „sämtliche[] Lebensbereiche" betreffen und somit auch den „Markt der Sicherheit" (Eick et al. 2007: 10). Zweitens – und damit zusammenhängend – kommt es „zu zwei Erweiterungen des Sicherheitsbegriffes", die sich als „Moralisierung und Kriminalisierung abweichenden Verhaltens", flankiert von einem Konglomerat aus Normalitäts- und Risikovorstellungen, und einer Auflösung der „Grenze zwischen Kriminalität (…) und bisher nicht strafbewehrten Handlungen (*disorder, incivilities*)" (ebd.: 11) äußern.

Das wird auch durch Polizei und Ordnungsämter exekutiert. Seit etwa 2000 gründen größere Städte in NRW wie Düsseldorf, Essen, Gelsenkirchen, Herne und Krefeld – die Stadt ist seit 1996 Vorreiterin (*Westdeutsche Zeitung* vom 8. April 2005) –, aber auch in anderen Bundesländern, z. B. Mannheim, Darmstadt, Augsburg, Rosenheim ‚Kommunale Ordnungsdienste' auf Basis so genannter „Stadtrechte" oder „Ordnungsbehördlicher Verordnungen zur Aufrechterhaltung der öffentlichen Sicherheit". Vorgegangen wird gegen Randgruppen, aggressives Betteln, Ruhestörung, Belästigungen, öffentliches Alkoholtrinken und ‚Lagern' sowie gegen ‚Nächtigen' auf Bänken, wie exemplarisch die „Ordnungsbehördliche Verordnung" Gelsenkirchens (ObVO GE 2008: § 3) und die „Stadtrechte" in Stuttgart (StrAnl-PoVo 1999: § 2f.) und Düsseldorf (DSTO 2006: § 6) belegen. Die Ordnungsdienste haben zum Teil erhebliche Befugnisse bis hin zu Platzverweisen und zur Anwendung von körperlichem Zwang, können mit Schlagstöcken und Pfefferspray ausgerüstet sein.

Daneben kommt es seit Mitte der 1990er Jahre zu einer Renaissance der ehrenamtlichen Hilfspolizei: „Freiwilliger Polizeidienst" in Baden-Württemberg und Hessen, „Sicherheitswacht" in Bayern und Sachsen usw. (Pütter/Kant 2000: 16). Dabei handelt es sich um angelernte Laien, die Aufwandsentschädigungen oder Pauschalen erhalten, aber je nach Bundesland über unterschiedliche Befugnisse und Ausrüstungen verfügen. In Baden-Württemberg sollen sie in den (damals) 20 Modellstädten und -landkreisen zusammen mit der Polizei Streife gehen und schon durch ihre Präsenz (kriminal-)präventiv wirken. Sie werden in „Angsträumen" oder gegen Randgruppen eingesetzt. Sie können mit Schusswaffen ausgerüstet und uniformiert, aber auch unbewaffnet und in Zivil auftreten (ebd.: 17f.). In Hessen dürfen die LaienpolizistInnen verdächtige oder auffällige Personen befragen, Personalien feststellen, Gegenstände sicherstellen und Platzverweise erteilen. Sie dürfen nur einfache körperliche Gewalt ausüben und keine Schusswaffen tragen, sind aber zum Eigenschutz mit Pfefferspray ausgerüstet. Erkennbar sind sie an blauen Wetterjacken mit Aufschrift (ebd.: 22f.). Ähnliches gilt für die Hilfskräfte in Sachsen (ebd.: 22) und in Bayern, wo die „Sicherheitswacht" explizit zur Verhinderung von selbsternannten Bürgerwehren gegründet wurde (ebd.: 19). Die in zehn Modellgemeinden eingesetzten Brandenburger „Sicherheitspartner" dagegen werden nur mit Taschenlampen, Schreibutensilien, Fotoapparaten und eventuell Mobiltelefonen ausgerüstet, sind unbewaffnet und nicht uniformiert und haben außer dem optischen Schließen vorgeblicher Sicherheitslücken sowie dem Beobachten und Melden von Verdächtigem keine Befugnisse (ebd.: 23f.). An der Existenz der Laienpolizei „als primär konservative Strategie" (*Das Parlament* vom 24. November 2008) in den genannten Bundesländern hat sich bis dato nichts geändert (ebd.). Hinzugekommen ist etwa der „Freiwillige Ordnungs- und Streifendienst" in Niedersachsen (seit Ende 2006). Er soll in 14 Pilotkommunen „auf die Einhaltung der Regeln achten", hat aber keine hoheitlichen Rechte (Presseinformationen des Landes Niedersachsen: Meldung vom 16. Oktober 2006).

Eine besondere Form der Überwachung besteht im Einsatz von „Arme[n] gegen Arme" (Eick 2000: 39). Schon in den späten 1990er Jahren werden Langzeitarbeitslose zu „ABM-Sheriff[s]" (ebd.: 44) gemacht, wie Eick das nennt, ein Modell, das „Kontroll- mit Arbeitsmarktpolitik" verknüpfe (ebd.). Diese spezielle Variante des *empowerment* ist keineswegs auf die viel beschworenen Ballungsräume beschränkt. Der „Ghetto-Diskurs, der mit der Einrichtung solcher Projekte einhergeht", werde, so Eick, „mittlerweile auch für den ländlichen Raum inszeniert" (ebd.: 39), selbst in eher prosperierenden Gegenden. Zwischen 1998 und 2000 werden „Bürgerhelfer" ohne hoheitliche Befugnisse in brandenburgischen Kleinstädten wie Bernau oder Panketal im Speckgürtel Berlins auf Streife in ‚Problem-Bereiche' geschickt. Sie tragen grüne Westen mit Aufschrift und sind mit Notizblöcken, Mobiltelefonen, Taschenlampen und Reizgas ausgerüstet (ebd.: 41f.).

Solche Streifen am „unteren Ende des ordnungsamtlichen Engagements" (Pütter 2000: 48) werden in kleineren Städten wie Oer-Erkenschwick („Stadtwacht") eingesetzt, ebenso in Großstädten wie Hannover („Park-Rangers") (ebd.) oder Stuttgart. Hier patrouillieren von Sommer 1997 bis Sommer 1998 wegen ihrer gelben Westen so genannte ‚Gelbe Engel' in Straßen und Parks gegen Obdachlose und Bettelnde – wenn auch ohne hoheitliche Befugnisse. Selbst zuvor „Langzeitarbeitslose und SozialhilfeempfängerInnen" sollen sie „als ‚Armenpolizei' mit spezifischen Quartiers- und Milieukenntnissen, als Selbstregulativ von Armutspopulationen" (Eick 2000: 45) fungieren. Auch in Berlin beschäftigen damals freie Träger im Auftrag der dortigen Verkehrsbetriebe und mit Mitteln der Bundesanstalt für Arbeit 300 ABM-Sicherheits- und Serviceleute. Weitere werden im Bereich Ordnung, Sicherheit, Sauberkeit in Parks und Anlagen beschäftigt (ebd.: 45f.).

Wie sieht es heute mit Ein-Euro-Jobbern aus? Aus der 2007 geäußerten Idee des Berliner Regierungschefs Klaus Wowereit, Ein-Euro-Jobber gegen U-Bahn-Gewalt einzusetzen, ist zwar nichts geworden. Andernorts wurden solche Ideen aber umgesetzt. In Augsburg gab es 2007 Berichte, der städtische Ordnungsdienst werde auch mit Ein-Euro-Jobbern betrieben (*AugsburgerExtra* vom 27. November 2007). Laut Auskunft des Augsburger Ordnungsamtes per E-Mail vom 26. Februar 2009 sind vom 1. Oktober 2005 bis zum 31. August 2008 vier kommunale „Teamleiter" mit jeweils „drei bis vier Hilfskräften (1-Euro-Jobs)" regelmäßig in Wechselschichten in den üblichen Bereichen ‚Sicherheit' und ‚Sauberkeit' eingesetzt worden, ausgestattet mit blauen Hemden und T-Shirts sowie Jacken mit der Aufschrift „Ordnungsdienst". Sie hätten aber keine eigenen Befugnisse gehabt. Inzwischen seien für vier Hilfskräfte feste halbe Stellen beim ‚Ordnungsdienst' geschaffen worden. Ein etwas anders gelagertes Beispiel stammt aus Münster. Hier sorgen seit Mitte 2005 Ein-Euro-Jobber als „Gelbe Engel" im „Team-saubere-Stadt" für den „Service- und Ordnungsdienst" der Stadt für „Sauberkeit und Ordnung", beseitigen Unrat und arbeiten im „Fahrradkontrolldienst" (Stadt Münster: PresseInfo vom 15. März 2007).

3. Logiken des ‚Spacing' und der ‚Ortseffekte'

Die Ausweitung des Prinzips ‚Hausordnung': Als Ziel werden stets Prävention und Abschreckung, Sauberkeit, Ordnung sowie die Erhöhung des Sicherheitsgefühls

der Bevölkerung genannt. Dabei werden besonders ‚sozial Auffällige' zu Kontroll-
und Exklusionsobjekten. Nach Bourdieu (1998) ist die Herrschaft über den Raum
eine der privilegiertesten Formen der Machtausübung. Denn die Manipulation der
räumlichen Verteilung von Gruppen setze die Manipulation und Kontrolle dieser
Gruppen selbst durch. Zugleich aber zeigt sich: Die Produktion und Regulierung
von Sicherheit in der neoliberalen Stadt produziert ebenso Unsicherheit(en). Der
Bundesdatenschutzbeauftragte Peter Schaar (2007) hat auf ein neues Phänomen
verwiesen. Die zunehmende Vorfeld-Überwachung (auch per Videokameras usw.)
erklärt die Normalität zum Zielobjekt, zum Hort unbekannter Gefahren. Ob und
inwieweit das in einer Gesellschaft, in der am Handy oder mit Payback-Karten sehr
viel preis gegeben wird oder Video-Mitschnitte auch Voyeurismus usw. befriedigen,
als Bedrohung empfunden wird, scheint aber zweifelhaft. Allerdings bleiben die
Befugnisse privater Wachleute aller Art zumindest unklar. Und die permanente
Präsenz von Sicherheitspersonal überhaupt wirkt auch als Perpetuum Mobile. Und
damit abschließend zu den eingangs angekündigten Differenzierungen:

> „Tatsächlich setzen bestimmte Räume, allen voran die am meisten abgeschotteten und erlauchtes-
> ten, nicht nur ein bestimmtes Niveau ökonomischen und kulturellen Kapitals voraus, sondern er-
> fordern auch soziales Kapital. Sie verleihen soziales und symbolisches Kapital durch den ihnen ei-
> genen ‚Club-Effekt', basierend auf der dauerhaften Ansammlung (in schicken Wohnvierteln oder
> in Luxus-Residenzen) von Personen und Dingen, denen es gemein ist, nicht gemein zu sein"
> (Bourdieu 1998: 24).

Die Effekte derart exklusiver und exkludierender Räume, die die hier Befugten
symbolisch ‚erhöhen' verweisen gleichzeitig auf ihr Gegenteil:

> „Umgekehrt degradiert das stigmatisierte Viertel symbolisch jeden einzelnen seiner Bewohner, der
> das Viertel degradiert, denn er erfüllt die von den verschiedenen gesellschaftlichen Spielen gefor-
> derten Voraussetzungen ja nicht. Zu teilen bleibt hier nur die gemeinsame gesellschaftliche Ex-
> Kommunikation. Die räumliche Versammlung einer in ihrer Besitzlosigkeit homogenen Bevölke-
> rung hat auch die Wirkung, den Zustand der Enteignung zu verdoppeln, insbesondere in kulturel-
> len Angelegenheiten und Praktiken" (ebd.: 25).

Erweitert man den Blickwinkel, werden die hier von Bourdieu genannten „Ortseffekte" (ebd.: 18) sichtbar auch für andere divergierende Räume wie Discounter und
exklusive Einkaufspassagen, Innenstädte als Erlebnisräume einer wohlhabenden
Mittelschicht und Plätze oder Grünanlagen als Treffpunkte von Randgruppen.
Diese Erweiterung gelingt mit Martina Löws Definition des ‚Spacing'. Räume sind
danach „(An)Ordnungen von Menschen und sozialen Gütern an Orten" (Löw
2001: 166). Zugleich sind Räume dual, das heißt sie werden handelnd bzw. wahr-
nehmend geschaffen und beeinflussen als räumliche Strukturen Handeln und
Wahrnehmung (ebd.: 167).
   Die Vorfeld-Überwachung durch *Securities* im Discounter, wie seit 2000 bei
Lidl, macht in der Tat weitgehend aus Kunden potenzielle Delinquenten. Je exklu-

siver jedoch der Raum ist und je mehr er auch als symbolische Schwelle wirkt, desto eher nehmen die hier ‚Befugten' die Wachleute als ausführende Organe in ihren Diensten wahr (und desto weniger als ihre Überwacher). Das ‚Spacing' korrespondiert wechselseitig mit Dresscode und Habitus der unterschiedlichen Ordnungskräfte. Die Uniformen oder Anzüge, Namensschilder und Kommunikationsequipments privater Sicherheitskräfte in exklusiven Einkaufspassagen wie den Münster-Arkaden, den Arkaden Potsdamer Platz oder in *Gated Communities* signalisieren Relevanz und Kompetenz im Dienste des Kunden (und gegen Nicht-Kunden).

Kommunale Hilfs-Ordnungskräfte als gegenteiliges Extrem wirken trotz öffentlicher Legitimation in ihren Leuchtjacken oder -westen, die manchmal an die Müllabfuhr erinnern, vergleichsweise subaltern; selbst Langzeitarbeitslose im (nicht ganz freiwilligen) Einsatz gegen abweichendes Verhalten und ‚Regelverletzungen' in Grünanlagen. Festangestellte Angehörige kommunaler Ordnungsdienste wirken in ihrer Aufmachung häufig kaum anders als private Wachleute – in der martialischeren Variante wie etwa beim Kommunalen Ordnungsdienst Gelsenkirchen (KOD 2007) ähneln sie ‚Schwarzen Sheriffs', in ‚normaleren' Uniformen ähneln sie ebenfalls oft ihren privaten KollegInnen – was die Verwischung zwischen öffentlichem und privatem Raum zusätzlich stützt.

Die Wahrnehmung der Wachleute in Exklusiv-Räumen wird wesentlich über die urbane ‚Ökonomie der Symbole' beeinflusst. Für die Klostergärten in Münster, die auf dem Areal eines eigens dafür abgerissenen Klosters entstehen, heißt das: die „mondänen Stadtwohnungen und Villen" erhalten einen „modern interpretierten Kreuzgang", der abgeschottete Wohn-Raum liegt in einem ruhigen, großbürgerlichen Viertel direkt an der Promenade und nah zur Altstadt. In Düsseldorf soll ab 2010 beim „Andreasquartier" das bisherige klassizistische Amtsgerichtsgebäude miteinbezogen werden, das Areal liegt mitten in der Altstadt am Grabbeplatz mit seinen bedeutenden Kunsthallen und nahe zur Rheinpromenade. Die Luxusdoppel-Wohntürme ‚Königskinder' sind ab 2009 am Medienhafen mit eigenem Yachthafen geplant. Ihre Dächer sollen durch Skulpturen von Markus Lüpertz „eine künstlerische Dimension erhalten". Und bei den Münchener ‚Lenbachgärten' wartet das „repräsentative Stadtpalais" mit der Nähe des Königsplatzes, des Alten Botanischen Gartens und der Zentrale von McKinsey auf (Frankonia Eurobau: Premium-Quartiere).

Diesen Projekten einer weiteren ‚Aufwertung' bislang schon bevorzugter urbaner Räume stehen solche der klassischen Gentrifizierung gegenüber, in denen die „Kultur des Nicht-Berührens", wie Jan Wehrheim (zit. n. *SZ* vom 13. Januar 2006) sie nennt, ihre deutlichste Ausprägung findet: Luxus-Apartmenthäuser, die ‚Élégance', ‚Flow' oder ‚Pure' heißen, mit *Doormen* und exklusiven Auto-Aufzügen in (Ex-),Szene-Bezirken' Berlins wie Kreuzberg oder Prenzlauer Berg. Hauptbestandteil der ‚Ökonomie der Symbole' ist hier eine – allerdings zwangsläufig schwinden-de – Atmosphäre der Boheme, des Multikulturellen. Die ProduzentInnen dieser Atmosphäre aber werden auf Distanz gehalten als potenzielle Bedrohung. „Wohnen im Auge des Hurrikans" nennt das *Manager Magazin* vom 9. November 2007 das Leben der Betuchten etwa in den großen Lofts mit Etagengärten. Die Exklusivität in beiderlei Sinn geht hier so weit, dass die Autos der BewohnerInnen per „Aufzug direkt auf die Terrasse des Lofts gefahren" werden. Beworben wird das „mit dem endgültigen Ende der Parkplatzsuche in der Stadt und der großen Sicherheit für den Wagen" (ebd.).

Wie anfangs erwähnt: Zielgruppe solcher Zitadellen sind „hochqualifizierte Leistungsträger" mit höchsten „Sicherheits- und Qualitätsansprüchen" und Interesse an „progressiven und innovativen Lebensformen". Ein solchermaßen inszenierter Lebensstil setzt auch und explizit auf Distinktionsgewinn durch Sicherheit. Das bedeutet, dass anders als noch vor wenigen Jahren nicht mehr eine „kernige Sicherheitsrhetorik" in der Werbung für solche Immobilien dominiert (*SZ* vom 26. Januar 2006), sondern das Prestige: Beim „Doorman-Wohnen in seiner höchsten Vollendung" erhält der „Personen- und Objektschutz" denselben luxuriösen Stellenwert wie der „Fünf-Sterne-Butlerservice" (Frankonia Eurobau: Doormanwohnen). Wie sich das als ‚Außenpolitik' auswirkt, ist eine andere Frage. Läuft man um den Komplex der Münchener ‚Lenbach-Gärten' herum, ist man ständig im Blick eines lückenlosen Netzes von Videokameras.

4. Ausblick

Die Ausweitung des Kerker-Kontinuums auf die gesamte Gesellschaft, Vorfeld-Überwachung, besonders auch durch „Maschinen der dritten Art", Modulationen statt unterschiedlicher Einschlussformen: Sie werden als Anzeichen der Kontrollgesellschaft, der von Deleuze (1993: 259ff.) beschriebenen „Verflüssigung und Unangreifbarkeit sozialer Steuerungsmechanismen" gesehen. Viele seiner InterpretInnen charakterisieren die Kontrollgesellschaft als letztlich moralisch indifferent. Sie definiere nur, in welchen Räumen bestimmte Verhaltensweisen ausgeschlossen sind. Aber: Sprechen all die öffentlichen wie privaten Hausordnungen nur von Verflüssigungen? Bewirkt eine Überwachung überall, eine permanente Kontrolle nicht auch eine disziplinierende Veränderung von Verhaltensweisen und eine weitere Autoritätsfixierung? Und: Gibt es nur noch Übergänge und keine Grenzen mehr, angesichts von residenzieller Segregation etwa durch *Gated Communities*?

Literaturverzeichnis

Adorno, Theodor W. (1966): Negative Dialektik. Frankfurt/M.: Suhrkamp

Bareis, Ellen (2007): Verkaufsschlager. Urbane Shoppingmalls. Orte des Alltags zwischen Nutzung und Kontrolle. Münster: Westfälisches Dampfboot

Beerhorst, Joachim/Demirović, Alex/Guggemos, Michael (Hrsg.) (2004): Kritische Theorie im gesellschaftlichen Strukturwandel. Frankfurt/M.: Suhrkamp

Behörden Spiegel (2008): Wirkung hoheitlicher Aufgaben. Ausgabe Nr. VII 24(28): 47

Berenberg Bank/Hamburger WeltWirtschaftsInstitut (2008): Strategie 2030. Sicherheitsindustrie. Online verfügbar unter: http://www.hwwi.org/fleadmin/hwwi/Publikationen/Partnerpublikationen/ Berenberg/Berenberg_Bank_HWWI_Strategie_2030_Sicherheitsindustrie.pdf (Stand: 05.10.2009)

Bourdieu, Pierre (2003): Sozialer Sinn. Kritik der Theoretischen Vernunft. Frankfurt/M: Suhrkamp

Bourdieu, Pierre (1998): Ortseffekte. In: Kirchberg, Volker/Gröschel, Albrecht (1998): 17-25

Bröckling, Ulrich/Krasmann, Susanne/Lemke, Thomas (Hrsg.) (2004): Glossar der Gegenwart. Frankfurt/M.: Suhrkamp

Deleuze, Gilles (1993): Postskriptum über die Kontrollgesellschaften. In: Deleuze, Gilles (1993): 254-260

Deleuze, Gilles (1993): Unterhandlungen 1972-1990. Frankfurt/M.: Suhrkamp

DSD (Der Sicherheitsdienst) (2008): Verbandsorgan des Bundes Deutscher Wach- und Sicherheitsdienste (BDWS) und der Bundesvereinigung Deutscher Geld- und Wertdienste (BDGW). Heft 4: Sicherheitsdienstleistungen in privater Hand: 21-24

DSTO (Düsseldorfer Straßenordnung) (2006): Ordnungsbehördliche Verordnung zur Aufrechterhaltung der öffentlichen Sicherheit und Ordnung der Landeshauptstadt Düsseldorf vom 4. Oktober 2006. Online verfügbar unter: http://www.duesseldorf.de/stadtrecht/3/32/32_101.shtml (Stand: 12.01.2009)

Eick, Volker (2000): Arbeit, Angst und Attraktionen. Arme gegen Arme und das Bernauer ‚Modell Bürgerhelfer'. In: Bürgerrechte und Polizei/Cilip 66(2): 39-47

Eick, Volker/Sambale, Jens/Töpfer, Eric (2007): Einleitung. In: Eick, Volker et al. (2007): 7-37

Eick, Volker/Sambale, Jens/Töpfer, Eric (Hrsg.) (2007): Kontrollierte Urbanität. Zur Neoliberalisierung städtischer Sicherheitspolitik. Bielefeld: transcript

Frankonia Eurobau: Doormanwohnen. Online verfügbar unter: http://www.frankonia-eurobau.de/ de/Themen/Doormanwohnen (Stand: 05.01.2009)

Frankonia Eurobau: Premium-Quartiere. Online verfügbar unter: http://www.frankonia-eurobau.de/ de/projekte/kategorie/premium-quartiere (Stand: 05.01.2009)

Frankonia Eurobau: Produktphilosophie. Online verfügbar unter: http://www.frankonia-eurobau.de/ de/Unternehmen/pphilosophie (Stand: 05.09.2008)

Frankonia Eurobau: Zielgruppen. Online verfügbar unter: http://www.frankonia-eurobau.de/de/ Unternehmen/Zielgruppen (Stand:05.01.2009)

Gestring, Norbert/Glasauer, Herbert/Hannemann, Christine/Petrowsky, Werner/Pohlan, Jörg (Hrsg.) (2003): Jahrbuch StadtRegion 2002. Schwerpunkt: Die sichere Stadt. Opladen: Leske + Budrich

Glasze, Georg (2003): Wohnen hinter Zäunen. Bewachte Wohnkomplexe als Herausforderung für die Stadtplanung. In: Gestring, Norbert et al. (2003): 1-21

Harvey, David (1989): From managerialism to entrepreneurialism. The transformation in urban governance in late capitalism. In: Geografiska Annaler 71(1): 3-18

Heeg, Susanne (2008): Von Stadtplanung und Immobilienwirtschaft. Die ‚South Boston Waterfront' als Beispiel für eine neue Strategie städtischer Baupolitik. Bielefeld: transcript

Heeg, Susanne (2004): Globalisierung als catch-all-Phrase für städtische Veränderungen? Das Wechselverhältnis zwischen global und lokal in Metropolen. In: Beerhorst, Joachim et al. (2004): 178-198

ISM (2004): Integriertes Stadtentwicklungs- und Stadtmarketingkonzept. Prozessdokumentation. Herausgegeben von der Stadt Münster

Kirchberg, Volker (1998a): Kulturerlebnis Stadt? Money, Art and Public Places. In: Kirchberg, Volker/Gröschel, Albrecht (1998): 81-99

Kirchberg, Volker (1998b): Stadtkultur in der Urban Political Economy. In: Kirchberg, Volker/Gröschel, Albrecht (1998): 41-54

Kirchberg, Volker/Gröschel, Albrecht (Hrsg.) (1998): Kultur in der Stadt. Stadtsoziologische Analysen zur Kultur. Opladen: Leske + Budrich

KOD Gelsenkirchen (2007): Online verfügbar unter: http://www.gelsenkirchen.de/Leben_in_GE/Pressestelle/Kommunaler_Ordnungsdienst.asp (Stand: 15.09.2008)

Lefèbvre, Henri (1972): Die Revolution der Städte. München: List Verlag

Löw, Martina (2001): Raumsoziologie. Frankfurt/M.: Suhrkamp

Mongin, Martin (2008): Dieses Subjekt wird bewacht. Smarter Bodyguard, verdruckster Aufpasser oder kantiger Rausschmeißer. Der private Wachschutz ist vor Banken, in Supermärkten und Diskotheken allgegenwärtig – und längst auch akzeptiert. Porträt eines Berufes mit unklarem Profil. In: Le Monde diplomatique Januar 2008: 12-13

ObVO GE (2008): Ordnungsbehördliche Verordnung über die Aufrechterhaltung der öffentlichen Sicherheit und Ordnung im Gebiet der Stadt Gelsenkirchen (ObVO GE) vom 15.05.2008

Presseinformationen des Landes Niedersachsen: Meldung vom 16. Oktober 2006. Online verfügbar unter: http://www.niedersachsen.de/masterC27753696_L20_D0_I522_h1.html (Stand: 20.02.2009)

Pütter, Norbert (2000): Streifen der Ordnungsämter. Zwischen Service, Sauberkeit und Ordnung. In: Bürgerrechte und Polizei/Cilip 66(2): 48-50

Pütter, Norbert/Kant, Martina (2000): Ehrenamtliche PolizeihelferInnen. Polizeidienste, Sicherheitswachten und Sicherheitspartner. In: Bürgerrechte und Polizei/Cilip 66(2): 16-30

Ronneberger, Klaus/Lanz, Stephan/Jahn, Walther (1999): Die Stadt als Beute. Berlin: Dietz

Schaar, Peter (2007): Das Ende der Privatsphäre. Der Weg in die Überwachungsgesellschaft. München: Bertelsmann

Stadt Mühlheim an der Ruhr: Pressemeldung vom 16. April 2008. Online verfügbar unter: http://www.muehlheim-ruhr.de/cms/ob_muehlenfeld_sicherheit_ist_ein_wichtiger_standortfaktor.html (Stand: 19.09.2008)

Stadt Münster: PresseInfo. Online verfügbar unter: http://www.muenster.de/stadt/presse (Stand: 05.10.2009)

StrAnlPoVo (Straßen- und Anlagen-Polizeiverordnung) (1999): Polizeiverordnung zur Aufrechterhaltung der öffentlichen Sicherheit und Ordnung auf und an öffentlichen Straßen und Anlagen in Stuttgart vom 15. Juli 1999. Online verfügbar unter: http://www.stuttgart.de/sde/menu/frame/top_11021_11041.htm (Stand: 15.01.2009)

Timm, Elisabeth (2001): Ausgrenzung mit Stil. Über den heutigen Umgang mit Benimmregeln. Münster: Westfälisches Dampfboot

Voswinkel, Stefan (2004): Kundenorientierung. In: Bröckling, Ulrich et al. (2004): 145-151

Wehrheim, Jan (2002): Die überwachte Stadt. Sicherheit, Segregation und Ausgrenzung. Opladen: Leske + Budrich

Wehrheim, Jan (2007): Die Ordnung der Mall. In: Wehrheim, Jan (2007): 277-294

Wehrheim, Jan (Hrsg.) (2007): Shopping Malls. Interdisziplinäre Betrachtungen eines neuen Raumtyps. Wiesbaden: VS Verlag

WIN: BID: Online verfügbar unter: http://www.win-muenster.de/206.html (Stand: 15.01.2009)

Zukin, Sharon (1998): Städte und die Ökonomie der Symbole. In: Kirchberg, Volker/Gröschel, Albrecht (1998): 27-40

Plenen

The 'Great Tansformation' of Post-Socialist Societies

Einleitung zum Plenum: The 'Great Transformation' of Post-Socialist Societies

Heinrich Best, Katharina Bluhm and Michael Corsten

In Karl Polanyi's seminal book "The Great Transformation" from 1944, the term stands for the entire process of the emergence of a self-regulated market economy and free market society based on the commodification of labor, land and money as well as its dramatic failure in the 20th century and the double movement of market de- and re-regulation. The countries of the former Soviet block experienced this movement and countermovement in the extreme: A radical abolishment of markets was followed by a 'shock therapy' toward liberal markets in many countries – a holistic top-down approach not only made for a quick turn towards economic stability and prosperity but also hindered veto-players who might have tried to obstruct the transformation with the means of the newly established democracy. However, it quickly became clear that there is neither one road towards a market economy nor can the pre-history of transition be ignored as the idea of a 'Big Bang' seemed to imply.

Almost 20 years following the breakdown of the Soviet system, we invited presenters to this panel who reflect the multitude of transformation patterns. Not only do these patterns indicate differences in the foundation of new social structures based on the various institutional traditions of these countries. Rather, they also emphasize contingent historical breaks and turning points in the transformation process itself. This observation evokes manifold explanations. As Piotr Sztompka emphasized, such turning points may be interpreted as sequences of reactions to the 'cultural trauma' caused by the implosion of these countries' institutional arrangements. Another line of explanation stresses the transformative adaptation of the consequences of transformation. A third interpretation points to a renaissance of pre-socialist traditions, in contrast to a fourth which argues with different and changing configurations of influential actors like old and new political elites, indigenous oligarchs, international organizations (including the EU) and multinational companies.

The contributions to this panel approach the transformation process from different theoretical perspectives and regional experiences, but all take on a broader historic view. *Piotr Sztompka* analyzes the social-psychological impacts of the transformation in the case of Poland. In contrast to individual traumata, 'cultural traumata' unfold a complex dynamic of traumatic sequences at several social levels. In the course of transformation, the initial trauma was displaced by aftershocks of reform, a split of society, traumata of elites and a trauma of backlash meaning delayed echoes of the revolution. As a prominent social researcher and insider, Sztompka also points to a crucial problem of all the Central East European countries causing new frustrations: "We wanted to modernize, to catch up to the most developed societies. But the problem was that they were not waiting for us but moving forward at high speed" (see article by Piotr Sztompka in this congress proceedings).

Janos Matyas Kovacs explores the types of capitalism or market economies that have emerged out of the transformation and discusses the various suggestions in this regard. While early typologies mainly stress the uniqueness of the process, the Varieties of Capitalism-approach, which became focused on Central Eastern Europe around 2002/2003, represent one first strong link between the debate about the results of the transformation and the changing world of modern Western capitalism. Kovacs combines the two perspectives and argues that the 'new capitalist regimes' will remain different (to the West) mainly because of three pecularities in the institution building process: a) a capitalist market economy did remerge in CEE; b) it took roots under the heavy influence of two rivaling capitalist models; and c) the new capitalist regimes and institutions being engineered from above have not yet reached their 'steady state.'

Michael Edinger explores the role, structure and change of political elites in the 'Great Transformation' towards a liberal market economy. With respect to political institutions, he shows what Kovacs means when referring to a lack of a 'steady state' pointing to processes of social closures in elite recruiting and professionalization processes as well as to 'malfunctioning' and 'dysfunctional elite behaviour.'

Dirk Konietzka and *Christoph Bühler* cast light on the changing pattern of entering working life due to the 're-commodification' of labor in the case of Russia. Based on Polanyi and the Varieties of Capitalism-approach, they argue that in most of the CEE countries the process of entering working life took on the character of liberal market economies. Yet, a closer look again reveals that the past is still vivid in one way or another. This is particularly true for Russia where both structures of liberal markets and redistribution coexist in shaping the transition from school to work.

The Ambivalence of Social Change in Post-Communist Societies. The Case of Poland

Piotr Sztompka

Why ambivalence? Because the story of the almost eighteen years since the collapse of communism has been told in two opposite ways. The optimistic, heroic narratives describe an epochal success of countries which have come a long way from Soviet satellites to members of the European Union and Atlantic Alliance; the process of liberation, emancipation, modernization, Europeanization, Westernization. The pessimistic, gloomy narratives see the same process as the sequence of failures, excessive social hardships, growing inequalities, survivals of communism, unfinished revolution. But in social life nothing is entirely white or completely black; as Ulrich Beck likes to put it the 'either/or' thinking has to be replaced by 'both/and' logic (Beck 2006). And, as will be shown in this talk, there is a grain of truth in both pictures. Hence – ambivalence. But let us begin at the beginning.

1. The anti-communist revolution and post-revolutionary dilemmas

In the year 1989, the world changed in East-Central Europe. It was a year of miracles. Several countries liberated themselves from the grip of the Soviet empire, and soon after the empire itself disintegrated and collapsed. To these events we give a name of revolution, and we do so deservedly (Kumar 2001). For even though they were not accompanied by usual paraphernalia of revolutions: barricades, violence, bloodshed, they were clearly epochal, revolutionary events in more important historiosophical sense. They constituted a major break in historical continuity, a complete and radical change at all levels of social life, for great masses of people.

At the political level, it meant a shift from autocratic, centralized, mono-party system, to the Western-style democratic regime. At the economic level, it meant a shift from central planning and state control to the capitalist market. At the intellectual and artistic level, it meant the shift from controlled and censored circulation of ideas and values to free and pluralistic expression with open access to world culture. And at the level of everyday life, it opened entirely new experiences to the people: unlimited options of a consumer society instead of the eternal shortages and long lines at every store, color and diversity of living spaces, products and fashions instead of the greyness and simplicity of uniform life-styles, and open borders and unlimited travel and tourism instead of limited mobility and restrained foreign contacts.

It was also a revolution in a more personal, emotional sense (Aminzade/McAdam 2001), the time of tremendous popular enthusiasm, collective effervescence, elation with hard-won victory. The pictures of crowds of Germans dancing on the ruins of the Berlin Wall, or Czech students leading Waclaw Havel 'na Hrad', to the presidential palace, or Poles celebrating the first free elections entered the iconography of the XX century. It was a time of great national solidarity, regained dignity and pride. There was full support and trust for the new regime and sky-rocketing expectations and aspirations. Freedom and prosperity seemed just around the corner.

The more sober distant observers were warning: the transition of that magnitude is not a matter of days, it needs time. Ralf Dahrendorf, a famous sociologist, in the first account of the 'autumn of nations 1989' (Dahrendorf 1990) was writing of three clocks running at various speeds: the clock of politics and changes in laws – the fastest, measured in months, the clock of economy and building the market – slower, measured in years, and the clock of civil society, i.e. changes in values, mentalities, 'habits of the heart' of the people – the slowest, beating in the rhythm of decades or even generations. With similar message Andrew Nagorski, the correspondent of 'Newsweek' for Eastern Europe, was giving a telling title to his report from the tearing down of the Berlin Wall: 'The Wall Remains in the Heads'. Zbigniew Brzezinski, a well known American politologist, was putting forward the contrast between rejoining the European house, i.e. the Western institutional architecture of politics and economy, and settling in the European home, i.e. 'feeling at home' amid the intangible net of loyalties, attachments, customs, subtle rules of conduct pervading everyday life. The latter, he claimed, is much more difficult and cannot be achieved overnight. We were also reminded of the famous sentence that Giuseppe Mazzini is said to utter after the unification of Italy: 'Now that we have made Italy – he reportedly said – we have to make Italians'. Changing from *Homo Sovieticus* to the modern Westerners, abandoning the crippled and deficient East-European identity and acquiring a full-fledged, proud European identity required time.

In fact, the triumphant and jubilant mood soon passed, and a sort of 'morning after' syndrome set in (Sztompka 1992). People soon discovered that freedom is not only a gift but an obligation and sometimes a burden. The newly established powers had to make numerous choices and most of them took shape of dilemmas; no solution was perfect and each implied social costs, if not for these groups than for the others. The main problem of every democratic regime was faced immediately: major reforms are usually not highly popular and yet require a majority for their implementation. The post-communist governments had one tremendous asset: the credit of trust. And at least for some time a 'window of opportunity' opened, allowing to reform society fundamentally.

Here, the first dilemma appeared: whether to introduce reforms immediately, by 'shock therapy' or in an evolutionary, piecemeal fashion – the first was more effective but socially costly, the second was relieving some social hardships but was much less effective. Another problem, and the second dilemma, was grasped metaphorically by Jon Elster, Claus Offe and Ulrich Preuss: we were trying to 'rebuild the ship at sea' (Elster et al. 1998). It was more difficult than building from scratch when one may follow some pragmatic sequence, e.g. starting from the foundations and proceeding up toward the chimney. Here the ship had to be kept afloat, thus it was not obvious where to start, which part to rebuild first without endangering the whole mission. The third unique dilemma was also manifesting itself quite early: we wanted to modernize, to catch up with the most developed societies. But the problem was that they were not waiting for us, but moving forward at high speed. It was a situation reminding of the Hollywood movie 'The Vanishing Point'. And paradoxically, the most developed countries were even able to accelerate, and escape further from us, because of new opportunities they found in the transforming Eastern Europe: new huge markets, new source of cheaper labor force, new terrain for direct capital investments. Thus, our task has become even harder.

Then, the question arose: How shall we rebuilt and restructure our society? It was commonly agreed on the fact that we needed to reform, but not on the direction we should take. We knew that we wanted to become like the West. For decades, most people were looking toward the West, and standing with their backs to our giant Eastern neighbor, the Soviet Russia. There has developed an uncritical idealization of anything Western. But now that we were about to join the West, it became not so clear which West we really wanted: Sweden or Japan, US or Switzerland, Great Britain or Spain? And should we imitate and import everything, wholesale or rather selectively: Western institutions, life-styles, fashions, ideas, also unemployment, homelessness, crime, pornography? Is it at all possible to bring only the good things and leave bad things at the border, or is the transaction inevitably linked to both sides of one coin? More concretely, the following questions had to be resolved:

- Which democracy should be adopted: the parliamentary or presidential system?
- Where should the center of power rest: in the strong, central government or in the civil society: local government, NGO's, grass roots associations, social movements?
- Which form of capitalism should be adopted: the neo-liberal or communitarian, rampant individualism or welfare state, American free competition or German social economy; or perhaps some 'third way'?

- What should happen to huge state assets: restitute to former private owners and privatize, sell to foreign companies and corporations or keep some strategic sectors in the hands of the state?
- What role should be granted to the church, which played such a crucial role at the times of democratic opposition and struggle against the communist regime? Should it retain political role or return to its spiritual mission and moral leadership separated from the state?
- How should be dealt with the communist past, and the people who were supporting the old regime, who either belonged to the communist party, or even collaborated with the secret police? Should immediate decommunization and lustration be carried out – like de-Nazification in Germany after World War II – or should the past rather be ignored, reconciliation become the main goal and should all citizens be given equal chances to participate in the building of the new regime.
- How should the country be located within the wider world: by adopting the policy of cosmopolitanism or parochialism, integration or isolation? And more specifically: how could we relate to the only remaining superpower, the world hegemon – the US, how could we develop links with the uniting Europe – the EU, and how could we find some accommodation with the former imperial power of the region – Russia?

Such strategic decisions taken at the beginning of transformation were to determine the different paths that various post-communist societies have taken and the various outcomes of the process that we witness today, almost eighteen years later. However, the baffling fact is the existing great diversity of the region today, in spite of the more or less identical starting point. After all, the satellite societies were shaped exactly according to the common institutional patterns imposed from Moscow, the 'xerox effect' was enforced and, at least in their political and economic system, the countries of Eastern Europe were the copies of Soviet solutions. The present varied mosaic proves how much country-specific earlier history matters, how much specific cultural (including religious) heritage matters, how much the strategies adopted at the revolutionary moment of extrication from communism matter – and perhaps most clearly, how the policies chosen in the course of transformation are crucially important. And these will be my focus in this presentation. I will also limit my angle of vision to only one country, my own, exemplifying the general points with facts and data referring to the Republic of Poland – but I have reasons to believe that several more general mechanisms of post-revolutionary social change, that we shall discover using Poland as an example, are applicable to other post-communist societies.

2. The Polish trajectory of transformation: the take off

Three early political decisions have determined the course of Polish transformation and strongly influenced further political and economic developments, as well as the more intangible social 'climate' and the mood of the people (Sztompka 1991b). In the political domain the parliamentary system was adopted, with great role given to political parties and the government and limited competences left for the president. There was an unspoken reason for that: the agreement reached at the round-table talks (the Polish way of extrication from the communist system) was a sort of compromise between the democratic opposition and communist leaders, which suggested among other things the idea "our prime minister, your president" put forward by one of the leading activists of the movement of 'Solidarnosc' Adam Michnik. And in fact, after the first democratic elections general Wojciech Jaruzelski, the former leader of the communist party took the office of the president for some years, only to be replaced later by the legendary leader of 'Solidarnosc', Nobel Peace Prize winner Lech Walesa. It was obvious that the powers of Jaruzelski had to be curbed compared to the government and parliament. There were also other important decisions at the political level; the creation of the Constitutional Court and the Office of the Ombudsman – the institutions, which have attained strong position and up to today play a very important role in Polish politics.

The second crucial area was the economy. Here, the finance minister, eminent economist Leszek Balcerowicz, decided to use the 'window of opportunity' and impose what became to be known as the 'shock therapy' or 'big-bang approach'. All constraints on the free market were released, state controls minimized, prices liberated, convertibility of the currency safeguarded – in one reform package, almost immediately. In the long run such a policy turned out to be very successful (much more so than the alternative, slow, step-by-step 'evolutionary' way adopted in some other post-communist countries). It mobilized entrepreneurship and economic growth, curbed inflation, stabilized the currency. In my view, the economic success of Poland today is due in large part to this first push. But in the short run it led to serious tensions and frustrations as its side-effects touched considerable segments of the population. And again, the fact that the economic reform started in this way was due to contingent factors: to the nomination of Balcerowicz and not somebody else for the crucial position of economic influence, to Balcerowicz's training in the neo-liberal school, and to the advisory role played by his fellow neo-liberal economists – Jeffrey Sachs or Anders Aslund.

The third decision of fundamental importance for the 'social climate' had to do with the issue faced by all revolutions: How should the defeated enemies be treated? The resolution in several revolutions of the past had been the post-revolutionary terror: guillotines, firing squads, or machetes; not so in the Polish revolution. The first freely elected Prime Minister, eminent intellectual and 'Solidarnosc' leader Tadeusz Mazowiecki decided on reconciliation rather than revenge. He declared the policy of 'thick black line' cutting off the past, proposed to ignore former communist party membership and even the collaboration with the secret police (as long as it did not consist in outright criminal guilt), and focused on the contribution that all citizens together could make in building the future. In the short run, it was salutary for the social mood, and allowed to use the considerable intellectual and professional potential of the former communists, many of whom soon abandoned their earlier loyalties and joined the effort to construct a viable democracy and a functioning market. But in the long run, it left a ready argument with strong populist resonance to some political parties, which became quite successful in attaining power by blaming all difficulties and social frustrations on the supposed conspiracy of former, unpunished and no-repentance-showing communists, or communist 'agents'. And in the preserved archives of the secret police, it left a ready weapon for those who could get privileged access to shame and discredit political opponents. The issue of 'de-communization' and 'lustration' resurfaced seventeen years later and overshadowed all really important issues of Polish politics. Once again, let us emphasize the contingency of history. Obviously de-communization and lustration could have been carried out immediately after the revolution (like in some neighboring countries, Tchechoslovakia or GDR), were it not for the personality of Mazowiecki with his strong Christian belief in forgiveness and generosity toward opponents. It is an invalid counter-factual argument to tell what would have been the consequences of the decisions that were not taken at that time. However, one thing is certain: digging out the issue now, after seventeen years, is a cynical power-game, which has nothing to do with high-sounding virtues of 'truth' or 'justice'.

3. Legacy of the past

It is a truism that all societies are path-dependent, shaped by their particular history and tradition. Earlier events leave traces and imprints – in material infrastructure, in institutions and in memories (Connerton 1989). They may derive from near history, or be transmitted through generations from quite distant history. In the case of East-Central European societies, particularly strong impact was exerted by half a century of communist rule. This legacy became effective immediately after the revolution producing various obstacles, barriers, blockages, and frictions in the process of transformation. The impact of communism was predominantly negative, it must be ranked among the side of liabilities. There were exceptions, though, which must be put on the positive side of the balance. Communism was a project of modernization. It was of course incomplete modernization, I have characterized it as a 'fake modernization' (Sztompka 1995), but it had achievements in two domains: on the one hand, the industrial and technological development, and on the other hand, educational and cultural advancement of the population. The balance sheet in case of the earlier, pre-communist history is usually leaning toward the positive side. Earlier epochs have usually left more positive legacy, gave some societies the assets, shaped their particular strengths in the building of new regime. But again, there were also some negative traditions, e.g. chauvinism, xenophobia, stereotypes and prejudices against some neighboring countries, enmity toward minorities, anarchic tendencies.

In the case of Poland the balance sheet may be formulated as follows. On the negative side, communism affected the political, economic and cultural-mental sphere. At the political level, we inherited pervasive bureaucracy, overabundance of inconsistent and obsolete laws, undeveloped political parties, weak civil society, 'social vacuum' in the non-governmental sector, non-existing apolitical civil service, political elites not trained in democratic procedures and standards. At the economic level, we were left with nationalized property, huge, state-owned industrial enterprises stagnant and inefficient with obsolete technology, overgrown and fragmented agricultural sector with almost 30 percent of the labor force employed in small family farms.

But perhaps the legacy most resistant to change, featuring most inertia, is to be found in the cultural-mental sphere, the domain of rules, values, norms, shared beliefs, ingrained 'habits of the heart', subconscious reflexes (Sztompka 1999a). Some of them were directly shaped by communist propaganda and indoctrination, for example egalitarianism, or shifting all decisions to the authorities. Some were spontaneously internalized as useful adaptive strategies, allowing to survive more securely, for example passivism or opportunism.

I would classify these cultural and mental lasting traces of communism in two categories. The first I call 'civilizational incompetence' (Sztompka 1993a), indicating by that term that people were left unprepared for the demands of modern, industrial and democratic civilization. They were missing modern political culture, organizational culture, citizen's ethos of responsibility and participation. They were not ready for modern labor culture, business culture, entrepreneurial and managerial ethos. And they were also lacking in some skills of everyday life: road traffic culture, computer literacy, punctuality, consumer discernment in view of unlimited options, skepticism toward commercial advertising, insulation to marketing tricks, care for environment and public spaces. The second category I call 'East-European identity' (Sztompka 2004a). It is in the self-definition and associated emotions that culture and mental habits leave their strongest, synthesized imprint. And the identity inherited from the communist period was typically tainted by the following traits: insecurity of one's position and status, a childish dependence on paternalistic authority, xenophobia and intolerance, inferiority complex toward the West coupled with uncritical idealization of everything Western, the superiority complex toward the East (and particularly the Soviet Russia), in the Polish case taking the shape of a myth of a chosen nation, providing the Eastern defensive barricade for Christianity.

But of course each of the post-communist countries could also search for strength and inspiration in earlier history. Thus in the case of Poland, our historically inherited assets include: strong patriotism linked with Catholicism preserving the potential of national-religious community, even if suppressed and going underground at the time of communism, attachment to the idea of sovereignty which for so many periods of Polish history could not have been taken for granted (e.g. the occupation by Russia, Prussia and Austro-Hungarian Empire during the whole XIX century), romantic readiness for collective struggle for common, national causes, even if seemingly hopeless (e.g. several failed uprisings in the XIX century, or the Warsaw uprising of 1944 against the overwhelming Nazi forces), some democratic tradition dating already in the XVIII century when Poland had one of the first democratic constitutions in the world (the 'May 3 Constitution' of 1791), the proud memory of the strong monarchy extending under Jagiellonian dynasty from the Baltic to the Black Sea, some popular heroes of free independent Poland after World War II: Jozef Pilsudski or Ignacy Paderewski, whose examples could be taken as inspiration for the current leaders.

All these forces of history, negative as well as positive, have proved to be of tremendous importance in the process of post-communist transformation. To these one may add a new, most recent tradition: of anti-communist revolution. It matters a lot how each of the East-Central European countries got rid of communism. Some, like Poland or Hungary, had long traditions of struggle against the regime and eventually used the strategy of round-table talks to reach some compromise between the democratic opposition and the communist rulers, leading eventually to their abdication. In Poland the experience of 'Solidarnosc', the biggest political movement of the XX century (having some 10 million members at its peak of mobilization), comparable only with the Civil Rights movement in the US – have left particularly strong traces in social consciousness; perhaps in a little similar way as France, which is still influenced by the tradition of the Great French Revolution of 1789, Poland will for a long time experience the repercussions of the revolution from below in 1980-1989 (Ekiert/Kubik 1999). The events took different course in Rumania, which witnessed violent, bloody confrontation between the democratic forces and strongly entrenched regime of Nicolae Caucescu. Still another scenario was followed in the countries, which experienced revolution from above, gaining or re-gaining independence in the wake of the dissolution of empire (as the post-Soviet republics) or disintegration of a federation (like in Yugoslavia). Finally, there was the unique case of GDR, which was simply incorporated into Federal Republic of Germany. It made great differences whether people conceived of democracy as a treasure won in their own hard struggle or as a gift received freely from above (Offe 1997).

Thus, to summarize, at the moment of take-off the various courses of transformation taken by post-communist societies were determined by their different historical legacies, the strategies of extrication from communist rule, and the initial policies adopted by the new, democratic governments.

4. The turbulence at the beginning: the initial trauma

The quickest to change were the institutions. In the first year of transformation most institutions of the free, democratic and market society were already in place: political parties, the parliament, the president, the constitutional court, ombudsman, private enterprises, industrial corporations, banks, stock exchange, pluralistic media. The people found themselves in a completely reshaped institutional environment. It demanded certain skills, beliefs, rules and values. But initially, the people lacked them, and even worse, they had been trained to develop radically opposite skills, to accept opposite beliefs and rules, and to follow opposite values. The syndrome of *Homo Sovieticus* was dysfunctional for new institutions, and the mentalities and culture are, as we know, the slowest to be changed. The striking contrast emerged between the culture of communism, still remaining in the people's minds, and the culture of democracy demanded by the new institutional environment (Sztompka 1996b). This can be rendered by the following oppositions: (1) collectivism vs. individualism, (2) cooperation vs. competition, (3) egalitarianism vs. meritocracy, (4) mediocrity and mimicry vs. visible success, (5) security of jobs, pensions, savings vs. risk of investing, (6) belief in fate and providence vs. belief in the power of the human agency, (7) leaning on state support vs. self-reliance, (8) blaming the system for personal failures vs. personal responsibility, (9) political passivism and escape toward private sphere vs. participation in public life, (10) idealization of pre-communist past vs. orientation toward the future.

This split in the culture and its adverse, tension-producing consequences it carried along for the people must be, in my opinion, labeled as an initial trauma (Sztompka 2004b). Its symptoms were disorientation, certain normative chaos (or anomie) with the lack of clarity about what is right and wrong, what is proper and improper, good and bad – and consequently the lack of clear guidelines for conduct. It bred the feelings of uncertainty and insecurity. For that reason I extend the meaning of the concept of trauma in two ways: first, from the medical psychological or psychiatric domain to the social domain, and second, from the consequences of some inherently bad events (a traffic accident, terminal illness, death in the family etc.), to the adverse, traumatizing consequences of fundamental and rapid changes, even if they are in themselves positive, beneficial or wished for. There may be also a 'trauma of success' – when the success changes deeply internalized habits, accustomed ways of life, unreflexive routines, strongly held convictions.

The initial trauma produces some turbulences and even blocks the smooth progress of transformation at its early phase. The new institutions cannot operate properly until they are manned, supported or utilized by appropriately trained people. But this in itself would be relatively easy to overcome. First of all, people are 'learning animals' and the institutional environment exerts strong socializing influence, enforcing certain standards of behavior. Secondly, people were not equally affected by the syndrome of *Homo Sovieticus*. There were intellectual, academic, artistic and oppositional elites – cosmopolitan and West-oriented – who were able to insulate themselves against this syndrome, and already under communism embraced – in imaginations, dreams and aspirations – the standards and values of the 'free world'. Such elites became the carriers of new mentality, spreading it to their followers and emulators. And thirdly, even if this occurs more slowly, there is a generational change, when those who have been mentally 'polluted' by communist experience move to the margin of social life, and the young generation is made of people already born, raised and educated in the new system. However, this is made more complicated by another trauma appearing in the second phase of transformation.

5. The aftershocks of reforms: secondary trauma

The fundamental, structural reforms of the political, economic and cultural domain undertaken in the first period of transformation bring about unintended and sometimes unexpected side-effects. It is unavoidable. If the whole society is being rebuilt, some social costs are inevitable, and the burdens of transformation touch many people. As Claus Offe puts it in a paradoxical metaphor, there is a 'tunnel at the end of a light' (Offe 1997). What makes things worse is that these burdens are unequally distributed, affect some groups very strongly, whereas others are able to escape their impact. These hardships become a new type of traumatizing conditions, resulting in the secondary trauma.

They may be classified in two types: objective and subjective. On the objective side, new forms of risks and threats emerge: unemployment, still not controlled inflation, the growing wave of crime and delinquency, and a new phenomenon of mafias, the immigration of culturally alien people from the countries further East, the ruthless competition. There is also a quick deterioration of life standards and social status, at least for some sizable groups: devaluation of savings due to the currency reform, the withdrawal of state welfare umbrella and resulting poverty, even homelessness, and overturning of prestige hierarchies, with the degradation of all whose rank was not linked with fiscal success (sociologists have called it the 'fiscalization of social consciousness' and it touched adversely, for example, the academic elites and teachers).

On the subjective side, there are two relative frames, which make the experience of burdens more acute, leading to the feeling of relative deprivation (Gurr 1970). One is the comparison with the highly elevated hopes and aspirations of revolutionary period. And another is the demonstration effect of prosperity now made more visible than ever due to free media, open borders and invasion of consumerism ('McDonaldization' of Eastern Europe as George Ritzer would call it, see: Ritzer 1993). People experience relative deprivation when they believe that they are justified in deserving more than they actually have. And there are several groups touched by this painful condition. First, those who were fighting against the communist regime and safeguarded the victory of the revolution – and it means primarily the working class of huge industrial enterprises – feel cheated as their life has generally not improved, and for some has even become dramatically worse with the unemployment and lack of occupational prospects. This kind of deprivation becomes even more acute when the material success of other groups – entrepreneurs, businessmen, young professionals – is conspicuous and aggressively manifested ('the Great Gatsby syndrome' so aptly grasped by Scott Fitzgerald for early capitalism is replicated with the second birth of capitalism in Eastern Europe). Second, on the other side of the social spectrum, there is a sizable group of former owners whose property – real estate, industrial, agricultural – was nationalized under communism. Now, when the private property has become a constitutional principle, they feel that it is their right to demand the restitution. And for many legal and practical reasons this proceeds very slowly. Third, for all other people the frame of comparison has become the prosperous consumer society of the West – reached either through travel and tourism or invading local life spaces via international supermarkets, shopping malls and galleries, sometimes even more luxurious and exclusive than in major Western cities. People feel that now, living already in the capitalist society, they deserve the same level of affluence as those in the West. And yet, their income is still several times lower, while the prices become equalized. Becoming symbolically incorporated into the Western world, for example by the membership in the European Union, people also experience more acutely the deficiencies and shortages that have accumulated through the period of communism and they have learned to accept before. They are unhappy with the obsolete infrastructure of roads, they protest against ecological destruction, they complain against low health and fitness standards.

In social life, subjective feelings count equally as objective conditions. As the famous 'Thomas Theorem' (introduced by American social psychologist William Isaac Thomas) succinctly puts it: 'If people believe something to be real, it is real through its consequences' (Janowitz 1975). Both, the objective and subjective deprivations become traumatizing. The symptoms of secondary trauma emerge very soon. Three are particularly significant. First, there is a dramatic fall of trust. From its peak at the moment of revolution trust clearly decays. It is particularly visible in so-called vertical trust: toward the institutions, the government, the parliament, the president, or even toward the most abstract idea of democracy (Sztompka 1996a, Sztompka 1999b). Second, there is growing political apathy, low participation in elections, withdrawal from public life toward the private sphere of families and friends, and at most towards business or professional networks. Third, there is a spreading nostalgia for the past, idealization of some aspects of socialism, especially security of jobs, assured pensions, state provisions of free health and educational services.

6. The split of a society

But of course these symptoms of trauma are unequally distributed among the population. In fact the traumatizing conditions and subsequent traumatic symptoms result in a split of society into two unequal parts. One consists of those who have been successful under the new system: advanced educationally, made business, professional or political careers, enriched themselves. There are also those who feel successful and satisfied in a more intangible way: intellectual, artistic, academic elites for whom the very freedom of speech, unlimited access to information, reading foreign books and newspapers, and the ability to travel abroad make up for any material shortages they may still experience. At the opposite pole, we find those who either objectively or subjectively experience a loss and failure. There are the less educated, manual workers but also several branches of more skilled workers whose training and skills have turned obsolete, there are the peasants who lost the monopoly of food production and can hardly compete with imports from abroad, there are the low-level clerks of public administration or state owned firms whose low salaries have not been raised and who lost various perks, there are retired people, pensioners – and of course all the unemployed people.

At the origins of such a split there were unequal structural opportunities, which people encountered in the first phases of transformation. Three kinds of circumstances seem decisive. First, the scope of initial resources – capital of various sorts: financial, social, educational – that people possessed. Those who had some savings or were able to pull together financial resources of wider families (still typically surviving in Eastern Europe), could immediately invest, start firms and exploit the market which has not yet turned highly competitive. But it was not only the fiscal capital that mattered. For example, at the moment of privatization of huge state assets the rich networks of acquaintances, connections, also of political sort – or to be more precise, the social capital inherited from communist times – proved extremely helpful in obtaining information and privileged terms of trade.

Youth and competences were also crucial for grasping the opportunities. Having the educational capital of modern sort and being in the right age bracket at the right moment, gave the young people great chances of getting a good job in the just starting private sector and still not saturated labor market. It worked in the opposite way for the elderly people, who were either already retired or could not retrain themselves easily for new jobs. The second divisive factor was the place of employment. Those employed in the state sector – with strictly regulated and low wages based on the limited state budget – have been much worse off than employees of private sector, even at equal jobs. The third factor was the place of living. Usually, living in the big cities gave more opportunities of various kinds, whereas living in desolate industrial towns based on some obsolete, uncompetitive and bankrupting domain of production, left people with no prospects for better life. There were also big regional differences, with some parts of the country more modernized and other parts more backward. In Poland, for example, there were huge differences among three parts of the country, which throughout the XIX century were ruled by three European superpowers: Russia, Prussia and Austro-Hungarian Empire. Up to today the Western board is much more industrialized, with modern farming, whereas the Eastern and Southern board remains industrially underdeveloped, with primitive, fragmentized and family-run agriculture. We even couched the common terms for that split: Poland A and Poland B, or simply 'two Polands'.

Once the transformation started on its way and produced secondary trauma of reforms, these structural differences implied also the unequal access to coping strategies. The obvious way to cope with trauma is to extend one's resources, the capital which provides a kind of insulation against painful conditions. There are therefore three constructive, innovative ways of coping with trauma. One is to raise one's educational capital. We have observed a tremendous educational boom in post-communist societies, when, for example in Poland, the level of scholarization was tripled, the population of students multiplied four times, and more than a hundred of new institutions of higher education were started. Those who take the risk of educational investment usually land in the successful segment of the population (finding jobs and careers if not in the country, then abroad). Another coping strategy is entrepreneurship: starting firms, organizing business, saving and investing. Again, we have observed the true outburst of entrepreneurial activities, with millions (yes, millions) of new small firms started and some of them soon developing into serious enterprises. This was another road to success. And the third coping strategy was to raise social capital, join associations, foundations, clubs, organize NGO's. It led to the revitalization of civil society, and the participants have usually had some opportunities for advancement.

But not all people are ready and willing to take such constructive and innovative defenses against traumas. Some are clinging to the old ways, accustomed life strategies and cultivated ritualistic adaptations. Others turn to withdrawal and resignation. They remain passive, believing in the beneficial turn of events due either to providence and fate, or to the emergence of a strong leader, the savior, or to the aid and help of foreign countries. There are also those who try the shortcuts to success: unlawful or outright criminal acts, organizing mafias, corruption rings etc.. They may, for a while, land in the successful elite, but usually sooner or later the law enforcement goes after them and they end up in prisons. And finally, we have those who blame their failures on the new capitalist system, and turn to anarchism, or aspire to revive communism.

The split into successful and frustrated segments of the population is immediately replicated at the political level in the opposition of liberal, modern, pro-European parties, and more conservative, populist, Euro-skeptical and parochial parties who find their respective constituencies either among those who have succeeded (growing middle and upper class), or – to the contrary – among those who are losing in the transformation game and become marginalized. The political dynamics of post-communist societies reflect the split quite clearly, with the political pendulum swinging from one side to the other in each consecutive election. In the countries like Poland, where institutional church has always been playing a strong role, there also emerges the split in the church along the similar lines: on one side the more modern, open, liberal, ecumenical wing, and, on the other side, the more conservative, fundamentalist, and nationalist faction.

7. The interludes of success and, alas, the trauma of elites

In spite of all these problems there are periods when the social mood changes toward optimism and the traumatic symptoms are relieved. The indicators of trust go up (Sztompka 1999b), more people vote in elections, civil society becomes more lively with more grass-roots activities, associational life, multiplying NGO's. In Poland, we witnessed it in the second part of the nineties when the delayed effects of radical economic reforms of Leszek Balcerowicz and the boom in worldwide economy resulted in high economic growth and improving life standards. And then in the first years of the XXI century, the accession to the NATO, the successful European referendum and later the accession to the European Union raises the feeling of security, enhances trust in the irreversibility of democratic and market reforms, accelerates the modernization of the country. We are no longer alone, but anchored in a strong family of highly developed economies and deeply rooted democracies.

This bright picture is spoiled again by the new, third wave of trauma, this time of a different order. It is not so much structural as personal. It originates not so much in the institutions of politics but in personal frailties and weaknesses of the politicians. I call it the trauma of political elites. At the break of the XXI century the political elites, irrespective of their ideological orientation – equally the right wing and the left wing – manifest both intellectual and moral incapacities. Glaring incompetence and errors in decisions as well as grave abuses of moral and legal standards are being uncovered: egoism, cronyism, nepotism, factionalism, corruption (Kojder 2004). The free media turn to investigative reporting and a number of political scandals galvanize public attention. The parliament nominates investigative committees, whose proceedings are widely publicized and shown live on TV. Huge scale corruption rings and mafia-type organizations are unraveled at the fragile border between the worlds of business and politics. The phenomenon described by sociologists as a 'moral panic' (Thompson 1998) breaks out. People start to believe – admittedly with some good reasons – that the whole politics is completely corrupted, that all politicians do not represent the common people but only attend to their own interests, that nobody can be trusted any more.

The symptoms of new trauma become widespread. First, there is the revival of the old dichotomy: 'we', the common people, and 'them', the rulers. This was a defensive frame of mind under communism, pushing people away from public life – treated as alien, imposed from the outside – towards the security and familiarity of the private world: families and friends. The same alienation from politics and the privatization of life becomes highly destructive in a democratic regime, where the participation of 'we, the people' is the crucial precondition of political functioning. For example, the growing absenteeism at elections, when more than a half of citizens chose not to cast a ballot, allows for completely unrepresentative factions to usurp power by skillful manipulation of coalitions. The second symptom of trauma is another dramatic fall of vertical trust, which in case of major political institutions reaches unprecedentedly low levels (Luhiste 2006; Shlapentokh 2006). The third symptom is the open manifestation of grievances and discontent, coupled with demands and claims directed at the government. This sometimes turns into highly visible spontaneous protests, 'street politics', clashes with the police. In the case of Poland, an additional factor adding to the depressive mood is the death of Pope John Paul II, the only remaining unquestioned charismatic leader and public authority, not only for the believers but also for the whole society. The feeling of bereavement sets in, manifested in the highly emotional way particularly by the young generation in the days surrounding the Pope's funeral. The enthusiastic welcome that the Polish youth, as well as the rest of the society, gave – contrary to some expectations – to the successor, Pope Benedict XVI, indicates how great craving developed among the people for authentic moral and intellectual authority.

8. The delayed echoes of the revolution: the trauma of backlash

At the background of such moods, the political pendulum swings to the right in the elections of 2005. Skillful politicians of the party whose name already reveals demagogical inclinations – 'Law and Justice' – are able to use traumatic condition of the society as the springboard to power. They promised major changes under a slogan of building the new 'IV Republic', which meant cutting off from the errors and abuses of the 'III Republic' constructed by round-table compromises and carrying a supposedly incomplete and fake transformation. They promised completing the 'unfinished revolution' by finally eliminating all elites from public life that had their roots in the communist system and who were supposedly guilty of all problems. And on top of that they promised to build the 'solidary state', providing rich social benefits to all citizens. No wonder they have won the elections: both presidential and parliamentary. The instrumental exploitation of social trauma and the scapegoat mechanism has proven effective not for the first time in history.

And yet, the margin of victory was very low, not sufficient for parliamentary majority, with the popular mandate only around 20 percent, given the fact that around 50 percent of the electorate was not taking part in the elections. The pre-selection of the active electorate also seemed to work in their favor, as it is usually those who are frustrated, unsuccessful, complaining and responsive to populist and demagogical slogans.

The manipulation of earlier traumas did not suffice in the longer run. Ironically, once in power, the new government has soon generated the fourth trauma. Playing with trauma produced new trauma. I call it the trauma of backlash. And it is pervading Polish social life at this moment. The classical traumatizing conditions appeared once again. First, the extremely elevated, populist electoral promises cannot be met. The frustrated, unfulfilled hopes of higher salaries and wages, lower taxes, massive provision of cheap apartments (famous 3 million subsidized flats!), and jobs for all, result in a wave of escalating protests and strikes of medical doctors, nurses, teachers, coal-miners, policemen etc.. Second, the government, devoid of sufficient majority in the parliament, is unable to force decisions and spends several months on mounting coalitions, which gives the people an impression of selfish quest for power for the power's sake and abandoning the service for society, as well as any notion of the public good. Third, the eventual coalition with highly suspect, marginal, small parties of extreme populist and demagogical origins ('Self-Defense' and the 'League of Polish Families') unravel the strategy of cynical 'Real-politik' strikingly at odds with the proclamations of 'moral revolution'. Fourth, the slogan of the 'IV Republic' implies a radical break, the extreme critique and rejection of the principles and practices of the 'III Republic', e.g. its sin of origins in the compromise of the round-table talks, its constitution, reforms of Leszek Balce-rowicz etc.. People are told – contrary to all reason – that some 18 years of their lives and efforts were lost, that it was another failure in the chain of Polish disasters, that we have once again to start anew, to rebuild everything from scratch. Fifth, the obsessive hunt for some supposed communist conspiracy, which ruled Poland for these 18 years and is guilty of all our problems, creates a vision of completely intransparent public life, raises anxiety and uncertainty. Sixth, there is a visible effort to suppress and dominate independent institutions, independent professional circles, and independent leaders of public opinion: the Constitutional Court is repeatedly discredited, the Central Bank as well as the committee regulating the media are put in the hands of loyal politicians; lawyers, academics, journalists, medical doctors are constantly attacked – sometimes personally. There are also clear attempts to instrumentalize the law and law enforcement for factional, particularistic political purposes and manifested contempt for the constitution. Nothing undermines vertical trust more than the growing appearance of unaccountable of the rulers, and the limitation of checks and balances, mutual controls inbuilt in a democratic regime (and even the fact that the offices of the president and prime minister are taken by twin-brothers is taken by many people as a mockery of the principle of the division of powers). Seventh, as a sort of subordinate theme to deflect the popular unrest the government digs out the problem of lustration, rejects the policy of 'thick black line' separating the communist past from the future-oriented, constructive efforts and intends to open the archives of the communist secret police to unravel the identities of all former collaborators or agents. The process soon gets out of hand with self-appointed judges who reveal privately or illicitly obtained information and trigger a number of political scandals. The attack is reaching the church, with some leading clergy accused – without convincing proofs – of collaboration. In a deeply religious, Catholic society it has to enhance the 'moral panic', and many people start to believe that former agents and spies are everywhere, even among their priests, families and friends. The new lustration law passed by the ruling majority in 2007, which demands of some half a million citizens occupying upper positions in a society to write self-incriminating declarations of their possible collaboration forty, fifty and more years ago, which meets with a huge wave of protest and resistance, including cases of civil disobedience, and leads the still independent Constitutional Court to veto and scrap the law entirely. But a deep division between those who were opportunistically loyal to the obviously unconstitutional law, and those who actively opposed it, is a very unfortunate side-effect, which remains especially among the intellectual, academic and journalistic circles. The government does not capitulate easily and promises new moves in the battle for lustration.

All these facts are responsible for the reemergence of the classical symptoms of trauma, the fourth in a row, the 'trauma of backlash'. Firstly, the people become disenchanted or outright disgusted with politics. The dichotomy of 'we' and 'them' becomes more sharply than ever. The participation in public life is even more unpopular and the privatization of life proceeds further. Political apathy sets in. Secondly, distrust in public institutions is at its highest: trust in the parliament falls to single digits, below 10 percent, trust in the president below 30 percent, with almost 50 percent declaring active distrust. Unfortunately, this spreads from vertical to horizontal trust, with only 15 percent declaring generalized trust in other people, including strangers not personally known. Thirdly, as a functional substitute for lacking internal trust, the externalization of trust becomes visible in the phenomenon of massive, temporal or even permanent emigration. With the opening of labor markets by some countries of the EU, young educated people, professionals as well as manual workers emigrate in search for better life-chances. Their motivations are most often economic; they look for jobs. But some researches show that their flight is also due to unbearable political climate. Not accepting the current conditions, they decide on what Albert Hirschman has called the 'exit option' (Hirschman 1970). Fourthly, anxieties, frustrations and pessimism are widely expressed, not only privately but also in the still independent media, which in some sizable part take a very critical view on current politics. Being a sane phenomenon in itself, it has a side-effect feeding the new wave of 'moral panics' which are triggered even by minor, singular occasions. Fifthly, we observe a rising demand for gossip, rumors, a new career of political jokes – which were a popular form of expression under communism, but later lost importance. All these emerge as substitutes for authentic public debate.

9. The brighter side of the situation

The picture painted above is rather bleak. But as usual the reality is not of one shade. The theme of ambivalence comes back; because it would be a mistake to believe that current trauma of backlash is the return to the immediate post-revolutionary trauma. The similarity of some symptoms may be misleading. Grave as it is, the trauma is now experienced in completely different conditions, in an entirely different society, modified deeply by the 18 years of transformation, so unreasonably discredited by current political elites. During that time we have gained some crucial assets which make the coping with 'trauma number four' much easier.

First, due to the wise 'shock therapy' of Leszek Balcerowicz, the momentum of entrepreneurial mobilization was activated and consistently produces high rates of economic growth, much higher than in the countries, which have chosen evolutionary, step-by-step strategies. Second, due to the rigid monetary policy of the central bank, we have stable and strong currency, with inflation at a minimum level. Third, due to opening towards the West and the conducive business environment (skilled labor force, usually cheaper than in the West, unsaturated market), we have drawn considerable direct foreign investments, which bring not only economic revenues but models of labor culture and management standards. Fourth, we have a stable and secure position within the Western world, thanks to the membership in the NATO and the EU. The latter not only results in beneficial fiscal flows but provides an insurance policy against any possible anti-democratic turn. Fifth, the educational boom has significantly raised the intellectual level of the society, with rates of scholarization tripled and the population of students growing fourfold as compared with the communist time. Sixth, at the level of civil society a dense network of NGO's, associations, self-governing bodies, discussion clubs, philanthropic ventures, foundations etc., which have mushroomed immediately after the revolution, have in large measure survived and consolidated, and cannot be easily destroyed by current centralizing and autocratic tendencies. Seventh, there is a considerable strength of national and religious community, usually latent, but emerging very clearly on extraordinary occasions – like the death of John Paul II or the visit of Benedict XVI. This reservoir of authentic solidarities may be mobilized if need arises, also for political purposes to block any possible drift away from democracy. Eighth, the current political elite antagonizes so many circles in a society that it may unwittingly revitalize the critical public debate, which is always easier to mobilize negatively, against some policies than for positive political projects. Reawakened public opinion may effectively curb the abuses of power.

It was the civil society, which won the seemingly impossible victory over communism, which 'raised itself by the boot-straps' as the Americans like to say. Its job now is much easier: not allowing that the fruits of the revolution of 1989 are wasted.

10. Theoretical coda

Behind the reconstruction of East-European and particularly Polish history over the last 18 years, which has been presented above, there are some hidden theoretical assumptions, which give the internal logic to the narration of facts and events. It is time to reveal them.

I do not believe in the Laws of History, in the determined, linear and irreversible course of human events and processes. I do not believe in the historical necessity or inevitability, supposedly affirming itself irrespective of human actions. And I do not believe that history has some purpose, final goal towards which it proceeds. Thus, I reject the assumptions of determinism, fatalism and finalism – so often encountered in the thinking about macro-sociological, historical change.

There has been nothing inevitable in the fall of communism. Most people, including all taxi drivers in my city, have believed that that damned system must collapse one day. But it might have well outlived us all and still be around. And there has been nothing inevitable in the direction and course of post-communist transformation. The early concept of transition assumed that Eastern Europe will become like the West simply by replicating capitalist and democratic institutions. Similarly, the notion of convergence or modernization assumed that Eastern Europe must pass the same route toward modernity as followed earlier by more lucky countries of the West; as if all societies were moving on the same huge escalator, some higher, some lower but all destined to the same course.

History is made by the people, it is constantly becoming due to decisions and choices made by the people – great leaders, groups, social movements, political parties and common citizens in their everyday conduct. But of course, these decisions are neither arbitrary nor voluntaristic; they are made in the environment of institutions, rules and beliefs, as well as in the material environment produced by earlier generations. Those are not God-given but have been also produced by the people, our predecessors. But the current generation faces them as given, as the field of possibilities for choice, neither entirely open nor entirely constrained. What shall become of the future, is always, to a great extent, in the people's own hands. I call this perspective focusing on the transformative force of human agency a 'theory of social becoming' (Sztompka 1991a, Sztompka 1993b).

Communism has fallen because there were brave, democratically inspired leaders – Walesas, Havels – who were able to mobilize the masses. It has fallen because there were brave people ready to join popular democratic, emancipatory movements in spite of heavy personal risks, and who persisted in their struggle. And the fall has been made more peaceful and relatively victimless because there were enlightened communist leaders – Gorbachev, Jeltsyn, Jaruzelski – who realized that the system has exhausted its potential and that its time has come to an end.

Once the communism collapsed and democracy was installed, the opportunities for making history were fundamentally enriched. The whole point of democracy is to make the field of options as wide as possible, and as accessible as possible for meaningful, constructive action, to as many citizens as possible. But again, democracy does not mean unlimited options. In 1989, each post-communist country inherited different structural conditions for transformation: different historical traditions and memories, different shape of institutions, different legacies of communism, different economic resources, different levels of educational, cultural, civilizational capital. They had luck or had no luck for wise, charismatic leaders, who, as Pascal already said, are the most unpredictable and random factor of history.

Of these resources and of these opportunities the people of Eastern Europe have made various uses. But in general they have gone a very long way towards making their countries and their life better. This was not a road laid with roses, but rather led 'through blood, sweat and tears' in the clash of various interests, ideas, programs, political projects; with social costs, hardships and victimized segments of the population; with new pockets of poverty and injustice in place of the old ones. And the process continues in a similar, turbulent way. But no major transformation may come easy, and this has been perhaps the most fundamental, radical and comprehensive transformation in recent history.

Social becoming does not follow a smooth, linear trajectory, but rather a dialectical course. Through facing repeated challenges and fighting reappearing traumas, it pushes society forward. This is what I have tried to depict in this talk, and to which I gave a name: ambivalence.

References

Aminzade, Ron/Goldstone, Jack A./McAdam, Doug/Perry, Elizabeth J./Sewell, William H. Jr./Tarrow, Sidney/Tarrow, Tilly (eds.) (2001): Silence and Voice in the Study of Contentious Politics. Cambridge: Cambridge University Press

Aminzade, Ron/McAdam, Doug (2001): Emotions and contentious politics. In: Aminzade et al. (2001): 14-50

Beck, Ulrich (2006): The Cosmopolitan Vision. Cambridge: Polity Press

Boje, Thomas (ed.) (1999): European Societies: Fusion or Fission. London: Routledge

Connerton, Paul (1989): How Societies Remember. Cambridge: Cambridge University Press

Dahrendorf, Ralf (1990): Reflections on the Revolution in Europe. New York: Times Books

Ekiert, Grzegorz/Kubik, Jan (1999): The Rebellious Society. Ann Arbor: University of Michigan Press

Elster, Jon/Offe, Claus/Preuss, Ulrich (1998): Agenda, agency and the aims of Central East European transitions. In: Elster, Jon (1998): 1-34

Elster, Jon/Offe, Claus/Preuss, Ulrich (eds.) (1998): Institutional Design in Post-Communist Societies. Cambridge: Cambridge University Press

Grancelli, Bruno (ed.) (1995): Social Change and Modernization. Berlin-New York: De Gruyter

Gurr, Ted (1970): Why Men Rebel. Princeton: Princeton University Press

Hirschman, Albert (1970): Exit, Voice and Loyalty. Cambridge: Harvard University Press

Janowitz, Morris (ed.) (1966): W. I. Thomas on Social Organization and Social Personality. Chicago: The University of Chicago Press

Jeffrey Alexander/Eyerman, Ron/Giesen, Bernhard/Smelser, Neil J./Sztompka, Piotr (eds.) (2004): Cultural Trauma and Collective Identity. Berkeley: California University Press

Kojder, Andrzej (2004): Corruption in Poland: symptoms, causes. Scope and attempted countermeasures. In: The Polish Sociological Review 2: 183-202

Kumar, Krishan (2001): 1989 Revolutionary Ideas and Ideals. Minneapolis: University of Minnesota Press

Luhiste, Kadri (2006): Explaining trust in political institutions: some illustrations from the Baltic states. In: Communist and Post-Communist Studies 39(4): 475-496

Offe, Claus (1997): Varieties of Transition. Cambridge: Polity Press

Ritzer, George (1993): McDonaldization of Society. Newbury: Pine Forge Press

Shlapentokh, Vladimir (2006): Trust in public institutions in Russia: the lowest in the world. In: Communist and Post-Communist Studies 39(2): 475-496

Sztompka, Piotr (1991a): Society in Action: The Theory of Social Becoming. Cambridge: Polity Press

Sztompka, Piotr (1991b): Intangibles and imponderables of the transition to democracy. In: Studies in Comparative Communism 3: 295-312

Sztompka, Piotr (1992): Dilemmas of the great transition. In: Sisyphus: Social Studies: 9-28

Sztompka, Piotr (1993a): Civilizational incompetence; the trap of post-communist societies. In: Zeitschrift fur Soziologie 2: 85-95

Sztompka, Piotr (1993b): The Sociology of Social Change. Oxford: Blackwell Publishers

Sztompka, Piotr (1995): Cultural and civilizational change: the core of post-communist transition. In: Grancelli, Bruno (1995): 237-247

Sztompka, Piotr (1996a): Trust and emerging democracy: lessons from Poland. In: International Sociology 11(1): 37-62

Sztompka, Piotr (1996b): Looking back: the year 1989 as a cultural and civilizational break. In: Communist and Post-Communist Studies 29(2): 115-129

Sztompka, Piotr (1998): Trust, distrust and two paradoxes of democracy. In: The European Journal of Social Theory 1(1): 19-32

Sztompka, Piotr (1999a): The cultural core of post-communist transformations. In: Boje, Thomas (1999): 205-215

Sztompka, Piotr Trust (199b): A Sociological Theory. Cambridge: Cambridge University Press

Sztompka, Piotr (2004a): From East-Europeans to Europeans: shifting collective identities and symbolic boundaries in the new Europe. In: European Review 12(4): 481-496

Sztompka, Piotr (2004b): The trauma of social change: a case of post-communist societies. In: Jeffrey, Alexander (2004): 155-195

Thompson, Kenneth (1998): Moral Panics. London: Routledge

Various Varieties. On the Classification of New Capitalisms in Eastern Europe[1]

Janos Matyas Kovacs

1. Introduction

Is there such a thing as Polish or Romanian (Czech or Hungarian, etc) capitalism two decades after the 1989 revolutions? If there is, do these capitalisms differ essentially? If they do, how do we know that? Do they also differ significantly from other types of capitalism in the 'West' and the 'South'? Or should Eastern Europeans forget about country types in the age of European integration and globalization?

But how could they forget about their own types if day by day they are confronted with vigorous attempts at situating their countries in various classification schemes? One cannot open a newspaper that does not publish a ranking order made by a bank or an international agency, which tells the reader who the current winner is in contests such as 'building the market', 'good governance' or 'fighting corruption'. Of course, the most influential 'rating agency' is the European Union that employs an accession design, based on a peculiar average of Western European capitalisms, which is used as a yardstick to measure the 'matureness' of the applicants' capitalist regimes.[2] The ensuing rivalry mobilizes in Eastern Europe the spirit of incessant typology-making. Politicians, businessmen and public intellectuals come up, on a daily basis, with enthusiastic reports (or with frustrated notes) about how their own country 'defeated' (or was defeated by) another in any of the competitions for hitting the regional record in capitalist development. Currently, an additional title, the 'best crisis manager', can be won to gain recognition. (As a Hungarian citizen, I am bothered by the media in my country complaining about the fact that 'by now, *even* the Slovaks and Romanians are ahead of us in *building capitalism*'.)

What do we learn from the fact that yesterday Poland, the Czech Republic and Hungary were, while today Slovenia and Slovakia are, the favourite 'transforming states' or 'emerging markets' in the region, in the eyes of well-informed analysts? Are the rankings comprehensive, unbiased, sophisticated and comparable enough? This is, of course, a rhetorical question. If one considers just two of the current

---

1   The presentation draws on a paper of mine delivered in Zagreb (Kovacs 2008).
2   By 'regimes' I mean, following Gosta Esping-Andersen, institutional arrangements in well-defined segments of the capitalist economy rather than a 'system' of capitalism in a given country.

frontrunners, he/she is perplexed by seeing Slovakia and Slovenia praised for diametrically opposing features: the former for courageous moves of liberalization while the latter for *not* making those moves. The former earns appreciation for quick economic growth, the latter for social stability. To put it bluntly, the former is portrayed as a 'big Chicago' while the latter as a 'small Austria'.

My presentation will follow *three objectives*:

1. Providing a very-very brief outline of the state of the art in comparative studies of capitalism in the East and the West;
2. Assessing the first attempts at borrowing Western models of comparison to comprehend neo-capitalisms in Eastern Europe;
3. Suggesting an alternative approach to comparing capitalist regimes in the region, I admit, *without* possessing a 'waterproof' theory of selecting the comparative fields and variables.

2. Comparing 'Systems'

Ironically, the discipline of Comparative Economic Systems that failed to predict the collapse of one half of its own subject matter, the communist economic system is still alive and well, being taught in almost all universities of the world.[3] True, the textbook chapter(s) on communism got shorter but the 'model countries' have remained the same: the US 'free market' system versus German or Swedish–style welfare capitalisms, Japan, the Central European 'reformers', etc. Most recently, China and India were squeezed in the typology. As a rule, the individual types continue to be national types, and they are enumerated one after the other rather than incorporated in a comprehensive classification scheme.[4] Comparative Economic Systems still insists on the grand schemes of systems theory and disregards the recent results of new institutional analysis in economics, sociology, law and history.[5] The discipline did not fully abandon its Cold War-style binary

---

3   For example, the latest edition of the evergreen textbook written by Paul Gregory and Robert Stuart was published in 2004 (Gregory/Stuart 2004).

4   See, e. g., Carson 1997; Gardner 1998.

5   Apparently, the appearance of a new generation of comparatists, and the change in the mission of the main organ of the school, the *Journal of Comparative Economics* have not produced a methodological turn yet. Cf. Djankov et al. 2003. Janos Kornai does not alleviate the case of the would-be comparatists. In an attempt to convince the public of the fact of systemic change, that is, to refute the still widespread thesis of continuity between late communism and early capitalism, he recently elaborated on what he called the 'system paradigm', a concept that is hardly interested in the fine institutional differences between the species of the new System (written with capital 'S' again). Cf. Kornai 2000.

attitude emphasizing the ideal types of capitalism and communism.[6]

Meanwhile, in post-communist studies the holistic concepts of Comparative Economic Systems have been translated into down-to-earth research projects but normally their authors did not bother elevating their results onto the level of constructing larger East-East typologies, not to mention the East-West ones. By now, much has been said about various types of privatization, marketization or economic stabilization in countries ranging from Poland to China whereby the authors analyzed the smallest details of bankruptcy laws, collective agreements or fiscal regimes, but the new knowledge has rarely been integrated in *typical* bundles of economic organizations, policies or cultures. While with Comparative Economic Systems it is the grand schemes that do not facilitate prudent empirical research, here it is rather a sort of minutious empiricism and methodological individualism that lame scholarly imagination.

Thus, scholarly abstraction did not rise too high. Almost twenty years after the 1989 revolutions, virtually no one speaks of say, Danubian capitalism, the Baltic welfare regimes or Eastern European property rights in general, reminding the observer of the classification schemes put forward by Michel Albert, Gosta Esping-Andersen and others to comprehend Western regimes of capitalism. Similarly, there are virtually no scientific inquiries that would venture to seriously test the plausibility of postulating, for example, a *joint* Balkan-Mediterranean, German-Austro-Hungarian or Baltic-Scandinavian model of capitalism. For good or ill, these kinds of hypotheses tend to remain thought experiments suggested by cultural theorists and historians. One may say, thanks God! A healthy-minded economist does not indulge in such dubious generalizations. But how can one avoid them for good?

3. In the thick of metaphors

For about a decade after 1989, the scholars could justifiably argue against quick generalizations about regime types: the post-communist transformation seemed unprecedented, much of the empirical material was lacking, and the changes were hectic and frequently contradictory. In an attempt to get a handle on the turbulent changes, a number of researchers reached back for all kinds of metaphors, historical analogies and myths. As a consequence, the adjectives expressing the peculiarity of new capitalism in Eastern Europe started mushrooming in the 1990s to an extent that almost discredited the 'we are different' message. Ironically, the

---

6   Thereby, an interesting attempt by comparatists of 'real socialism' made back in the middle of the 1970s at trespassing the binary approach was disregarded. (see Mesa-Lago/Beck 1975).

term of 'market economy without adjectives' that was coined by Václav Klaus
more than a decade ago is just one among the metaphors below:

Figure 1: Capitalism with adjectives (that refer to the)

> - *Power of communist legacy:* nomenklatura capitalism, political capitalism,
>   simulated capitalism, capitalism without capitalists, patrimonial capitalism,
>   etc;
> - *Strong pre-communist roots:* oligarchic capitalism, feudal capitalism, com-
>   munal capitalism, ethnic capitalism, uncivil capitalism, etc;
> - *Criminal nature of new capitalism:* crony capitalism, clan capitalism, mafia
>   capitalism, gangster capitalism, parasite capitalism, predatory capitalism,
>   Balkan capitalism, etc;
> - *Foreign domination:* post-colonial capitalism, dependent capitalism, *com-
>   prador* capitalism, servant capitalism, waiter capitalism, capitalism from
>   without, etc;
> - *Free-market orientation of the new regimes:* Wild-East capitalism, cowboy
>   capitalism, frontier capitalism, trickster capitalism, casino capitalism,
>   auctioneer capitalism, Chicago Boys capitalism, capitalism without com-
>   promise, etc;
> - *Social engineering:* designer capitalism, capitalism by decree, shock capital-
>   ism, capitalism from above, etc;
> - *Symbolic geography:* Central European versus South-East European and
>   Eastern European capitalism (supported by an emphasis laid on the divide
>   between Western and Eastern Christianity);
> - *State-market relationships:* (developmental) state capitalism, free market
>   versus social-market capitalism, liberal versus coordinated capitalism, etc;
> - *Liberalism and democracy:* Liberal-democratic versus illiberal-democratic
>   (*democradura* or populist) capitalism, etc;
> - *Unfinished transformation:* nascent/emerging/transitory/immature capi-
>   talism, half-capitalism, etc;
> - *Hybridity:* dual, mixed, middle-of-the-road, third-way, cocktail capitalism,
>   etc;
> - *New property rights, hierarchies, capital-labor relationships:* managerial
>   capitalism, recombinant capitalism, network capitalism, (neo)corporatist
>   capitalism, commercial capitalism, financial capitalism, etc.

Reference: Compiled by the Author.

It would be unfair to challenge these – often overlapping – terms with the wisdom
of hindsight. Undoubtedly, many of them are heavily biased and high-sounding to
criticize certain horror scenarios of the transformation. The above list includes
quite a few concepts that rest on simple dichotomies, use notions that have been
taken over from Western/Southern-based classification schemes uncritically or
merely refer to the provisional character of the new capitalist regimes. Moreover,

the suggested types are normally rooted in the *current history* of only a *few countries*, more exactly, in snapshots of *one or two fields/processes* of the post-communist transformation (ownership, new elites, corporate governance, welfare regimes, etc.). Nonetheless, they reflect the beginnings of a paradigm shift from systems theory to (historical) institutionalism and new political economy, from ideal to real types, and from deductive to inductive analysis. Ignoring the excessively ideological attempts at unveiling communist/nationalist/neoliberal/neo-colonial, etc. conspiracies, one could build on the historical/cultural thrust of these typologies, not to mention the 'local knowledge' of their authors.[7]

4. Varieties of Capitalism

One crucial step would be missing though: the fields and variables of comparison ought to be arranged in an elegant but parsimonious and operational scientific framework. Fortunately, a large part of this framework does not have to be reinvented, even if it needs considerable adjustment. One may jump on the bandwagon of the ongoing methodological controversy on what is called the 'Varieties of Capitalism' (VoC).[8]

While Comparative Economic Systems is still thriving, VoC has begun its fight for succession. Institutional experts of various disciplines join forces to explain even small dis-/similarities between the capitalist arrangements at local, sectoral, national and regional levels. What is considered a *quantité négligeable* in the shadow of the Big Systems, may prove to be of vital importance in understanding the comparative performance of capitalist regimes. In the initial version of the 'Varieties of Capitalism' framework, firm structures, industrial relations, finances, education, etc., and their institutional complementarities were examined in great detail. The analytical precision notwithstanding, the countries were put in only two pigeon holes (liberal vs. coordinated market economies) in the end. Also, VoC studies are criticized for the static and 'impersonal'/'lifeless' nature of the paradigm. Institutional change remains largely unexplained, and its actors are overshadowed by the institutions' complexities.

By now, however, VoC scholars began to experiment with third types, too (mixed, mid-spectrum, managed, state-influenced, etc. market economies) to accommodate Southern Europe, Latin America and other 'in-betweens'. Moreover, they are interested in the intricacies of state regulation as well as in the microfoun-

---

7   Jozsef Böröcz, Laszlo Bruszt, Bela Greskovits, David Stark, Akos Rona-Tas and Ivan Szelenyi, just to mention a few authors working on Hungary, have made large steps in this direction. Cf. Note 10 as well.

8   See, e.g., Amable 2003; Hall/Soskice 2001; Hancké et al. 2007; Schmidt 2002; Streeck/Thelen 2005.

dations of institutional change and its discursive environment. Thus, in principle, the experts of Eastern Europe received an open invitation to help enlarge the group of 'third-type' countries in the theory. However, despite the efforts made by pioneering researchers in comparing capitalisms in the region (incidentally, they are the ones who experiment with the most reliable adjectives quoted above), VoC still uses the example of new capitalisms in Eastern Europe as a passing reference to 'hybrid' cases rather than considering the region as a fertile soil for producing new comparative models.[9]

5. VoC goes East

What can we learn from the 'early birds' of Eastern European VoC studies?[10] How delightful are their new songs? Does the Latin truism *varietas delectat* apply to them?

The authors agree that the region's economies cannot be adequately grasped by the standard VoC terminology. In Eastern Europe the institutional configurations are still fluid, the new capitalist regimes are highly exposed to the world market, and the transformative capacity and ideology of the state cannot be ignored. Thus, comparison must lay an emphasis on external dependence and agency, and take into account a few additional variables such as industrial policy, social inclusion, identity politics, etc. As a consequence, the dual scheme applied by the VoC theory has to be extended including, to quote an influential pair of authors, also the types of 'state-crafted', 'world-market driven' and 'embedded neoliberalism' as well as of 'neocorporatism'. Others focus on the emergence of capitalism and talk about a different triad: 'capitalism from below, above and without', distinguishing hybrid, patrimonial and liberal types.

Many of the Eastern European comparatists treat the selection of their own comparative variables as almost-axiomatic. Despite the claim of realism and accuracy, the specter of neoliberalism haunts their research programs.[11] For them, neoliberalism seems to be an umbrella concept that embraces a peculiar blend of features ranging from fast privatization, through the power of TNCs and the Washington Consensus, to social polarization. They identify adverse (and frequently only the adverse) effects of neoliberalism in the behavior of the transnational companies and international organizations, and regard them as sources of new authoritarianism, nationalism, populism in the region. This proposition (characteristic of de-

---

9   While the Hall-Soskice volume had disregarded Eastern Europe completely, six years later the Hancke et al collection included three chapters focusing on countries in the region.

10   See, e.g., Buchen 2004; Cernat 2006; Chavance/Magnin 2000; Bohle/Greskovits 2007a,b; King 2001, 2007; Lane et al. 2007; Mykhnenko 2007; Szelenyi/King 2005.

11   A source frequently cited by them is Bockman/Eyal 2002.

pendency theories) is becoming increasingly popular, especially with the deepening of the current recession. Behind the growing number of types one still sees the standard VoC dichotomy of liberalism versus coordination, and most of the authors cannot get rid of the old symbolic partition of Eastern Europe: Central Europe versus the rest of the region.

6. Insecure steps (toward more realistic comparative schemes)

In this last section of my presentation, modesty is highly desirable, especially if one, like me, is trained in comparing economic ideas and cultures rather than regimes. Fortunately, this paper could not have been written if I had not had the chance to work together with a multi-disciplinary team of researchers on a research project examining comparative economic cultures in Eastern Europe, which covered eight countries and three research fields: entrepreneurship, governance and economic knowledge.[12] Part of the researchers (Dragos Aligica, Roumen Avramov, Jacek Kochanowicz, Mladen Lazic, Violetta Zentai and myself) continued thinking of the nascent capitalist regimes in the light of the results of the economic cultures project, and stumbled into the VoC paradigm. This is where we have got to during the past year.

In constructing a new typology, both the comparative research fields and variables require preselection that often reflects strong hypotheses concerning the 'otherness' and the 'essence' of new capitalisms in Eastern Europe. In fact, most of the classification schemes mentioned above originate – directly or indirectly – in certain ideal types of capitalism. Yet, it remains debatable whether one should use, for instance, a Marxian, a Weberian, a Schumpeterian, or, for that matter, a Giddensian or a Sennettian ideal type for supporting a comparative scheme, and attribute more significance to variables such as class struggle, capitalist spirit, creative destruction, reflexive modernization or the corrosion of character respectively.

But why start comparison with loudly-proclaimed and metaphor-based hypotheses concerning the 'quintessence' of new capitalisms in Eastern Europe. Why not simply claim that the new capitalist regimes are likely to differ from the established ones at least in three important respects:

- This is not the first time that capitalism emerges in these countries, and at this occasion capitalism was preceded by communism;

---

12   See www.dioscuriproject.net. Cf. Kovacs/Zentai: 2010; Kabakchieva/Kiossev: 2007; Kochanowicz et al: 2007. See also Kovacs: 2002, 2006, 2007.

- Capitalism strikes roots under the heavy influence of two rivaling capitalist models, to put it simply, America and Europe, not to speak of their sub-models;
- The new capitalist regimes have not reached their 'steady state' yet. They are being engineered from above by the elites with all their political organizations, dominant discourses, etc.. At the same time, they are also being crafted from below (very actively but often invisibly) by the societies at large.[13]

This common-sensical reasoning brought us to the actor (culture)-oriented world of new institutionalism, more exactly, to a rather simple scheme of *tradition, emulation and invention*[14] without forcing a first-best theory of capitalism upon the Eastern European reality. Of course, deciding not to wait for a Grand Theory will not spare us the difficult task of selecting the main comparative fields and variables. Nevertheless, these would not arise from a closed body of a given theory but from an open-ended analysis of three kinds of institutional (and cultural) supply: (a) past versions of capitalism in the region (including proto-capitalism under late communism), (b) current versions of capitalism in the West (and the South), (c) 'work-in-progress' versions of capitalism emerging from the interplay of from-above and from-below effects in the course of the post-communist transformation. The first informs the analyst about the roots of a given capitalist regime in the local tradition; the second about the ways of emulating certain models of the current capitalist environment (while rejecting others); and the third about the local inventions in crafting new capitalist regimes. Let me suggest short examples for each:

(a) As regards history, the principal research question will be the following: to what extent (if at all) does the 'first push' of capitalist development in the region affect the development paths of the capitalist regimes during the 'second push' today? In other words, how did the rise and fall of communism modify the original

---

13   Eastern Europe shares with the South a great many characteristics rooted in similarities between their prehistories (backwardness, authoritarian rule, colonial status, etc.), or in the largely non-spontaneous origins of capitalism in these regions. Following 1989, many core institutions of capitalism were introduced in Eastern Europe from above, their consolidation was engineered throughout the post-communist transformation, and the choice of these institutions was heavily influenced by preexistent models of capitalism in other corners of the world. Nevertheless, Southern capitalisms did not start off from communism, what is more, simultaneously and with an extremely fast tempo, and while also exposed to strong global impacts, were not co-opted by a powerful integration such as the European Union.

14   By 'new institutionalism' we mean first of all 'new institutional economics' embracing a large variety of disciplines ranging from 'property rights theory' through 'public choice' to 'law and economics'. In our case, it is perhaps the recent results in 'new economic history' and 'new political economy' (Daron Acemoglu, Edward Glaeser, Avner Greif, James Robinson, Andrei Schleifer, Barry Weingast, etc.) that may be the most helpful.

(pre-war) typology of capitalism in the region? Accordingly, the research fields range from regional specifics and the configuration of the nation state, through modernization strategies and the related normative cleavages within the ruling elites, to religion. The latter can be examined with a special interest in the local 'spirit of capitalism'.

(b) As regards the impact of the current capitalist environment, that is, emulation (copying, imitation, hybridization, or just mere simulation), we will initiate research on a peculiar situation, in which two kinds of powerful influence, exerted by two centers of the world economy, in shorthand, the EU and the US, compete (and cooperate) with each other for the minds and hearts of the Eastern Europeans.[15] This is much more than a choice, suggested by VoC, between liberal and coordinated versions of capitalism. In witnessing the diffusion, by means of the *acquis*, of a 'West-European average' of capitalism to the East (ranging from monetary policies, through equal opportunity laws to the standardization of the health conditions of chicken farms), one can not help recognizing a sort of 'Little America', too, that had started emerging in Eastern Europe even before the EU accession gained momentum. A low share of public ownership in industry, banking, housing, etc., emerging forms of 'managerial capitalism', privatized pension schemes and health-care regimes, non-progressive tax systems and decreasing tax burdens, a low rate of unionization (and corporatist self-organization in general), permissive hire and fire regulations, a high degree of social polarization, lax rules of environmental protection, etc. – can one easily disregard these features of new Eastern European capitalism? Or, to leave institutions and policies for economic cultures, is it possible *not* to realize the similarities in terms of the style of entrepreneurship (reckless rivalry, informal business-making, underregulation, etc.), propensity for self-exploitation, individualism and self-reliance, suspicion toward the state, etc., in large groups of society?

The European Union does not have unlimited opportunities to influence the economic institutions and behavior of the citizens of 'Little America'. It cannot force them to organize trade unions or not to privatize their health-care systems. Convergence in institutional terms has serious constraints. The EU demands economic stability from the new member states, and, at the same time, blames them for social or tax dumping, i.e., for taking reasonable measures to balance their budgets and accelerate economic growth. The game is not over, the triangle of Eastern Europe, Europe and America promises a series of authentic combinations in the local choice of capitalist regimes in the future. The basic constituents of many of these combinations are adequately defined by the VoC paradigm (corporate governance, industrial relations, etc) in their pure forms. Our task would be to

---

15   For brevity, we disregard here the 'Southern' effects as well as the problem of distinguishing the American and the British types of 'Anglo-Saxon' capitalism.

identify the not so pure (even 'dirty') ones. This task is becoming increasingly difficult in the current crisis that brings forth seemingly similar (interventionist) policies which may camouflage deep institutional differences between the existing capitalist regimes.

(c) Finally, *as regards the progress of the post-communist transformation*, one may forget about both history and the current external effects for a moment, stop talking about 'eternal curses' such as backwardness, the Leviathan state or colonization (old and new), and emphasize the importance of endogenous choice (however limited it may often be) made by the 'builders of capitalism' in Eastern Europe. Here we are persuaded by our *Dioscuri* project that demonstrated the relative strength and innovative abilities of 'weak cultures'.

Focusing on the transformation will highlight, besides the standard institutional factors applied by VoC, a large number of variables originating in the fact that these factors are still *in statu nascendi*. They range from the ruling elite's vision of capitalism, through the voting behavior of the people, all the way down to their consumption habits or attitudes to informality. They all reflect that capitalism is being newly constructed by flesh-and-blood people rather than routinely operated by faceless institutions. Thus, we arrive at the border of economic anthropology. For instance, in comparing the capital markets we may be interested, besides the usual variables such as banking or foreign direct investment, also in the spending and savings practices of the population, including among others the propensity to take part in Ponzi games. Or to take the example of the labor market, we may look, besides vocational training and industrial relations, into the social status of the unemployed or the pensioners. In other words, we could choose variables that, for the outside observer, often seem insignificant but for us, insiders, are more than telling.

The anthropological approach does not necessarily mean indulging in the discovery of the cultural micro-spheres and drawing conclusions in a bottom-up sequence. True, seeing so many high-sounding but unproductive macro-concepts (part of which occur in the above adjectives), one is tempted to study how markets, property rights, power structures organize themselves 'on the spot'. It may well be that quasi-formal local market networks, embedded in the remnants of the communist informal economy and reinforced by old-new political, ethnic, religious, etc. principles of organization, can explain the daily functioning of the emerging capitalist regimes at least as well as say, the massive inflow of foreign capital in the region or the preference of part of the ruling elite for a given pattern of privatization.

In a presentation like this, there is no room for discussing the research fields and comparative variables of our planned project in detail. They will include property rights and privatization regimes, institutions of market regulation, welfare regimes, and the political economy of new capitalism in six countries of the region

(Bulgaria, Hungary, Poland, Romania, Russia and Serbia). Each research field will be explored with the help of a series of comparative variables (among them, a few unorthodox ones). For instance, ownership will be studied by means of variables such as these: ratio of public/private property, share of foreign owners, employee ownership (manager-owners), the legal context of privatization (restitution of land), liberal/conservative/socialist approaches to privatization (the idea of mass privatization), popular attitudes to private ownership (failed privatization deals). The topics in parentheses represent rather unorthodox variables that will be covered by comparable case studies in each country.

In each field special attention will be paid to historical parallels (or the lack of them) as well as to cultural factors reflected primarily in scholarly debates and popular attitudes. In accordance with the basic methodological principle of our planned project, the typology will be based on the tradition-emulation-invention scheme. The emerging capitalist regimes will be classified along the lines of this triad. First, the more and less tradition-prone regimes will be distinguished, and/or the main elements of the alternative traditions identified. Then, both of them will be examined, asking whether they tend to combine local/national legacies with borrowing certain regimes or rather creating new ones. In the case of borrowing, we will ask if emulation is based on American or rather European models. Of course, we will also be interested in those combinations, in which one or two elements of the triad are missing or weak: e.g., tradition-based invention, or emulation that largely ignores both tradition and invention. In all comparative dimensions we will ask about the quality of institutional/cultural change, making distinction between formal and informal, real and simulated, etc. processes with lasting or temporary results. If the typology allows, finer differences will be explored as well: e.g., we will disentangle the 'European model' to see to what extent the individual real types of Eastern European capitalism have been affected by the various European submodels. Meanwhile, the East-East influences will not be ignored either.

All things considered, our project promises quite a bit of surprise. Maybe, new capitalism will prove, in many respects, less traditional and more 'American' in Russia than say, in Hungary, while Romanian capitalism more 'European' than the Polish one. Similarly, Serbia may take pride in inventing new types of capitalist regimes, while Bulgaria is still preoccupied with emulation. Or vice versa. Or the whole region drifts 'down' ('up'?) to Italy and Greece.

It would be foolish to conceal that – like VoC – our planned typology also depends on a great many assumptions; assumptions that I have so far treated as self-evident and impudently smuggled in my argumentation.

Figure 2: Research hypotheses

1.	1989 was more than a *nachholende Revolution* (Habermas). It went beyond emulation targeting *the* West, actually it targeted many Wests, and resulted in quite original versions of emerging capitalism. These versions cannot be identified with any real types of European, American, etc. capitalisms. The twenty years elapsing since 1989 have witnessed an extremely rapid and rather chaotic process of capitalism-making.
2.	The capitalist regimes of the region are not only following certain traditions and copying Western/Southern models but are bound to come up with authentic solutions that can, in turn, enlarge the institutional toolbox of established types of capitalism all over the world.
3.	The new versions of capitalism have rather long life-cycles. They do not simply represent transitory stages on their way to a model of 'full capitalism', and will not be washed away soon by the flood of European integration and/or globalization.
4.	The new capitalist regimes of Eastern Europe have not reached yet such a degree of crystallization as their Western (or even Southern) counterparts. Yet, capitalism in Eastern Europe did not start developing in 1989: its roots run back to the period before 1945 (1917). Communism did not eradicate capitalism fully, just on the contrary, it showed proto-capitalist features, too. Nevertheless, the new capitalist regimes of Eastern Europe are not mere replicas of the pre-communist ones; communism (and the way of leaving it behind) did matter in shaping today's capitalisms in the region.
5.	The tentative typology of nascent capitalisms in Eastern Europe will be so complex that it will be difficult to locate the national types on any (descriptive or normative) scale. Due to a low level of crystallization of the new capitalist regimes, there will always be important segments of capitalism in a given country, which will not fit in well with a certain type. Furthermore, owing to the rival normative preferences, there will be no scale whatsoever, which could arrange the nascent regimes along a line leading from the 'worst' to the 'best' (the weakest to the strongest, the least to the most advanced, etc.) in terms of capitalist development. There will be no unambiguous 'losers' and 'winners' in that imaginary race.

Reference: Compiled by the Author.

Those who do not share most of these assumptions, and think that Eastern European capitalism does not exist, or it does but exhibits no real diversity, is not genuine, or will disappear soon, have probably found this half an hour a considerable waste of time. The only consolation I can offer is that I saved them from a body of literature they have never wanted to read anyway. To those who, on the contrary, have become tempted by the possibility of constructing sophisticated typologies of new capitalism, let me turn with a polite warning: check your adjectives! I mean, before *they* check your thinking, and varieties cease to be 'various', thus, delightful.

References

Amable, Bruno (2003): The Diversity of Modern Capitalism. Oxford: Oxford University Press

Bockman, Johanna/Eyal, Gil (2002): Eastern Europe as a laboratory for economic knowledge. The transnational roots of neoliberalism'. American Journal of Sociology 108: 320-352

Bohle, Dorothee/Greskovits, Bela (2007): Neoliberalism, embedded neoliberalism and neocorporatism. Towards transnational capitalism in Central-Eastern Europe. West European Politics (30)3: 443-466

Bohle, Dorothee/Greskovits, Bela (2007): The State, Internalization and Capitalist Diversity in Eastern Europe. Competition and Change 2: 89-115

Buchen, Clemens (2004): What kind of capitalism is emerging in Eastern Europe? Varieties of Capitalism in Estonia and Slovenia. Cambridge (manuscript)

Carson, Richard (1997): Comparative Economic Systems. New York: Harcourt

Cengic, Drago (ed.) (2008): Kapitalizam i Socijalna Integracija. Zagreb. Institut društvenih znanosti Ivo Pilar

Cernat, Lucian (2006): Europeanization, Varieties of Capitalism and Economic Performance in Central and Eastern Europe. New York: Palgrave Macmillan

Chavance, Bernard/Magnin, Eric (2000): National Trajectories of Post-Socialist Transformation: Is There a Convergence Towards Western Capitalism? In: Dobry, Michel (2000): 221-233

Dobry, Michel (2000): Democratic and Capitalist Transitions in Eastern Europe. Dordrecht: Kluwer

Djankov, Simeon/Glaeser, Edward/La Porta, Rafael/Lopez-de-Silanes, Florencio/Shleifer, Andrei (2003): The New Comparative Economics. Journal of Comparative Economics 117: 137

Gardner, Stephen (1998): Comparative Economic Systems. Fort Worth: Dryden Press

Gregory, Paul/Stuart, Robert (2004): Comparing Economic Systems in the Twenty-first Century. Boston: Houghton Mifflin

Hall, Peter/Soskice, David (eds.) (2001): Varieties of Capitalism. The Institutional Foundations of Comparative Advantage. Oxford: Oxford University Press

Hancké, Bob/Rhodes, Martin/Thatcher, Mark (eds.) (2007): Beyond Varieties of Capitalism. Conflict, Contradictions, and Complementarities in the European Economy. Oxford: Oxford University Press

Harrison, Lawrence/Berger, Peter (eds.) (2006): Developing Cultures. London: Routledge

Kabakchieva, Petya/Kiossev, Alexander (eds.) (2007): Insitutional Change and Social Transformations. Sotsiologicheski Problemi: 3-4

King, Lawrence (2007): Central European Capitalism in Comparative Perspective. In: Hancké, Bob et al. (2007): 125-148

King, Lawrence (2001): The Basic Features of Post-Communist Capitalism. Firms in Hungary, the Czech Republic, and Slovakia. Westport:Praeger Press

Krastev, Ivan/McPherson, Alan (eds.) (2007): The Anti-American Century. Budapest: Central European University Press

Kochanowicz, Jacek/Marody, Mira/Mandes, Slawomir (eds.) (2007): Kulturowe aspekty transformacji ekonomicznej (Cultural aspects of the economic transformation). Warsaw: Institute of Public Affairs

Kornai, Janos (2000): The System Paradigm. In: Schekle, Waltraud et al. (2000): 183-208

Kovacs, Janos Matyas (2002): Approaching the EU and Reaching the US? Transforming Welfare Regimes in East-Central Europe: Rival Narratives. In: West European Politics 25:175-204

Kovacs, Janos Matyas (2006): Which Past Matters? Culture and Economic Development in Eastern Europe after 1989. In: Harrison, Lawrence/Berger, Peter (2006): 329-347

Kovacs, Janos Matyas (2007): Little America. Eastern European Economic Cultures in the EU. In: Krastev, Ivan/McPherson, Alan (2007): 23-47

Kovacs, Janos Matyas (2008): Varietas delectat? Preliminary Thoughts on the Typology of Nascent Capitalisms in Eastern Europe. In: Cengic, Drago (2008): 123-148

Kovacs, Janos Matyas/Zentai, Viola (eds.) (2010): Capitalism from Outside? Economic Cultures in Eastern Europe after 1989. Budapest: Central European University Press, forthcoming

Lane, David/Myant, Martin (eds.) (2007): Varieties of Capitalism in Post-Communist Countries. New York: Palgrave

Mesa-Lago, Carmelo/Beck, Carl (eds.) (1975): Comparative Socialist Systems. Pittsburgh: University of Pittsburgh Center for International Studies

Mykhnenko, Vlad (2007): Strengths and Weaknesses of 'Weak Co-ordination': Economic Institutions, Revealed Comparative Advantages, and Socio-Economic Performance of Mixed Market Economies in Poland and Ukraine. In: Bob Hancké et al. (2007): 351-378

Schekle, Waltraud/Krauth, Wolf-Hagen/Kohli, Martin/Elwert, Georg (2000): Paradigms of Social Change, Frankfurt/M.: Campus

Schmidt, Vivien (2002): The Futures of European Capitalism. New York: Oxford University Press

Smelser, Neil/Swedberg, Richard (2005): Handbook of Economic Sociology. Princeton: Princeton University Press

Streeck, Wolfgang/Thelen, Kathleen (eds.) (2005): Beyond Continuity: Institutional Change in Advanced Political Economies. Oxford: Oxford University Press

Szelenyi, Ivan/King, Lawrence (2005): Post-Communist Economic Systems. In: Smelser, Neil/Swedberg, Richard (2005): 205-223

Political Elites in the 'Great Transformation': Changes and Challenges
Michael Edinger

If history is a large graveyard of political elites (Pareto 1935), the regime changes in what used to be the communist empire produced many new corpses. With the ouster of numerous top party-leaders a window of opportunity opened for groups and individuals that, during communism, had systematically been excluded from the political elite. The regime changes were so spectacular and fundamental because they reversed the whole logic of elite selection. In this sense, the *annus mirabilis* 1989 and the years after were an unprecedented chance for new elites.

Despite the importance of mass protests, there is little doubt that regime transition and the crafting of the new political order were largely driven by elites. Political elites were key actors – as authors of constitutions, co-designers of a (more) market-based economy and as decision-makers when the countries' integration into European and international institutions was at stake. Therefore, a study of elite formation and development in post-communist polities seems essential to obtaining a better understanding of the 'Great Transformation'. An understanding of this transformation, as characterized by the simultaneous processes of (at least initial) democratization, marketization, and, in some countries, nation-building, is very important because it was a great social experiment that has provided social scientists with the rare opportunity to test some basic notions of elite theory.

Four topics can be considered essential for research on post-communist elites: circulation, elite settlements, recruitment and integration. As the former two have already attracted much scholarly attention (Szelényi/Szelényi 1995; Higley/Lengyel 2000; Veen 2004), the focus of this contribution is instead on the latter two topics. At first, I will discuss structural developments in elite recruitment under the heading *changes*: changes in the social composition and in the occupational and political profile of parliamentary elites. I will, then, address two dimensions of elite integration as *challenges*: challenges related to the relations between political elites and society (vertical dimension) and those emanating from the challenges of cooperation between these elites (horizontal dimension).[1]

---

1   The analysis is constrained to a core segment of the political elite: members of national parliaments (representative elites). It is based on comparative data, usually on the aggregate level, for members of up to 12 CEE parliaments since the first democratic elections. I would like to thank the national experts in charge of data collection and coding.

1. Changes: Social Closure and Professionalization

Most members of the first generation of Central and East European parliamentarians happened to be political amateurs in the sense that they had made no experience in higher public offices. The vast majority of them – to use the familiar Weberian terms – had not lived *off* politics (rather than *for* politics), nor had most of them ever aspired to a political career before the regime changes. In light of the extended period of highly ideological communist cadre politics, neither the emergence of amateurs during the founding period nor the trend towards more standardized and professional recruitment patterns should have come as a surprise. Elite theory and common knowledge about Western modes of parliamentary representation lead us to expect two predominant trends among the political elites in Central and Eastern Europe (CEE): social closure and professionalization.

1.1 Social Closure

By their very definition elites stand out from the masses because of their claimed, attributed or genuine qualities and because of the power, positions and privileges they have. Throughout history elites have tried to exclude 'outsiders' from the political leadership and to keep control over those who enter the realms of power. By restricting access to top positions the 'ruling class' secured its dominance in society and preserved a certain degree of homogeneity. While the instruments of such socio-political closure were often harsh and clearly visible in earlier times, this is no longer the case in democratic regimes.

However, even with the emergence of democratically elected parliaments social closure has not come to an end. Since the end of World War II access to parliament has been restricted to certain parts of society in Western Europe. Social background approaches as well as Bourdieu's concept of capital suggest that parliamentary representatives, like other political elites, are recruited from the more privileged groups of society (Bourdieu 1984, 1990). Successful candidates benefit from their superior resources and their accumulation of capital. From the perspective of party democracy, political parties' control over the selection process works in favour of candidates from occupations closely linked to politics, those in the 'talking professions' and those with a record of loyalty to the party. All these considerations together with the experience from Western Europe provide important evidence for the role of mechanisms of social closure in the making of representative elites across CEE.

Just after the regime changes had taken place, access to the political elite was less restricted than it had ever been before: opponents of the communist regimes and the more technocratic sub-elites, for example, had an unprecedented opportunity. The expansion of the recruitment of the political elite was accompanied by a rapid process of social closure, however. Barriers to entering the post-communist legislatures have existed from the very beginning of the 'Great Transformation'. This can best be seen using the variables of education, occupation, gender and ethnicity.

Education: Representative elites across CEE are recruited from among the highly educated. Cultural capital, usually in the form of a university diploma or even a PhD, is almost a *conditio sine qua non* for achieving a career, especially in national politics. This finding is valid across time and national borders, and differences between party families are marginal. Even among the deputies of agrarian parties, university degrees are assumed. To cabinet members in Central and Eastern Europe the dominance of the well-educated is even more striking.

Occupation: The underrepresentation of some occupational groups is closely linked to educational bias. Thus, blue-collar workers and people from the primary sector rarely appear in post-communist parliaments despite the fact that they still make up a significant part of the work force in many CEE countries. Only about one out of forty-five MPs comes from the agricultural sector, with Poland being the only country where such occupational background is relevant for parliamentary recruitment. The representation of people from working class occupations and of smaller-scale craftsmen is weaker still. In countries like Bulgaria, Latvia and Moldova these people have not been present in the national parliaments at all for consecutive legislative terms.

Gender: A much bigger group of society affected by mechanisms of social closure were women. In politics as in other sectors of public life they were among the first 'victims' of transformation, suffering, for example, from gender-specific barriers to both the labour market and the political market. Using Pippa Norris' terminology (Norris 1997), these demand-side factors were complemented by problems on the supply side: at a time of high insecurity, few women were eager to enter politics and to invest in a risky political career. The strong gender bias of representative elite recruitment that could be observed throughout the 1990s in CEE was, therefore, a consequence of developments both on the demand and supply sides.

Few female politicians entered parliament in the formative years of the post-communist regimes. After the first largely free elections, only two parliaments had a membership that was more than 10 percent female. These were the Russian *Duma* and the Slovenian *Državni zbor*. The gender bias in parliament was symptomatic of male dominance in politics: almost all party leaders were male, and so were the members of cabinet. Yet, in contrast to the determinants of education and occupation the gender balance among members of parliament improved over time. In fewer than 20 years the proportion of female legislators increased by a factor of 2.5. At about 17 percent female, the representation of women is still below the average for OSCE countries, however. In 2009, the Ukrainian *Rada* was the only parliament with fewer than 10 percent female MPs, whereas in neighbouring Moldova one in four MPs was a woman.

At first glance, the structure of female representation in the CEE legislatures resembles West European patterns in that more women are recruited by parties of the left. Yet, the differences are not very pronounced, and in some countries like Latvia the left-right differential is reversed. Some other common predictors of female representation do not seem to have much explanatory power in the post-communist context. The proportion of Catholics or Orthodox in society has not had an impact on women's access to parliament, nor was female representation significantly affected by parliamentary turnover rates. Finally, female involvement in the labour market was traditionally high in communist countries, but it did not result in any large-scale female involvement in politics following the regime changes. Rather, when female employment went down over the course of trans-formation, female representation in parliament increased.

Ethnicity: Compared with education, occupation and even gender, ethnic representation is a politically more controversial object of social closure. Nation-building processes and frequently manipulated quests for collective identity following the collapse of Communism spurred national exclusionism and inter-ethnic conflicts in many parts of CEE. In those countries with sizeable minority populations whose ethnic homeland had common borders with their state of residence, the relationship between these people and the respective majority population was critical. Turks in Bulgaria, Hungarians in Romania and Slovakia, and Russians in the Baltic states are examples of such 'nationalizing minorities' (Brubaker 1997). Under these circumstances parliamentary representation becomes an important tool of either inclusion or exclusion.

Minority representation varies considerably between multi-ethnic countries, and in some parliaments it has changed substantially over time. High barriers to the recruitment of politicians from ethnic minorities exist in the Baltic republics, particularly in Estonia and Latvia where Russian-speaking minorities are poorly represented in parliament. In the post-1990 elections only one in 20 Estonian MPs did not belong to the titular nation whereas non-Estonians made up for more than a third of the country's inhabitants. In Latvia, the figure of minority MPs was higher on average (15 percent), but still low compared with the more than 40 percent of non-Latvians in society.[2] Such exclusionist practice is largely (but not only) a result of the harsh citizenship laws of the early 1990s. It underlies the formation of the political elites in Estonia and Latvia that was realized on an ethnic basis.

---

2   Not like in Estonia, the share of minority representatives increased markedly, reaching 20 percent in 2006.

Outside the Baltic region – and even in Lithuania with its lower share of native Russian speakers – a social closure of the recruitment process on ethnic grounds has been fairly uncommon. Some moderate under-representation of ethnic minorities can be found in the parliaments of Croatia and in Bulgaria. Members of the Slovak and Romanian parliaments, by contrast, just as MPs from Ukraine and Moldova, happen to be drawn nearly proportionally from the titular nation and from the minority population. In all these cases, the lack of ethnic bias in the selection of representative elites is largely due to the structure of the party system. Access to parliament is provided for the main ethnic minorities either through ethnic parties (like in Slovakia, Bulgaria and Romania) or through left-wing parties that are, traditionally, also pro-Russian parties (e.g. in Moldova or, more recently, in Latvia).

In the development of elites across CEE, social closure leads to the exclusion of those with few resources and little cultural and social capital. Beyond this, it can also discriminate against contenders and challengers, as illustrated by the ethnically biased parliamentary recruitment in Estonia and Latvia. For some groups, such as the less educated, social closure seems almost irreversible. Yet, the development of female representation proves that the recruitment channels can also widen. Whether access to parliamentary positions is restricted or expanded is determined by the political parties, and their role in the recruitment of elites is another aspect to be analyzed.

1.2 Professionalization

In this context, professionalization refers to the political personnel[3] and it can be defined as a process by which political office-holders or candidates accumulate experience and knowledge that allows them firstly to make their living off politics, and secondly to perform the tasks associated with their respective position. The selectorates, for their part, will make sure that those candidates get recruited, who are close to professional politics and who have a record of political experience. Professionalization has a structural, an attitudinal and a behavioral dimension. As the two latter are difficult to measure, I will restrict my analysis to three common structural indicators: the occupational background, the political experience, and the incumbency of representative elites.

Occupational background: The fall of communism was in many countries the hour of the intellectuals, some of whom, like Vaclav Havel, played a leading role in the

---

3   This is a major difference from the usage in the American literature that refers to the professionalization of parliament; see e.g. Squire 1988.

regime changes. This is reflected in the large proportion of teachers, professors and writers in the first democratically elected CEE parliaments. In the course of the transformation, though, the intellectuals or 'politicians of morale' (Wasilewski 2001) have lost their initially strong position. Where there had originally been one in five MPs from the educational sector, the ratio had decreased to one in ten by the end of the 1990s.

Teachers and professors were replaced by MPs with an occupational background in sectors more closely connected with political decision-making: higher administration, business and politics itself. Apparently, the selectors have increasingly preferred candidates with insider attributes to those without any occupational experience related to politics. The ever growing share of the representative elites that had worked in politics before entering parliament, be it as employees of lobbies or of political parties, suggests a great deal of self-recruitment. The influx of higher civil servants does not only highlight the importance of public administration in modern governance but also is reflective of a stronger politicization of the higher ranks of state administration.

A striking trend in parliamentary recruitment across CEE is the large proportion of businessmen and managers in the legislatures. 15 to 20 years after the regime changes they are the largest occupational group, with every fifth MP coming from the economic sector. This cross-sector recruitment of secondary or tertiary economic elites is specific to CEE parliaments and largely unparalleled in Western Europe. It reflects the interpenetration of politics and business and of their sectoral elites in the 'Great Transformation'. While it may be praised as an influx of economic experience and expertise into parliamentary politics, a brief inspection suggests a less favourable interpretation: the instrumentalization of political offices for private economic interests. It is noteworthy that the two countries in which businessmen dominate parliament – Russia and Ukraine – fare rather badly on the Corruption Perceptions Index of Transparency International.[4]

Political experience: The formative period of the post-communist regimes was characterized by many political novices entering the parliamentary stage. If previous leadership in party offices, functions in local politics, parliamentary seats and cabinet posts are taken into account, only about 40 percent of the initial MPs had held any such position before their first election to parliament. Some 15 years later, the average figure is between 60 and 70 percent, illustrating the growing importance of political experience for parliamentary recruitment. An increasing number of deputies have served in different political functions, and some were or still are

---

4   Among 180 countries, Ukraine is ranked 134th and Russia 147th; see http://www.transparency.org/policy_research/surveys_indices/cpi/20082 (date: 12.10.2009).

multiple office-holders, although such *cumul des mandates* is certainly less common than in France.

The representative elites are now better rooted in both local politics and their respective political parties. Yet, their involvement in these areas of political life has developed differently. Whereas the holding of leading party offices was somewhat common, as was also the case for the founding 'generation' of parliamentarians in CEE, the opposite holds true for offices in local politics. Few MPs had experience in local or sub-national politics in the early days of the transformation, but even as soon as at the time of the fourth election more than one third of the MPs could capitalize on their service in sub-national political offices. In contrast, the importance of party offices for recruitment did not increase to the same extent. In fact, the relevance of such experience varies greatly between countries – as can be observed from continuously high standard deviations.

Incumbency: In the first democratic elections, parties and political movements were reluctant to nominate candidates with a history of service in the Communist 'parliaments', thus pushing incumbency rates below five percent. Towards the end of the second post-communist decade, an average MP would hold his second mandate, an increase from a mean of 1.3 mandates after the second democratic elections. Almost one in five deputies now serves for three terms and can thus be considered a longstanding MP. These changes in incumbency rates are ample evidence for a more structured recruitment process.

However, at least three observations warn us not to overestimate the stabilization of representative elite recruitment in CEE. First, there is still a number of parliaments (e. g. in Croatia and Romania) where incumbency rates are low even after the fifth elections. Second, the rapid decrease of parliamentary turnover during the 1990s came almost to a halt after the turn of the century. Even two decades after the *annus mirabilis*, almost half of the representative elites, on average, are replaced in every new election. Third, MP turnover is not only enforced by the electorate (through electoral volatility). Frequently, the parties themselves appear to deny their parliamentary representatives the chance of re-election.

The above analysis of MPs' occupational background, their political experience and incumbency leaves little doubt that professionalization is underway in CEE. Consequentially, we can witness the emergence and gradual predominance of party politicians and career politicians, as well as the massive overlap between the two. In comparative perspective, representative elites across CEE hold less political experience than their colleagues in Western Europe and they face a much higher risk of deselection. Professionalization, therefore, is severely restricted and somewhat incomplete.

While the professionalization of politics is often a disputed issue, in CEE it might be particularly difficult to come to terms with the process and its implications: there is either too little or too much professionalization. Both views are plausible when the issue is related to the divergent – though not necessarily conflicting – challenges of elite integration. For intra-elite cooperation (horizontal dimension of the integration challenge) professionalization is almost indispensable, whereas the relationship between elected representatives and the citizens (vertical dimension) might suffer from advanced professionalization.

2. Challenges: Two Dimensions of Elite Integration

2.1 Vertical Integration: Missing Links to Society as the Achilles' Heel of Post-Communist Elites?

Proponents of the elitist school of elite theory, building on concepts by Weber and Schumpeter, care little about the relationship between elites and 'masses'. As long as certain minimal democratic procedures are adhered to, elites are considered autonomous, and they are supposed to exert leadership. Such a concept pays little attention to the temporality of a mandate, and to the fact that representative elites, in order to qualify as leaders, need to seek (re-)election. Even from this functional perspective, vertical integration becomes a crucial asset for political elites. More importantly, it adds legitimacy to the elites and gives them the leeway to make unpopular decisions as well. Insufficient integration will lead not only to rapid elite circulation, but will also encourage populism and, thus, aggravate intra-elite compromises. Here, I will discuss four key challenges to vertical elite integration in CEE: the insufficient 'anchorage' of political parties in society, the low trust in elites, declining electoral turnout, and high levels of volatility.

Lack of societal roots: After decades of communist rule, party formation in CEE had to start from scratch. It was largely driven by elites and took place in a top-down manner, often from within parliament. While the associated and initially widespread practices of party defections, party splits and mergers, and party switching (Millard 2004) may, to some extent, be problems inherent in the new regimes, three problems have remained unsolved. First, many CEE parties resemble cartel parties that are dominated by a small group of party leaders, dependent upon state funding and strongly focused on mobilization in electoral campaigns (Katz/Mair 1995). A related second feature is that even electorally successful parties faced severe problems in setting up a functioning party organization at local level. Party membership rates are rather low in most CEE countries (Jugerstam-Mulders 2006), with parties lacking the capacity to function as mediators between the representative (party) elites and the electorate. This problem of insufficient societal 'anchorage' is heightened by a third phenomenon: parties lack a reliable voter base. In as much as CEE parliaments are populated by *party* politicians, the lack of societal roots described for the parties also applies to the representative (party) elites.

Low trust in elites and institutions. The insufficient linkage and the weak roots of representative elites in society are clearly noticed by the represented. Across CEE political elites are largely mistrusted and perceived as detached from the people, and as non-responsive, if not outright corrupt. An equally critical attitude exists towards key political institutions (Klingemann et al. 2006). This lack of trust is certainly not exclusive to post-communist societies, but it is more pronounced here than in most Western democracies. As a result, the dissatisfaction of the electorates with the parliamentary personnel may find its expression at the ballot box, either through non-voting or high volatility rates.

Declining electoral turnout and electoral volatility. In the early 1990s, as a result of the introduction of competitive elections, voters in most CEE countries went to the polls in large numbers, bringing mean turnout to above 75 percent. While it could be expected that such electoral enthusiasm would not prevail, the decline in electoral turnout proved to be pronounced. By the end of the first post-communist decade, electoral turnout had dropped by 10 points, and it declined further during the second decade. This trend can be explained by the growing dissatisfaction of voters with politics and policy outputs. Representative elites did not and could not match voters' great expectations and somewhat unrealistic hopes of improvements in the standard of living and of citizens' involvement in political decision-making.

Voting against the governing elites and their respective parties was a more direct way of expressing dissatisfaction. In many countries, the electoral pendulum swung from one political camp to the next in every subsequent election. While, generally, the risk of deselection works as an incentive for MPs to establish links to society and to display responsiveness, the extremely high electoral volatility especially during the 1990s seems to have precipitated the opposite response. As acting MPs were frequently denied re-election and a political career, they hardly had the time to develop strong links with their electorate or their parties' voters.

The indicators used above are only rough measures of vertical elite integration or the lack thereof. A closer inspection would reveal notable differences between countries. Nevertheless, the overall finding is that vertical integration has not progressed much in the course of the 'Great Transformation' and, therefore, represents the Achilles' heel of representative elites in CEE. The corresponding instability in the composition of elites and their insecurity when it comes to their electoral support and their own political future put strains on horizontal integration.

2.2 Horizontal Integration: Eroding Consensus and Dysfunctional Elite Behavior

Horizontal elite integration refers to the relations that exist within the elites. Whereas scholarly interest is often directed towards the interaction between elites across sectors, I am concerned here with the practice among political elites. Decision-making at the critical juncture of post-communist transformation required coordination, cooperation and compromises between the competing elites. If stalemate was to be avoided, political elites would need to agree on the fundamental premises of the new regimes and to accept certain rules of the political competition. Horizontal elite integration is, therefore, a key component of elite unity which is argued to be instrumental for a successful transition to democracy (Higley/Lengyel 2000). In correspondence with the previous section on vertical integration, I will briefly analyze three key challenges to horizontal elite integration that emerged during the post-communist transformation: the erosion of elite consent, excessive competition, and authoritarian practices.

Erosion of elite consensus: In a number of CEE countries regime change was neither realized from above (like in Russia) nor from below (like in Czechoslovakia), but rather through negotiations between competing 'old' and 'new' elites, reform-oriented communists and oppositional movements. Elite consensus guaranteed a peaceful transition by avoiding 'winner takes all' situations. Whereas policies were contentious among the representative elites, there was agreement on the largely consensually-drafted constitutional order, i.e., on important aspects of polity and politics.

Such agreements on the rules of the game were undoubtedly conducive to democratic consolidation, yet the enthusiasm for elite settlements ignores that the consensus did not always last. In the course of transformation, the initial elite consent sometimes eroded, be it because of elite circulation, a lack of mutual trust among the elites, or challenges from outsiders who were not part of the original set of elites (or did not consider themselves as such). Such a challenge emerged in Poland where the pact between the Communist Party moderates and the leaders of Solidarność was denounced as betrayal by a new group of representative elites that were organized under the Law and Justice Party. In Bulgaria, consent of the tripartite round table negotiations was fragile from the beginning. Even more fragile was the negative consent that united the anti-communist umbrella movements – all of which split soon after the regime changes.

Excessive elite competition: In some countries elite development was characterized by continuous feuds between rival segments of the political elites. The interaction between party representatives inside but also outside parliament resembled the Schmittean *Freund-Feind* dichotomy. Overheated competition even at non-election times, including a great deal of demagogic rhetoric and personal defamation, were present in, for instance, Bulgarian and Romanian elite discourse throughout the 1990s, if not beyond.

The most striking example of excessive elite competition is probably Hungary. Despite the 'negotiated revolution' type of regime change and strongly consensual devices entrenched in the constitution, intra-elite rivalry has been bitter from the mid-1990s onwards. Elite conflict occurred against the background of rapid professionalization and successful elite consolidation. In fact, the excessive competition between the two political camps of the Socialists and the Conservatives helped to stabilize recruitment patterns and was favourable for the extension of parliamentary careers. Yet such stabilization of careers and the previous concentration of the party system came at the expense of a deeply divided society. While the country's political culture provided the conditions for such a division, representative elites through their belligerent political style deepened these rifts in society.

Authoritarian practices: Horizontal elite integration is more bluntly threatened by authoritarian practices and by disrespect for democratic norms and procedures. The Russian case of authoritarian political leadership is a telling story about how party and elite consolidation can come about at the expense of democracy. Ironically, horizontal elite integration might be stronger now than it was during the 1990s – only because opponents of the president are denied access to parliament, be it through electoral fraud, control over the media or even intimidation. Electoral authoritarianism might be too benign a label for such a system.

Less drastic forms of authoritarian elite behavior were practised in Croatia under the presidency of Tudjman where oppositional parties suffered from massive discrimination. Other examples of elites using non- or semi-constitutional means to increase and keep their power, and to systemically disadvantage current or prospective competitors were former Slovak Prime Minister Mečiar or, more recently, the Kaczyński brothers in Poland. The latter tried to withhold opponents' access to television and state bureaucracy, and engaged in a kind of rhetoric crusade against the pre-2005 elites. Mečiar, during his time in office, manipulated electoral laws in his and his party's favour, and he even bluntly ignored rulings of the Constitutional Court. In all these cases, not only was intra-elite consensus made impossible, but previous democratic achievements were put into question.

3. Conclusion: What to make of Elite-Building in Post-Communist Societies

This brief account of representative elite formation in CEE took 1989 as its starting point. Initially, the 'Great Transformation' opened new avenues into new (in the sense of empowered) parliaments for new elites (though some of them were, in fact, old elites, i. e. rooted in the communist *nomenklatura*). These opportunities led to substantial changes in elite composition and in methods of recruitment. Some of the observed trends comply with West European lines of elite development (Cotta/Best 2007). Thus, social closure is as inherent in the making of CEE elites as it has been during much of West European parliamentary history. In their educational and to some extent occupational profile, CEE elites are even more 'elitist' than their West European colleagues.

In some of these aspects, however, MPs in post-communist Europe are distinctive. This applies to the strong influx of representatives from the field of economics that can be considered a manifestation of the hegemony of this discipline over other sectors of society, including politics. Representative elites in CEE are distinctive as well in that they display a less professional profile than MPs in Western Europe: incumbency rates are lower and a parliamentary career is still difficult to plan. Professionalization in post-communist Europe, therefore, is limited in scope. It is also largely disliked by the voters, and this puts further strain on the relationship between elites and electorates. Furthermore, it reduces the prospects of the stability of the elite that is usually connected to incumbency. The double challenge of horizontal and vertical elite integration is associated with the problem of elite stability. As shown in the analysis, horizontal integration is threatened by dysfunctional and irresponsible elite conduct and, in some countries, by overheated competition. The more fundamental problem that elites need to address, though, is their lack of roots in society, as this might undermine their legitimacy.

Generally, none of the aforementioned problems are specific to elites in CEE, but they apply to all (European) elites. However, they are more pressing in transformation societies than in Western societies where social change has been more incremental for the past 60 years. While we would expect considerable elite convergence, in an era of globalization and highly advanced European integration, elite development in Europe has been rather asymmetric between CEE and Western Europe since 1989. Whereas only minor changes have occurred in the EU-15 countries, a substantial yet incomplete adaptation to Western patterns has taken place in CEE.

Such asymmetric elite change may soon be a thing of the past, however: in some respects, the features of elite recruitment and elite integration in post-communist countries seem more 'modern' than in Western Europe. More concisely, CEE democracies might eventually appear as trendsetters (Bos/Segert 2008), indicating the direction of representative elite change in the more established democracies on the continent. A loosening elite consensus (most notably, in Italy) and, more explicitly, declining electoral turnout and public dissatisfaction with political parties and politicians in many EU-15 countries could be read as an omen that the gloomy days of profound elite integration in what US critics have dubbed 'the old continent' might soon be over.

Generally, the findings presented here need some qualification, as they are based on highly aggregated data. For the sake of painting a broader picture of elite development in CEE, variation between countries and party families was not given much attention in the empirical analysis. It is obvious, however, that CEE is not a monolithic bloc, even less so after the fall of communism. It will be for future studies to explore and explain the existing inter-country variation and the sometimes divergent developments over time. Further research should also include other segments of the political elite and aspire to more systematic comparisons between elites in CEE and Western Europe. Finally, we will need a much closer inspection of the linkages between the structure of post-communist elites, their attitudes and their effective behavior – and of how all this is perceived by the electorates. These are but some of the challenges that face not the elites in post-communist Europe but those who study their recruitment and integration.

References

Bos, Ellen/Segert, Dieter (eds.) (2008): Osteuropäische Demokratien als Trendsetter? Parteien und Parteiensysteme nach dem Ende des Übergangsjahrzehnts. Opladen/Farmington Hills: Barbara Budrich

Bourdieu, Pierre (1984): Distinction: A Social Critique of the Judgment of Taste. Harvard University Press

Bourdieu, Pierre (1990): The Logic of Practice. Cambridge: Polity Press

Brubaker. Rogers (1997): Nationalism Reframed. Nationhood and the National Question in the New Europe. Cambridge: Cambridge University Press

Cotta Maurizio/Best, Heinrich (eds.) (2007): Democratic Representation in Europe: Diversity, Change, and Convergence. Oxford: Oxford University Press

Higley, John/Lengyel, György (2000): Introduction: Elite Configurations after State Socialism. In: Higley, John/Lengyel, György (2000): 1-21

Higley, John/Lengyel, György (eds.) (2000): Elites after State Socialism. Theories and Analysis. Oxford: Roman & Littlefield

Jungerstam-Mulders, Susanne (2006): Parties and Party Systems in Post-Communist EU Member States: Comparative Aspects. In: Jungerstam-Mulders, Susanne (2006): 1-22

Jungerstam-Mulders, Susanne (eds.) (2006): Post-Communist EU Member States. Parties and Party Systems. Ashgate: Hampshire/Burlington

Katz, Richard S./Mair, Peter (1995): Changing Models of Party Organization and Party Democracy: The Emergence of the Cartel Party. In: Party Politics 1: 5-28

Klingemann, Hans-Dieter/Fuchs, Dieter/Zielonka, Jan (eds.) (2006): Democracy and Political Culture in Eastern Europe. London/New York: Routledge

Markowski, Radoslaw/Wnuk-Lipiński, Edmund (eds.) (2001): Transformative Paths in Central and Eastern Europe. Warsaw 2001

Millard, Frances (2004): Elections, Parties, and Representation in Post-Communist Europe. Basingstoke: Palgrave Macmillan

Norris, Pippa (1997): Passages to Power: Legislative Recruitment in Advanced Democracies. Cambridge: Cambridge University Press

Pareto, Vilfredo (1935): The Mind and Society: A Treatise on General Sociology. New York: Harcourt, Brace, Jananovich

Squire, Peverill (1988): Career Opportunities and Membership Stability in Legislatures. In: Legislative Studies Quarterly 13: 65-82

Szelényi, Iván/Szelényi, Szonya (1995): Circulation or Reproduction of Elite During the Postcommunist Transformation of Eastern Europe: Introduction. In: Theory and Society 24: 615-638

Veen, Hans-Joachim (2004): Alte Eliten in jungen Demokratien? Wechsel, Wandel und Kontinuität in Mittel- und Osteuropa. Köln/Weimar/Wien: Böhlau

Wasilewski, Jacek (2001): Three Elites of the Central-East European Democratization. In: Markowski, Radoslaw/Wnuk-Lipiński, Edmund (2001): 133-142

Changing Patterns of Entering Working Life in Central and Eastern Europe: The Case of Russia[1]

Dirk Konietzka and Christoph Bühler

1. Introduction

The transition from school to work represents a significant shift in young adulthood, which affects both later labor market careers and transitions in other life domains. Numerous studies have shown that, in Western societies, the process of entering working life is systematically shaped by educational systems and labor markets (cf. Shavit/Müller 1998; Müller/Gangl 2004). However, the picture we currently have of transitions from school to work in Central and Eastern European (CEE) societies is much less clear. After the breakdown of socialism, these countries followed quite different strategies of institutional development, implementation of market mechanisms, and processing of socialist legacies (Szelényi/Kostello 1996; Stark/Bruszt 1998). As a consequence, different patterns in the transition from school to work have been emerging (Saar et al. 2008; Kogan/Unt 2005).

The aim of our study is to provide an account of the long-term changes in the transition from school to work in one of the CEE countries. We focus on the Russian case due to the availability of appropriate retrospective life course data and because the process of system transformation in Russia has differed significantly from that of other transition societies (King 2007). The latter is very much caused by the contradictory forces of capitalist and traditional authoritarian socialist institutions that have shaped the country's transformation process. The Russian route to capitalism is also specific because of its distinct legacy. As Gerber/Hout (1995: 612) point out, in the Soviet Union "state socialism had a longer life (…) and was homegrown rather than imposed by a foreign occupying power."

Previous studies on the transition from school to work in the USSR and Russia (Gerber 2003; Titma et al. 2003; Kitaev 1994) either focus on the period *after* the breakdown of socialism or compare selected aspects of the process during socialism and the transition period.

---

1   We would like to thank Michaela Kreyenfeld and Gerda Neyer for valuable comments and discussions.

Our aim is to give a more comprehensive account of changes in the *timing* of entering working life, the *employment situation* after graduation, and the *first job* over a period of four decades (from 1966 to 2005).

2. Theoretical framework

2.1 Models of economic coordination and the transition from school to work

In order to analyze the transition from school to work during Russia's periods of socialism and transition, a general comparative theoretical framework is needed. One possible approach is to adopt the perspective that the general character of the transition from school to work is an expression of different forms of economic coordination.

Modern societies differ systematically with respect to the types of economic coordination they practice. Following Polanyi (1944) and the 'varieties of capitalism' framework (Hall/Soskice 2001), we distinguish in ideal-type manner systems of economic redistribution from liberal or coordinated market economies. All three systems induce specific strategies of investments in human capital, which again are reflected by system-specific education and employment structures (cf. Bühler/Konietzka 2008 for a more detailed discussion).

In liberal market economies, educational systems mainly provide general skills. Employers train school leavers according to their own workplace-specific needs. In this institutional setting, selection processes into firm-specific labor markets are of central significance for the transition from school to work. Early careers are characterized by more or less extended periods of job search, unstable and temporary jobs, episodes of unemployment, and frequent returns to the educational system.

In coordinated market economies, the educational and employment systems are closely tied by coordinating relationships. Educational systems are highly standardized and stratified, and in many cases they are occupationally oriented. Pupils are placed on either academic or occupational tracks and vocational training institutions are explicitly designed to equip job starters with occupation-specific skills. In such an institutional context, vocational qualifications significantly predetermine the content and status of the first job and subsequent careers. Entering working life typically entails short periods of job search, long durations of initial jobs, and less frequent returns to the educational system.

In redistributive socialist economies, investments in human capital reflect above all political and macroeconomic needs (Rychlewski 1973; Littlejohn 1988). Central planning authorities define skill profiles and control the supply of vocational qualifications, which are highly standardized, stratified, and vocationally oriented (Meier 1989; Szelenyi/Aschaffenburg 1993). Since specific tracks of secondary education were linked to specific occupations and to distinct job positions (Solga/Konietzka 1999; Gerber 2003), young adults' pathways to the employment system were largely predetermined and structured.

In most of the former state socialist central European societies, the process of entering working life took on the character of liberal market economies. However, there are no clear developments to be observed in Russia, as both structures of liberal markets and redistribution coexist in shaping the transition from school to work.

2.2 The transition from school to work in the USSR

In the USSR, the educational system was highly stratified and vocationally differentiated. After receiving an 'incomplete secondary' degree following eight years of schooling, pupils either entered the employment system or continued secondary schooling on an academic track or on one of three different vocational tracks (Gerber/Hout 1995). The *academic* branch led to a 'complete secondary' degree that more or less exclusively offered access to higher education (Avis 1983). In the vocational branch, *technical-trade schools* trained basic vocational skills, *secondary technical-trade schools* provided qualified vocational and general secondary education, and *specialized secondary schools* qualified pupils for semi-professions in humanities or engineering.

The selection process after eight years of schooling had a crucial impact on future careers (Titma/Saar 1995). General secondary schools were overseen by the Ministry of Education, while most of the vocational and specialized secondary schools were controlled by industrial ministries. Moreover, vocational school graduates were required to work for a period of at least three years before reentering the educational system. After finishing vocational school or university, graduates were offered employment opportunities, or were assigned to particular jobs by state-coordinating institutions (Gerber/Hout 1995). Graduates had the right to get jobs that were appropriate for their educational degrees (Titma et al. 2003). The practice of status-consistent job allocation, close cooperation between local firms and schools, and a chronic shortage of labor facilitated quick and smooth transitions from school to work (Saar et al. 2008).

2.3 The transition from school to work in post-socialist Russia

After the breakdown of socialism, CEE countries quickly started to establish markets, liberalize prices, and privatize state-owned firms. With the exception of Slovenia, liberal markets became the dominant form of economic coordination

(King 2007; Feldmann 2006). New economic sectors, new forms of organizing production and services, newly established private firms, and newly privatized state-owned companies altered the demand for vocational qualifications, and firms started to select graduates based on their potential productivity. At the same time, new private schools and universities were established. As a result, educational participation patterns significantly changed during the 1990s. Across all the CEE countries, the proportion of students enrolled in general secondary education as a percentage of the population aged 15-18 grew substantially. Meanwhile, the proportion of the population aged 19-24 enrolled as students in tertiary education increased even more sharply. In contrast to these patterns, participation in vocational education declined either in absolute terms or relative to general secondary tracks (UNICEF 2007). Taken together, the processes of economic restructuring, the emergence of new job recruiting pathways, and changing patterns of educational participation led to less structured transitions from school to work, a significant misalignment of skills, and high rates of youth unemployment in CEE societies.

In Russia, however, the process of system transformation was less radical. The former *nomenklatura*, or political elites, were able to transform their administrative and political authority into economic power. Central institutions – e.g. public administrative bodies, legal regulations, markets, and educational systems – were slow in adjusting to the new economic framework (McCann/Schwartz 2006). The state continued to be an important economic actor, as state administrations made strategic choices regarding privatization, monetary policy, and market liberalization (King 2007, Feldmann 2006); and as mixed forms of firm ownership involving both state and private stakeholders became dominant (Lane 2000). Many employers only gradually moved towards capitalist modes of organization. Until 1998, legal insecurities and monopolistic structures created 'soft budget' situations, which allowed bankrupt firms to continue to operate, and low wages encouraged firms to continue to employ large numbers of workers.

Given these conditions, we assume that the transition from school to work in Russia was shaped by contradictory forces. On the one hand, the introduction of market-based coordination weakened the formerly strong ties between the educational and employment systems, resulting in rising rates of youth unemployment. As a consequence, young people adjusted their educational strategies. For instance, the proportion of students enrolled in vocational and technical secondary education declined strongly during the 1990s (UNICEF 2007). On the other hand, the pathways from specific educational degrees to specific job positions remained intact throughout the transition period (Gerber 2003). Graduates of *technical-trade schools* continued to move into skilled manual positions, graduates of *specialized secondary schools* still tended to take on low- and medium-level white-collar positions, and graduates of tertiary institutions continued to be channeled into professional positions (Clarke/Metalina 2000).

2.4 Research questions

According to the arguments outlined above, the new institutional framework offered more educational and occupational choices to young people in Russia, but it also made choices more risky. Graduates had to search actively for open positions, and many of them entered the job market equipped with outdated vocational skills. Thus, we suppose that the transition from school to work became less smooth, as young people found it was taking longer than in the past to secure a first job, and many faced periods of unemployment. In particular, graduates of the vocational training system, who used to be integrated in a centrally planned job allocation regime, found that they could not utilize their skills as before. Meanwhile, changes were less profound for graduates of general secondary and tertiary educational institutions. However, because some elements of socialist hiring practices and work organization survived during the period of transition, straightforward hypotheses about the dominant patterns and the pace of change cannot be derived. In the empirical analyses, we will analyze three key aspects of the process of entering working life in an explorative manner: the timing of securing a first job, the employment situation after graduating from school or university, and the occupational position of the first job.

3. Data and Variables

We use data from the *Education and Employment Survey for Russia* (EES), carried out in 2005 by the Max Planck Institute for Demographic Research, Rostock, in collaboration with the Independent Institute for Social Policy, Moscow. The EES contains retrospective information on the migration, education, and employment histories of the Russian population. It addresses episodes of full-time and part-time education, full-time and part-time employment, unemployment, parental leave, military service, and non-employment (Bühler et al. 2007). It covers respondents aged 18 to 55 who had participated in the first wave of the Russian *Generations and Gender Survey* (GGS) in 2004.[2] Eighty-four percent of the EES target population was interviewed, providing information from 6,455 individuals.[3]

---

2   Cf. Vikat et al. (2007) and www.unece.org/pau/ggp/Welcome.html.
3   While the EES sample is by and large representative for the Russian population (Soroko/Konietzka 2006), residents of Moscow and St. Petersburg are significantly underrepresented.

The dependent variables of our analyses are defined as follows.[4] The timing of the transition from school to work is defined by the period (measured in months) between leaving school and entering working life. A person is considered to have left the educational system when an educational course has ended and no additional educational activity has been started in the subsequent period. Entering working life is defined as the first time that work has become the major activity in a respondent's life. The employment situation refers to the respondent's initial status after he or she has left school or university (i.e., employed, unemployed, homemaker for women only, military service for men only, or another employment situation). Maternity and parental leave are defined as work. Finally, the first occupational position is represented by five categories: qualified blue-collar workers (1); highly qualified workers, team leaders, and foremen (2); white-collar workers performing complex tasks (3); white-collar workers performing important tasks or management responsibilities (4); and agricultural workers, unskilled workers, and white-collar employees performing simple tasks (5).

In order to identify long-term developments, we define cohorts by the events of leaving the educational system and starting the first job. The cohorts are differentiated in accordance with distinct political periods. The transition period is divided into two episodes. The period 1991 to 1999 addresses the early period of economic and social crises. The years 2000 to 2005 cover the more recent period of economic recovery.

The respondent's educational attainment is measured by the educational level reached when leaving school or university. *Complete secondary education* covers all respondents who started work without any occupational training, but who have completed a secondary degree. We further distinguish between *technical-trade schools, full-time professional training, secondary technical-trade schools, specialized secondary schools, tertiary education,* and a remaining educational category (*other education*). The multivariate analyses also control for the size of the respondent's hometown in the period when he or she left school or university, and whether the respondent lived in Moscow or St. Petersburg at the time of the GGS interview.

Finally, since during both socialism and the transition period educational tracks and employment opportunities were highly gender-specific (O'Dell 1983, Brainerd 1998), all analyses are separated by sex.

---

4   See Bühler/Konietzka (2008) for a more detailed description of the sample and the variables.

4. Empirical Evidence

4.1 Timing of entering working life

At first, we address cohort changes in the transition process to the first job. The transition rate from education (secondary school or university) to the first job displays significant cohort differences (Table 1). The general pattern is that the process of entering working life took longer during the transformation period than during the socialist era.

Table 1: Determinants of the transition rate to the first job after leaving school or university (piecewise-constant survival regression)

	Women Hazard ratio	Men Hazard ratio
Duration:		
1-3 months	1	1
4-6 months	0.901**	0.307***
7-9 months	0.149***	0.055***
10-12 months	0.134***	0.032***
13-18 months	0.121***	0.021***
19-24 months	0.093***	0.052***
25-36 months	0.133***	0.383***
37-48 months	0.115***	0.225***
49 or more months	0.049***	0.108***
Cohort of leaving school:		
1966-1970	2.105***	1.644***
1971-1975	2.155***	1.484***
1976-1979	2.035***	1.543***
1980-1984	2.037***	1.248***
1985-1990	1.659***	0.974
1991-1999	1	1
2000-2005	0.865*	0.967
Educational attainment:		
Complete secondary	0.581***	0.730***
Technical-Trade School	1.396***	1.248**
Full-time professional training	1.470***	0.928
Secondary Technical-Trade School	1.248***	1.167**
Specialized Secondary School	1.224***	0.913
Tertiary education	1	1
Other education	0.889	0.872
Military service after leaving school:		
Yes	--	0.690***
No	--	1
Place of living at the time of leaving school:		
Urban type village or village	1	1
Town, city	1.213***	0.951
Regional/territorial/republic center	1.394***	1.184
Place of living at time of GGS interview:		
Moscow or St. Petersburg	0.986	1.179*
Other region	1	1
Log Likelihood	−5,550.18	−3,351.05
χ^2 (df)	5,310.04 (23)	2,669.66 (24)
Person months	34,042	29,585
No. of events	3,207	1,952
No. of subjects	3,341	2,011

Levels of significance: * ≤ 0.1; ** ≤ 0.05; *** ≤ 0.01.

Source: EES, own calculations.

Women who graduated during the state socialist period found a first job significantly more quickly than those who left the educational system during the 1990s. The transition rates had already started to decline in the period of *perestroika* (1985-1990) and they further declined during the first phase of the transformation (1991-1999). Unexpectedly, however, women who left school or university during the first years of the new century, entered working life even more slowly than their counterparts in the 1990s.

For men, the rates had started to decrease in the early 1980s, but they did not vary significantly between 1985 and 2005. Thus, men's and women's transition rates into the first job started to decline as early as in the 1980s. This is most likely attributable to Gorbachev's economic reforms, as enterprises gained the right to determine the size of their workforce (Adam 1989).

Further analyses show that educational degrees had a crucial impact on the transition to the first job (cf. Bühler/Konietzka 2008). During socialism, women with any kind of secondary vocational or professional training experienced a smoother transition than university graduates. Being part of the labor direction system, they rapidly moved into their first jobs. For university graduates, the placement process was more flexible and many graduates refused their placements or did not turn up at their assigned workplaces (Matthews 1972). Young women who had completed secondary education but were not systematically assigned to workplaces moved more slowly into first jobs than the other groups.

After the breakdown of socialism, the differences between graduates from vocational secondary schools and universities vanished. For graduates from academic secondary schools, however, the transition to the first job remained significantly slower than for the other educational groups. During the transition period, vocational secondary qualifications remained for both sexes a valuable asset in the transition to the employment system.

4.2 Employment situation

With respect to the determinants of the employment situation after graduating from school or university, we find that the odds of becoming unemployed rose significantly for women in the early transition period, and they even increased during the period of economic recovery (Table 2). Women's odds of staying at home after graduation increased as well. This is an unexpected result, given that most households faced serious income declines in the 1990s. For male respondents, the odds of becoming unemployed had already started to increase during the *perestroika* period, but they did not significantly rise after 1999. In the 1980s, males were also more likely to be drafted for military service immediately after graduation than in previous periods.

In the period 2000-2005, the corresponding odds declined significantly. Military service was still mandatory, but there were many ways to avoid it.

Table 2: Determinants of the employment situation after leaving school or university (multinomial logit)

| | Women | | Men | |
| | Housewife | Unemployment | Unemployment | Military Service |
	Odds ratio	Odds ratio	Odds ratio	Odds ratio
Cohort:				
1966-1970	0.211***	0.269***	0.316***	0.549**
1971-1975	0.178***	0.317***	0.308***	0.731
1976-1979	0.240***	0.204***	0.267***	0.428***
1980-1984	0.204***	0.141***	0.183***	1.075
1985-1990	0.313***	0.165***	0.456***	1.350
1991-1999	1	1	1	1
2000-2005	1.086	1.703**	0.865	0.434***
Educational attainment:				
Complete secondary	2.809***	6.883***	2.604***	0.166***
Techn.-Trade School	0.646	1.220	1.071	0.881
Full-time pr. training	0.674	1.330	2.458*	1.167
Secondary Techn.- Trade School	0.779	2.036**	1.564	1.205
Specialized Sec. School	0.637**	1.328	2.066**	2.833***
Tertiary education	1	1	1	1
Place of living at the time of leaving school:				
Village	1	1	1	1
Town, city	0.552***	1.082	1.358	1.342*
Center	0.378***	0.802	1.071	0.565***
Place of living at time of GGS interview:				
Moscow, St. Petersburg	0.482***	0.550*	0.354	0.678
Other region	1	1	1	1
Log Likelihood	−2,347.38		−1,915.20	
χ^2 (df)	628.64 (42)		471.84 (42)	
N	3,261		1,932	

Notes: Reference category of the dependent variable: work for payment or without payment. Levels of significance: * $\leq$ 0.1; ** $\leq$ 0.05; *** $\leq$ 0.01.

Source: EES, own calculations.

The level of education also mattered for the respondents' employment situations after leaving school (Bühler/Konietzka 2008). During socialism, females with complete secondary education degrees had much lower odds of entering working life than other educational groups. Even during socialism, many of them became unemployed or homemakers. There is also evidence that these graduates faced longer periods of unemployment (Matthews 1972). Many of them were not willing to accept low-level jobs, while employers were reluctant to hire them because they lacked vocational skills. During the transition period, university graduates were the least likely of the educational groups to become unemployed, obviously because of increasing demand for workers with tertiary education, and possibly because employers preferred overqualified job applicants (Clarke/Metalina 2000). Unlike among female respondents, educational differences did not affect the likelihood of being unemployed among male respondents. Only among men with complete secondary education degrees were the odds of becoming unemployed found to be higher than for other groups.

4.3 First occupational position

Finally, we find a trend of occupational downgrading of the first job. Compared to the first phase of Russia's transformation, the odds among young women of securing qualified or highly qualified blue-collar positions were higher during the period of socialism. A similar, although less pronounced, trend can be discerned for white-collar positions. The situation did not improve between 2000 and 2005 (Table 3). Men's chances of attaining qualified blue-collar and (highly) qualified white-collar positions actually decreased in the later period (Table 4). The overall finding is that, during Russia's transition period, young women and men more frequently entered the labor market in low-level jobs both in the blue- and white-collar sectors.

Several factors may be responsible for this development. Beyond a growing mismatch between the skills taught at school and those sought by employers, business opportunities may have had a greater impact on career opportunities than formal educational certificates in Russia's capitalist economy of the 1990s. Finally, many employers appear to have hired overqualified employees because they were thought to be more willing and able to adapt to emerging new fields of work (Clarke/Metalina 2000).

The effects of educational attainment on the first occupational position differed between periods as well (Bühler/Konietzka 2008). During socialism, graduates from *technical-trade schools* had particularly high odds of moving into qualified blue-collar positions. Highly qualified blue-collar positions were most often filled by graduates of *specialized secondary schools*. In the white-collar sector, upper-level positions had been open only to graduates of tertiary institutions and *specialized secondary schools*. A tertiary degree had been a strong prerequisite for securing high-level white-collar jobs.

Table 3: Determinants of women's first occupational position (multinomial logit)

	Blue-collar		White-collar	
	Qualified	Highly qualified, leader, foreman	Complex tasks, some autonomy	Important tasks, management
	Odds ratio	Odds ratio	Odds ratio	Odds ratio
Cohort of entering working life:				
1966-1970	2.806***	1.853	0.910	0.760
1971-1975	3.475***	4.957***	1.372*	1.560**
1976-1979	3.687***	4.218***	1.530**	1.435
1980-1984	2.188***	2.316**	1.211	1.138
1985-1990	2.483***	2.459**	1.607***	1.472*
1991-1999	1	1	1	1
2000-2005	0.733	0.550	0.765	0.432***
Educational attainment:				
Complete secondary	0.710	0.076***	0.113***	0.023***
Technical-Trade School	4.795***	1.014	0.190***	0.018***
Secondary Tech.-Trade S.	4.483***	0.793	0.122***	0.013***
Specialized Second. School	1.422	1.110	0.956	0.198***
Tertiary education	1	1	1	1
Other education	1.711	0.548	0.294***	0.033***
Unemployment episode:				
Yes	0.799*	1.120	0.839	0.705**
No	1	1	1	1
Episode of maternity leave:				
Yes	0.993	1.202	1.066	1.188
No	1	1	1	1
Housewife episode:				
Yes	0.729***	0.578***	0.705***	0.527***
No	1	1	1	1
Place of living at the time of leaving school:				
Urban type village or village	1	1	1	1
Town, city	1.848***	1.272	1.632***	1.098
Center	1.312*	0.973	1.117	0.930
Place of living at time of GGS interview:				
Moscow or St. Petersburg	1.245	1.601	1.430**	0.882
Other region	1	1	1	1
Log Likelihood	-3,702.29			
χ^2 (df)	1,608.42 (68)			
N	3,103			

Notes: Reference category of the dependent variable: agricultural worker, unqualified worker, and white-collar performing simple tasks.

Levels of significance: * $\leq$ 0.1; ** $\leq$ 0.05; *** $\leq$ 0.01.

Source: EES, own calculations.

During the transition period, graduates of *specialized secondary schools* became less likely to secure qualified and highly qualified blue-collar positions, while the dominance of universities as channels into white-collar positions remained basically unchanged. Thus, even though the transition from school to work became more risky, access to occupational positions remained highly dependent on educational credentials throughout the transition period.

Table 4: Determinants of men's first occupational position (multinomial logit)

	Blue-collar		White-collar	
	Qualified	Highly qualified, leader, foreman	Complex tasks, some autonomy	Important tasks, management
	Odds ratio	Odds ratio	Odds ratio	Odds ratio
Cohort of entering working life:				
1966-1970	1.863**	2.094*	0.518	0.439
1971-1975	1.660**	2.307**	0.915	1.534
1976-1979	2.048***	1.954**	0.445*	1.219
1980-1984	2.256***	2.637***	1.993**	2.595***
1985-1990	1.705***	1.913**	1.198	1.468
1991-1999	1	1	1	1
2000-2005	0.493***	0.687	0.355***	0.279***
Educational attainment:				
Complete secondary	0.711	0.124***	0.091***	0.022***
Technical-Trade School	3.261***	0.463*	0.142***	0.005***
Secondary Tech.-Trade S.	4.656***	0.679	0.212***	0.030***
Specialized Secondary S.	2.613***	1.617	0.848	0.151***
Tertiary education	1	1	1	1
Other education	0.493***	0.208**	0.218**	0.082***
Unemployment episode:				
Yes	0.799*	0.684*	0.421***	0.577**
No	1	1	1	1
Episode of military service:				
Yes	1.058	1.383	0.393***	0.275***
No	1	1	1	1
Place of living at the time of leaving school:				
Urban type village/village	1	1	1	1
Town, city	3.092***	2.968***	1.978**	1.333
Center	2.468***	2.176***	1.341	1.338
Place of living at time of GGS interview:				
Moscow or St. Petersburg	1.074	1.028	1.174	2.141**
Other region	1	1	1	1
Log Likelihood		-2,044.93		
χ^2 (df)		1,037.85 (64)		
N		1,857		

Notes: See Table 3a. Levels of significance: * $\leq$ 0.1; ** $\leq$ 0.05; *** $\leq$ 0.01.

Source: EES, own calculations.

5. Concluding remarks

Young peoples' transitions from school to work are substantially shaped by the institutional framework they are embedded in, particularly by the structures of educational systems and labor markets. State socialist societies were dominated by redistributive coordination mechanisms. The production of skills was subject to central administrative planning, and the educational system was closely connected to the employment system. Hence, individual job prospects were determined by investments in specific vocational qualifications. After the breakdown of socialism, liberal markets became the new dominant form of economic coordination in most CEE countries. The linkage between the educational and the employment systems loosened, and the transition from school to work became less structured.

In Russia, however, the former state socialist regime has not been transformed into a liberal market economy in a strict sense. Instead, hybrid forms of redistributive and capitalist institutions have been emerging and have left an imprint on the transition from school to work. Finding a first job became significantly more difficult for young men and women during the transition period than it had been under socialism, and the probability of becoming unemployed after graduation rose sharply in the 1990s. In addition, women were more likely to become homemakers and they were more frequently pressed to accept low-level jobs (cf. Gerber/Mayorova 2006). At the same time, the role played by educational degrees did not change radically, as the characteristic pathways from educational degrees into occupational positions continued to exist (cf. Gerber 2003). Moreover, the transition from school to work had already started to change in the 1980s, and the dynamics of change were reinforced in a more or less gradual manner during Russia's transformation process. In effect, the most recent cohort of graduates, who entered working life after 1999, faced the most unfavorable job market of all the cohorts studied.

Our analyses of changes in the process of entering working life are preliminary. We have neither considered the stability of the first employment relationship nor re-entries into the educational system. The question of whether the dynamics of continuity and change can be located more precisely in the Russian economy remains open. Private companies, firms in the new service sector, and state companies in traditional branches may recruit young employees through different channels. Future research is needed to gain a more complete understanding of the changing transition from school to work in Russia.

References

Adam, Jan (1989): Economic Reforms in the Soviet Union and Eastern Europe since the 1960s. Houdmills/London: Macmillan

Avis, George (1983): Access to Higher Education in the Soviet Union. In: Tomiak, J.J. (1983): 199-239

Brainerd, Elizabeth (1998): Winners and Losers in Russia's Economic Transition. In: American Economic Review 88: 1094-1116

Bühler, Christoph/Konietzka, Dirk (2008): The Transition from School-to-Work in Russia During and After Socialism: Change or Continuity? Rostock: Max Planck Institute for Demographic Research

Bühler, Christoph/Magun, Vladimir/Kozyreva, Polina/Kosolapov, Mikhail/Sinyavskaya, Oksana/ Shkolnikov, Vladimir/Kulu, Hill/Vikat, Andres/Houle, René (2007): The Education and Employment Survey for Russia: Survey Instruments. Max Planck Institute for Demographic Research, Rostock

Clarke, Simon/Metalina, Tanya (2000): Training in the New Private Sector in Russia. In: International Journal of Human Resource Management 11: 19-36

Feldmann, Magnus (2006): Emerging Varieties of Capitalism in Transition Countries: Industrial Relations and Wage Bargaining in Estonia and Slovenia. In: Comparative Political Studies 39: 829-854

Gerber, Theodore P (2003): Loosening Links? School-to-work Transitions and Institutional Change in Russia Since 1970. In: Social Forces 82: 241-276

Gerber, Theodore P./Hout, Michael (1995): Educational Stratification in Russia During the Soviet Period. In: American Journal of Sociology 105: 611-660

Gerber, Theodore P./Mayorova, Olga (2006): Dynamic Gender Differences in a Post-Socialist Labor Market: Russia, 1991-1997. In: Social Forces 84: 2047-2075

Hall, Peter A./Soskice, David (eds.) (2001): Varieties of Capitalism. The Institutional Foundations of Comparative Advantage. Oxford: Oxford University Press

Hall, Peter A./Soskice, David (2001): An Introduction to Varieties of Capitalism. In: Hall/Soskice (2001): 1-68

Hancké, Bob/Rhodes, Martin/Thatcher, Mark (eds.) (2007): Beyond Varieties of Capitalism. Conflict, Contradictions, and Complementarities in the European Economy. Oxford: Oxford University Press

King, Lawrence (2007): Central European Capitalism in Comparative Perspective. In: Hancké, Bob et al. (2007): 307-327

Kitaev, Igor V (1994): Russian Education in Transition: Transformation of Labour Market, Attitudes of Youth and Changes in Management of Higher and Lifelong Education. In: Oxford Review of Education 20: 111-130

Kohn, M.L. (ed.) (1989): Cross-National Research in Sociology. Newbury Perk: Sage

Kogan, Irena/Unt, Marge (2005): Transition from School to Work in Transition Economies. In: European Societies 7: 219-53

Lane, David (2000): What Kind of Capitalism for Russia? A Comparative Analysis. In: Communist and Post-Communist Studies 33: 485-504

Littlejohn, Gary (1988): Central Planning and Market Relations in Socialist Societies. In: Journal of Development Studies 24: 75-101

Matthews, Mervyn (1972): Class and society in Soviet Russia. London: Penguin Press

McCann, Leo/Schwartz, Gregory (2006): Terms and Conditions Apply. Management Restructuring and the Global Integration of Post-Socialist Societies. In: International Journal of Human Resource Management 17: 1339-1352

Meier, Artur (1989): Universals and Particularities of Socialist Educational Systems: The Transition from School to Work in the German Democratic Republic and the Soviet Union. In: Kohn (1989): 167-184

Müller, Walter/Gangl, Markus (eds.) (2004): Transitions from Education to Work in Europe. The Integration of Youth into EU Labour Markets. Oxford: Oxford University Press

O'Dell, Felicity (1983): Vocational Education in the USSR. In: Tomiak, J.J. (1983): 106-142

Polanyi, Karl (1944): The Great Transformation. New York: Rinehart

Rychlewski, Eugeniusz (1973): The Investment System of a Socialist Economy. In: Eastern European Economics 12: 3-44

Saar, Ellu/Unt, Marge/Kogan, Irena (2008): Transition from Educational System to Labour Market in the European Union. In: International Journal of Comparative Sociology 49: 31-59

Shavit, Yossi/Müller, Walter (eds.) (1998): From School to Work. A Comparative Study of Educational Qualifications and Occupational Destinations. Oxford: Clarendon Press

Solga, Heike/Konietzka, Dirk (1999): Occupational Matching and Social Stratification. Theoretical Insights and Empirical Observations Taken from a German-German Comparison. In: European Sociological Review 15: 25-47

Soroko, Eugeny/Konietzka, Dirk (2006): Report on the External Validation of the "Education and Employment Survey" on Russia. MPIDR Working Paper, WP-2006-028, Max Planck Institute for Demographic Research, Rostock

Stark, David/Bruszt, László (1998): Postsocialist Pathways. Transforming Politics and Property in East Central Europe. Cambridge: Cambridge University Press

Szelényi, Ivan/Kostello, Eric (1996): The Market Transition Debate: Toward a Synthesis? In: American Journal of Sociology 101: 1082-1096

Titma, Mikk/Saar, Ellu (1995): Regional Differences in Soviet Secondary Education. In: European Sociological Review 11: 37-58

Titma, Mikk/Tuma, Nancy B./Roosma, Kadi (2003): Education as a Factor in Intergenerational Mobility in Soviet Society. European Sociological Review 19: 281-297

Tomiak, J.J. (ed.) (1983): Soviet Education in the 1980s. London/Canberra: Croom Helm

UNICEF (2007): TransMONEE 2007 Database. www.unicef-irc.org/databases/transmonee/

Vikat, Andres/Spéder, Zsolt/Beets, Gijs/Billari, Francesco/Bühler, Christoph/Désesquelles, Aline/ Fokkema, Tineke/Hoem, Jan/MacDonald, Alphonse/Neyer, Gerda/Pailhé, Ariane/Pinnelli, Antonella/Solaz, Anne (2007): Generations and Gender Survey: Towards a Better Understanding of Relationships and Processes in the Life Course. In: Demographic Research 17: 389-439

Gemeinschaftsbildung als Modus der Unsicherheitsabsorption

Einleitung zum Plenum: Gemeinschaftsbildung als Modus der Unsicherheitsabsorption

Wolfgang Ludwig Schneider

Mit der gesellschaftlichen Expansion von Kommunikations- und Handlungsmöglichkeiten über den Umkreis bekannter Interaktionspartner und Erfahrungsräume hinaus nehmen Unsicherheitserfahrungen zu, die nicht mehr durch direktes personenbezogenes Vertrauen neutralisiert werden können. Dadurch wächst der Bedarf nach sozialen Einrichtungen der Unsicherheitsabsorption. Symbolisch generalisierte Kommunikationsmedien wie Geld, Recht, konkurrenzdemokratisch verliehene Amtsmacht, wissenschaftliche Wahrheit etc. gelten als modernitätstypische Lösungen für dieses Problem, durch die Erwartungssicherheit, Kommunikationserfolg und Handlungskontrolle auch in weitgehend anonymisierten Sozialbeziehungen ermöglicht werden. Wenn die Zugangschancen zu solchen Medien jedoch eingeschränkt sind oder sie nur unzureichend funktionieren, ein vollständiger Rückzug auf eingelebte Nahbeziehungen aber ebenfalls nicht möglich erscheint, werden alternative Lösungen benötigt.

Der Titel des Plenums steht für die Vermutung, dass die Bildung von Gemeinschaften hier als Substitut einspringen könnte. *Gemeinschaften* oder – so der alternative Begriffsvorschlag – *soziale Netzwerke* sind in der Lage, soziale Beziehungen über die Grenzen direkter Bekanntschaft hinaus auf personenbezogenes Vertrauen zu stützen und dadurch abzusichern. In Gesellschaften, in denen symbolisch generalisierte Kommunikationsmedien (noch) nicht zuverlässig funktionieren, in denen zugleich aber auch der Rückzug auf soziale Nahbeziehungen keine praktikable Alternative ist, so *Boris Holzer* in seinem Beitrag, übernehmen soziale Netzwerke die Rolle eines alternativen Kommunikationsmediums. Dieses Medium bleibt zwar an personalisierte Beziehungen gebunden, ermöglicht es aber, persönliche Kontakte von Bekannten zu Dritten zu nutzen, um Zugang zu sonst unerreichbaren Ressourcen, Leistungen oder Informationen zu erhalten. Personenbezogenes Vertrauen greift dabei über persönlich bekannte Personen hinaus, indem es reflexiv wird, d. h. darauf vertraut, dass deren Vertrauen in Dritte, die man selbst nicht kennt, gerechtfertigt ist. Das Vertrauen in das Vertrauen Anderer generalisiert persönliches Vertrauen zum Vertrauen in das Funktionieren eines sozialen Netzwerkes.

Aus tauschtheoretischer Perspektive, so *Christoph Bühler*, können solche Netzwerke nur entstehen, wenn das Konzept des dyadisch-reziproken Tauschs zwischen ego und alter zum Konzept der indirekten Reziprozität erweitert wird, bei der Gegenleistungen nicht vom Empfänger einer Leistung, sondern von anderen Personen erwartet werden, wobei die Bereitschaft zu einer zunächst einseitig bleibenden Leistung nicht daran gebunden ist, dass man schon weiß, wann, von wem und in welcher Gestalt eine zukünftige Komplementärleistung zu erwarten ist. Was auf diese Weise, d. h. durch gesteigerte Unsicherheitstoleranz auf der Basis von Netzwerkvertrauen, gewonnen werden kann, ist die Möglichkeit, in zukünftigen und jetzt noch nicht spezifizierbaren Bedarfslagen die dann benötigten Ressourcen oder Leistungen ad hoc über Netzwerkkontakte abrufen zu können.

Voraussetzung dafür ist eine Vorstellung von Mitgliedschaft, die auch persönlich unbekannte Personen einbezieht. Eine dazu passende Form der Selbstbeschreibung von Netzwerken ist das Konzept der „imaginierten Gemeinschaft", das *Wolfgang Gabbert* in seinem Beitrag aufgreift, um das Verhältnis zwischen traditionalen lokalen Gemeinschaften einerseits und imaginierten Gemeinschaften andererseits am Beispiel von Arbeitsmigranten und ihren Beziehungen zu ihren Heimatgemeinden zu diskutieren. Wenn, wie im Kontext von Kettenmigration, direkte persönliche Kontakte als Grundlage für die Partizipation an nicht direkt zugänglichen Kontakten genutzt und der so erweiterte Rahmen personalisierter Beziehungen über die Grenzen persönlicher Bekanntschaft hinaus als Gemeinschaft imaginiert wird, dann müssen lokale und imaginierte Gemeinschaften nicht in ein Konkurrenz- und Verdrängungsverhältnis zueinander geraten, sondern können in eine Beziehung der Komplementarität zueinander treten. Gabbert zeigt, unter welchen empirischen Randbedingungen mit solchen Konstellationen zu rechnen ist.

Eine andere Variante imaginierter Gemeinschaften analysieren *Ronald Hitzler* und *Michaela Pfadenhauer*. Unter dem Titel der „posttraditionale[n] Vergemeinschaftung" untersuchen sie Lebensstilgemeinschaften, die sich – etwa in der Form von ‚Marken-Gemeinschaften' oder ‚Jugendszenen' – um bestimmte thematische Foki wie Marken, Mode, Musik, Sport, neue Medien etc. gruppieren, eigene Sprachgewohnheiten, Umgangsformen und Rituale ausbilden und ein distinktives Wir-Bewusstsein kultivieren. Hier geht es nicht primär um Zugang zu Leistungen und Ressourcen, nicht um die Kompensation defizitären Funktionierens symbolisch generalisierter Kommunikationsmedien, sondern um die Ausflaggung von Kommunikationsthemen und dazu passender Identitäten, die Kontaktchancen mit Gleichgesinnten in Aussicht stellen.

Unsicherheit und Vertrauen in ‚Netzwerk-Gesellschaften'
Boris Holzer

Vor mehr als vierzig Jahren versuchte Stanley Milgram (1967) in seinen *small world*-Experimenten zu belegen, dass die soziale Welt als großes, aber dennoch erstaunlich überschaubares Netzwerk aufgefasst werden kann. Milgram bat zufällig ausgewählte Amerikaner, einen Brief an eine von ihm gewählte Zielperson weiterzuleiten – sie sollten aber nicht etwa deren Adresse ausfindig machen, sondern persönliche Bekannte und Freunde zur Weiterleitung benutzen. In der Tat ließ sich so zeigen, dass im Durchschnitt sechs Zwischenstationen ausreichen, um den Brief an sein Ziel zu bringen. Man mag zweifeln, ob die so entdeckte ‚kleine Welt' jenseits der experimentellen Situation von Bedeutung ist. Um die aktive Nutzung der Kontakte zu stimulieren, muss das *small world*-Experiment die nahe liegende Möglichkeit, die Zielperson in einem Adressbuch nachzuschlagen, explizit ausschließen. Es demonstriert so gewissermaßen, wie Kommunikation ohne die Möglichkeit direkter Adressierung (und ohne moderne Massenmedien) noch möglich wäre. Im Alltag wird man kaum versuchen, Nachrichten auf dem Wege einer derartigen ‚Flüsterpost' zu übermitteln. Es stellt sich deshalb die Frage, unter welchen Bedingungen Kontakte von Kontakten im Netzwerk benutzt werden. Es gibt Fälle, in denen dies durchaus wahrscheinlich ist: Zum Beispiel könnte man einen Vermittler in die Kontaktaufnahme mit einer besonders prominenten Adresse einschalten wollen, um so die Wahrscheinlichkeit zu erhöhen, dass das eigene Anliegen Beachtung findet. Solche Situationen, in denen man darauf angewiesen ist, jemanden zu kennen, der jemanden kennt, gibt es sicherlich. Doch es fällt schwer, sie als paradigmatisch für den Alltag einer modernen Gesellschaft zu sehen.

Legitime Anlässe und rationale Motive für die Benutzung und Ausnutzung von Netzwerkkontakten gibt es dagegen vor allem dort, wo Modernität ohnehin in Frage steht. Wenn Märkte und Rechtssicherheit nicht oder nur rudimentär zur Verfügung stehen, liegen Rahmenbedingungen vor, unter denen Handlungsmöglichkeiten *nur* über indirekte Netzwerkkontakte realisiert werden können. Man ist dann auf persönliches Vertrauen angewiesen, weil andere Mechanismen der Reduktion von Ungewissheit und Komplexität versagen. Die entsprechende Prominenz und Alternativlosigkeit von Netzwerkbeziehungen in allen Lebensbereichen wird zum Beispiel in Russland als *blat* und in China als *guanxi* bezeichnet (Ledeneva 1998; Yang 1994). Auch in anderen Regionen sind ähnliche Phänomene unter dem Titel des ‚Klientelismus' bekannt. In all diesen Fällen handelt es sich um Beschreibungen von Beziehungspraktiken, die als freundschaftlich und freiwillig deklariert werden, gleichzeitig aber instrumentellen und sozial sanktionierten Charakter haben. Sie stabilisieren sich angesichts der Knappheit von Ressourcen und der Unsicherheit von Rechtsordnungen und machen eben jene Umwege über indirekte Kontakte, die andernorts eher ungewöhnlich sind, zum Normalfall.

Im Anschluss an diese Forschungen möchte ich vorschlagen, von *,Netzwerk-Gesellschaften'* dort zu sprechen, wo das Vertrauen in und durch Netzwerke als Voraussetzung richtigen und effektiven Handelns schlechthin angesehen werden kann. Die ‚Netzwerk-Gesellschaft' wäre demnach nicht, wie etwa bei Manuel Castells (2000), die dem Informationszeitalter angemessene Gesellschaftsform, sondern eine partikularistische und ‚personalisierte' Sozialordnung, in der Netzwerkbeziehungen einen institutionalisierten Vorrang genießen.

1. Die Ambivalenz der Netzwerke

Es geht allerdings keineswegs um ‚traditionelle' Sozialordnungen im Sinne Tönnies' (1979). Der Stoff der hier diskutierten Netzwerke sind nicht *solidarisch-gemeinschaftliche*, sondern *instrumentell-persönliche* Beziehungen, die mit einem hohen Grad an Individualisierung kompatibel sind. Sie kombinieren gewissermaßen moderne und traditionelle Elemente. Dazu gehören:

- Erstens eine ‚moralische' Form der Inklusion, die auf persönlicher Achtung sowie auf der Anerkennung einer im Netzwerk erworbenen Reputation beruht;

- zweitens jedoch instrumentelle Aspekte: in sozialer Hinsicht der Rückgriff auf die Kontakte anderer, in sachlicher Hinsicht der Zugriff auf Ressourcen und in zeitlicher Hinsicht Möglichkeiten der Beschleunigung von Verfahren und Wartezeiten;

- und drittens schließlich auch der Zugang zu eigentlich nicht Verfügbarem und Illegalem, insofern formale Regeln durch informale Netzwerke außer Kraft gesetzt werden können.

Die typische Form, in der diese Elemente miteinander zu Netzwerken verknüpft werden, ist die des Tauschnetzwerks: Auf der Basis von Reziprozität können Leistungen von anderen Mitgliedern des Netzwerks erwartet werden, weil diese wiederum entsprechende Gefälligkeiten erwarten können.

Es handelt sich also um Beispiele eines *sozialen Tauschs* im Sinne von Peter Blau (1964): Im Gegensatz zum ökonomischen Tausch geht es nicht nur um den Austausch von *etwas*, sondern auch um den *Ausdruck* der Beziehung im Tauschgeschehen selbst. Es bleibt deshalb notwendigerweise ambivalent, ob die Beziehung zum *Tausch* benutzt wird – oder ob nicht vielmehr der Tausch dazu dient, die *Beziehung* zu festigen. Gegenstand des Tauschs sind nicht nur Güter oder Leistungen, sondern vor allem gegenseitige Achtung und Wertschätzung. Dementsprechend charakterisiert Ledeneva die Praxis des russischen *blat* als „not a relationship for the sake of exchange but an exchange for the sake of a relationship" (Ledeneva 1997: 153).

Die fehlende Differenzierbarkeit zwischen instrumentellen und expressiven Dimensionen führt dazu, dass in solchen Beziehungen *diffuse Erwartungen* dominieren. Es gibt keinen dem Geld entsprechenden Maßstab für die Äquivalenz von Tauschgegenständen und auch keine hinreichend spezifizierten Erwartungen, um Bestimmtes von vornherein auszuschließen. Man kann Erwartungen nicht durch den Verweis auf formale, überpersonelle Regeln entkräften. Typisch ist vielmehr, dass die Beweispflichten für die Legitimität von Bitten und Erwartungen bei demjenigen liegt, der über eine Ablehnung zu entscheiden hätte.

Neben Expressivität und Diffusität kommt aber noch ein weiteres wichtiges Merkmal hinzu: Die *Transitivität* der Kontakte, also die Tatsache, dass man nicht nur auf die direkten Kontakte und ihre Ressourcen zurückgreifen kann, sondern auch auf die durch sie vermittelten Kontakte und deren Ressourcen. Netzwerkbeziehungen eröffnen einen über direkte Bekannte hinausgehenden Raum der Kontaktier- und Ansprechbarkeit. Erst dies erlaubt es eigentlich, von Netzwerken zu sprechen – und nicht nur von Beziehungen. Tauschnetzwerke setzen also Vertrauen voraus – und reproduzieren es gleichzeitig, wenn sich Reziprozitäterwartungen in einer ‚Politik der kleinen Schritte' bewähren. Man kann dann nicht nur dem Einzelnen, sondern gleichsam *dem* Netzwerk vertrauen. Eine solche Generalisierung schafft eine Komplementarität, aber auch eine gewisse Konkurrenz zu dem, was Luhmann (1973) als ‚Systemvertrauen' bezeichnet.

In ihrer Beschreibung der *guanxi*-Praxis in China schildert Yang (1994: 4f.), wie eine solche Übertragbarkeit von Kommunikationsmöglichkeiten funktionieren kann: Ein Mann wird von einem mit ihm bekannten Arzt gebeten, diesem bei der Beschaffung von vier Packungen einer seltenen chinesischen pflanzlichen Arznei zu helfen. Daraufhin sucht der Mann nach hilfreichen Kontakten, bis er schließlich einen Bekannten trifft, der als Arzthelfer in einem Krankenhaus arbeitet. Zwar kann dieser ihm die Medizin nicht selbst besorgen, empfiehlt ihn aber weiter an eine andere Person, die wiederum ein gutes Verhältnis zu einem entsprechenden Facharzt hat. Dieser Freund des Freundes erklärt sich bereit, den Mann noch am selben Tag zu dem Facharzt (der in einer anderen Stadt praktiziert) zu begleiten, und gemeinsam überreden sie ihn zur Ausstellung des notwendigen Rezeptes. Das Medikament, das er so dem befreundeten Arzt vermitteln kann, ist freilich nicht für diesen selbst bestimmt, sondern für einen wichtigen Patienten oder anderen Freund des Arztes, so dass auch sein Part bei der Beschaffung nur ein Teil eines aktivierten *guanxi*-Netzwerkes war.

An diesem Beispiel wird zweierlei deutlich: zum einen die bemerkenswerte Raffinesse und Beharrlichkeit, mit der nicht nur Kontakte, sondern Kontakte von Kontakten bemüht werden und zum anderen die Unbestimmtheit der Zeit- und Sachhorizonte, mit denen kalkuliert wird. Der Arzt zum Beispiel könnte *irgendwann* einmal nützlich werden – und natürlich kann sich dann auch der Gesichtspunkt geändert haben, unter dem er als Kontakt von Bedeutung sein könnte. Was zählt, ist das personalisierte Vertrauen in die Bereitschaft zur Gegenleistung, was die Missachtung etwaiger Rollenpflichten wie selbstverständlich voraussetzt. Das Syndrom der ‚Netzwerk-Gesellschaft' zeigt sich hier darin, dass die soziale Ordnung als Ganze in hohem Maße personalisiert wird. Die Gründe und Grenzen dieser Personalisierung möchte ich im Folgenden diskutieren.

2. Die Personalisierung sozialer Ordnung

In ‚Netzwerk-Gesellschaften', in denen persönliches Vertrauen und transitives Netzwerk-Vertrauen zu entscheidenden Ressourcen werden, gilt: „Der normale Weg ist nicht der normale Weg" (Enzensberger 1987: 70). Man könnte auch sagen: Der *formale* Weg ist nicht der normale Weg. In China, Russland und anderswo treffen wir immer wieder auf den Fall, dass es in persönlichen Beziehungen *normal* ist, die Abweichung von formalen Rollenpflichten zu erwarten. Gerade dadurch, dass man sich flexibel zeigt, erarbeitet man sich das Vertrauenskapital, das sich im Netzwerk später in eigene Vorteile ummünzen lässt. Innerhalb von Organisation und im Verhältnis zwischen Verwaltung und Klienten ist dabei der Verzicht auf das Zitieren und Einfordern formaler Erwartungen ein probates Mittel, informale Beziehungen zu bestätigen und für zukünftige Transaktionen zu konservieren.[1] In anderen Bereichen können aber auch weiter gehende Illegalitäten ins Spiel kommen, die entweder die Grauzonen der Formalität ausnutzen oder dieser effektiv widersprechen. Eine dringend benötigte Genehmigung oder eine von den Behörden zugeteilte Wohnung erhält man mitunter schneller, wenn man nicht die offizielle Eingangstür benutzt, sondern ‚durch die Hintertür geht' (*zou houmen*) – also den Zugang zu Leistungen der Verwaltung über das Netzwerk persönlicher Beziehungen sucht. Auf diesem Wege lässt sich das in der ‚politischen Ökonomie' eines autoritär-bürokratischen Systems reichlich vorhandene Kapital der Ämter und politischen Funktionärsposten in das in der *gift economy* zählende „symbolische Kapital" der persönlichen Beziehungen transformieren (Yang 1989: 46).

---

1 „Eine Regel dient dem, der einen Vorteil aus ihr ziehen kann, als Waffe, wenn er sie zitiert, und als Tauschobjekt, wenn er das Zitieren unterläßt" (Luhmann 1964: 310).

Der Trick der Netzwerkkommunikation liegt darin, dass sie ambivalent bleibt: ob nämlich Gefälligkeiten und Geschenke ausgetauscht werden, um die Beziehung zu erhalten und beiden Seiten ein ‚Gesicht' zu geben, oder ob umgekehrt die Beziehung (aus-)genutzt wird. Die Informationskomponente der Kommunikation (die Gabe oder das Tauschobjekt) legt nicht fest, wie deren Mitteilung durch eine konkrete Person zuzurechnen ist. Reine Information lässt sich in personalisierten Beziehungen aber nicht kommunizieren. So läuft der Beziehungsaspekt bei jeder Transaktion mit und wird im Zweifelsfall der sein, auf den man sich später beruft. Im Rückblick hat man gar nicht um eine spezielle Leistung gebeten, sondern vielmehr dem Anderen die *Möglichkeit* gegeben, sein Interesse am Fortbestand der Beziehung durch eine geeignete Gefälligkeit mitzuteilen.[2]

Es handelt sich hierbei um eine Beobachtungs- und Zurechnungspraxis, die wenig Raum für unpersönliches Handeln lässt. Die Erfüllung oder Nicht-Erfüllung von Erwartungen innerhalb einer Beziehung wird auf die beteiligten *Personen* zugerechnet, weshalb man sich nur schlecht auf von Personen *absehende* formale Regeln berufen kann. Zögert man, jemandem einen vielleicht momentan mit anderen Verpflichtungen kollidierenden Gefallen zu erweisen, so kommt dies einer Weigerung gleich, dessen Gesicht zu wahren, und stellt deshalb eine nur selten direkt kommunizierbare Option dar. Dies bringt gerade jene, die Anliegen zu häufig ablehnen müssen, in die Verlegenheit, ihr Interesse an der Beziehung anderweitig zu unterstreichen. Typisch dafür ist der Fall eines Parteifunktionärs in einer Studie über *guanxi* in einem nordchinesischen Dorf, der trotz oder gerade wegen seiner herausgehobenen Stellung im Dorf mit Abstand die größten Beträge für rituelle Geschenke verausgabte (Yan 1996). Solche mehr oder weniger großen Investitionen in das Netzwerk ‚erhalten die Freundschaft', verstärken aber die Notwendigkeit, aus der eigenen Position in formalen Organisationen Vorteile zu ziehen.

Das Illegale kann nun „nicht mit Gründen erwartet und gerechtfertigt werden und wird deshalb stets als individuell, persönlich, freiwillig erscheinen" (Luhmann 1964: 313). Auch wenn es um die Freiwilligkeit von Illegalitäten dort, wo entsprechende Erwartungen fest institutionalisiert sind, nicht besonders gut bestellt sein mag, macht dies für die Zurechnung des Handelns kaum einen Unterschied. Die Abweichung von formalen Vorschriften „macht das Handeln persönlich" (ebd.), weil es eben nicht auf die Rolle, sondern die Person zugerechnet werden muss.

---

2   Es ist schon aus diesem Grund schwer möglich, trennscharf zwischen einer ‚guten' und einer ‚schlechten' Praxis der *guanxi* zu unterscheiden wie dies zum Beispiel Yang (1994) versucht, indem sie zwischen einer auf renqing (Anerkennung) ausgerichteten Geschenkökonomie in den Dörfern und einer allein an instrumentellen Ressourcen interessierten, städtischen *guanxi*-Praxis differenziert. Vgl. hierzu auch Gransow (1995: 349f.) und die dort zitierten Hinweise auf die praktischen juristischen Probleme, die ‚legalen' und ‚illegalen' Dimensionen langfristiger *guanxi* überhaupt noch voneinander trennen zu können.

Anders ausgedrückt: Gerade dort, wo man es vielleicht am wenigsten erwarten würde – in hoch zentralisierten und formalisierten Planungsbürokratien – gibt es zahlreiche Möglichkeiten, Personen an der ‚Freiheit' zu erkennen, mit der sie auf die Zumutungen ihrer Rollenpflichten reagieren. Einem Vorschlag Luhmanns (1965: 63ff., 1995) folgend ist Freiheit dabei eine Frage der *Zurechnung*. Es gibt sie nur in dem Maße, in dem Möglichkeiten eingerichtet und genutzt werden, Handlungen und ihre Folgen einzelnen Personen (und nicht der Umwelt, sozialen Systeme oder Rollen) zuzurechnen. Sofern Abweichung nicht durch entsprechende Zwangsmittel verhindert werden kann, schaffen deshalb gerade jene Organisierung und Formalisierung, die für staatssozialistische Organisationsgesellschaften typisch sind, Situationen, in denen Personen sich als frei und individuell *darstellen* können. Die Person zeigt sich nicht in ihren selbstverständlichen Rollenvollzügen, sondern „in der Art, wie sie ihre Rolle konkret moduliert, in ihren Initiativen und besonders in abweichendem Handeln" (Luhmann 1965: 66). Wenn nun zum Beispiel Organisationspositionen in den Dienst von Tauschnetzwerken gestellt werden, wird laufend eine Struktur bestätigt, in der nicht die formalen Rollen oder gar die Programme von Organisationen als Anker der Erwartungssicherheit dienen, sondern konkrete *Personen*. Dies bedeutet gewissermaßen die Umkehrung der üblichen Perspektive, die Lebenswelt werde im Zuge des modernen Rationalisierungsprozesses durch die Tauschmedien Macht und Geld ‚kolonisiert' (Habermas 1981). In ‚Netzwerk-Gesellschaften' liegt der umgekehrte Fall vor. Die Lebenswelt kolonisiert gleichsam die Systeme. Doch wie stabil kann ein derartiges Arrangement sein, wenn es mit den Leistungen spezialisierter gesellschaftlicher Teilsysteme konkurrieren muss?

3. Wandel und Stabilität der Netzwerke

Die Forschung ist sich uneinig, ob die personalisierten Sozialordnungen der ‚Netzwerk-Gesellschaften' im Zuge von Transformations- und Modernisierungsprozessen an Bedeutung verlieren oder sogar gänzlich verschwinden (kontrovers zu *guanxi*: Guthrie 1998; Yang 2002). Evident ist, dass die Institutionalisierung von politischen und rechtlichen Verfahren sowie die Integration in internationale Investitions- und Handelsbeziehungen die Grundlagen instrumentell-personaler Beziehungen verändert. *Erstens* entfallen typische Anlässe für die Reproduktion von Netzwerken in dem Maße, in dem Überfluss der Optionen an die Stelle von Knappheit der Ressourcen tritt. *Zweitens* macht die zunehmende Verlässlichkeit und Forcierung anderer Medien der Einflussnahme, Konfliktregelung und Allokation den Umweg über Beziehungen überflüssig, insofern nun (überlegene) funktionale Äquivalente zur Verfügung stehen. Und *drittens* schließlich gewinnen Öffentlichkeiten an Bedeutung, die Netzwerke nicht nur gelegentlich skandalisieren, sondern vor allem systematisch marginalisieren.

1. Netzwerke werden als Umweg bemüht, weil Ressourcen oder Informationen anderweitig nicht verfügbar sind. Knappheit von Gütern, Dienstleistungen und Informationen erleichtert dies, ihre Distribution an bestimmten Positionen zu monopolisieren. In den hier zur Debatte stehenden (post-)sozialistischen Ländern wird ein ohnehin knappes Angebot auf diese Weise den offiziellen Distributionskanälen entzogen und zum Tauschgegenstand in Netzwerken. Die mangelnde Differenzierung zwischen Organisation und Gesellschaft bedeutet jedoch umgekehrt, dass man im Rahmen dieser Netzwerke bei entsprechendem Status durchaus auf ein großes Spektrum an Gütern und Leistungen zurückgreifen kann. Der Knappheit des Waren- und Leistungsangebots steht eine Vielfalt und Vielschichtigkeit darauf bezogener Sozialbeziehungen gegenüber. Oder anders ausgedrückt: Die Kargheit der Dinge wird durch die Komplexität der Sozialdimension kompensiert. Man muss soziale Umwege in Kauf nehmen, um bestimmte Möglichkeiten realisieren zu können. Es wäre daher aber zu vermuten, dass die Entschärfung des Knappheitsproblems auch die Bedeutung der Netzwerke verringert.

2. Knappheit an sich ist also nicht das Problem. Es geht um den *Umgang* mit Knappheit oder mit anderen Worten: um ein *Allokationsproblem.* Der Eindruck einer allgemeinen Knappheit entsteht, weil man ihr in diesen Ländern mit Geld nicht beikommen kann. Geld ist zwar vorhanden, genießt aber selbst kein Vertrauen. Der Geldmechanismus ist durch Organisation konditioniert, und deshalb kommt man nicht mit Geld weiter, sondern mit Beziehungen innerhalb und zu Organisationen. Geld und Beziehungen stehen im Hinblick auf die Zukunftsvorsorge in einem Verhältnis funktionaler Äquivalenz – und damit in Konkurrenz: „Wer Geld hat, braucht insoweit anderen nicht zu vertrauen" (Luhmann 2000: 66). Nicht nur für das Geld gilt daher: Die Institutionalisierung symbolisch generalisierter Kommunikationsmedien geht auf Kosten der Netzwerke. Sie verschwinden nicht, aber sie werden mit Alternativen konfrontiert. Das gilt freilich nur im Einzugsbereich spezifischer Funktionen. Man kann in einer entwickelten Marktwirtschaft darauf verzichten, Güter und Leistungen aus bestehenden Netzwerken zu beziehen (z. B. wenn die bekannten Zulieferer zu hohe Preise verlangen). Und man muss der Reputation des Geschäftspartners nicht in gleichem Maße vertrauen, wenn man Ansprüche notfalls vor Gericht durchsetzen kann. Das erklärt, warum viele Unternehmer in China die Bedeutung von *guanxi* im Bereich der Wirtschaft nicht mehr höher

einstufen als anderswo. Sie betonen den Wert ‚guter' Beziehungen und schätzen – genauso wie die Arbeitnehmer – die Möglichkeit, durch Netzwerke Zugriff auf privilegierte Informationen zu haben. Das Netzwerk wird also gewissermaßen von einem ‚Erfolgsmedium', das ansonsten unwahrscheinliche Kommunikationserfolge vermittelt, zu einem bloßen ‚Verbreitungsmedium' heruntergestuft, das vor allem unter Informationsgesichtspunkten von Bedeutung ist.

3. Im Gegensatz dazu ist die Handlungskontrolle schwierig. Tauschnetzwerke sind nicht ‚normiert', man kann Abweichungen kaum öffentlich skandalisieren. So kann ein deutsches Unternehmen z. B. in China durchaus prinzipienfest sein und verkünden: „Ich nehm' aus Prinzip nix an". Es mag dadurch Nachteile haben, dass es folgerichtig aus den Netzwerken ausgeschlossen bleibt. Doch dies kommt nicht einer Exklusion aus der Gesellschaft gleich. Vielmehr geraten die Tauschnetzwerke umgekehrt dadurch unter Druck, dass ihre Leistungen (welt-)öffentlich kaum darstellbar sind. Sie gelten als korrupt und sind daher einer kritischen öffentlichen Beobachtung ausgesetzt.

Die Verfügbarkeit von Alternativen zum personalisierten Vertrauen der Netzwerke und die Schwierigkeiten öffentlicher Darstellbarkeit bedeuten nicht, dass die Netzwerke verschwinden. Man kann sich aber entscheiden, mitzumachen – oder nicht. Damit verlieren Netzwerke ihre dominierende Stellung als soziale Struktur des Alltags und als Inklusionsprinzip. Die moderne Gesellschaft ist in diesem Sinne keine ‚Netzwerk-Gesellschaft' – sie bietet nicht nur Alternativen zum Kommunizieren und Handeln durch Netzwerke, sondern sie entmutigt zu diesen sogar, insofern sie partikularistische zugunsten universalistischer Orientierungen delegitimiert (Parsons 1965: 101ff.). Zwar ist mittlerweile viel von Netzwerken, Sozialkapital und ‚Vitamin B' die Rede, doch diese Phänomene liegen seltsam quer zu den anerkannten soziologischen Beschreibungen einer differenzierten Gesellschaft und zum offiziellen universalistischen Leistungsverständnis. Schon die Diversität der Beschreibungsformeln zeigt an, dass sich legitime und illegitime Formen unterscheiden lassen, die nicht leicht auf einen Nenner zu bringen sind. Dass der Bereich sozial akzeptierter Nutzung persönlicher Kontakte wächst, belegt die bis vor kurzem noch ungewohnte Beschreibung von Interaktionen ohne klare Zweckorientierung als *networking*. Doch insofern solche Formeln sich nicht ohnehin auf den Bereich des Privaten beziehen, sind sie in der Regel auf rollenspezifische Kontakte zugeschnitten, die das Netzwerk in den Dienst spezifischer Kommunikationsinteressen stellen – und nicht umgekehrt. Netzwerkkontakte werden zum Beispiel mobilisiert, um in gut bezahlte oder einflussreiche Positionen und somit zu Geld oder Macht zu gelangen. Doch dazu sind spezialisierte Netzwerke nötig, die sich bereits dem Schema funktionaler Differenzierung unterordnen. Die Domänen der ‚Netzwerk-Gesellschaft' liegen daher eher in Regionen, in denen funktionale Differenzierung nicht oder nur rudimentär durchgesetzt ist – also in keineswegs unbeträchtlichen Teilen der Weltgesellschaft der Gegenwart.

Literaturverzeichnis

Blau, Peter M. (1964): Exchange and Power in Social Life. New York: Wiley

Castells, Manuel (2000): The Rise of the Network Society (The Information Age, vol. I). Oxford: Blackwell

Enzensberger, Hans Magnus (1987): Ach Europa! Frankfurt/M.: Suhrkamp

Gransow, Bettina (1995): Chinesische Modernisierung und kultureller Eigensinn. In: Zeitschrift für Soziologie 24(3): 183-195

Guthrie, Douglas (1998): The declining significance of guanxi in China's economic transition. In: China Quarterly 154: 254-282

Habermas, Jürgen (1981): Theorie des kommunikativen Handelns. Band 2: Zur Kritik der funktionalistischen Vernunft. Frankfurt/M.: Suhrkamp

Ledeneva, Alena (1997): Practices of exchange and networking in Russia. In: Soziale Welt 48(2): 151-170

Ledeneva, Alena (1998): Russia's Economy of Favours. Blat, Networking and Informal Exchange. Cambridge: Cambridge University Press

Luhmann, Niklas (1964): Funktionen und Folgen formaler Organisation. Berlin: Duncker & Humblot

Luhmann, Niklas (1965): Grundrechte als Institution. Ein Beitrag zur politischen Soziologie. Berlin: Duncker & Humblot

Luhmann, Niklas (1973): Vertrauen. Ein Mechanismus der Reduktion sozialer Komplexität. Stuttgart: Enke Verlag

Luhmann, Niklas (1995): Kausalität im Süden. In: Soziale Systeme 1(1): 7-28

Luhmann, Niklas (2000): Vertrauen. Ein Mechanismus der Reduktion sozialer Komplexität. Stuttgart: Lucius & Lucius

Milgram, Stanley (1967): The small-world problem. In: Psychology Today 1(1): 60-67

Parsons, Talcott (1965): The Social System. New York/London: Free Press/Macmillan

Tönnies, Ferdinand (1979): Gemeinschaft und Gesellschaft. Darmstadt: Wissenschaftliche Buchgesellschaft

Yan, Yunxiang (1996): The culture of guanxi in a north China village. In: The China Journal 35: 1-25

Yang, Mayfair Mei-Hui (1989): The gift economy and state power in China. In: Comparative Studies in Society and History 31(1): 25-54

Yang, Mayfair Mei-Hui (1994): Gifts, Favors and Banquets. The Art of Social Relationships in China. Ithaca, NY: Cornell University Press

Yang, Mayfair Mei-Hui (2002): The resilience of guanxi and its new deployments. A critique of some new guanxi scholarship. In: China Quarterly 170: 459-476

Reduzieren gemeinschaftliche Strukturen persönliche Unsicherheit?

Christoph Bühler

1. Einleitung

Die Herauslösung des Menschen aus Strukturen ständischer, dörflicher oder familiärer Ordnungen war ein zentraler Aspekt gesellschaftlicher Modernisierungsprozesse. In der Konsequenz ergab sich daraus ein Mehr an persönlichen Freiheiten, aber auch größere Unsicherheiten und Verantwortlichkeiten für die Gestaltung individueller Lebenswege. Gleichwohl blieb das Individuum in ordnende, komplexitäts- und unsicherheitsreduzierende Strukturen eingebettet. So sind auch moderne Gesellschaften von Gemeinschaften gekennzeichnet, die sich aber nicht mehr durch Verwandtschaft und räumliche Nähe definieren, sondern durch sich überlappende Netzwerke von Beziehungen zu Verwandten, Freunden, Nachbarn oder Arbeitskollegen (Wellman/Leighton 1979). Zudem entwickelten sich gesellschaftliche Institutionen, die strukturierend in individuelle Biografien eingreifen und damit eine Abfolge von Lebensphasen herstellen (Kohli 1985). Dies führte sowohl in kapitalistischen als auch in staatssozialistischen Gesellschaften zu einem Modell des dreigeteilten Lebenslaufs, wobei in letzteren Gesellschaften – bedingt durch Arbeitsplatzsicherheit und einen umfassenden Sozialstaat, aber auch durch die Beschneidung grundlegender persönlicher Freiheiten – die zentralen Übergänge zwischen den Phasen der Bildung, der Erwerbstätigkeit und der Rente nachhaltig plan- und erwartbar waren.

Aktuelle Entwicklungen wie der Zusammenbruch der sozialistischen Systeme in Mittel- und Osteuropa, Prozesse des Wertewandels und der Globalisierung führen jedoch zu einer Schwächung bzw. zu einem Verlust strukturierender Institutionen (Brückner/Mayer 2005) und es ist zurzeit offen, ob die daraus resultierende Deinstitutionalisierung des Lebenslaufs einen dauerhaften Zustand oder ein Phänomen des Übergangs darstellt. Gleichwohl führen diese Prozesse zu größeren Unsicherheiten, da Individuen ihre Entscheidungen nicht mehr im Kontext altersspezifischer Lebensphasen, erwartbarer Statusübergänge und damit verbundener sozialer und materieller Ressourcen treffen können (Bonß/Zinn 2003).

Vollziehen sich diese Entwicklungen in westlichen Industriegesellschaften in einem evolutionären Rahmen, so waren und sind die Länder Mittel- und Osteuropas mit radikalen institutionellen Veränderungen, die alle gesellschaftlichen Bereiche erfassen, konfrontiert. Die Einführung neoliberaler Wirtschaftsordnungen in einem oft nur unzureichend angepassten institutionellen Umfeld, die Umstrukturierung des Erwerbssystems oder der Abbau universeller wohlfahrtsstaatlicher Leistungen – um nur einige Aspekte zu nennen – führten zu einem schlagartigen Verlust materieller und sozialer Sicherheit sowie zu Empfindungen ‚verlorener' sozialistischer Lebensbedingungen und Lebenswege.

Die Menschen in Mittel- und Osteuropa entwickelten verschiedene Strategien, um mit diesen Unsicherheiten umzugehen (z. B. Acheson 2007; O'Brien et al. 2005; Borén 2003; Salmi 2003; Brown/Kulcsar 2001; Ashwin 1998). Naturaltausch, wechselseitige Geschenke, informelle Erwerbstätigkeiten oder landwirtschaftliche Selbstversorgung überbrücken Versorgungsengpässe oder Geldmangel. Blockierte Zugänge zu staatlichen Leistungen oder zum Gesundheitssystem werden über persönlichen Einfluss, gute Beziehungen, Geld- oder Naturalzahlungen geregelt. Ein Großteil dieser Strategien dient dazu, alltägliche Unwägbarkeiten zu meistern und die materielle Grundlage des eigenen Haushalts zu sichern. In den mittleren Schichten sind sie aber auch ein wichtiges Instrument der Einkommenssteigerung (Bühler 2004: 265f.).

All diese Aktivitäten besitzen einen informellen Charakter und sind in soziale Netzwerke integriert. Sind diese Strukturen aber allein der Ausdruck funktional notwendiger Transaktionen oder bilden sie auch soziale Gruppierungen und Gemeinschaften ab? Die Frage nach der Existenz und Rolle von Gemeinschaften ist in den sich schnell wandelnden Ländern Mittel- und Osteuropas von besonderer Relevanz, gibt sie doch Hinweise darauf, inwieweit integrierende, sozial ordnende und – wie später noch zu zeigen sein wird – unsicherheitsreduzierende Strukturen in diesen Gesellschaften anzutreffen sind. Da die staatssozialistischen Systeme bestrebt waren, gewachsene gemeinschaftliche Strukturen durch von Partei und Staat gelenkte Kollektive zu ersetzen (Babajanian 2008; Marková 1997), kann man nicht davon ausgehen, dass Funktionen wie soziale Unterstützung, gesellschaftliche Integration oder Prozesse der Identitätsbildung durch Gemeinschaften wahrgenommen werden. Gemeinschaften wurden vielmehr auf traditionelle Formen der Familie und der Nachbarschaft sowie auf die Funktion der Kompensation von Mangelsituationen zurückgedrängt.

Um aber klären zu können, wie weit Gemeinschaften in den Ländern Mittel- und Osteuropas in der Lage sind, die durch den Transformationsprozess geschaffenen Unsicherheiten zu reduzieren, ist zunächst zu erörtern, ob Gemeinschaften überhaupt eine unsicherheitsreduzierende Funktion besitzen. In der Regel wird dies bejaht, da sie Geselligkeit, soziale Unterstützungsleistungen, vertrauensvolle Informationen, die Reduktion von Komplexität, Vergleichs- und Identifikationsmöglichkeiten oder eine Abgrenzung von einer als unsicher wahrgenommenen Umwelt anbieten. Im Folgenden soll aber eine andere Argumentation verfolgt werden. Fasst man soziale Beziehungen als das Ergebnis sozialer Tauschakte auf, so lässt sich zeigen, dass indirekt reziproke Tauschsysteme sowohl gemeinschaftliche Strukturen als auch vertrauensvolle, solidarische und damit unsicherheitsreduzierende Beziehungen zwischen den Gemeinschaftsmitgliedern herstellen. Die Reduktion von Unsicherheit ist somit ein immanenter Bestandteil von Gemeinschaften. Diese Argumentation wird im folgenden Abschnitt genauer ausgeführt, um dann im dritten Abschnitt mittels Daten aus Bulgarien empirisch zu überprüfen, wie weit die Einbettung in gemeinschaftliche Strukturen Unsicherheiten verringert.

2. Was ist Gemeinschaft?

Möchte man sich mit Gemeinschaften beschäftigen, so kommt man zunächst nicht umhin, sich mit deren Begrifflichkeit zu befassen; existieren doch sehr unterschiedliche Definitionen von Gemeinschaft, von denen einige zudem einen normativen Charakter im Hinblick auf ein gutes und erstrebenswertes Zusammenleben besitzen (Brint 2001; Calhoun 1980). Als Ausgangspunkt für eine begriffliche Eingrenzung dient im Folgenden eine Definition in der Tradition von Ferdinand Tönnies. Nach dieser sind Gemeinschaften jene „(…) Formen menschlichen Zusammenlebens, die als besonders eng, vertraut, aber auch als ursprünglich und dem Menschen ‚wesensgemäß' angesehen werden (…)" (Schäfers 1986: 101). Gemeinschaften sind soziale Gruppierungen, in die ein Akteur hineingeboren wird oder in die er hineinwächst. Die die Gemeinschaft konstituierenden sozialen Beziehungen basieren auf natürlichen Formen der Zusammengehörigkeit wie Gefühlen der Nähe, der Sympathie oder der Solidarität (Tönnies 1959). Gesellschaften sind hingegen Formen des Verbundenseins, die auf bewussten Zweck-Mittel-Überlegungen beruhen. Sowohl Tönnies (1959) als auch Weber (1985: 21f.) betonen, dass soziale Gruppierungen in der Regel von gemeinschaftlichen und gesellschaftlichen Elementen charakterisiert sind, indem z. B. in zweckrational definierten Gruppierungen die Mitglieder Gefühle füreinander entwickeln oder nachbarschaftliche Gemeinschaften die Grundlagen für individuelle oder kollektive zweckrationale Handlungen bilden.[1]

Da die Definitionen von Gemeinschaft bei Tönnies und Weber auf subjektiven Wahrnehmungen von Zusammengehörigkeit beruhen, sind sie nicht in der

---

1   Wie weit die Begriffe ‚Gemeinschaft' und ‚Gesellschaft' bei Tönnies und ‚Vergemeinschaftung' und ‚Vergesellschaftung' bei Weber zusammen verwendet werden können, ist umstritten. So kommt König (1955) zu dem Schluss, dass sich das Tönnies'sche Begriffspaar nicht für eine Wirklichkeitsanalyse verwenden lässt, da dies von Tönnies im Rahmen seines onthologisch-philosophischen Programms so nie beabsichtigt war. Gleichwohl zeichnet der Artikel von Tönnies im Handwörterbuch von Alfred Vierkandt (1959) ein etwas anderes Bild, da hier ‚Gemeinschaft' und ‚Gesellschaft' deutlich empirisch und mit größerer Trennschärfe dargestellt werden. Auch werden ‚Gemeinschaft' und ‚Gesellschaft' nicht nur als historische Gegensatzpaare gesellschaftlicher Entwicklungen, sondern auch als gemeinsam auftretende Elemente sozialer Gruppierungen gesehen.

Lage, den Wandel von Gemeinschaften abzubilden (Calhurn 1980: 107f.). Dies ist unter einer Perspektive gemeinschaftskonstituierender Strukturen besser möglich, da hier Gemeinschaften nicht mehr als soziale oder geografische Einheiten verstanden werden, sondern als sich wandelnde Strukturen sozialer Beziehungen. Hierbei können sehr unterschiedliche Beziehungs- und Netzwerkcharakteristiken zu Gemeinschaften führen (Wellman/Potter 1999). Viele sind durch intime und dichte Beziehungen innerhalb familiärer, verwandtschaftlicher oder nachbarschaftlicher Strukturen gekennzeichnet, entsprechen also durchaus traditionellen Vorstellungen von Gemeinschaft. Andere weisen hingegen lockere Strukturen auf und beruhen primär auf Beziehungen, die auch über größere räumliche Abstände aufrechterhalten werden. Kommunikationsmedien ermöglichen die Generierung von Gemeinschaften über große geografische Distanzen hinweg bis hin zu virtuellen Gemeinschaften im Internet.

Diese strukturelle Perspektive erfasst den Wandel und die Heterogenität von Gemeinschaften. Jedoch ohne Kenntnisse der Beziehungsinhalte und der Motive der Gemeinschaftsmitglieder kann mit ihr nicht erklärt werden, warum bestimmte Strukturen letztendlich Gemeinschaften bilden und als solche wahrgenommen werden. In diesem Kontext haben sich zwei Ansätze herausgebildet, die im Kern auf der Typologie von Tönnies und Weber beruhen, aber gemeinschaftliche und gesellschaftliche Momente unterschiedlich gewichten. Der erste Ansatz betont das gesellschaftliche Moment, indem er Gemeinschaften als bewusste und instrumentell motivierte Zusammenschlüsse ansieht (Völker et al. 2007). Individuen nutzen bestehende Interaktions- und Kommunikationsmöglichkeiten zum Aufbau sozialer Beziehungen, entwickeln ein wechselseitiges Interesse füreinander und verfolgen in der Gemeinschaft ihre Ziele. Die zweite Perspektive betont stärker das gemeinschaftliche Moment, indem Gruppierungen – unabhängig von den Motiven der Beziehungen unter den Mitgliedern – erst dann eine Gemeinschaft bilden, wenn ihre Mitglieder einen Gemeinschaftssinn entwickelt haben (Chavis/Newbrough 1986). Gemeinschaften sind demnach durch vier Elemente charakterisiert (McMillan/Chavis 1986): dem Gefühl von Mitgliedschaft, der Beeinflussung der Gemeinschaft durch ihre Mitglieder und dem Druck der Gemeinschaft zu einem gemeinschaftskonformen Verhalten, dem Erfüllen individueller Handlungsziele sowie einem gemeinsamen emotionalen Verbundensein.

Um nun letztendlich verstehen zu können, wie gemeinschaftskonstituierende Beziehungsinhalte oder Gefühle der Mitgliedschaft entstehen, muss man noch einen Schritt weiter gehen und die Prozesse thematisieren, die soziale Beziehungen bzw. soziale Netzwerke und die daraus resultierenden Charakteristiken gemeinschaftlicher Gruppieren konstituieren. Dies ist mittels der Theorie des reziproken Tauschs möglich.

3. Sozialer Tausch, soziale Beziehungen und Gemeinschaften

3.1 Direkter sozialer Tausch

Sozialer Tausch bedeutet in seinem einfachsten Fall, dass zwischen zwei Personen materielle oder immaterielle Dinge, welche die Beteiligten als subjektiv wertvoll oder nützlich ansehen, getauscht werden (Befu 1977). Der Wert der getauschten Dinge beruht dabei auf den unterschiedlichsten materiellen oder ideellen Maßstäben. Sozialer Tausch kann sowohl individuell als auch kollektiv motiviert sein, wobei im letzteren Fall die Tauschakte oft einen symbolischen Charakter besitzen, mittels dem gruppenrelevante soziale, ökonomische oder kulturelle Funktionen aufrechterhalten werden (z. B. Lévi-Strauss 1993; Maus 1990).

Ein konstituierendes Element sozialen Tauschs ist Reziprozität. D. h. der Tausch muss wechselseitig vollzogen werden und der Zeitpunkt, an dem er abgeschlossen wird, ist nicht festgelegt. Warum aber sollte eine Person A etwas einer Person B geben, ohne sich dabei sicher zu sein, dass B diese Gabe erwidert? Und warum sollte B die Gabe von A durch eine Gegengabe beantworten? Kennen sich A und B nicht und verfolgen sie keine längerfristigen Tauschinteressen, so beruht der Tausch allein auf Fairnessvorstellungen (Fehr/Gintis 2007). A vertraut auf eine faire Gegengabe durch B und B sieht sich zu einer entsprechenden Gegengabe veranlasst.[2] Verfolgen sie hingegen längerfristige Tauschinteressen, so wird B die Gabe von A erwidern, um A als zukünftigen Tauschpartner zu gewinnen und um die eigene Reputation als zuverlässigen Tauschpartner in seinem sozialen Netzwerk zu pflegen. A vertraut auf diese Mechanismen und wird B als zukünftigen Tauschpartner bevorzugen, wenn die vorangegangenen Tauschakte zu seiner Zufriedenheit erfolgten.

Ein besonderes Merkmal reziproker Tauschbeziehungen ist, dass sie auf Unsicherheit beruhen (Molm et al. 2007). A und B können nicht direkt bestimmen, was sie vom jeweils anderen erhalten. Auch erbringt A eine Vorleistung, ohne konkret zu wissen, ob, wann und wie eine Gegenleistung durch B erfolgt. Wird demnach ein reziproker Tauschakt erfolgreich abgeschlossen, entsteht Vertrauen. Des Weiteren sind A und B für die Dauer des Tauschs, d. h. solange keine Reziprozität hergestellt ist, aneinander gebunden. Sie müssen miteinander kooperieren, da A den Erhalt der Gegengabe nicht gefährden will und B in der Schuld von A steht. Reziproke Tauschakte stiften damit Beziehungen und generieren Ordnungen (Sahlins 1972). Sie erfüllen vielfältige soziale, wirtschaftliche und religiöse Funktionen und

---

2 Siehe Adloff/Mau (2005) zu verschiedenen Erklärungsansätzen bezüglich der Grundlagen der universellen Moral von Reziprozität und des Verständnisses über den Symbolgehalt des Gebens und Nehmens.

schaffen dabei immer auch Beziehungen, binden Personen oder Gruppen aneinander und etablieren Hierarchien.

Diese bindende und Vertrauen schaffende Kraft reziproker Tauschakte ist aber nicht unumstritten. Lawler (2001) sieht in verhandelten Tauschprozessen intensivere bindende Momente als in spontanen. Erstere generieren stärkere positive Gefühle, da die Beteiligten nachhaltigere Erfahrungen bezüglich der Bewältigung einer gemeinsamen Aufgabe und geteilter Verantwortlichkeiten machen. Andere Autoren (Molm 2003; Molm et al. 2007) betonen hingegen, dass in verhandelten Tauschprozessen Interessenskonflikte zwischen den Beteiligten hervortreten, wodurch die Tauschpartner als Gegenspieler gesehen werden und die beteiligten Akteure vermehrt ihre eigenen Ziele verfolgen.

3.2 Indirekt reziproke Tauschsysteme

Auch wenn reziproke Tauschakte Vertrauen zwischen den Tauschpartnern herstellen und Unsicherheiten reduzieren, müssen sie über rein dyadische Beziehungen hinausgehen, um letztendlich gemeinschaftliche Strukturen zu generieren. Dyadische Tauschbeziehungen beruhen auf komplementären Bedürfnissen der Tauschpartner. Sie können daher instabil werden, wenn sich die Bedürfnisse der Partner ändern oder die Beteiligten die Ergebnisse der Tauschakte unterschiedlich bewerten. Auch neigen Netzwerke dyadischer Tauschbeziehungen dazu, in Einzelbeziehungen zu zerfallen und die Herausbildung kollektiver solidarischer Strukturen zu behindern, ebenso wie sich in ihnen Ungleichheiten etablieren können (Bearman 1997).

Um dauerhafte gemeinschaftliche Strukturen zu erhalten, sind demnach andere Tauschsysteme notwendig, die auf indirekter Reziprozität beruhen (Ehek 1974). In indirekt reziproken Tauschsystemen wird Reziprozität ebenfalls zeitversetzt durch Gabe und Gegengabe hergestellt. Die Gegengabe an A erfolgt aber nicht durch den Empfänger der Gabe B, sondern durch eine dritte Person C. Da nicht festgelegt ist, wann und durch wen die Gegengabe erfolgt, erhält A im engeren Sinn keine Gegengabe, sondern einen Anspruch darauf (Takahashi 2000). Indirekt reziproker Tausch basiert somit auf einseitigen Transaktionen, die erst in ihrer Gesamtheit Reziprozität herstellen. Die einzelnen Akteure besitzen nur einen sehr begrenzten Einfluss auf den gesamten Tauschprozess und die Herstellung von Reziprozität. Die materiellen oder immateriellen Dinge, die sie erhalten, haben größtenteils keinen direkten Bezug auf die Dinge, die sie gegeben haben. Indirekt reziproke Tauschsysteme bergen daher größere Unsicherheiten als direkt reziproke Tauschbeziehungen. Zudem können die Geber prinzipiell von anderen Mitgliedern im System ausgebeutet werden oder eine zu große Anzahl unkooperativer Personen, die nur Gaben annehmen, kann das Tauschsystem zum Erliegen bringen.[3] Da die Geber größere Risiken eingehen, die Durchsetzung von Reziprozität aufwendiger ist und mehrere Personen in die Tauschakte involviert sind, können Systeme indirekter Reziprozität in einem größeren Umfang Vertrauen herstellen, als dies in direkt reziproken Netzwerken möglich ist (Molm et al. 2007; Yamagishi/Cook 1993).

3.3 Indirekte Reziprozität und Gemeinschaften

Indirekte Reziprozität besitzt nicht nur ein Potenzial der Unsicherheitsreduktion durch Vertrauen generierende einseitige Transaktionen. Viele indirekt reziproke Tauschsysteme entsprechen auch den grundlegenden Merkmalen von Gemeinschaften. So besteht der Sinn einer Gabe – neben ihrem symbolischen oder ideellen Gehalt – sehr oft auch darin, Zugang zu den Dingen anderer zu erhalten oder die Rahmenbedingungen hierfür zu schaffen. Durch die einseitige Gabe erhält A ein Anrecht auf eine Gegengabe. Sie ist somit eine Investitionsleistung. Auch wenn A sich nicht sicher sein kann, wie sich diese Investition auszahlen wird, so erhält er doch Zugang zu den Dingen und Leistungen der Gemeinschaftsmitglieder, die er wiederum für seine individuellen Handlungsziele nutzen kann. D. h. indirekt reziproke Tauschsysteme entsprechen der instrumentellen Perspektive von Gemeinschaften. Individuen bauen gemeinschaftliche Strukturen auf, um ihre Ziele zu verwirklichen. Auch ermöglichen sie in Form des gruppenbezogenen Tauschs, in dem Individuen Leistungen für die Gemeinschaft erbringen, die Verfolgung kollektiver Ziele. Die Erfüllung individueller Handlungsziele durch den Zugang zu den Dingen der Netzwerkmitglieder ist auch ein wesentlicher Bestandteil der Definition von Gemeinschaften unter einer bewusstseinsgenerierenden Perspektive. Zudem führen indirekt reziproke Tauschakte zu einem Gefühl der Mitgliedschaft. Experimentelle Studien zeigen, dass allein unpersönliches Vertrauen in potenziell indirekt reziproke Tauschpartner genügt, damit Individuen Gruppenmitglieder von Nichtmitgliedern unterscheiden (Yamagishi/Kiyonari 2000). Auch verändert das Herstellen von Reziprozität die Beziehungen der am Tausch Beteiligten. Dieser sym-

---

3   Indirekte Reziprozität ist demnach als ein kollektives Gut aufzufassen und die Tauschsysteme müssen mittels verschiedener Anreiz- und Sanktionsmechanismen Reziprozität gewährleisten. Dies gilt vor allem für Formen individuen- oder gruppenbezogenen Tauschs (Ekeh 1974), in denen immer ein Gruppenmitglied mit seiner Gruppe in Transaktionen tritt. Fairnessnormen (Ekeh 1974), individuelle und kollektive Fairnessvorstellungen oder Strukturen festgelegter Transaktionspartner (Bearman 1997; Yamagishi/Cook 1993) können auch indirekte Reziprozität herstellen, ohne auf normative Anreiz- und Sanktionsmechanismen zurückzugreifen.

bolische oder kommunikative Wert indirekt reziproken Tauschs (Molm et al. 2007) beruht auf der Reduktion von Unsicherheit. Bei erfolgreichem Tausch haben die Beteiligten sich als zuverlässig und vertrauensvoll erwiesen, wodurch sich die Tauschpartner wechselseitig respektieren, als wertgeschätzt empfinden und die Beziehungen an sich einen Wert erhalten. Damit Systeme indirekter Reziprozität erfolgreich sind, müssen die Tauschpartner mittels verschiedener Maßnahmen (siehe Fußnote 3) zu einseitigen Transaktionen in Form von Gaben veranlasst werden, wobei diese Mechanismen nicht auf der Ebene des Individuums, sondern auf der des Tauschsystems angesiedelt sind. Mit anderen Worten, Tauschsysteme müssen ihre Mitglieder zu einem konformen Verhalten veranlassen, gleichzeitig werden sie aber durch die Handlungen ihrer Mitglieder konstituiert, da erst die einseitigen Transaktionen das Tauschsystem generieren und reziprozitätssichernde Mechanismen notwendig machen. Indirekt reziproke Tauschsysteme erfüllen demnach die grundlegenden Charakteristiken von Gemeinschaften, wie sie unter den Perspektiven des instrumentellen Handelns und des Gemeinschaftsbewusstseins formuliert sind. Gleichzeitig führen sie zu Beziehungen, die auf Vertrauen basieren. D. h. vertrauensvolle und solidarische Beziehungen bilden einen immanenten Bestandteil von Gemeinschaften. Gleichwohl sind Gemeinschaften unterschiedlich intensiv von Vertrauen gekennzeichnet, da Letzteres von dem Wert der transferierten Dinge, dem Grad der Unsicherheit von Reziprozität, den Erfahrungen erfolgreich abgeschlossener Tauschakte oder der Wirksamkeit der Mechanismen zur Herstellung von Reziprozität abhängt. Ebenso führen indirekt reziproke Tauschakte nicht zwangsläufig zu Gemeinschaften. Wenn ich z. B. die Polizei rufe, weil im Nachbarhaus eingebrochen wird, dann tue ich das in der Erwatung, dass ein anderer Nachbar sich genauso verhält, falls in meiner Wohnung eingebrochen wird (Ekeh 1974). Der Anruf bei der Polizei ist mit einer Gabe gleichzusetzen, schafft aber aufgrund der anonymen Situation keine gemeinschaftliche Beziehung.

4. Empirische Evidenz

Systeme indirekter Reziprozität können solidarische und von Vertrauen gekennzeichnete Gemeinschaften bilden. Vertrauen entsteht dabei durch einseitige Transaktionen und die mit Unsicherheiten verbundene Erwartung, wann und wie diese Gabe mit einer Gegengabe durch eine dritte Person oder die Gruppe beantwortet wird. Aus der Perspektive des individuellen Mitglieds stellen sich indirekt reziproke Tauschsysteme als eine mittelbar aufeinander bezogene Abfolge des Gebens und Nehmens dar. Möchte man demnach empirisch darstellen, wie weit Gemeinschaften Unsicherheiten unter ihren Mitgliedern reduzieren, so besteht eine mögliche Analysestrategie in der Untersuchung, wie weit die Eingebundenheit eines Individuums in soziale Beziehungen des Gebens und Nehmens Unsicherheit verringert.

Diese Überlegungen werden anhand der ersten und zweiten Welle des Bulgarischen Surveys 'The Impact of Social Capital and Coping Strategies on Reproductive and Marital Behavior' aus den Jahren 2002 und 2005 überprüft. Die zu analysierende abhängige Größe ist ein Unsicherheitsindex, der aus vier Items gewonnen wird. Diese spezifizieren, wie weit eine Person meint, Entwicklungen in wichtigen Lebensbereichen (Einkommen, Arbeit bzw. Bildung, Wohnsituation, Gesundheit) innerhalb der nächsten zwei Jahre beeinflussen bzw. kontrollieren zu können (Philipov et al. 2007: 39). Je schlechter das eigene Kontrollpotenzial eingeschätzt wird, desto unsicherer wird die Situation der Person gesehen. Die zentralen erklärenden Variablen bilden die Personen, durch die die Befragten innerhalb der letzten zwei Jahre Hilfe und Unterstützung empfangen bzw. die durch sie Unterstützung erhalten haben. Folgende Transaktionen werden hierbei berücksichtigt: das Empfangen kleinerer Hilfen, der Bezug substanzieller Unterstützungsleistungen und der Bezug geliehenen Gelds, die Gabe substanzieller Unterstützungsleistungen und das Verleihen von Geld. Da die Untersuchung des Einflusses sozialer Netzwerke auf individuelle Charakteristiken und Verhaltensweisen immer mit dem Problem der Selektion von Netzwerkpartnern behaftet ist (Mouw 2006), erfolgen die Analysen mittels Paneldaten und unter der Verwendung eines einfachen 'change score'-Modells (Johnson 2005).

Tabelle 1 dokumentiert, wie weit Veränderungen in der Anzahl der Netzwerkmitglieder, die bestimmte Leistungen gegeben oder empfangen haben, zu Wandlungen in der Wahrnehmung eigener persönlicher Unsicherheit führen. Deutlich ist zu erkennen, dass Veränderungen im Hinblick auf das Empfangen kleinerer Hilfen im Alltag oder substanzieller Unterstützungsleistungen keinen Einfluss besitzen. Verringert sich hingegen die Anzahl der Personen, von denen sich Befragte Geld geliehen haben, nur gering bzw. nimmt diese Anzahl zu, so erhöht sich die eigene Unsicherheit. Da davon auszugehen ist, dass das Leihen von Geld primär auf direkter Reziprozität beruht, kann die erhöhte Unsicherheit auf der Notwendigkeit der absehbaren Rückzahlung des Geldbetrags beruhen. Sie kann aber auch Ausdruck einer grundsätzlich schwierigen ökonomischen Situation der Befragten sein. Nimmt hingegen die Anzahl der Personen, denen die Befragten Unterstützung gegeben oder Geld geliehen haben, nur gering ab bzw. nimmt ihre Anzahl zu, so verringert sich die wahrgenommene Unsicherheit. Diese positiven Einflüsse können einerseits als Effekte von Investitionsleistungen in zukünftig durch Dritte oder unmittelbar durch den Schuldner zu erbringende Gegenleistungen gesehen werden. Es ist andererseits aber auch nicht auszuschließen, dass dies – obwohl die Analyse nach Veränderungen in der ökonomischen Situation der Befragten kontrolliert – einer generell besseren Lebenssituation geschuldet ist, die es den Befragten sowohl erlaubt, Unterstützung und Geld zu geben, als auch ihre Unsicherheit zu reduzieren.

Tabelle 1: Determinante der Veränderung wahrgenommener persönlicher Unsicherheit

	Beta	t-Wert
Veränderung der Anzahl der Personen, durch die der/die Befragte Leistungen erhalten hat		
kleinere Hilfen	0,002	0,37
wichtige Unterstützung	–0,002	–0,31
geliehenes Geld	0,020**	2,48
Veränderung der Anzahl der Personen, denen der/die Befragte Leistungen gegeben hat		
wichtige Unterstützung	–0,012**	–2,04
wichtige Unterstützung (quadriert)	–0,002***	–2,92
geliehenes Geld	–0,017***	–2,94
geliehenes Geld (quadriert)	–0,002***	–2,92
R^2		2,28
F (18,4226)		5,47
N		4245

Anmerkung. Das Modell kontrolliert nach dem Alter der Befragten sowie nach folgenden Veränderungen: Haushaltseinkommen, Sparverhalten des Haushalts, Erwerbsstatus, Familienstand. Aus Gründen der einfacheren Darstellung, sind die Schätzergebnisse dieser Variablen nicht berichtet. Signifikanzniveaus: * ≤ 0,1; ** ≤ 0,05; *** ≤ 0,01.

Quelle: 'The Impact of Social Capital and Coping Strategies on Reproductive and Marital Behavior'-Survey 2002 und 2005, eigene Berechnungen.

5. Resümee

Mittels der Theorie indirekt reziproken Tauschs können grundlegende Mechanismen der Gemeinschaftsbildung und deren positive Implikationen für die Reduktion persönlicher Unsicherheit erfasst werden. Indem Personen über einseitige Transaktionen Tauschsysteme schaffen und diese mittels Wertvorstellungen, Normen, Sanktionsmechanismen oder Transaktionsstrukturen absichern, generieren sie Gemeinschaften, die sowohl zur instrumentellen Zielerreichung als auch zum Ausbilden eines kollektiven Bewusstseins führen. Da die Tauschpartner nur einen mittelbaren Einfluss auf das Herstellen von Reziprozität besitzen, bringen diese Systeme zudem Vertrauen mittels Unsicherheit hervor. Die Tauschpartner müssen darauf vertrauen, dass sie eine Gegenleistung erhalten werden, und durch das Eintreten von Reziprozität wird dieses Vertrauen auch letztendlich bestätigt.

Die empirischen Analysen dokumentieren zum Teil den unsicherheitsreduzierenden Einfluss individueller Einbettung in soziale Beziehungen des Gebens und Nehmens. Hierbei führt aber ein Mehr an einseitigen Transaktionen nicht automatisch zu einem Weniger an Unsicherheit, da dieser positive Effekt nur in Bezug auf die Gabe von Unterstützung und Geld an Andere zu beobachten ist. Da die Analysen jedoch unterschiedliche Aspekte von Veränderungen in der ökonomischen Situation der Befragten kontrollieren, verweisen diese Ergebnisse darauf, dass gerade die Gabe von Dingen und die damit verbundene Erwartung zukünftiger Gegenleistungen Unsicherheit reduziert.

Demnach ist im Kontext des Transformationsprozesses in Bulgarien die individuelle Einbettung in soziale Netzwerke des Gebens und Nehmens in der Lage, subjektive Wahrnehmungen von Unsicherheit zu verringern. Gleichwohl bleiben die Analysen den Nachweis schuldig, ob und wie weit es sich bei diesen Netzwerken um Gemeinschaften handelt. Die Tatsache aber, dass diese Transaktionen primär im Kontext familiärer und verwandtschaftlicher Beziehungen stattfinden (dieses Ergebnis wurde nicht in Abschnitt 4 berichtet), verweisen auf die Existenz gemeinschaftlicher Strukturen. Hieraus ergibt sich allerdings auch ein wesentliches Defizit in den Analysen. Indem die sozialen Netzwerke über individuelle Unterstützungsleistungen gebildet wurden, wird die Betrachtung sehr stark auf die Leistungen reduziert, auf die Gemeinschaften während der Zeit des Sozialismus zurückgedrängt wurden. Die Analysen geben keine Informationen darüber, wie weit Unsicherheiten auch durch mögliche intermediäre und gesellschaftlich integrierende Funktionen von Gemeinschaften verringert werden.

Literaturverzeichnis

Acheson, Julianna (2007): Household Exchange Networks in Post-Socialist Slovakia. In: Human Organization 66(4): 405-413

Adloff, Frank/Mau, Steffen (2005): Zur Theorie der Gabe und Reziprozität. In: Adloff, Frank/Mau, Steffen (2005): 9-57

Adloff, Frank/Mau, Steffen (Hrsg.) (2005): Vom Geben und Nehmen. Zur Soziologie der Reziprozität. Frankfurt/M./New York: Campus

Arnstberg, Karl-Olov/Borén, Thomas (Hrsg.) (2003): Everyday Economy in Russia, Poland and Latvia. Stockholm: Almqvist & Wiksell International

Ashwin, Sarah (1998): Endless Patience. Explaining Soviet and Post-Soviet Social Stability. In: Communist and Post-Communist Studies 31(2): 187-198

Babajanian, Babken V. (2008): Social Capital and Community Participation in Post-Soviet Armenia. Implications for Policy and Practice. In: Europe-Asia Studies 60(8): 1299-1319

Banton, Michael (Hrsg.) (1965): The Relevance of Models for Social Anthropology. London: Travistock

Bearman, Peter (1997): Generalized Exchange. In: American Journal of Sociology 102(5): 1383-1415

Befu, Harumi (1977): Social Exchange. In: Annual Review of Anthropology 6: 255-281

Bonß, Wolfgang/Zinn, Jens (2003): Ungewissheit in der Moderne. Oder: Die Gestaltung des Lebens als Unsicherheitsmanagement. In: SOWI 32(2): 31-42

Borén, Thomas (2003): What are Friends for? Rationales of Informal Exchange in Russian Everyday Life. In: Arnstberg, Karl-Olov/Borén, Thomas (2003): 21-36

Brint, Steven (2001): Gemeinschaft Revisited. A Critique and Reconstruction of the Community Concept. In: Sociological Theory 19(1): 1-23

Brown, David L./Kulcsar, Laszlo (2001): Household Economic Behavior in Post- Socialist Rural Hungary. In: Rural Sociology 66(2): 157-180

Brückner, Hanna/Mayer, Karl U. (2005): De-Standardization of the Life Course. What Might it Mean? And if it Means Anything, Whether it Actually Took Place. In: Macmillan, Ross (2005): 27-53

Bühler, Christoph (2004): Additional Work, Family Agriculture, and the Birth of a First or a Second Child in Russia at the Beginning of the 1990s. In: Population Research and Policy Review 23(3): 259-289

Calhoun, Craig J. (1980): Community: Toward a Variable Conceptualization for Comparative Research. In: Social History 5(1): 105-129

Chavis, David M./Newbrough J.R. (1986): The Meaning of 'Community' in Community Psychology. In: Journal of Community Psychology 14(4): 335-340

Ekeh, Peter P. (1974): Social Exchange Theory. The Two Traditions. Cambridge: Harvard University Press

Fehr, Ernst/Gintis, Herbert (2007): Human Motivation and Social Cooperation. Experimental and Analytical Foundations. In: Annual Review of Sociology 33: 43-64

Johnson, David (2005): Two-Wave Panel Analysis. Comparing Statistical Methods for Studying the Effects of Transition. In: Journal of Marriage and the Family 67(4): 1061-1075

Kohli, Martin (1985): Die Institutionalisierung des Lebenslaufs. Historische Befunde und theoretische Argumente. In: Kölner Zeitschrift für Soziologie und Sozialpsychologie 37(1): 1-29

König, René (1955): Die Begriffe Gemeinschaft und Gesellschaft bei Ferdinand Tönnies. In: Kölner Zeitschrift für Soziologie und Sozialpsychologie 7(3): 348-420

Lawler, Edward J. (2001): An Affect Theory of Social Exchange. In: American Journal of Sociology 107(2): 321-352

Lévi-Strauss, Claude (1993): Die elementaren Strukturen der Verwandtschaft. Frankfurt/M.: Suhrkamp

Macmillan, Ross (Hrsg.) (2005): The Structure of the Life Course. Standardized? Individualized? Differentiated? Amsterdam: Elsevier

Markarová, Ivana (1997): The Individual and the Community: A Post-Communist Perspective. In: Journal of Community & Applied Social Psychology 7(1): 3-17

Mauss, Marcel (1990): Die Gabe. Form und Funktion des Austauschs in archaischen Gesellschaften. Frankfurt/M.: Suhrkamp

McMillan, David W./Chavis, David M. (1986): Sense of Community. A Definition and Theory. In: Journal of Community Psychology 14(1): 6-23

Molm, Linda D (2003): Theoretical Comparisons of Forms of Exchange. In: Sociological Theory 21(1): 1-17

Molm, Linda D./Collet, Jessica L./Schaefer, David R. (2007): Building Solidarity through Generalized Exchange. A Theory of Reciprocity. In: American Journal of Sociology 113(1): 205-242

Mouw, Ted (2006): Estimating the Causal Effect of Social Capital. A Review of Recent Research. In: Annual Review of Sociology 32: 79-102

O'Brien, David J./Wegren, Stephen K./Patsiorkovsky, Valeri V. (2005): Marketization and Community in Post-Soviet Russian Villages. In: Rural Sociology 70(2): 188-207

Philipov, Dimiter/Bühler, Christoph/Kohlmann, Annette/Atanassov, Atanas/Billari, Francesco. C./Shkolnikov, Vladimir/Toneva, Zdravka/Todorova, Sasha/Kotseva, Tanja (2007): The Impact of Social Capital and Coping Strategies on Reproductive and Marital Behavior. Questionnaire of the First Wave. Rostock: Max Plank Institut für demografische Forschung

Sahlins, Marshall D (1965): On the Sociology of Primitive Exchange. In: Banton, Michael (1965): 139-236

Salmi, Anna-Maria (2003): Neighbours and the Everyday Economy. In: Arnstberg, Karl-Olov/Borén, Thomas (2003): 147-170

Schäfers, Bernhard (1986): Gemeinschaft. In: Schäfers, Bernhard (1986): 101-103

Schäfers, Bernhard (Hrsg.) (1986): Grundbegriffe der Soziologie. Opladen: Leske + Budrich

Smelser, Neil J./Baltes, Paul B. (Hrsg.) (2001): International Encyclopedia of the Social and Behavioral Sciences. Oxford: Pergamon/Elsevier Sciences

Takahashi, Nobuyuki (2000): The Emergence of Generalized Exchange. In: American Journal of Sociology 105(4): 1105-1134

Tönnies, Ferdinand (1959). Gemeinschaft und Gesellschaft. In: Vierkant, Alfred (1959): 180-191

Vierkant, Alfred (Hrsg.) (1959): Handwörterbuch der Soziologie. Stuttgart: Enke Verlag

Völker, Beate/Flap, Henk/Lindenberg, Siegwart (2007): When are Neighbourhoods Communities? Community in Dutch Neighbourhoods. In: European Sociological Review 23(1): 99-114

Weber, Max (1985): Wirtschaft und Gesellschaft. Grundriss der verstehenden Soziologie. Tübingen: Mohr Siebeck

Wellman, Barry/Potter, Stephanie (1999): The Elements of Personal Communities. In: Wellman, Barry (1999): 49-81

Wellman, Barry (Hrsg.) (1999): Networks in the Global Village. Life in Contemporary Communities. Boulder: Westview Press

Wellman, Barry/Leighton, Barry (1979): Networks, Neighborhoods, and Communities. Approaches to the Study of the Community Question. In: Urban Affairs Review 14(3): 363-390

Yamagishi, Toshio/Cook, Karen S. (1993): Generalized Exchange and Social Dilemmas. In: Social Psychology Quarterly 56(4): 235-248

Yamagishi, Toshio/Kiyonari, Toko (2000): The Group as the Container of Generalized Reciprocity. In: Social Psychology Quarterly 63(2): 116-132

Von der lokalen zur imaginierten Gemeinschaft? Sozialer Wandel, Migration und Ethnizität in Afrika und Lateinamerika
Wolfgang Gabbert

1. Einführung

Im gegenwärtigen Globalisierungsdiskurs wird angesichts des raschen sozialen Wandels und der zunehmenden Integration auch bislang eher marginaler Gebiete und Lebensbereiche in die kapitalistische Verwertungslogik häufig das Totenglöckchen für vermeintlich traditionelle Formen lokaler Gemeinschaft geläutet. Dabei erscheint der allgemeine Bedeutungsverlust solcher Lebensformen wie Nachbarschaft, Verwandtschaft, oder der (indigenen) Dorfgemeinschaft vorprogrammiert. Diese seien durch die wachsende Einbindung in die Geldwirtschaft, die Folgen von Migration, die Ausbreitung formaler Bildung und den entsprechenden Normhorizonten zunehmend weniger in der Lage, Antworten auf die infolge der entgrenzten Interdependenzen wachsende Unsicherheit und Verunsicherung der Bevölkerung zu geben. Diese Annahme knüpft ganz offensichtlich an die evolutionären Tendenzen der klassischen Debatte um Gemeinschaft und Gesellschaft an.[1]

Der Beitrag wird anhand von Beispielen aus Afrika und Lateinamerika der Frage nachgehen, ob diese Annahmen tatsächlich zutreffen. Inwieweit entstehen – beispielsweise im Zusammenhang mit Migrationsprozessen – überlokale imaginierte Gemeinschaften wie Ethnien? Handelt es sich in dem Verhältnis von lokalen und überlokalen Vergemeinschaftungen um ein ‚Ersetzungsverhältnis' oder um eine komplexe Wechselbeziehung? Warum scheinen partikulare und zugeschriebene Bindungen auch (vielleicht auch insbesondere) in Zeiten zunehmender Entgrenzung und wachsender räumlicher und sozialer Mobilität große Anziehungskraft zu besitzen?

Zunächst ist zu fragen, ob die beschriebenen Szenarien nicht zumindest teilweise eher dem Mythos der Moderne, genauer gesagt den Mythen der nach dem Zusammenbruch des ‚real existierenden Sozialismus' wieder erstarkten Modernisierungstheorie zuzurechnen sind und keineswegs die zwangsläufige Folge von Veränderungsprozessen im Rahmen dessen, was heute oft so modisch wie unscharf als Globalisierung bezeichnet wird, darstellen? Schließlich handelt es sich dabei nicht um einen einheitlichen, in eine Richtung verlaufenden und unumkehrbaren Evolu-

---

1 Vgl. z. B. Tönnies (1922: 239-250); für die neuere Diskussion siehe Stein (1964: 275-303) und Bauman (2009: 57-62).

tionsprozess.[2] Beispielsweise zeigt der US-amerikanische Anthropologe Ferguson (2002) in seiner Untersuchung von Minenstädten in Zambia, dass Globalisierungsprozesse zwar einerseits viele neue Verbindungen zwischen unterschiedlichen Weltregionen herstellen, aber zugleich andere abkoppeln.[3] So waren die Minengebiete Zentralafrikas in den 1960er und 1970er Jahren in vielfältiger Weise an internationale Entwicklungen angebunden. Flughäfen wurden von internationalen Fluggesellschaften angeflogen, internationale Show-Stars bezogen die Region in ihre Welttourneen ein usw. Mit dem Niedergang der Minenindustrie seit den 1980er Jahren wurden jedoch zahlreiche dieser externen Verbindungen gekappt.

Globalisierung muss folglich als ein Bündel ungleichzeitiger, widersprüchlicher und keineswegs unumkehrbarer Verflechtungsprozesse analysiert werden, wobei die Ausweitung der kapitalistisch strukturierten Weltwirtschaft eine zentrale Rolle spielt (Gabbert 2009).

Zunächst lässt sich feststellen, dass die Einbindung in die Weltwirtschaft keineswegs immer und überall zu einer Zunahme von Individualismus und einer wachsenden Unabhängigkeit der Einzelnen von sozialen Gemeinschaften geführt hat. So sind etwa die Erscheinungen, die man im Rahmen der Debatte um die Nationenbildung in den Ländern der so genannten Dritten Welt häufig als 'Tribalismus' diffamiert hat, ebenso wenig Folge des Beharrens auf traditionalen Strukturen wie die massive Ausbreitung fundamentalistischer Glaubensgemeinschaften in den letzten zwei bis drei Jahrzehnten. Es handelt sich vielmehr um unmittelbare Folgen von Prozessen massiven sozialen Wandels.

2. Ethnizität und Tribalismus in Afrika

Wie die Ethnizitätsforschung gezeigt hat, sind die Stämme oder Ethnien des heutigen Afrika keine überkommenen, uralten Strukturen, sondern unmittelbare Konsequenzen des europäischen Kolonialismus (Gabbert 2006: 91-93). Sie bildeten sich in der Regel erst, nachdem bestimmte Bevölkerungen von den Kolonialherren als solche behandelt worden waren, indem Ressourcen (wie Land) entlang von 'Stammeslinien' zugewiesen wurden (Southall 1970; Ranger 1981). Insbesondere die britische Kolonialverwaltung veränderte die vorkolonialen politischen Strukturen vieler afrikanischer Bevölkerungsgruppen, indem sie institutionalisierte Führungspositionen, 'Häuptlinge' (*chiefs*) auch in (so genannten akephalen) Gesellschaften suchte und zu (er)finden wusste, die vorher keine Zentralgewalten oder übergeord-

---

2   Siehe hierzu auch Giddens 2001; Robertson 1995; Nederveen Pieterse 1995.
3   Ähnliche Erkenntnisse wurden bereits in den 1960er Jahren von Vertretern der so genannten Abhängigkeitstheorie als Kritik an modernisierungstheoretischen Ansätzen formuliert. Siehe z. B. Frank 1968.

neten Verwaltungsinstanzen gekannt hatten. Die bürokratische Logik der kolonialen Administration erforderte voneinander abgegrenzte Gruppen (,Stämme'), die es rationell zu verwalten galt. Dementsprechend wurden die Bevölkerungen in ,Stämmen' oder Kantonen unter einem ,Häuptling' organisiert. Damit wurde die eurozentrische Vorstellung exportiert, dass alle Menschen in festen, eindeutig abgrenzbaren Einheiten leben müssten, die durch eine Essenz gemeinsamer Sprache, Kultur, Abstammung usw. bestimmt seien. Die ,Stämme' wurden dabei als unzivilisierte Vorform der entwickelten, zivilisierten ,Völker' und Nationen begriffen. Damit wurde die – für die Etablierung einer Kolonialverwaltung äußerst hinderliche – Tatsache außer Acht gelassen, dass „relevante Teile der Menschheit sich in erster Linie als Heiratsklassen, Altersklassen, sozioprofessionelle Gruppen, Verwandtschaftslinien oder Lokalgruppen organisierten, aber nicht als ,Ethnien'" (Elwert 1989: 31).

Wie insbesondere die Sozialanthropologen der Manchester-Schule um Gluckmann herausgearbeitet haben, verschwanden tribale Bindungen auch bei denjenigen nicht, die als Arbeiter in die Städte oder Minenzentren des zentralen und südlichen Afrika migrierten. Dies war einerseits eine Folge der Politik der Kolonialherren. So führten sie z. B. in den Städten und Arbeitersiedlungen der Minen häufig ein Repräsentationssystem entlang von Stammeslinien ein (Gluckman 1960: 59-61). Andererseits war für die Migranten das Anknüpfen an Stammesbindungen ein wichtiger Teil ihrer Überlebensstrategien. Es bildete die mentale Grundlage für den Umgang mit Fremden in den großen Siedlungen und war die Basis für den Aufbau von Vereinigungen gegenseitiger Hilfe. Der Tribalismus war darüber hinaus eine Reaktion auf die existenzielle Unsicherheit, mit der die meisten Migranten in der Stadt konfrontiert waren. Die Beschäftigung war unsicher, der Zugang zu Wohnraum war häufig an den Arbeitsplatz gebunden, Unterstützungen bei Arbeitslosigkeit, Unfall oder Krankheit waren gering oder fehlten völlig. Den Migranten musste folglich daran gelegen sein, ihre Bindungen zur Herkunftsgruppe auf dem Land aufrecht zu erhalten. So konnten sie, meist vermittelt über die Häuptlinge des Stammes, Rechte auf Anbauland geltend machen, wenn sie später in ihre Ursprungsdörfer zurückkehren sollten. Die auf dem Land Zurückgebliebenen hatten ihrerseits ein erhebliches Interesse an der Beziehung zu den Migranten, da diese Geldeinkommen erzielten (Watson 1958; Gluckman 1960: 66-68).

3. Gemeindesolidarität in Chiapas, Mexiko

Im Falle der indianischen Dorfgemeinschaften im Hochland von Chiapas, Mexiko, ist ein partiell anderes Verlaufsmuster festzustellen. Nach der Unabhängigkeit von Spanien 1821 wurden die Schutzgesetze, welche den indigenen Gemeinden in gewissem Umfang Landrechte gesichert hatten, abgeschafft und ein umfangreicher

Enteignungsprozess setzte ein. Viele Indianer verloren ihr Land und waren gezwungen, sich als Tagelöhner auf den seit den 1870er Jahren im Tiefland entstandenen Kaffee-, Zucker- und Baumwollpflanzungen zu verdingen. Die indigenen Gemeinden im Hochland verloren so erhebliche Teile ihrer Bevölkerung und ihrer ökonomischen Basis (Wasserstrom 1983: 119-142, 151-154).

Allerdings kam es als Folge der mexikanischen Revolution (1910-1917) zu einer Revitalisierung der Dorfgemeinschaften:

1.) Viele Landarbeiter, die vor der Revolution ihre Ursprungsdörfer im Hochland verlassen hatten, um sich auf den Plantagen im Tiefland anzusiedeln, kehrten nun zurück. Dies geschah keineswegs immer freiwillig. Da viele Großgrundbesitzer im Tiefland befürchteten, zugunsten der auf ihrem Besitz ansässigen Landarbeiter enteignet zu werden, vertrieben sie diese und griffen auf Saisonarbeiter aus dem Hochland zurück (Wasserstrom 1976: 489-490; Rus 2004: 215).

2.) Durch die Agrarreform, die im Hochland in den 1930er Jahren einsetzte, wurden die Gemeinden ökonomisch gestärkt. Eine ganze Reihe von Grundbesitzern wurde partiell enteignet und ihr Land (oberhalb der erlaubten Grenze für den ‚Kleinbesitz') an die indianischen Gemeinden verteilt. Zudem verkauften viele Besitzer der verbleibenden Haziendas ihr Land an die Gemeinden, da ihre Betriebe aufgrund der reduzierten Größe nicht mehr rentabel waren. Die indianischen Gemeinden waren nun nicht mehr lediglich eine Ansammlung kleiner Siedlungen, die zwischen den Haziendas der Nicht-Indianer (Ladinos) verstreut waren, sondern kontrollierten ein weitgehend geschlossenes Gebiet (Collier 1976: 178, 183, 189, 1987: 81, 86; Wasserstrom 1983: 165-167).

3.) Die Form der Landvergabe als kollektiver Besitz (bzw. als Dauernutzungsrecht im Falle der so genannten *ejidos*[4]) stellte den korporativen Charakter der indianischen Gemeinden wieder her. So erfolgte die Landvergabe weitgehend innerhalb der überkommenen Gemeindegrenzen nur an Indianer und Anträge der Bewohner einzelner Weiler wurden z. T. zusammengefasst (Edel 1966: 165, 171; Collier 1987: 80-82). Zudem konnten nur Gruppen, nicht jedoch Individuen Anträge auf die Rückerstattung vor der Revolution enteigneten Gemeindelandes (*restitución*) oder unabhängig davon die Zuweisung (*dotación*) von Ländereien zur dauerhaften Nutzung in Form der *ejidos* stellen. Auch wenn die tatsächlichen Praktiken häufig andere waren, so galten doch offiziell Besitz bzw. die dauerhafte Nutzung des Landes als Rechte eines Kollektivs, das auch für seine Verwaltung verantwortlich war.

---

4   Das moderne *ejido* wurde mit der Agrarreform eingeführt. Dabei erhielten landlose oder landarme Bauern und Landarbeiter kollektiv ein Dauernutzungsrecht für ein Landstück zur Bearbeitung. Zum Konzept des *ejido* und den rechtlichen und politischen Veränderungen innerhalb der Agrarreform vgl. zusammenfassend Schüren 1997.

4.) Die Entwicklungsprogramme des postrevolutionären Staates ignorierten bestehende sozioökonomische Unterschiede innerhalb der indianischen Gemeinden weitgehend. Im Rahmen der Landreform erhielten beispielsweise sowohl besitzende als auch landlose Indianer in den Gemeinden die gleiche Menge an Boden (Collier 1987: 82-83).

So rekonstruierten sich die vermeintlich traditionellen indigenen Gemeinden im Hochland. Sie wurden fest integriert durch 1.) einen modifizierten synkretistischen religiösen Kult zur Verehrung des gemeindespezifischen Heiligen und 2.) ein spezifisches System religiöser und politischer indigener Ämter, die von jedem Gemeindemitglied periodisch ohne Bezahlung wahrgenommen werden sollten (Favre 1984: 141-145, 276-287).

Langfristig konnten die Hochlandgemeinden ihr Überleben allein auf der Grundlage der Landwirtschaft u. a. aufgrund der immer noch beschränkten Landbasis und des rasanten Bevölkerungswachstums nicht sicherstellen. So war ein wachsender Teil der Männer erneut gezwungen, alljährlich für einige Monate zur Arbeit in die weltmarktorientierten Pflanzungen des Tieflands zu wandern. Mit den erzielten Geldeinkommen stiegen in der Folgezeit auch die Aufwendungen für den Heiligenkult massiv. So war die Fortexistenz und Blüte der vermeintlich traditionellen indianischen Gemeinden nur durch ihre partielle Einbindung in die Weltmarktproduktion durch Saisonarbeit möglich (Rus 1995: 73-74).

In Chiapas kam es jedoch (zunächst) nicht zur Etablierung überlokaler Gemeinschaften wie im Falle vieler afrikanischer Gruppen. Zwei Faktoren scheinen hier eine maßgebliche Rolle zu spielen:

1.) die koloniale Verwaltungs- und Herrschaftspraxis beruhte in Lateinamerika nicht auf der Konstruktion von Stämmen oder Ethnien wie in Afrika, sondern gerade auf der Auflösung übergreifender politischer Verbände. Denn die spanische Kolonialverwaltung behandelte jede indianische Gemeinde als autonome Verwaltungseinheit (Favre 1984: 38-47, 138-139).

2.) Die Saisonarbeiter aus den indigenen Gemeinden von Chiapas arbeiteten in relativ kleinen Gruppen in verstreuten Kaffeepflanzungen des Tieflands und blieben so weitgehend unter sich. Die schwarzen Arbeiter im südlichen und zentralen Afrika wurden hingegen in großer Zahl in den Minenzentren oder Städten konzentriert. Sie kamen folglich in intensiven Kontakt mit Stammesgenossen aus anderen Herkunftsorten.

Die Auflösung lokaler Gemeinschaften ist also keineswegs die zwangsläufige Folge der Integration in den kapitalistischen Weltmarkt. Vielmehr können spezifische lokale oder partikularistische Gemeinschaftsformen im Gegenteil gestärkt oder, wie im afrikanischen Beispiel, sogar neu geschaffen werden. Es handelt sich hier also keineswegs um eine Frage von Modernität versus Traditionalität, sondern um die Resultate sozialer und politischer Auseinandersetzungen unter jeweils spezifischen historischen Bedingungen und Kräfteverhältnissen.

4. Ethnogenese und Gemeindesolidarität bei den Mixteken in Mexiko und den USA

Auch im dritten Beispiel ist es keineswegs zu einer Ersetzung lokaler Gemeinschaften durch imaginierte Gemeinschaften gekommen, sondern eher zu ihrer Stärkung. Die Sprecher verschiedener Dialekte des Mixtekischen leben in Dorfgemeinschaften in den Bundesstaaten Oaxaca und Puebla im Süden Mexikos, die ebenso wie in Chiapas wesentlich durch ein System religiös-politischer Ämter strukturiert werden. Dieses System gewährleistete in der Vergangenheit in Kombination mit den religiösen Festen zur Verehrung des gemeindespezifischen Heiligen und sprachlichen Unterschieden einerseits die Integration der Mitglieder in die Dorfgemeinschaft und andererseits ihre Abgrenzung von den indianischen Nachbardörfern. Ein umfassendes ethnisches Gemeinschaftsbewusstsein entstand unter Mixteken folglich nicht an ihren Heimatorten, sondern unter den Migranten, die seit den späten 1960er Jahren als Wanderarbeiter in den Norden Mexikos und die USA gezogen waren. Hier kamen Mixteken aus unterschiedlichen Gemeinden zusammen und die geteilte Erfahrung von Ausbeutung und Diskriminierung förderte ihre Wahrnehmung als Schicksalsgemeinschaft. So entstanden u. a. Interessensverbände, die Mitglieder zahlreicher Herkunftsorte miteinander verbanden, und es bildete sich ein übergreifendes ethnisches Bewusstsein (Nagengast/Kearney 1990).

Die Bedeutung der Gemeinden in der Mixteca hat in diesem Prozess jedoch keineswegs abgenommen. So dienen z. B. Videorecorder in den USA nicht nur zum Abspielen von Unterhaltungsfilmen nordamerikanischer Provenienz, sondern auch zur Aufrechterhaltung der Bindungen an die Herkunftsgemeinde in der Mixteca. Denn es werden häufig nicht nur Aufnahmen von Familienfesten gezeigt, sondern auch Filme über die alljährlich im Dorf stattfindenden großen Feste zu Ehren der Dorfheiligen, die, wie gesagt, eine zentrale Rolle für die interne politische Organisation der Mixteken-Gemeinden in Mexiko haben (Pries 1996). Darüber hinaus sammeln Gruppen von Migranten Geld für Entwicklungsprojekte in ihren Herkunftsgemeinden (Nagengast/Kearney 1990: 87). Zudem beteiligen sich viele Migranten weiter am lokalen Ämtersystem, z. T. durch die Bezahlung von Ersatzleuten, z. T. durch die periodische Rückkehr in den Heimatort. Die Gemeinden der Mixteken sind folglich ein paradigmatischer Fall so genannter ,transnationaler Gemeinschaften', wobei dichte soziale Beziehungen über große geografische Distanzen hinweg bestehen und, als Folge von Unsicherheitssituationen, oft ein hohes Niveau sozialer Kohäsion und Solidarität herrscht (Portes 1996: 163; Levitt 2003).

5. Die transnationale Gemeinschaft der Otavaleños

Das vierte Beispiel führt uns ins Hochland von Ecuador. Hier können die indianischen Gemeinden von Otavalo auf eine lange Geschichte der Produktion und Vermarktung von Kleidung zurückblicken. In den letzten drei Jahrzehnten haben nun Gemeindemitglieder damit begonnen, ihre Waren nicht mehr nur im Land anzubieten, sondern zunehmend auch in Städten wie New York, Paris oder Amsterdam, wo sie die Zwischenhändler ausschalten und die steigende Nachfrage nach exotischen Produkten selbst bedienen. Inzwischen ist in Europa und Nordamerika auch eine Reihe von semipermanenten Enklaven von Otavaleños entstanden, die in dauerndem Kontakt zur Herkunftsgemeinde stehen und sich nicht, wie die Mehrzahl anderer lateinamerikanischer Migranten als Lohnarbeiter verdingen, sondern vornehmlich vom Verkauf der Produkte aus ihrer Heimatgemeinde leben. Sie reisen auch häufig dorthin zurück, um die Lager aufzufüllen, nach ihren Geschäften zu sehen oder Land zu kaufen (Portes 1996: 160; Kyle 2003). Auch in diesem Fall hat die Weltmarktintegration u. a. durch den materiellen Beitrag der Migranten nicht zu einer Schwächung der lokalen Gemeinschaft geführt, sondern vielmehr die Fortentwicklung der kommunalen Organisation ermöglicht. So kehren z. B. in der Gemeinde Peguche viele der transnationalen Migranten alljährlich zum Fest Pawkar Rami in ihren Heimatort zurück, an dessen Ausrichtung sie einen wesentlichen Anteil haben (Wibbelsman 2009: 48-71).

6. Fazit

Die hier nur kurz skizzierten Beispiele zeigen, dass vermeintlich traditionelle Formen lokaler Gemeinschaft keineswegs zwangsläufig dem Untergang geweiht sind, sondern unter bestimmten Bedingungen im Rahmen von Weltmarktintegration und Migrationsprozessen sogar gestärkt werden können. Sie deuten auch darauf hin, dass es zwischen lokalen und überlokalen imaginierten Gemeinschaften keinen allgemeinen Ersetzungstrend gibt, sondern dass zwischen beiden Vergemeinschaftungsformen ein komplexes Wechselverhältnis besteht.

So hat bereits die Forschung zu ethnischen Bewegungen auf die Bedeutung der Existenz sozialer Netzwerke und Institutionen wie z. B. Dorfgemeinschaften als wesentliche Voraussetzung für die Mobilisierungsfähigkeit imaginierter Gemeinschaften wie ethnischen Kollektiven hingewiesen (z. B. Hechter et al. 1982: 421, 431). Denn diese Netzwerke, Institutionen und Dorfgemeinschaften verfügen in der Regel über Möglichkeiten sozialer Kontrolle und Verhaltenslenkung, die den größeren Kollektiven abgehen. Persönliche Zuwendung oder Meidung, Ehre oder Scham haben hier ihren Platz. Dementsprechend verzeichnen offenbar auch diejenigen Dorfgemeinschaften die größten Erfolge in dem Bemühen, ihre Migranten an sich zu binden und für Unterstützungsleistungen zu gewinnen, die eine entwickelte Gemeindeorganisation haben, wie z. B. das bereits erwähnte Ämtersystem in Chiapas oder Mexiko (van Wey et al. 2005).

Wie lässt sich nun die bleibende Bedeutung lokaler Gemeinschaften verstehen? Warum halten viele Migranten die Verbindungen zur Herkunftsgemeinde aufrecht? Ein wichtiger Hintergrund für die Migrationsprozesse in den hier geschilderten Beispielen besteht sicherlich in der Einschränkung der ökonomischen Leistungsfähigkeit in den Ursprungsgemeinden. Diese ist jedoch keineswegs eine quasi naturwüchsige Folge der Expansion des kapitalistischen Weltmarktes. Vielmehr beruht sie wesentlich auf zwei Faktoren: 1.) auf den politischen Entscheidungen wie den Landenteignungen im kolonialen Afrika und im postkolonialen Lateinamerika und 2.) auf den Auswirkungen eines erheblichen Bevölkerungswachstums. Die Migration entwickelte sich hier als eine zusätzliche Strategie der Streuung von Lebensrisiken bäuerlicher Haushalte. An den Zielorten der Migranten sind Kontakte von größter Wichtigkeit: Man muss oft den Behörden ausweichen, da man sich z. T. illegal im Land aufhält oder arbeitet, man benötigt Informationen über Wohn- und Arbeitsmöglichkeiten usw. Wie die Migrationsforschung zeigt, spielen bei diesen Kontakten Netzwerke zu Verwandten, Bekannten oder Leuten aus demselben Herkunftsort eine zentrale Rolle.

Warum zeigen sich in den Beispielen unterschiedliche Muster hinsichtlich der Struktur und des Charakters der entstehenden Netzwerke und Gemeinschaften (tribale Bindungen in Afrika, die Ethnogenese bei den Mixteken, eine stärkere Orientierung auf die Herkunftsgemeinde in Otavalo und vor allem in Chiapas)? Hier lassen sich drei zentrale Faktoren festhalten: 1.) die unterschiedliche Kolonialpolitik (Auflösung oder Förderung größerer Einheiten), 2.) die Art der ökonomischen und sozialen Einbindung an den Zielorten von Migration (Konzentration in Städten und Minenzentren versus Verstreutheit in unterschiedlichen Pflanzungen), 3.) die Art der ökonomischen Aktivitäten, denen die Migranten nachgehen: Lohnarbeit im Falle Chiapas, der Mixteken und Afrikas, Handel im Falle Otavalos.

Warum bleiben in vielen Fällen die Herkunftsgemeinden von großer Bedeutung? Dies hängt u. a. damit zusammen, dass viele Migranten planen, irgendwann einmal in ihren Geburtsort zurückzugehen, z. B. um dort ihren Lebensabend zu verbringen (Alarcón 1995: 7-8; Bebbington 2000: 510; Marcelli/Cornelius 2001: 112ff.; Goldring 2003: 347). Darüber hinaus führt der ständige Zufluss von neuen Migranten entlang der etablierten Netzwerke dazu, dass die Verbindungen zwischen Herkunfts- und Aufnahmeregionen nicht abreißen.[5] Die Ursprungsdörfer

---

[5]   Im Falle der Migration aus Mexiko in die USA spielt auch eine Rolle, dass Frauen aus der Herkunftsregion, die nicht in den emanzipierteren Geschlechterrollen der USA oder Europas sozialisiert sind, von vielen männlichen Migranten als Ehepartner bevorzugt werden (Goldring 1997a: 75-76).

bleiben für Migranten aber auch aus anderen Gründen von Bedeutung. Im Gegensatz zu den Zielorten der Migration, wo sie häufig unter extrem belastenden Arbeits- und Lebensbedingungen sowie Diskriminierung leiden, sind die Herkunftsgemeinden für viele ein Raum der Erholung. Darüber hinaus können sie sich hier bei Besuchen oder einer Rückkehr durch die Präsentation kostspieliger Konsumgüter als erfolgreiche Menschen darstellen und so ihr Einkommen in Prestige umwandeln.[6] Schließlich ist das Aufrechterhalten der Bindungen und der Mitgliedschaft in der Herkunftsgemeinde vielfach ein wichtiges Mittel der Reduzierung von Unsicherheit: Wenn eine feste Etablierung am Zielort der Migration nicht gelingen sollte – und die Chancen hierfür sind kaum absehbar, da sie u. a. von der Entwicklung des Arbeitsmarktes abhängen – so lässt sich aufgrund der geringeren Lebenshaltungskosten am Herkunftsort, mit dem Besitz eines Hauses und von etwas Land zum Anbau von Grundnahrungsmitteln mit relativ geringen Ersparnissen ein verhältnismäßig komfortabler Lebensabend finanzieren.

Dabei ist die Aufrechterhaltung des Mitgliedsstatus für Migranten dann besonders attraktiv, wenn die Herkunftsgemeinden den Zugang zu bestimmten Ressourcen wie Land, Wälder, Sägewerke kontrollieren.[7]

Schließlich: Warum scheinen partikulare und zugeschriebene Bindungen in Zeiten wachsender räumlicher und sozialer Mobilität weiterhin so große Anziehungskraft zu besitzen? Der übergroßen Mehrheit der Bevölkerung erscheint es heute als ganz selbstverständlich und ‚natürlich', dass jeder Mensch zu einer Nation, einer Ethnie oder ethnischen Gruppe gehört. Man kann vermuten, dass gerade in dieser scheinbaren Naturhaftigkeit und dem beanspruchten überhistorischen Charakter einer der Gründe für die wachsende Attraktivität nationaler oder ethnischer Ideologien liegt. In einer Zeit wachsender Vereinzelung versprechen sie Gemeinschaft jenseits instrumenteller Anliegen. Wo die gesellschaftlichen Wertmaßstäbe sich zunehmend auf das Kriterium ökonomischer Rationalität verengen, beschwören sie Sinngehalte jenseits wirtschaftlichen Kalküls. Wo die soziale Realität immer komplexer wird, bieten sie einfache Welterklärungen. Wo die soziale Position durch anonyme Mächte – wie die vielbeschworene Globalisierung – bedroht scheint und die Bindungen an Verwandtschaft oder Nachbarschaft durch zunehmende räumliche Mobilität unsicherer werden, versprechen sie eine Sicherheit der Zugehörigkeit, die nicht verloren werden kann.

---

6   Siehe hierzu z. B. Goldring 1997a: 93-94, 1997b, 2003; für den Andenraum siehe z. B. Colloredo-Mansfield 1994; Bebbington 2000: 510.

7   Van Wey et al. (2005) thematisieren diesen Aspekt kaum. Ihre Daten verweisen jedoch auf einen solchen Zusammenhang.

Literaturverzeichnis

Alarcón, Rafael (1995): Immigrants or Transnational Workers? The Settlement Process among Mexicans in Rural California. Davis, CA: California Institute for Rural Studies

Bauman, Zygmunt (2009): Gemeinschaften. Frankfurt/M.: Suhrkamp

Bebbington, Anthony (2000): Reencountering Development. Livelihood Transitions and Place Transformations in the Andes. In: Annals of the Association of American Geographers 90: 495-520

Collier, George A. (1976): Planos de interacción del mundo tzotzil. Bases ecológicas de la tradición en los Altos de Chiapas. México. D.F.: SEP/INI

Collier, George A. (1987): Peasant Compliance and the Mexican State. Indigenous Compliance in Highland Chiapas. In: Mexican Studies 3(1): 71-98

Colloredo-Mansfield, J. (1994): Architectural Conspicuous Consumption and Economic Change in the Andes. In: American Anthropologist 96(4): 845-865

Edel, Matthew (1966): El Ejido en Zinacantan. In: Vogt, Evon Z. (1966): 163-182

Elwert, Georg (1989): Nationalismus, Ethnizität und Nativismus. Über Wir-Gruppenprozesse. In: Waldmann, Peter/Elwert, Georg (1989): 21-60

Favre, Henri (1984): Cambio y continuidad entre los Mayas de México. México, D.F.: INI

Featherstone, Mike/Lash, Scott/Robertson, Roland (Hrsg.) (1995): Global Modernities. London: Sage

Ferguson, James (2002): Global Disconnect. Abjection and the Aftermath of Modernism. In: Inda, Jonathan/Rosaldo, Renato (2002): 136-156

Frank, André Gunder (1968): Kapitalismus und Unterentwicklung in Lateinamerika. Frankfurt/M.: Europäische Verlagsanstalt

Gabbert, Karin/Gabbert, Wolfgang/Goedeking, Ulrich/Huffschmid, Anne/Koschützke, Albrecht/Krämer, Michael/Schulte, Christian/Ströbele-Gregor, Juliana (Hrsg.) (1997): Lateinamerika. Analysen und Berichte. Band 21. Bad Honnef: Horlemann

Gabbert, Wolfgang (2006): Concepts of Ethnicity. In: Latin American and Caribbean Ethnic Studies 1(1): 85-103

Gabbert, Wolfgang (2009): Das Eigene und das Fremde im ‚globalen Dorf'. Perspektiven einer kritischen Soziologie der Globalisierung. In: Reuter, Julia /Villa, Paula-Irene (2009) (im Erscheinen)

Giddens, Anthony (2001): Entfesselte Welt. Wie die Globalisierung unser Leben verändert. Frankfurt/M.: Suhrkamp

Gluckman, Max (1960): Tribalism in modern British Central Africa. In: Cahiers d'Etudes Africaines, 1(1): 55-70

Goldring, Luin (1997a): Difuminando fronteras. Construcción de la comunidad transnacional en el proceso migratorio México-Estados Unidos. In: Macías Gamboa, Saúl/Herrera Lima, Fernando (1997): 55-105

Goldring, Luin (1997b): Power and Status in Transnational Social Spaces. In: Pries, Ludger (1997): 179-195

Goldring, Luin (2003): Gender, Status, and the State in Transnational Spaces. In: Hondagneu-Sotelo, Pierette (2003): 341-358

Grevemeyer, Jan Heeren (Hrsg.): Traditionale Gesellschaften und europäischer Kolonialismus. Frankfurt/M.: Syndikat

Hechter, Michael/Friedman, Debra/Appelbaum, Malka (1982): A Theory of Ethnic Collective Action. In: International Migration Review 16(1): 412-434

Hondagneu-Sotelo, Pierette (Hrsg.) (2003): Gender and U.S. Immigration. Contemporary Trends. Berkeley: University of California Press

Inda, Jonathan/Rosaldo, Renato (Hrsg.) (2002): The Anthropology of Globalization. A Reader. Malden, Mass.: Blackwell

Korzenicwidcz, R.P./Smith, W.C. (Hrsg.) (1996): Latin America in the World Economy. Westport, CT: Greenwood

Kyle, David (2003): Transnational Peasants. Migrations, Networks, and Ethnicity in Andean Ecuador. Baltimore: Johns Hopkins University Press

Levitt, Peggy (1999): Towards an Understanding of Transnational Community Forms and their Impact on Immigrant Incorporation. Paper presented at 'Comparative Immigration and Integration Program', Winter Workshop University of California at San Diego, February

Macías Gamboa, Saúl/Herrera Lima, Fernando (Hrsg.) (1997): Migración laboral internacional. Puebla: Benemérita Universidad Autónoma de Puebla

Marcelli, Enrico/Cornelius, Wayne (2001): The Change of Profile of Mexican Migrants to the United States. In: Latin American Research Review 36(3): 105-131

Nagengast, Carole/Kearney, Michael (1990): Mixtec Ethnicity. Social Identity, Political Consciousness and Political Activism. In: Latin American Research Review 25(2): 61-91

Nederveen Pieterse, Jan (1995): Globalization as Hybridization. In: Featherstone, Mike et al. (1995): 45-68

Portes, Alejandro (1996): Transnational Communities. Their Emergence and Significance in the Contemporary World-System. In: Korzeniewicdz, R.P./Smith, W.C. (1996): 151-168

Pries, Ludger (1996): Transnationale Räume. Theoretisch-empirische Skizze am Beispiel der Wanderungsbewegungen Mexico-USA. In: Kölner Zeitschrift für Soziologie und Sozialforschung 25(6): 456-472

Pries, Ludger (Hrsg.) (1997): Transnationale Migration. Soziale Welt: Sonderband 12. Baden-Baden: Nomos

Ranger, Terence (1981): Kolonialismus in Ost- und Zentralafrika. In: Grevemeyer, Jan Heeren (1981): 16-46

Reuter, Julia/Villa, Paula-Irene (Hrsg:) (2009): Postkoloniale Soziologie. Empirische Befunde, theoretische Anschlüsse, politische Interventionen. Bielefeld: transcript (im Erscheinen)

Robertson, Roland (1995): Glocalization. Time-Space and Homogeneity-Heterogeneity. In: Featherstone, Mike et al. (1995): 25-44

Rus, Jan (1995): Local Adaptation to Global Change. The Reordering of Native Society in Highland Chiapas, Mexico, 1974-1994. In: European Review of Latin American and Caribbean Studies 58: 71-89

Rus, Jan (2004): Rereading Tzotzil Ethnography. Recent Scholarship from Chiapas, Mexico. In: Watanabe, John M./Fischer, Edward (2004): 199-230

Schüren, Ute (1997): ‚Land ohne Freiheit'. Mexikos langer Abschied von der Agrarreform. In: Gabbert, Karin et al. (1997): 33-65

Southall, Aidan W. (1970): The Illusion of Tribe. In: Journal of Asian and African Studies 5(12): 28-50

Stein, Maurice R. (1964): The Eclipse of Community. An Interpretation of American Studies. Princeton, NJ: Princeton University Press

Tönnies, Ferdinand (1922): Gemeinschaft und Gesellschaft. Grundbegriffe der reinen Soziologie. Berlin: Karl Curtius

Van Wey, Leah K./Tucker, Catherine M./Diaz McConnell, Eileen (2005): Community Organization, Migration, and Remittances in Oaxaca. In: Latin American Research Review 40(1): 83-107

Vogt, Evon Z. (Hrsg.) (1966): Los Zinantecos. México, D.F.: INI

Waldmann, Peter/Elwert, Georg (Hrsg.) (1989): Ethnizität im Wandel. Saarbrücken: Breitenbach

Wasserstrom, Robert (1976): La evolución de la economía regional en Chiapas: 1528-1975. In: América Indígena 36(3): 479-498

Wasserstrom, Robert (1983): Class and Society in Central Chiapas. Berkeley: University of California Press

Watanabe, John M./Fischer, Edward F. (Hrsg.) (2004): Pluralizing Ethnography. Comparison and Representation in Maya Cultures, Histories, and Identities. Oxford: James Curry

Watson, William (1958): Tribal Cohesion in a Money Economy. A Study of the Mambwe People of
    Northern Rhodesia. Manchester: Manchester University Press
Wibbelsman, Michelle (2009): Ritual Encounters. Otavalan Modern and Mythic Community. Urbana:
    University of Illinois Press

Posttraditionale Vergemeinschaftung: Eine ‚Antwort' auf die allgemeine gesellschaftliche Verunsicherung

Ronald Hitzler und Michaela Pfadenhauer

1. Verunsicherung durch Globalisierung

Der Hyperraum, in dem wir agieren müssen, ob wir wollen oder nicht, ist der, der sich im Zuge der sogenannten ökonomischen Globalisierung auftut. Manche Analytiker betrachten das, was dabei geschieht, als folgerichtige Fortsetzung dessen, was schon Karl Marx als ‚Kapitallogik' beschrieben hat, also als eine neue Qualität und Quantität von Arbeitskraftausbeutung und Kapitalakkumulation, von der manche profitieren und durch die viele verelenden – möglicherweise eben auch, oder vielleicht auch vor allem die bislang relativ privilegierten Arbeitnehmer der hochindustrialisierten Regionen dieser Erde (Martin/Schumann 2008; verschiedene Beiträge in Hutton/Giddens 2002).[1] Andere Beobachter betonen stärker die Bedeutung der neuen Kommunikationstechnologien, in Sonderheit des Internet, für globale Informationsflüsse in ‚Echtzeit' und für Zugriffsmöglichkeiten auf global verteilte Wissensbestände zu jeder Zeit und von prinzipiell allen Orten aus (Castells 2001 - 2003).

Sowohl unter der einen wie unter der anderen Schwerpunktsetzung werden durch ökonomische Globalisierung überkommene, wesentlich nationalstaatlich verfasste oder zumindest nationalstaatlich zentrierte Formen politischer Entscheidungsfindung und Entscheidungsdurchsetzung problematisiert. Institutionalisierte Regeln innerstaatlicher Ordnungsgewährleistung und zwischenstaatlicher Konfliktbewältigung werden in Frage gestellt oder ganz außer Kraft gesetzt. D. h., dass hier Unsicherheit wesentlich entsteht „aus dem Erleben der Diskrepanz zwischen entgrenzten Interdependenzen und lokal beschränkten Handlungsmöglichkeiten" (Schneider et al. 2008).

---

1   Dass diese ‚Kapitallogik' unter den Bedingungen ökonomischer Globalisierung auch globale Finanzkrisen und Wirtschaftszusammenbrüche zeitigt, war und ist (nicht nur aus marxistischer Sicht) ebenfalls nicht nur zu erwarten, sondern nachgerade unvermeidbar (Schumann/Grefe 2009).

2. Verunsicherung durch Individualisierung

Individualisierung im Sinne von Ulrich Beck (z. B. 1986, 1995) müssen wir zunächst einmal wesentlich stärker als einen Handlungs*rahmen* begreifen, denn als eine Handlungs*form* des Lebens vor und am Übergang zu einer anderen Moderne: Die Menschen werden herausgeschleudert aus den Zwängen ebenso wie aus den Sicherheiten ihrer tradierten Milieus. Sie werden freigesetzt aus tradierten Strukturen der Identitätsbildung und -sicherung wie Klassen und Schichten, Verwandtschaften und Kernfamilien, Nachbarschaften, politischen und religiösen Gemeinden, ethnischen und nationalen Zugehörigkeiten usw. Und schwerlich lässt sich übersehen, dass dort, wo die traditionellen *direkten* Verteilungskämpfe an Bedeutung verlieren, andere, *indirektere*, unregulierte Verteilungskämpfe aller Art um materielle Güter, um Weltdeutungen, um Kollektiv-Identitäten, um Lebensgewohnheiten und -qualitäten, um soziale Räume, Zeiten und Ressourcen, um Gestaltungschancen, um Grundsatz- und Detailfragen ausgetragen werden, die sich kaum noch und immer weniger mit dem überkommenen klassifikatorischen Analyse-Raster von links und rechts, von progressiv und konservativ, von revolutionär und reaktionär usw. fassen lassen. Dergestalt brechen immer neue, begrenzte Sinn-Konflikte auf, immer neue instabile Deutungs-Koalitionen lösen einander ab.

In der Theoriesprache des Konzepts reflexiver Modernisierung ausgedrückt (Beck et al. 1996; Beck/Bonß 2001; Beck/Lau 2004) heißt das, dass die Emanzipation des Einzelnen aus Abhängigkeit und Unmündigkeit als jenem zentralen ‚Projekt der Moderne‘, das ein Zusammenleben von freien und gleichen Menschen ermöglichen sollte, zwischenzeitlich immer mehr Konsequenzen zeitigt, auf die viele von uns eben nicht mehr mit weiterem Freisetzungsbedarf, sondern mit einiger *Sehnsucht* reagieren, nach eben dem, dessen Negation diese Entwicklung ursprünglich ermöglicht hat: nach Sicherheit im Zusammenleben, welche aus dem ‚Vertrauen ins Unhinterfragte‘ erwächst.

Um zu veranschaulichen, wie sich diese (eher ‚spezielle‘) Sehnsucht nach Orientierung und Gemeinschaft heutzutage äußert, zitieren wir aus dem Schlager-Klassiker „Für mich soll's rote Rosen regnen" von Hildegard Knef aus den 1950er Jahren. In diesem Lied heißt es an einer Stelle: „Ich möcht' nicht allein sein – und doch frei sein!" Wenn wir nun die Prioritäten dieses Wunsches umkehren, wenn wir statt „Ich möcht' nicht allein sein – und doch frei sein!" den Wunsch so formulieren: „Ich möcht' frei sein – und doch nicht allein sein!", dann haben wir eine Art programmatische Pointierung der – seit der Nachkriegszeit stattgehabten – Werteveränderung in unserer Gesellschaft unter Individualisierungsbedingungen. Während nämlich in der Originalversion von Hildegard Knef der – eben typisch moderne – Wunsch intoniert wird, vor allem nicht allein zu sein, und im Nicht-Alleinsein dann eben möglichst auch noch frei zu sein, geht es in der ‚renovierten‘ Version zunächst und vor allem darum, frei zu sein, im Zustand des Freiseins dann aber trotzdem nicht allein sein zu müssen. Verein-

facht gesagt, drückt die Sentenz „Ich möcht' nicht allein sein – und doch frei sein!"
also das typisch moderne Dilemma aus, unter der Milieuglocke, sozusagen in der
‚Wärme des Kuhstalls' lebend, ein unbeschränktes Maß an Bewegungsfreiheit zu realisieren. Demgegenüber äußert sich in dem Wunsch „Ich möcht' frei sein – und doch
nicht allein sein!" das Sozialitätsdilemma des heutigen, postmodernistischen Existenzbastlers. Dieser sucht im ständigen Versuch, seinen Freiheitsbedarf zu realisieren,
Anschluss lediglich im Sinne der je von ihm gewünschten Sozialverortung. Er sucht
Verbündete für seine Interessen, Kumpane seiner Neigungen, Partner für seine Projekte, Komplementäre seiner Leidenschaften (Hitzler 2001). Nochmals: Das hat vor
allem damit zu tun, dass der individualisierte Mensch – und vollends der individualisierte Mensch im Möglichkeitsraum der Globalisierung – prinzipiell freigesetzt ist aus
herkömmlichen Milieubindungen, aber auch aus Milieufürsorglichkeiten.

3. Grenzen sozialstaatlicher Sicherheiten

In unserer Gegenwartsgesellschaft beobachten wir nun zwei miteinander korrespon-
dierende – sich wechselseitig antreibende Entwicklungen: Einerseits beobachten wir
eine Art Sklerotisierung traditioneller gemeinschaftsförmiger Meso-‚Institutionen', in
denen die Verkehrs- und Herrschaftsverhältnisse noch mehr oder weniger *personal*
geprägt sind. D. h., die (quasi-)feudalen Restbestände traditioneller Sinngebungs- und
Normsetzungsinstanzen, wie sie sich z. B. in Religions- und ethnischen Gemeinschaften, in Klassen- und Ständemilieus, in Kommunal- und Regionalkontexten, in Ver-
wandtschafts- und Nachbarschaftsnetzen, in herkömmlichen Ehen und Kleinfamilien
usw. finden, werden aufgelöst oder zumindest in ihrer Bedeutung für die Regulierung
des individuellen Lebensvollzugs erheblich – und ständig weiter – reduziert. Andererseits beobachten wir eine Art säkularisierter Struktur-Monadisierung durch sozusagen
gesellschaftsförmige Makro-‚Institutionen', in denen Herrschaftsverhältnisse mehr
oder weniger entpersonalisiert, abstrahiert, formalisiert sind. D. h., die normierende
Bedeutung generalisierter Rahmenbedingungen wie Erwerbsarbeitsmarkt, Subventi-
onswesen, Waren-, Dienstleistungs-, Informations- und Unterhaltungsangebot,
Rechtsgleichheit, Bildungswesen, soziales Sicherungssystem usw. für die Regulierung
des individuellen Lebensvollzugs nimmt laufend zu.

Die Entwicklung sozialstaatlicher Rahmenbedingungen wie Verrechtlichung, ausgebaute soziale und medizinische Dienstleistungen, sozialpolitische Versorgung usw.
entlastet – zumindest sozialstaatstheoretisch gedeutet – die Menschen v. a. vom
Druck, einander *direkt* helfen zu müssen. Statt dessen werden ihnen Securities, d. h.
Sicherungen im sozialstaatlichen Sinne, garantiert und werden dergestalt Civilities,
d. h. wird maximale Lebensqualität für maximal viele Menschen, geschaffen und
werden infolgedessen Certainties, d. h. wird Akzeptanz von ‚Erklärungen' und
Zustimmung zu gültigen Werten, stabilisiert. Das hat übrigens wenig zu tun mit der

in der Sozialstaatsdebatte immer wieder vertretenen Idee eines sozusagen gesamtge-
sellschaftlich-moralischen Grundkonsenses. Wie Friedhelm Neidhardt (1998a, siehe
auch 1998b) gezeigt hat, ist ein derartiger Konsens in einem ‚substantiellen‘ Sinne
keineswegs notwendig zur institutionellen Gewährleistung von formal geregelten
Solidarmaßnahmen. Steuerungstechnisch wichtig sind weit weniger Sicherungen des
expliziten Einverständnisses weiter Bevölkerungskreise als vielmehr Konsensfiktionen
darüber, dass ‚alles seinen geregelten Gang‘ geht. Denn, so die Theorie, vor allem
wenn die Sicherungen im sozialstaatlichen Sinne (Insecurities) unzuverlässig werden, empfinden die Bürger ihre Lebensqualität als beeinträchtigt bzw. bedroht
(Incivilities) und verweigern unter Umständen die Zustimmung zum Status Quo
(Uncertainties). Allerdings führt die Gewährleistung von Securities bekanntlich auch
in jene seit langer Zeit bekannte ‚Anspruchsspirale‘ auf Civilities, die daraus resultiert,
dass aufgrund des prinzipiellen sozialstaatlichen Sicherungsversprechens die nichtin-
tendierten bzw. (existenziell) *dysfunktionalen Konsequenzen* individueller Entscheidungen
immer fragloser dem Staat bzw. ‚der Gesellschaft‘ zur Bewältigung, und damit zur
Schaffung von Certainties überantwortet werden.

   Aus den (noch) gegebenen sozialstaatlichen Rahmenbedingungen erwachsen somit üblicherweise zwar nicht jene *konkreten* Erwartungen und Zwänge, die dem in
Traditionszusammenhängen eingebundenen Individuum typischerweise die meisten
seiner biographisch relevanten Entscheidungen mehr oder minder ‚diktieren‘ bzw.
‚diktiert‘ haben. Aber diese direkte Ankoppelung an die gesellschaftlichen Regelungs-,
Sanktions- und Versorgungseinrichtungen ermöglichen es dem Individuum eben nicht
nur, sondern legen ihm symptomatischer Weise zumindest nahe und bestärken es
darin, sich als Individuum zu erkennen und zu verhalten:

> „Indem der Staat ökonomische Restriktionen mindert, erhöht er individuelle Handlungschancen
> und individuelle Mobilität. Er erhöht damit aber auch die Wahrscheinlichkeit, dass sich der indivi-
> duelle Lebensverlauf aus kollektiven Kontexten herauslöst" (Mayer/Müller 1994: 291).

In Frage steht, ob es in modernen Gesellschaften angesichts ökonomischer Globalisierung und ihrer mitunter paradoxen Effekte, angesichts ökologischer Großrisiken,
sozialer Krisen, zivilisatorischer Umbrüche und kultureller Umbauten – etwa von der
Industrie- über die Dienstleistungs- zur Wissensgesellschaft – (noch) hinlänglich gelingt, Verunsicherungen aufzufangen, wie sie mit diffusen existenziellen Ängsten und
konkreter Furcht vor Gefährdungen – durch Unfall, Krankheit, Arbeitslosigkeit, Ge-
brechen, Alter, Armut – aber auch vor persönlicher Abhängigkeit, vor Überwachung,
vor Demütigung, Diskriminierung, Gewalt, Rache und vielem anderen mehr einhergehen. Anders gefragt: Gelingt es, die existenziellen Konsequenzen der Freisetzung
aus überkommenen sozialmoralischen Verbindlichkeiten und Verlässlichkeiten, und
damit der sozusagen beiläufigen Entwertung von gemeinschaftsförmigen Traditions-
instanzen, qua Verträgen, Versicherungen, Subventionen, Arbeitslosenunterstützung,
Wohngeld, Stipendien, Pflegesätze, Sozialhilfe, Renten usw. sozialstaatlich abzufedern?

Oder schwemmt es nun, da „der kurze Traum immerwährender Prosperität" (Lutz 1984) – möglicherweise endgültig – ausgeträumt ist, (wieder) alternative Konzepte des Zusammenlebens auf die Agenda öffentlicher Aufmerksamkeit? Stehen wir vor einer ‚Renaissance' des Gedankens von ‚warmer', mitmenschlicher Gemeinschaftlichkeit gegenüber ‚kalter', nebenmenschlicher Gesellschaftlichkeit (Gebhardt 1999)?

4. Konzepte der Gemeinschaft in der modernen Gesellschaft

Unseren weiteren Überlegungen stellen wir nun zunächst den Versuch einer Begriffsbestimmung voran: Als konstitutiv für Gemeinschaften *jedweder Art*[2] betrachten wir a) die Abgrenzung gegenüber einem wie auch immer gearteten ‚Nicht-Wir', b) ein wodurch auch immer entstandenes *Zu(sammen)gehörigkeitsgefühl*, c) ein wie auch immer geartetes, von den Mitgliedern der Gemeinschaft als ‚gemeinsames' akzeptiertes *Interesse* bzw. *Anliegen*, d) eine wie auch immer geartete, von den Mitgliedern der Gemeinschaft anerkannte *Wertsetzung* und schließlich e) irgendwelche, wie auch immer gearteten, den Mitgliedern zugänglichen Interaktions(zeit)räume (Hitzler/Honer/Pfadenhauer 2008a).

Mit dem Gemeinschaftskonzept des sogenannten ‚Kommunitarismus' wurde von dessen Protagonisten bekanntlich eine ‚Aussöhnung' zwischen bzw. eine Symbiose von (als ‚wertvoll' deklarierten) Elementen gesellschaftlichen und gemeinschaftlichen Miteinanders in Aussicht gestellt: Kommunitaristen kritisieren zunehmende Individualisierung, welche sich in gesellschaftlicher Desintegration (z. B. zunehmende Scheidungsbereitschaft, kriminelle ‚Asozialität', Suchtverhalten usw.) niederschlage, welche sich also in all dem manifestiere, was als unerwünschte Konsequenzen egozentrischer Lebensführung angesehen wird. Kommunitaristen beanstanden einen Zeitgeist, der Ausdruck eines überzogenen Liberalismus sei, der Vereinzelung statt Zugehörigkeit befürworte und individuelle Rechte und Optionen über moralische Obligationen und soziale Bindungen stelle. Die philosophischpolitische Idee des Kommunitarismus wird von seinen Protagonisten als Antwort auf solche bzw. als Korrektiv und Lösungskonzept zu solchen von ihnen hypostasierten ‚eklatanten' gesellschaftlichen Fehlentwicklungen propagiert (z. B. Etzioni 1998; Malowitz 2007).

---

2   Während wir uns in Hitzler/Pfadenhauer 2008 stärker auf den Tönniesschen Begriff ‚Gemeinschaft' bezogen haben, folgen wir hier eher dem von Max Weber (1972: 21ff.) im § 9 der ‚Soziologischen Grundbegriffe' skizzierten Begriff ‚Vergemeinschaftung'. Gleichwohl geht es uns vor allem darum, mit dem Begriff ‚Vergemeinschaftung' Prozesse des Erhandelns von Gemeinschaftlichkeit, mit dem Begriff ‚Gemeinschaft' hingegen Gemeinschaftlichkeit als – zumindest situative – Handlungsresultat zu markieren.

Aber ebenso wenig wie in Traditionsmilieus – d. h., wie in Verwandtschaften, Nachbarschaften, überkommenen Religionsgemeinschaften usw. – lässt sich nun die für die heutige Zeit symptomatische *Qualität* der ‚Sehnsucht nach Gemeinschaft', die wir im Verweis auf Hildegard Knef zu veranschaulichen versucht haben, mit dem sozialromantischen Konzept des Kommunitarismus befriedigen. Denn die Vergemeinschaftungssehnsucht des postmodernistischen Existenzbastlers ist, wie oben skizziert, eben eine ziemlich spezielle: Sie besteht wesentlich darin, solche anderen zu finden, die mit *seinen* je aktuellen Neigungen und Interessen wenigstens zeitweilig hinlänglich kompatibel sind. Diese findet er aber typischerweise weder in schicksalhaft auferlegten Traditionsmilieus, noch in deren (per se) normativ politisch postulierten Surrogaten. Symptomatisch für die *heutige* (hyperpluralistische, hyperindividualisierte und hyperoptionalisierte) Zeit sind vielmehr solche Gemeinschaftskonzepte, die dem Einzelnen sowohl ein Höchstmaß an individueller Freiheit als auch ein attraktives Zusammensein mit gleichgesinnten anderen versprechen. Der entscheidende Unterschied dieser ‚neuen' bzw. neuerdings immer stärker erschlossenen Art von Vergemeinschaftungsangeboten gegenüber herkömmlichen Gesellungsformen besteht folglich im Wesentlichen darin, dass die Teilhabe an ihnen nicht mit den in überkommenen Gemeinschaften (und in deren moralpolitischen ‚Nachbauten') üblichen Bindungen und Verpflichtungen einhergeht, sondern dass jeder einzelne Interessent und Partizipant – immer wieder aufs Neue – zur Teilhabe verführt wird – und zwar vor allem anderen dadurch, dass dem Einzelnen hier hochgradig unverbindliche ‚Identitätsvorlagen' angeboten werden.

5. Posttraditionale Gemeinschaftsbildung

Diese nun eben nicht *gegen* Individualisierung konzipierten, sondern durch Individualisierung *evozierte* Form von Vergemeinschaftung schlagen wir vor, als ‚posttraditionale Gemeinschaft' zu bezeichnen (siehe dazu die Beiträge in Hitzler et al. 2008b). Posttraditionale Gemeinschaften konstituieren sich typischerweise dadurch, dass individualisierte Akteure sich aufgrund kontingenter Entscheidungen für eine zeitweilige (was durchaus auch implizieren kann: längerfristige) Zugehörigkeit freiwillig in soziale Agglomerationen und deren Geselligkeiten einbinden, die wesentlich durch ein nicht nur distinktes, sondern durch dezidiert *distinktives* kollektives Selbstverständnis stabilisiert sind. In so verstandenen posttraditionalen Gemeinschaften folgt, und damit schließen wir uns der Deutung von Zygmunt Bauman (1995: 354) an, gemeinsames Handeln der sich vergemeinschaftenden Individuen „nicht geteilten Interessen, es erzeugt sie. Genauer gesagt: sich dem Handeln anzuschließen, ist alles, was es zu teilen gibt."

Diese Art von Gemeinschaft kann Mitgliedschaft folglich nicht erzwingen. Sie kann lediglich zur Teilhabe *verführen*. Gleichwohl zeichnet sich unter Individualisierungsbedingungen kein Weg ab, der ‚zurück' führt zu sozusagen fraglosen, zeitlosen und daseinsumfassenden Traditionsgemeinschaften. Im Gegenteil: Auch solche Gemeinschaften, die zunächst als tradierte erscheinen, d. h. z. B. auch die ‚Restbestände' überkommener Milieus wie Betrieb, Nachbarschaft, Kirchengemeinde und sogar Verwandtschaft und Familie müssen zwischenzeitlich immer unübersehbarer ‚reflexiv' gewählt, gemacht und gemanagt werden, während eher neu- und fremdartige, aufgrund welcher Interessen auch immer ‚hergestellte' und als solche somit auch ‚zweifelhafte' Gemeinschaften alle möglichen Traditionalismen adaptieren und (weiter-)entwickeln. Solidarität(en) und Loyalität(en) entstehen infolgedessen weit weniger aus existenziellen Notwendigkeiten oder gar aus moralpolitischen Direktiven heraus, als aus – eher emotional denn rational motivierten – situativen Entscheidungen dafür, sich eben (einmal oder auch dauerhafter) gegenüber *bestimmten* anderen Menschen ‚prosozial' zu verhalten. In welcher konkreten Mischform diese ‚anderen' Gesellungsgebilde aber auch immer empirisch sich realisieren, stets versprechen sich die aus verbindlichen und verlässlichen Denk- und Verhaltensmustern freigesetzten Individuen durch die und in der Teilhabe an ihnen eine wenigstens *zeitweilige* und *relative* Sicherheit und Fraglosigkeit des Umgangs miteinander dadurch, dass ihre je eigenen Interessen hier als gemeinsame veranschlagbar zu sein scheinen.

5.1 Zwei Beispiele posttraditionaler Vergemeinschaftungsoptionen

Welche Rolle z. B. Marken bzw. Markenprodukte als ‚Vorlagen' für die Bildung von Identitäten spielen, das ist eine gegenwärtig viel und in verschiedener Hinsicht strittig diskutierte Frage (siehe dazu Hellmann/Pichler 2005). Strittig ist zum ersten, ob Menschen ihr Selbstverständnis tatsächlich – wesentlich oder jedenfalls in relevantem Maße – an Konsumprodukten aufhängen. Strittig ist zum zweiten, ob solche Konsumprodukte gegebenenfalls Markenartikel beziehungsweise Artikel mit Markeneigenschaften sein müssen. Und strittig ist zum dritten, wie ein auf einer Markenaffinität basierendes Selbstverständnis gegebenenfalls psychologisch und soziologisch zu beurteilen ist. Und wir denken, dass Menschen alles, was sie wahrnehmen und sich vorstellen, dazu verwenden können, sich eine Identität zusammenzubasteln – ohne Zweifel also auch von ihnen konsumierbare materiale und geistige Produkte. Markenartikel nun sind Konsumprodukte, die bei Kunden dadurch Aufmerksamkeit erregen sollen, dass sie nicht nur ästhetisch augenfällig und erinnerungsträchtig gestaltet, sondern auch bereits mit Sinn, mit Bedeutung aufgeladen worden, die in diesem Verstande also werthaltig sind. Dieses Prinzip der symbolischen Aufladung und der relativen Alleinstellung durch Augenfälligkeit gilt selbstredend keineswegs nur für Waren im engeren Sinne, sondern auch für Ideologien und Religionen und für die diese sichernden Organisationen. Und insofern sehen wir keinen Grund, Identitätsbildungen im Rekurs auf Marken und auf mit

Marken verbundenen ‚Erzählungen' analytisch anders zu beurteilen als solche, die im Rückgriff auf Ideologien und Religionen unternommen werden. Wie plausibel, wie systematisiert, wie umfassend und mithin wie identitätssichernd diese Weltdeutungsangebote für wen unter welchen Umständen jeweils sind, das wiederum ist u. E. weniger eine prinzipielle, denn eine empirisch konkret zu klärende Frage.

Prinzipiell beobachten aber lässt sich immerhin, dass mit Marken und Markenprodukten zusehends bestimmte Lebensstile konnotiert werden. Gleichsam im Kern der ‚Bekenntnisse' zu bestimmten Marken bilden sich dann – im Sinne der Marken-Produzenten durchaus nicht immer *loyale* – Marken-Gemeinschaften bzw. Brand Communities (Pfadenhauer 2008). Denn Markengemeinschaften bieten fast symptomatisch augenfällige Identifikationschancen und weisen ein hohes Vergemeinschaftungspotenzial auf. Entgegen den in der einschlägigen Literatur immer wieder vorfindlichen Hoffnungen von Marketingstrategen können, unseren Erkundungen zufolge, solche Brand Communities allerdings nicht einfach vom daran interessierten Markenartikler installiert werden. Dieser kann sie zwar initiieren und vor allem in vielfältiger Weise maßgeblich stützen und fördern, aber die symbolische ‚Aufladung' der Marke lässt sich keineswegs ohne weiteres vom Produzenten steuern oder gar durchsetzen, sondern wird als eine Art Subtext von den Konsumenten zumindest mit- und von den ‚hard core'-Konsumenten nicht selten auch umgeschrieben. Unbeschadet dessen fungiert die Marke als eine Art Totem, das in der mental um dieses ‚Zentrum' herum versammelten Gemeinschaft als einen höheren Sinn symbolisierend verehrt wird.

Im Unterschied zu solchen ‚Brand Communities', in denen ein Zusammengehörigkeits- bzw. Wir-Gefühl aus der Affinität zu *einer* Marke erwächst, welcher spezifische Eigenschaften und Werte unterstellt bzw. zugeschrieben werden, entsteht in Jugendszenen Gemeinschaft aus den als gemeinsam unterstellten Interessen individualisierter Einzelner *an einem ‚breiteren' thematischen Fokus.*

Bekanntlich definieren wir Jugendszenen als lockere soziale Netzwerke, in denen sich unbestimmt viele juvenile Menschen selber vergemeinschaften (Hitzler 2008). Mit den Menschen, mit denen man in einer Szene Umgang hat, teilt man auch nicht mehr ein sich auf mehr oder weniger alle Aspekte des Lebens erstreckendes gemeinsames Empfinden oder gar einen Entwurf für das ganze Leben. Man teilt mit ihnen in der Regel lediglich das Interesse an dem, was in *dieser* Szene wichtig, was *hier* das zentrale Erlebnis-Thema ist: Dieses jeweils zentrale Erlebnis-Thema hat zumeist mit Musik, mit Sport, mit Mode oder mit Spielleidenschaft und technischer Faszination für neue Medien zu tun. Darum gruppiert sich dann so etwas wie ein Lifestyle mit eigenen Sprachgewohnheiten, Umgangsformen, Treffpunkten bzw. Lokalitäten, Zeitbudgetierungen, Ritualen, Festen bzw. Events – und zum Teil auch mit einem als ‚szenespezifisch' erkennbaren Outfit. Im Umgang mit den anderen Szene-Gängern, die man sozusagen als Teilzeit-Gleichgesinnte erlebt, nutzt man üblicherweise spezielle Informationskanäle und -formen und bildet beiläufig gemeinsame Sonderwissensbestände und distinkte bzw. distinktive Kommunikationsweisen heraus, mittels derer man sich wechselseitig seiner ‚Wir-Gefühle' versichert.

In Szenen, in dem von uns protegierten Sinne, wird man also nicht hineingeboren oder hineinsozialisiert, sondern man sucht sie sich aufgrund irgendwelcher Interessen selber aus und fühlt sich in ihnen eine Zeit lang mehr oder weniger ‚zu Hause', ohne irgendwie förmlich Mitglied zu sein. Szenen weisen typischerweise lokale Besonderheiten auf, sind jedoch nicht lokal begrenzt, sondern, zumindest im Prinzip, weltumspannende, globale – und ohne intensive Internet-Nutzung der daran Beteiligten zwischenzeitlich auch kaum noch überhaupt vorstellbare – Gesellungsgebilde bzw. ‚globale Mikrokulturen'. Szenen lassen sich dementsprechend auch *nicht* von relativer Gleichaltrigkeit der ihnen Zugerechneten her begreifen, sondern müssen von der relativen Gleichartigkeit der einschlägigen Interessen der sich ihr zugehörig Fühlenden her verstanden werden.

5.2 Strukturmerkmale posttraditionaler Gemeinschaften

Mundanphänomenologisch gesprochen, d. h. also: die je subjektive Perspektive des sich vergemeinschaftenden Individuums strukturell rekonstruierend, erscheint posttraditionale Vergemeinschaftung als Entwicklung eines als ‚reziprok' unterstellten Wir-Bewusstseins. D. h., auch in dieser Form der Vergemeinschaftung konstituiert sich das Verhältnis zu einem, zu mehreren, zu vielen anderen in Abgrenzung zu einem, zu mehreren oder zu vielen ‚Dritten', ja zugespitzt: in der Ausgrenzung dieses oder dieser ‚Dritten' aus der Wir-Beziehung. Die ‚Dritten', das kann die Gesellschaft schlechthin sein, in der das Individuum lebt und die es erlebt als ‚Dickicht' relativ undurchschaubarer, ja teilweise unerklärlicher sozialer Umstände und Gegebenheiten. Auch diese Form der Vergemeinschaftung resultiert dementsprechend aus einer als *gemeinsam* vermuteten und bestätigten ‚Außenseite'. Allerdings resultieren posttraditionale Formen von Gemeinschaft nicht aus sozusagen naturwüchsiger Solidarität oder aus konstellativen sozialen Zwangsläufigkeiten (z. B. basierend auf Verwandtschaftsverhältnisse und/oder auf vorgängig ‚geteilten' Lebenslagen), sondern aus der Setzung gemeinsamer, gegenüber anderen spezifizierbarer Interessen.

Diese Interessen müssen gewichtig genug sein, um andere Antagonismen wenigstens vorübergehend in den Hintergrund der gesellschaftlich geordneten Verhältnisse zwischen dem Individuum und anderen treten zu lassen, damit die monadische Struktur der individuellen Vergesellschaftung wenigstens zeitweilig und wenigstens im Kontext von Gesinnungsgenossen zugunsten einiger Vergemeinschaftungserlebnisse durchbrochen wird. Weil sie aber lediglich in der zufälligen und zeitweisen Übereinstimmung von Neigungen, Vorlieben, Leidenschaften und bestimmten, als ‚richtig' angesehenen Verhaltensweisen der an ihnen Teilhabenden gründen, reichen die labilen

Bindekräfte posttraditionaler Gemeinschaften in aller Regel nicht einmal hin, um das allgegenwärtige durchschnittliche Abweichlertum auch nur intern zu bändigen. Damit als gemeinsam veranschlagbare segmentäre Einvernehmlichkeitsregelungen also verlässlich auf eine hinlängliche Dauer gestellt werden können, müssen die Verhaltenserwartungen an die Mitglieder der Gemeinschaft naheliegender weise wiederum wechselseitig verbindlich gemacht werden. Aber nicht nur ist prinzipiell ungewiss, wie, in welchem Umfang und mit welchen Konnotationen das je eigene Wir-Bewusstsein von anderen Teilhabenden an der Gemeinschaft tatsächlich ‚geteilt' wird, ungewiss ist auch, ob und inwieweit aus einer stattgehabten ‚gemeinsamen' Aktion irgendeine Form einer wenigstens ‚bis auf weiteres' verlässlichen gemeinsamen Praxis resultiert.

Folglich müssten von allen Beteiligten – wie auch immer geartete – Sanktionen durch die Gemeinschaft gegenüber solchen Mitgliedern, die sich im Sinne der Gemeinschaft inakzeptabel verhalten, zumindest grundsätzlich akzeptiert werden. Dergestalt aber würde die gemeinschaftliche Abgrenzung gegenüber ‚Dritten' ergänzt und unter Umständen sogar überlagert werden durch die Idee der Eingrenzung und ‚Unterwerfung' der Mitglieder ‚nach innen'. Jean-Paul Sartre hat mit Bezug auf diese Dynamik von ‚Eid' und von ‚Terror' gesprochen. Damit hätten wir es dann wieder mit einer gesellschaftlichen Rückkehr zu Zwangsvergemeinschaftungen zu tun, deren generelle Durchsetzbarkeit wir – jedenfalls gegenwärtig – jedoch nicht für wahrscheinlich halten.

Aber obwohl ihre spezifischen Merkmale also eine hohe strukturelle Labilität und ‚Unverbindlichkeit' der posttraditionalen Gemeinschaft implizieren, ist deren sozialintegrative Wirkung für die an ihr Teilhabenden durchaus mit der traditionellen Funktion eingelebter Milieus vergleichbar: Auch die posttraditionale Gemeinschaft stellt ein typischerweise hinlänglich plausibilisierbares Repertoire an Relevanzen, Regeln und Routinen zur Verfügung, das von den je Beteiligten zumindest in dem Maße, wie sie sich auf die Gemeinschaft beziehen und verlassen (wollen), mehr oder weniger übernommen wird. D. h., (auch) die posttraditionale Gemeinschaft ist – in all ihren in Frage stehenden Erscheinungsformen – *eine* ‚Antwort' auf die allgemeine gesellschaftliche Verunsicherung.

Sie ist allen Indizien zufolge nun zwar *keine* plausible Antwort auf die sozialstaatlichen (und zivilisatorischen) Verunsicherungen. Aber sie ist eine Antwort auf *die* Art der Verunsicherung, die wesentlich resultiert aus dem Fraglichwerden der persönlichen Identität (Luckmann 1972), aus der hypertrophierenden Multioptionalität (Gross 1994), aus dem Verlust des Sinn-Baldachins (Soeffner 2000), kurz: aus dem verlorenen Standpunkt gegenüber der Welt, welcher die postmodernistische Erlebnisqualität wesentlich kennzeichnet. Denn angesichts aktuell vielfältig erfahrbarer und erwartbarer Irritationen von Lebensgewohnheiten und damit des Schwindens von formaler Verlässlichkeit in modernen Gesellschaften in Folge von bzw. im Zusammenhang mit gravierenden und augenscheinlich auch nachhaltigen sozialstrukturellen Transformationsprozessen erscheint die Suche nach einer Antwort auf die Frage, wie wir (wieder)

‚Sicherheit' gewinnen können im Umgang miteinander, immer unabweisbarer. Und als Antwort auf diese Qualität von Verunsicherung verspricht nun eben die – wenn auch gegenüber ‚naturwüchsigen' Gesellungsformen strukturell labile – *posttraditionale* Gemeinschaft immerhin eine wenigstens *relative* Sicherheit und Fraglosigkeit dadurch, dass die als gemeinsam veranschlagten Interessen auf (eine gewisse) Dauer gestellt, transformiert oder mythisiert werden.[3]

Literaturverzeichnis

Bauman, Zygmunt (1995): Ansichten der Postmoderne. Hamburg/Berlin: Argument

Beck, Ulrich (1986): Risikogesellschaft. Auf dem Weg in eine andere Moderne. Frankfurt/M.: Suhrkamp

Beck, Ulrich (1995): Die „Individualisierungsdebatte". In: Schäfers, Bernhard (1995): 185-198

Beck, Ulrich/Bonß, Wolfgang (Hrsg.) (2001): Die Modernisierung der Moderne. Frankfurt/M.: Suhrkamp

Beck, Ulrich/Giddens, Anthony/Lash, Scott (1996): Reflexive Modernisierung. Frankfurt/M.: Suhrkamp

Beck, Ulrich/Lau, Christoph (Hrsg.) (2004): Entgrenzung und Entscheidung. Frankfurt/M.: Suhrkamp

Beck, Ulrich/Beck-Gernsheim, Elisabeth (Hrsg.) (1994): Riskante Freiheiten. Frankfurt /M.: Suhrkamp

Castells, Manuel (2001 - 2003): Das Informationszeitalter. Band 1-3. Opladen: Leske + Budrich

Etzioni, Amitai (1998): Die Entdeckung des Gemeinwesens. Frankfurt/M.: Fischer

Gadamer, Hans-Georg/Vogler, Paul (Hrsg.) (1972): Neue Anthropologie, Bd. III. Stuttgart/Hamburg: Thieme und DTV

Gebhardt, Winfried (1999): „Warme Gemeinschaft" und „kalte Gesellschaft". In: Meuter, Günter/Otten, Henrique Ricardo (1999): 165-184

Gross, Peter (1994): Die Multioptionsgesellschaft. Frankfurt/M.: Suhrkamp

Hellmann, Kai-Uwe/Pichler, Rüdiger (Hrsg.) (2005): Ausweitung der Markenzone. Wiesbaden: VS Verlag

Hitzler, Ronald (2001): Pioniere einer anderen Moderne? Existenzbasteln als Innovationsmanagement. In: Wüthrich, Hans A. et al. (2001): 35-55

Hitzler, Ronald (2008): Brutstätten posttraditionaler Vergemeinschaftung. In: Hitzler, Ronald et al. (2008b): 55-72

Hitzler, Ronald/Honer, Anne/Pfadenhauer, Michaela (2008a): Zur Einleitung: „Ärgerliche" Gesellungsgebilde? In: Hitzler, Ronald et al. (2008b): 9-34

Hitzler, Ronald/Honer, Anne/Pfadenhauer, Michaela (Hrsg.) (2008b): Posttraditionale Gemeinschaften. Wiesbaden: VS Verlag

Hitzler, Ronald/Pfadenhauer, Michaela (2008): Die Ökonomisierung der Produktion von Gemeinschaft. In: Rehberg, Karl-Siegbert (2008): 595-608

Hutton, Will/Giddens, Anthony (Hrsg.) (2002): Die Zukunft des globalen Kapitalismus. Frankfurt/M.: Campus

Luckmann, Thomas (1972): Zwänge und Freiheiten im Wandel der Gesellschaftsstruktur. In: Gadamer, Hans-Georg/Vogler, Paul (1972): 168-198

Lutz, Burkhard (1984): Der kurze Traum immerwährender Prosperität. Frankfurt/M: Campus

Malowitz, Klaudia (2007): Freiheit in Gemeinschaft. Hamburg: LIT Verlag

Martin, Hans-Peter/Schumann, Harald (2008): Die Globalisierungsfalle. Der Angriff auf Demokratie und

---

3   Der bislang von uns analytisch vernachlässigte Aspekt der verlässlichen Fürsorge im Rahmen posttraditionaler Vergemeinschaftung tritt aktuell und für uns gänzlich unerwartet mit kaum fassbarer existenzieller Wucht zu Tage. Was das für die Eigenschaften (bzw. für die Qualität) nichtkonventioneller (und damit Vorbildarmer) Gemeinschaftsformen impliziert, ist (auch) für uns eine derzeit (noch) offene Frage. Mit Blick darauf widmen wir diesen Text Anne Honer.

Wohlstand. Reinbek: Rowohlt

Mayer, Karl Ulrich/Müller, Walter (1994): Individualisierung und Standardisierung im Strukturwandel der Moderne. In: Beck, Ulrich/Beck-Gernsheim, Elisabeth (1994): 265-295

Meuter, Günter/Otten, Henrique Ricardo (Hrsg.) (1999): Der Aufstand gegen den Bürger. Würzburg: Königshausen und Neumann

Neidhardt, Friedhelm (1998a): Aufgaben und Formen gesellschaftlichen Grundkonsenses (Eröffnungsreferat zur Konferenz ‚Bundesverfassungsgericht und gesellschaftlicher Grundkonsens'). Berlin: Manuskript

Neidhardt, Friedhelm (1998b): Öffentlichkeit. In: Schäfers, Bernhard/Zapf, Wolfgang (1998): 487-495

Pfadenhauer, Michaela (2008): Markengemeinschaften. In: Hitzler, Ronald et al. (2008b): 214-227

Rehberg, Karl-Siegbert (Hrsg.) (2008): Die Natur der Gesellschaft. Verhandlungen des 33. Kongresses der DGS in Kassel 2006. Frankfurt/ M.: Campus

Schäfers, Bernhard (Hrsg.) (1995): Soziologie in Deutschland. Opladen: Leske + Budrich

Schäfers, Bernhard/Zapf, Wolfgang (Hrsg.) (1998): Handwörterbuch zur Gesellschaft Deutschlands. Opladen: Leske + Budrich

Schneider, Wolfgang Ludwig/Korff, Rüdiger/Albrecht, Clemens (2008): Programmpapier zum Plenum 5 beim 34. DGS-Kongress in Jena

Schumann, Harald/Grefe, Christiane (2009): Der globale Countdown: Finanzcrash, Wirtschaftskollaps, Klimawandel - Wege aus der Krise. Köln: Kiepenheuer & Witsch

Soeffner, Hans-Georg (2000): Gesellschaft ohne Baldachin. Weilerswist: Velbrück Wissenschaft

Weber, Max (1972): Wirtschaft und Gesellschaft. Tübingen: Mohr Siebeck

Wüthrich, Hans A./Winter, Wolfgang B./Philipp, Andreas F. (Hrsg.) (2001): Grenzen ökonomischen Denkens. Wiesbaden: Gabler

Klimawandel und nachhaltige Energieversorgung: Transformation und sozialer Wandel

Einleitung zum Plenum: Klimawandel und nachhaltige Energieversorgung. Transformation und sozialer Wandel

Johannes Weyer

Der globale Klimawandel ist aktuell eine der größten Herausforderungen der Menschheit. Innerhalb der Wissenschaften gibt es einen breiten Konsens, dass die globale Erwärmung ein anthropogener Prozess ist, der irreversible Folgen haben und zu einer globalen Betroffenheit führen wird. Man denke beispielsweise an die zunehmende Häufigkeit von Wirbelstürmen selbst in Regionen wie Mitteleuropa. Erforderlich sind daher nicht nur globale Maßnahmen zur Bewältigung der Folgen des Klimawandels (im Sinne eines traditionellen End-of-the-pipe-Denkens), sondern ein radikaler Umbau der Strukturen der Industriegesellschaft – von der Energiewirtschaft über das Verkehrssystem bis hin zu unseren gewohnten, oftmals klimaschädlichen Lebensweisen. Dass Deutschland seit 2005 von einer Klimakanzlerin regiert wird, die ehrgeizige Reduktionsziele formuliert hat, mag – bei aller Skepsis gegenüber konservativer Klimapolitik – als ein Indiz für diesen Umbau gelten.

Die Chance, einen derart radikalen Umbruch der modernen Gesellschaft in situ zu beobachten, ergibt sich nicht allzu oft. Der Soziologie eröffnet sich hiermit die Möglichkeit, ihre Theorien des sozialen Wandels mit Empirie zu unterfüttern und zu überprüfen, aber auch ihr Wissen über die Gestaltung des Wandels praktisch wirksam werden zu lassen. Wenn sozio-technische Pfade an Kraft verlieren und Alternativen (wie beispielsweise das Elektroauto) an Substanz gewinnen, dann ist es eine Aufgabe der Soziologie, diese Prozesse zu beschreiben und zu analysieren. Wenn tradierte Governance-Strukturen wie die zentralistische Energieerzeugung und -verteilung sich der Herausforderung durch neue dezentrale, verteilte Systeme stellen müssen, dann ist dies zugleich eine Herausforderung für die Soziologie und ihre Modelle von Steuerung, Governance, Komplexitätsmanagement etc. Zudem bilden sich neue Wissensregimes und epistemische Kulturen heraus, deren prägendes Kennzeichen es ist, dass Wissen praktisch wird (bzw. werden muss), obwohl die Zonen des Nicht-Wissens immer größer werden.

Transformationsprozesse sozio-technischer Systeme lassen sich beispielsweise in der Energiewirtschaft beobachten, wo sich zurzeit die Frage stellt, ob (und wie) die neuen Systeme, die auf erneuerbaren Energien basieren, in die alten Strukturen eingebaut werden können – oder ob die Low Carbon Society einen radikalen Bruch mit den alten Strukturen und einen ebenso grundlegenden Umbau der institutionellen Infrastruktur erfordert.

Und auch im Straßenverkehr vollziehen sich gegenwärtig erstaunliche Entwicklungen, scheint doch das Regime des Verbrennungsmotors, das die Mobilitätskonzepte der modernen Gesellschaft ein Jahrhundert lang geprägt hat, dem Ende entgegenzusteuern. Zumindest ist der Glaube an die Problemlösungsfähigkeit des alten Regimes geschwunden, und die Suche nach neuen Lösungen jenseits des Verbrennungsmotors ist – trotz aller noch zu überwindenden Probleme – in vollem Gang. Dies ist ein anschauliches Beispiel dafür, wie scheinbar versteinerte Regimes und Pfade ins Wanken geraten können. Das Modell des ‚Transition Management‘ macht hierfür die Verfügbarkeit technischer Innovationen, Wandlungen des sozio-kulturellen Kontextes (z. B. durch externe Schocks wie den Klimawandel) sowie die Erosion des bestehenden Regimes verantwortlich.

Die Analyse und Gestaltung derartiger Prozesse sozialen Wandels war – seit den Gründervätern des 19. Jahrhunderts – stets eines der zentralen Anliegen der Soziologie. Wie die im Folgenden dokumentierten Beiträge zum ‚Klima-Plenum‘ des Soziologiekongresses belegen, verfügt die Soziologie des 21. Jahrhundert über ein erstaunlich breites Repertoire zur Analyse von Transformationsprozessen, das sich nicht auf die Totaldeutung von Gesellschaft beschränkt, sondern einzelne Teilbereiche wie beispielsweise die nachhaltige Energieversorgung in den Blick nimmt.

Die Lösung als Problem

Stefan Böschen und Cordula Kropp

1. Einleitung

Der Umgang mit dem Klimawandel und den drängenden Fragen nachhaltiger Energieversorgung stellt Politik und Gesellschaft vor immense Herausforderungen. Allein die Erfüllung des in der EU-Klimaagenda formulierten Ziels, die Treibhausgasemissionen der EU bis 2020 um 30 Prozent unter das Niveau von 1990, bis 2050 gar um 60 bis 80 Prozent gegenüber 1990 zu vermindern, damit die globalen Emissionen bis 2050 um 50 Prozent unter dem Niveau von 1990 liegen, erfordert einen ‚Quantensprung' in der Transformation der bislang bekannten Industriegesellschaften (BMU 2007). Der notwendige gesellschaftliche Umbau ließe, so der Staatssekretär im Umweltministerium Matthias Machnig im Februar 2008, selbst die Erfahrungen der industriellen Revolution in Tragweite und erforderter Geschwindigkeit hinter sich. Obgleich diese Einschätzung auch der Durchsetzung einer spezifischen politischen Agenda geschuldet sein mag, gibt es doch viele Stimmen aus ganz unterschiedlichen Feldern, die in eine ähnliche Richtung argumentieren (siehe für viele: IPCC 2007; Stern et al. 2007). Auch im soziologischen Diskurs erhalten der Klimawandel und seine möglichen Folgen in der Zwischenzeit eine wachsende Bedeutung (z. B. Beck 2007; Welzer 2008). Jedoch ist die damit verbundene Herausforderung für die Soziologie bisher alles andere als erfasst, geschweige denn begriffen. Vielmehr stellt sich die Frage: Wie kann es gelingen, die genuin soziale sowie die ethische, politische und epistemologische Fundierung des Klimawandels in einer soziologischen Beschreibung angemessen zu dimensionieren? Wir vermuten, dass Beschreibungs- und Lösungsangebote ohne eine modernisierungstheoretische Fundierung der Hintergründe des Klimawandels und seiner Wahrnehmungen zu kurz greifen.

Dass die gesellschaftliche Anerkennung von Risiken im Gefolge von Wissenschaft, Technik und Wachstum den Abschied von industriemodernen Routinen nach sich ziehe und modernisierungstheoretisch neue Selbstverständnisse schaffe, hat Ulrich Beck bereits in seiner ersten Formulierung der „Risikogesellschaft" (1986) als These in seinen Analysen mitgeführt. Er sah gerade die durch die Moderne selbst erzeugten Wandlungsdynamiken als Motor einer Veränderung, die auch vor den zugrunde liegenden Überzeugungen und selbstverständlich gewordenen Ordnungen des Wissens mit ihrer übergeordneten Stellung von Wissenschaft und Technik nicht halt mache. Mit der „Weltrisikogesellschaft" (2007) aktualisiert er 20 Jahre später seine Diagnose und fokussiert dabei auf das Problem der verlo-

ren gegangenen Sicherheiten. Die nationalstaatlich garantierten Sicherheiten brechen im kosmopolitischen Raum auf, in dem durch das globale Wirken spezifischer
Risiken (wie Terror, Finanzmarkt und Umwelt) Fragen zum Umgang mit in sich
unvereinbaren normativen Horizonten, mit konkurrierenden Vorstellungen von
Gerechtigkeit und insbesondere mit divergenten Rationalitäten der Gestaltung von
Zukunft aufgeworfen würden. Ohne Zweifel sind die von Beck genannten Risiko-
bereiche bedeutsam für die gegenwärtige Wandlungsdynamik. Jedoch werden sie in
seiner Studie weder in ihrer Binnen- noch Kontrastlogik ausreichend gewürdigt.
Dazu müssten die Konflikte als Wissenskonflikte beschrieben und wissenssoziologisch in die konkurrierenden Logiken und Rationalitäten aufgeschlüsselt werden, so
dass das Mit- und Gegeneinander verschiedener Wissenskulturen und Wissensordnungen sichtbar werden kann. Heutige Wissenskonflikte erscheinen deshalb ver-
störend und nehmen den Charakter eines unauflöslichen Streits über Nichtwissen
an (Wehling 2006), weil in ihnen unterschiedliche Wissenskulturen aufeinander
treffen, ohne von einer Einheit stiftenden Kraft *universeller* wissenschaftlicher Rationalität legitimiert zu werden. Die disziplinär und sektoral unvermittelt gegeneinander argumentierenden Wissenskulturen lösen die Autorität von Wissenschaft und
Expertise im Hin- und Her der Fachdebatten auf, ohne dass eine Verständigung
über die bessere Diagnose, das bessere Argument oder gar die zugrunde liegenden
Normen möglich würde. Deshalb, so unsere These, bedarf die von Beck angelegte
modernisierungstheoretische Interpretation einer wissenskulturellen Ausformulie-
rung. Erst sie stellt die Frage nach den Repräsentationen von Wissen und deren
gesellschaftlicher Legitimation und könnte als eine ‚Wissenschaft von den Repräsentationen‘ (Latour/Weibel 2005) zu einem demokratischen Umgang mit Risiko-
und Wissenskonflikten befähigen.

Vor diesem Hintergrund zielen die Überlegungen unseres Beitrags darauf, eine
Forschungsperspektive vorzuschlagen, die erlaubt, die tiefere Struktur der gegenwärtigen Verschränkung von wahrgenommenen Problemstellungen und darauf
bezogenen Problemlösungskonzepten zu erkunden. Denn die in den Diskursfel-
dern um Klimawandel, Energieversorgung und nachhaltige Entwicklung liegenden
Wissen*konflikte* erfahren noch lange nicht die ihnen angemessene Aufmerksamkeit, sondern werden erfolgreich von industriemodernen Leit- und Glaubenssätzen
in Schach gehalten. Deren hegemoniale Deutungshoheit selektiert schon die Art
der Fragestellung und verwandelt Ungewissheiten in Innovationserfordernisse, ja
bisweilen gerät der Klimawandel in dieser Lesart zu einer Geschäftsidee. Dadurch
wird eine bestimmte Form der Rationalität erzeugt und alternativen Lösungshori-
zonten gerade Rationalität abgesprochen. Um den angesprochenen Wandel zukunftsfähig zu machen, müssten demgegenüber Wissenskonflikte in aller Schärfe
repräsentiert und kommuniziert werden, so dass die Repräsentationsformen von
Wirklichkeit selbst zum Gegenstand der gesellschaftlichen Debatte und der politischen Entscheidungen gemacht werden. Dazu müssten die Validierungsstrategien

von Wissen in einem epistemisch heterogenen Feld offen gelegt, zueinander in Bezug gesetzt und darüber hinaus auch für politische Legitimationsprozesse transparent gemacht werden. Diese Perspektive soll in drei Argumentationsschritten entwickelt werden:

a) Zunächst geben wir eine pointierte Darstellung des Aufstiegs und Falls von Nachwachsenden Rohstoffen als Hoffnungsträger einer Koalition aus Nachhaltigkeitsbemühungen, einer pfadabhängigen Agrarpolitik und wissensökonomischen Innovationsstrategien. Diese Lösung konnte nur funktionieren, solange die zugleich bestehenden, aber nicht entsprechend artikulierten Wissenskonflikte unter dem Schein-Konsens der Motivallianz verschwanden.

b) Wir werden zweitens argumentieren, dass solche ‚Monokulturen des Denkens' auf spezifischen, zu wenig reflektierten Voraussetzungen basieren. Diese thematisieren wir mit Blick auf eine veränderte Generierung von Zukunft in spätmodernen Gesellschaften. Die aufscheinende epistemologische Herausforderung lässt sich in einem Plädoyer für ein ‚Denken in Versionen' konzentrieren.

c) Schließlich gilt es drittens, die wissenspolitischen Konsequenzen der Analyse abzuleiten. Was sind die Herausforderungen und Chancen einer politischen Gestaltung von Wissensordnungen bei transdisziplinären und sektorübergreifenden Wissenskonflikten?

2. Nachwachsende Rohstoffe – Problem, Lösung und wieder Problem

2.1 Das Feld Nachwachsende Rohstoffe

Nachwachsende Rohstoffe galten zunächst als eine wichtige Lösung des Ressourcenproblems. Als Nachwachsende Rohstoffe gelten – wenn auch nicht verbindlich definiert (Karafyllis 2000: 79) – die Gesamtheit pflanzlicher, tierischer und mikrobakterieller Biomassen, die in natürlichen oder anthropogen beeinflussten Nahrungsketten produziert werden, die auf photosynthetischer Primärproduktion beruhen und die nicht Nahrungsmittelzwecken dienen (Kohmanns et al. 1995: 7). Die stoffliche und energetische Nutzung von Biomasse firmierte lange Zeit als das Modell einer nachhaltigen Entwicklung. Das hat verschiedene Gründe:

a) Begrifflich versprechen Nachwachsende Rohstoffe das scheinbar Unmögliche, nämlich das Aufheben jeglicher Knappheitsprobleme, die mit dem Begriff des Rohstoffes seit der Club of Rome-Studie „Grenzen des Wachstums" (Meadows et al. 1972) direkt assoziiert werden.

b) Nachwachsende Rohstoffe präsentieren sich als eine per se ‚grüne' oder ‚ökologische' Lösung, die als ‚Bio-Energie' oder ‚Bio-Raffinerie', energetische und stoffliche Nutzungschancen mit ökologischen Gewinnen anbieten.

c) Der unter Druck geratenen Landwirtschaft winken dadurch neue Produktivkräfte und neue Legitimationschancen in einem anerkannten Wachstumsmarkt.

d) Auch in der Energiefrage eröffneten sich unerwartete Horizonte und eine sinkende Abhängigkeit von den ‚schwierigen' OPEC-Ländern.

Zunächst sah es nach einer ‚Win-Win'-Situation aus: alle Seiten konnten mit Nachwachsenden Rohstoffen nur gewinnen. „Schilfgras statt Atom – neue Energien für eine friedliche Welt". Mit diesen Worten bereitete der Journalist Franz Alt Nachwachsenden Rohstoffen bereits 1990 öffentliche Akzeptanz. Jedoch drehte nach einer Weile der Wind. Die Lösung erschien als Problem. Die hierzulande wachsende Konkurrenz um Flächen, Forschungsgelder und Existenzmöglichkeiten verdeutlicht die Grenzen und Selektivitäten dieser über lange Zeit hochrangig gehandelten Lösungsstrategie: Im re-assessment erweist sich die Lösung als Problem. Warum? Nur drei Aspekte:

a) In der Zwischenzeit wird das Thema der Flächenkonkurrenz viel deutlicher thematisiert, nachdem es Anfang 2008 zu erheblichen Verwerfungen auf dem Markt für Lebensmittel kam. Dramatische Verteilungseffekte markieren einen erneuerten Imperialismus des energiehungrigen Westens (und das auch noch unter ökologischen Vorzeichen) (Rösch et al. 2008).

b) Der ökologische Nutzen wird mit Blick auf die Kohlendioxid-Bilanz nicht mehr ganz so optimistisch gesehen – obgleich gerade die Klimaneutralität als eines der Hauptargumente etwa für Biosprit gesehen wurde (UNEP 2009). Der Bedarf an Fremdenergie, die negative Wirkung auf die Biodiversität sowie die mitunter erhebliche Umweltbelastung beim Pflanzenanbau verändern die Bewertung. Die klimarelevante Amortisationszeit reicht rechnerisch von 17 Jahren bei Bioethanol bis zu 420 Jahren bei Biodiesel (Bringezu/Schütz 2008: 17).

c) Während der so genannten ‚Agrarwende' waren große Flächen und Monokulturen als ‚agro-industrielle Fabriken' diskreditiert worden. Gerade sie wurden für eine folgenblinde Produktivitätssteigerung in der Nahrungsmittelproduktion mit vielerlei ökologischen, ökonomischen und gesundheitlichen Risiken verantwortlich gemacht. Obgleich deshalb eine Wende hin zu umwelt-, tier- und verbrauchergerechteren Anbaumethoden proklamiert worden war, feierte ausgerechnet bei der Erzeugung von Nachwachsenden Rohstoffen das Paradigma industrieller Landwirtschaft seine Wiedergeburt.

Auffällig ist, dass es schon immer auch viele kritische Stimmen gab, die den ausgedehnten Anbau von Biomasse (Energiepflanzen wie Mais, Raps, Zuckerrüben, Getreide, Holz) zum Zweck der Energiegewinnung für ökologisch nicht sinnvoll hielten (siehe für viele: Karafyllis 2000). Diese Kritik verhallte jedoch mehr oder weniger. Das Problem der Nebenfolgen im Zuge eines exzessiven Ausbaus Nachwachsender Rohstoffe wurde erst zu einem Zeitpunkt virulent, als steuerungspolitisch bereits erhebliche Pfadabhängigkeiten geschaffen waren. Warum war es nicht zu Beginn der Debatte gelungen, die bereits vorher befürchteten Nebenfolgen und Risiken dieser Technologie zu politisieren? Unsere Vermutung ist, dass eine ,Rationalitätsallianz' technologisch-politischer Gestaltungskräfte der schnellen und einseitigen Durchsetzung dieser Lösung den Weg ebnete.

2.2 Wissenskulturelle Differenzen

Wir möchten die Unterscheidung zweier Wissenskulturen einführen, um die Diagnose zu erläutern, dass sich letztlich ,Monokulturen des Denkens' durchsetzen konnten, die hoch selektiv mit Blick auf die als relevant angesehenen Wissenskulturen operierten. Danach lassen sich – stark vereinfachend – kontrollorientierte und komplexitätsorientierte Wissenskulturen voneinander abgrenzen (Böschen et al. 2008). Kontrollorientierte Wissenskulturen verfahren reduktionistisch-experimentell und zielen vor allem auf eine Steigerung (technologischer) Handlungsoptionen. Dabei wird Evidenz sehr eng (also: restriktiv) definiert, so dass nur solche Aussagen als erwiesen gelten, die experimentell bestätigt wurden und zugleich im Rahmen einer Theorie kausal erklärt werden können. Unter den wissenschaftlichen Disziplinen vertreten etwa die auf kleine Laborausschnitte begrenzte Mikrobiologie, aber auch die neoklassische Ökonomie kontroll-orientierte Wissenskulturen. Sie können andere Ansätze und Perspektiven im Grunde nur integrieren, wenn sie in der gleichen Weise Evidenz konstruieren. Komplexitätsorientierte Wissenskulturen verfahren dahingegen konfigurativ-kontextuell bei der Erstellung ihrer Wissensbestände und steigern insbesondere Reflexionsoptionen (Böschen 2009). Evidenz entsteht durch die Einbettung von Aussagen in Bedeutungsnetze, die eher lose aus heterogenen Theoriebeständen (also: konfigurational) geknüpft werden und nicht notwendigerweise experimentell verdichtet sein müssen. Beweise in Indizienform sind durchaus legitim. Für diese Wissenskultur stehen nicht nur ,soft sciences' wie Sozial- und Politikwissenschaften, sondern auch die für größere und vernetzte Wirklichkeitsausschnitte sensible Ökologie, Teile der Medizin und die meisten Komplexitätstheorien. Solche Wissenskulturen können auch Wissensformen adaptieren, die sich durch eine relativ große epistemische Distanz auszeichnen.

Nun war die Differenzierung verschiedener Wissenskulturen schon immer Teil und Gegenstand der Geschichte der Wissenschaften (Serres 1998). Bisher gelang es jedoch, den darin verborgenen Konflikt durch die Konstruktion einer hierarchischen Ordnung des Wissens zu umgehen. In einer solchen Ordnung des Wissens fungiert Wissenschaft als primus inter pares und verbürgt einheitliche Rationalitätsstandards (Weingart et al. 2007). Diese Konstruktion wird jedoch in dem Maße problematisch, in dem die innere Pluralität von Wissenschaft durch öffentlich ausgetragene Kontroversen um Wissen deutlich zu Tage tritt. Dann zeigt sich, dass Wissenschaft eben nicht allein eine Unternehmung ist, um methodisch kontrollierte Aussagen zu treffen, sondern auch eine Deutungsmaschine, die spezifische Welten, Perspektiven und Gegenstände erschafft. In diesem Zusammenhang kommt dem Klimadiskurs eine katalytische Funktion zu, da er durch Klimaerzählungen geprägt ist, die je ein besonderes Entwicklungsprojekt verkörpern (Viehöver 2003). In diesen Projekten mischen sich Fakten und Werte, die Frage nach dem Fall mit der Frage danach, was der Fall sein sollte. Dieser Effekt wird durch das hinzutretende Problem der Prognose und des Nichtwissens verstärkt. Wie soll mit den Unsicherheiten der prognostizierten Folgenfolgen umgegangen werden? Welche Prognose ist wie zu interpretieren? Wann kann sicher davon ausgegangen werden, dass der Wandel irreversible Veränderungen mit sich bringt? Welche Strategien sind angemessen, um die unterschiedlichen Formen von Unsicherheit und Nichtwissen zu bearbeiten? In Wissenskonflikten geht es nicht allein um Sachfragen nach der Wirklichkeit, sondern ebenso darum, in welcher Weise Wissenschaft überhaupt zu Aussagen über die Wirklichkeit gelangt – und ob die Methodik angemessen ist. Die Voraussetzungen der Wissensproduktion werden thematisch und provozieren Rationalitätskonflikte.

Diese Überlegungen können auf die Untersuchung der wissenspolitischen Strukturierung der Governance von Nachwachsenden Rohstoffen übertragen werden. Sie richtet sich auf die Frage, welche Interpretationen und Beschreibungsleistungen politisch meinungsbildend wurden und inwiefern die zugrunde liegenden Wissenskulturen Steuerungswirkung entfaltet haben. Aus dieser Perspektive fällt zunächst auf, dass in der Auseinandersetzung um Nachwachsende Rohstoffe ursprünglich sowohl kontroll- als auch komplexitätsorientierte Wissenskulturen beteiligt waren. Die kontrollorientierten Wissenskulturen (Pflanzentechnologie, Agrarökonomie etc.) konnten jedoch zunehmend Boden gewinnen, weil ihre Denk- und Problemlösungsmuster mit denen im politischen und ökonomischen Raum eher konvergieren. Kontrollorientierte Formen der Wissensproduktion und -verhandlung können Eindeutigkeitsangebote machen und damit politisch bzw. unternehmerisch eine Steigerung von Handlungsoptionen in Aussicht stellen (Kropp/Wagner 2008 sowie Harry Trumans viel zitierten Wunsch nach einarmigen

Beratern). Dies führte nicht nur zu einer spezifischen Selektion von Bewertungskriterien (Oertel 2007), sondern wurde auch durch eine gleichsinnige Wissenschaftspolitik (etwa durch das BMELV oder die Fachagentur Nachwachsende Rohstoffe e.V.) stabilisiert und verstärkt. Es ist also eine ‚Wahlverwandtschaft' zwischen bestimmten Wissenskulturen und organisationalen Umwelten zu beobachten.

Vertreter des kontrollorientierten Ansatzes befürchten vielfach, dass eine Öffnung des diskursiven Feldes zu weit reichenden Innovationsblockaden führen werde. Jedoch zeigt sich, dass Transparenz tatsächlich konfliktberuhigend wirken kann (Seifert 2003: 549). In diesem Sinne hätte eine frühzeitige Einbeziehung anderer Fachkulturen und Perspektiven die letztlich doch durchschlagenden Wissenskonflikte rechtzeitig sichtbar gemacht. Zudem wären die gesellschaftspolitischen Konsequenzen hervorgetreten und damit deutlich geworden, wie begrenzt und selektiv die herangezogenen Evidenzen sind und welche ‚Scheuklappenblindheit' damit in Kauf genommen wurde (Hegmann 2001). Zusammengefasst: Auf politischem Boden entstanden ‚Monokulturen' von Wissen und damit eine Verknappung von Repräsentationsangeboten, die zudem infrastrukturell verfestigt wurde.

3. Epistemischer Streit und Epistemisches Niemandsland

Zwei Gründe (ein epistemischer und ein wissenspolitischer) erklären, warum kontrollorientierte Wissenskulturen und ihre Repräsentationen von Nachwachsenden Rohstoffen gegenüber den Deutungen komplexitätsorientierter Wissenskulturen privilegiert wurden.

Epistemisch entspricht diese Privilegierung der innerwissenschaftlichen Arbeitsteilung, bei der zwar jede Disziplin verantwortlich für die eigenen Strategien der Erkenntnisproduktion zeichnet, jedoch zugleich innovationsorientierte Herangehensweisen über nebenfolgenorientierte Wissenskulturen gestellt werden. Die eingeführte Arbeitsteilung sichert die ‚Produktivität' von Wissenschaft und deren inneren Frieden. Würde der ‚epistemische Streit' (Schomberg 1992) als offene Konfrontation der Wissenskulturen zugelassen, würde zwangsläufig das System der Wissensproduktion grundlegenden Dissonanzen ausgesetzt. Dann stünde zur Debatte, ob manche Wissenspraktiken ‚zielführender', ‚folgensensibler', ‚belastbarer', ‚weit reichender' oder gar ‚besser' sind als andere (Krohn 2006). Offensichtlich mischten sich dann Fragen der normativen Orientierung mit solchen der Faktenerzeugung.

Wissenspolitisch kann die hierarchische Arbeitsteilung mit der Erhaltung von Handlungsfähigkeit durch Komplexitätsreduktion verteidigt werden. Es ist wohl die Angst, die Suchräume möglicher Wechselwirkungen, Risiken und Folgenfolgen im Zuge einer multidimensionalen Betrachtung nicht mehr überschauen zu können, die einer vorauseilenden Bereitschaft zur unkritischen Festlegung von Wis-

sens- und Nichtwissensräumen den Weg ebnet. Der Gewinn besteht darin, dass
politisch nutzbare Evidenzen einfacher generiert werden und handhabbare Boun-
dary-Objects (Star/Griesemer 1989) entstehen, die als Embleme auf dahinter liegende Konstrukte bereichsübergreifender Wissens- und Überzeugungsproduktion
verweisen. Deren Fragilität und auf begrenzte Ausschnitte bezogene Validierung
gerät aus dem Blick und entlastet damit für den Moment das System der Entscheidungsfindung von der Beantwortung unlösbarer epistemischer Fragen. Allerdings
kommen mit Konflikten, wie denen um den Klimawandel und seine gesellschaftliche Verarbeitung (Hulme 2009), die still gestellten Fragen des Wissens zurück –
nicht zuletzt durch den sich wandelnden Zukunftsbezug in spätmodernen Gesellschaften.

3.1 Zukunft – Schicksal oder Entscheidungsfrage?

Moderne Gesellschaften weisen einen charakteristischen Zukunftsbezug auf, innerhalb dessen Zukunft einerseits als offener Raum von wachsenden Handlungsmöglichkeiten erscheint, andererseits aber auch als Risiko, auf das Entscheidungen
in der Gegenwart bezogen werden (Luhmann 1992). Die unkontrollierte Beschleunigung des Innovationsprozesses und seiner Nebenfolgen stellt diesen Anspruch
jedoch in Frage und thematisiert das inhärente Nichtwissen (Wehling 2006). Es
wird immer deutlicher, dass Zukunft nicht nur schon in der Gegenwart durch die
Konstruktion von Pfadabhängigkeiten bestimmt wird, sondern dass dieser Prozess
auch immer schneller abläuft (Rosa 2005). Die eingeschlagenen Wege entpuppen
sich als irreversibel und strafen die vorherigen Reflexionskapazitäten ein fürs andere Mal als ungenügend. In dem Maße, in dem sich Öffentlichkeiten dessen bewusst
werden, fordern sie demokratische Prozesse der zukunftsbezogenen Entscheidungsfindung ein und transformieren die offene Zukunft in einen zunehmend
segmentierten Raum (Böschen/Weis 2007).

Dies kann an der Ausweitung des Vorsorgeprinzips zum allgemeinen Politik-
prinzip (z. B. EU 2000) abgelesen werden. Dabei enthält das Vorsorgeprinzip ein
wissenspolitisches Paradox: Mit seiner konsequenten Auslegung rückt der Schutz
vor bisher (noch) nicht identifizierten und näher analysierten Gefährdungen in den
Fokus und Nichtwissen wird zur zentralen Bezugsgröße. In der Folge polarisieren
sich die Wissenskulturen und Versuche der vorschnellen Schließung nehmen zur
Reduzierung von Komplexität wieder zu. So kommen auch dadurch wissenspolitische Fragen zurück, diesmal nach der Wissensbasis für die Anwendung und Ausgestaltung des Vorsorgeprinzips: Das Spektrum an Vorschlägen reicht von einer
strikt evidenzbasierten bis hin zu einer konsequent nichtwissensorientierten Maxime (Boschert/Gill 2005).

Zukunft erscheint politisch als entscheidungspflichtig. Wissenschaftlich scheint ihre Aneignung einem Wandel ,vom Forecasting zum Foresight' zu unterliegen. Während Forecasting die Chancen der Planbarkeit und Kalkulation betont, geht es beim Foresight um die reflexive Gestaltung von Zukunft durch den Umgang mit Optionenvielfalt. Dazu muss die Wertgebundenheit des Zukunftswissens reflektiert werden (Guimares Pereira et al. 2007). Entscheidend ist es, Chancen für das Denken in und das Entscheidbarmachen von *alternativen* Zukünften zu steigern. Ein Eckpfeiler dabei ist die konsequente Auseinandersetzung mit den epistemischen Scheuklappen ,monokultureller' wissenschaftlicher Politikberatung und ,monokultureller' Politikbegründung.

3.2 Epistemisches Niemandsland und seine Markierung

Die neue Entscheidungspflichtigkeit von Zukunft eröffnet zwar neue Möglichkeiten, um den epistemischen Streit zwischen verschiedenen Wissensakteuren und ihren Wissenskulturen offensiver und transparenter zu gestalten. Damit sind aber auch hochgradig ambivalente Folgen verbunden. Denn die wissenspolitischen Randbedingungen erzeugen eigene Probleme, wie am Beispiel der Thematisierung von Nichtwissen im Vorsorgeprinzip gezeigt wurde. Die Infragestellung wissenschaftlicher Wissensordnungen ist noch lange nicht gleichbedeutend mit der Konzeptualisierung und Errichtung neuer Wissensordnungen. Ganz im Gegenteil: Mit dem Aufkommen neuer ,Zonen der Uneindeutigkeit' (Agamben 2002) zeigt sich, dass die bisherigen Ordnungen zumindest über klare Legitimationsregeln verfügten. Das bedeutet, Wissenskulturen und deren Anordnung in Wissensordnungen können als hierarchische Wissenspolitik erkannt und beschrieben, auf ihr cui bono geprüft und in Bezug zu der durch sie epistemisch ermöglichten Reproduktion spezifischer Herrschaftsverhältnisse gesetzt werden. Für die demokratische Konzeptualisierung ,neuer Wissensordnungen' müsste darüber hinaus Transparenz über die asymmetrische politische Repräsentation der vorhandenen Wissenskulturen hergestellt werden. So wäre in der politischen Debatte über möglichen Nutzen und Nachteil der flächendeckenden Erzeugung von Nachwachsenden Rohstoffen eine Art ,Meta-Expertise' hilfreich gewesen, die auf die einseitige Verknappung von Deutungsmöglichkeiten und die in dieser Verknappung liegenden Risiken aufmerksam gemacht hätte. Sie hätte das wissenspolitische Denken in epistemischen ,Versionen' geschult und die „Logik des Misslingens" (Dörner 2003) schon früh problematisiert.

Um die Konzeptualisierung von Wissensordnungen folgensensibel und zukunftsfähig zu machen, so unsere These, müsste noch tiefer angesetzt werden. Der Konflikt zwischen verschiedenen Wissenskulturen lässt sich als Streit um angemessene Formen der Evidenzkonstruktion begreifen. Erfolgt diese beispielsweise allein nach den Kriterien der Innovationskultur, die kontextneutralisierend verfährt, oder können ergänzende Bezüge zu kontextsensiblen Wissenskulturen sowie gesellschaftlichen Bewertungsrastern für die Konturierung der Problemlage bedeutsam werden? Die Durchsetzung der epistemischen ‚Tugend' der Objektivität (Daston/Galison 2007; Heintz 2007) hat den Glauben an vom Menschen unabhängige Erkenntnischancen verstärkt. Sandra Harding kennzeichnet diese Form der Objektivität jedoch als ‚schwach', weil sie sich den Entscheidungen über ihre Voraussetzungen entzieht. Sie bringt demgegenüber ihre Vorstellung einer „starken Objektivität" in Stellung:

> „Ein Programm der starken Objektivität verbindet (…) eine soziale und kulturelle Verortung von Projekten der Wissenssuche mit politischen Lokalisierungen, und zwar mit dem Ziel, wirksamere Mittel für die Vergrößerung der Objektivität bereitzustellen, als es dem Neutralitätsideal möglich ist" (Harding 2003: 186f.).

Setzt man sich mit den epistemischen Erfordernissen „starker Objektivität" auseinander, zu denen die Erschließung von Netzwerken kontext- und akteursgebundener Wissensangebote gehört, wird die bislang verdeckte Austragung von Wissenskonflikten im sozialen Raum sichtbar. Im Falle schwacher Objektivität ist die Sicherstellung von Forschungsautonomie die wesentliche Herausforderung, im Falle starker Objektivität der Umgang mit Heteronomie. Umstandslos ist in Zeiten schwelender Wissenskonflikte weder das eine noch das andere zu haben. Aus den Überlegungen wird vielmehr die Aufgabe einer wissenspolitischen Analyse ableitbar, um die diskursiven und institutionellen Randbedingungen zu markieren, die einem Denken in Versionen den Weg ebnen könnten.

4. Ausblick

Gefragt ist also eine Soziologie als Wissenschaft der Repräsentation, die nun ganz im Sinne von Bruno Latours „Parlament der Dinge" (2001) nicht mehr nur ‚soziale' Stimmen und Verteilungen repräsentiert, sondern die Position eines Mittlers zwischen Naturwissenschaften und Politik einnimmt. Sie muss neue Formen der Aufbereitung von Wissensbeständen und deren symmetrischer Repräsentation finden und dabei insbesondere auf die Zonen der Uneindeutigkeit und konkurrierender Eindeutigkeit fokussieren. UmweltsoziologInnen werden oft gebeten, zu dieser und jener ökologischen Fragestellung die Sicht auf die ‚soziale Dimension' beizutragen. Das Ergebnis solcher Bemühungen ist, ohne eine entsprechende wissenssoziologische Reflexion, meist problematisch. Im schlimmsten Falle geht es um Akzeptanzbeschaffung für eine Politik, die ansonsten von naturwissenschaftlich erzeugten Daten geprägt ist. ‚Nackten' Fakten soll durch den Einbezug harmlos-kritischer Diskussionen eine Aura gesellschaftlicher Legitimität verliehen werden. Vielfach sollen auch schlicht kulturelle Resonanzböden ausgelotet werden. Zugleich produzieren NaturwissenschaftlerInnen Arsenale von Daten, um ihre Beschreibungen zur Entwicklung von Problemlösungskonzepten nutzbar zu machen. Nicht selten gibt es heftigen Streit um die richtige Perspektive, ohne aber dem Problem der Repräsentation von Daten (also den im Wissen verankerten Visibilisierungs- und Validierungsstrategien) eine – diskutable – Stimme zu verleihen. Deshalb: Die Soziologie sollte nicht gerufen werden, wenn die Repräsentationen zu kommentieren sind, sondern von Anfang an, um Repräsentation als eine zutiefst soziale Aufgabe zu entfalten. Es gilt, die Wissenskonflikte herauszuarbeiten und ein Gespräch zwischen den wissensperspektivisch voreingenommenen Advokaten zu ermöglichen, etwa durch die Visualisierung der Standpunkte, Streitfragen, Hintergründe und ihre Akteure, wie das im Rahmen von so genannten Risiko- und Wissenskartierungen versucht wird (Beck et al. 2008; Venturini 2009). Dafür brauchen die Gesellschaft, die Öffentlichkeit und die Politik eine Soziologie mit und nicht neben den Naturwissenschaften.

Literaturverzeichnis

Agamben, Giorgio (2002): Homo sacer. Souveräne Macht und bloßes Leben. Frankfurt/M.: Suhrkamp

Alt, Franz (1990): Schilfgras statt Atom. München: Piper Verlag

Beck, Ulrich (1986): Risikogesellschaft. Auf dem Weg in eine andere Moderne. Frankfurt/M.: Suhrkamp

Beck, Ulrich (2007): Weltrisikogesellschaft. Auf der Suche nach der verlorenen Sicherheit. Frankfurt/M.: Suhrkamp

Beck, Gerald/Engel, Astrid/Kropp, Cordula (2008): Visualisierung von Risikokonflikten als Chance für Gestaltungsöffentlichkeiten. In: Stegbauer, Christian/Jaeckel, Michael (2008): 217-240

BMU (2007): Klimaagenda 2020. Der Umbau der Industriegesellschaft. Bonn

Böschen, Stefan (2009): Hybrid Regimes of Knowledge? In: Environmental Science and Pollution Research 16(5): 508-520

Böschen, Stefan/Kastenhofer, Karen/Rust, Ina/Soentgen, Jens/Wehling, Peter (2008): Entscheidungen unter Bedingungen pluraler Nichtwissenskulturen. In: Mayntz, Renate et al. (2008): 197-219

Böschen, Stefan/Weis, Kurt (2007): Die Gegenwart der Zukunft. Perspektiven einer zeitkritischen Wissenspolitik. Wiesbaden: VS Verlag

Boschert, Karin/Gill, Bernhard (2005): Germany's agri-biotechnology policy. Precaution for choice and alternatives. In: Science and Public Policy 32(4): 285-292

Bringezu, Stefan/Schütz, Helmut (2008): Auswirkungen eines verstärkten Anbaus nachwachsender Rohstoffe im globalen Maßstab. In: Technikfolgenabschätzung – Theorie und Praxis 17(2): 12-23

Clausen, Lars/Geenen, Elke M./Macamo, Elisio (Hrsg.) (2003): Entsetzliche soziale Prozesse. Theorie und Empirie der Katastrophen. Münster: LIT Verlag

Daston, Lorraine/Galison, Peter (2007): Objektivität. Frankfurt/M.: Suhrkamp

Dörner, Dieter (2003): Die Logik des Misslingens. Strategisches Denken in komplexen Situationen. Reinbek: Rowohlt

EU (Europäische Kommission) (2000): Communication from the Commission on the precautionary principle. Com (2000) 1 final. Brüssel: European Union

Guimares Pereira, Angela/von Schomberg, Rene/Funtowicz, Silvio (2007): Foresight knowledge assessment. In: International Journal for Foresight and Innovationa Policy 3(1): 53-75

Harding, Sandra (2003): Starke Objektivität. In: Vogel, Matthias/Wingert, Lutz (2003): 162-190

Hegmann, Horst (2001): Die Konsequenzen des wissenschaftlich-technischen Fortschritts für die normative Demokratietheorie. In: Simonis, Georg et al. (2001): 19-33

Heintz, Bettina (2007): Zahlen, Wissen, Objektivität: Wissenschaftssoziologische Perspektiven. In: Mennicken, Andrea/Vollmer, Hendrik (2007): 65-85

Hulme, Mike (2009): Why we disagree about Climate Change. Understanding Controversy, Inaction and Opportunity. Cambridge: Cambridge University Press

IPCC (Intergovernmental Panel on Climate Change) (2007): 4. Sachstandsbericht des IPCC. Klimaänderungen 2007: Zusammenfassung für politische Entscheidungsträger. Online verfügbar unter: http://www.de-ipcc.de/download/IPCC2007-FullDocument.pdf (Stand: 26.03.2009)

Karafyllis, Nicole C. (2000): Nachwachsende Rohstoffe. Technikbewertung zwischen den Leitbildern Wachstum und Nachhaltigkeit. Opladen: Leske + Budrich

Kropp, Cordula/Wagner, Jost (2008): Wissensaustausch in Entscheidungsprozessen. Kommunikation an den Schnittstellen von Wissenschaft und Agrarpolitik. In: Mayntz, Renate et al. (2008): 173-196

Latour, Bruno (2001): Das Parlament der Dinge. Für eine politische Ökologie. Frankfurt/M.: Suhrkamp

Latour, Bruno/Weibel, Peter (Hrsg.) (2005): Making Things Public. Atmospheres of Democracy. Cambridge, MA: MIT-Press

Luhmann, Niklas (1992): Beobachtungen der Moderne. Opladen: Westdeutscher Verlag

Mayntz, Renate/Neidhardt, Friedhelm/Weingart, Peter/Wengenroth, Ulrich (Hrsg.) (2008): Wissensproduktion und Wissenstransfer. Wissen im Spannungsfeld von Wissenschaft, Politik und Öffentlichkeit. Bielefeld: transcript

Meadows, Donella/Meadows, Denis/Zahn, Etich/Milling, Peter (1972): Die Grenzen des Wachstums. Stuttgart: DVA

Mennicken, Andrea/Vollmer, Hendrik (Hrsg.) (2007): Zahlenwerk. Kalkulation, Organisation und Gesellschaft. Wiesbaden: VS Verlag

Oertel, Dagmar (2007): Industrielle stoffliche Nutzung nachwachsender Rohstoffe. Sachstandsbericht zum Monitoring ‚Nachwachsende Rohstoffe'. Berlin: TAB

Rosa, Hartmut (2005): Beschleunigung. Die Veränderung der Zeitstruktur in der Moderne. Frankfurt/M.: Suhrkamp

Rösch, Christiane/Jörissen, Juliane/Skarka, Johannes/Hartlieb, Nicola (2008): Flächennutzungskonflikte. Ursachen, Folgen und Lösungsansätze. In: Technikfolgenabschätzung – Theorie und Praxis 17(2): 4-11

Schomberg, Rene von (1992): Darstellung und Entwicklung des Verhältnisses von wissenschaftlichen, wissenschaftspolitischen und politischen Argumenten in der Debatte um die Freisetzung genetisch manipulierter Organismen (Diskussionspapier des WZB, Abteilung Normbildung und Umwelt). Berlin: WZB

Seifert, Franz (2003): Beinahe-Gleichzeitigkeit. Die europäische Anti-Gentechnik-Welle und das Öffentlichkeitsdefizit der EU. In: Berliner Journal für Sozialforschung 13(4): 545-564

Serres, Michel (Hrsg.) (1998): Element einer Geschichte der Wissenschaften. Frankfurt/M.: Suhrkamp

Simonis, Georg/Martinsen, Renate/Saretzki, Thomas (Hrsg.) (2001): Politik und Technik. Analysen zum Verhältnis von technologischem, politischem und staatlichem Wandel am Anfang des 21. Jahrhunderts. Wiesbaden: Westdeutscher Verlag

Star, Susan L./Griesemer James R. (1989): Institutional Ecology, 'Translations' and Boundary Objects. Amateurs and Professionals in Berkeley's Museum of Vertebrate Zoology, 1907-39. In: Social Studies of Science 19(3): 387-420

Stegbauer, Christian/Jaeckel, Michael (Hrsg.) (2008): Social Software. Formen der Kooperation in computerbasierten Netzwerken. Wiesbaden: VS Verlag

Stern, Nicolas (2007): Stern-Review. The Economics of Climate Change. London: HM Teasury

UNEP (United Nations Environmental Programme) (2009): Towards sustainable production and use of resources. Assessing Biofuels. Nairobi: UNEP

Venturini, Tommaso (2009): Building on Faults. How to Represent Controversies with Digital Methods. In: Public Understanding of Science (im Erscheinen)

Viehöver, Willy (2003): Die Klimakatastrophe als ein Mythos der reflexiven Moderne. In: Clausen, Lars et al. (2003): 247-286

Vogel, Matthias/Wingert, Lutz (Hrsg.) (2003): Entdeckung und Konstruktion. Erkenntnistheoretische Kontroversen. Frankfurt/M.: Suhrkamp

Wehling, Peter (2006): Im Schatten des Wissens? Konstanz: UVK

Weingart, Peter/Krohn, Wolfgang/Carrier, Martin (2007): Nachrichten aus der Wissensgesellschaft. Weilerswist: Velbrück Wissenschaft

Welzer, Harald (2008): Klimakriege. Wofür im 21. Jahrhundert getötet wird. Frankfurt/M.: Fischer Verlag

CO$_2$-Märkte als Beitrag zu einer *carbon-constrained business world*

Anita Engels

Dieser Vortrag beschäftigt sich mit einem spezifischen Aspekt der gesellschaftlichen Transformationen, die im Zusammenhang mit globalem Klimawandel zu beobachten sind, nämlich mit der Schaffung neuer Märkte für handelbare Emissionsrechte. Für Unternehmen bedeutet die Einführung solcher Märkte den Beginn eines sich seit längerem abzeichnenden Regimewechsels hin zu einer *carbon-constrained business world*, in der die Kosten für klimaschädliche Emissionen in den Produktionsprozess einbezogen werden müssen. Da der Ausstoß von CO$_2$ zunächst keine unmittelbare Gesundheitsgefährdung hervorruft und auch keine Verschmutzung im engeren Sinne der Luftreinhaltungspolitik darstellt, unterlagen diese Emissionen lange Zeit keinerlei Regulierung. Indem der CO$_2$-Ausstoß nun für immer mehr Branchen zu einem Kostenfaktor wird, sind Unternehmen erstmals gezwungen, sich selbst unter dem Aspekt der CO$_2$-Emissionen zu betrachten und herauszufinden, wo ihre Einsparpotenziale liegen und wie viel Kosten mit der Realisierung dieser Einsparmöglichkeiten verbunden wären. Für Unternehmen ist das bereits eine massive Veränderung ihrer regulativen Umwelt, und bedenkt man die häufig geäußerte Forderung, dass bis zum Jahr 2050 der heutige Emissionsausstoß um etwa 80 Prozent gesenkt werden müsste, würde dies für manche Branchen in der jetzigen Form bereits die Möglichkeiten des wirtschaftlichen Überlebens ganz grundsätzlich in Frage stellen.

Dennoch, gegenüber dem diesem Plenum vorangestellten Konzept einer *carbon-free society*, bedeutet der Blick auf eine *carbon-constrained business world* bereits eine erhebliche Einschränkung des Erklärungsanspruchs. Diese Einschränkung ist jedoch für einen ernsthaften wissenschaftlichen Diskurs unerlässlich, da die Gegenwartsgesellschaft auf so grundlegende Weise mit der Umwandlung von Kohlenstoff verbunden ist, dass eine kohlenstofffreie Gesellschaft auf vollkommen neue Grundlagen gestellt sein müsste, deren Funktionsweisen derzeit überhaupt nicht absehbar wären. Zum jetzigen Zeitpunkt lässt sich daher sinnvoller Weise nur thematisieren, welche gesellschaftlichen Voraussetzungen für eine Transformation in Richtung einer kohlenstoffregulierten Gesellschaft bestehen oder geschaffen werden müssten.

Auf dieser Grundlage möchte ich in diesem Beitrag folgende Punkte behandeln: Erstens werde ich Emissionshandel als Gegenstand soziologischer Forschung präsentieren; zweitens einen empirischen Überblick über bereits bestehende und in der Planung befindliche CO$_2$-Märkte weltweit erstellen; drittens ein von mir zum

Thema Emissionshandel geleitetes DFG-Projekt vorstellen; viertens die Fragestellungen und Ergebnisse dieses Forschungsprojekts skizzieren und schließlich einige theoretische Implikationen sowie einen Ausblick formulieren.

Emissionshandel als Gegenstand soziologischer Forschung

Einen Markt für handelbare Emissionsrechte einzurichten, ist eine komplexe regulative Angelegenheit, die vielfältiges ökonomisches, technisches und organisatorisches Wissen miteinander in Verbindung setzen muss. Die Grundidee eines so genannten *cap and trade*-Systems besteht darin, den Gesamtausstoß von CO_2 innerhalb eines spezifischen Regulierungsraumes zu begrenzen und für die Emittenten Rechte auszuteilen, die sie zum Ausstoß eines genau definierten Volumens von CO_2 berechtigen. Diese Rechte sind handelbar. Um die Betriebsgenehmigung ihrer Anlagen aufrecht zu erhalten, müssen die Emittenten regelmäßig nachweisen, dass sie genauso viele Emissionsrechte an den Regulierer zurückgeben, wie sie im vergangenen Regulierungszeitraum an Tonnen CO_2 emittiert haben. Da der tatsächliche CO_2-Ausstoß sowohl innerhalb eines Jahreszeitraums als auch zwischen verschiedenen Jahren zumeist sehr variabel ist, können die Emittenten die Menge der ihnen zugeteilten Emissionsrechte durch Zukauf oder Verkauf an ihren tatsächlichen Bedarf anpassen. Ist die Gesamtmenge der handelbaren Emissionsrechte so begrenzt, dass weniger Rechte zur Verfügung stehen als die Emittenten im Normalverfahren benötigen würden, entsteht ein Preis für die Emissionsrechte, in dem idealer Weise zum Ausdruck kommt, welche Kosten für die Emittenten entstehen, wenn sie ihren CO_2-Ausstoß reduzieren. Jeder Emittent kann dann auf der Grundlage einer ökonomischen Nutzenkalkulation entscheiden, ob es ratsam ist, bei einem Mehrbedarf an Emissionsrechten die eigenen Emissionseinsparungspotenziale zu realisieren oder aber Rechte hinzuzukaufen.

Die Einrichtung eines solchen Emissionshandelssystems ist in mehrfacher Hinsicht soziologisch relevant. Erstens wird eine politische Forderung – nämlich aus Gründen des Klimaschutzes den CO_2-Gesamtausstoß zu begrenzen – zu einer ökonomischen Kalkulation umgewandelt. Die Soziologie beschäftigt sich mit den gesellschaftlichen Voraussetzungen dafür, dass solche Transformationen gelingen und funktionierende Märkte hierfür geschaffen werden können (MacKenzie 2009; Engels 2009a). Zweitens verändert sich durch die Einführung des Emissionshandels der Planungshorizont in Wirtschaftsunternehmen dergestalt, dass das politische Ziel des Klimaschutzes im Sinne einer gegenwärtigen und zukünftigen CO_2-Regulierung in die langfristigen Innovationszyklen von Unternehmen Eingang findet. Emissionshandel wird nicht nur als Anreizsystem für technologische Innovationen, sondern auch selbst als soziale Innovation soziologisch interessant (Voß 2007). Drittens zeichnet sich die weltweite Ausbreitung von marktförmigen Regulierungsformen ab, die als Durchsetzung neuer Governance-Formen theoretisch diskutiert werden kann (Engels 2006). Für diesen Beitrag lassen sich daraus zwei Fragen ableiten, die das Beitragsthema unmittelbar in die Thematik der Plenarveranstaltung einbetten. Zum einen handelt es sich um die Frage nach den nichtmarktlichen Voraussetzungen dafür, dass CO_2-Märkte umgesetzt werden können. Was sind die gesellschaftlichen Voraussetzungen für die Transformation zu einer *carbon-constrained business future*? Zum anderen geht es um die Frage nach den gesellschaftlichen Folgen von CO_2-Märkten. Welche Art von gesellschaftlicher Transformation wird durch die Kommodifizierung von Verschmutzung gefördert?

Beides legt langfristig eine konfliktsoziologische Perspektive nahe, insbesondere wenn es um die Einbeziehung von Entwicklungsländern in globale Emissionshandelssysteme geht. In diesem Beitrag soll jedoch zunächst aus wirtschaftssoziologischer Perspektive die erste Frage nach den gesellschaftlichen Voraussetzungen solcher Märkte aufgegriffen und exemplarisch beantwortet werden.

Laufende und geplante Emissionshandelssysteme weltweit

Bevor ich auf diese Forschungsperspektive näher eingehe, möchte ich einen kleinen Zwischeneinschub vornehmen, um die Relevanz und den potenziellen Umfang der hier thematisierten gesellschaftlichen Transformation sichtbar zu machen: die empirische Gegenwart und Zukunft der Emissionshandelssysteme.

Emissionshandel wurde zum ersten Mal in einem größeren Maße im Kontext des so genannten Acid Rain Programs in den USA, das dort den Ausstoß von SO_2 zu begrenzen half, getestet. Das in den USA als erfolgreich wahrgenommene Politikinstrument wurde bei den internationalen Klimaverhandlungen auf Druck der amerikanischen Verhandlungsdelegation in das Repertoire zulässiger Instrumente zum weltweiten Klimaschutz aufgenommen, zunächst gegen den erklärten Widerstand sowohl der Europäischen Union als auch vieler Entwicklungsländer. Es kann als Ironie des Schicksals gedeutet werden, dass nach dem offiziellen Ausstieg der USA aus dem Kyoto-Protokoll die Entwicklung des ersten internationalen Emissionshandelssystems dann auf Betreiben der Europäischen Kommission in einer Rekordzeit von nur zwei Jahren vorangetrieben wurde. Dem gingen verschiedene einzelstaatliche Initiativen für nationale Emissionshandelssysteme beispielsweise in Großbritannien und Dänemark voraus. Seit 2005 gilt die Europäische Emissionshandelsdirektive, die für alle Mitgliedsstaaten verbindlich die Teilnahme am europäischen Emissionshandelssystem vorsieht und seit 2008 bereits in die zweite Phase eingetreten ist, welche bis 2012 andauern wird.

Der Status quo im Bezug auf die Entwicklung globaler Märkte für CO_2-Emissionsrechte lässt sich folgendermaßen zusammenfassen: Das europäische Emissionshandelssystem erlaubt unter bestimmten Bedingungen den ‚Import‘ von in Entwicklungsländern erzielten Emissionsminderungen, die dort u. a. von europäischen Investoren mitfinanziert werden. Damit haben die europäischen Emissionsrechte bereits den Rang einer Art Leitwährung erlangt. Parallel dazu sind mehrere US-amerikanische Initiativen auf der Ebene von Bundesstaaten gestartet, die zunächst den freiwilligen Handel mit Emissionsrechten zwischen verschiedenen Unternehmen ermöglicht haben, inzwischen aber auch zu verpflichtenden und sogar grenzüberschreitenden Politikinstrumenten entwickelt wurden.

In der Europäischen Union laufen zurzeit wiederum Vorbereitungen für eine Ausweitung des Emissionshandelssystems auf neue Emissionsquellen. Nachdem zunächst vor allem Energieversorger sowie einige besonders emissionsintensive Industriebranchen von der Pflicht zum Emissionshandelssystem betroffen waren, soll das Instrument nun auch auf den Flugverkehr ausgeweitet werden. In vielen anderen Ländern (z. B. Australien, Japan) werden derzeit eigene Emissionshandelssysteme entwickelt. Insgesamt wird an einer globalen Architektur des zukünftigen Klimaschutzes mit dem Emissionshandel als zentralem Politikelement gearbeitet. Im Vorfeld der internationalen Klimaverhandlungen fließt demnach ein beeindruckendes Ausmaß an wissenschaftlicher und praktischer Expertise in die Erschaffung eines Weltmarktes für handelbare Emissionsrechte – die Soziologie sollte sich hier in stärkerem Maße als bisher einbringen, da die Ausgestaltung dieses Instruments bisher weitestgehend durch naturwissenschaftliche und ökonomische Perspektiven geprägt wird.

Was sind die nicht-marktlichen Voraussetzungen dafür, dass CO_2-Märkte umgesetzt werden können?

Die wichtigste Voraussetzung dafür, dass ein Emissionshandelssystem auch die gewünschten Effekte der Emissionsminderung erzielen kann, ist die Erzeugung von Knappheit durch den Regulierer. Das hängt nicht nur von der Begrenzung der Emissionsrechte ab, sondern auch von der genauen Ausgestaltung des Instruments, das theoretisch zunächst einmal vielfältige Möglichkeiten der Korruption und folglich der Inflation eröffnet. Funktionierende Märkte für handelbare Emissionsrechte erfordern eine intensive Regulierungstätigkeit. Mit anderen Worten: Märkte für Emissionsrechte sind dicht regulierte Märkte. Die Dichte und die Güte der politischen Regulierung sind daher wichtige nicht-marktliche Voraussetzungen für CO_2-Märkte.

In diesem Beitrag sollen die nicht-marktlichen Voraussetzungen jedoch vor allem aus der Perspektive der beteiligten Unternehmen rekonstruiert werden. Es könnte zunächst naiv unterstellt werden, dass Unternehmen in einem Marktrahmen vergleichsweise umstandslos entlang unternehmerischer Kalküle über die Finanzierung ihrer zukünftigen Emissionen entscheiden. An diesem scheinbar unverfänglichen Startpunkt setzt jedoch die soziologische Problematisierung an, die in diesem Fall eine marktsoziologische Fragestellung anbringt. Der theoretisch relevante Ausgangspunkt hierfür ist die Annahme, dass das neu eingeführte Emissionshandelssystem, für das die meisten europäischen Mitgliedsstaaten keinerlei Vorerfahrungen aufweisen konnten, große Ungewissheiten mit sich brachte. Diese Ungewissheiten betreffen zum einen die eigene Bedarfsentwicklung, zum anderen aber auch die Preisentwicklung, die weitere regulative Entwicklung sowie die technologischen Möglichkeiten, die in den nächsten Jahren zur Verfügung stehen werden. Die Frage lautet daher zunächst, wie sich die Unternehmen in einer neuartigen Entscheidungssituation orientieren bzw. welche nicht-marktlichen Voraussetzungen erfüllt sein müssen, damit sie überhaupt ein ökonomisches Kalkül entwickeln können.

Seit 2006 wird zu diesem Thema an der Universität Hamburg das Projekt „Eine international vergleichende Untersuchung institutioneller Einflüsse auf das ökonomische Handeln von Unternehmen (am Beispiel Emissionshandel)" durchgeführt, das von der Deutschen Forschungsgemeinschaft gefördert wird (Engels et al. 2008; Engels 2009b; Knoll/Huth 2008). Darin werden quantitative Unternehmensbefragungen über Emissionshandel in vier Ländern kombiniert mit qualitativen Fallstudien über die Art und Weise, in der der Emissionshandel im jeweiligen Unternehmen eingeführt wurde und welche Deutungsversuche sich dabei in dem Unternehmen durchgesetzt haben. Der internationale Vergleich bezieht sich auf Unternehmen in Deutschland, Großbritannien, Dänemark und den Niederlanden.

Die Untersuchung verbindet neoinstitutionalistische Theorieansätze mit Arbeiten zu den Spielarten des Kapitalismus. Ausgangspunkt ist die Annahme, dass Unternehmen in Situationen hoher Komplexität und Ungewissheit Vorgaben aus ihrer institutionellen Umwelt übernehmen. Diese institutionelle Umwelt wird geprägt durch einerseits sektorspezifische Faktoren sowie andererseits Faktoren, die sich stärker aus dem jeweiligen nationalen institutionellen Kontext der Unternehmen ableiten. Neben der Verbindung dieser zwei unterschiedlichen institutionstheoretischen Traditionen geht es in dem Projekt aber auch darum, stärker als das bisher im soziologischen Neoinstitutionalismus erfolgt ist, auf die Ebene der einzelnen Unternehmen zu blicken. Unternehmen werden nicht mehr theoretisch als Blackbox behandelt, die institutionelle Vorgaben quasi-automatisch übernehmen, sondern die Vorgänge in den Unternehmen selbst werden zum Gegenstand der Analyse: Wie werden Zuständigkeiten erteilt und Kompetenzen geschaffen? Welche Arten von Expertise und Beratung werden dafür als relevant erachtet? Und: Welche Deutungsmuster werden für die Übernahme von Vorgaben aus der Unternehmensumwelt zur Geltung gebracht?

Nationale institutionelle ‚Pfade' und unternehmensspezifische Handlungsweisen

Zwischen den beobachteten vier Ländern lassen sich zahlreiche nationale Unterschiede festmachen, die die umweltpolitische Vorgeschichte, aber vor allem auch die institutionellen Rahmenbedingungen für ökonomisch rationales Entscheiden von Unternehmen betreffen. So wurde z. B. die frühe Auseinandersetzung mit dem neuen Emissionshandelsinstrument in einigen Fällen ermöglicht, in anderen eher verhindert. Es lassen sich auch deutliche Unterschiede in der Art und Weise, wie die gemeinsame EU-Emissionshandelsrichtlinie in nationales Recht umgesetzt wurde, beobachten. Besonders wichtig sind Unterschiede im Hinblick auf die Marktförmigkeit der Umsetzung (z. B. Werden die Emissionsrechte allesamt verteilt oder müssen Unternehmen einen Teil der Emissionsrechte ersteigern? Wird Knappheit erzeugt? Wird das Handeln an Börsen zugelassen? etc.). Ein weiterer wichtiger Unterschied lässt sich an der jeweiligen Ausprägung der entstehenden Dienstleistungs-Industrien für CO_2-Märkte beobachten. Es gibt Hinweise darauf, dass in einigen Ländern die Finanz- und Beratungsdienstleistungen zur Einführung des Emissionshandels überwiegend marktlich ausgerichtet sind, während in anderen Ländern eine starke Technologieorientierung zu beobachten ist. Außerdem ermöglichen die jeweiligen nationalen institutionellen Settings in unterschiedlicher Weise spezifische Netzwerkbeziehungen zwischen Unternehmen, durch die eine gegenseitige Abstimmung der Entscheidungen im Emissionshandelssystem ermöglicht oder eben erschwert wird.

Diese Unterschiede, so lautet ein zentrales Ergebnis des Projekts, schlagen sich statistisch signifikant auf das Handelsverhalten der Unternehmen nieder. Die Länderzugehörigkeit der untersuchten Unternehmen hat einen signifikant höheren Einfluss auf das Handelsverhalten – in dem Fall die Entscheidung, ob ein Unternehmen tatsächlich mit Emissionsrechten handelt oder nicht – als Sektorzugehörigkeit, Internationalität und Größe des Unternehmens. Dieses Ergebnis gilt für alle drei untersuchten Jahre (2005-2007).

Empirisch lässt sich eine große Bandbreite an Reaktionen der Unternehmen im EU ETS beobachten. Die verpflichtende Teilnahme an dem Handelssystem bedeutet ja zunächst nur, dass der anlagenspezifische CO_2-Ausstoß durch eine entsprechende Menge an CO_2-Rechten gedeckt sein muss. Keinesfalls entsteht ein Zwang, mit den zugeteilten Emissionsrechten zu handeln. Wenn jedoch der Kauf oder Verkauf von Rechten angestrebt ist, bieten sich den Unternehmen zahlreiche Möglichkeiten, den Handel tatsächlich abzuwickeln. Beispielsweise können die Rechte anonym an einigen europäischen Börsen gehandelt werden. Sie können aber auch zwischen einander bekannten und kooperierenden Unternehmen individuell gehandelt werden, ohne diesen Handel öffentlich zu machen. Manche Unternehmen nutzen Broker oder andere Finanzdienstleister, um den Handel durchzuführen. Zwingend im Sinne der Regulierung ist lediglich, dass das verkaufende Unternehmen eine ‚Überweisung' der individuell nummerierten Emissionsrechte vom eigenen Konto auf das Konto des kaufenden Unternehmens veranlasst.

Betrachtet man die empirisch nachweisbaren strategischen Einbettungen dieser Emissionshandelsentscheidungen, so kann man von zwei einander gegenüber liegenden Extremen sprechen. Erstens gibt es Unternehmen, die eine betriebsorientierte Bedarfsdeckung verfolgen: Emissionsrechte sind ein zusätzlicher Faktor, der zur Produktion benötigt wird und je nach aktuellem oder geschätztem zukünftigen Bedarf hinzugekauft wird. Für diese Unternehmen entsteht kein Handlungsbedarf, wenn bereits ausreichend Rechte vorhanden sind. Zweitens gibt es Unternehmen, die Emissionshandel als Möglichkeit für Arbitrage-Geschäfte einschätzen und sich entsprechend in ihren Handelsentscheidungen daran ausrichten. Emissionsrechte sind in dieser Perspektive handelbare Güter wie alle anderen auch; die Beobachtung der Preisentwicklung führt zu Kaufs- oder Verkaufsentscheidungen. Diese preisgeleitete Kalkulation erfolgt relativ unabhängig vom eigenen Bedarf an Emissionsrechten.

In den 16 qualitativen Unternehmensfallstudien, die in diesem Projekt durchgeführt wurden, kann nachgewiesen werden, dass es sich bei dieser Strategiewahl um eine vormarktliche Entscheidung handelt. Diese Entscheidung ist in manchen Fällen normativ eingebettet – z. B. gibt es öffentliche Einrichtungen, die in ihrer Eigenschaft als Kraftwerksbetreiber dem Emissionshandel unterliegen, dabei aber zu einer Einschätzung gelangen, dass öffentliche Einrichtungen nicht mit Emissionsrechten handeln sollten („damit handelt man nicht"). In vielen Fällen wird der aktive Handel mit Emissionsrechten aber auch wegen mangelnder Erfahrung mit vergleichbaren Politikinstrumenten begründet. Das führt zu einer Abwehrhaltung, die verhindert, dass eine intensive Beschäftigung mit dem Instrument zur Herausbildung eines ökonomischen Kalküls führt. In einigen Fällen haben Unternehmen allerdings auch wegen zu großer Unsicherheit auf ein Austesten der Emissionshandelsmöglichkeiten verzichtet – z. B. war es einigen Unternehmen aufgrund noch ausstehender Einsprüche länger als ein Jahr nicht bekannt, wie viele Rechte sie zugeteilt bekommen würden.

In den Fallstudien geht es um die Vermittlung des institutionellen Kontextes im Unternehmen und die aktive Rolle der mit Emissionshandel befassten Abteilungen, in dem neu entstehenden Markt eine ökonomische Orientierung zu entwickeln. Am Beispiel von zwei Stadtwerken lassen sich die diametral entgegen gesetzten Strategien veranschaulichen. Diese Fälle sind deshalb interessant, weil sie mit vergleichbaren Unternehmensmerkmalen in der gleichen Branche und im gleichen nationalen Kontext zu solch unterschiedlichen Ergebnissen gelangen, nämlich dem bereits erwähnten Unterschied zwischen Arbitrage-Handel versus betriebsorientierter Bedarfsdeckung. Diese Unterschiede lassen sich auf die unterschiedlichen Strategien auf den Energiemärkten zurückführen, wie sich in dem Projekt zeigen lässt.

Die Unternehmen bringen eine Vorprägung aus dem Energiemarkt mit und übertragen sie auf den Emissionshandel. Daraus kann man ersehen, dass CO_2-Märkte in
ganz andere Märkte eingebettet sind, und zwar nicht nur im Sinne eines Kostenkal-
küls, das Energiepreise mit den Preisen für Emissionsrechte verknüpft, sondern
auch im Sinne von Weltsichten und Routinen, die aus dem einen Kontext in den
anderen übertragen werden.

Theoretische Implikationen und Ausblick

Aus dieser Darstellung ergeben sich einige theoretische Implikationen für die Weiterentwicklung der neoinstitutionalistischen Organisationstheorie und für die
Marktsoziologie. Die Organisationstheorie bedarf einer stärkeren Mikrofundierung,
um die unternehmensspezifischen Übernahmen von institutionellen Vorgaben
besser rekonstruieren zu können. Für die Marktsoziologie ist das Thema ein Anlass, sich stärker mit den nicht-marktlichen Voraussetzungen von Märkten auseinander zu setzen und diese insbesondere im Umwelt- und Ressourcenbereich zu
untersuchen, in dem Marktlösungen zurzeit eine Bevorzugung gegenüber den
ordnungspolitischen Ansätzen der Umweltregulierung erfahren. Für diesen Beitrag
gilt es jedoch, Implikationen für das Thema des Plenums herauszustellen, das sich
mit Transformationen und sozialem Wandel als Grundlage für eine nachhaltige
Energieversorgung beschäftigt. Der Beitrag sollte verdeutlichen, dass Märkte als
Motor für die angestrebten Transformationen hoch voraussetzungsreich sind und
nicht ‚einfach' eingeführt werden können. Ob, wie schnell und in welcher Weise
Emissionshandel in den Unternehmen genutzt wird, um CO_2 in ein ökonomisches
Kalkül einzubauen, hängt von vielfältigen institutionellen Faktoren ab. Wenn eine
große Anzahl von Unternehmen diesen Schritt individuell nicht mitgeht, hat das
auch Konsequenzen für den Markt als aggregiertem Ergebnis von Einzelentschei-
dungen. Die Liquidität, die Transparenz und damit auch die Qualität der Preissig-
nale hängen unmittelbar davon ab. Schließlich gibt es Hinweise darauf, dass Märkte
nicht für alle institutionellen Kontexte gleich ‚erfolgreich' sind, wenn man sie an
dem Ziel misst, Klimaschutz in die langfristigen Innovationszyklen von Unternehmen einzubauen. Neben einer Analyse der gesellschaftlichen Folgen von CO_2-
Märkten sollte also auch wieder die Suche nach alternativen Wegen zu einer nachhaltigen Energieversorgung treten.

Literaturverzeichnis

Djelic, Marie-Laure/Sahlin-Andersson, Kerstin (Hrsg.) (2006): Transnational governance. Institutional dynamics of regulation. Cambridge: Cambridge University Press

Engels, Anita (2006): Market Creation and Transnational Rule Making. The Case of CO_2 Emissions Trading. In: Djelic, Marie-Laure/Sahlin-Andersson, Kerstin (2006): 329-348

Engels, Anita/Knoll, Lisa/Huth, Martin (2008): Preparing for the 'real' market. National patterns of institutional learning and company behaviour in the European Emissions Trading Scheme (EU ETS). In: European Environment 18(5): 276-297

Engels, Anita (2009a): Die soziale Konstitution von Märkten. Sonderheft Wirtschaftssoziologie der Kölner Zeitschrift für Soziologie und Sozialpsychologie. Wiesbaden: VS Verlag (im Erscheinen)

Engels, Anita (2009b): The European Union Emissions Trading Scheme. An exploratory study of how companies learn to account for carbon. In: Accounting, Organizations and Society 34(3-4): 488-498

Knoll, Lisa/Huth, Martin (2008): Emissionshandel aus soziologischer Sicht. Wer handelt eigentlich wie mit Emissionsrechten? In: UmweltWirtschaftsforum 16(2): 81-88

MacKenzie, Donald (2009): Material markets. How economic agents are constructed. Oxford: Oxford University Press

Voß, Jan Peter (2007): Innovation processes in governance. The development of 'emissions trading' as a new policy instrument. In: Science and Public Policy 34(5): 329-343

Soziale Dynamik der Energiewende in der deutschen Stromversorgung: Weder Bruch noch Pfadkontinuität

Rüdiger Mautz

Große technische Infrastruktursysteme vor neuen Herausforderungen

Die Frage nach den Möglichkeiten einer nachhaltigen Energieversorgung ist eng mit der Frage nach dem Wandel *großer technischer Systeme* verknüpft. So war die sozioökonomische Entwicklung der Industriegesellschaften des 20. Jahrhunderts nicht zuletzt von der Herausbildung komplexer Infrastruktursysteme gekennzeichnet, und dies nicht nur im Bereich der Energieversorgung, sondern zum Beispiel auch im Bereich der Telekommunikation oder des Personen- und Gütertransports. Diese Infrastruktursysteme zeichneten sich – nicht nur hierzulande – lange durch starke Beharrungskräfte und hohe Stabilität aus: durch Stabilität der technischen Strukturen, der Unternehmensstrukturen und Akteursnetzwerke oder der zum Systemerhalt notwendigen kognitiven und normativen Regelsysteme. Den Ausgangspunkt großer technischer Systeme bildeten zwar zumeist bestimmte Basisinnovationen, die etwas radikal Neues in die Welt brachten. Hatte sich ein solches System aber erst einmal strukturell gefestigt und war es zur infrastrukturellen Notwendigkeit einer Gesellschaft geworden, dann erschien es – überspitzt gesagt – als unbeweglicher Dinosaurier, der zu *grundlegenderem* Wandel nicht fähig war.

Dies hieß allerdings nicht, dass es keinen Wandel gab. Einschlägige Forschungen konnten zeigen, dass große technische Systeme wie die Stromversorgung in der Regel eine Tendenz zum stetigen Größenwachstum erkennen lassen. Aus technisch-operativen, ökonomischen sowie wissens- und machtbasierten Gründen entwickeln sie ein sich selbst verstärkendes und nur schwer rückgängig zu machendes ‚momentum‘ (Hughes 2009), das sie zu einer Form des Wandels zwingt, die man mit Joerges/Braun (1994) und Weyer (1994) als ‚Aufwärtstransformation‘ bezeichnen könnte. Die Grundannahme ist, dass Formen der linearen Systemvergrößerung (durch räumliche Ausdehnung der technischen Infrastruktur, durch Erhöhung der Teilnehmerzahl usw.) relativ schnell an technische oder ökonomische Grenzen stoßen können. Das System gerät damit unter *internen* Problemdruck – weiteres Wachstum hängt von seiner Fähigkeit ab, neu auftretende Probleme (zum Beispiel systeminterne Friktionen und Funktionsmängel) zu diagnostizieren und zu lösen (Weyer 1994: 362-366). Aufwärtstransformation zielt darauf ab, das weitere *quantitative* Wachstum eines großen technischen Systems durch *qualitatives* ‚Upgrading' zu ermöglichen, um seine Kernstrukturen durch Verbesserungsinnovationen und inkrementellen Wandel zu stabilisieren und langfristig zu erhalten.[1]

Stabilisierend wirkten schließlich auch die für expandierende großtechnische Systeme typischen Wechselwirkungen mit der gesellschaftlichen Umwelt. So hatte das im 20. Jahrhundert entstehende *Stromsystem* die Eigenschaft, in sämtliche Poren nicht nur der ökonomischen Austauschbeziehungen einer Gesellschaft, sondern auch des Alltagslebens einzudringen. Die flächendeckende Versorgung der Haushalte mit Elektrizität hat Lebensstile und Konsumstrukturen spürbar verändert – wobei der Wandel von Konsumstilen hin zu größerer Energieintensität stabilisierend und fördernd auf das Stromsystem zurückwirkte (Hughes 1987).

Seit Ende des 20. Jahrhunderts hat sich das Bild erheblich gewandelt, insofern die großen Infrastruktursysteme mit neuen, extern verursachten Herausforderungen konfrontiert wurden – Herausforderungen, die deutlich machen, dass das Merkmal der Ultrastabilität großer technischer Systeme zunehmend in Frage gestellt werden muss.

Um welche Herausforderungen geht es?

Erstens die politische Herausforderung, für die der Begriff der ‚Liberalisierung' noch am ehesten zutrifft: das heißt die Überführung von ehemals staatsgelenkten bzw. staatsbeeinflussten Monopolunternehmen in den Markt und den Wettbewerb, z. B. durch Privatisierungen und Unternehmensentflechtungen oder durch die Deregulierung und Neuregulierung von Märkten.

Zweitens die Herausforderung durch neue Technologien: Wichtigste Schlüsseltechnologien sind hier die Mikroelektronik und die neuen Informationstechniken. Sie haben die Umwälzungen im Telekommunikationssektor erst möglich gemacht und sie eröffnen die Möglichkeit für eine dezentralere, stärker netzwerkförmige Organisation und Steuerung von Energieversorgungssystemen.

Drittens die ökologische Herausforderung: Treibende Kräfte sind hier zum einen soziale Bewegungen wie die Ökologiebewegung, zum anderen über das Bewegungsmilieu hinaus weisende gesellschaftliche Diskurse und die von ihnen geprägten Leitbilder und Politikansätze im Bereich von Umwelt- und Klimaschutz.

---

1   „Ein technikhistorisch gut dokumentierter Fall von Aufwärtstransformation ist die Umstellung von Stromsystemen auf Wechselstrom" (Joerges/Braun 1994: 33). Mit dem Vordringen der Wechselstromtechnik Anfang des 20. Jahrhunderts, die sich besser für den weiträumigen Stromtransport eignete, seien die verbliebenen Gleichstromkomponenten zum Problem bzw. zu einem systemeigenen ‚Störfaktor' geworden. Erst die vollständige Umstellung auf Wechselstromkomponenten habe den Ausbau des heutigen Stromverbundsystems ermöglicht.

Natürlich sind die genannten Herausforderungen für die verschiedenen Infrastruktursysteme – schon auf nationaler Ebene – von unterschiedlicher Relevanz und haben bisher ganz unterschiedliche Wirkungen gehabt. So hat die Kombination aus massiven technologischen Herausforderungen und der Liberalisierung in Deutschland bisher vor allem zu einem grundlegenden Wandel des Telekommunikationssystems geführt. Noch stärker differenziert sich das Bild im internationalen Vergleich – auch dann, wenn man allein das *Stromversorgungssystem* betrachtet. Um nur zwei Beispiele zu nennen, die gleichwohl die ganze Bandbreite zwischen Pfadkontinuität und Systembruch erkennen lassen:

In *Frankreich* dominieren nach wie vor die Beharrungskräfte des etablierten Stromsystems. Weder die EU-weit geltenden Liberalisierungsrichtlinien für den Stromsektor noch nationale umweltpolitische Vorgaben zur Förderung der erneuerbaren Energien konnten bisher etwas an der überwältigenden Dominanz der von einem staatlichen Monopolisten betriebenen zentralisierten Stromerzeugung in Atomkraftwerken (knapp 80 Prozent) und in großen Wasserkraftwerken (ca. zehn Prozent) ändern (Sauter 2006). Der Ausbau der ‚neuen‘ erneuerbaren Energien (z. B. Windkraft oder Solarstrom) fällt in Frankreich bisher eher zögerlich aus (BMU 2008: 56-58).

In *Großbritannien* dagegen hat die politisch erzwungene Liberalisierung das traditionelle Stromsystem bereits Ende der 1980er/Anfang der 1990er Jahre zu einer „Revolutionierung" der Stromerzeugung bzw. zu einem Bruch mit grundlegenden Systemeigenschaften des Stromsektors geführt. Ein in kurzer Zeit erfolgter Anstieg des Anteils dezentraler Gas-Dampf-Kraftwerke von Null auf 30 Prozent führte zu einer massiven Verdrängung der Stromversorgung aus zentralen Kohlekraftwerken, die traditionell – neben den Atomkraftwerken – das Rückgrat der britischen Stromversorgung bildeten (Rohracher 2007: 139-143). Dieser Wandel war primär die Folge veränderter Wettbewerbsbedingungen und nicht umweltpolitisch motiviert.

Wiederum anders liegt der Fall in *Deutschland*: Die Entwicklung ist hier von einem Spannungsverhältnis zwischen Beharrungskräften im traditionellen Stromsektor einerseits und Triebkräften der Systemtransformation andererseits gekennzeichnet. So haben die Liberalisierungsansätze bisher eher zur Stärkung traditioneller Unternehmensstrukturen im Stromsystem beigetragen. Dagegen sind es hierzulande die Herausforderungen durch eine politisch breit aufgestellte „ökologische Koalition" (Reiche 2004: 139-144) – in Kombination mit zunehmendem technologischen Veränderungsdruck –, die das überkommene Stromsystem in Frage stellen. Damit bietet der deutsche Stromsektor im europäischen Rahmen einen der bisher weitestgehenden Ansätze dafür, was landläufig als ‚Energiewende‘ verstanden wird.

Wandel des deutschen Stromsektors durch erneuerbare Energien

Markantestes Kennzeichen des bisherigen soziotechnischen Wandels des deutschen Stromsektors ist die sowohl energietechnische als auch umwelt- und energiepolitische Herausforderung durch *erneuerbare Energien*. Weitgehend offen ist allerdings, ob eine solche Konstellation zum *grundlegenden* Wandel des Stromversorgungssystems führen könnte – worauf sich große klimapolitische Hoffnungen richten – oder aber eher *inkrementelle* Veränderungen bewirken wird, die die bisherigen Strukturen nicht zur Disposition stellen. Der folgende Beitrag geht aus einer vor allem techniksoziologischen Perspektive der Frage nach, warum hier gegenwärtig eine offene Situation vorliegt und welche alternativen Wege der Transformation des Stromsystems sich vor dem Hintergrund dieser Konstellation abzeichnen.

Ein kurzer Rückblick auf die Anfänge dieser Entwicklung zeigt: Ausgangspunkt waren keine technischen Neu-Erfindungen, sondern umwelt- und gesellschaftspolitische Entwürfe und Utopien, die im Kontext der neuen sozialen Bewegungen der 1970er Jahre, vor allem der deutschen Ökologiebewegung, entwickelt wurden. Sie bezogen sich auf die Re-Interpretation und Reaktivierung damals längst bekannter Techniken (z. B. Windräder, Biogasanlagen, Solarzellen) mit neuer Zielperspektive und in neuen sozialen Kontexten. Wenn man so will, handelte es sich dabei um die *soziale Konstruktion* einer radikalen technologischen Innovation (Mautz 2007: 115), deren Genese bis auf weiteres nur *außerhalb* des traditionellen Stromsystems erfolgen konnte. Was sich herauskristallisierte, war ein fundamentaler energiewirtschaftlicher Gegenentwurf bzw. der Versuch, einen in erster Linie ökologisch und ressourcenpolitisch begründeten *Paradigmenwechsel* im Energiesystem einzuleiten. Der Gegenentwurf erstreckte sich im Wesentlichen auf die folgenden drei Dimensionen (Mautz et al. 2008: 18-19):

- *Technische Struktur:* Dem zentralisierten System der Stromerzeugung und -verteilung auf Basis fossiler und atomarer Großkraftwerke stellte man das Prinzip dezentraler Erzeugungs- und Verteilungsstrukturen auf Basis erneuerbarer Energien sowie kleiner bis mittelgroßer Erzeugungseinheiten gegenüber.

- *Akteursstruktur:* Im Kontrast zur oligopolistischen Struktur der etablierten Elektrizitätswirtschaft strebte man für den regenerativen Energiesektor eine pluralisierte, von den Stromkonzernen unabhängige Struktur der Stromerzeuger an.

- *Leitidee*: Der in der Elektrizitätswirtschaft im Vordergrund stehenden Leitidee der sicheren und billigen Stromversorgung stellte man eine ökologische Problemdeutung des Energiethemas gegenüber. Zur alternativen
Leitidee wurde das Prinzip der Risikovermeidung und Naturbewahrung
durch den Einsatz erneuerbarer Energien.

Es folgte – ab Mitte der 1980er Jahre – eine Entwicklung, die unter technik-
evolutionären Gesichtspunkten als technologische Nischendynamik konzeptuali-
siert werden kann. In der Technikgeneseforschung gelten technologische Nischen
als „Inkubationsräume" für radikale Innovationen (Geels/Schot 2007: 400) und
damit als günstiges Umfeld für die Kreation neuer Technikpfade. Dass die frühen
Experimente im Fall der erneuerbaren Energien nicht im Sande verliefen, sondern
in einer beachtlichen Nischendynamik und -expansion mündeten, geht auf das Zusammenspiel mehrerer Faktoren zurück:

Erstens existierte eine soziale Basis für die dezentrale Verbreitung der Regenerativtechniken unter den ‚neuen' Stromproduzenten: zum Beispiel zivilgesell-
schaftliche Gruppen wie Bürgerwindinitiativen, mittelständische Betreiberfirmen
von Wind- oder Solarparks (häufig in der Form neu gegründeter ‚Start ups'),
Landwirte (etwa als Betreiber von Biogasanlagen), Eigenheimbesitzer (als Betreiber
von Solarstromanlagen).

Zweitens kamen technologische Lernkurven in Gang – z. B. die sukzessive Ver-
besserung energetischer Wirkungsgrade bei Windkraft-, Biogas- oder Solaranlagen.

Drittens entwickelten sich institutionalisierte Rückkopplungen zwischen Ni-
schenakteuren und Politakteuren, etwa im Sinne von Advocacy-Koalitionen, die
von den Protagonisten der erneuerbaren Energien gemeinsam mit Umweltpoliti-
kern gebildet wurden (Jacobsson/Lauber 2006: 266-269).

Viertens kam es zum institutionellen Wandel auf der Ebene der umweltpolitischen und energiewirtschaftlichen Regulierung. Seit den späten 1980er Jahren handelte es sich um eine politisch geschützte technologische Nische – infolge von
Förderprogrammen sowie einer besonderen Einspeisevergütung für Regenerativstrom, die seit 2000 durch das (inzwischen zweifach novellierte) Erneuerbare-
Energien-Gesetz geregelt wird. Mit diesem institutionellen Wandel hat ein neuer
Regulierungsmodus in die deutsche Energiepolitik Einzug gehalten. Zwar spielte
staatliche Regulierung für den Stromsektor schon immer eine entscheidende Rolle.
Nur geht es im Fall der erneuerbaren Energien nicht um die Sicherung von Ver-
sorgungsmonopolen. Vielmehr geht es vorrangig um Technologieförderung, um
das Erreichen von Klimaschutzzielen sowie um regionalwirtschaftlichen Strukturwandel.

Einige Zahlen, die das Nischenwachstum des deutschen Erneuerbare-Energien-
Sektors veranschaulichen: So lag sein Beitrag zum Bruttostromverbrauch 1990 bei
nur 3,4 Prozent (und beruhte fast ausschließlich auf der Stromproduktion aus den

bereits bestehenden großen Wasserkraftwerken). Bis 1998 hatte sich dieser Beitrag auf 4,8 Prozent, bis 2007 auf 14,2 Prozent erhöht. Inzwischen liefert unter den erneuerbaren Energien die Windenergie mit 6,4 Prozent den größten Beitrag zum deutschen Bruttostromverbrauch, gefolgt von der Biomasse mit insgesamt 3,8 Prozent, der Wasserkraft mit 3,4 Prozent und der Fotovoltaik mit 0,6 Prozent (alle Zahlen für 2007; BMU 2008: 8-16).

Die erneuerbaren Energien und das Stromsystem: Integration oder Systemwandel

Das Verhältnis des Erneuerbare-Energien-Sektors zum traditionellen deutschen Stromsystem zeichnet sich durch eine spezifische Ambivalenz aus. Die Protagonisten der erneuerbaren Energien streben seit jeher einen Paradigmenwechsel an, in dessen Verlauf das bis heute dominierende Paradigma der in einem Verbundsystem zentralisierten Stromerzeugung aus fossilen und atomaren Energieträgern überwunden werden soll (siehe oben). Aus der Perspektive des traditionellen Stromversorgungssystems und seiner maßgeblichen Akteure erscheint mit den ‚neuen‘ Stromproduzenten ein systemwidriges Element auf der Bühne, das von ihnen zunächst ausschließlich als externe Bedrohung wahrgenommen wird. Unter den Vorzeichen eines paradigmatischen Wettstreits stehen sich ‚alte‘ und ‚neue‘ Stromproduzenten als Kontrahenten gegenüber, die nicht nur energiepolitische, sondern auch tiefe weltanschauliche und soziokulturelle Gräben voneinander trennen. Doch gibt es trotz allem schon früh eine Schnittstelle, die eine dauerhafte Ankopplung der ‚Erneuerbaren‘ an das bestehende Stromsystem mit sich bringt: Bereits die Pioniere der regenerativen Stromproduktion entscheiden sich in den 1980er Jahren aus Gründen der Praktikabilität nicht für radikale Insellösungen der Selbstversorgung mit Elektrizität, sondern für die Einspeisung des von ihnen erzeugten Stroms in das Netz. Diese Strategie korrespondiert mit dem Zuschnitt der wichtigsten staatlichen Förderinstrumente, die Zuschüsse für die Ökostromeinspeisung ins allgemeine Netz vorsehen (Mautz et al. 2008: 117).

Die Entscheidung für die Netzankopplung der erneuerbaren Energien bildete eine der wichtigsten Voraussetzungen für das anschließende Wachstum des Regenerativsektors und war zugleich der Ausgangspunkt einer Entwicklung, in deren Verlauf sich der Charakter der ursprünglich eindeutig *extern* verursachten Herausforderung erheblich wandelt. Die von den erneuerbaren Energien ausgehenden Impulse können vom etablierten Stromsektor inzwischen partiell *internalisiert* werden, ohne dabei ihr grundlegendes Veränderungspotenzial zu verlieren (siehe unten).

Die Frage ist damit auch, inwieweit sich der Wandel des deutschen Stromsystems noch heute einer Analyseperspektive fügt, in der man klar zwischen *sys-

teminternen Kräften der Stabilisierung einerseits und *externen* Kräften des radikalen Wandels andererseits unterscheiden kann. Wie sich oben zeigte, hat sich diese analytische Unterscheidung unter heuristischen Gesichtspunkten in vielen Fällen ja durchaus als sinnvoll erwiesen – zum Beispiel im Kontext technikevolutionärer oder pfadtheoretischer Konzepte zur Erklärung technologischer Umbrüche bzw. ihres Ausbleibens.

Auch bei neueren transformationstheoretischen Ansätzen steht die Frage im Zentrum, unter welchen Bedingungen es zum grundlegenden Wandel soziotechnischer Systeme kommt. Folgt man Überlegungen, wie sie zum Beispiel von Geels/Schot (2007), Dolata (2008) oder Dolata/Werle (2007) diskutiert werden, so ist eine radikale Transformation am ehesten dann zu erwarten, wenn die endogene Anpassungsfähigkeit eines soziotechnischen Systems letztlich nicht ausreicht, um auf Veränderungsdruck *selbststabilisierend* – was auch heißen kann: mittels der Fähigkeit zum inkrementellen Wandel – zu reagieren. Ursache der Destabilisierung kann zum Beispiel das Vordringen neuer Technologien mit „großer sektoraler Eingriffstiefe" (Dolata 2008: 46-49), aber auch ein Wandel auf der Ebene staatlicher Regulierungsziele oder der gesellschaftliche Legitimationsverlust für bestimmte Technologien sein. Liegen solche Annahmen noch auf der Linie älterer Erklärungsansätze, die sich mit den Stabilisierungs- und Destabilisierungsfaktoren großer technischer Systeme befassen (siehe oben), so scheint ein Unterschied darin zu bestehen, dass die Polarisierung von systeminternen Beharrungskräften und externen Ursachen eines (radikalen) Systemwandels in den neueren Ansätzen aufgegeben wird. Dies trifft zum Beispiel auf die von Geels und Schot vorgelegte Typologie von Transformationsvarianten zu. Inkrementeller Wandel beruht hier nicht nur auf der gelungenen – das heißt selbststabilisierenden – Adaption von Einzelinnovationen durch ein bestehendes soziotechnisches System, sondern kann auch mit einem graduellen und im Endeffekt recht weit gehenden Umbau der Systemarchitektur einhergehen. Und radikale Transformation liegt in ihrem Modell nicht nur bei zügig verlaufender Substitution von alter durch neue Technologie vor, sondern kann sich auch als gradueller und langfristiger Erosionsprozess eines dominanten Systems äußern (Geels/Schot 2007). Dolata und Werle betrachten die Verwendung „dichotomer Typisierungen", die nur „zwischen langen Perioden struktureller beziehungsweise institutioneller Stabilität und seltenen, durch exogene Schocks ausgelösten" radikalen Umbrüchen unterscheiden, als ungeeignetes Analyseinstrument zur Bestimmung von Verlaufsmustern soziotechnischen Wandels. Typischer seien vielmehr „graduelle Transformationen" durch inkrementelle Umbauschritte und Anpassungsprozesse, die gleichwohl, etwa infolge kumulierender Effekte, zu „völlig neuen Systemarchitekturen" und damit letztlich zu einem ähnlich starken „Veränderungsdruck" führen könnten, wie er zumeist „externen Schocks" zugeschrieben werde (Dolata/Werle 2007: 34-35). Hinzu kommt, dass angesichts des Innovationsdrucks „neuer Querschnittstechnologien" (z. B. der Mikroelektronik und der

IuK-Techniken) dauerhafte sektorale Schließungsvorgänge, in deren Folge sich systeminterne Akteure und Strukturen gegenüber externen Einflüssen soweit wie möglich immunisieren, heute weniger zu erwarten seien als in früheren Phasen soziotechnischer Entwicklung (Dolata 2008: 55). Einem solchen quasi auf Dauer gestellten Prozess gradueller Transformation wird man nur schwerlich Triebkräfte zuordnen können, die entweder eindeutig systemextern oder ebenso eindeutig systemintern zu verorten sind. Plausibler scheint es zu sein, hier von einem – wie auch immer im Einzelnen zu gewichtenden – Zusammenspiel auszugehen: dem Zusammenspiel endogener Prozesse, „die von den Akteuren des Systems selbst getragen und vorangebracht werden", und „neue[n] bzw. systemexterne[n] Akteure[n], die mit eigenen Handlungsorientierungen in das System drängen" (ebd.: 56).

Eine solche eher von Wechselwirkungen als von Polarisierung geprägte Transformationsdynamik scheint – inzwischen – auch für den deutschen Stromsektor kennzeichnend zu sein. Gegenwärtig konkurrieren mehrere Umbaustrategien miteinander, die in einem jeweils unterschiedlichen Mischungsverhältnis Strategieelemente der Systemintegration der erneuerbaren Energien und des Systemwandels durch erneuerbare Energien enthalten. Mit der Dichotomie ‚inkrementeller Wandel vs. radikale Transformation' werden die hier sich abzeichnenden Entwicklungsalternativen des deutschen Stromsystems auf jeden Fall nur unzureichend beschrieben.

Umbaustrategien im deutschen Stromsektor: Perspektiven des Wandels

Die Ausbaustrategie der Erneuerbare-Energien-Branche

Dieser Sektor übt – einerseits – auch heute noch externen Druck auf das bestehende Stromsystem aus. So verorten sich etliche der maßgeblichen Akteure der Regenerativstrom-Branche – zum Teil in dezidierter Abgrenzung – außerhalb des etablierten Stromsektors. Das soziokulturelle ‚Lager' der Energiewende-Verfechter stellt auch deswegen einen relevanten externen Störfaktor dar, da von ihm nach wie vor energiepolitisch konfrontative Impulse ausgehen, zum Beispiel in Richtung auf die konsequente Ökologisierung und Dezentralisierung der Stromerzeugung einschließlich des (mittelfristigen) Ziels einer 100-prozentigen Stromversorgung durch erneuerbare Energien oder im Hinblick auf die Überwindung oligopolistischer Marktstrukturen im Energiesektor. Ein Beispiel hierfür ist die Solarstrombranche: Sie ist eine wichtige Triebkraft hin zu einer dezentralisierten Stromversorgung und den Stromkonzernen ein Dorn im Auge. Irgendwann im Laufe des nächsten Jahrzehnts werden die Kosten der Solarstromerzeugung nach Einschätzung von Experten bei entsprechendem Branchenwachstum die Schwelle der durchschnittlichen Haushaltsstromkosten unterschreiten (und damit die so genannte ‚Netzparität' erreichen). Dies könnte die Attraktivität von Solaranlagen ungemein erhöhen und die Absatzmöglichkeiten der Stromkonzerne in den Privathaushalten – durchaus im Sinne einer als ‚systemfremd' empfundenen Bedrohung – drastisch verschlechtern.

Andererseits sind die erneuerbaren Energien, insbesondere die Windenergie, im Verlaufe ihrer – von staatlichen Förderbedingungen begünstigten – Expansion längst *auch* zu einer systeminternen Komponente geworden, die aufgrund ihrer technischen Eigenschaften Umbaumaßnahmen der Systemarchitektur erzwingt. Dies schon allein deswegen, weil nur die optimale Einpassung der zum Teil witterungsabhängigen regenerativen Stromerzeugung in das Stromversorgungssystem eine ökonomisch und ökologisch sinnvolle Nutzung der regenerativen Strompotenziale garantiert. Dadurch erhöhen sich seit einigen Jahren die Anforderungen an die alten *und* neuen Akteure des Stromsystems, aktiv – auch im Sinne inkrementeller Umbauschritte – zur Stabilität und Sicherheit des Stromnetzes sowie der Stromversorgung beizutragen (Mautz et al. 2008: 119-126).

Die Integrationsstrategie der Stromkonzerne

Die deutschen Stromkonzerne haben in den letzten Jahren eine *Strategieänderung* vorgenommen, insofern sie sich – nach einer längeren Phase des Widerstands und zum Teil auch der Obstruktion – inzwischen selektiv am Ausbau der erneuerbaren Energien beteiligen. Dies nicht zuletzt deswegen, um selbst auf die Entwicklungsrichtung in diesem Bereich Einfluss zu nehmen und auf diese Weise die Dominanz fossiler und – wenn es nach dem Willen der Stromkonzerne ginge – atomarer Energieträger langfristig besser sichern zu können. Im Erfolgsfall bewiesen die maßgeblichen Akteure des traditionellen Stromsystems insofern ihre Problemlösungsfähigkeit, als sie in der Lage wären, ein ehedem externes ‚Störpotenzial' als Chance zu inkrementellem Wandel und Systemstabilisierung zu nutzen.

Doch andererseits gilt auch: Zwar setzen die Konzerne stark auf die selektive Integration der zentralisierbaren Offshore-Windkraft in ihr zentralistisches Stromversorgungskonzept. Sie haben aber auch begonnen, sich in der Windenergienutzung an Land und in der Biomassenutzung zu engagieren. Dieser Einstieg in – für die Stromkonzerne – neue Technologien bedeutet *auch* ein partielles sich Einlassen auf Dezentralisierung und damit auf ein von ihnen bisher als überwiegend dysfunktional angesehenes Element innerhalb des Stromsystems. Faktisch heißt dies für die großen Stromversorger: Mitwirkung am Ausbau und der Nutzung neuer Technostrukturen, wie sie auch für einen weiter gehenden, von den Protagonisten der erneuerbaren Energien angestrebten Systemumbau notwendig wären.

Strategie des zentralisierten Ausbaus erneuerbarer Energien zur Stromerzeugung

Diese Strategie wird von Akteuren aus dem Lager der erneuerbaren Energien und aus Umweltverbänden, von etlichen Wissenschaftlern sowie auch von einigen Politikern auf bundesdeutscher und europäischer Ebene propagiert. Die Grundidee besteht darin, den Strom aus erneuerbaren Energien unter Ausnutzung komparativer Vorteile im großen Maßstab dort zu erzeugen, wo er von der Stromausbeute her am ertragsreichsten produziert werden kann – z. B. in Offshore-Windparks in der Nordsee, in solarthermischen Kraftwerken in Nordafrika oder in Biomassekraftwerken in Osteuropa. Mittels eines erst noch zu schaffenden „Supernetzes" soll der in Großanlagen produzierte Regenerativstrom dann zu den Verbrauchszentren in Europa transportiert werden (Mautz et al. 2008: 148-150).

Diese auf einen langfristigen Umbau des europäischen und mediterranen Stromsystems abzielende Strategie verbindet die radikale Abkehr von einer fossilen und atomaren Energiebasis mit einem durchaus systemkonformen zentralistischen Stromerzeugungskonzept. Dies mag im Endeffekt auf einen weitgehenden Umbau von Produktions- und Produzentenstrukturen hinauslaufen. Aufgrund der strukturellen Affinitäten zwischen einem solchen ‚Supernetz' und dem traditionell zentralisierten Stromsystem ist hier aber auch die Möglichkeit einer *konvergenten Entwicklung* bei begrenzter Umgestaltung der Systemarchitektur und einer intensiven Kooperation traditioneller und neuer Akteure des Stromsystems angelegt: das heißt Konvergenz von Zentralisierungsstrategien im Lager der ‚Erneuerbaren' einerseits und der Integration ‚zentralisierungsfähiger' Regenerativtechniken durch die etablierte Stromwirtschaft andererseits.

Perspektiven des Wandels

Welche Perspektiven zeichnen sich angesichts konkurrierender Umbaustrategien ab? Läuft es auf die weitere Heterogenisierung, Pluralisierung und Lockerung von ehemals stabilen Systemstrukturen hinaus? Oder ist dies gegenwärtig nur ein Zwischenzustand, der irgendwann von einer neuen und in sich homogenen Lösung abgelöst wird? Natürlich ist zurzeit nicht absehbar, inwieweit sich auf mittlere bis längere Sicht eine neue, in sich stabile Konfiguration aus technischer Struktur, institutionellem Setting, dominanter Akteursstrategie, vorherrschenden Technikleitbildern usw. herauskristallisieren wird. Forschungen zu soziotechnischen Umbruchsituationen konnten zeigen, dass Phasen der Destabilisierung oder gar Auflösung überkommener soziotechnischer Konfigurationen in der Regel von gesellschaftlichen Suchprozessen abgelöst werden, die – zumindest temporär – auf ein neues funktionierendes, das heißt *kompatibles* Muster von „Technik, Strukturen und Institutionen" hinauslaufen (Dolata/Werle 2007: 26). Das deutsche Stromsystem befindet sich derzeit in einer solchen Umbruchsituation, wobei die skizzierten Umbaustrategien bereits zu den Suchprozessen gehören, die der Herausbildung eines gewandelten Stromsystems dienen. Wie sich zeigte, sind die Umbaustrategien untereinander zwar partiell anschlussfähig, in ihren grundlegenden Zielsetzungen aber eben nur begrenzt vereinbar, wenn nicht sogar teilweise unvereinbar. Deswegen spricht einiges für die Vermutung, dass es früher oder später zu einer (politischen/gesellschaftlichen) *Weichenstellung* kommen wird – und zwar an der Wegscheide zwischen einem im Kern nach wie vor *zentralisierten* und einem weitgehend *dezentralisierten* Stromsystem.[2] Das heißt umgekehrt: Ein forcierter und zeitlich paralleler Ausbau einer – technisch durchaus denkbaren – zentral-dezentralen Systemvariante dürfte weitaus weniger wahrscheinlich sein, da mit ihm die Kompatibilitätsanforderungen an eine neue stabile Systemkonfiguration vermutlich am schwersten zu erfüllen wären.

Was spricht für diese Vermutung?

Erstens nicht hintergehbare Struktureigenschaften des Stromsystems sowie erwartbare Kosten-Nutzen-Kalküle: Gemeint ist die Netzgebundenheit und aufwändige Netzstruktur des Stromsystems. Steckt man die notwendigen und immer begrenzten Mittel eher in den adäquaten Ausbau dezentral ausgerichteter Netze (mit nur subsidiären Fernnetzen) oder in den massiven Ausbau von Fernleitungen auf Höchstspannungsebene? Ähnliches gilt für den Steuerungsaufwand zentral-dezentraler Netzstrukturen, insbesondere für den Aufbau funktionsnotwendiger Kommunikationssysteme.

Zweitens prallen bereits im Lager der erneuerbaren Energien zwei Philosophien – bzw. zwei soziotechnische Leitideen – aufeinander, die von ihrer Grundkonzeption her nicht kompatibel sind: Die Protagonisten des Supernetzes streben Kosten- und Energieeffizienz durch die Nutzung von Großanlagen sowie – mit Blick auf Nordafrika – entwicklungspolitische Ziele an. Den Dezentralisierungsverfechtern dagegen geht es vor allem darum, sich von „Netzrestriktionen" zu emanzipieren. Es geht um regional- und agrarpolitische Ziele im Inland sowie um den stärkeren Einbezug der Stromnutzer (z. B. Privathaushalte) als Koproduzenten von Energie und Energiedienstleistungen (Mautz et al. 2008: 155-156).

Drittens steigen die Anforderungen an energiepolitische Governanceprozesse gravierend: Die Leitidee der Dezentralisierung verlangt völlig andere politische Zielkataloge, Förderkriterien und Abstimmungsprozesse der beteiligten Akteure als

2   Wobei ein begrenzter Anteil zentralisierter Stromerzeugung, z. B. zur Deckung des Regelenergiebedarfs, ein durchaus systemkonformes Element innerhalb eines weitgehend dezentralisierten Stromsektors wäre.

das Konzept einer transnationalen Zentralisierung und Vernetzung regenerativer – unter Umständen auch konventioneller – Stromerzeugung. Die gegenläufigen Zielperspektiven müssten nicht nur durch eine integrierende Leitidee, sondern auch durch ein integrierendes – und international abgestimmtes – Politikkonzept miteinander in Einklang gebracht werden (Mautz et al. 2008: 157).

Es gibt keine technisch diktierte Notwendigkeit, in die eine oder andere Richtung zu gehen. Mit den heute vorliegenden technischen Möglichkeiten könnte der dezentrale Pfad weiter verfolgt, aber auch die Integration der erneuerbaren Energien in ein weiterhin zentralisiertes Stromsystem vorangetrieben werden. Viel hängt davon ab, inwieweit es den Verfechtern neuer technischer Optionen gelingen wird, in der energie- und umweltpolitischen Debatte die Diskurse entscheidend mitzubestimmen und das von ihnen vertretene Leitbild gesellschaftlich breiter durchzusetzen. Sollte in der Tat eine Weichenstellung im deutschen, vielleicht auch im europäischen Stromsystem bevorstehen, dann ginge es somit auch – wie schon am Anfang der hier dargestellten Entwicklung – um die *soziale Konstruktion* soziotechnischen Wandels und seiner technischen Optionen. Mit dem Unterschied, dass die an solchen sozialen Konstruktionsprozessen beteiligten ‚neuen' Akteure heute nicht mehr eindeutig system*extern* zu verorten sind, was die Marginalisierungsrisiken mindert, die für die Pioniere der erneuerbaren Energien noch beträchtlich waren. Der Diskurs des Wandels ist heute, bei allen strategischen Differenzen im Einzelnen, längst in der system*internen* Arena angekommen.

Literaturverzeichnis

Bechberger, Mischa/Reiche, Danyel (Hrsg.) (2006): Ökologische Transformation der Energiewirtschaft. Erfolgsbedingungen und Restriktionen. Berlin: Erich Schmidt

Bijker, Wiebe E./Hughes, Thomas P./Pinch, Trevor J. (Hrsg.) (1987): The Social Construction of Technological Systems. Cambridge, Mass.: MIT Press

BMU (Bundesministerium für Umwelt, Naturschutz und Reaktorsicherheit) (Hrsg.) (2008): Erneuerbare Energien in Zahlen. Nationale und internationale Entwicklung. Berlin: Bundesministerium für Umwelt, Naturschutz und Reaktorsicherheit

Braun, Ingo/Joerges, Bernward (Hrsg.) (1994): Technik ohne Grenzen. Frankfurt/M.: Suhrkamp

Dolata, Ulrich (2008): Technologische Innovationen und sektoraler Wandel. In: Zeitschrift für Soziologie 37(1): 42-59

Dolata, Ulrich/Werle, Raymund (2007): „Bringing technology back in". Technik als Einflussfaktor sozioökonomischen und institutionellen Wandels. In: Dolata, Ulrich/Werle, Raymund (2007): 15-43

Dolata, Ulrich/Werle, Raymund (Hrsg.) (2007): Gesellschaft und die Macht der Technik. Sozioökonomischer und institutioneller Wandel durch Technisierung. Frankfurt/M.: Campus

Geels, Frank W./Schot, Johan (2007): Typology of sociotechnical transition pathways. In: Research Policy 36(3): 399-417

Hughes, Thomas P. (1987): The Evolution of Large Technological Systems. In: Bijker, Wiebe E. et al. (1987): 51-82

Hughes, Thomas P. (2009): Technological Momentum. In: Johnson, Deborah G./Wetmore, Jameson M. (2009): 141-150

Jacobsson, Staffan/Lauber, Volkmar (2006): The politics and policy of energy system transformation. Explaining the German diffusion of renewable energy technology. In: Energy Policy 34(3): 256-276

Joerges, Bernward/Braun, Ingo (1994): Große technische Systeme. Erzählt, gedeutet, modelliert. In: Braun, Ingo/Joerges, Bernward (1994): 7-49

Johnson, Deborah G./Wetmore, Jameson M. (Hrsg.) (2009): Technology and Society. Building our Sociotechnical Future. Cambridge, Mass.: MIT Press

Mautz, Rüdiger (2007): The Expansion of Renewable Energies in Germany between Niche Dynamics und System Integration. Opportunities and Restraints. In: Science, Technology & Innovation Studies 3(2): 113-131

Mautz, Rüdiger/Byzio, Andreas/Rosenbaum, Wolf (2008): Auf dem Weg zur Energiewende. Die Entwicklung der Stromproduktion aus erneuerbaren Energien in Deutschland. Göttingen: Universitätsverlag Göttingen

Reiche, Danyel (2004): Rahmenbedingungen für erneuerbare Energien in Deutschland. Möglichkeiten und Grenzen einer Vorreiterpolitik. Frankfurt/M.: Peter Lang Verlag

Rohracher, Harald (2007): Die Wechselwirkung technischen und institutionellen Wandels in der Transformation von Energiesystemen. In: Dolata, Ulrich/Werle, Raymund (2007): 133-151

Sauter, Raphael (2006): Die Bedeutung exogenen Anpassungsdrucks für eine ökologische Transformation der Stromwirtschaft am Beispiel Frankreichs. In: Bechberger, Mischa/Reiche, Danyel (2006): 98-101

Weyer, Johannes (1994): Größendiskurse. Die strategische Inszenierung des Wachstums soziotechnischer Systeme. In: Braun, Ingo/Joerges, Bernward (1994): 347-385

Low Carbon Society. Der Klimawandel als gesellschaftliche Herausforderung

Fritz Reusswig

1. Was bedeutet der anthropogene Klimawandel?

Während der anthropogene Klimawandel für die Naturwissenschaften einfach ein komplexes Faktum darstellt, bemühen sich die Sozialwissenschaften um eine Rekonstruktion der Art und Weise, wie soziale Systeme und Akteure Klima als soziales Faktum herstellen und verändern. Dies führt zu allerlei gegenseitigen Missverständnissen und macht die notwendige transdisziplinäre Zusammenarbeit nicht einfacher. Ich gehe hier davon aus, dass der anthropogene Klimawandel beides ist: ein mess- und rekonstruierbares Phänomen ‚da draußen', *und* eine soziale Konstruktion. Es ist dieser Doppelcharakter, der Bruno Latour dazu führt, den Klimawandel als ‚Hybridobjekt' zu bezeichnen (Latour 1998).

Dieses Hybrid verschränkt vielfältige, untereinander großteils sozial überhaupt nicht verknüpfte Aktivitäten (wie Autofahren, Häuser heizen, Reis anbauen, Fleisch essen etc.) überall auf der Welt mit den von der Soziologie klassischerweise weitgehend vernachlässigten (z. B. als Randbedingungen sinnhaften sozialen Handelns, wie bei Max Weber) Naturzusammenhängen, in die menschliches Handeln als Bedingung und/oder Folge eingebettet ist. Die politisierte Thematisierung des anthropogenen Klimawandels seit einigen Jahren hat diese bislang als unproblematisch vorausgesetzten Bedingungen zum Problem werden lassen. Dazu rechnen insbesondere drei ‚Stellgrößen' des Klimasystems der Erde, deren Zusammenhang für jedes Verständnis der Thematik elementar ist: (1) Aufgrund jeweils für sich sinnhafter menschlicher Aktivitäten entstehen – zunächst als ungeplante, dann als mehr oder weniger freiwillig in Kauf genommene Nebenfolgen – Treibhausgas-(THG)*Emissionen* (Kohlendioxid (CO_2), Methan (CH_4) etc.). Diese werden in die ‚Währung' des wichtigsten THG CO_2 konvertiert und betragen derzeit rund neun Gigatonnen Kohlenstoff pro Jahr (GtC^{-1y}).[1] Da das Gros der anthropogenen Emissionen – insbesondere CO_2 – keine ‚Giftstoffe' darstellen, sondern im Gegenteil

---

[1] Bei dieser Konversion wird das unterschiedliche Erwärmungspotenzial der Gase zugrunde gelegt sowie Kohlendioxid in Kohlenstoff umgerechnet. Neben den energiebedingten Emissionen sowie denen aus der Zementherstellung (rund 7,5 Gigatonnen) wird ebenfalls die Emission aus Landnutzungsänderungen (derzeit hauptsächlich: tropische Entwaldung) von rund 1,5 Gigatonnen hinzugezählt (Clark 2007; IPCC 2007).

erdgeschichtlich ‚alte Bekannte' des Erdsystems sind, werden sie problemlos in den Naturhaushalt ‚eingefädelt' und tun als Spurengase in der Atmosphäre das, was sie dort schon immer und ganz natürlicher Weise getan haben: sie erhöhen (2) die atmosphärische THG-*Konzentration*. In vorindustriellen Zeiten betrug die CO_2-Konzentration ca. 280 ppm (parts per million). Heute messen wir einen Wert von gut 380 ppm – der höchste Wert seit ca. 700.000 Jahren. Treibhausgase haben die an sich für das Leben auf der Erde segensreiche Eigenschaft, die (3) *Temperatur* von ansonsten sehr ungastlichen -15 Grad Celsius auf rund +15 Grad Celsius zu erhöhen. Die Klimageschichte des Planeten ist sehr bewegt und die Atmosphäre bildet nur eine von vielen Stationen des globalen Kohlenstoffkreislaufs – Ozeane und terrestrische Ökosysteme spielen hierbei eine ebenfalls sehr wichtige Rolle. Wie der Forschungszweig der Paläoklimatologie lehrt, war das Erdklima auch unter Abwesenheit des Menschen sehr bewegt. Es zeigt sich aber auch, dass die Konzentration von CO_2 eine der wichtigsten Treibergrößen der Temperatur darstellt (Rahmstorf/Schellnhuber 2006). Anders als viele so genannte ‚Klimaskeptiker' meinen, die gerne auf nicht-anthropogen bedingte Klimaänderungen in der Erdgeschichte verweisen, lehrt uns diese, dass das Klimasystem sehr sensitiv gegenüber Änderungen in der chemischen Zusammensetzung der Atmosphäre ist – und diese können wir heute sehr genau messen, ebenso wie wir sehr genau messen können, was wir an THG in die Atmosphäre ‚pusten'.

Es ist nicht leicht, dieses Hybridobjekt zu analysieren und zuverlässige Aussagen über den aktuellen und zu erwartenden Klimawandel zu machen. Die Systemkomponenten hängen mehr oder weniger eng miteinander zusammen und sie sind auf nicht-lineare Weise miteinander verkoppelt. Das Intergovernmental Panel on Climate Change (IPCC), das maßgebliche Gremium zur periodischen Feststellung des Forschungsstandes an der Schnittstelle zwischen Wissenschaft und Politik, dokumentiert die daraus resultierenden Unsicherheiten sehr genau.

Die wissenschaftliche Seriosität des IPCC (sowie der von ihm zusammengefassten Forschungen) darf natürlich nicht darüber hinwegtäuschen, dass die Beantwortung der Frage „Warum ist Klimawandel gefährlich?" bzw. „Was ist gefährlicher Klimawandel?" keineswegs eine rein wissenschaftliche Angelegenheit darstellt. Von der Temperaturänderung gehen zunächst die meisten Klimarisiken aus – Meeresspiegelanstieg, Hochwasser, Trockenheit, andere Wetterextreme. Seit Beginn instrumenteller Messungen im 19. Jahrhundert ist die GMT um 0,8 Grad Celsius angestiegen – das ist die Realität des Klimawandels bisher (IPCC 2007).[2]

---

2   Die globale Mitteltemperatur (GMT) ist ein statistisches Konstrukt, das über alle Orte (Klimazonen) und Zeiten (Tag/Nacht; Jahreszeiten) mittelt. Eine Verschiebung dieser Größe setzt daher erhebliche Änderungen bei den tatsächlichen Messwerten voraus. Der zunächst sehr gering erscheinende Wert von 0,8 Grad Celsius ist von daher besorgniserregend hoch, insbesondere mit Blick auf die Polarregionen, wo der tatsächliche Anstieg deutlich höher ausfällt.

Angesichts des weltweit ungebremsten Anstiegs der THG-Emissionen wird auch die GMT weiter ansteigen. Aber wo und wann beginnt es, inakzeptabel zu werden – und für wen?

Ein Hybridobjekt kann nur durch eine Hybridentscheidung normativ bestimmt werden. Die (Natur-)Wissenschaften können sagen, welche Kausal- oder doch Wahrscheinlichkeitszusammenhänge zwischen Temperaturänderung und Klimawirkungen bestehen (dass z. B. die Korallenriffe bei der und der Temperaturänderung absterben werden), aber sie können *nicht* sagen, ob das auch ein soziales Problem darstellt. Das muss im gesellschaftlichen Diskurs festgelegt bzw. politisch entschieden werden. Genauer gesagt: Es muss im Zusammenspiel zwischen Politik und Wissenschaft entschieden werden, denn auch ‚die Politik' (oder ‚die Gesellschaft') kann zwar Wert- bzw. Opportunitätsentscheidungen treffen, aber sie weiß per se und a priori nichts von den zugrunde liegenden Kausalitäten. Und dank der Langfristigkeit der Folgen und der Komplexität der Zusammenhänge können Politik und Gesellschaft in der Regel einer trockenen Folgeabschätzung nicht einfach eine einzige und für alle Akteure eindeutige Risikobewertung zuordnen.

Bezüglich des Klimawandels nun *hat* es ein solches Zusammenspiel zwischen Wissenschaft und (Teilen der) Politik gegeben, und die Antwort lautet: „Gefährlicher Klimawandel beginnt bei +2 Grad Celsius gegenüber vorindustrieller Zeit" (Schellnhuber et al. 2006; Walker/King 2008). Wohlgemerkt: +0,8 Grad Celsius sind bereits gemessen, und +0,6 Grad Celsius sind aufgrund von Systemträgheiten unvermeidlich. Bleiben +0,6 Grad Celsius, bevor es „wirklich gefährlich" wird.[3] Wann werden wir diese Gefahrenlinie erreichen? Wie viel Zeit bleibt uns noch?

Das ist ebenfalls nicht leicht zu beantworten, zumal sich die GMT nicht direkt politisch beeinflussen lässt – genauso wenig wie die THG-Konzentration der Atmosphäre. Bleiben die anthropogenen THG-Emissionen. So schwer es werden mag, all die unzähligen kleinen und großen menschlichen Aktivitäten und Strukturen zu verändern, die – unbeabsichtigt – zu Emissionen führen, sie zu modifizieren und nach unten zu fahren (*mitigation*), bleibt die einzige Möglichkeit, gefährlichen Klimawandel zu vermeiden.[4] Eine Forschergruppe um meinen Kollegen Malte

---

3   Der Ausdruck ‚gefährlicher Klimawandel' stellt eine verkürzte Zusammenfassung dessen dar, was in Artikel 2 der Klimarahmenkonvention der Vereinten Nationen (UNFCCC) völkerrechtlich verbindlich festgelegt wurde – und was eine Mehrzahl der Staaten der Erde, darunter auch die USA, ratifiziert haben. Viele Umweltorganisationen halten das Zwei-Grad-Ziel bereits für zu hoch, während manche ehemaligen ‚Klimaskeptiker', die sich mittlerweile zu Klima-Anpassungs-Verfechtern gemausert haben, auch mit einer Erwärmung um mehr als 2 Grad Celsius leben zu können glauben. Das 2-Grad-Ziel ist das derzeit offiziell von EU und Bundesregierung anerkannte klimapolitische Leitziel.

4   Selbstverständlich müssen sich Gesellschaften auch an unvermeidlichen Klimawandel anpassen, eine bis heute noch zu sehr vernachlässigte Dimension. Aber auch gelingende Anpassung ist dar-

Meinshausen (Meinshausen et al. 2009) hat auszurechnen versucht, was das 2-Grad-Celsius-Ziel zeitlich bedeutet, wenn wir weiter fortfahren, fossile Energieträger zu verbrennen, wie wir dies seit der Industrialisierung im 19. Jahrhundert im großen Maßstab tun. Die Antwort: Wenn wir mit einer Wahrscheinlichkeit von über 75 Prozent dieses Ziel einhalten wollen – in anderen Kontexten wären viele Menschen geneigt, diese Wahrscheinlichkeit für zu gering zu halten –, dann sollten wir bis spätestens 2020 den Höhepunkt der globalen THG-Emissionen erreicht haben. Je länger wir warten, desto stärker müssen wir dann die Emissionen reduzieren, um das Klimaziel noch zu erreichen.

Anders gesagt: Der Übergang zu einer Low Carbon Society (LCS), also zu einer Gesellschaft, die ihre Strukturen und Muster so ändert, dass sie sich vom Kohlenstoff als zentralem Energieträger (Kohle, Öl, Gas) verabschiedet, muss in ca. zehn Jahren geschehen. Und dies in einer Welt, in der die Emissionen nicht zuletzt deshalb ansteigen, weil große Teile wie China und Indien sich quasi jetzt erst dazu aufmachen, den Industrialisierungsprozess nachzuholen, den Europa und die USA zwischen etwa 1850 und 1950 erst allmählich durchgeführt haben.

Bevor ich auf einige soziologische Aspekte einer solchen LCS näher eingehe, möchte ich noch kurz etwas zur Änderung des gesellschaftlichen Klimadiskurses sagen, dem wir derzeit beiwohnen. Diese Ausführungen sollen belegen, dass es sich bei der LCS keineswegs nur um ein wissenschaftliches Hirngespinst oder eine umweltbewegte Wunschvorstellung handelt – das mag auch der Fall sein –, sondern vor allem um eine sich abzeichnende Entwicklung moderner Gesellschaften selbst. Nicht im Sinne eines unausweichlichen Modernisierungspfads, sondern im Sinne einer ‚realen Möglichkeit‘, also eines wirklich möglichen Pfadwechsels von Technologien, Institutionen und Mentalitäten.

2. Strukturwandel des Klimadiskurses: Von der Deutung zur Gestaltung

Obwohl die Beschäftigung mit dem anthropogenen Klimawandel historisch gesehen etwas sehr Neues ist, hat sich die Menschheit seit ihrem Hervortreten aus dem Evolutionszusammenhang mit dem Klima befasst. Den ‚Ort‘ dieses Befassens möchte ich als ‚Klimadiskurs‘ bezeichnen. In ihm ist das Klima als natürlicher wie als hybrider, gesellschaftlich vermittelter Tatbestand überhaupt erst *da*. Mit dem Ausdruck ‚Klimadiskurs‘ soll keineswegs nur das Verhältnis von klimabezogenen Redeäußerungen bzw. Texten zueinander begriffen werden, sondern thematische Aussagegeflechte zusammen mit ihrer Einbettung in soziale Interaktionen und

---

auf angewiesen, dass der Klimawandel nicht zu stark bzw. zu rasch abläuft, sonst wird auch sie zu teuer oder gar unmöglich.

Systeme, an denen mit materiellen und symbolischen Ressourcen (z. B. auch Macht) sowie begrenzter Rationalität und Interessen ausgestattete soziale Akteure (Individuen, Organisationen) strukturierend und (re-)produzierend beteiligt sind. Das Ziel der am Diskurs beteiligten Akteure ist in der Regel, andere Akteure bzw. auch die Rahmenbedingungen des Diskurses (z. B. Gesetzeslagen, die öffentliche Meinung) so zu beeinflussen, dass die eigenen Interessen und Weltdeutungen eine höhere Chance auf Durchsetzung bzw. legitime Geltung haben.[5]

Dem antiken und mittelalterlichen ‚Klimadeterminismus' (das Klima bestimmt – meist via menschlichen Körper – die Gesellschaft) folgte die moderne ‚Klimaignoranz' (d. h. Mensch und Gesellschaft sind qua Technik in der Lage, raumzeitliche Klimavariationen zu neutralisieren). Der jüngere Klimadiskurs stellt insofern eine Neuerung dar, als er erstmals die Möglichkeit einer Beeinflussung des *globalen* Klimas durch den Menschen einräumt (Conrad 2008; Weart 2003). Seit der breiteren massenmedialen Berichterstattung über den Klimawandel (etwa Mitte der 1980er Jahre) wurde der Diskurs stark durch das pendelartige Hin und Her zwischen Katastrophismus und Skeptizismus geprägt (zu dieser Phase Weingart et al. 2002). Auf die aufgeregte Nachricht vom bevorstehenden Weltuntergang folgte dann stets die entwarnende Erwiderung, man wisse es einfach nicht so genau – und vielleicht werde es ja auch alles sehr viel schöner, wenn es wärmer wird.

Ich behaupte nun, dass das Licht der großen Kulturprobleme im hier in Rede stehenden Bereich seit etwa 2006/2007 weiter gezogen ist, wir uns also in einer neuen Phase des gesellschaftlichen Klimadiskurses befinden. Mit dieser Ansicht stehe ich nicht ganz alleine dar, obwohl sich die genaue Diagnose bzw. auch die Konsequenzen daraus recht unterschiedlich darstellen (Egner 2007; Lehmkuhl 2008). Da sich die Aufgabenstellung einer dem Problem Klimawandel gegenüber sensiblen Soziologie nicht zuletzt danach richtet, mit welcher Diskurs-Situation man es zu tun hat, möchte ich diese kurz skizzieren.

Tabelle 1: Alter und neuer Klimadiskurs in der Übersicht

Dimension	Alter Klimadiskurs	Neuer Klimadiskurs
Rahmen	Erdsystemanalyse	Entscheidungsunterstützung
Kernfragen	Gibt es (anthropogenen) Klimawandel? Wie sicher ist das? Wann und wie	Was ist gefährlicher Klimawandel? Wie kann eine kosteneffiziente und gerechte

---

5   Der hier skizzierte Diskursbegriff knüpft an Foucault an, reformuliert ihn aber handlungstheoretisch und ohne Übernahme seines ebenso ausufernden wie unscharfen Machtbegriffs sowie unter Verzicht auf den immer wieder auftauchenden strukturalistischen Versuch, den Diskurs selbst zum Subjekt zu stilisieren (dazu ausführlicher Keller 2005, 2006).

	werden natürliche und soziale Systeme betroffen sein?	Stabilisierung des Klimasystems erreicht werden? Wer muss wann was tun oder zahlen?
Risikofokus	Impaktrisiken	Handlungsrisiken
Hauptakteure	Naturwissenschaften, Umweltbewegung, Umweltpolitik, Massenmedien	Transdisziplinäre Wissenschaft, Politik allgemein, Teile des Unternehmenssektors, Umweltbewegung, kritische Öffentlichkeit, Massenmedien
Hauptkonflikte	Katastrophismus versus Skeptizismus Minderung versus Anpassung Werte versus Tatsachen	Gewinner versus Verlierer Kosten-Nutzen-Analyse versus Portfoliomanagement Optimaler Mix Mitigation/Anpassung Explizite Wertkonflikte
Leitwissenschaften	Physik, Meteorologie, andere Naturwissenschaften (►IPCC Working Group I).	Ökonomie, Integrierte Modelle, andere Sozialwissenschaften (► IPCC Working Group III)

Quelle:: Eigene Darstellung.

Ich kann hier nicht auf alle Facetten der Diskursänderung eingehen (dazu Reusswig 2008). Zentral scheint mir, dass sich der gesellschaftliche Klimadiskurs vom Rahmen der Erdsystemanalyse hin zum Rahmen der Entscheidungsunterstützung bewegt hat. Dazu hat nicht zuletzt die Klimaforschung beigetragen, die in einem Akt auch öffentlich inszenierter kognitiver Schließung die vorgängigen Debatten um die anthropogene Natur des beobachteten Klimawandels für beendet erklärt hat. Hinzu kommt, dass wichtige Regierungen (z. B. die Bundesregierung, aber auch die EU-Kommission) diese Sprachregelung übernommen haben. Im so genannten ‚Meseberg-Paket' hat die große Koalition aus CDU und SPD in den Jahren 2007/08 eine Reihe politischer Maßnahmen mit dem Ziel beschlossen, die THG-Emissionen Deutschlands bis 2020 um 40 Prozent (Basisjahr 1990) zu reduzieren – die Koalition aus CDU und FDP hat dieses Ziel auch nach dem Regierungswechsel 2009 bestätigt. Und zumindest bevor die jüngste Wirtschaftskrise das

Land in ihren Bann schlug, konnte man aus dem Munde von Kanzlerin Merkel auch hören, dass dies noch lange nicht das Ende der Klimapolitik sei; bis 2050 müssten die Pro-Kopf-Emissionen weltweit auf rund zwei Tonnen im Jahr reduziert werden, um das 2-Grad-Ziel zu erreichen – eine Reduktion um 80 Prozent im Vergleich zu den aktuellen Emissionen. Das Bundesumweltministerium spricht in diesem Zusammenhang auch von der „Dritten Industriellen Revolution", derer es bedürfe, um das Klimaziel zu erreichen (BMU 2008).

Nicht mehr geht es um die Leitfrage, ob es anthropogenen Klimawandel gibt oder nicht, sondern vielmehr darum, was von wem wann und zu welchen Kosten getan werden muss, um diesen zu verhindern oder doch zu begrenzen (Stern 2007). Und es stehen nicht mehr die Impaktrisiken im Vordergrund, sondern die Frage, welche Kosten (und womöglich manifesten Schäden) Klimapolitik erzeugt – bzw. welche positiven Nebeneffekte sie haben kann. Damit wird – mit Hegel gesprochen – das ‚gesetzt', was bisher nur ‚an sich vorhanden' war: dass Klimarisiken Handlungsrisiken sind.[6] Damit wird an sich auch die Dominanz der Naturwissenschaften untergraben. Nunmehr wird zentral, welche Wert- und Kostenentscheidungen, welche Trade-offs und Konflikte aufkommen (und wie sie zu lösen sind), wenn welche Klimapolitik verfolgt wird. Dabei müssen die (interdisziplinär anschlussfähigen) Wirtschafts- und Sozialwissenschaften die Führung übernehmen. Den Naturwissenschaften kommt – entgegen ihrem immer noch dominanten Selbstverständnis – mehr und mehr die Rolle von Hilfswissenschaften zu.

Es wäre jedoch völlig verfehlt, wollte man den neuen Klimadiskurs als konfliktfrei ansehen – etwa nach dem Motto „Wir wollen doch alle das Klima retten". Zwar sind die Pendelschwünge zwischen Katastrophismus und Skeptizismus weitgehend beendet, aber unter den Auspizien eines entscheidungsorientierten Klimadiskurses kommen Konflikte keineswegs zur Ruhe. Im Gegenteil: Dadurch, dass sich das Thema Klimawandel aus der ‚Öko-Nische' heraus- und in den gesellschaftlichen Mainstream hineinbewegt hat, entstehen ganz neue und in ihrer Heftigkeit auch bisher ungekannte Konflikte.

Es besteht natürlich auch im neuen Klimadiskurs eine Grundspannung zwischen Handeln und Tun. Nur weil es rhetorisch opportun ist, sich besorgt über das Schicksal des Weltklimas zu äußern, muss man noch lange nicht Geschäftspraktiken oder Alltagsgewohnheiten über Bord werfen. Wichtiger noch scheint mir aber,

---

6 Das Klima der Erde ist handlungs- und entscheidungsabhängig geworden, ohne dadurch vollständig determiniert zu sein. Dies gilt sowohl für den langfristigen Trend der THG-Emissionen, der ja auf deren natürlich vorhandener Konzentration gleichsam aufgesattelt wird, aber auch für die Konsequenzen für das jeweilige Wettergeschehen, dem eine stochastische Komponente (trotz einer zunehmenden Wahrscheinlichkeit etwa für Wetterextreme) inhärent bleibt. Darum unterläuft der anthropogene Klimawandel sowohl die Luhmann'sche Dichotomie von Risiko und Gefahr (Luhmann 1991) als auch die Beck'sche ‚Eingemeindung' in die Welt der selbsterzeugten Risiken (Beck 1986).

dass der neue Klimadiskurs mit einer Neubewertung von Zukunftsoptionen verbunden ist. Wirtschaftliche Interessen dienen nicht nur als fixierte Filter für die Bewertung wissenschaftlicher Befunde, sie werden im Lichte neuer Erkenntnisse auch stets neu interpretiert, und der bislang wohl definierte Handlungsraum eines Akteurs wird – im Lichte dieser Neu-Interpretation – auf mögliche Zukunftschancen hin abgesucht. Im Ergebnis kann sich das Optionsportfolio deutlich ändern – und damit auch die Interessenlage. ‚Ideen und Interessen' müssen, wie Max Weber schon sah, in ihrem Zusammenspiel, nicht isoliert voneinander als soziale Wirkmächte betrachtet werden. Genau das aber führt zu neuen, dynamischen Interessenskoalitionen und damit zu Konflikten. Es geht zuletzt um die Frage, wie die neue Low Carbon Society aussieht, wer in ihr was herstellt und konsumiert, wie das politisch reguliert und ggf. unterstützt wird und mit welchen Argumenten die sich abzeichnenden Produktions-, Konsumtions- und Regulationsmuster gerechtfertigt oder delegitimiert werden.

3. Die Umrisse einer Low Carbon Society und die zukünftigen Aufgaben der Soziologie

Was sich in der aktuellen Phase des Klimadiskurses abzeichnet, sind die Umrisse einer kohlenstoffarmen Gesellschaft (Low Carbon Society). Genauer gesagt: diese Umrisse zusammen mit (a) unterschiedlichen Ausgestaltungen derselben sowie (b) den grundsätzlichen Konfliktlinien hinsichtlich der Frage, ob es zu einer solchen postkarbonen Gesellschaft kommt oder nicht.

Eine postkarbone Gesellschaft ist eine Gesellschaft, die ihre bio-physischen Interaktionen mit dem Erdsystem so modifiziert hat, dass ihr Prozessieren in der Zeit keinen ‚gefährlichen Klimawandel' zur Folge hat (Rifkin 2009; Stern 2009). Dies geschieht entweder dadurch, dass über das natürliche Senkenpotenzial hinaus keinerlei THG (z. B. aus fossilen Quellen) entstehen (bzw. in die Atmosphäre entweichen)[7] oder dadurch, dass die natürliche Senkenkapazität des Erdsystems für THG künstlich so erhöht wird, dass Kohlenstoffneutralität (*carbon neutrality*) gewährleistet ist. Die Erhöhung der Senkenkapazität erfordert mehr oder weniger harte Geoengineering-Maßnahmen in planetarer Größenordnung und ist mit teil-

---

7   Die Abscheidung und Einlagerung von CO_2 (Carbon Capturing and Storage, CCS) bietet die Möglichkeit, weiterhin fossile Brennstoffe in großem Maßstab (in stationären Einrichtungen) zu nutzen, ohne die THG-Konzentration der Atmosphäre zu erhöhen. CCS wird derzeit in kleineren Versuchsanlagen erprobt, aber voraussichtlich recht kostspielig sein und geht zudem mit nicht unerheblichen Umwelt- und Gesundheitsrisiken einher.

weise unwägbaren, teilweise klar negativen Nebenfolgen verbunden.[8] Der Umbau des Energiesystems im Sinne einer De-Karbonisierung kann auf im Prinzip bereits heute verfügbare Technologien zurückgreifen (Pacala/Socolow 2004) und ist von daher die risikoärmere (keineswegs: risikofreie) Strategie. Sie besitzt im Wesentlichen drei ‚Hebel', die ihrerseits als Sub-Strategien (Huber 2004) bezeichnet werden können:

1. *Konsistenz*: Die Umstellung des Energiesystems der Erde von fossilen auf erneuerbare Träger.

2. *Effizienz*: Die Einsparung von Energie pro Produktions- oder Konsumeinheit durch technische und/oder Verhaltensänderungen.

3. *Suffizienz*: Die Minderung der absoluten Höhe der Energienachfrage durch Mentalitäts- und Verhaltensänderungen.

Angesichts der Größe der Herausforderung ist keiner einzelnen Strategie allein, sondern nur ihrem klugen Mix der Erfolg zuzutrauen (Agnolucci et al. 2009; York 2007). Daraus wird auch deutlich, dass der Übergang zu einer postkarbonen Gesellschaft keineswegs ein rein technologisch-ökonomisches Problem darstellt, sondern dieses zusammen mit seiner politischen wie kulturellen Einbettung. Ein radikaler sozialer Wandel (im Unterschied zu einem graduellen) ist mithin Bedingung für eine klimafreundliche Gesellschaft (Leggewie/Welzer 2009). Das geforderte soziale Lernen geht damit ebenfalls über – in jedem Fall notwendige! – technologische Innovationen hinaus (Dolata 2008; Hourcade/Crassous 2008; Miller 2008).

Damit ist eine soziologische ‚Großbaustelle' der näheren Zukunft bezeichnet, für die der Mainstream der Soziologie – also die soziologischen Theoriebildungen nebst den wichtigsten soziologischen Subdisziplinen – bislang noch keineswegs gerüstet scheint. In der Umweltsoziologie und anderen Teilbereichen liegen einige Bruchstücke für diese neue und wichtige Aufgabe einer kritischen Begleitung eines gesellschaftlichen (Selbst-)Transformationsprozesses zwar bereit, bedürfen aber ihrerseits der Fortentwicklung, der theoretischen Integration, der praktischen Orientierung und der produktiven Verbindung zu den ‚klassischen' Fragestellungen (z. B. sozialer Wandel, soziale Ungleichheit, Innovation, Technologie, Wissen usw.) (Redclift 2009; Yearley 2009).

Die Fragen, die sich im Übergang zu einer postkarbonen Gesellschaft stellen, lassen sich aber rein umweltsoziologisch gar nicht beantworten. Sie bedürfen des Zusammenwirkens vieler verschiedener soziologischer Forschungsrichtungen und

---

8 Neben der eher ‚weichen' Maßnahme großflächiger Wiederaufforstung können die künstliche Einbringung von Aerosolen in die Stratosphäre oder die Eisendüngung der Ozeane als Beispiele für ein ‚hartes' Geoengineering gelten.

Methoden, die freilich von der Umweltsoziologie, ihrer Geschichte und der vielfach subkutanen Rolle von Natur für die Soziologie überhaupt (Groß 2001, 2006) viel lernen können. Welche sind diese Fragen? Ohne Anspruch auf Vollständigkeit sehe ich folgende Liste als dringlich an:

- Welche sozialen Mechanismen der Akzeptanz oder gar der Wünschbarkeit von erneuerbaren Energieträgern lassen sich identifizieren und in verschiedenen sozialen und räumlichen Kontexten (z. B. Städte) replizieren?
- Wie entwickeln und nutzen wir Gebäude in Zukunft so, dass sie aus Energiesenken zu Energiequellen werden? Welches Nutzerverhalten, welche Gebäudesprache brauchen wir dafür?
- Welche technologischen und sozialen Optionen haben hoch entwickelte Industriegesellschaften mit Blick auf ihr Stromversorgungs- und -verteilungssystem? Kann sich – analog zum Internet – eine dezentrale und digitalisierte Netzkultur entwickeln?
- Wie sieht die klimafreundliche Stadt der Zukunft aus und welche Änderungen des städtischen Lebens bringen Anpassungs- und Vermeidungsmaßnahmen mit sich?
- Welche kulturellen Leitbilder und Deutungsmuster verbinden sich – jenseits technisch-ökonomischer Parameter – mit einer postkarbonen Gesellschaft? Wird diese eher durch eine kulturelle Angstkommunikation oder durch positive Visionen vorangetrieben – und wie könnten diese aussehen?
- Wie entstehen und diffundieren sozio-technische Innovationen und wie verlernen wir die fossile Kultur?
- Welche sozial-ökologischen Folgen ergeben sich aus sozio-technischen ‚Lösungen' des Klimaproblems?
- Wie könnten soziologisch gehaltvolle Modelle und Szenarien für zukünftige Emissionspfade aussehen?
- Welchen Grad an Partizipation, welchen an Governance, welchen an simpler Regierungskunst müssen wir voraussetzen und fortentwickeln, um die genannten Herausforderungen zu bewältigen?

Wie gesagt, der Katalog ist nicht vollständig und auch die genannten Fragen müssten präzisiert und mit tentativen Hypothesen orchestriert werden, um tatsächliche Forschung anzuregen. Dennoch scheinen sie mir wichtig. Ihnen allen ist eine klare Parteinahme für den Übergang zu einer postkarbonen Gesellschaft eigen. Sie folgen mithin aus einem an Werten orientierten Forschungsinteresse an Zukunftsfragen, nicht aus einer wertfreien Beobachtung gegenwärtiger und vergangener Ereignisse/Strukturen.

Damit sind zwei zentrale Hindernisse angesprochen, die einer stärkeren Einmischung der Soziologie in den aus meiner Sicht notwendigen Übergang in eine postkarbone Gesellschaft entgegenstehen: (1) die Stilisierung als reine Beobachtung (zweiter Ordnung) sowie (2) die Zukunfts- und Praxisabstinenz der Soziologie (Lever-Tracy 2008).

Die Selbstbeschränkung auf Beobachtung kann als die spezifisch systemtheoretische Fassung von Webers Werturteilspostulat verstanden werden. Dass diese mit einer dezisionistisch-irrationalistischen Auffassung von Werten und Wertkonflikten einhergeht – und eben nicht an der Kantischen Ansicht festhielt, über moralische Prinzipien sei ein rationaler Diskurs möglich –, empfiehlt sie weder in philosophischer noch in soziologischer Hinsicht, wo ‚Entscheidungen‘ sich auch empirisch viel häufiger an Diskursen orientiert zeigen als Weber konzediert.

Soziologie kann, wie Schelsky (1958) bereits sah, als ‚indirekte Morallehre‘ aufgefasst werden, als kritisches Wissen und Gewissen einer Gesellschaft, die im Business-as-usual-Modus der eigenen Nicht-Fortführbarkeit entgegenläuft (Diamond 2005; Latour 2007). Soziologische Phantasie und exemplarisches Lernen (Negt 1968) sind gefragt, um zu helfen, den komplexen Transformationsprozess in die sich abzeichnende postkarbone Gesellschaft im Sinne einer öffentlichen Wissenschaft (Burawoy 2005) herbeizuführen. Andere sozio-technische Welten sind möglich, ja dringend erwünscht, aber die bei Vielen zum Habitus stilisierte Haltung des abgeklärten Beobachters kann sie nicht liefern. Eine Neuauflage der 1970er/80er-Kultur des gut gemeinten Weltverbesserns wird und sollte es freilich in der bekannten Form auch nicht geben. Mittlerweile aufgelaufenes Systemwissen ist – neben den klassischen Tugenden wissenschaftlicher (Selbst-)Kritik – durchaus gefordert. Aber wenn es nicht zum Transformationswissen transformiert wird – wozu braucht man es dann? Die Soziologie hat „eine Mitverantwortung für die Gesellschaft, in der sie steht" (Soeffner 2009: 67). Die Soziologie hat die Welt lange Zeit nur interpretiert. Es kommt darauf an, diese Interpretationen zu nutzen, um Veränderungen anzustoßen – und kritisch zu begleiten. Denn dass die postkarbone Gesellschaft eine konfliktfreie und sozial einfache ‚Solarutopie‘ sein wird, ist nicht zu erwarten.

Literaturverzeichnis

Agnolucci, Paolo/Ekins, Paul/Iacopini, Giorgia/Anderson, Kevin/Bows, Alice/Mander, Sarah/Shackley, Simon (2009): Different scenarios for achieving radical reduction in carbon emissions. A decomposition analysis. In: Ecological Economics 68(6): 1652-1666

Beck, Ulrich (1986): Risikogesellschaft. Umrisse einer anderen Moderne. Frankfurt/M.: Suhrkamp

BMU (Bundesministerium für Umwelt, Naturschutz und Reaktorsicherheit) (Hrsg.) (2008): Die dritte industrielle Revolution. Aufbruch in ein ökologisches Jahrhundert. Dimensionen und Herausforderungen des industriellen und gesellschaftlichen Wandels. Berlin: BMU

Burawoy, Michael (2005): The Critical Turn to Public Sociology. Critical Sociology 31(3): 313-326

Clark, William C. (Hrsg.) (2007): Contributions to accelerating atmospheric CO_2 growth from economic activity, carbon intensity, and efficiency of natural sinks. Cambridge, Mass.: Harvard University

Conrad, Jobst (2008): Von Arrhenius zum IPCC. Wissenschaftliche Dynamik und disziplinäre Verankerungen der Klimaforschung. Münster: Monsenstein & Vannerdat

Diamond, Jared (2005): Kollaps. Warum Gesellschaften überleben oder untergehen. Frankfurt/M.: Fischer Verlag

Dolata, Ulrich (2008): Soziotechnischer Wandel, Nachhaltigkeit und politische Gestaltungsfähigkeit. In: Lange, Hellmuth (2008): 261-286

Egner, Heike (2007): Überraschender Zufall oder gelungene wissenschaftliche Kommunikation. Wie kam der Klimawandel in die aktuelle Debatte? In: GAIA 16(4): 250-254

Groß, Matthias (2001): Die Natur der Gesellschaft. Eine Geschichte der Umweltsoziologie. Weinheim: Juventa

Groß, Matthias (2006): Natur. Bielefeld: transcript

Hourcade, Jean-Charles/Crassous, Robert (2008): Low-carbon societies. A challenging transition for an attractive future. In: Climate Policy 8(6): 607-612

Huber, Joseph (2004): New Technologies and Environmental Innovation. Cheltenham: Edward Elgar

IPCC (Intergovernmental Panel on Climate Change) (2007): Climate Change. The Synthesis Report. Genf: IPCC. Online verfügbar unter: http://www.ipcc.ch/pdf/assessment-report/ar4/syr/ar4_syr.pdf (Stand: 08.10.2009)

Keller, Reiner (2005): Wissenssoziologische Diskursanalyse. Grundlegung eines Forschungsprogramms. Wiesbaden: VS Verlag

Keller, Reiner (2006): Wissenssoziologische Diskursanalyse. In: Keller, Reiner et al. (2006): 115-146

Keller, Reiner/Hirseland, Andreas/Schneider, Werner (Hrsg.) (2006): Handbuch Sozialwissenschaftliche Diskursanalyse. Band 1: Theorien und Methoden. Wiesbaden: VS Verlag

Lange, Hellmuth (Hrsg.) (2008): Nachhaltigkeit als radikaler Wandel. Die Quadratur des Kreises? Wiesbaden: VS Verlag

Latour, Bruno (1998): Wir sind nie modern gewesen. Versuch einer symmetrischen Anthropologie. Frankfurt/M.: Suhrkamp

Latour, Bruno (2007): A Plea for Earthly Sciences. Keynote lecture for the annual meeting of the British Sociological Association, East London, April 2007. Online verfügbar unter: http://www.brunolatour.fr/articles/article/102-BSA-GB.pdf (Stand: 08.10.2009)

Leggewie, Claus/Welzer, Harald (2009): Das Ende der Welt wie wir sie kennen. Frankfurt/M: Fischer Verlag

Lehmkuhl, Markus (2008): Weder Zufall noch Erfolg. Vorschläge zur Deutung der aktuellen Klimadebatte. In: GAIA 17(1): 9-11

Lever-Tracy, Constance (2008): Global Warming and Sociology. In: Current Sociology 56(3): 445-466

Luhmann, Niklas (1991): Soziologie des Risikos. Berlin/New York: de Gruyter

Meinshausen, Malte/Meinshausen, Nicolai/Hare, William/Raper, Sarah C. B./Frieler, Katja/Knutti, Reto/Frame, David J./Allen, Myles R. (2009): Greenhouse-gas emission targets for limiting global warming to 2° C. In: Nature 458(30): 1158-1163

Miller, Michael (2008): Discourse Learning and Social Evolution. London: Routledge

Negt, Oskar (1968): Soziologische Phantasie und exemplarisches Lernen. Zur Theorie der Arbeiterbildung. Frankfurt/M.: Europäische Verlagsanstalt

Pacala, Steven W./Socolow, Robert H. (2004): Stabilization wedges. Solving the climate problem for the next 50 years with current technologies. In: Science 305(5686): 968-972

Rahmstorf, Stefan/Schellnhuber, Hans-Joachim (2006): Der Klimawandel. München: C.H. Beck

Redclift, Michael (2009): The Environment and Carbon Dependence. Landscapes of Sustainability and Materiality. In: Current Sociology 57(3): 369-387

Reusswig, Fritz (2008): Strukturwandel des Klimadiskurses. Ein soziologischer Deutungsvorschlag. In: GAIA 17(3): 274-279

Riesman, David (1958): Die einsame Masse. Reinbek: Rowohlt

Rifkin, Jeremy (2009): Leading the Way to the Third Industrial Revolution and a New Social Europe in the 21st Century. Vortrag auf dem 3. Kongress zur Nationalen Stadtentwicklung, Essen, 25.06.2009

Schellnhuber, Hans-Joachim/Cramer, Wolfgang/Nakicenovic, Nebojsa/Wigley, Tom/Yohe, Gary (Hrsg.) (2006): Avoiding Dangerous Climate Change. Cambridge: Cambridge University Press

Schelsky, Helmut (1958): Einführung. In: Riesman, David (1958): 7-19

Soeffner, Hans-Georg (2009): Die Kritik der soziologischen Vernunft. In: Soziologie 38(1): 60-71

Stern, Nicolas (2007): The Economics of Climate Change. Cambridge: Cambridge University Press

Stern, Nicholas (2009): The Global Deal. Climate Change and the Creation of a New Era of Progress and Prosperity. London: Public Affairs

Walker, Gabriela/King, Sir David (2008): The Hot Topic. What We Can Do About Global Warming. Orlando et al..: Harvest Harcourt

Weart, Steven P. (2003): The Discovery of Global Warming. Cambridge, Mass.: Harvard University Press

Weingart, Peter/Engels, Anita/Pansegrau, Petra (2002): Von der Hypothese zur Katastrophe. Der anthropogene Klimawandel im Diskurs zwischen Wissenschaft, Politik und Massenmedien. Opladen: Leske + Budrich

Yearley, Steven (2009): Sociology and Climate Change. What Roles for Social Science in Understanding Climate Change? In: Current Sociology 57(3): 389-405

York, Richard (2007): Demographic trends and energy consumption in European Union Nations, 1960-2025. In: Social Science Research 36(3): 855-872

Uncertain Exchanges. Innovation, Stability and the
Societal Repercussions of Contemporary Capitalism

Einleitung zum Plenum: Uncertain Exchanges. Innovation, Stability and the Societal Repercussions of Contemporary Capitalism

Jens Beckert

Uncertainty with regard to the outcomes of decisions is one of the chief character-istics of market economies. In this plenary session three speakers explored the role of economic uncertainty for economy and society from different perspectives. The plenary session aimed at insights into the complex character of economic uncer-tainty and its role in current economic and social transformations.

The role of uncertainty in the economy can be explored from different per-spectives. On the one hand, uncertainty threatens the possibility of stable market exchange because it leads to the incalculability of outcomes. Only the reduction of uncertainty creates possibilities for rational calculation of the economic risks that characterize modern capitalism. The emergence of ever more refined instruments for the rational calculation of capital investments and institutionally granted prop-erty rights are among the most important factors for making capitalist development possible. This has been analyzed by Max Weber in his writings on the emergence of rational capitalism in the West and takes an important role also in contemporary economic sociology. Firms need 'stable worlds' (Fligstein 2001) to be able to re-produce in the market, implying that uncertainty must be reduced.

On the other hand, the dynamics of capitalism depend on spaces of incalcula-bility and on possibilities to realize 'new combinations' through genuine innova-tions, which open up profit opportunities to actors. This side of uncertainty was emphasized by Joseph Schumpeter (Schumpeter 1934) in his notion of 'creative destruction' and is indispensable for the possibility of economic growth. In con-temporary economic sociology, uncertainty in this sense has been discussed espe-cially in works on financial markets and on entrepreneurship which emphasize the creativity of economic actors in capturing novel opportunities.

The fundamental dilemma posed by uncertainty in the economy cannot be re-solved in either direction. However, capitalist formations can be distinguished by the degree to which they *must* allow or *deliberately choose* to allow for uncertainty. The more an economy relies on competitive markets, the greater is the uncertainty economic actor's face. Transformations of contemporary capitalism during the last twenty years can be described as a move towards greater reliance on markets for the production and distribution of goods, accompanied by increasing levels of uncertainty. This holds true not only for the transforming economies in Eastern

Europe and Asia but also for Western industrialized countries undergoing liberalization.

Uncertainty in the economy, however, has an additional dimension that goes beyond the dynamics of the economic system itself. Economic uncertainty creates opportunities for the production of wealth, but it also and inevitably causes losses and produces losers. Hence, uncertainty is not just an economic category to describe the conditions for decision making in economic contexts. It becomes a much broader macro-sociological category once one asks the question 'Whose uncertainties?' Socioeconomic conflict consists in many ways of clashes over the question: 'What social groups will have to bear the uncertainty?' This also implies that social change can be analyzed in many ways as changes in the allocation of uncertainties between social groups. The changes in the institutional regulation of labour markets and pension systems over the last thirty years are only two especially prominent examples for such shifts in uncertainty between social groups. It was Karl Polanyi (Polanyi 1957) who argued persuasively that no society could withstand the complete commodification of labor: The inevitable failure of some actors in the market would give rise to social destabilization and, ultimately, to the destruction of social order.

This implies that the repercussions of economic uncertainty for workers and society at large must impose social limitations on the expansion of the market principle. Where exactly these limitations are located appears to be variable and is the subject of intense political debate as well as a broad stream of sociological research. Industrial society responded to this problem posed by the commodification of labour with the introduction of the welfare state. Today the welfare state is contested for political, functional and normative reasons and neoliberal policies change the institutional embeddedness of Western economies.

The insecurity for workers and families created by uncertainty in the economy, however, is only one side of the repercussions for society. Similar to the effects in the economic system consequences of economic uncertainty are deeply dilemmatic for individuals and social development at large: Uncertainty also contributes to the liberation of individuals from social closure by reflecting opportunities for the development and expression of individual life forms. Through the exposure of actors to new opportunities and the risks that go along with them, new social life forms become possible.

Table 1: Consequences of economic uncertainty

	Positive	**Negative**
Economic Growth / Efficiency	Innovation and Dynamics of Capitalism	Undermining stable expectations that allow for stable reproduction of markets
Society	Enhancement of individual opportunities and social development	Insecurity for economic actors and possible destabilization of society

Source: Compiled by the author.

The financial crisis of 2008 makes uncertainty an important political topic. The financial crisis is in many ways related to uncertainty and in many ways uncertainty is a core analytical concept to understand this crisis. First of all, the inability of banks to assess the risks of the securitized debts they are holding made it impossible for them to calculate the value of these assets. This led to the collapse of what had become one of the most highly capitalized financial markets, making the securities unbearable burdens on the balance sheets of the banks holding them. Secondly, the unwillingness of banks to lend money to each other because banks are uncertain whether they will be repaid. Thirdly, uncertainty with regard to the possibilities and the willingness of the polity to take over these incalculable risks and to device institutional structures that recreate trust in the banking industry. Are states able to keep enough liquidity in the financial system? Are states able to secure the savings of their citizens? Finally, the financial crisis has affected the real economy, leading to a global recession which creates further uncertainty for companies, employees and the state.

The plenary session explores the different facets of economic uncertainty in contemporary societies identified above. Speakers were asked to explore the dilemmas associated with uncertainty in the economy. The contributions of Wolfgang Streeck and Christoph Deutschmann are published in these congress proceedings. The contribution by Patrick Le Galès has been published in the *Berliner Journal für Soziologie* (Heft 1, 2009).

References

Fligstein, Neil (2001): The Architecture of Markets. Princeton: Princeton University Press
Polanyi, Karl (1957): The Great Transformation. Boston: Beacon Press
Schumpeter, Joseph (1934): Theory of Economic Development: An Inquiry into Profits, Capital, Credit, Interest and the Business Cycle. Cambridge, Massachusetts: Harvard University Press

Flexible Markets, Stable Societies?

Wolfgang Streeck

How much economic uncertainty is compatible with social stability? How much social stability is required for economic uncertainty to be sustainable? These are no minor questions: they refer to the extent to which free markets must be contained, or embedded, to function and be acceptable to human beings. Both markets and, in particular, human beings require stable social relations. Free, or 'self-regulating', markets, however, imply fluctuating relative prices. Relative prices, however, determine the life chances and the sustainability of the ways of life of those who produce or otherwise depend on traded commodities. This applies in particular to markets for labor. Where relative prices of labor are allowed to fluctuate freely, wage structures are continuously upset, wages may shift rapidly or disappear, skills may become unmarketable without notice, and individuals will be under constant pressure to adjust their lives and their concepts of worth and value to unpredictably changing external conditions – even though what they need most are societies that sustain stable identities and identifications, support reliable commitments and trust, and make possible long-term investments in lasting social bonds. This is why Polanyi saw labor as an essentially imperfect, 'fictitious' commodity, and markets as grinding 'atanic mills' destructive of the very sort of social relations without which, he believed, human beings were unable to live and markets unable to function (Polanyi 1957 [1944]).

The organized capitalism of the 1950s and 1960s was an international response to the social devastations that were widely perceived at the time to have been caused by the unfettered operation of self-regulating markets in the 1920s and 1930s. The political economy of Fordism or Keynesianism, terms that were used almost interchangeably, was deliberately designed to reconcile capitalism with social stability. It allowed for a newly settled way of life for the generations that had been through the Great Depression and the Second World War. At its center was a regime of social rights, generated by democratic politics, that was to take precedence over the mechanisms of the market: rights to a minimum level of income, freedom from poverty, a modicum of social and economic equality, equal access to education, and social security in periods of unemployment, illness, and in old age. Re-establishment of a capitalist political economy was made conditional on capitalism allowing itself to be tailored to the needs of social communities, as perceived at the time. Governments remodeled their states into machineries specializing in the provision of steady employment and stable wages, capable supposedly of moving jobs to workers rather than vice versa, evening out the business cycle, securing

industrial peace, safeguarding worker rights at the workplace, building up and running giant national infrastructures to facilitate economic progress, and starting
grands projets of all sorts to stimulate technological innovation. Moreover, collective
agreements negotiated by strong unions, with complementary social security systems, supported an established family structure with a gendered division of labor
that was sustained by a family wage for a single income earner, partly allowing and
partly constraining women to remain in the household and defend family life
against the commodifying and rationalizing pressures of the market.

Table 1: Employment and social security

	Rate of economic activity		Covered by social insurance	Unemployed
	All	Women	in percent of economically active population	
1970	65.8	45.9	?	0.4
1975	64.3	46.4	74.5	2.3
1980	65.2	48.3	75.1	1.7
1985	61.1	47.0	68.9	6.7
1990	66.3	53.8	70.9	4.5
1995	64.6	55.1	71.4	7.9
2000	65.4	57.7	66.2	7.4
2005	65.4	59.5	60.6	10.6
2006	67.1	61.4	61.1	9.8
2007	68.9	63.1	61.5	8.3

1990 and earlier: West Germany only

Source: Statistisches Bundesamt.

As is well known, by the 1970s, the Fordist promises of economic and social security and stability could no longer be kept, or in any case began to be gradually with-

drawn. Increasingly, employers and governments urged workers and unions no longer to insist, in an ever more competitive world, on what now was denounced as the 'rigidities' of a defunct old regime, and concede more 'flexibility' – in employment and deployment, skill structures, wages and wage structures, working time, and just about every other aspect of the employment relationship. Rather than continue to demand security, workers were asked to take more risks and accept more responsibility, sharing in the risks and responsibilities of employers struggling hard to defend their 'competitiveness' in increasingly global markets. Step by step, the standard employment relationship, as it had come to be called, of the Fordist era was being dismantled. The process has taken time, extending over more than two decades, and is still under way. Moreover, it progressed and progresses along different trajectories in different countries, although in its core it is the same everywhere in that it makes workers respond faster to market changes; bear a growing share of the costs of structural adjustment; accept more regional, occupational and in particular downward mobility, as imposed by more stringent standards of what is called *Zumutbarkeit* in German (that which can be expected of or imposed on someone); submit to 'lifelong learning' and feel responsible for their own 'employability'; give up security for 'flexicurity', which means accepting spells of unemployment hoped to be short due to effective support by the government employment agency; agree to increasing shares of pay being commuted into bonuses dependent on individual and collective performance; understand that there can be no family wage any more as employers can no longer pay for two when employing just one; and generally lead a flexible life attuned to the twists and turns of ever more rapidly changing international markets, as opposed to a stable life sheltered from the vagaries and volatilities of fluctuating relative prices.

In Germany, the departure from the standard employment relationship and the Fordist institutional and social structure started late and advanced only slowly. Overall rates of participation in paid employment continued to decline until the mid-1980s, due to a social security system which allowed for high rates of early retirement, and female participation rates remained low, partially as a result of high wages earned by male breadwinners (Table 1). It was not until the end of the century that participation rates picked up, among women by eight percentage points between 1995 and 2007, and among the population as a whole by more than four percentage points. Especially since the Schröder and post-Schröder reforms, a growing number of people have been entering the labor market, undoubtedly pushed in large part by cuts in unemployment benefits and more restrictive definitions of which types of jobs were considered acceptable (*Zumutbarkeit*). Other contributing factors probably include a decade of declining real wages leading to more women taking up employment to supplement the household income. The effect was an increase in so-called atypical employment, which includes both part-time employment (*Teilzeit*) and low-wage employment below the social security threshold (*geringfügige Beschäftigung;* Table 2). During the ten years from 1997 to 2007, the share of atypical employment, mostly of women, in total employment grew by no less than eight percentage points, from 17.5 to 25.5 percent. As female employment increased, average working time for women decreased faster than for men (Table 3), again in particular after 1995, and average hours per employee declined sharply, confirming that female employment continues to be in large part atypical or casual employment. There are also strong indications that the stability of employment declined significantly during the 1990s, especially among workers with low skills, although exact data are hard to come by (Erlinghagen 2006). This trend has probably been reinforced by the increase in atypical employment in the middle of the present decade. Moreover, the percentage of labor market participants covered by social security declined by ten percentage points in the twelve years from 1995 to 2007 (Table 1).

Table 2: Atypical employment, in percent of total employment

	Part-time*	Marginal*	Temporary*	Total
1997	11.7	4.5	6.3	17.5
1999	13.0	5.9	7.4	19.7
2001	13.9	6.1	7.0	20.1
2003	15.3	6.7	6.8	21.2
2005	16.2	8.4	8.3	23.4
2007	16.4	9.2	8.8	25.5

* Multiple counts possible

Source: Statistisches Bundesamt, 'Atypische Beschäftigung auf dem deutschen Arbeitsmarkt', September 2008.

The slow but accelerating decomposition of the Fordist standard employment relationship and the growing flexibility of labor markets obviously entailed greater risks and higher uncertainty for labor market participants, in particular blue-collar workers. The question with which I started was how long a process like this can continue, and what sort of stabilizing intervention might be required to make more flexible markets for labor both economically viable and socially acceptable. Before

I move on to this, however, I note that the decline in employment stability during the past three decades has been accompanied by an apparently even more dramatic decline of traditional family structures. In fact, the historical transition to what may well be referred to as more flexible families alongside more flexible employment seems to have started earlier than the transformation of the employment system, at least in Germany, where the postwar labor market regime lasted longer than elsewhere. For example, in parallel with growing labor market flexibility, the number of marriages per year has declined almost continuously since 1970 while divorce rates have doubled, both relative to the population and to existing marriages. Also, the statistical relationship between new marriages and separations per year fell from almost six new marriages per divorce to less than two over 35 years (Table 4). At the same time, the number of couples living together without being married (non-marital unions) increased by no less than a factor of seven between 1978 and 2005, and the number of non-married couples with children rose twice as fast, by a factor of 15, in the same period. Even more remarkably, in 2005, almost 30 percent of newborn children were born to unmarried parents, while at the beginning of the 1970s this figure had been less than six percent.

Table 3: Total hours worked and average working hours, 1970-2005

	Total hours worked (in billions)	Average yearly working hours per worker	Average weekly working hours	
			Men	Women
1970	52.3	1955	45.2	39.2
1975	47.4	1794	42.2	35.9
1980	48.0	1750	42.4	35.2
1985	46.1	1695	41.4	34.4
1990	48.0	1611	40.7	31.9
1995	57.7	1534	40.8	33.1
2000	57.7	1473	40.6	29.8
2005	55.8	1437	38.1	26.9

1990 and earlier: West Germany only

Source: Institut für Arbeitsmarkt- und Berufsforschung.

The dissolution of the Fordist social order, in other words, extended not just to the institutions of the labor market but also to the social structure that such institutions had supposedly been set up to support. Whatever else the data on marriage, divorce, non-marital unions and single and non-married parenthood may say, they indicate an emergent pattern of exchange in personal and family life that is much looser and, indeed, much more 'flexible' than the traditional pattern of the 1950s and 1960s – a movement, as it were, from a petty-bourgeois to a petty-bohémien way of life among broad segments of the population. Mutual commitments appear to have become weaker, or in any case less binding and obligatory, with an increased possibility and in fact probability of exit, making them inherently less reliable. In other words, with the arrival of the post-Fordist family, the same de-institutionalization that is associated with flexible labor markets seems to have taken place in people's personal lives, forcing individuals to live with much less economic and, very likely, personal security than in the more settled past. As an indicator of how much the horizon of predictability in private life has shrunk, one may look at birthrates, given that children represent the longest possible commitment human beings can make, and the most difficult to renounce. While in 1965, there were still 17.4 newborn children per 1,000 inhabitants, in 2005 that number had steeply declined to 8.3, that is to less than half (Table 6).

How is the coincidence of the spread of uncertain exchanges in labor markets and in civil life to be accounted for? *Two narratives,* contradictory at first glance, can be and are being told on the subject, one based on the *attractions* of markets, the other on their *pressures and constraints.* The first, liberationist narrative, considers and accepts increased uncertainty as a price of progress toward greater personal freedom. The exit of women from traditional family life into paid employment is regarded as an overdue rejection of a repressive pre-modern institution and way of life. Sure enough, women's entry into the labor market, and with it into personal independence ('emancipation'), had to be achieved against the resistance of the Fordist labor market regime, which was at base a male construct dependent on female domesticity and subservience. Actually, rigid labor markets and rigid family structures were 'birds of a feather', just as free markets for labor are an essential condition also of personal liberty. Especially in countries like Germany, where traditional labor market institutions were more resilient than elsewhere, it took time for the growing female labor supply to wear down the institutional barriers against employment expansion inherent in the family wage system and a social security regime based on the model of a single male breadwinner. Even in Germany, however, rigid institutions protecting the historical prerogative of males to sell their labor power for money, and with it the established family system and its gendered division of labor, finally had to give in. Today growing labor market flexibility enables women to have ever better access to waged employment, increasingly on the same conditions as men. Obviously, flexible labor markets that are open to all cannot offer the same sort of security and stability as the labor markets of Fordism, nor will they pay one worker to feed two people. But this is a price worth paying, and in any case it is up to individuals' inventiveness to protect themselves from the new uncertainties, supported hopefully by a reformed social policy designed to fit the needs of a non-gendered workforce and society.

Table 4: Marriages and divorces, 1970-2005

	New marriages per 10,000 inhabitants	Divorces		Ratio of new marriages per divorce
		Per 10,000 inhabitants	Per 10,000 existing marriages	
1970	72.9	12.6	50.9	5.8
1975	62.7	17.3	67.4	3.6
1980	58.8	15.6	61.3	3.8
1985	59.8	21.0	86.1	2.9
1990	65.8	19.4	81.0	3.4
1995	52.6	20.7	86.8	2.5
2000	50.9	23.7	101.3	2.2
2005	47.1	24.5	108.8	1.9

1990 and earlier: West Germany only

Source: Statistisches Bundesamt, own calculations.

Compare this to the market pressure narrative, which goes roughly as follows. Beginning in the 1970s, stagnant real wages and rising unemployment compelled households to supply more labor to the market to defend their accustomed standard of living. Eroding social protections against commodification of labor and declining efficacy of social rights, caused by intensified competition in product markets and mounting political counter-offensives by employers, exposed workers and their families to rising market uncertainties. As a result, they found themselves forced to supplement single-earner incomes by women taking up employment, part-time where it was available, as a second-best response to the economic problems caused by accelerating industrial restructuring. As an alternative to the emerging one-and-a-half jobs family functioning as an improvised private addition to the public social security system, formation of stable family relations was postponed or abandoned altogether as a lack of economic security impeded entry into a settled life. One result was and continues to be a growing number of single mothers living near the poverty line. Indeed, having children, especially more than one or two, became the single most important cause of poverty, of individuals as well as families. Small wonder, then, that the birthrate continued to decline, long after effective methods of birth control had first become available on a broad scale

Table 5: Family relations of children, parents and couples

	Single parents, in 1,000s	Unmarried couples with children, in 1,000s	Sum of (a) and (b) in percent of all families with children	Non-marital births in percent of all births	Unmarried couples in percent of all couples
	(a)	(b)			
1970	?	?	?	5.5	?
1975	?	?	?	6.1	?
1980	1,465*	51*	13.9*	7.6	2.3*
1985	1,690	70	16.9	9.4	4.7
1990	1,715	107	17.1	10.5	6.3
1995	2,266**	475**	21.0**	16.1	9.2**
2000	2,347	621	23.1	23.4	10.7
2005	2,572	770	26.6	29.2	12.8

*1978; **1996; 1990 and earlier: West Germany only

Source: Statistisches Bundesamt, own calculations.

in the late 1960s. By the end of the century, rising costs of social assistance forced reforms of the welfare state and the labor market regime to push the unemployed, including single mothers, back into employment. Improving market access for 'outsiders', in turn, required that institutional protections of 'insiders' were disabled at least in part, intensifying the spreading sense of uncertainty about the future. As opportunities for all sorts of 'atypical', flexible employment proliferated, so did the pressures on the standard employment relationship at the center of the employment regime. Unlike in the liberationist story – that is to say, where market participation clears the way to a desirable social life – in the economic pressure scenario markets are imposed rather than sought, with market uncertainties undermining the formation of stable social commitments or thwarting them in the first place, as the system of social rights, invented in the postwar period to protect society from commodification, gives way under the impact of marketization.

Of course, there are several ways in which the two stories may be compatible. For example, while the liberationist narrative probably applies at the top end of the social spectrum, the market pressure account is likely to reflect conditions at the bottom. Obviously, to what extent people are able to live with or even enjoy the uncertainty of market exchanges differs by social class. What may be a welcomed adventure for one – the exodus from the rigid Fordist family into flexible markets – may be an unpleasant economic necessity for the other. The better one is placed in the pyramid of stratification, the more skills and the more access to family and other connections one is likely to have on which to draw in making market opportunities out of market constraints. Indeed, in the experience of the middle class, human capital is a perfect substitute for social rights – which, incidentally, may be why reformers of the welfare state can expect to persuade the public that education can serve as a panacea to any discomfort brought by liberalization.

Another way in which the two narratives may be reconciled is if one takes the liberationist account to be an ideological representation of the structural constraints described by the market pressure account. While ideologies do reflect reality, they do so selectively in ways that make it appear ideal or inevitable, and in this sense provide it with a positive meaning. Ideologies, like the glorifying representation of the flexible life and of the freedom and opportunity that come with it, may become hegemonic if the image they project of the real world or its future prospects appears plausible and attractive to those who dominate public discourse. By becoming hegemonic, an ideological worldview turns into a socially obligatory way of perceiving the world and speaking about as well as acting within it. In this way, what may start out as market pressure on households struggling to defend their living standards may gradually translate into a social duty to seek paid employment and accept the outcomes of market transactions as by and large fair reflections of individual effort and ability, in compliance with a general cultural expectation that people should greet the inevitable with enthusiasm and respond to necessity in good spirit. Roughly along these lines, the requirement of an expanded supply of labor by households to the market, for both capitalist growth and the continued viability of the welfare state, seems to have met with an emergent willingness of people not just to live with rising market uncertainty but also to make do with considerably less stability and more uncertainty in their civil life as well.

Table 6: Births per 1,000 inhabitants, total fertility rate, 1970-2005

	Births	
	per 1,000 inhabitants	Total fertility rate
1970	13.4	2.02
1975	10.0	1.45
1980	11.0	1.44
1985	10.5	1.28
1990	11.4	1.45
1995	9.4	1.25
2000	9.3	1.38
2005	8.3	1.34

1990 and earlier: West Germany only

Source: Statistisches Bundesamt.

How exactly market expansion and the increasing de-institutionalization of family life are connected is far from well understood, in part certainly because of a thicket of taboos and rules of political correctness that impede unbiased inquiry. Firmly held personal beliefs clash under conditions of high moral uncertainty, in culture wars that have far-reaching implications for powerful economic interests and motives. As in particular the American example reminds us, it is not just the market but also the welfare state, that must be considered in this context, adding to the subject's economic, political and moral complexities. For example, where formal institutionalization of family relations carries with it obligations to mutual assistance that replace entitlements to social security benefits, modern welfare states may entail economic incentives not to enter into formalized family bonds. This holds especially true if increasingly flexible labor markets offer individuals little certainty that they will always be able to support an unemployed spouse or a family with children. If two individuals together can draw more social assistance than one married couple, social policies create sound economic reasons not to enter into institutionalized family relations. One remembers that the first co-habiting couples in Germany after the war were pensioners, where the woman was unwilling to give up her war widow's pension. Another case in point is the explosive growth of the number of *Bedarfsgemeinschaften* (households) after the enactment of *Hartz IV* (a major reform of unemployment benefits and social assistance in 2005), when young people moved out of their parents' homes in order to be entitled to draw social assistance as individuals, while couples living together moved into different apartments, or pretended to have done so. Much more research seems needed on how employment patterns, welfare state policies and family relations interact, and I will not and cannot go into details here.

In any case, for present purposes it is enough to note that market expansion, in particular the liberalization of labor markets and the re-commodification of labor, were accompanied and facilitated by a broad and astonishingly successful effort at popular re-education, a cultural revolution teaching people to regard flexibility and uncertainty as individual challenges – as opportunities not just for economic prosperity but also for personal growth – rather than as violations of collectively achieved social rights.[1] In the process it appears that living with market uncertainties is much more tolerable for human beings, or can be imposed on them with much less coercion, than might have been expected only a few decades earlier. Obviously the range of humanly feasible ways of life, or lifestyles, is a good deal broader than was believed in the middle of the twentieth century, and the limits to marketization can be pushed back much further than conservative radicals like Polanyi would have thought. Clearly, Polanyi would have been surprised about the extent to which people in advanced capitalist societies proved willing – or accepted being economically and culturally compelled – to adapt to both an economic process and a social structure as devoid of stability and as much exposed to contingent fluctuation as today' labor markets. In hindsight, it seems extraordinary how functional needs and cultural values developed in parallel, giving rise to an increasingly normatively obligatory pattern of social life in line with the requirements of an expanding market economy in general and of increased female labor market participation in particular: a pattern that includes cultural and structural individualization, hard work and conspicuous consumption as signatures of social belonging and individual achievement, high regional and occupational mobility, penetration of work deep into the private sphere, stringent rationalization of family life to fit the needs of flexible work arrangements, a willingness to live with and excel in the management of persistent time pressures (Schor 1992), more short-term modes of social integration and personal and professional identity formation (Sennett 1998),

---

1   Of course the battle is far from over, as documented in Germany by the pockets of resistance organized by the new left-wing party, *Die Linke*.

and generally growing uncertainty and unpredictability of personal circumstances, both at work and at home.

Clearly, the newly evolving relationship between markets and social structures is not without contradictions. The culture of marketization has its own discontents, like any other culture. A minor example is the current conflict between an employment policy of 'activation', which includes a requirement for workers to travel long distances between their places of residence and of work, and the abolishment of tax benefits for commuters.[2] Another, more important case in point, is the tension between female labor market participation and the political expectation, inevitable for fiscal reasons, that families will bear the main share of the growing burden of care for the aged. While this has yet to come to the fore as a policy issue, the decline in the rate of fertility is already very much visible. For a number of years now, there has been a growing consensus, even among 'conservative' parties like the CDU, that flexible family structures and employment patterns force the state to take responsibility for child rearing if children are what government perceives to be in the public interest. This is because both at the bottom and at the top of society, families and individuals are becoming too busy pursuing the attractions or coping with the uncertainties of markets to take upon themselves the additional burden of bringing up enough children to secure the reproduction of the society. Here as elsewhere, the ironic twist is that market expansion, in response to both the rewards and the pressures of markets, creates costs that fall on public policy to cover. At least this applies in a country like Germany, where even middle-class families today expect the state to provide for replacement of foregone income and for free childcare, so as to make possible, as a public responsibility, the equal participation of men and women in the labor market.

In fact, an important development in response to the advancing commodification of labor is the appearance on the horizon of an entirely new kind of social policy, one that seems surprisingly acceptable across the political spectrum although it penetrates deeply into the social fabric. With growing economic uncertainty, due to the demise of the family wage and the arrival of flexible employment relations as well as family structures, and in the face of rising economic opportunity costs of having children, there seems to be broad agreement that government intervention is required to compensate for the decline in economic and social stability and its negative effect on fertility that come with market expansion. State provision of free childcare, higher child allowances, a new family allowance for parents of newborn children, increased child supplements to social assistance and

---

2   Where both partners of a couple, married or not, are as socially expected in paid employment and
      have to travel to work in different directions, changing the place of residence is not an option.

other benefits are currently about to transform child raising from a private to a public responsibility, well into the middle classes.[3] The underlying consensus seems to be that if the state wants children, even though families can or will no longer produce them, the production of children is for the state to provide for. Remarkably, what is called family policy is the only area of public policy which budget has grown in recent years and is scheduled to grow further. Moreover, it seems to be largely exempt from distributive conflict in that costly income replacement programs for middle-class parents holding two jobs, with considerable upward redistribution effects, are apparently beyond political contention – not just in the centrist, Continental welfare state of Germany but also in a deeply social-democratic country like Sweden.

In conclusion, it would appear that in both accounts of the co-evolution of flexible labor markets and of de-institutionalized patterns of family life – the market opportunities as well as the market pressures account – marketization causes gaps in social structures and gives rise to collective dysfunctions that must be repaired at public expense. Here as elsewhere, while private profit requires subsidization by a public infrastructure, the private problems caused by its pursuit need to be fixed by social policy. The logic seems remarkably similar to that of the current banking crisis, where the liberation of financial markets from traditional constraints and the progressive commodification of money have ultimately issued in irresistible pressures on the state to step in and restore with its specific means the social commons of stable expectations and mutual confidence. In both cases, and perhaps generally, capitalism seems to imply a need for a public power capable of creating substitutes for social relations invaded by market relations and as a consequence becoming unable to perform some of their previous functions. There is of course no guarantee that such work of social reconstruction can always be done. Even where something is considered 'functionally necessary' by social theorists or social agents, this does not mean that the political will and the economic resources can in fact be mobilized to procure it. In the case of family policy filling the gap caused by the destruction of traditional family relations due to the attractions and pressures of markets, the problem is for an already overburdened and indeed highly indebted welfare state to divert the necessary funds from other commitments. Whether this will in fact be possible is an entirely open question that I cannot address here.

---

3   In countries like Iceland and Sweden, this is already by and large reality. In the United States, the hectic life of middle-class single parents and two-earner families is made possible by low-wage service workers, mostly immigrants, and a general commercialization of family life, as a functional alternative to public support in Europe (Hochschild 2003).

References

Erlinghagen, Marcel (2006): Erstarrung, Beschleunigung oder Polarisierung? Arbeitsmarktmobilität und Beschäftigungsstabilität im Zeitverlauf. Neue Ergebnisse mit der IAB-Beschäftigten-stichprobe. Graue Reihe des Instituts Arbeit und Technik, Nr. 2006-01. Gelsenkirchen: Institut Arbeit und Technik

Hochschild, Arlie Russell (2003): The Commercialization of Intimate Life. Notes from Home and Work. Berkeley/Los Angeles: University of California Press

Polanyi, Karl (1957): The Great Transformation. The Political and Economic Origins of Our Time. Boston: Beacon Press

Schor, Juliet (1992): The Overworked American. The Unexpected Decline of Leisure. New York: Basic Books

Sennett, Richard (1998): The Corrosion of Character. The Personal Consequences of Work in the New Capitalism. New York and London: W. W. Norton & Company

Money and Capitalist Dynamics
Christoph Deutschmann

1. Introduction

The theme of my paper is the function of money in economic growth and capitalist dynamics. Capitalism is usually considered as an intrinsically dynamic system which cannot reproduce itself at the same level but has only the choice either to grow or to recede (Baumol 2002). What is the role of money in this process? Is it a mere 'lubricant' which is poured from the outside (from a helicopter, says Milton Friedman) into an economic machine which is driven by essentially nonmonetary factors? Or is the contrary view true, that money and credit are the key driving forces of capitalist dynamics? I do not think that either of these two extreme positions is correct. My aim is to develop a third, sociological view which takes account of the autonomous functional logic of the monetary system, but nevertheless follows the idea that money and economic growth are socially constituted. As I want to show, this requires a multi-level analysis of the process of economic and technological innovation and its interaction with the capital and credit markets.

During the last 10-15 years economic sociologists have made considerable efforts to surmount the demarcations between economic and sociological analysis and to regain the issue of money as a field for sociological research. Viviana Zelizer, Bruce Carruthers, Nigel Dodd, Geoffrey Ingham, Heiner Ganßmann, Axel Paul and others criticized the neoclassical concept of 'neutral' money and tried to resolve the shortcomings of this concept by more elaborate interpretations, thereby drawing on classical authors (in particular Simmel, but also Marx and Weber), and on the work of non-orthodox economists. Their common intention is to uncover the collective foundations of money as a social construct. These attempts have found resonance not only in sociology but also in economics. Nevertheless, the idea of a 'social construction' of money is still rather diverse and has been presented in many different variants. These variants include property right theories of money (North 1990; Heinsohn/Steiger 1996), system theoretic conceptualizations (Parsons 1967; Luhmann 1988; Baecker 1988), 'political' theories of money (Ganssmann 1996; Ingham 2004), analyzes of social networks and 'trust' as a basis of money (Dodd 1994; Paul 2004), and cultural studies of money (Zelizer 1994).

Here, I do not attempt settling the sometimes heated controversies between the protagonists of these approaches (e.g. Lapavitsas 2005; Dodd 2005; Zelizer 2005; Ingham 2006). Only a brief conceptual suggestion may be in order: For clarifying the terminology it seems helpful to follow Dodd's (2005) distinction between *money* as an abstract medium and *currencies* as institutionalized forms of money and units of account. If we refer to the level of national states and central banks, it would be appropriate to speak of 'currencies' (the Euro being the special case of a supra-national currency), not of 'money'. Moreover, what we can learn from Zelizer is that there are 'currencies' not only at the level of national and supra-national monetary spaces but also at the local and even private levels. However, money should not be identified with currencies, but has also a global dimension, and it is this global level which the property rights theories of money and the system theoretic conceptualizations are referring to. Likewise, the discussion on the relationship of financial derivates to money (Pryke/Allen 2000; Bryan/Rafferty 2007) concentrates on these global dimensions of money. Anyway it should be avoided to play off the 'abstract' and the 'personalizing' sides of money against each other. In fact, both sides are contingent upon each other, as had been clearly recognized already by Simmel (1989): Just *because* money is a 'general means' (Simmel), it provides an almost infinite variety of options to the individual and thus becomes the very basis for individualized forms of life.

Beyond the heterogeneity of sociological conceptualizations of money there is a further problem: the neglect of the dynamic properties of money and credit. The price which we have to pay for the discovery of the social foundations of money seems to be a structuralist bias in the analysis of money, a reductionist view of money as an institutionalized exchange medium or 'bookkeeping device' (Spahn 2003). Money appears only as a medium which 'ratifies' the process of economic value creation, but not as an active factor of value creation and economic development. In so far, many sociological conceptualizations share the flaws of the often criticized neoclassical theories of 'neutral' money, of money as a mere 'veil' of apparently 'real' exchange transactions. In contrast to these theories, economists like Schumpeter, Keynes and Minsky have emphasized the active role of money in economic growth. The creation of credit in the banking system is considered here as a precondition for innovative capital investment. In a capitalist economy, all money goes back to credit, and credit is not created by the state but in private contracts. It does not only ratify economic value creation but initiates it. Schumpeter's analysis concentrates on the dynamic role of the individual entrepreneur, Keynes' and Minsky's analyzes the functional mechanisms of the monetary system. However, the social embeddedness of credit money is not considered by any of these authors in a systematic way. How can the discovery of the social constitution of money be made compatible with its dynamic, privately created character?

Ingham (2004) tried to bind these two ends together in the framework of a historical analysis of the genesis of money. According to his view, the social origins of money are twofold. On the one hand, – Ingham follows here the analysis of Aglietta and Orléan (1998) – money goes back to premodern origins as a public debt of individuals towards the religious and political authorities in ancient and medieval societies. It did not serve as a means of exchange, but as a standard of accounting for redistributive transfers and taxes from and to the state. The state 'created' money by fiat, issued it in the form of expenditures and accepted it in the form of taxes. Since the state combines the role of the debtor and the creditor in itself, the money circuit is basically static. As Ingham emphasizes, all money is rooted historically in institutionalized 'money of account' in this sense. On the other hand, money has modern origins as privately created credit money which developed in the transactions between merchants and bankers in South and Western Europe (Italy, England and the Netherlands) during the sixteenth century. It emerged from individual exchange bills which were increasingly 'depersonalized' and transferred to private and public banks. This type of money is dynamic by its very nature, since it depends on the ever new creation of debts; it would "disappear if anyone paid their debts" (Ingham 2004: 221).

Ingham explores the contradictory co-evolution of the two monetary systems during the new age in Europe. He shows that with the development of modern capitalism the first system of public or 'political' money has become increasingly superseded by private credit money. In the contemporary system of 'nominal' currencies the role of central banks is basically to 'accommodate' the private demand for credit according to certain political criteria. They cannot really control the quantity of money, but influence it only indirectly via variations of the rate of interest. Only an imaginary 'World Central Bank', which again would combine the roles of the ultimate creditor and debtor in itself, would be able to restore the primacy of politics over the monetary system. The system can move on only if new debts are created. If not, it will tumble down into a recession. From a circuit-theoretical perspective, Matthias Binswanger (1996) has shown the same point. The basic process in a capitalist economy can be described, as he argues, by the well known Marxian formula M-C-M': Entrepreneurs invest capital in order to produce an output which they can sell profitably at the market. However, aggregate capital can render a profit only if it meets a demand *higher* than the sum of demand which the entrepreneurs themselves created before by their cost payments. This requires a permanent additional inflow of money which cannot come from the transfer of savings, but only from newly created credit. Without this inflow the system will fall into a recession.

2. Money, Capital and the Creativity of Labour

Ingham's analysis surely is a step forward, but it is not yet complete. He does not recognize the causal forces of the expansion of capitalist credit money. What 'enforces' the actors to create and to redeem ever new debts? We should be careful here to avoid the traps of functionalism. It is not satisfactory to say that it is the logic of debt and credit itself which 'enforces' the dynamics of monetary expansion. The weak point in Ingham's analysis is that he considers the social transformations underlying the evolution of capitalist credit money only from the restricted viewpoint of conflicting class interests and shifting balances between these interests. He does not analyze how interests themselves are socially generated. In this leading point, his analysis needs further elaboration.

It is obvious that the rise of private credit money originally reflected the logic of mercantile transactions: buying in order to sell with a profit. Mercantile transactions start with a credit, and their purpose is to redeem the credit with an increment which at least covers the rate of interest. However, in the sixteenth and even the seventeenth century, bankers and long distance merchants still controlled only a small sector of the European economy. How did the mercantile logic of action become universal? In order to give a stylized description of this process, it offers itself to go back to Polanyi's (1977) well known distinction between modern and premodern markets. Premodern markets are 'embedded' markets, where the money nexus extends only to finished products and services, but not to labour, land and other means of production. By contrast, modern capitalist economies include not only markets for products and services, but also for labour, land and money – a constellation which, as Polanyi has emphasized, is totally different from traditional markets and extremely unique from a larger historical perspective. A capitalist system emerges, as soon as the money nexus is becoming 'roundabout', including the total reproductive process from production to distribution and consumption and vice versa. A circular, self referential system of markets develops which is regulated by the profit principle (Swedberg 2005). What is particularly important from our point of view, are the consequences of the inclusion of labour into the market. It is just this inclusion, as I am going to argue now, which constitutes the essential macro-context for the evolution of the dynamic properties of money in modern capitalism.

It should be recalled that we are referring to *free* labour, labour which is included into the market not only in objective (like serfs or slaves) but also in subjective terms. This 'disembedding' of labour did not have only those catastrophic consequences as contended by Polanyi. The worker is a free owner of his labour power, who, like every other economic actor, is intrinsically motivated by the incentive of financial gain and hitherto is much more productive than a serf or slave, as already Adam Smith recognized – always under the presupposition that the property rights of workers are respected. Free workers are not only more productive, but have also 'creative' potentials. The openness of the work contract (according to the well known definition of March/Simon) allows them not only to learn but also to develop genuinely new ideas or artefacts or discover hitherto unknown problem solutions. In industrial capitalism, creativity is not only a qualification of professionals in research, development, design and marketing, but is required even in apparently trivial everyday operations. As detailed studies of the industrial work process (e.g. Thomas 1964, Burawoy 1979, Böhle et al. 2004) have shown, the task of workers is not simply to comply with the instructions of their superiors, but rather to 'safeguard' the successful flow of operations – if necessary by intelligent deviations from the instructions. Creativity is not only a qualification of the isolated individual, but has also a cooperative dimension, since cooperation is more than a mere addition of individual potentials. By cooperating, actors can achieve results which are qualitatively superior to what isolated individuals can plan and perform.

Drawing on a pragmatist theory of action, Jens Beckert (2002) has shown that these forms of creativity are not in line with the concepts of 'rational' and even 'intentional' action. I can neither plan nor oblige myself to make an invention or to discover a new problem solution, although hard, systematic work may prepare the ground for it. Nor can I 'plan' to cooperate with others, because it is always contingent on their autonomous decisions. Innovation belongs to those states of mind which, according to Jon Elster (1987), are 'essentially a by-product'. Creativity is associated with the problem of uncertainty. Creative action is a reaction to situational conditions of uncertainty, at the same time the creative actor himself is a source of uncertainty for his environment. Creativity always has a 'destructive' effect as her reverse side. The tremendous economic growth in the era of modern capitalism since the 'Great Transformation' (Maddison 2002) cannot be understood sufficiently as a process of quantitative enhancement of economic efficiency and rationality. Schumpeter's concept of 'creative destruction' appears more appropriate.

What are the consequences with regard to money? In industrial capitalism, money is an entitlement not only on finished products available at markets, but also on the factors of production: land, materials, machines, technology and labour. The counterpart of money at the market is not a given set of factors and goods, but the totality of existing *and* virtual goods and technologies which *could* be produced, invented and developed. The invention and development of new goods and technologies always requires the intervention of labour – I am referring here to labour of all kinds, blue collar, white collar, so called 'knowledge' work etc. Only workers are creative, not machines, organizations or computers. While the number of possible programs which machines and even advanced computer software can perform is finite, a comprehensive definition of the potential of labour is impossible. It would have to include not only all past and present but also future inventions, which would be self-contradictory (an invention which we know already today, is not an invention). Due to the creativity of labour, the totality of what money can buy is an entity which is open in qualitative and quantitative terms. No 'equilibrium' and no 'optimum' can be computed, because this would always presuppose a set of observable units.

Under such conditions, the conventional conceptions of money as a means of exchange and rational economic bookkeeping – whether socially 'embedded' or not – do no longer appear sufficient. What can be stated is rather a permanent incongruence between the finite character of any given quantity of money and the indeterminacy of the potential which it is referring to. The claim (and the debt) which money represents can never be redeemed definitely, but only in a continuous process of exploiting the potential of labour whose counterpart is the *accumulation of money as capital*. Accumulation of capital (M-C-M'), however, requires the *continuous creation of credit money*, as shown already above. The incentive to take credit, in turn, comes from 'innovations' in the widest sense, i.e. from the chance to explore hitherto unknown potentials of labour.

Thus, the social origin of the evolution of capitalist credit money is located not only in the logic of the credit system itself, likewise not only in the changing 'balance of interests' between the feudal and mercantile classes (as Ingham argues), but in the modern universalization of the money nexus, i.e. its expansion from finished products and services to labour. In other words, it is basically the nexus between money and labour and the potential of that nexus which gives rise to the transformation of money into capital and to the parallel rise of new credits and debts. This is not to deny that there are additional macro-conditions for capitalist dynamics which I did not discuss here in detail: the development of modern science, the guarantee of property rights by the state and the legal system, the evolution of the banking system, the cultural changes, etc.. However, the emergence of a market for free labour and, as its complement, markets for capital, seems to be the conditio sine qua non, as it is indicated by the quantum leap in the rates of economic growth in Europe and the world during the time of the 'Great Transformation' (Maddison 2002; Baumol 2002).

Markets for capital and labour constitute the macro-context for capitalist dynamics in a double sense: They 'enforce' it via the expansionary logics of capital credit, and they 'enable' it by providing the innovative potential of labour. However, the combination of labour and capital does not come from alone, but needs the intervention of concrete actors. Let us therefore proceed to the micro- and meso-levels.

3. Meso- and Micro-Levels of the Innovative Process

The classical micro-analysis of innovation, of course, is Schumpeter's theory of the entrepreneur. The entrepreneur promotes 'new combinations' and has to finance them – as a rule – by 'additional credit' created by the banks (Schumpeter 1952: 108f.). Schumpeter emphasized the creativity of the entrepreneurial personality. The entrepreneurial profit does not indicate only the 'rationality' of business organization, rather it is a reward for the *creativity* of the entrepreneur. If he succeeds in developing and promoting 'new combinations', he realizes profit as a premium on his temporary monopoly over the invention. As the competitors do not sleep, innovation must be continuous in order to maintain the profitability of the firm. Since in Schumpeter's model the profitability of capital in the last instance rests on the creativity of the entrepreneur, it is always uncertain.

Schumpeter's analysis focuses on the micro level of the economic system. However, the entrepreneur is not the only innovative actor. Innovation does not only come from the big vision of the entrepreneur, but also from thousands of small ideas of workers, suppliers, researchers, financiers, customers etc. Because innovation is always a social process, the *communication* of innovative ideas via networks, institutions and technological 'paradigms' is vital. Here, the 'meso-level' (Dopfer 2006) of the innovative process enters into the view. Innovation is not only the 'energetic' action of the individual entrepreneur, rather it means a transformation of social knowledge structures. Moreover, although the entrepreneur needs to be creative, his role differs very much from that of the artist. He is responsible also for the *management* of the labour process; he has to perform *both* the roles of the innovative leader and the rational administrator. How is rational management possible in a thoroughly incalculable environment?

At this point, economic sociologists usually introduce concepts like 'institutions', 'conventions', 'organizations' or 'networks'. These structures 'embed' economic action and help to reduce the uncertainty of the environment to a degree that makes coordinated action possible. The very idea of economic rationality seems to depend on 'institutionalized myths' – so far the common wisdom. It is not wrong, but, as I will argue, not complex enough. We have seen that with the nexus between money and labour an endogenous source of uncertainty enters into the economy. In such a system, all social structures and institutions are resting on shaky ground. Technologies, management concepts, consumption fashions are subject to permanent comparisons with alternative and more promising solutions. Not only the institutions of the economic system, but also the other social institutions at the meso- and macro levels are subject to these comparisons and the resulting pressures for change, as the literature on the change of capitalist 'regimes' has shown. The contradiction between the concepts of uncertainty and of institutions can be resolved only if the time dimension is introduced into the analysis. What is required is a *dynamic* theory of institutions which can deliver insights into the typical patterns of the process of 'creative destruction'. Only such an analysis can provide a sufficient understanding of the social constitution of capitalist credit money. Approaches of this kind indeed have been developed during the last two decades in the context of evolutionary economics and socio-technological research, and it is important for sociology to learn from these approaches.

The basic idea of the evolutionist approaches lies in the combination of the concept of path dependence with an analysis of innovations (for an overview: Garud/Karnoe 2001). Innovations are considered as 'path creating' events which prepare the ground for a structured process of social and economic change (Schreyögg/Sydow 2003). This implies that economic action does not develop in a homogenous space with uniform temporal and social coordinates, but is characterized by 'historicity' in a threefold sense: Firstly, earlier events predetermine the range of possible later events, and these in turn can have the character of 'bifurcations' for subsequent developments. Secondly, there are no uniform rules, neither for rational decision making nor for the generation of economic 'optima' or 'equilibria'. Solutions which may be efficient at one time can be inefficient at another time. Thirdly, theories themselves are influenced by the historical circumstances of their formulation and therefore must be marked by a historical index. A theory of the internet, formulated in the 1980s, for example, will be thoroughly different from a contemporary theory on the same subject.

The career of an innovation typically passes three phases. The first phase is usually called the phase of 'path creation' (Windeler 2003), where a 'basic' discovery or invention, predetermining later technological or economic developments, is generated. The 'making' of an invention is a social process which is based on a rearrangement of social relevance structures, giving new attention to originally 'accidental' observations and incidents. The starting point is a 'mindful deviation' (Garud/Karnoe 2001) from routinized practices. What is important in this phase is not only the invention itself, but also ideas, utopias and visions which give 'meaning' to the invention and create a horizon of promising future developments and applications. The individual creativity of inventors and entrepreneurs plays a key role, and at the same time their 'social skill' (Fligstein 2001), their capacity to persuade, convince and mobilize others. Risks are high in this phase, but possible profits too. The availability of risk capital and the willingness of investors to stick to the project are critical factors on the monetary side. If the pioneers are successful in winning a critical mass of other key actors to cooperate and invest into the (originally often very vague) paradigm, the second phase of 'path consolidation' begins. In this phase, the success of the paradigm nourishes itself. A win-win-game emerges: More and more actors change from the role of the neutral observer to that of the engaged participant, investing fresh ideas and capital into the paradigm, thus creating opportunities for further actors. What originally appeared as a vague utopia now becomes a realistic undertaking. This may lead to an extended period of credit expansion and economic growth. In the third phase, the paradigm enters into the stage of 'institutionalization'. The technology now has reached a high level of maturity and sophistication; it represents the 'standard of art', which is taught in schools and universities. Its potential appears to be explored and elaborated to a large degree, leaving room only for minor and cosmetic improvements. As competition now becomes reduced largely to the level of price and costs, the market becomes highly calculable; at the other hand, profit chances will dwindle. The institutionalization may finally lead to a stage of 'lock in', where the original paradigm reaches its highest degree of crystallization and any further improvement seems to be blocked. The consequence is that no new credits are created and the economic system moves into a recession. However, it is just this stage of lock-in which paradoxically can prepare the ground for new path creating inventions, because it makes the structural limitations of the old paradigm manifest and thus can stimulate the emergence of basically new ideas. What means a dead end for the majority of actors can mean a chance for creative minorities – with the possible result that a new cycle begins.

What I have outlined is only a very rough summary of concepts and models which have been developed in evolutionary economics (e.g. Dopfer 2006) and in empirical research on technological trajectories (e.g. Dosi 1982, Bijker 1995). However, the possible applications of such dynamic concepts of institutional analysis surely are not confined to the field of socio-technical research. It appears fruitful to make use of them also in other empirical fields, such as the change of organizational paradigms or the sociology of consumption (Deutschmann 2008). Here I see promising perspectives for economic sociology.

4. Conclusion

I have tried to go some steps beyond Ingham's analysis of the social constitution of capitalist credit money and to highlight the social processes underlying its dynamics. The central change is not only, as I have argued, the shifting social power balance between feudal and bourgeois classes, but the universalization and 'disembedding' (in Polanyi's sense) of the money nexus in the modern age. An embedded market economy, where the money nexus extends only to finished goods or services, must be categorically distinguished from a capitalist system, where the money nexus includes also the factors of production, in particular free labour. Money which commands the creative capacities of free labour is no longer a harmless social bookkeeping device, but is getting transformed into capital. The capital form of money constitutes an imperative of growth which can be met only by the continuous exploitation of the potentials of labour on one hand, the continuous creation of credit on the other. The growth imperative at the macro level sets the context for path-structured processes of innovation at the meso- and micro-levels which are governed by the cyclical construction and de-construction of innovative paradigms in the competitive games of entrepreneurial actors. These cycles develop in all fields of economic activity from production, technology, organization to consumption, leading to an incessant pressure to transform not only the economic institutions but also the institutional framework of the larger society.

In its capital form, money seems to become a purpose in itself, a perfectly formal-rational medium. Apparently it does no longer refer to a reality except itself. The tools of capitalist calculation "do not merely record a reality independent of themselves; they contribute powerfully to shaping, simply by measuring it, the reality, they measure," as Callon (1998: 23) puts it. The sign seems to *be* what it represents. It does not only 'symbolize' wealth, but it *is* wealth which can be 'transferred' between economic agents, 'stored' and 'accumulated' in bank accounts. Thus, capitalized money is not only a symbolic medium, as it is often said, rather it is a 'cipher' in the original meaning of the word. Luhmann (1992) introduces the term 'cipher' in order to identify the particular characteristics of religious representations in contrast to ordinary symbolisms. They represent a reality which is beyond experience and therefore appear to merge with that reality. The same applies, as I am arguing, to the capital form of money. The reality which capitalized money and monetary based calculation are referring to is unobservable, but nevertheless, it is a reality: the reality of human creativity, or, to put it in the terms of v. Hayek, the process of 'discovery' of the potentials of man. As a whole, this reality is beyond the reach of scientific theory and rational planning. Economic sociology too cannot offer a comprehensive theory of that process, but it can clarify how markets are socially constituted, how they develop and become institutionalized and why there is a continuous pressure to generate new markets. In cannot provide a 'grand theory', but a justification why we have to confine ourselves to historically embedded theories of the middle range.

References

Aglietta, Michel/Orléan, André (eds.) (1988): La Monnaie souveraine. Paris: Odile Jacob

Baecker, Dirk (1988): Information und Risiko in der Marktwirtschaft. Frankfurt/M: Suhrkamp

Baumol, William J. (2002): The Free-Market Innovation Machine: Analyzing the Growth Miracle of Capitalism. Princeton: Princeton University Press

Beckert, Jens (2002): Beyond the Market. The Social Foundations of Economic Efficiency, Princeton, Princeton University Press

Beckert, Jens (2003): Economic Sociology and Embeddedness. How Shall We Conceptualize Economic Action? In: Journal of Economic 37: 796-787

Bijker, Wiebe E. (1995): Of Bicycles, Bakelites and Bulbs: Toward a Theory of Sociotechnical Change, Cambridge MA. Cambridge University Press

Binswanger, Matthias (1996): Money Creation, Profits and Growth: Monetary Aspects of Economic Evolution. In: Helmstaedter, Ernst (1996): 414-437

Böhle, Fritz/Pfeiffer, Sabine/Sevsay-Tegethoff, Nese (Hrsg.) (2004): Die Bewältigung des Unplanbaren. Wiesbaden: VS Verlag

Brian, Dick/Rafferty, Michael (2007): Financial derivatives and the theory of money. In: Economy and Society 36: 134-158

Burawoy, Michael (1979): Manufacturing Consent: Changes in the Labour Process under Monopoly Capitalism. Chicago: University of Chicago Press

Callon, Michel (ed.) (1998): The Laws of the Market. Oxford: Blackwell

Callon, Michel (1998): Introduction. In: Callon, Michel (1996): 1-57

Deutschmann, Christoph (2008): Kapitalistische Dynamik. Eine gesellschaftstheoretische Perspektive. Wiesbaden: VS Verlag

Dodd, Nigel (1994): The Sociology of Money. Economics, Reason and Contemporary Society. Cambridge: Polity Press

Dodd, Nigel (2005): Reinventing monies in Europe. In: Economy and Society 34: 558-583

Dopfer, Kurt (2006): The Origins of Meso Economics. Schumpeter's Legacy. Papers on Economics and Evolution. Edited by the Evolutionary Economics Group. Max Planck Institute of Economics Jena

Dosi, Giovanni (1982): Technological paradigms and technological trajectories. In: Research Policy 11: 147-62

Fligstein, Neil (2001): Social skill and the theory of fields. In: Sociological Theory 19: 105-125

Ganssmann, Heiner (1996): Geld und Arbeit: Wirtschaftssoziologische Grundlagen einer Theorie der modernen Gesellschaft. Frankfurt/M/New York: Campus

Garud, Raghu/Karnoe, Peter (eds.) (2001): Path Dependence and Creation. Mahwah NJ: Lawrence Erlbaum

Garud, Raghu./Karnoe, Peter (2001): Path Creation as a Process of Mindful Deviation. In: Garud, Raghu/Karnoe, Peter (2001): 1-40

Heinsohn, Gunnar/Steiger, Otto (1996): Eigentum, Zins und Geld. Ungelöste Rätsel der Wirtschaftswissenschaft. Reinbek: Rowohlt

Helmstaedter, Ernst (ed.) (1996): Behavioural Norms, Technological Progress and Economic Dynamics. Ann Arbor

Ingham, Geoffrey (2004): The Nature of Money, Cambridge: Polity Press

Ingham, Geoffrey (2006): Further reflections on the ontology of money: responses to Lapavitsas and Dodd. In: Economy and Society 35: 259-278

Lapavitsas, Costas (2005): The social relations of money as a universal equivalent. A response to Ingham. In: Economy and Society 34: 389-403

Luhmann, Niklas (1988): Die Wirtschaft der Gesellschaft. Frankfurt/M: Suhrkamp

Luhmann, Niklas (1992): Funktionen der Religion. Frankfurt/M: Suhrkamp

Maddison, Angus (2001): The World Economy. A Millenial Perspective. Paris: OECD

Nee, Victor/Swedberg, Richard (eds.) (2005): The Economic Sociology of Capitalism. Princeton: Princeton University Press

North, Douglass (1990): Institutions, Institutional Change and Economic Performance. Cambridge/New York: Cambridge University Press

Parsons, Talcott (1967): Sociological Theory and Modern Society. New York: Free Press

Paul, Axel T. (2004): Die Gesellschaft des Geldes. Entwurf einer monetären Theorie der Moderne. Wiesbaden: VS Verlag

Polanyi, Karl (1977): The Great Transformation. Politische und ökonomische Ursprünge von Gesellschaften und Wirtschaftssystemen. Frankfurt/M: Suhrkamp

Pryke, Michael./Allen John (2000): Monetized time-space: derivatives – money's new imaginary. In: Economy and Society 29: 264-284

Schreyögg, Georg/Sydow Jörg (eds.) (2003): Strategische Prozesse und Pfade. Managementforschung 13. Wiesbaden: Gabler

Schumpeter, Joseph A. (1952): Theorie der wirtschaftlichen Entwicklung. Berlin: Raabe

Schumpeter, Joseph A. (1993): Kapitalismus, Sozialismus und Demokratie. Tübingen: Mohr Siebeck

Simmel, Georg (1989): Philosophie des Geldes. Gesamtausgabe. Frankfurt/M: Suhrkamp

Spahn, Heinz P. (2001): From Gold to Euro. On Monetary Theory and the History of Currency Systems. Berlin/Heidelberg: Springer Verlag

Spahn, Heinz P. (2003): Money as a Social Bookkeeping Device. From Mercantilism to General Equilibrium Theory. Hohenheimer Diskussionsbeiträge Nr. 227/2003, Institut für Volkswirtschaftslehre (529) Universität Hohenheim, Stuttgart

Swedberg, Richard (2005): The Economic Sociology of Capitalism. An Introduction and Agenda. In: Nee, Victor/Swedberg, Richard (2005): 3-40

Thomas, Konrad (1964): Die betriebliche Situation der Arbeiter. Stuttgart: Enke Verlag

Windeler, Arnold (2003): Kreation technologischer Pfade: ein strukturationstheoretischer Analyseansatz. In: Schreyögg, Georg/Sydow, Jörg (2003): 295-328

Zelizer, Viviana A (1994): The Social Meaning of Money. New York

Zelizer, Viviana (2005): Missing monies: comment on Nigel Dodd, 'Reinventing monies in Europe'. In: Economy and Society 34: 584-588

Plenen

Religion als Sicherheitsrisiko?

Einleitung zum Plenum: Religion als Sicherheitsrisiko?

Matthias Koenig

Religion und Religionen werden gegenwärtig vielfach als Sicherheitsrisiko wahrgenommen. Ähnlich wie im frühneuzeitlichen Europa der Glaubenskriege scheinen religiöse Überzeugungen heute weltweit zur Entstehung und Verhärtung politischer Konflikte beizutragen. In gleich doppelter Weise, so der allgemeine Eindruck, stellt Religion ein Gefährdungspotenzial dar. Erstens erscheint sie – Buchtitel wie „Terror in the Mind of God" (Juergensmeyer 2002) oder „Gewalt als Gottesdienst" (Kippenberg 2008) legen dies nahe – als unmittelbares Motiv und Rechtfertigung von Gewaltanwendung und zwar keineswegs nur auf Seiten des im Zentrum medialer Aufmerksamkeit stehenden Islam, sondern auch bei fundamentalistischen Gruppen in Christentum, Judentum und Hinduismus. Zweitens wird Religion als eine Basis zivilisatorischer Identitäten und damit als Faktor der Grenzziehung zwischen verschiedenen Kulturen gesehen. Auf dieser Huntingtonschen Argumentationslinie werden die Differenzen zwischen Islam und Christentum bzw. Judentum zu den geopolitisch maßgeblichen Konfliktlinien nach dem Kalten Krieg stilisiert (siehe auch Seiple/Hoover 2004).

Beide Deutungsmuster prägen zunehmend die staatliche Regulierung wie auch die öffentliche Wahrnehmung von Religion. In der Soziologie ist der Zusammenhang von Religion und (gesellschaftlicher) Sicherheit indessen bislang kaum reflektiert worden. Gängig ist in der Religionssoziologie allenfalls die Thematisierung von Unsicherheit als gesellschaftlicher Voraussetzung für die Verbreitung religiöser Überzeugungen. Letztere, so die zuletzt von Norris und Inglehart (2004) verbreitete These, seien grundsätzlich als Antwort auf die existentielle Verunsicherung von Menschen zu begreifen oder ermöglichten ‚cultural defense‘ im Angesicht kollektiver Identitätskrisen (Bruce 2000). Weniger gängig ist indessen der soziologische Blick auf ‚Religion als Sicherheitsrisiko‘. Genau dies ist das Thema dieses von den Sektionen Religionssoziologie und politische Soziologie verantworteten Plenums. Der Zusammenhang von (Un-)Sicherheit und Religion wird dabei in mehreren Facetten und aus unterschiedlichen Blickrichtungen beleuchtet.

Erstens wird gefragt, ob und inwieweit religiöse Überzeugungen genuine Motive politischer Gewalt darstellen. Sind sie Auslöser von Konflikten, schaffen sie Brüche und Verständigungshindernisse, die Konflikte verfestigen oder erhalten sie ursprünglich politische Konflikte am Leben? Ist jenseits individueller Handlungsmotive Religion auch eine gesellschaftliche Strukturbedingung politischer Konflikte? Diese Fragen stehen im Zentrum des Beitrags von *Mark Juergensmeyer*. Auf der Basis eines wohl einzigartigen Interviewmaterials mit Terroristen verschiedenster religiöser Provenienz bietet er einen globalen Überblick über gewaltbereite religiöse Bewegungen und zeigt ihre gemeinsame Motivlage in der politischen Kritik an – oftmals importierter – säkularer Staatlichkeit.

Gleich wie man diese und ähnliche Sicherheitsrisiken von Religion beurteilt, es ist festzustellen, dass das sicherheitspolitische Framing des Umgangs mit Religion vielerorts an Bedeutung gewonnen hat. Von Interesse sind hier beispielsweise die Exklusions- aber auch Inklusionseffekte, die der Beobachtung muslimischer Organisationen durch den Verfassungsschutz innewohnen. Solche und ähnliche sicherheitspolitische Rahmungen, ihre Entstehungsbedingungen und ihre Folgen für das religiöse Feld sind eine zweite thematische Facette des Plenums. Auf sie konzentriert sich *Michael Opielka*. Seine These, dass die Bedrohungswahrnehmungen in hohem Maße von wissenschaftlichen Experten formuliert würden, entfaltet er anhand eines Vergleichs der Sicherheitssemantiken in Deutschland, der Türkei, Israel und Indien, in denen jeweils spezifische Konstruktionen des Islam als eines bedrohlichen ‚Anderen' anzutreffen seien.

Eine dritte Fragestellung schließlich bezieht sich darauf, ob und inwieweit religiöse Überzeugungen Konflikte überbrücken und damit Sicherheit gewähren können. Seit den Klassikern der Soziologie wird der Religion eine große Bedeutung bei der Bearbeitung von Kontingenzproblemen und Unsicherheit zuerkannt. Darüber hinaus kann Religion auch Werte wie Toleranz, Nächstenliebe und Mitmenschlichkeit stiften. Wäre es da nicht zu erwarten, dass Religion zur Lösung von Konflikten beiträgt, sei es durch ihre Autoritäten und Institutionen, sei es durch die ihr eigenen Wertemuster? Stellt insofern nicht womöglich auch eine sich ausbreitende Säkularisierung ein Sicherheitsrisiko dar? Und kann Religion in dieser Lage nicht positiv auf die politische Kultur einer Region einwirken? Diesen Fragen widmet sich der Beitrag von *Birgit Huber*. Auf der Grundlage eigener ethnologischer Feldforschung in Hoyerswerda vertritt sie die These, dass die dortigen Ausschreitungen von 1991 den Ausgangspunkt für eine Re-Christianisierung darstellten, die allerdings weniger mit Kirchlichkeit, als vielmehr mit der Verbreitung eines diffus christlichen Orientierungswissens einhergeht.

Die entlang der drei skizzierten Fragen strukturierte Plenarveranstaltung wird abgerundet mit einem Beitrag von *Wolfgang Eßbach*, der die aktuellen Debatten zu Religion als Sicherheitsrisiko gewissermaßen aus der historischen Distanz beleuchtet. Galten enthusiastische Bewegungen aufgrund ihrer Fusion von Politischem und Religiösem als Gefährdung staatlicher Strukturen, so bildeten sie, so Eßbachs historisch-soziologische Rekonstruktion, in Kunst- und Nationalreligion eigene Stabilisierungsformen aus, deren Bedeutung für gesellschaftliche Sicherheit höchst ambivalent waren. Insgesamt werfen die Beiträge ebenso viele Fragen auf wie sie beantworten und dokumentieren darin den theoretischen Reflexions- und empirischen Forschungsbedarf, der dem Thema Religion und Sicherheit gegenwärtig eigen ist.

Literaturverzeichnis

Bruce, Steve (2000): Fundamentalism. Cambridge: Polity Press

Inglehart, Ronald/Norris, Pippa (2004): Sacred and Secular: Religion and Politics Worldwide. Cambridge: Cambridge University Press

Juergensmeyer, Mark (2002): Terror in the Mind of God: The Global Rise of Religious Violence. Berkeley, California: University of California Press

Kippenberg, Hans G. (2008): Gewalt als Gottesdienst: Religionskriege im Zeitalter der Globalisierung. München: C.H. Beck

Seiple, Robert A./Hoover, Dennis R. (2004): Religion and Security: The New Nexus in International Relations. Lanham, Md.: Rowman and Littlefield

The Global Rebellion Against the Secular State

Mark Juergensmeyer

1. Introduction

When Muslim militants explode bombs in the Middle East, Christian extremists attack abortion clinics in the United States, Jewish settlers clash with soldiers in Israel, Hindu activists destroy mosques in India, and angry Buddhist monks demonstrate against peace in Sri Lanka, are these acts of protest about religion or are they about something else? They do not appear to be aimed at religious issues – at least not if one defines 'religion' in the narrow sense of theological positions or particular doctrines. The anger of many of the groups is propelled by politics and a deep mistrust of the secular state (see Juergensmeyer 2004, 2008 for further discussion of this idea).

The antisecular paranoia of activist religious groups is often fueled by matters unrelated to religion, such as economic or cultural issues, or by the poignant sense of being displaced from, or denied, a homeland. This is what Robert Pape has argued in an intriguing book, *Dying to Win,* which relies on statistical surveys of recent incidents of suicide bombing in South Asia and the Middle East to show that religion – in the sense of piety or ascription to beliefs – has little to do with them (see Pape 2005).

From al Qaeda to the Christian militia, today's religious activists have entered the political fray for reasons that most in the Western world would describe as social or political. They are not trying to convert others. They are not trying to destroy other people's faiths. They are almost uniformly critical of secular politics and secular modernism, but none of them attempts to force others to join their ranks. Nor – Islamophobes aside – does anyone think that forms of religious piety lead to violence. Though sometimes Islam is accused wrongly of supporting suicide attacks, no one blames Christianity for abortion clinic bombers, nor Judaism for militant Zionist settler movements.

Though 'religion'—however we think of that term – is not the cause of violence, it is also absurd to claim that there is not a religious side to the violent images and dogmatic claims of today's religious activists. Although the motivations might not be religious in a narrow sense, the acts of violence perpetrated by many activists groups in the past three decades are identified with religious language, symbols, identities, and leadership roles. The grand narratives of religious scenarios and the absolutism of authoritarian claims buttressed by the religious images of cosmic war are – if not *the* problem – *problematic*. Thinking of social conflict in the magnified theatrical images of sacred war may raise large crowds in support of political ventures but they also harden positions and make them less easy to negotiate or resolve.

Yet questions remain. Why have religious language and identities become involved at this moment of history? Why is the contemporary critique of the social order, in many parts of the world, stated in religious terms, and why have religious ideas and images been posed as an attractive way of thinking about alternatives to social order? The very fact that it is the secular state that is the target implies a religious basis to the critique. For this reason one answer to these questions may lie in the very distinction between secularism and religion that dates to the time of the European Enlightenment, and which has given rise to the religious opposition to the secular politics of today.

2. The Rise of the Secular State

Secular nationalism as we know it today – as the ideological ally of the nation-state – began to appear in England and America in the eighteenth century. Only by then had the idea of a nation-state taken root deeply enough to nurture a loyalty of its own, unassisted by religion or tradition, and only by then had the political and military apparatus of the nation-state expanded sufficiently to encompass a large geographic region. Prior to that time, the administrative reach of the political center was so limited that rulers did not govern in 'the modern sense' (Giddens 1985: 2,4; see also Gellner 1983; Calhoun 1998). Although there were embryonic forms of secular nationalism before then, the power of the state had been limited. According to some historians, secular nationalism was promoted in thirteenth-century France and England in order to buttress the authority of secular rulers after the clergy had been removed from political power earlier in the century. In the fourteenth and fifteenth centuries, there was a reaction against central secular-national governments; the next great wave of laicization occurred in the sixteenth century (Strayer 1971: 262-265).

Until the advent of the nation-state, the authority of a political center did not systematically and equally cover an entire population, so that what appeared to be a single homogeneous polity was in fact an aggregation of fiefdoms. The further one got from the center of power, the weaker the grip of centralized political influence, until at the periphery entire sections of a country might exist as a political no-man's-land. For that reason, one should speak of countries prior to the modern nation-state as having frontiers rather than boundaries. Though this was originally a European phenomenon the same process occurred later in India and other parts of the world (Embree 1989: 67-84).

The changes of the late eighteenth and nineteenth centuries included boundaries; the development of the technical capacity to knit a country together through
roads, rivers, and other means of transportation and communication; the construction of the economic capacity to do so, through an increasingly integrated market
structure; the emergence of a world economic system based on the building blocks
of nation-states; the formation of mass education, which socialized each generation
of youth into a homogeneous society; and the rise of parliamentary democracy as a
system of representation and an expression of the will of the people (for the origins
of the world-system see Wallerstein 1980, 1981). The glue that held all these
changes together was a new form of nationalism: the notion that individuals natu-
rally associate with the people and place of their ancestral birth (or an adopted
homeland such as the United States) in an economic and political system identified
with a secular nation-state. Secular nationalism was thought to be not only natural
but also universally applicable and morally right.

Although it was regarded almost as a natural law, secular nationalism was ultimately viewed as an expression of neither God nor nature but of the will of citizens. Challenges to the divine right to rule in Europe reach back at least to the
twelfth century, when John of Salisbury, who is sometimes regarded as the first
modern political philosopher, held that rulers should be subject to charges of trea-
son and could be overthrown – violently if necessary – if they violated their public
trust. Along the same lines, William of Ockham, in the fourteenth century, argued
that a "secular ruler need not submit to spiritual power" (Molnar 1985: 43; see also
Packard 1973: 193-201). It was the political manifestation of the Enlightenment
view of humanity.

Although recent historians insist that religion – at least reasonable religion, as
John Locke put it – were part of the Enlightenment agenda, it is also clear that
their ideas put the power of the Church on the periphery of public life (see Sheehan 2003; Sorkin 2009). John Locke's ideas of the origins of a civil community had
virtually no connection to the Church. Because humans are "equal and independent" before God, Locke argued, they have the sole right to exercise the power of
the Law of Nature, and the only way in which an individual can be deprived of his
or her liberty is "by agreeing with other Men to joyn and unite into a community,
for their comfortable, safe, and peacable living one amongst another" (Locke 1960:
375). Similarly, Jean-Jacques Rousseau's social-contract theories required little
commitment to a specific religious belief. According to Rousseau, a social contract
is a tacit admission by the people that they need to be ruled and an expression of
their willingness to relinquish some of their rights and freedoms to the state in
exchange for its administrative protection. It is an exchange of what Rousseau calls
one's "natural liberty" for the security and justice provided through "civil liberty"
(Rousseau 1967: 23). Rousseau implied that the state does not need the church to
grant it moral legitimacy: the people grant it a legitimacy on their own through a

divine right that is directly invested in them as a part of the God-given natural order. Although Locke and Rousseau had religious sensibilities and allowed for a divine order that made the rights of humans possible, these ideas did not directly buttress the power of the church and its priestly administrators. Their secular concepts of nation and state had the effect of taking religion – at least church religion – out of public life.

The medieval church once possessed "many aspects of a state," as one historian put it, and it commanded more political power "than most of its secular rivals" (Strayer 1971: 323). By the mid-nineteenth century, however, Christian churches had ceased to have much influence on European or American politics. The church – the great medieval monument of Christendom with all its social and political diversity – had been replaced by churches: various denominations of Protestantism and a largely depoliticized version of Roman Catholicism. These churches functioned like religious clubs, voluntary associations for the spiritual edification of individuals in their leisure time, rarely cognizant of the social and political world around them. Although the churches supported a number of secular reforms in the nineteenth and twentieth centuries, religion in the West largely fit Whitehead's description: it was what "an individual does with his own solitariness" (Whitehead 1961: 472).

The Enlightenment ushered in a new way of thinking about religion – a narrower definition of the term that encompassed institutions and beliefs that were regarded as problematic, and conceptually separated them from the rest of social life, which was identified by a new term, 'secular'. What many people in Europe were afraid of at the time was the economic and political power of the clergy, and the fanaticism associated with the terrible wars of religion of the sixteenth and seventeenth centuries. These would be controlled in a society in which 'religion' had its limitations within 'secular' society.

At the same time that religion in the West was becoming less political, its secular nationalism was becoming more religious. It became clothed in romantic and xenophobic images that would have startled its Enlightenment forebears. The French Revolution, the model for much of the nationalist fervor that developed in the nineteenth century, infused a religious zeal into revolutionary democracy; the revolution took on the trappings of church religion in the priestly power meted out to its demagogic leaders and in the slavish devotion to what it called the temple of reason. According to Alexis de Tocqueville, the French Revolution "assumed many of the aspects of a religious revolution" (Tocqueville 1955: 91). The American Revolution also had a religious side: many of its leaders had been influenced by eighteenth-century deism, a religion of science and natural law that was "devoted to exposing [church] religion to the light of knowledge" (Cassirer 1955). Among the devotees of deism were Thomas Jefferson, Benjamin Franklin, and other founding fathers. As in France, American nationalism developed its own religious characteristics, blending the ideals of secular nationalism and the symbols of Christianity into what has been called "civil religion" (Bellah 1967).

The nineteenth century saw the fulfillment of Tocqueville's prophecy that the 'strange religion' of secular nationalism would, "like Islam, overrun the whole world with its apostles, militants, and martyrs" (Tocqueville 1955: 13). It spread throughout the world with an almost missionary zeal and was shipped to the newly colonized areas of Asia, Africa, and Latin America as part of the ideological freight of colonialism. It became the ideological partner of what came to be known as nation building. As the colonizing governments provided their colonies with the political and economic infrastructures to turn territories into nation-states, the ideology of secular nationalism emerged as a byproduct. As it had in the West during previous centuries, secular nationalism in the colonized countries during the nineteenth and twentieth centuries came to represent one side of a great encounter between two vastly different ways of perceiving the sociopolitical order and the relationship of the individual to the state: one informed by religion, the other by a notion of a secular compact.

In the West this encounter, and the ideological, economic, and political transitions that accompanied it, took place over many years, uncomplicated by the intrusion of foreign control of a colonial or neocolonial sort. The new nations of the twentieth and twenty-first centuries, however, have had to confront the same challenges in a short period of time and simultaneously contend with new forms of politics forced on them as byproducts of colonial rule. As in the West, however, the challenge they have faced is fundamental: it involves the encounter between an old religious worldview and a new one shaped by secular nationalism.

When Europeans colonized the rest of the world, they were often sustained by a desire to make the rest of the world like themselves. In the heyday of British control of India, for instance, the position of Whigs such as William Gladstone was that the presence of the British was "to promote the political training of our fellow-subjects" (Gladstone 1986: 188). Conservatives such as Benjamin Disraeli, however, felt that the British should 'respect and maintain' the traditional practices of the colonies, including 'the laws and customs, the property and religion'. In the end the liberal vision caught on, even among the educated Indian elite, and the notion of a British-style secular nationalism in India was born.

Even when empires became economically burdensome, the cultural mission seemed to justify the effort. The commitment of colonial administrators to a secular-nationalist vision explains why they were often so hostile to the Christian missionaries who tagged along behind them: the missionaries were the liberal colonizers' competitors. In general, the church's old religious ideology was a threat to the new secular ideology that most colonial rulers wished to present as characteristic of the West.

In the mid-twentieth century, when the colonial powers retreated, they left behind the geographical boundaries they had drawn and the political institutions they had fashioned. Created as administrative units of the Ottoman, Hapsburg, French, and British empires, the borders of most Third World nations continued to survive after independence, even if they failed to follow the natural divisions between ethnic and linguistic communities. By the middle of the twentieth century, it seemed as if the cultural goals of the colonial era had been reached: although the political ties were severed, the new nations retained all the accoutrements of westernized countries.

The only substantial empire that remained virtually intact until 1990 was the Soviet Union. It was based on a different vision of political order, of course, one in which international socialism was supposed to replace a network of capitalist nations. Yet the perception of many members of the Soviet states was that their nations were not so much integral units in a new internationalism as colonies in a secular Russian version of imperialism. This reality became dramatically clear after the breakup of the Soviet Union and its sphere of influence in the early 1990s, when old ethnic and national loyalties sprang to the fore.

3. The Golden Age of Secular Nationalism from 1945-1990

In the middle of the twentieth century when many colonies in the developing world gained political independence, Europeans and Americans often wrote with an almost religious fervor about what they regarded as these new nations' freedom – by which they meant the spread of nationalism throughout the world. Invariably, they meant a secular nationalism: new nations that elicited loyalties forged entirely from a sense of territorial citizenship. These secular-nationalist loyalties were based on the idea that the legitimacy of the state was rooted in the will of the people in a particular geographic region and divorced from any religious sanction.

In the mid-twentieth century, the new global reach of secular nationalism was justified by what it was – and what it was not. It distanced itself especially from the old ethnic and religious identities that had made nations parochial and quarrelsome in the past. The major exception was the creation of the state of Israel in 1948 as a safe haven for Jews, but even in this case the nation's constitution was firmly secular, and Israeli citizenship was open to people of all religious backgrounds—not only Jews but also Christians and Muslims. In general, mid-twentieth-century scholars viewed the spread of secular nationalism in a hopeful, almost eschatological, light: it was ushering in a new future. It meant, in essence, the emergence of mini-Americas all over the world.

European and American scholars in the mid-1950s embraced the new global nation-state era with unbridled joy. Hans Kohn, his generation's best-known historian of nationalism, observed in 1955 that the twentieth century was unique: "It is the first period in history in which the whole of mankind has accepted one and the same political attitude, that of nationalism" (Kohn 1955: 89). In his telling, the concept had its origins in antiquity. It was presaged by ancient Hebrews and fully enunciated by ancient Greeks. Inexplicably, however, the concept stagnated for almost two thousand years, according to Kohn's account, until suddenly it took off in earnest in England, "the first modern nation," during the seventeenth century (Kohn 1955: 16). By the time of his writing, in the mid-twentieth century, he cheerfully observed that the whole world had responded to "the awakening of nationalism and liberty" (ibid.).

Not only Western academics but also a good number of new leaders – especially those in the emerging nations created out of former colonial empires – were swept up by the vision of a world of free and equal secular nations. The concept of secular nationalism gave them an ideological justification for being, and the electorate that subscribed to it provided them power bases from which they could vault into positions of leadership ahead of traditional ethnic and religious figures. But secularism was more than just a political issue; it was also a matter of personal identity. A new kind of person had come into existence – the "Indian nationalist" or "Ceylonese nationalist" who had an abiding faith in a secular nationalism identified with his or her homeland. Perhaps none exemplified this new spirit more than Gamal Abdel Nasser of Egypt and Jawaharlal Nehru of India. According to Nehru, "there is no going back" to a past full of religious identities, for the modern, secular "spirit of the age" will inevitably triumph throughout the world (Nehru 1946: 531-532).

There was a cheerful optimism among the followers of Nehru after India's independence, writes the political scientist Donald Smith: "The Indian nationalist felt compelled to assert that India was a nation", even though some "embarrassing facts" – such as divisive regional and religious loyalties – had to be glossed over (Smith 1963: 140). The reason for this compulsion, according to Smith, was that such people could not think of themselves as modern persons without a national identity. "In the modern world," writes Smith, "nationality and nationalism were the basic premises of political life, and it seemed absolutely improper for India to be without a nationality" (Smith 1963: 141). A similar attitude predominated in many other new nations, at least at the beginning.

Leaders of minority religious communities – such as Hindu Tamils in Ceylon and Coptic Christians in Egypt – especially eager to embrace secular nationalism because a secular nation-state would ensure that the public life of the country would not be dominated completely by the majority religious community. In India, where the Congress Party became the standard-bearer of Nehru's vision, the party's most reliable supporters were those at the margins of Hindu society – untouchables and Muslims – who had the most to fear from an intolerant religious majority.

The main carriers of the banner of secular nationalism in these newly independent countries, however, were not members of any religious community at all, at least in a traditional sense. Rather, they were members of the urban educated elite. For many of them, embracing a secular form of nationalism was a way of promoting its major premise – freedom from the parochial identities of the past – and thereby avoiding the obstacles that religious loyalties create for a country's political goals. By implication, political power based on religious values and traditional communities held no authority.

The problem, however, was that in asserting that the nationalism of their country was secular, the new nationalists had to have faith in a secular culture that was at least as compelling as a sacred one. That meant, on a social level, believing that secular nationalism could triumph over what they thought of as 'religion'. It could also mean making secular nationalism a supra-religion of its own, which a society could aspire to beyond any single religious allegiance. In India, for example, political identity based on religious affiliation was termed communalism. In the view of Nehru and other secular nationalists, religion was the chief competitor of an even higher object of loyalty: secular India. Nehru implored his countrymen to get rid of what he called "that narrowing religious outlook" and to adopt a modern, nationalist viewpoint (Nehru 1946: 531).

The secular nationalists' attempts to give their ideologies an antireligious or a supra-religious force were encouraged, perhaps unwittingly, by their Western mentors. The words used to define nationalism by Western political leaders and such scholars as Kohn always implied not only that it was secular but that it was competitive with what they defined as religion and ultimately superior to it. "Nationalism [by which he meant secular nationalism] is a state of mind," Kohn wrote, "in which the supreme loyalty of the individual is felt to be due the nation-state" (Kohn 1955: 9). He boldly asserted that secular nationalism had replaced religion in its influence: "An understanding of nationalism and its implications for modern history and for our time appears as fundamental today as an understanding of religion would have been for thirteenth century Christendom" (Kohn 1955: 4).

Rupert Emerson's influential From Empire to Nation, written several years later, shared the same exciting vision of a secular nationalism that "sweeps out [from Europe] to embrace the whole wide world" (Emerson 1960: 158). Emerson acknowledged, however, that although in the European experience "the rise of nationalism [again, secular nationalism] coincided with a decline in the hold of religion," in other parts of the world, such as Asia, as secular nationalism "moved on" and enveloped these regions, "the religious issue pressed more clearly to the fore again" (Emerson 1960: 158). Nonetheless, he anticipated that the 'religious issue' would never again impede the progress of secular nationalism, which he saw as the West's gift to the world. The feeling that in some instances this gift had been forced on the new nations without their asking was noted by Emerson, who acknowledged that "the rise of nationalism among non-European peoples" was a consequence of "the imperial spread of Western European civilization over the face of the earth." The outcome, in his view, was nonetheless laudable:

> "With revolutionary dynamism (…) civilization has thrust elements of essential identity on peoples everywhere. (…) The global impact of the West has (…) run common threads through the variegated social fabrics of mankind, (…) [and it] has scored an extraordinary triumph" (Emerson 1960: vii).

When Kohn and Emerson used the term nationalism, they had in mind not just a secular political ideology and a religiously neutral national identity but a particular form of political organization: the modern European and American nation-state. In such an organization, individuals are linked to a centralized, all-embracing democratic political system that is unaffected by any other affiliations, be they ethnic, cultural, or religious. That linkage is sealed by an emotional sense of identification with a geographical area and a loyalty to a particular people, an identity that is part of the feeling of nationalism. This affective dimension of nationalism is important to keep in mind, especially in comparing secular nationalism with the Enlightenment idea of religion. In the 1980s, the social theorist Anthony Giddens described nationalism in just this way – as conveying not only the ideas and 'beliefs' about political order but also the 'psychological' and 'symbolic' element in political and economic relationships (Giddens 1985: 215-216). Scholars such as Kohn and Emerson recognized this affective dimension of nationalism early on; they felt it appropriate that the secular nation adopts what Charles Taylor in *A Secular Age* has described as the cultural sensibility of secularism, and what might also be called the spirit of secular nationalism (Taylor 2007).

4. The Religious Challenge to the Secular State in the 21st Century

Since the modern nation-state has been presented to the world as a secular institution, the criticism of it has often been clothed in religious language. In the contemporary era, the 'crisis of legitimation' that Jürgen Habermas has observed in social institutions has led to a rejection of the optimistic premises of secular politics (Habermas 1975). The legitimacy of the secular nation-state has been eroded by several factors, including a resurgent new wave of anticolonialism, the corrosive power of globalized economic and communication systems, and the corruption and incompetence of secular leaders. In many parts of the world the failure of the secular state began to be attributed to secularism itself. This raised its twin concept, the newly-created idea of 'religion', to a position of political influence.

In earlier decades, traditional leaders and cultural institutions seldom played a political role, though when they did become involved, it was often to critique specific social issues of the state rather than to challenge the credibility of the entire political system. According to some observers, the global system relies on autonomous nation-states that need religion for their legitimacy – as long as religion stays in its place. But as religion is drawn into the public arena, the debate over public values is opened up, and religion can then impose itself on political decisions. This "religionization" of politics is a blow to secular nationalism and calls into question the global nature of the nation-state system (see Larson).

Contemporary religious politics, then, is quite a new development. It is the result of an almost Hegelian dialectic between what has been imagined by most citizens of the modern world to be two competing frameworks of social order: secular nationalism (allied with the nation-state) and the Enlightenment idea of religion (allied with large ethnic communities, some of them transnational). The clashes between the two have often been destructive, but they have also offered possibilities for accommodation. In some cases these encounters have given birth to a synthesis in which cultural ideas and institutions have become the allies of a new kind of nation-state. At the same time, other liaisons with contemporary political trends have led to a different vision: religious versions of a transnationalism that would supplant the nation-state world.

The rivalry between secular nationalism and cultural identities makes little sense in the modern West, where the idea of religion has been conceptually confined to personal piety, religious institutions, and theological ideas. But it makes much sense among those in radical religious communities in Europe and America, and in traditional societies around the world, where the cultural and moral elements of religious imagination are viewed as an integral part of social and political life.

Perhaps it is useful, then, to think of religion in two senses, in Enlightenment and non-Enlightenment ways of thinking. The first, the Enlightenment view, is the narrow idea of religious institutions and beliefs contrasted with secular social values in the modern West. The other, the more traditional view, is a broad framework of thinking and acting that involves moral values, traditional customs, and publically articulated spiritual sensibility. The latter, traditional view of 'religion' (or rather, the religious world view) includes much of what the secular West regards as public virtue and purposeful social life – values shared by most thoughtful and concerned citizens within a society.

Hence the elusive term 'religion', in the broad sense, can point to a moral sensibility toward the social order that in many ways is remarkably similar to the civic values of those who feel most ardently about secularism. This is especially so in the non-Western world. In traditional India, for instance, the English term 'religion' might be translated as the word for moral order – *dharma* – as well as for belief (*mazhab*), fellowship (*panth*), or community (*qaum*). As *dharma*, Hindu thought is like political or social theory; it is the basis of a just society. The Enlightenment thinkers who were most insistent on secularism did not see religion in this way; what they saw was an arrogant religious hierarchy keeping the masses enslaved to superstition in order to avoid justice and reason. They thought of religion as competitive with Enlightenment values, yet religion as *dharma* looks very much like that moral ground on which the Enlightenment thinkers were able to build the edifice of a just society. In ways that might surprise them, religion – at least in its broad sense, as a conveyer of public values – and secularism as a social ideology might well be two ways of talking about the same thing.

Because the functions of traditional religious and secular social values are so similar, it might be useful to designate a general category that includes both terms: a 'genus' of which this kind of religion and secularism are the two competing 'species'. Wilfred Cantwell Smith recommended enlarging the idea of 'traditions' to include both religious and secular humanist traditions; Benedict Anderson suggested 'imagined communities' for all national societies; and Ninian Smart offered 'worldviews' as the common term for nationalism, socialism, and religion (Smith 1962; Smart 1983). Elsewhere I have suggested the phrase 'ideologies of order', even though the term is freighted with meanings attached to it by Karl Marx and Karl Mannheim and a great deal of controversy lingers over its interpretation (Marx/Engels 1939; see also Mannheim 1936; Apter 1964).

The term "ideology" originated in the late eighteenth century in the context of the rise of secular nationalism (Cox 1969: 17). A group of French idéologues, as they called themselves, sought to build a science of ideas based on the theories of Francis Bacon, Thomas Hobbes, John Locke, and René Descartes that would be sufficiently comprehensive to replace religion, in the broad sense, and provide a moral weight to public values that would counter the violent excesses of the French Revolution. According to one of the idéologues, Destutt de Tracy, whose book *Elements of Ideology* introduced the term to the world, "logic" was to be the sole basis of "the moral and political sciences" (Cox 1969: 17). The French originators of the term 'ideology' would be surprised at the way it has come to be redefined, especially in contemporary conversations, where it is often treated as an explanatory system that is specifically nonscientific.

In proposing a 'science of ideas' as a replacement for religion, the idéologues were putting what they called ideology and what we call religion (in the broad sense) on an equal plane. Perhaps Clifford Geertz, among modern users of the term, has come closest to its original meaning by speaking of ideology as a 'cultural system' (Geertz 1964). Geertz includes both religious and political cultural systems within this framework, as well as the many cultural systems that do not distinguish between religion and politics. Religion and secular nationalism could both be considered cultural systems in Geertz's sense of the word, and, hence, as he uses it, they are ideologies. Both conceive of the world in coherent, manageable ways; both suggest that there are levels of meaning beneath the day-to-day world that give coherence to things unseen; and both provide the authority that gives the social and political order its reason for being. In doing so, they define for the individual the right way of being in the world and relate persons to the social whole.

Secular nationalism is a social form of secularism that locates an individual within the universe. The idea of a secular nation ties him or her to a particular place and a particular history. A number of social scientists have argued that the phenomenon of secular nationalism is linked to the innate need of individuals for a sense of community. Recently John Lie has posited that the idea of a common 'peoplehood' – often construed in ethnic or religious terms – is essential for the modern idea of a nation (Lie 2007). Earlier Karl Deutsch pointed out the importance of systems of communication in fostering a sense of nationalism (Deutsch 1966). Ernest Gellner argued that the political and economic network of a nation-state can function only in a spirit of nationalism based on a homogeneous culture, a unified pattern of communication, and a common system of education (Gellner 1983: 140). Other social scientists have stressed the psychological aspect of national identity: the sense of historical location that is engendered when individuals feel they have a larger, national history (Smith 1979; see also Doob 1964).

But behind these notions of community is the stern image of social order. Nationalism involves loyalty to an authority who, as Max Weber observed, holds a monopoly over the "legitimate use of physical force" in a given society (Weber 1946: 78). Giddens describes nationalism as the "cultural sensibility of sovereignty," implying that, in part, the awareness of being subject to an authority – an authority invested with the power of life and death – gives nationalism its potency (Giddens 1985: 219). Secular nationalism, therefore, involves not only an attachment to a spirit of social order but also an act of submission to an ordering agent.

Scholarly attempts to define religion also stress the importance of order, though in a post-Enlightenment context where religion is thought of in the narrower sense, the orderliness is primarily metaphysical rather than political or social. In providing its adherents with a sense of conceptual order, religion often deals with the existential problem of disorder. The disorderliness of ordinary life is often contrasted with a substantial, unchanging divine order (Dupuy 1982; Livingston 1984). Geertz saw religion as the effort to integrate everyday reality into a pattern of coherence at a deeper level. Geertz defined religion as "a system of symbols which acts to establish powerful, pervasive and long-lasting moods and motivations in men by formulating conceptions of a general order of existence and clothing these conceptions with such an aura of factuality that the moods and motivations seem uniquely realistic" (Geertz 1964: 168). Robert Bellah also described religion as an attempt to reach beyond ordinary phenomena in a "risk of faith" that allows people to act "in the face of uncertainty and unpredictability" on the basis of a higher order of reality (Bellah 1969: 907). This attitude of faith, according to Peter

Berger, is an affirmation of the sacred, which acts as a doorway to a truth more certain than that of this world (Berger 1967: 38). Louis Dupré prefers to avoid the term sacred but integrates elements of both Berger's and Bellah's definitions in his description of religion as "a commitment to the transcendent as to another reality" (Dupré 1976: 26). In all these cases there is a tension between this imperfect, disorderly world and a perfected, orderly one to be found in a higher, transcendent state or in a cumulative moment in time.

As Émile Durkheim, whose ideas are fundamental to each of these thinkers, was adamant in observing, religion has a more encompassing force than can be suggested by any dichotomization of the sacred and the profane. Durkheim describes the dichotomy between the sacred and the profane in religion in the following way: "In all the history of human thought there exists no other example of two categories of things so profoundly differentiated or so radically opposed to one another. (...) The sacred and the profane have always and everywhere been conceived by the human mind as two distinct classes, as two worlds between which there is nothing in common" (Durkheim 1976: 38-39). To Durkheim, the religious point of view includes both the notion that there is such a dichotomy and the belief that the sacred side will always, ultimately, reign supreme.

Even on the metaphysical level, religion, like secular nationalism, can provide the moral and spiritual glue that holds together broad communities. Members of these communities – secular or religious – share a tradition, a particular worldview, in which the essential conflict between appearance and deeper reality is described in specific and characteristically cultural terms. This deeper reality has a degree of permanence and order quite unobtainable by ordinary means. The conflict between the two levels of reality is what both religion and secular nationalism are about: the language of both contains images of chaos as well as tranquil order, holding out the hope that, despite appearances to the contrary, order will eventually triumph and disorder will be contained. Because religion (in both broad and narrow senses) and secular nationalism are ideologies of order, they are potential rivals. Either can claim to be the guarantor of orderliness within a society; either can claim to be the ultimate authority for social order. Such claims carry with them an extraordinary degree of power, for contained within them is the right to give moral sanction for life-and-death decisions, including the right to kill. When either secular nationalism or religion assumes that role by itself, it reduces the other to a peripheral social role.

5. Religious Violence as a Response to Secular Nationalism

The rejection of secular nationalism is often violent. The reason for this is not only because those who challenge the secular state are eager to assume their own positions of power in public life. They are also challenging the right of the secular state to the legitimacy provided by its monopoly on the use of violence to maintain public order. The creation of 'religion' in juxtaposition to 'secular' provides the potential for those identified with this kind of religion to utilize the same force of power that the secular state has used to maintain its order.

Hence the religious critique of secular nationalism contains a challenge to the source of social power on which secular public order is based: absolute control undergirded by the moral sanction of political violence. Ascribing to an alternative ideology of public order – religion – gives that religion the ability to be violent. In the modern world the secular state, and the state alone, has been given the power to kill legitimately, albeit for limited purposes: military defense, police protection, and capital punishment. Yet all the rest of the state's power to persuade and to shape the social order is derived from this fundamental power. In Weber's view, the monopoly over legitimate violence in a society lies behind all other claims to political authority (Weber 1946: 78). In challenging the state, today's religious activists, wherever they assert themselves around the world, reclaim the traditional right of religious authorities to say when violence is moral and when it is not.

Situations of social conflict provide contexts in which religious authority is called upon to sanction killing. This is especially true in the case of conflicts that involve issues of identity, loyalty, and communal solidarity. Religious identities may be a factor in movements of mobilization, separatism, and the establishment of new states. It is interesting to note, in this regard, that the best-known incidents in which religious language and authorities have played a role in the contemporary world have occurred in places where it is difficult to define or accept the idea of a nation-state. At the end of the twentieth century, these places included Palestine, the Punjab, and Sri Lanka; in the first decade of the twenty-first century they included Iraq, Somalia, and Lebanon, areas where uncertainties abound about what the state should be and which elements of society should lead it. In these instances, religious loyalties have often provided the basis for a new national consensus and a new kind of leadership.

Cultural practices and ideas related to Islam, Judaism, and Christianity have provided religious alternatives to secular ideology as the basis of nationalism, and political images from their religious history have provided resources for thinking of modern religion in political terms. This is also true of Hinduism, Sikhism, and perhaps most surprisingly, Buddhism. In Thailand, for example, Buddhist political activists recall that the king must be a monk before assuming political power – he must be a 'world renouncer' before he can become a 'world conqueror', as Stanley Tambiah has put it (Tambiah 1976). Burmese leaders established a Buddhist socialism, guided by a curious syncretic mix of Marxist and Buddhist ideas, and even the protests against that order in Burma (renamed Myanmar) had a religious character: many of the demonstrations in the streets were led by Buddhist monks (for the religious background of Burmese nationalism see Smith 1965; Sarkisyanz 1965; Bechert 1974).Thus in most traditional religious societies, including Buddhist ones, "religion," as Donald Smith puts it, "answers the question of political legitimacy" (Smith 1971: 11). In the modern West that legitimacy is provided by nationalism, a secular nationalism. But even there, religious justifications wait in the wings, potential challenges to the nationalism based on secular assumptions. Perhaps nothing indicates this potential more than the persistence of religious politics in American society, including the rise of the Christian militia and the American religious right (see Capps 1990). The justification for social order may be couched in secular or religious terms, and both require a faith in the unitary nature of a society that can authenticate both political rebellion and political rule.

When I interviewed Sunni mullahs in Iraq in 2004 after the U.S. invasion of their country, they told me that opposition to U.S. occupation was because they regarded America as the enemy of Islam. What was striking to me about this comparison is that they were equating the two, and perceived that a secular state was in competition with what is regarded as a religion. This would have startled many of the twentieth-century proponents of secular nationalism. In the 1950s and 60s, scholars such as Kohn and Emerson and nationalist leaders such as Nasser and Nehru regarded secular nationalism as superior to religion in large measure because they thought it was categorically different.

Yet it is clear that the belief in secular nationalism required a great deal of faith, even though the idea was not couched in the rhetoric of religion. The terms in which it was presented were the grandly visionary ones associated with spiritual values. As early as d'Tocqueville, comparisons have been made between secular nationalism and religion (Tocqueville 1955: 11). After the global rise of secular nationalism at the end of World War II, quite a few scholars observed that there was a similarity between the ideological characteristics of secular nationalism and the modern idea of religion – both of which embraced "a doctrine of destiny" as one scholar observed (Hoover 1986: 3). Some took this way of viewing secular nationalism a step further and state flatly, as did an author writing in 1960, that secular nationalism is 'a religion' (Hayes 1960). A scholar of comparative religion, Ninian Smart, specified the characteristics that make secular nationalism akin to a certain kind of religion – "a tribal religion" (Smart 1983: 27; see also Hoover 1986). Employing six criteria to define the term, he concluded that secular nationalism measured up on all counts: on doctrine, myth, ethics, ritual, experience, and social organization.

The two inventions of modernity--secular nationalism and religion – both serve the ethical function of providing an overarching framework of moral order, a framework that commands ultimate loyalty from those who subscribe to it. And though the modern assumption is that nationalism is a moral order for the public realm and religion for the private realm, both provide moral sanction to martyrdom and violence. As a result the modern idea of religion is a potential revolutionary construct, for it can provide a justification for violence that would challenge the power of the secular state.

Though it may be true that other entities, such as the Mafia and the Ku Klux Klan, also sanction violence, they are able to do so convincingly only because they are regarded by their followers as (respectively) quasi-governmental or quasi-religious organizations. Since the line between secular nationalism and religion has always been quite thin – the public and private notions of modern moral order – they have sometimes emerged as rivals. Both are expressions of faith, both involve an identity with and a loyalty to a large community, and both insist on the ultimate moral legitimacy of the authority invested in the leadership of that community.

Benedict Anderson, in observing the ease with which secular nationalism is able to justify mass killings, finds a strong affinity between "nationalist imagining" and "religious imagining." The rise of secular nationalism in world history, as Benedict Anderson observes, has been an extension of "the large cultural systems that preceded it, out of which – as well as against which – it came into being" (Anderson 1983: 18). Secular nationalism often evokes an almost religious response and it frequently appears as a kind of 'cultural nationalism' in the way that Howard Wriggins once described Sinhalese national sentiments (Wriggins 1960: 169). It not only encompasses the shared cultural values of people within existing, or potentially existing, national boundaries but also evokes a cultural response of its own.

This similarity between secular and religious imaginings in the implementation of public acts of violence enforces the idea that many present-day religious activists have asserted: that religion can provide a justification for the power, based on violence, that is the basis of modern politics. And why not? If secularism, as an imagined concept of social order, is capable of providing the ideological legitimacy to modern political communities, this same legitimizing function can be extended to secularism's twin concept, the idea of religion. The religious activists of today are unwittingly modern, therefore, because they accept the same secularist notion that there is a fundamental distinction between secular and religious realms. Religious activists think they are simply reclaiming the political power of the state in the name of religion. It might be a workable arrangement in a pre-modern world where religious sensibilities are intertwined with a broad sense of moral order, and a religion-based polity could embrace a varied and pluralistic society. The irony is that the modern idea of religion is much more narrow than that, limited to particular sets of doctrines and to particular confessional communities. The Frankenstein of religion created in the Enlightenment imagination has risen up to claim the Enlightenment's proudest achievement, the secular nation-state. The tragedy is that the challenge to the secular order that emerges from this kind of religion shakes the foundations of political power in ways that are often strident and violent.

References

Anderson, Benedict (1983): Imagined Communities. Reflections on the Origin and Spread of Natio-
     nalism. London: Verso
Apter, David (ed.) (1964): Ideology and Discontent. New York: Free Press
Asad, Talal (2003): Formations of the Secular. Christianity, Islam, Modernity. Palo Alto, California:
     Stanford University Press
Balmer, Randall (1989): Mine Eyes Have Seen the Glory: A Journey into the Evangelical Subculture in
     America. New York: Oxford University Press
Bechert, Heinz (1974): Buddhism and Mass Politics in Burma and Ceylon. In: Smith, Donald Eugene
     (1974): 147-167
Bellah, Robert N. (1967): Civil Religion in America. In: Daedalus 96(1): 1-21
Bellah, Robert N. (1969): Transcendence in Contemporary Piety. In: Cutler, Donald R. (1969): 907-919
Berger, Peter (1980): The Heretical Imperative. New York: Doubleday
Berger, Peter (1990): The Sacred Canopy: Elements of a Sociological Theory of Religion. Garden City,
     N.Y.: Doubleday
Breuilly, John (1982): Nationalism and the State. Manchester: Manchester University Press
Calhoun, Craig (1998): Nationalism. Minneapolis: University of Minnesota Press
Capps, Walter H. (1990): The New Religious Right: Piety, Patriotism, and Politics. Columbia: University
     of South Carolina Press
Carey, George W./Schall, James V. (eds.) (1985): Essays on Christianity and Political Philosophy.
     Lanham, Md.: University Press of America
Cassirer, Ernst (1955): The Philosophy of the Enlightenment. Boston: Beacon Press
Cox, Richard H. (1969): Ideology, Politics, and Political Theory. Belmont, California: Wadsworth
Cutler, Donald R. (1969): The Religious Situation: 1969. Boston: Beacon Press
Deutsch, Karl (1966): Nationalism and Social Communication. Cambridge, Mass.: MIT Press
Doob, Leonard (1964): Patriotism and Nationalism. New Haven: Yale University Press
Douglas, Mary (1982): The Effects of Modernization on Religious Change. In: Daedalus 111(1): 1-19
Dupré, Louis (1976): Transcendent Selfhood: The Loss and Rediscovery of the Inner Life. New York:
     Seabury Press
Dupuy, Jean-Pierre (1982): Ordres et désordres. Enquêtes sur un nouveau paradigme. Paris: Éditions du
     Seuil
Durkheim, Émile (1976): The Elementary Forms of the Religious Life, translated by Joseph Ward
     Swain. London: Allen & Unwin
Embree, Ainslie T. (1989): Frontiers into Boundaries: The Evolution of the Modern State. Chapter 5 of
     Imagining India: Essays on Indian History. New Delhi and New York: Oxford University Press
Emerson, Rupert (1960): From Empire to Nation: The Rise to Self-Assertion of Asian and African
     Peoples. Boston: Beacon Press
Geertz, Clifford (1964). Ideology as a Cultural System. In: Apter, David (1964): 44-77
Gellner, Ernest (1983): Nations and Nationalism. Oxford: Basil Blackwell
Gerth, Hans H./Mills, C. Wright (eds.) (1946): From Max Weber. Essays in Sociology. New York:
     Oxford University Press
Giddens, Anthony (1985): The Nation-State and Violence. Vol. 2 of A Contemporary Critique of
     Historical Materialism. Berkeley: University of California Press
Gladstone, H. C. G. Matthew (1986): 1809-1874. Vol. 1. Oxford: Clarendon Press
Habermas, Jürgen (1975): Legitimation Crisis. Translated by Thomas McCarthy. Boston: Beacon Press
Hayes, Carlton J. H. (1960): Nationalism: A Religion. New York: Macmillan
Hoover, Arlie J. (1986): The Gospel of Nationalism: German Patriotic Preaching from Napoleon to
     Versailles. Stuttgart: Franz Steiner Verlag
Juergensmeyer, Mark (2004): Is Religion the Problem? In: Hedgehog Review, Spring: 21-33

Juergensmeyer, Mark (2008): Global Rebellion: Religious Challenges to the Secular State. Berkeley: University of California Press

Keyes, Charles F. (1987): Thailand: Buddhist Kingdom as Modern Nation-State. Boulder, Colo.: Westview Press

Kohn, Hans (1955): Nationalism: Its Meaning and History. Princeton: D. Van Nostrand

Larson, Gerald (1989): "Fast Falls the Eventide: India's Anguish over Religion." Paper presented at a conference, "Religion and Nationalism," University of California, Santa Barbara, April 21

Lawrence, Bruce B. (1995): Defenders of God. University of South Carolina Press

Lessa, William A./Vogt, Evon Z. (eds.) (1972): Reader in Comparative Religion: An Anthropological Approach. New York: Harper & Row

Lie, John (2007): Modern Peoplehood. Cambridge, MA: Harvard University Press

Livingston, Paisley (ed.) (1984): Disorder and Order: Proceedings of the Stanford International Symposium (Sept. 14-16, 1981), Stanford Literature Studies 1. Saratoga, Calif: Anima Libri

Locke, John (1960): "Of the Beginnings of Political Societies," Chapter. 8 of The Second Treatise on Government. New York: Cambridge University Press

Mannheim, Karl (1936): Ideology and Utopia. New York: Harcourt, Brace & World

Marx, Karl/Engels, Friedrich (1939): The German Ideology, edited by R. Pascal. New York: International Publishers

McManners, John (1969): The French Revolution and the Church. Westport, Conn.: Greenwood Press

Merkl, Peter H./Ninian Smart (eds.) (1983): Religion and Politics in the Modern World. New York: University Press

Molnar, Thomas (1985): The Medieval Beginnings of Political Secularization. In: Carey, George W./Schall, James V. (1985): 43-63

Monypenny, William/Buckle, George (1929): The Life of Disraeli, 1: 1804-1859

Nehru, Jawaharlal (1946): The Discovery of India. New York: John Day

Packard, Sidney R. (1973): Twelfth-Century Europe: An Interpretive Essay. Amherst: University of Massachusetts Press

Pape, Robert (2005): Dying to Win: The Strategic Logic of Suicide Bombing. New York: Random House

Pollard, Sidney (1981): Peaceful Conquest: The Industrialization of Europe, 1760-1970. New York: Oxford University Press

Rousseau, Jean-Jacques (1967): "On the Civil State," Chapter 8 of The Social Contract. New York: Pocket Books

Sarkisyanz, Emanuel (1965): Buddhist Backgrounds of the Burmese Revolution. The Hague: Martinus Nijhoff

Sheehan, Jonathan (2003): Enlightenment, Religion, and the Enigma of Secularization. In: American Historical Review 108(4): 1061-1080

Sorkin, David (2009). The Religious Enlightenment: Protestants, Jews, and Catholics from London to Vienna. Princeton: Princeton University Press

Smart, Ninian (1983): Religion, Myth, and Nationalism. In: Merkl, Peter H./Ninian Smart (1983): 83-94

Smart, Ninian (1983): Worldviews: Cross Cultural Explorations of Human Beliefs. New York: Scribner's

Smith, Anthony D. (1971): Theories of Nationalism. London: Duckworth

Smith, Anthony D. (1979): Nationalism in the Twentieth Century. Oxford: Martin Robertson

Smith, Donald Eugene (1963): India as a Secular State. Princeton: Princeton University Press

Smith, Donald Eugene (ed.) (1965): Religion and Politics in Burma. Princeton: Princeton University Press

Smith, Donald Eugene (ed.) (1971): Religion, Politics, and Social Change in the Third World: A Sourcebook. New York: Free Press

Smith, Donald Eugene (ed.) (1974): Religion and Political Modernization. New Haven: Yale University Press

Smith, Wilfred Cantwell (1962): The Meaning and End of Religion. New York: Macmillan

Strayer, Joseph (1971): Medieval Statecraft and the Perspectives of History. Princeton: Princeton University Press

Suksamran, Somboon (1982): Buddhism and Politics in Thailand: A Study of Socio-political Change and Political Activism of the Thai Sangha. Singapore: Institute of Southeast Asian Studies

Swearer, Donald K. (1981): Buddhism and Society in Southeast Asia. Chambersburg, Pa.: Anima Books

Tambiah, Stanley J. (1976): World Conqueror and World Renouncer. A Study of Buddhism and Polity in Thailand against a Historical Background. Cambridge: Cambridge University Press

Taylor, Charles (2007): A Secular Age. Cambridge: Harvard University Belknap Press

Tocqueville, Alexis de (1955): The Old Regime and the French Revolution. Translated by Stuart Gilbert. New York: Doubleday, Anchor Books

Von der Mehden, Fred R. (1963): Religion and Nationalism in Southeast Asia: Burma, Indonesia, the Philippines- Madison: University of Wisconsin Press

Von der Mehden, Fred R. (1974): Secularization of Buddhist Polities: Burma and Thailand. In: Smith, Donald Eugene (1974): 49-66

Wallerstein, Immanuel (1974): The Modern World-System: Capitalist Agriculture and the Origins of the European World-Economy in the Sixteenth Century. New York: Academic Press

Wallerstein, Immanuel (1980): The Modern World-System, 2: Mercantilism and the Consolidation of the European World-Economy, 1600-1750. New York: Academic Press

Waxman, Chaim I. (ed.) (1964): The End of Ideology Debate. New York: Simon & Schuster

Weber, Max (1946): Politics as a Vocation. In: Gerth, Hans H./Mills, C. Wright (1946): 77-128

Whitehead, Alfred North (1961): Religion in the Making. Reprinted in F. S. C. Northrup and Mason W. Gross (eds.): Alfred North Whitehead: An Anthology. New York: Macmillan

Wriggins, W. Howard (1960): Ceylon. Dilemmas of a New Nation. Princeton: Princeton University Press

Wahrnehmung von Bedrohung durch den Islam. Neoinstitutionalistische Perspektiven zu einem Konflikt zwischen Religion und Politik

Michael Opielka

Im Mittelpunkt der folgenden Überlegungen steht eine Untersuchung der gegenseitigen Wahrnehmungen von Bedrohung zwischen der islamischen Welt und Europa bzw. der westlichen Welt.[1] Dabei wird davon ausgegangen, dass Bedrohungswahrnehmungen auf Konstruktionen antagonistischer oder agonaler Beziehungen zwischen einem ,Wir' und einem ,Sie' beruhen, auf Konstruktionen des ,Anderen' bzw. ,Fremden' als Differenz zu individuellen und kollektiven Identitäten. ,Bedrohungen' sind stets durch Wahrnehmungen und Diskurse über Wahrnehmungen sozial konstruiert und kollektiv bestätigt.

Als theoretischer Rahmen, in dem verschiedene Konstellationen von Konflikt und Bedrohung zwischen europäischen und muslimischen Gesellschaften analysiert werden können, kann der von der ,Stanford-Gruppe' um John W. Meyer entwickelte neo-institutionalistische ,World-Polity'-Ansatz fruchtbar gemacht werden (Meyer 2005). Die Konstruktion antagonistischer oder agonaler Wir-Sie-Beziehungen stellt immer auch bestehende hegemoniale Ordnungsvorstellungen in Frage. Dies wird anhand der Untersuchungsregionen Europa, Indien, Israel/Palästina und der Türkei deutlich. So wird im Fall Europas und Indiens die vorherrschende Ordnungsvorstellung von religiös neutralen, säkularen Rechtsstaaten durch die Konstruktion eines Antagonismus zwischen einem essenziell christlich bzw. hinduistisch gedachten ,Wir' und einem islamischen ,Sie' herausgefordert (Stichworte sind Abendlanddiskurs bzw. Hindutva). In Israel wird die hegemoniale Ordnungsvorstellung eines jüdischen, zionistischen Staates durch die Vorstellung

---

1   Empirische Grundlage sind mehr als 70 Expertengespräche, die im Rahmen des BMBF-geförderten Verbundes „Mobilisierung von Religion in Europa" der Universitäten Erfurt und Jena sowie der Fachhochschule Jena 2007 bis 2009 in den Untersuchungsregionen Indien, Israel/Palästina, Türkei sowie in Deutschland geführt wurden (Teilprojekt 3.1 „Wahrnehmung von Bedrohung. Europa und die islamische Welt", Förderkennzeichen: 07GW01C. Leitung Michael Opielka, FH Jena, und Jamal Malik, Universität Erfurt). Die Interviews in Indien, Israel und der Türkei wurden durch Michael Dusche geführt. Die Durchführung der deutschen Interviews und die exemplarische Deutungsmusteranalyse der Interviews erfolgte durch Diana Karadzhova, Karin Lange und Michael Opielka (Felsch et al. 2009). Das Projekt konzentriert sich in der Tradition des soziologischen Neoinstitutionalismus auf das System Wissenschaft und untersucht die in den akademischen Milieus der vier Regionen konstruierten wechselseitigen Bedrohungswahrnehmungen und die ihnen zugrunde liegenden Deutungsmuster.

eines immer mächtiger werdenden muslimischen Bevölkerungsanteils und zugleich einer seit Jahren unklaren Zwei-Staaten-Perspektive bedroht. In der Türkei ist die vorherrschende nationalistisch-laizistische Ordnungsvorstellung bedroht durch den Antagonismus mit islamistischen Ordnungsvorstellungen bei gleichzeitigem Druck von außen (von Seiten der EU), der die Entwicklung der Türkei hin zu einem liberaleren Rechtsstaat fordert (Koenig 2007; Rosenberger/Sauer 2008). Diese Zusammenhänge und insbesondere die Rolle, die global-hegemoniale Ordnungsvorstellungen in den inneren Auseinandersetzungen der vier Untersuchungsregionen spielen, lassen sich im World-Polity-Framework angemessen darstellen. Die Implikationen für religiöse Minderheiten (anwachsende muslimische Gemeinschaften in Europa, aber auch Muslime in Indien und Israel, sowie Christen und Muslime in der Türkei) liegen auf der Hand. Nur ein religiös-neutraler Rechtsstaat kann religiösen Minderheiten einen angemessenen Status gewähren. Wird diese global vorherrschende Ordnungsvorstellung grundsätzlich in Frage gestellt, sind Angehörige religiöser Minderheiten bedroht. In Indien hat die Identitätspolitik der Hindu-Nationalisten im Frühjahr 2002 zu den Pogromen in Gujarat geführt, bei denen mehrere Tausend Muslime starben und viele vertrieben wurden. In Europa ist die Wir-Sie-Konstruktion weniger antagonistisch als agonal, kann sich aber in Form von Diskriminierung auch negativ auf religiöse Minderheiten auswirken, wie Heiner Bielefeldt (2007) am Beispiel der ‚Angst vor dem Islam‘, der ‚Islamophobie‘ belegt, die in verdrehter Form selbst Angst bei der muslimischen Minderheit erzeugt.[2]

Amerikanische Sozialforscher der neoinstitutionalistischen Schule sehen in der Ausbreitung westlicher Muster gesellschaftlicher Organisation, dem Nationalstaat, moderner und nationalstaatlich regulierter Produktions- und Dienstleistungsformen und Konsumverhaltensmuster, säkularer Massenbildung, staatlich kontrollierter und koordinierter Wohlfahrt usw. über die Grenzen der westlichen Welt hinaus einen Prozess der Globalisierung, der letztendlich auch die Grundwerte und Deutungsmuster nichtwestlicher Gesellschaften erfasst: Die Trennung von Lebensbereichen nach öffentlich und privat, Arbeit und Freizeit, profan und sakral usw. führe letztendlich zu einer Verwurzelung von Deutungsmustern, die auf das Individuum als zentrale Adresse und auf Rationalität als zentrale Kategorie für die Beurteilung von Argumenten ausgerichtet sind (Meyer et al. 2005).

Demgegenüber wird Verwestlichung *(Jalal Al-e Ahmad)* in ihren verschiedenen Aspekten, Nationalstaat, Säkularisierung, kapitalistische Produktionsweise usw. von

---

2   Die ‚rechtspopulistische Kulturalisierung des Politischen‘ (Häusler/Killgus 2008) überträgt rassistische Stereotypen auf ein ‚Feindbild Islam‘ (Hippler/Lueg 2002; Benz 2009). Gleichwohl erscheint die Verwendung des stets biologistisch konnotierten Rassismusbegriffs auf Phänomene wie ‚Islamophobie‘ oder ‚Islamfeindlichkeit‘ problematisch, der Begriff des ‚Kulturrassismus‘ essentialisiert und lenkt von den politisch-kulturellen Steuerungsprozessen ab.

Vertretern verschiedener Schulen des politischen Islam als Grundübel und als Endpunkt einer Interaktionsgeschichte zwischen westlicher und islamischer Welt, das Gesellschaften, die von ihnen wie von westlichen Orientalisten als islamische definiert werden, ihrer einstmals authentischen und effizienten Wertsysteme und Organisationsformen beraubt habe (Khomeini, al-Banna, Qutb usw.). Der als Folge dieser Argumentation begonnene Prozess der ‚Entwestlichung' und Re-Islamisierung kann als Gegenbewegung gedeutet werden, die gleichwohl, weil antithetisch, mit den Begriffen der westlichen Moderne operiert. So werden etwa Menschenrechte, Gleichheit, Religionsfreiheit, Vernunftdenken u. v. m. in den Koran und die Frühphase des Islams projiziert, deren spirituelle (und physische) Expansionskraft erst durch Phasen späterer Dekadenz, besonders aber durch die permanente Brandung westlicher Aggression stumpf erscheint, ihre Werte in den west-östlichen Begegnungen vom Westen kopiert, als eigene erklärt und korrumpiert wurde (Diner 2005).

Sind die islamischen Entwestlichungsbewegungen, die iranische Revolution, die Aufnahme der Scharia als Quelle von Rechtsnormen in die ägyptische Verfassung 1978, was ohne Zweifel unter starkem Druck der Muslimbrüder geschah, der Aufstieg der Hamas in Palästina und der Hizbollah im Libanon u. v. m. sowie der bestimmende antisäkulare Einfluss, den sie auf den Diskurs in diesen und anderen Ländern nehmen, von den Neoinstitutionalisten übersehen worden? Oder ist es gerade dieser Diskurs, welcher sich antagonistisch mit dem westlichen auseinandersetzt, der letztendlich durch die Hintertür einer Protestbewegung gerade die Grundbegriffe dieses westlichen Diskurses in den islamischen Gesellschaften verankern wird? Die Interviews, die im Rahmen des Projektes auch mit muslimischen Akademikern in Ländern geführt wurden, in denen von einer starken Präsenz eines säkularisierten Diskurses ausgegangen werden kann, stellen interessante Einzelfälle dar, anhand derer beobachtbar sein sollte, welcher Begriffe sich Muslime in dem beschriebenen Dialogfeld bedienen bzw. von welchen Voraussetzungen sie ausgehen.

Wir werden in drei Schritten argumentieren: Im ersten Schritt werden wir ein Interpretationsangebot zum Verhältnis von Bedrohung und Angst formulieren. Dabei werden wir uns auch auf psychoanalytische Konzeptualisierungen stützen und diskutieren, inwieweit diese bei einer soziologischen Deutungsmusteranalyse nützlich sein können. Im zweiten Schritt werden nach einigen methodischen Anmerkungen aus den Interviews exemplarische Deutungsmuster von Bedrohung in Bezug auf den Islam gewonnen. Im dritten Schritt werden wir den möglichen Beitrag der neoinstitutionalistischen Soziologie zu unserer Fragestellung skizzieren und ein mehrdimensionales Schema der Institutionalisierung von Bedrohungen vorstellen. Schließlich werden wir diskutieren, ob von Seiten der quantitativen empirischen Sozialforschung Hinweise auf eine Verstärkung oder Milderung von Bedrohungswahrnehmungen zwischen Europa und der islamischen Welt gegeben werden. Das Verhältnis von Pluralismus und Identität erweist sich gerade vor dem Hintergrund der neueren Betonung von ‚Identitätspolitiken' (identity politics) als Herausforderung für soziologische Analysen.

Bedrohung in soziologischer und psychoanalytischer Sicht

Im August 2008 sagte der zum Bertelsmann Konzern gehörende Verlag Random House die Veröffentlichung des Romans „The Jewel of Medina" der US-Journalistin Sherry Jones ab, der Geschichte von Aischa bint Abi Bakr, der Lieblingsfrau des Propheten Mohammed. Jones war empört und „am Boden zerstört", da die Absage des Verlags wohl nicht aufgrund der Befürchtung terroristischer Anschläge erfolgte, „sondern weil ein Klima der Bedrohung durch solche Anschläge zu befürchten sei. Mit anderen Worten: Man hatte Angst." (Jones 2008)[3]

Zwanzig Jahre früher, im August 1988, veröffentlichte die ‚Hamas' ihre Verfassung.[4] Artikel Sieben zitiert einen Hadith aus der klassischen Sammlung von Al-Bukhari:

> "The Day of Judgement will not come about until Moslems fight the Jews (killing the Jews), when the Jew will hide behind stones and trees. The stones and trees will say O Moslems, O Abdulla, there is a Jew behind me, come and kill him. Only the Gharkad tree, (evidently a certain kind of tree) would not do that because it is one of the trees of the Jews."

Während hier die Juden, allein durch die Tradition (Gharkad Baum) geschützt, bedroht werden, dokumentiert Artikel Neun das Bedrohungsgefühl der Muslime: „The Islamic Resistance Movement found itself at a time when Islam has disappeared from life."

Die innerhalb derselben Rede oder desselben Dokuments erkennbare Gleichzeitigkeit von Angst und Aggression findet sich, um ein deutsches Beispiel zu erwähnen, durch einen komplexen, medial organisierten Raum gerahmt. So legte der tunesisch-deutsche muslimische Berliner ‚Skandalrapper' Bushido im Sommer 2008 eine Biografie vor. Er verfolge darin, so der Rezensent der *Süddeutschen Zeitung*, eine Philosophie, die auf archaische Werte und Ellenbogen setzt und vermeintliche „Versager" mitleidslos abkanzelt.[5] Bedrohungswahrnehmung, ihre Abwehr in Gewaltphantasien und Geschäftserfolg bilden für das (vor allem jugendliche) Publikum eine ambivalente und aufgrund der Ambivalenz reizvolle Konstruktion.

---

3   Ende Oktober 2008 wurde von einem islamistisch begründeten Anschlagsversuch auf den auf Random House folgenden Kleinverleger in London berichtet.
4   Quelle: http://www.mideastweb.org/hamas.htm (Stand: 30.11.2009); s. a. Croitoru (2007: 88f.).
5   Rezension des Buches „Bushido" durch Adrian Kreye in *Süddeutsche Zeitung* vom 30.09.2008.

Ausgearbeitete Bedrohungstheorien haben insbesondere die Vertreter der Internationalen Beziehungen in den Politikwissenschaften sowie die Sozialpsychologie entwickelt. In beiden Disziplinen stehen sich ‚Realisten' bzw. ‚Konflikttheoretiker' und ‚Sozialkonstruktivisten' bzw. ‚Identitätstheoretiker' gegenüber. Realisten bestehen darauf, dass Bedrohungswahrnehmungen in Inter-Gruppenkonflikten eine Funktion von Machtasymmetrien zwischen Gruppen und damit von Sozialstruktureffekten seien. Konstruktivisten fokussieren eher auf die Möglichkeit, durch geteilte Identitäten Bedrohungswahrnehmungen zu reduzieren. Sie setzen damit auf Kultureffekte. Neuere empirische Studien können zeigen, dass beide Positionen berechtigt sind.[6]

Religionssoziologische Bedrohungstheorien haben erst in jüngerer Zeit Beachtung erlangt (Juergensmeyer 2000; Schieder 2008). Hans G. Kippenberg differenziert mit Max Weber zwei Auffassungen vom Verstehen dieses Zusammenhangs, das Verstehen der Motive der Handelnden und das Verstehen der Bedeutung ihrer Handlungen. Er konzentriert sich in seiner Analyse von „Gewalt als Gottesdienst" auf die zweite Auffassung:

> „Wenn man die *Bedeutung einer Handlung* verstehen will, dann muss man erstens das Modell ermitteln, an dem die Handlung sich orientiert, dann zweitens die alternativen Modelle, aus denen es als verbindlich ausgewählt wurde, und schließlich die Zustimmung bzw. Ablehnung berücksichtigen, die diesem Handlungsmodell zuteil wird." (Kippenberg 2008: 13)

Im Zentrum von Kippenbergs Überlegungen steht das von Weber in „Wirtschaft und Gesellschaft" entfaltete Konzept religiösen Handelns als ‚Gemeinschaftshandeln', wobei die von ihm untersuchten „religiöse[n] Gemeinschaften zu kulturellen Akteuren wurden und ihre passive Haltung zur Welt aufgaben." (ebd.: 203) Zwar ist der von ihm genutzte Weber'sche Gemeinschaftsbegriff organisationssoziologisch wie systemtheoretisch wenig bestimmt (Opielka 2006: 41f.). Demgegenüber sind die handlungstheoretischen Grundlagen klarer:

> „Der Unterschied zwischen religiösem und nicht-religiösem Verhalten liegt (…) nicht in verschiedenen Typen des Handelns, sondern in einer spezifischen Erwartung der Handelnden, die sich mit verschiedenen Typen von Handeln verbinden kann." (Kippenberg 2008: 23)

Kippenberg orientiert sich am Rational Choice Paradigma und am ‚Framing'-Modell Hartmut Essers: „Mit der Rahmung haben sich Handelnde auch auf die darin ‚als Wissen gespeicherte(n) Modelle des Ablaufs sozialen Handelns' festgelegt." (ebd.: 26)

---

6   Rousseau/Garcia-Retamero 2007; zur Kategorisierung der Ansätze Zangl/Zürn 2003, die den (neo)institutionalistischen Ansätzen innerhalb der konstruktivistischen bzw. idealistischen Lager besondere Beachtung schenken.

Die handlungstheoretische Perspektive auf das Verhältnis von Bedrohung, Angst und Aggression benötigt ein Handlungsmodell, das aus den beobachteten Handlungen der Akteure rekonstruiert werden kann. Ratsam erscheint dabei, auch die Handlungsmodelle der beobachtenden Sozialwissenschaftler zu rekonstruieren. Dies lösen Theoretiker einer ‚reflexiven Moderne' wie Ulrich Beck kaum für sich selbst ein, sondern überlassen diese Aufgabe wiederum den Beobachtern:

> „Im Verhältnis der weltreligiösen Wahrheiten zueinander bedarf es eines weltbürgerlichen Kosmopolitismus der Religionen, der nicht auf unumstößlichen, den Menschen vorgegebenen Wahrheiten beruht, sondern auf von Menschen untereinander vereinbarten, letztlich auf Regeln, Verträgen, Verfahren (Menschenrechten, Rechtsstaatlichkeit usw.).“ (Beck 2008: 242)

Beck deutet damit entweder einen radikal-konstruktivistischen Religionsbegriff an, sofern sich der Verhandlungsauftrag auf den religiösen Kern bezieht – der Buchtitel „Der eigene Gott“ legt dies nahe. Vermutlich meint er diesen jedoch prozedural, so ist der Bezug auf Lessings Ringparabel zu verstehen, und umgeht die Frage nach dem religiösen Kern der Bedrohungsproblematik. Der Religionssoziologe Kippenberg untersucht Jan Assmanns These, wonach der Monotheismus selbst als Gewaltquelle gelten muss (Assmann 2003), und verwirft sie in weiten Teilen:

> „Es gibt einen Zusammenhang von Monotheismus und Gewalt; jedoch muss man ihn kontingent nennen: Er ist weder notwendig, noch ist er unmöglich. Er hängt von der Situation ab, in der eine religiöse Gemeinschaft sich befindet.“ (Kippenberg 2008: 22)

Uns erscheint Kippenbergs Fragestellung ambitiöser und verpflichtender als die sozialkonstruktivistische Lesart von Religion bei Beck. Allerdings kann vermutet werden, dass dessen religionshistorische und theologische Überlegungen erweitert werden müssen, um die Komplexität der Deutungsmuster religiöser Bedrohungswahrnehmungen zu erfassen. Wir möchten zwei Modelle ergänzen: die sinnanalytischen Überlegungen Ulrich Oevermanns sowie die psychoanalytische Sicht auf die Psychohistorie.

Oevermann hat in einem neueren Aufsatz den islamischen Fundamentalismus als „in seiner Grundtendenz modernisierungshemmend“ (Oevermann 2006: 401) bezeichnet:

> „Der Koran reduziert (…) sowohl den jüdischen Herkunfts- wie den christlichen Zukunftsmythos um genau jene zentralen Elemente, die in ihrem Zusammenspiel nicht nur die Säkularisierung von Religiosität auf die Länge aus sich heraustreiben, sondern eine strukturelle Religiosität entstehen und selbst unter Säkularisierungsbedingungen bestehen lassen, die als Elaboration einer nicht stillstellbaren Bewährungsdynamik das sich bildende Subjekt zur Autonomisierung und Individuierung antreibt, ob es will oder nicht. Im Koran bleibt vom Monotheismus, der dazu den Boden bereitet hat, vor allem der bedingungslose Gehorsam gegenüber der göttlichen Allmacht übrig.“ (ebd.: 417)

An anderer Stelle will er zeigen,

> „dass im Koran die Tilgung genau jener spezifischen religionsdogmatischen Kerninhalte und Gestaltungsformen, die im Gefolge des jüdisch-christlichen Monotheismus zum einen die Autonomisierung von individueller Lebenspraxis und zum anderen die systematische, rationalisierungsfördernde Trennung von Religion und Politik auf der Ebene der Praxis der je souveränen politischen Vergemeinschaftung grundsätzlicher autonomiefähiger Individuen hervorbringen, jene Modernisierung verhindert bzw. blockiert." (ebd.: 425)

Oevermann geht von der Relevanz des Korans als Text aus, er hebt „auf dem Bewusstsein der Akteure weitgehend verborgene[r] sinnlogische[r] Verknüpfungen gegenwärtiger Dispositionen mit den Inhalten des religiösen Dogmas" ab, weil es sich um Verknüpfungen handele, „die die Habitusformationen der Akteure und ihre im Sinne von Deutungsmustern operierenden, stillschweigend wirksamen Urteile der Angemessenheit im Alltag bestimmen." (ebd.: 424). Sowohl die Annahme der sinnlogischen Verknüpfungen und daraus resultierender Habitusformationen dürften freilich, wie Oevermann eingangs vorsichtig selbst einräumt, dazu dienen, eher Stereotype zu konstruieren. Auch Oevermanns ‚Handlungsmodell' islamischer Akteure, das sich inhaltlich vor allem auf die Arbeiten von Gilles Keppel und Abdelwahab Meddeb stützt (Keppel 1991; Meddeb 2002), scheint etwas zu oberflächlich. Zweifellos gibt es psychopathologische Indienstnahmen des Religiösen. Die Grenzen zwischen religiöser und sexueller, beispielsweise sadomasochistischer Obsession sind nicht immer klar. Kippenberg hat dies am Beispiel des Testaments der Attentäter des 11.9. beeindruckend rekonstruiert (Kippenberg 2008: 174f.).

Eine Variante der Tiefenhermeneutik bietet die Psychoanalyse. Hans-Joachim Busch möchte Freuds Religionskritik zwar weiter gelten lassen, sieht bei Oevermann aber Übertreibungen: „Religiösität lässt sich (…) nicht vollends auf die sequenzlogische Trias von Endlichkeitsbewusstsein, Krise und Bewährung reduzieren. Das wäre zu rational gedacht." (Busch 2007: 154) Er erkennt bei Alfred Lorenzer einen alternativen Entwurf:

> „Religion wird dort als ein hochgradig präsentatives Symbolsystem bestimmt, das in der Persönlichkeitsbildung frühzeitig und nachhaltig auf der Stufe sinnlich-symbolischer Interaktionsformen Einfluss nimmt." (ebd.: 155)

Konkreter wird Franz Maciejewski (2008) in einer luziden Diskussion der Herausforderung der psychoanalytischen Kulturtheorie Freuds durch die kulturwissenschaftliche Gedächtnistheorie Assmanns. Für unsere Frage nach dem Verhältnis von Bedrohung, Angst und Aggression ist dabei die Diskussion des Verhältnisses von Körpergedächtnis und Schriftgedächtnis von Relevanz. Während Freuds triebtheoretische Konzeption Ersteres permanent erinnert, vertraut der Ägyptologe Assmann Letzterem mehr. Maciejewski spitzt Freuds (1999) in seiner letzten großen Schrift „Der Mann Moses und die monotheistische Religion" (1939) entwickelte Überlegungen zu und sieht weniger im Mord am ‚Urvater' Moses, als vielmehr in der folgenden Institutionalisierung des Schuldgefühls im Ritus der Beschneidung des männlichen Säuglings ein folgenreiches und begründungsbedürftiges Phänomen:

> „Woher wissen die Sioux-Indianer, dass das rigorose Binden ihrer Kinder diese in ebenso kühne wie grausame Kämpfer verwandeln wird? Sie haben etwas wie ein ‚tacit knowledge', das sie kaum in Worte fassen könnten. Genauso dürfte es sich im Fall des beschnittenen Säuglings verhalten. Die altisraelitischen Kreise, die den Ritus einführten, teilten zunächst nichts als ein ‚stummes Wissen' von der Wirkmächtigkeit des Ritus. Dass sie damit einen Sozialisationsmodus von einzigartiger Kulturbedeutung ins Leben riefen, war ihnen mit Sicherheit nicht bewusst. (...) Ab einer gewissen Geschichtsstelle übernimmt (...) das Buch die Führerschaft des kulturellen Gedächtnisses. (...) Das Archiv der Beschneidung verstummt in einem zweiten Sinne, es wird zum Ort der Verborgenheit jener großen generativen Kraft hinter der monotheistischen Bewegung, der Verborgenheit auch des Leidens." (Maciejewski 2008: 263)

Sigmund Freud erschien „der Fall der mohammedanischen Religionsstiftung (...) wie eine abgekürzte Wiederholung der jüdischen" (Freud 1999: 199). Für den aus dem Iran stammenden Psychoanalytiker Mohammad E. Ardjomandi führt Freud die

> „Stagnation der islamischen Kulturen (...) auf die fehlende Überwindung des Religionsstifters Mohammad und seiner Vormachtstellung zurück, da er den positiven Ausgang des ödipalen Konflikts für die Grundbedingung des kulturellen und zivilisatorischen Fortschritts hält." (Ardjomandi 2004: 279)

Die Wiedereinführung der Beschneidung durch Mohammed beraubt, wie er mit Verweis auf Arbeiten anderer psychoanalytischer Autoren erläutert, das männliche Organ seines weiblichen Attributs, der Vorhaut, und symbolisiert damit die Unterwerfung unter das Vater-Prinzip, die Vorherrschaft des Über-Ich. Der Islam wurde erneut, wie das Judentum, eine Religion des Gesetzes. Ardjomandi sieht das väterliche Prinzip ergänzt durch Mystik:

> „Für den Orientalen ist ein kulturelles Leben ohne mystische Philosophie undenkbar. (...) Die damit verbundenen narzisstischen Verschmelzungsphantasien sind keineswegs Ausdruck eines pathologisch-regressiven Prozesses. (...) Sie dienen der Entwicklung eines Grundgefühls der Sicherheit (...) durch ein mit mütterlichen Eigenschaften versehenes väterliches, intersubjektives Objekt." (ebd.: 283)

Mit guten Gründen weist er die Klassifikation der islamischen als unreifer Kultur zurück.

Gleichwohl scheint es erforderlich, die psychosexuelle Konstitution der islamischen Kultur in ihrer Abgrenzung zur jüdischen und vor allem zur christlichen genau wahrzunehmen (Kakar 1997). Sie betrifft wohl weniger das Märtyrertum.

Navid Kermani hat sehr überzeugend die Nähe von christlicher und schiitischer Märtyrerkonzeption nachgezeichnet (Kermani 2002). In beiden Traditionen finden wir obsessive, bisweilen an Perversionen erinnernde Praktiken. Die Psychoanalytikerin Jad Jiko macht auf die „Idealisierung des sexuellen Triebes im Islam" aufmerksam:

> „In diesem Vorgang wird das Ich-Ideal nicht auf den ödipalen Vater, dem die genitale Sexualität nicht eigen ist bzw. der nicht in vollem Ausmaß über sie verfügt, projiziert, sondern auf den göttlichen Phallus. Wenn der Trieb idealisiert wird, dann kann er nicht ins Ich integriert werden. Es entsteht eine Lücke in der sexuellen Identität." (Jiko 2007: 1152)

Während für Frauen die Lücke durch „übergewichtige und machtvolle Mütterlichkeit gefüllt" (ebd.) wird, zentriert sich die männliche Sozialisation um den Phallus. Der marokkanische Soziologe Abdessamad Dialmy hat in einer luziden Analyse des Verhältnisses von „Belonging and Institution in Islam" die Funktion der Beschneidung im Islam analysiert, die nun nicht im Säuglingsalter, sondern zwischen dem sechsten und siebten Lebensjahr des Knaben erfolgt:

> „The circumcised child is a child reborn without a prepuce and thus reborn as man, rid of the female-prepuce. (…) On a social level, circumcision symbolizes a tearing away from the world of women and a passage into male space." (Dialmy 2007: 67)

Die Exzision (Ausschneidung der vorderen Geschlechtsorgane) bei Mädchen wird zwar in mehreren Hadiths besprochen, hat sich jedoch nicht durchgesetzt: "While a non-circumcised man cannot be considered a Moslem, a non-excised woman, on the contrary, poses no problem." (ebd.)

Resümieren wir unsere Überlegungen zu Bedrohungswahrnehmungen, Angst und Aggression. Entscheidend dürfte die multidimensionale Rahmung sein, die sowohl körperlich-existenzielle, sozial-kommunikative und symbolisch-geistige Stufen umfasst (Abbildung 2). Aus psychoanalytischer Sicht erzeugt das Verhältnis von Angst und Aggression zwei soziologisch folgenreiche Prozesse: den Prozess der Verdrängung und die ‚Wiederkehr des Verdrängten' (Freud 1999), so dass sowohl Angst wie Aggression selten unmittelbar, fast immer durch Verschiebungen und andere Abwehrmechanismen geformt wahrgenommen werden.

Deutungsmuster von Bedrohung

Deutungsmuster verweisen auf die Konstruktion von Wirklichkeit durch Sinnschemata und Sinnzusammenhänge, welche die Wahrnehmung von etwas als Quelle der Bedrohung vorprägen, wobei der kulturelle Rahmen hier Europa und die Islamische Welt ist.

„Deutungsmuster sind (...) krisenbewältigende Routinen, die sich in langer Bewährung eingeschlif-
fen haben und wie implizite Theorien verselbständigt operieren, ohne dass jeweils ihre Geltung
neu bedacht werden muss." (Oevermann 2001: 38)

Die Deutungsmusteranalyse berührt auf der individuellen Ebene Fragen nach der
individuellen und religiösen Sozialisation von Subjekten. So gesehen bilden bei der
Analyse die Person und ihre Einzigartigkeit den Fall. Zwei Methoden, die Phäno-
mene der sozialen Welt in Theorien überführen, sind die Methode der Objektiven
Hermeneutik und die ‚Grounded Theory' (Oevermann 2000; Glaser/Strauss 2005).
Fokus der Analyse ist hier der Fall als Allgemeines und Spezifisches zugleich.
Die Spezifik eines Falles liegt darin, dass der Fall

„die prinzipiell eröffneten Möglichkeiten des ‚Anders-Seins' an jeder Sequenzstelle auf ihre typische, charakteristische, d. h. wiedererkennbare und voraussagbare Weise außer acht lässt und nicht
realisiert" (Oevermann 1991: 280).

Es geht um den charakteristischen Zusammenhang von objektiv gegebenen Handlungsmöglichkeiten und jeweils spezifisch getroffenen Wahlen. Im Zentrum der
Analyse im Stil der ‚Grounded Theory' stehen Deutungen sozialer Wirklichkeiten
handelnder Personen sowie die Interaktionen, in denen diese Deutungen entwickelt
und modifiziert werden. Strukturelle Bedingungen von Handeln wie z. B. historische Epoche, sozialräumliche Gegebenheiten, organisatorische Voraussetzungen,
Gesetzeslage, Wissensüberzeugungen etc. werden berücksichtigt, denn sie bestimmen den Rahmen für konkretes Deuten und Handeln.
    Die Auswahl der Beispielregionen Europa (Deutschland), Indien, Isra-
el/Palästina und der Türkei folgte der für die qualitative Sozialforschung geltenden
Maxime der maximalen Kontrastierung. Die Samplekonstruktion ermöglichte damit eine für den deutschen/europäischen Diskurs hilfreiche Erweiterung der religi-
onsbezogenen Bedrohungsachsen Islam-Christentum auf die Achsen Islam-
Hinduismus, Islam-Judentum und Islam-Laizismus.
    Die Wahl von Akademikern als Untersuchungsgruppe folgte dem neoinstituti-
onalistischen Theorieprogramm. In der bildungs- und organisationssoziologisch
geprägten Theorieentwicklung des Neoinstitutionalismus wird dem akademischen
System die Prägung zentraler Skripte und damit Deutungsmustern der modernen
(Welt-)Gesellschaft (Meyer 2005) zugeschrieben. Die Auswahl des akademischen
Systems als Untersuchungsgegenstand versprach damit einen vertieften Einblick in
Skripte, die in anderen gesellschaftlichen Teilsystemen – Medien, Bildungssystem,
Wirtschaft, Politik, aber auch Religion – zur Anwendung kommen. Nicht zuletzt
folgte diese Auswahl angesichts der Personal- und Zeitressourcen einer For-
schungspragmatik, die den Zugang zu Interviewteilnehmern methodisch (englische
Sprachkompetenz, Erreichbarkeit im Universitätssystem) erheblich erleichterte.
Neben der umfangslogischen Betrachtung (‚Bedingungsmatrix' nach Strauss) wur-

de für die Systematisierung der Ergebnisse eine handlungslogische Betrachtung eingesetzt, die im Anschluss an Talcott Parsons' AGIL-Theorie eine Ausdifferenzierung von Handlungs- und Systemebenen erlaubt (Opielka 2006; sowie in Bezug auf eine Religionssystematik Opielka 2007: 57f.).

Die Vielfalt der in den exemplarischen und nicht repräsentativen Interviews sichtbar werdenden Deutungsmuster zur Bedrohungswahrnehmung in Bezug auf den Islam (und Religion generell) wird in Abbildung 1 nach Regionen und analytischen Relationen zusammengestellt. Diese Relationen betreffen:

- die Wahrnehmung von Religion durch die Akteure,
- das Verhältnis von Religion und Politik und
- von Religion und Wissenschaft.

Die Aussagen werden zu zentralen Aussagen gebündelt und in fünf Deutungsmustern zusammengefasst.

Abbildung 1: Ergebnisse der Deutungsmusteranalyse nach Untersuchungsregionen und Kategorien

	Indien	Türkei	Israel und Palästina		Deutschland
			Israel	Palästina	
Wahrnehmung von Religion	Die Religion wird als ein funktionales Attribut wahrgenommen, ohne auf die spirituelle Referenz der Religion Bezug zu nehmen. Religion wird nicht expressiv, sondern funktional ausgelegt und gelebt. Eine klare Trennung zwischen Säkularem und Religion ist nicht möglich.	Religion wird als Ausdruck von Kultur verstanden. Die Religion wird nicht einfach passiv übernommen, sondern das Individuum muss sich aktiv für sie entscheiden. Der Umgang mit Religion wird vom Individuum reflexiv gestaltet.	Die Religion ist ein Element der persönlichen Identität, sie muss aber Ergebnis der freien und aktiven Wahl, nicht des Gruppenzwangs sein. Religion kann die Eigenschaft sein, die die ganze Identität definiert und bestimmt. Religion wird nicht reflexiv, sondern pragmatisch ausgelegt und gelebt.	Die Religion wird als ein funktionales Attribut wahrgenommen, ohne auf die spirituelle Referenz der Religion Bezug zu nehmen.	Ob Religion als Bedrohung wahrgenommen und gedeutet wird, bleibt subjektive Interpretationsleistung. Religion ist kein Akteur, deshalb kann sie niemanden bedrohen, alles andere ist Imagination.
Religion & Politik	Es gibt keine Trennung zwischen Religion und Politik. Religion dient als identitätsstiftende Eigenschaft (identity marker) im Rahmen von politischen Interessengruppen. Die Demokratie ist eine Bedrohung für die Religion, aber auch die Religion und die unmündigen Bürger sind eine Bedrohung für die Demokratie.	Es werden zwei Gesichter der Religion gezeichnet: Einerseits ist Religion eine transzendentale, zutiefst persönliche Angelegenheit, andererseits ist sie in Bezug zu Politik ein komplexes Bündel von Problemen.	Die Religion wird im Dienste der Politik eingespannt, um Gruppenzugehörigkeit zu definieren und begrenzte Ressourcen aufzuteilen (identity marker).	Man muss sich vor der Religion in Acht nehmen, sie ist unkontrollierbar und zerstörerisch wie eine Naturgewalt und gefährlich und unvorhersehbar wie eine geladene Waffe in den Händen von religiösen Fanatikern. Die Zugehörigkeit zu einer religiösen Gemeinschaft ist ein Mechanismus der Aufteilung in politische Gruppen.	Der Islam als Bedrohung ist eine westliche Konstruktion mit der Funktion Zukunftsängsten und Unsicherheiten einen Namen zu geben. Der Westen wird als eine Bedrohung für den Islam wahrgenommen, da Menschen im Westen den Islam als Feind medial konstruieren.

Religion & Wissenschaft	Wissenschaft und Modernisierungsprozesse sind anti-religiös, deshalb werden sie als Bedrohung für die Religion betrachtet. Die Religion ist eine Bedrohung der wissenschaftlichen Konstruktion der Öffentlichkeit.	Die Religion wird als etwas Privates ausgelegt, was keine wissenschaftliche Beweise oder Anerkennung von Draußen abverlangt.	Nicht die religiöse Verortung (Religion), sondern die regionale Verortung (Herkunft) ist das zentrale Problem, was eine solide wissenschaftliche Diskussion unmöglich macht. Die Ausübung von Religion verhindert die Auseinandersetzung mit der Religion.	Es wird der Versuch unternommen, religiöse Prinzipien mithilfe wissenschaftlicher Logik zu übersetzen. Die Intellektuellen und Akademiker agieren in der Gesellschaft als Überblicksorganisatoren.	In der Wissenschaft herrscht ein differenziertes Bild vom Islam, in der deutschen Gesellschaft ist das Bild durch Extremismen gekennzeichnet.
zentrale Aussage	Wissenschaft und Religion schließen sich als zwei gegensätzliche Arten von Ratio aus. Die Vernunft im politischen und wissenschaftlichen System verfügt über eine universelle Akzeptanz. Bei der Religion ist das nicht der Fall.	In Bezug zu Religion kann man davon ausgehen, dass die private und die gesellschaftliche Definition von Religion in der türkischen Gesellschaft von einer enormen Differenz gekennzeichnet sind.	Religion/Tradition und Moderne/Wissenschaft sind zwei Welten, welche verschiedene Lebensführungen und Auffassungen erfordern. Diese kollidieren und scheinen nicht mit einander vereinbar zu sein. Die Tradition, welche in der Religion verwurzelt ist, tritt auf als Antipode der Moderne, die das Zeichen des säkular- aufgeklärten reflexiven Denkens trägt. Das Bedrohungsmoment ist die Unmündigkeit und die fehlende Reflexivität bei religiösen Praktiken.	Es ist kategorial egal, ob Gruppierungen eine Legitimation ihrer Interessen auf politischer oder auf religiöser Ebene vornehmen, es ist keine Unterscheidung festzustellen. Es geht nicht um Religion, sondern um politische Gruppierungen, welche mit der Religion in Schlepptau ihre eigenen politischen Interessen durchsetzen wollen.	Die Schuld an der zugespitzten Wahrnehmung von Islam als Bedrohung trägt der Westen – die passiven und unmündigen Bürger einerseits und die populistischen Massenmedien andererseits. Sie überstimmen die Vernunft.
Deutungsmuster von Bedrohung	*Die Religion ist eine Bedrohung für die Wissenschaft und die Politik, aber auch die Wissenschaft bedroht die Religion.*	*Die Politik ist eine Bedrohung für die Religion.*	*Die Religion und ihre blinde Befolgung sind eine Bedrohung für die Wissenschaft.*	*Die Religion und die Politik sind eine Bedrohung für sich und für die Gesellschaft.*	*Die unmündige Gesellschaft und die Medien sind eine Bedrohung für die Religion.*

Quelle: Eigene Darstellung.

In den Interviews wurden die Subsysteme Politik, Wirtschaft, Gemeinschaft und Legitimation angesprochen.[7] Es zeichnet sich eine Gewichtung der Themen ab, denn das Subsystem Wirtschaft wird eher ausgeblendet oder in Beziehung zu politischen Interessen gesetzt. Das Subsystem Gemeinschaft wird als Ort der Familie angesprochen. Die Familie wird als Bindeglied zwischen Individuum und Gesellschaft wahrgenommen. Sie ist der Ort, an dem religiöse Einführung stattfindet. Partiell werden auch die Massenmedien als Akteur erwähnt, der bei der Meinungsbildung eine wichtige gesellschaftliche Rolle spielt. Eine Gegenüberstellung von Individuum und Gesellschaft wird ebenfalls thematisiert, wobei die Familie als Ort der Sozialisation eine formende Rolle einnimmt. Einerseits wird die Tatsache kritisiert, dass das Individuum unter dem gesellschaftlichen Druck religiös und politisch geformt wird und sich nicht frei entscheiden kann. Zu dieser Deformation des freien Willens tragen auch die Massenmedien bei, welche ein diffuses Realitätsbild vermitteln. Andererseits werden die Passivität und die Konformität des Individuums kritisiert, das zu wenig Eigeninitiative und Reflexivität einbringt, wenn es um Meinungsbildung geht. In diesem Zusammenhang werden die unmündige Gesellschaft und die passiven Individuen als eine Bedrohung für die Religion erlebt, denn sie ist ein Opfer der negativ besetzten Darstellungen in den Medien, die von den Bürgern ohne reflexive Auseinandersetzung übernommen werden. Medienwirksame ‚Verschwörungstheorien‘ über den Islam überstimmen die Vernunft. Zusammenfassend können wir die Deutung festhalten, dass im Subsystem der Gemeinschaft die Gesellschaft und die Familie einerseits und die Massenmedien andererseits einen negativen Einfluss auf das Individuum ausüben und seine freie Wahl und Entfaltung hindern.

Eine Spaltung macht sich im Subsystem Legitimation sichtbar. Religion und Wissenschaft werden als Gegensätze konstruiert, da sie sich verschiedener Ratios bedienen. Es taucht die Problematik der Legitimation als Frage nach der Allgemeingültigkeit und Universalität religiöser Argumente auf. Die Bedrohung wird als reziprok empfunden: Der wissenschaftliche Diskurs stellt durch seine aufklärerische Funktion eine Bedrohung der Religion dar. Aber auch die unhinterfragte Ausübung der Religion hindert die wissenschaftliche Auseinandersetzung und Diskussion über die Religion nach dem Leitsatz: ‚Praktizieren statt Diskutieren‘.

Interessant ist, dass Wissenschaft und Politik nicht in Beziehung zu einander gesetzt werden. Die Massenmedien werden als ein Gegensatz zu Wissenschaft bezüglich ihrer Konstruktion von Wirklichkeit empfunden: In den Medien herr-

---

7   Zur Konstruktion dieser vier Subsysteme im Anschluss an Parsons' AGIL-Theorie siehe Opielka 2006.

schen Extremismen, in der Wissenschaft ein differenziertes Weltbild. Diese zwei Weltbildvermittler werden zwar als Gegensätze konstruiert, aber ihre Beziehung wird nicht als konkurrent, sondern als Pluralität wahrgenommen. Religion wird zugleich stigmatisiert und verteufelt. Hinter diesen zwei Extremen steckt einerseits die Vermutung, dass Religion im Schlepptau als Argument benutzt wird, um politisch-ökonomische Ansprüche geltend zu machen. Die Gesellschaft wird durch politische Interessen in eine Konfliktsituation gebracht, deshalb tritt die Politk als eine Bedrohung für die Gesellschaft und die Religion auf. Andererseits wird Religion als konflikterschwerender Faktor in der politischen Diskussion gesehen, da religiös begründete Ambitionen bei der Verteilung von knappen Ressourcen keine Allgemeingültigkeit beanspruchen können. Religion stellt in diesem Sinne ein Hindernis für eine schnelle und friedliche Lösung von politischen Kontroversen dar und bedroht dadurch die Gesellschaft und ihre Individuen (Frieden, physisches Überleben). Zusammenfassend können wir sagen, dass politische Konflikte von der Religion mitgetragen werden, wobei der Begriff der Religion doppelt besetzt wird: als Opfer und als Täter.

Die zentrale Konfliktlinie zieht sich durch die drei Bereiche *Politik versus Religion versus Wissenschaft* und bezieht sich dabei auch auf die Ebene Individuum/Familie/Gesellschaft. Die Wissenschaft als Träger der Aufklärung und die politischen und gesellschaftlichen Modernisierungsprozesse treten auf als Antagonisten zu der religiösen Tradition und ihrer Ausübung durch unmündige Bürger sowie zu dem Missbrauch der Religion für politische Zwecke.

Institutionalisierung als Regulierung von Bedrohungswahrnehmungen

Dialmy variierte das bekannte Wortspiel der britischen Religionssoziologin Grace Davie „Believing without Belonging" in Bezug auf den Islam: „Belief without adhering (to a religious institution which doesn't exist) seems to have been a characteristic of the manner of Moslem belief." (Dialmy 2007: 69) Institutionalisierungsprozesse sollen jedoch nicht auf religiöse Institutionen wie Kirchen beschränkt werden, sondern in der synthetischen Perspektive des neo-institutionalistischen Programms. Auf welchen Systemebenen und auf welchen Akteursebenen regulieren Institutionen Bedrohungswahrnehmungen? Abbildung 2 kombiniert beide analytische Perspektiven – Akteure und Systeme – und ordnet die Systemreferenzen in einer an Talcott Parsons' AGIL-Schema anschließenden Vier-Level-Systematik (Opielka 2006, 2007).

Wenn wir das analytische Schema ‚Bedrohungswahrnehmung durch den Islam' betrachten, das die verschiedenen Systemebenen in Bezug zu Religion darstellt, dann zeichnet sich folgender Trend ab: Thematisiert werden in den hier ausgewerteten Interviews drei Phänomene: Religion, Wissenschaft und Politik. Sie werden

auf der Folie einer Makroperspektive diskutiert, wobei sich zwei zentrale Konflikt-
paare bilden: Religion versus Politik und Religion versus Wissenschaft. Als Thema
tauchen auch die persönliche und die Gruppenidentität auf, das Problem der
„Selbsttranszendenz" (Joas 2004), die Frage nach der Selbstbehauptung und dem
Gruppenzwang sowie die politisch-religiöse Anpassung als strategisches Handeln.
Wiederholt wird die Familie angesprochen, sie wird als Ort der primären religiösen
Erfahrung bestimmt. Insgesamt wird die Frage nach der Religion mit der Frage
nach der Funktion der Religion verbunden. Sie wird im Sinne einer Institution
wahrgenommen, die bestimmte Aufgaben in der Gesellschaft erfüllt, wie z. B.
Gruppenidentität stiften, durch Riten und Bräuche Sicherheit schaffen und in
Krisen sinnstiftend auftreten (Wohlrab-Sahr 2007; Knoblauch 2009). Religion ist
ein Merkmal der Gruppe und ein identitätsstiftender Faktor, der dem Individuum
einfache Regeln der Lebensführung zur Verfügung stellt. Sie werden unreflektiert
im Sinne einer religiösen Kulturtradition übernommen.

Abbildung 2: Akteurs- und Systemebenen der Institutionalisierung von
                Bedrohungswahrnehmungen

Akteure Systemebene	Mikro	Meso	Makro *national/global*
Level 4 Meta- Kommunikation	Selbsttranszendenz (spirituell, religiös), Letztwertkonzepte, Übernahme von Gruppenregeln- und normen	religiöse Organisationen	*Religion,* *Wissenschaft*
Level 3 Kommunikation	Familie, Kleingruppen, Sprache als Medium, Verstärkung von Gemeinschaft	Netzwerke, virtuelle Gemeinschaften, Moral, ‚Parallelgesellschaften'	Bildungssystem, Hilfesysteme (Wohl- fahrt)
Level 2 strategisches Handeln	psychisches System, *persönliche Identität* (Rational Choice, Psychoanalyse), strate- gisches Handeln, politisches Handeln	*Gruppenidentität,* *Selbstbehauptung*	*Politik,* soziale Bewe- gungen (z. B. Islam- konferenz)
Level 1 Adaption unmittelbarer Naturbe- zug/Körper	Bedrohung von Leben, Austauschprozesse erster Ordnung, mit physischem Bezug	Kleidung, Bräuche, Architektur	Ökonomie (z. B. OPEC)

Quelle: Eigene Darstellung.

Die Problemstellung des Neo-Institutionalismus liegt in der Gleichzeitigkeit von Mikro-, Meso- und Makrophänomenen, was mit der Begrifflichkeit von Institution und Legitimation zu tun hat, wie sie hier Verwendung findet.

> „Denn Organisationen, wie sie der Neo-Institutionalismus sieht, leben gerade, was ihre formalen Strukturen und deren ‚Effizienz' angeht, von Voraussetzungen, die sie selbst weder herstellen noch garantieren können. Was auf dem Felde ihrer Strukturierung ‚richtig' ist oder ‚falsch', das wissen sie nicht aus sich, sondern lernen es von ihrer Umwelt. Aber mehr noch: Nicht Effizienzerfordernisse treiben sie an, sondern Legitimitätsbedürfnisse, die darauf zielen, den institutionellen und kulturellen Geltungsvorhaben der Umwelt zu sprechen. Das aber führt sie in die Nähe der Religion" (Tyrell 2005: 39).

Meyer bezeichnet die kulturanalytische Ausgangssituation des Neo-Institutionalismus folgendermaßen:

> „Die westliche Gesellschaft ist im Wesentlichen ein kulturelles Projekt zur Organisation menschlichen Handelns, durch das die richtigen Verknüpfungen zwischen der moralischen und der natürlichen Welt hergestellt werden sollen." (Meyer et al. 2005: 17)

Dabei nehmen Institutionen eine Schlüsselrolle ein:

> „Kultur, wie wir sie verstehen, schließt die institutionellen Modelle der Gesellschaft mit ein. Diese kulturellen Modelle bestimmen den gesellschaftlichen Rahmen, die als legitim geltenden Akteure und die Handlungsmuster, die zur Verfolgung kollektiver Ziele zur Verfügung stehen, und beziehen diese Elemente aufeinander." (ebd.: 29)

Und weiter:

> „Bei Kultur geht es also nicht nur um *allgemeine Werte* und Wissen, die Vorlieben und Entscheidungen beeinflussen, sondern vielmehr definiert die Kultur den *ontologischen Wert* von Akteuren und Handlungen" (ebd.: 30).

Letztlich sind damit „Theorien das Herz des sozialen Systems" (ebd.: 29). Diese Perspektive wendet die in Berger und Luckmanns sozialphänomenologischem Klassiker analysierte „gesellschaftliche Konstruktion der Wirklichkeit" auf die Weltgesellschaft und ihre ‚Weltkultur' an:

> „Eine konsequent institutionalistische Analyse zeigt daher die starke Verankerung der kognitiven und moralischen Rahmung von Handeln auf allen Ebenen in übergreifenden institutionellen Definitionen (auf Gesellschafts- und auf Weltebene) auf, die in der modernen world polity ebenso wie in einem Großteil der westlichen Geschichte bestanden hat. Akteure und Handlungen werden durch die Brille universalistischer Regeln wahrgenommen." (ebd.: 33)

Selbst Akteure sind nicht einfach gegeben, vielmehr „ist die verbreitete Vorstellung, dass der Akteur die Handlung ausführe, nur die halbe Wahrheit – auf institutioneller Ebene bringt ebenso die Handlung den Akteur hervor" (ebd.: 32).

Nicht immer ist in der von Meyer und anderen Neo-Institutionalisten gewählten Perspektive ganz klar, wo die analytischen Anschlüsse zu den verschiedenen
Aggregatebenen zu finden sind. Es geht nicht nur um die umfangslogischen Aggregate – Mikro, Meso, Makro –, vielmehr werden mit ihnen auch unterschiedliche
Handlungsmodalitäten angedeutet, die durch einen etwas breiter angelegten Theo-
rievergleich zu klären sind (Opielka 2007: 131f., 2010). Dabei erscheint die Systematisierung des „Theoretical core of the new institutionalism" durch Ellen M.
Immergut hilfreich (Immergut 1998). Immergut unterscheidet drei separate For-
schungszugänge zum ,new institutionalism': Rational Choice, Organisationstheorie
und historischen Institutionalismus. Sie summiert unter dem Label ,new institutionalism' neuere institutionenorientierte Ansätze in mehreren sozialwissenschaftlichen Gebieten, in denen die Soziologie teils eine etwas marginale Rolle einnimmt.
Rational Choice-Ansätze entstammen der ökonomischen Modellierung sozialer
Prozesse (Social Choice usw.), die Organisationstheorie der (politikwissenschaftli-
chen) Verwaltungs-, aber auch Partei- und Bewegungsforschung und der historische Institutionalismus findet sich vor allem in der Sozialgeschichtsforschung. Als
vierter Zugang soll die neuere Kulturtheorie als Institutionentheorie ergänzt werden und damit der Ansatz des soziologischen Neo-Institutionalismus. Den vier
sozialtheoretischen Zugängen entsprechen die gesellschaftlichen Systemebenen in
unserer Abbildung insoweit, als die jeweiligen institutionalistischen Theorieansätze
– in Anlehnung an ihre Referenzdisziplinen (Wirtschaftswissenschaften, Politikwissenschaften, Geschichtswissenschaften, Kulturwissenschaften) – je auf eine der
vier Systemebenen fokussieren.

Bedrohungswahrnehmungen können nun mittels dieses analytischen Schemas
von System- und Akteursebenen untersucht werden. Dabei wird leicht deutlich,
dass beide Achsen je eine eigenständige Logik repräsentieren. Das soll an zwei
Beispielen gezeigt werden.

Martin Riesebrodt diskutiert in seinem Vorschlag einer Religionstheorie Religion als sozialen Bezug und rekonstruiert anhand mehrerer Fälle der abrahamiti-
schen und ostasiatischer Religionen Abgrenzung, Überlagerung und Assimilation.
Für unser Beispiel ist der Typus Abgrenzung von Interesse, bei dem Bedrohungswahrnehmungen und Polemiken als aggressive Antworten endemisch sind: „Pole-
mik zielt jedoch nicht nur auf Abgrenzung nach außen, sondern dient oftmals
primär der Erhöhung des Konformitätsdrucks nach innen." (Riesebrodt 2008: 46)
Wenn wir dies mit den erwähnten Hinweisen von Kippenberg verknüpfen, wird
der Ertrag des analytischen Schemas sichtbar: Religiöse Organisationen oder Gemeinschaften operieren auf einer hoch komplexen, metakommunikativen Systemebene (Level 4). Zugleich beinhalten sie, ein bedeutsamer Hinweis des Interpene-
trationstheoretikers Parsons, innersystemisch auch die anderen Handlungsebenen,
also wirtschaftliche, politische und gemeinschaftlich-kommunikative Logiken.
Unter Stress/Angst geraten Logiken durcheinander, wird körpernahes Brauchtum

– Kopftuch, Bart, Exzision – zum religiösen Kernbestand erhöht. Eine neoinstitutionalistische Perspektive wird dies berücksichtigen und ihr besonderes Augenmerk auf solche Skripte legen, die die Übersetzungsleistung zwischen Systemebenen erbringen (z. B. die Hadiths).

Das zweite Beispiel bezieht sich direkt auf die unterste Systemebene. Wie reagieren Muslime auf die ökonomische Globalisierung? In einer Studie des World-Opinion-Projektes aus dem Jahr 2008 stellen die Autoren überrascht fest, dass zwei Drittel (63 Prozent) der Befragten in sieben muslimischen Ländern die wachsende Einbindung der eigenen Volkswirtschaft in die Weltwirtschaft als überwiegend gut beurteilen, in Ägypten (79 Prozent) und Nigeria (78 Prozent) mit besonders hohen Werten, in der Türkei (39 Prozent) mit einem überraschend niedrigen Wert.[8] Massendaten müssen gedeutet werden. An dieser Stelle erweist sich die modernisierungstheoretische Perspektive des von Ronald Inglehart geleiteten World Values Survey (WVS) als hilfreich. Mit Mansoor Moaddel hat Inglehart in den letzten Jahren mehrere Studien über Werte und Wahrnehmungen der islamischen Bevölkerung vorgelegt. In den methodologischen Überlegungen zu den Auswertungen der jüngsten Welle des WVS in der Islamischen Welt sieht Moaddel eine bemerkenswerte Konsistenz des Parsons'schen Modells der kybernetischen Hierarchie mit den Annahmen der Islamwissenschaften bzw. Orientalisten, wonach dogmatische, traditionale Werte die Wertorientierungen bestimmen (Moaddel 2007: 4f.). Moaddel übernimmt damit allerdings eine verkürzte Sicht auf Parsons, der seit den 1960er Jahren stets auf die doppelte Hierarchie hinwies (Opielka 2006: 283f.). In diesem Sinn argumentiert dann Inglehart, der feststellt, dass die Bevölkerung in den untersuchten islamischen Ländern (mit 90 Prozent der islamischen Welt) relativ ähnliche Grundwerte vertritt wie in anderen Gesellschaften – eine Folge der ökonomischen Modernisierung. Die beobachtbaren Differenzen reflektieren Differenzen in der ökonomischen Entwicklung, auch wenn das jeweilige historische Erbe – markant vor allem bei früheren sozialistisch-kommunistischen Staaten – im Wertesystem sichtbar bleibt (Inglehart 2007: 25). „Obviously", so Inglehart, „there is no such thing as one uniform 'Islamic' culture." (ebd.: 26) Bemerkenswert sind die Ergebnisse aus Saudi-Arabien, die die bedrohungsmindernde Wirkung ökonomischen Wohlstands belegen:

"Although Saudi Arabia is the original center of Islam and is governed by an absolute monarchy, its public does not have the most traditional value system of any Islamic country – quite the contrary, the Saudi public emphasizes self-expression values more strongly than any other Islamic public." (ebd.: 33f.)

---

8 Siehe http://www.WorldPublicOpinion.org (Stand: 30.11.2009) oder *Neue Zürcher Zeitung* vom 27.08.2008.

Ähnlich argumentiert auch John L. Esposito, der bereits in den 1990er Jahren die islamische ‚Bedrohung' als Mythos kritisierte (Esposito 1999). In der 2007 erschienenen Auswertung einer von ihm geleiteten Studie des Meinungsforschungsinstituts Gallup auf der Grundlage mehrerer Tausend einstündiger Interviews mit Bewohnern von mehr als 35 mehrheitlich muslimischen Staaten („What a Billion Muslims really think") wird deutlich, dass Muslime den Westen keineswegs als Monolith wahrnehmen.[9] Die Ambivalenz der Einstellungen wird auch in einer Studie der Pew Foundation unter dem Titel „The Great Divide. How Westerners and Muslims View Each Other" aus dem Jahr 2006 deutlich. Übereinstimmung herrscht hinsichtlich der Kritik an der ökonomischen Randständigkeit der islamischen Welt, wobei Muslime dafür den Westen verantwortlich machen. Insgesamt ist das Wahrnehmungsverhältnis eher gestört: „For the most part, Muslim publics feel more embittered toward the West and its people than vice versa." (Pew Research Center 2006: 2)

Survey-Daten und makrostrukturelle Daten bilden die Grundlage des neoinstitutionalistischen Programms. Die neo-institutionalistische Kritik an Rational Choice-Ansätzen betont, dass Akteure selbst durch institutionelle Vorgaben konstituiert werden (Hasse/Krücken 2005: 71f.), und damit durch kulturelle Muster und Skripte. Deutlich wird, dass die Befunde der Wertewandelsforschung nicht zufällig widersprüchlich ausfallen – und dass diese Widersprüchlichkeit aufgrund der hohen Aggregierung übersehen zu werden droht. Die Analyse von Kultur- und Religionswerten legt zum einen zumindest gleichgewichtig qualitative Forschungsmethoden nahe, die die affektive Dimension adäquat abbilden können. Mindestens aber erscheint es unerlässlich, dass die Auswertung von Massendaten systematisch auf Ambivalenzen überprüft und mit kulturanalytischen Methoden (Diskursanalyse usw.) hermeneutisch kontrolliert wird. Zum anderen erscheint es sinnvoll, soziologische Analysen von Kultur und Religion um eine soziologisch-anthropologische Perspektive zu erweitern. Zu dieser Problemstellung hat die Psychoanalyse seit ihrer intersubjektiven Wende vor allem deshalb einiges beizutragen, weil sie neben dem Blick auf das Unbewusste, Verdrängte und verzerrt Wiederkehrende nun neben der Mikro-Ebene und der – als Kulturanalyse – Makroebene auch die Meso-Ebene des Sozialen fokussieren kann.

---

9   „However, a major concern in the region is that the West is not really interested in Muslim self-determination, but instead desires to bolster authoritarian regimes and promote its own brand of democratic government." (Esposito/Mogahed 2007: 164; zur Kritik Kramer 2001: 44ff.) Die Studie „Gallup Coexist Index 2009" klassifiziert die Bevölkerungsgruppen als „isoliert, tolerant oder integriert" und kommt für Frankreich, Deutschland und Großbritannien zu folgendem Befund: „In jedem Land besteht bei der Gesamtbevölkerung eine höhere Wahrscheinlichkeit der Isolation als bei der muslimischen Bevölkerungsgruppe." (Mogahed 2009: 8).

Kultur und Religion erscheinen im Durchgang durch die Angebote der Wertewandelsforschung, ihrer Erweiterung als Erforschung der Politischen Kultur um die Kategorie der Symbolischen Formen und ihrer Synthese in einem psychoanalytisch informierten Neo-Institutionalismus methodisch zugänglicher. Die neoinstitutionalistische Perspektive operiert dabei mit einem vordergründig gespaltenen Kulturbegriff: Einerseits steht das ‚mittlere' Verständnis im Zentrum, das gemeinschaftliche und legitimative Handlungsformen und Systembildungen einschließt, andererseits wird Kultur auch in einem gesellschafts-,externen' Verständnis als Symbolsystem verwendet. Diese zweite Bedeutung wird aber stets auf Institutionen bezogen, als Korrelat für Sinn und Regelhaftigkeit und daher ausschließlich auf soziale Phänomene gerichtet. In beiden Bedeutungen wird jedoch erkennbar, dass Religion nur ein Aspekt des Kulturellen ist, umgekehrt aber Gegenstand von Kulturanalyse sein muss. In gewisser Weise ist Religion, verstanden als Letztwertbegründung und Letztwertpraxis (Opielka 2007), der präzisere, weil umgrenztere Begriff des konflikthaften Begriffspaares (Casanova 2009; Pollack 2009).

Akademische Deutungsmuster erscheinen in der hier entwickelten analytischen Perspektive als weltkulturelle Prototypen einer universalistischen Programmatik im Verhältnis von Pluralismus und Identität. Die soziologische Perspektive (‚politische Kultur') markiert dabei das Problem der (Re-)Kombination säkularer und religiöser Deutungsmuster auf den verschiedenen Handlungssystemen und in verschiedenen Systemreferenzen. Bedrohungswahrnehmungen durch den Islam können als mehrdimensionales Geschehen politischer Kultur interpretiert werden.

Literaturverzeichnis

Ardjomandi, Mohammad E. (2004): Der Mann Freud und der Fall der mohammedanischen Religion. In: Gerlach, Alf et al. (2004): 279-290

Assmann, Jan (2003): Die Mosaische Unterscheidung oder der Preis des Monotheismus. München/Wien: Carl Hanser Verlag

Beck, Ulrich (2008): Der eigene Gott. Von der Friedensfähigkeit und dem Gewaltpotential der Religionen. Frankfurt/M./Leipzig: Verlag der Weltreligionen

Benz, Wolfgang (Hrsg.) (2009): Islamfeindschaft und ihr Kontext. Dokumentation der Konferenz „Feindbild Muslim – Feindbild Jude". Berlin: Metropol

Berger, Peter L./Luckmann, Thomas (2004): Die gesellschaftliche Konstruktion der Wirklichkeit. Eine Theorie der Wissenssoziologie. Frankfurt: Fischer Verlag

Bielefeldt, Heiner (2007): Das Islambild in Deutschland. Zum öffentlichen Umgang mit der Angst vor dem Islam. Essay Nummer 7. Berlin: Deutsches Institut für Menschenrechte

Busch, Hans-Joachim (2007): Religiosität aus soziologischer und sozialpsychologischer Perspektive. In: Psychoanalyse. Texte zur Sozialforschung 11(2): 141-156

Casanova, José (2009): Europas Angst vor der Religion. Berlin: Berlin University Press

Croitoru, Joseph (2007): Hamas. Der islamische Kampf um Palästina. München: C. H. Beck

Dialmy, Abdessamad (2007): Belonging and Institution in Islam. In: Social Compass 54(1): 63-75

Diner, Dan (2005): Versiegelte Zeit. Über den Stillstand in der islamischen Welt. Berlin: Propyläen

Esposito, John L. (1999): The Islamic Threat. Myth or Reality. New York/Oxford: Oxford University Press

Esposito, John L./Mogahed, Dalia (2007): Who Speaks for Islam? What a Billion Muslims Really Think. New York: Gallup Press

Felsch, Karin/Karadzhova, Diana/Lange, Karin/Müller, Anja/Opielka, Michael (2009): Religion als Bedrohung? Soziologische Analyse von Deutungsmustern in den akademischen Milieus in Indien, Israel/Palästina, Türkei und Deutschland. Abschlussbericht Teilprojekt 3.1. Jena

Franzmann, Manuel/Gärtner, Christel/Köck, Nicole (Hrsg.) (2006): Religiosität in der säkularisierten Welt. Theoretische und empirische Beiträge zur Säkularisierungsdebatte in der Religionssoziologie. Wiesbaden: VS Verlag

Freud, Sigmund (1999): Der Mann Moses und die monotheistische Religion. In: Freud, Sigmund (1999): 101-246

Freud, Sigmund (1999): Gesammelte Werke. Band XVI. Frankfurt/M.: Fischer Verlag

Gerlach, Alf/Schlösser, Anne-Marie/Springer, Anne (Hrsg.) (2004): Psychoanalyse des Glaubens. Gießen: Psychosozial-Verlag

Glaser, Barney G./Strauss, Anselm L. (2005): Grounded Theory. Strategien qualitativer Forschung. Bern: Hans Huber

Hasse, Raimund/Krücken, Georg (2005): Neo-Institutionalismus. Bielefeld: transcript

Häussler, Alexander/Killgus, Hans-Peter (Hrsg.) (2008): Feindbild Islam. Rechtspopulistische Kulturalisierung des Politischen. Köln: NS-Dokumentationszentrum

Hippler, Jochen/Lueg, Andrea (Hrsg.) (2002): Feindbild Islam. Hamburg: Konkret Literatur Verlag

Immergut, Ellen M. (1998): The Theoretical Core of the New Institutionalism. In: Politics & Society 26(1): 5-34

Inglehart, Ronald F. (2007): The Worldviews of Islamic Publics in Global Perspective. In: Moaddel, Mansoor (2007): 25-46

Jiko, Jad (2007): Die Idealisierung des sexuellen Triebs im Islam. In: Psyche 61(11): 1132-1154

Joas, Hans (2004): Braucht der Mensch Religion? Über Erfahrungen der Selbsttranszendenz. Freiburg: Herder

Jones, Sherry (2008): Am Boden zerstört. Der Prophet und seine Lieblingsfrau. In: Frankfurter Rundschau vom 22.08.2008. Online verfügbar unter: http://www.fr-online.de/fr/in_und_ausland/kultur_und_medien/feuilleton/?em_cnt=1581566&em_loc=89 (Stand: 07.12.2009)

Juergensmeyer, Mark (2000): Terror in the Mind of God. The Global Rise of Religious Violence. Berkeley et al.: University of California Press

Kakar, Sudhir (1997): Die Gewalt der Frommen. Zur Psychologie religiöser und ethnischer Konflikte. München: C. H. Beck

Keppel, Gilles (1991): Die Rache Gottes. Radikale Moslems, Christen und Juden auf dem Vormarsch. München/Zürich: Piper Verlag

Kermani, Navid (2002): Dynamit des Geistes. Martyrium, Islam und Nihilismus. Göttingen: Wallstein Verlag

Kippenberg, Hans G. (2008): Gewalt als Gottesdienst. Religionskriege im Zeitalter der Globalisierung. München: C.H. Beck

Knoblauch, Hubert (2009): Populäre Religion. Auf dem Weg in eine spirituelle Gesellschaft. Frankfurt/M.: Campus

Koenig, Matthias (2007): Europäisierung von Religionspolitik. Zur institutionellen Umwelt der Anerkennungskämpfe muslimischer Migranten. In: Wohlrab-Sahr, Monika/Tezcan, Levent (2007): 347-368

Kraimer, Klaus (Hrsg.) (2000): Die Fallrekonstruktion. Sinnverstehen in der sozialwissenschaftlichen Forschung. Frankfurt/M.: Suhrkamp

Kramer, Martin (2001): Ivory Towers on Sand. The Failure of Middle Eastern Studies in America. Washington: The Washington Institute for Near East Policy

Maciejewski, Franz (2008): Das Unbewusste in der Kultur. Von der Schwierigkeit, die psychoanalytische Kulturtheorie (Freud) in eine kulturwissenschaftliche Gedächtnistheorie (Assmann) zu überführen. In: Psyche 62(3): 235-265

Meddeb, Abdelwahab (2002): Die Krankheit des Islam. Heidelberg: Wunderhorn

Meyer, John W. (2005): Weltkultur. Wie die westlichen Prinzipien die Welt durchdringen. Frankfurt/M.: Suhrkamp

Meyer, John W./Boli, John/Thomas, George M. (2005): Ontologie und Rationalisierung im Zurechnungssystem der westlichen Kultur. In: Meyer, John W. (2005): 17-46

Moaddel, Mansoor (Hrsg.) (2007): Values and Perceptions of the Islamic and Middle Eastern Publics. New York: Palgrave Macmillan

Mogahed, Dalia (2009): Gallup Coexist Index 2009. Weltweite Studie interkonfessioneller Beziehungen. Washington. Online verfügbar unter: http://www.MuslimWestFacts.com (Stand: 30.11.2009)

Müller-Doohm, Stefan (Hrsg.) (1991): Jenseits der Utopie. Frankfurt/M.: Suhrkamp

Oevermann, Ulrich (1991): Genetischer Strukturalismus und das sozialwissenschaftliche Problem der Erklärung der Entstehung des Neuen. In: Müller-Doohm, Stefan (1991): 267-336

Oevermann, Ulrich (2000): Die Methode der Fallrekonstruktion in der Grundlagenforschung sowie der klinischen und pädagogischen Forschung. In: Kraimer, Klaus (2000): 58-156

Oevermann, Ulrich (2001): Die Struktur sozialer Deutungsmuster. Versuch einer Aktualisierung. In: Sozialer Sinn 2(1): 35-81

Oevermann, Ulrich (2006): Modernisierungspotentiale im Monotheismus und Modernisierungsblockaden im fundamentalistischen Islam. In: Franzmann, Manuel et al. (2006): 395-428

Opielka, Michael (2006): Gemeinschaft in Gesellschaft. Soziologie nach Hegel und Parsons. Wiesbaden: VS Verlag

Opielka, Michael (2007): Kultur versus Religion. Soziologische Analysen zu modernen Wertkonflikten. Bielefeld: transcript

Opielka, Michael (2010): Werte im Wohlfahrtsstaat. Soziologische Analyse politischer Kultur. Wiesbaden: VS Verlag (im Erscheinen)

Pew Research Center (2006): The Great Divide. How Westerners and Muslims View Each Other. The Pew Global Attitudes Project. Washington

Pollack, Detlef (2009): Rückkehr des Religiösen? Studien zum religiösen Wandel in Deutschland und Europa II. Tübingen: Mohr Siebeck

Riesebrodt, Martin (2007): Cultus und Heilsversprechen. Eine Theorie der Religionen. München: C. H. Beck

Rosenberger, Sieglinde/Sauer, Birgit (2008): Islam im öffentlichen Raum. Debatten und Regulationen in Europa. In: Österreichische Zeitschrift für Politikwissenschaft 37(4): 387-399

Rousseau, David L./Garcia-Retamero, Rocio (2007): Identity, Power, and Threat Perception. A Cross-National Experimental Study. In: Journal of Conflict Resolution 51(5): 744-771

Schäfers, Bernhard/Stagl Justin (Hrsg.) (2005): Kultur und Religion, Institutionen und Charisma im Zivilisationsprozess. Festschrift für Wolfgang Lipp. Konstanz: Hartung-Gorre

Schieder, Rolf (2008): Sind Religionen gefährlich? Berlin: Berlin University Press

Tyrell, Hartmann (2005): Religion. Organisationen und Institutionen. In: Schäfers, Bernhard/Stagl Justin (2005): 25-56

Weber, Max (1985): Wirtschaft und Gesellschaft. Grundriss der verstehenden Soziologie. Tübingen: Mohr Siebeck

Wohlrab-Sahr, Monika (2007): Die Sinnstruktur von Weltsichten und die Haltung gegenüber muslimischen Migranten. In: Wohlrab-Sahr, Monika/Tezcan, Levent (2007): 155-178

Wohlrab-Sahr, Monika/Tezcan, Levent (Hrsg.) (2007): Konfliktfeld Islam in Europa. Soziale Welt Sonderband 17. Baden-Baden: Nomos

Zangl, Bernhard/Zürn, Michael (2003): Frieden und Krieg. Sicherheit in der nationalen und postnationalen Konstellation. Frankfurt/M.: Suhrkamp

Der Enthusiasmus und seine Stabilisierung in Kunstreligion und Nationalreligion

Wolfgang Eßbach

Religiöse Strömungen, die heute als Sicherheitsrisiko wahrgenommen werden, haben im Mainstream öffentlicher und soziologischer Diskussion das Etikett Fundamentalismus erhalten. Erstaunlich ist, dass eine andere Form religiöser Intensität, die lange Zeit weitaus gefährlicher schien, nicht als Namensgeber gedient hat: der Enthusiasmus.

Als Soziologen wissen wir, dass für die Interpretation sozialer Situationen normalerweise und auch dann, wenn nicht ganz klar ist, was geschieht, Deutungsmuster, d. h. Konzepte, Ideen mobilisiert werden, die aus den Wissensvorräten der Beteiligten stammen. Wissensvorräte können über rasche Analogien mobilisiert werden, sie können als Ideenmaterial für Ad-hoc-Interpretationen zur Verfügung stehen. Wissensvorräte können aber auch in vitale Zonen weit zurückliegender Zeiten verweisen.

Das Deutungsmuster Fundamentalismus ist inzwischen gut erforscht (Marty/Appelby 1991; Reinhard 1995; Schäfer 2008). Man weiß, woher der Terminus kommt, wie er für islamistische Gruppen Verwendung gefunden hat und von da aus für religiöse Strömungen in Hinduismus, Judentum und Christentum in Gebrauch genommen wurde. Als ein Kernelement ist immer wieder ein sich modernster Mittel bedienender glaubensbasierter Antimodernismus herausgestellt worden. Das so gebackene Deutungsmuster Fundamentalismus konnte dann auch von flinken Autoren für die Interpretation prima facie nichtreligiöser Situationen verwendet werden: für das Auftreten fundamentalistischer Tierschützer, Marktradikaler, oder Gruppen, die mit gesinnungsethischem Starrsinn irgendeiner reinen Lehre durch dick und dünn zu folgen bereit sind.

Wenn man sich auf die Suche nach Situationen macht, für deren Interpretation heute auf das Deutungsmuster Enthusiasmus zurückgegriffen wird, so fallen einem Situationen wie die Sommermärchen von Fußballwettkämpfen, das Verhalten von Teilnehmern der Love Parade oder der Beifall, den Barack Obamas kürzlich für seine in Berlin gehaltene Rede von jungen Leuten erfahren hat, ein. Es sind solche prima facie nichtreligiösen Situationen, in denen vom Enthusiasmus als einer Art trunkener Begeisterung die Rede ist.

Wie im Falle von Fundamentalismus ist hier ein Terminus aus dem religionsgeschichtlichen Wissensvorrat für die Interpretation profaner Situationen genutzt. Derartige Übertragungen kommen häufig vor und haben nun bekanntlich immer wieder Anlass gegeben, danach zu fragen, ob denn nicht bei Tierschutzextremisten,

Marktradikalen, Fußballfans und anderen Maniacs, die mit rücksichtsloser Intensität eine Sache zu ihrer eigenen gemacht haben, nicht auch Religiöses am Werke sei. Nun halte ich von einer derartigen Ausdehnung des Begriffs der Religiosität oder der Religion nicht viel. Es ist dies ein Erbe des Funktionalismus, der manchmal witzig sein kann, aber oft sehr banal wird. Ich plädiere dagegen für eine historisch aufgeklärte Soziologie, die die Genese von Unterschieden im religiösen Feld kenntlich machen kann.

Wenn man Wissensvorräte untersucht, mit denen wir heutige Situationen interpretieren, so ist es methodisch hilfreich, sich auf die Suche nach der Formationsphase eines Deutungsmusters zu machen. Es gilt den Zusammenhang von Genese und Geltung in den Griff zu bekommen. Das geht nicht ohne historische Semantik, und zwar nicht im Sinne einer chronologischen Begriffsgeschichte, sondern mit Augenmerk auf die konkreten wirkmächtigen historischen Szenen, in denen Konzepte reif werden. In ihren Formationsphasen gewinnen Deutungsmuster eine hinreichende Komplexität, um als nachhaltiger Wissensvorrat für lange Zeit brauchbar zu sein und als fixe Größe für Variationen und auch für Metaphorisierungen dienen zu können. Bei meiner Analyse konzentriere ich mich auf die Diskurse derjenigen, die Chancen hatten, sich Gedanken zu machen und vor allem sie aufzuschreiben. Das sind für die historischen Formationsphasen von Deutungsmustern in der Hauptsache Intellektuelle aller Art.

Die Formierungsphase des Deutungsmusters

Ich gehe davon aus, dass es die historischen Szenen der europäischen Revolutionsperiode 1789 bis 1848 gewesen sind, in denen das Deutungsmuster Enthusiasmus seine Form gewonnen hat, und dass es seit dem mit den irritierenden Erfahrungen von Revolution verbunden ist.

Ich gebe nur einige Beispiele. 1791 heißt es im Brief der Revolutionärin Jeanne-Manon Roland, die 1793 selbst unter die Guillotine gerät:

> „Man lebt hier 24 Stunden 10 Jahre; Ereignisse und Stimmungen mischen sich und folgen einander mit seltsamer Geschwindigkeit; niemals hatten so große Interessen die Gemüter beschäftigt; man erhebt sich auf ihre Höhe, die Anschauung klärt sich und bildet sich inmitten der Stürme und bereitet schließlich das Reich der Gerechtigkeit vor." (Landauer 1919: 36)

Das Reich der Gerechtigkeit ist nicht einfach eine politisch vernünftige Ordnung, es handelt sich um einen biblischen Begriff. Berichtet wird dann von der Rede eines Revolutionärs und den Reaktionen des Publikums:

„Er hat die Köpfe überzeugt, die Seelen elektrisiert, seinen Willen auferlegt; das war kein Beifall mehr es waren Schreie, es waren Ausbrüche; dreimal hat sich die ganze hingerissene Versammlung mit ausgebreiteten Armen, in die Luft geschwenkten Hüten, in unbeschreiblicher Begeisterung erhoben. Verderben über jeden, der diese großen Bewegungen empfunden oder geteilt und noch Fesseln tragen könnte!" (Landauer 1919: 36)

Aber auch schon inmitten der Revolution greift eine Ernüchterung, wenn es in einem Brief heißt: „Wie groß war der Anfang der Revolution! Und wie erhabene Dinge unternahmen sie! Aber immer werden sie zu klein sein, um etwas Erhabenes zu vollführen, und werden immer nur beim Unternehmen bleiben" (Landauer 1919: 157).

Ich verzichte auf weitere Quellen und beschränke mich auf das räumlich und zeitlich distanzierte Urteil eines Königsberger Philosophen von 1798:

„Die Revolution eines geistreichen Volks, die wir in unseren Tagen vor sich gehen sehen, mag gelingen oder scheitern; sie mag mit Elend und Greueltaten dermaßen angefüllt sein, dass ein wohldenkender Mensch sie, wenn er sie, zum zweiten Male unternehmend, glücklich auszuführen hoffen könnte, doch das Experiment auf solche Kosten zu machen nie beschließen würde – diese Revolution, sage ich, findet doch in den Gemütern aller Zuschauer (die nicht selbst in diesem Spiele mit verwickelt sind) eine Teilnehmung dem Wunsche nach, die nahe an Enthusiasmus grenzt (…). Ein solches Phänomen in der Menschengeschichte vergißt sich nicht mehr, weil es eine Anlage und ein Vermögen in der menschlichen Natur zum Besseren aufgedeckt hat, dergleichen kein Politiker aus dem bisherigen Laufe der Dinge herausgeklügelt hätte (…). Aber, wenn der bei dieser Begebenheit beabsichtigte Zweck auch jetzt nicht erreicht würde, wenn die Revolution (…) fehlschlüge (…), jene Begebenheit ist zu groß, zu sehr mit dem Interesse der Menschheit verwebt, und, in ihrem Einflusse nach, auf die Welt, in allen ihren Teilen zu ausgebreitet, als dass sie nicht (…) bei irgendeiner Veranlassung günstiger Umstände (…) zu Wiederholung neuer Versuche dieser Arte erweckt werden wollte." (Kant 1964: 358)

Wie bekannt, hat es etliche kleinere und größere Versuche dieser Art gegeben, in denen revolutionärer Enthusiasmus erneut entflammt ist. Sie werden es einem alten 68er nachsehen, dass ihm diese Dimensionen nicht unvertraut sind. Ein Sammelband mit luziden Kritiken der 68er Revolte trug damals den Titel „Die Wiedertäufer der Wohlstandsgesellschaft", Herausgeber war Erwin Scheuch. Der Enthusiasmus der 68er erscheint hier als „eine sich letztlich auf Offenbarung berufende Erweckungsbewegung", bei ihren Theorien handle es sich um „Heilslehren" totalitärer Art (Scheuch 1968: 12). Dieser Komplex ist bis heute virulent (Aly 2008; Eßbach 2009).

Charakteristisch für Enthusiasmus sind die eigenartigen Mischungen politischer Ideen mit religiöser Intensität. Charakteristisch sind auch die Verlaufsformen des Enthusiasmus. Dazu gehört das spontane Erwachen, eine Art Bewusstwerdung, dann die euphorische Steigerung, ein intensives Werterleben, der Drang zu gewaltigen Taten, d. h. auch zur Gewaltaktion, dann aber auch die Erschöpfung und das Erschrecken, das in Reue und Zerknirschung münden kann. In der Kernzeit des europäischen Enthusiasmus finden wir in vielen Biographien dieses Wechselspiel von Berauschung und Ernüchterung, von Erwachen und Erweckung.

Hier schließen sich zwei Fragen an. Erstens: Handelt es sich beim Enthusiasmus der Revolutionsbegeisterung um eine religiöse Intensität, die als eine Erneuerung des religiösen Bürgerkriegs der frühen neuzeitlichen Moderne, der Zeit der Konfessionskriege, verstanden werden muss? Die zweite Frage lautet: Wie kann der Enthusiasmus mit seiner Dynamik von Entflammen und Erlöschen stabilisiert werden? Die erste Frage verweist auf die vorgängigen Semantiken von Enthusiasmus, die den Revolutionären als Deutung zur Verfügung standen. Die zweite Frage verweist auf die Bildung zweier Religionen, in denen sich Enthusiasmus bis heute regenerieren kann: der Kunstreligion und der Nationalreligion.

Fanatismus oder Enthusiasmus

Zur ersten Frage: Das Wort ‚enthousiamos' kommt aus dem Griechischen und bedeutet wörtlich ‚der Gottheit voll'. Die Gottbegeisterung findet sich Platon zufolge nicht nur bei Wahrsagern und Priestern, sondern auch bei Rednern und Schriftstellern (Büttner 2000). In der Religionstypologie, die der römische Gelehrte Marcus Terentius Varro entwickelt hat, findet sich Enthusiasmus insbesondere in dem Gottesbezug, der über die Dichtung hergestellt wird, der: *theologia fabulosa*. Es ist dies ein anderer Gottesbezug als in der *theologia civile*, der politischen Religion, mit der das Volk an die Herrschaft in der Form der Lokalgottheit oder der Heiligung der Gesetze gebunden wird. Es ist dies auch ein anderer Gottesbezug als in der *theologia naturalis*, bei der hinter den mythisch-dichterischen Gestalten und Erzählungen nach dem wahren Sein des Kosmos gesucht wird, seien es nun die Zahlen oder die Elemente, Formen oder Substanzen. Ich habe an anderer Stelle versucht, den großen heuristischen Wert der varronischen *theologia tripartita* herauszuarbeiten (Eßbach 2008). Es gibt demzufolge eine politische Religion, die *theologia civile*, eine Religion der Philosophen, die *theologia naturalis* und eben die *theologia fabulosa*, die bisweilen auch *theologia poetikē* oder *theologia mythikē*, genannt wird. Was die Antike angeht, so bildet sie für den Enthusiasmus ebenso ein Arsenal an Vorstellungen, wie dies für das politische Denken, für die Philosophie und anderes mehr bis heute gilt. Aber es ist dies noch nicht die formative Phase des Deutungsmusters Enthusiasmus.

In der neuzeitlichen Moderne werden dann Enthusiasten christliche religiöse Gruppen genannt, bei denen sich die Gotterfülltheit in ekstatischen Konvulsionen einen heftigen Ausdruck verschafft. Die Berichte von den protestantischen hugenottischen Konvulsionären in den Cevennen, die man in der *Protestantischen Ethik* vergeblich sucht, haben bei den Zeitgenossen des 16. und 17. Jahrhunderts großes Aufsehen erregt (Bosc 1973). Man interpretierte sie als neue Äußerungsformen des Fanatismus, der für die Glaubenskriege zwischen den christlichen Konfessionsstaaten verantwortlich war. Enthusiasmus galt als eine Form des Fanatismus, vor dem der vernünftig denkende Mensch nur Abscheu empfinden musste.

Die Glaubenskriege der frühneuzeitlichen europäischen Moderne werden bis heute immer wieder (auch im *Call for paper* für dieses Plenum) als Paradebeispiel für Religion als ein politisches Sicherheitsrisiko herangezogen. Dies kann dann auch noch mit der These verbunden werden, in der europäischen Entwicklung seien Glaubenskriege durch die aufklärerischen Lehren überwunden worden. Das Modernitätsdefizit des Islam heute habe – so die weitergehende These – seinen tieferen Grund darin, dass der Islam eine vergleichbare Entwicklung, wie wir sie im 18. Jahrhundert durchgemacht haben, nicht erfahren hat. Die Zeit reicht nicht, diese These genauer zu prüfen. Festzuhalten ist, dass die aufklärerische Kritik am kriegstreibenden Fanatismus der Priester und die dagegengesetzte Idee der Toleranz im heutigen Wissensvorrat hoch präsent sind, wenn sich Glaubenskriegerisches regt.

Hier ist nun hinzuzufügen: In dem Maße, in dem auch in der Soziologie schmerzhaft von der massiven Säkularisierungsthese Abschied genommen wird, tritt hervor, dass die Aufklärer, auf die man sich so gern beruft, mehr entschiedene Kirchen- und Dogmenkritiker, als generelle Religionskritiker oder gar Säkularisten waren. Sie arbeiteten an der Umformung antiker, jüdischer und christlicher Glaubensmotive in eine neue vernünftige Religion, die an die Stelle des kriegstreibenden Konfessionalismus zu treten habe. Die clandestine Aufklärungsschrift „De tribus impostoribus" (Von den drei Betrügern), in der Moses, Jesus und Mohammed als die drei größten Betrüger der Menschheit entlarvt werden, hat in Lessings Drama „Nathan der Weise" eine bleibende Darstellung gefunden. Der Text wird ja auch nach 9/11 gern an Schulen gelesen (Niewöhner 1988).[1]

Die Rationalreligion der Aufklärer, mit der der religiöse Bürgerkrieg beendet werden konnte, bestand im Glauben an eine vormosaische, natürliche Religiosität aller Menschen. Damit war nicht ein Polytheismus gemeint, sondern die von Noah herrührende noachidische Religion mit ihrem Hauptgebot, der Einrichtung von Gerichten und dem Symbol des Regenbogens für die postkatastrophische Einheit der gesamten Menschheitsfamilie.

Man hätte es nun im Nachdenken über die Gewaltwirkung religiöser Auffassungen in Europa gut und gerne bei der aufgeklärten Religion des Regenbogens

---

1   Man erinnere sich: Aus Angst vor islamistischen Terroranschlägen hatte die Intendantin der Berliner Oper Kirsten Harms 2006 die Aufführung der Mozart-Oper „Idomeneo" zunächst abgesetzt, weil in Hans Neuenfels Inszenierung in der letzten Szene die abgeschlagenen Häupter von Jesus, Buddha, Mohammed und Poseidon zu sehen waren. In der auch global erweiterten Reihe geköpfter Religionsstifter, fehlte freilich Moses, den das Betrügerbuch der Aufklärung mit aufgenommen hatte. Der damalige Bundesinnenminister Wolfgang Schäuble lud daraufhin demonstrativ die Teilnehmer der Islam-Konferenz zu einem gemeinsamen Besuch der vorübergehend abgesetzten Oper ein.

belassen können, wenn nicht die sich wiederholenden Erfahrungen von glühender revolutionärer Begeisterung seit 1789 die Zeitgenossen tiefgreifend irritiert hätten. Es sind einige Intellektuellengruppen im 18. Jahrhundert gewesen, die in Phänomene religiöser Intensität die wichtige Differenzierung von Enthusiasmus und Fanatismus eingeführt haben. In der Diskussion um die als Enthusiasten bezeichneten hugenottischen Konvulsionäre unterscheidet der Graf von Shaftesbury, der der wichtigen Intellektuellengruppe der Schule von Cambridge verpflichtet ist, zwischen einem übellaunigen verbohrten Enthusiasmus, den man am besten mit Spötterei bekämpfe und einem edlen Enthusiasmus, der Großes hervorzubringen in der Lage sei (Shaftesbury 1990). Dann unterscheidet David Hume zwei Religionen: den Aberglauben als eine Religion der Priester, die auf Schwäche, Furcht und Melancholie beruht, und den Enthusiasmus als eine kirchenfreie Religion, die auf Hoffnung, Stolz und positiven Erwartungen beruht. Beides seien zwar falsche, ignorante Religionen, aber der Aberglaube sei ein Feind bürgerlicher Freiheit, der Enthusiasmus dagegen ihr Freund (Hume 1987). In Deutschland hat Christoph Martin Wieland zum Ende des 18. Jahrhunderts Schwärmerei und Enthusiasmus unterschieden (Wieland 1879/80: 367ff.). Er nennt *„Schwärmerei* eine Erhitzung der Seele von Gegenständen, die entweder *gar nicht in der Natur sind*, oder wenigstens *nicht das sind, wofür die berauschte Seele sie ansieht."* (Wieland 1879/80: 369f.). Es handelt sich um phantastische Einbildungen und abergläubische, von Priestern verbreitete Vorstellungen, die wieder in den Fanatismus der Glaubenskriege führen.

Aber, so fährt Wieland fort:

> „es gibt auch eine *Erhitzung der Seele*, die nicht *Schwärmerei* ist, sondern die Wirkung des unmittelbaren Anschauens des Schönen und Guten, Vollkommenen und Göttlichen in der Natur und unserm Innersten, ihrem Spiegel! Eine Erhitzung, die der menschlichen Seele, sobald sie mit gesunden, unerschlafften, unverstopften, äußern und innern Sinnen sieht, hört und fühlt, was wahrhaft schön und gut ist, ebenso natürlich ist, als dem Eisen, im Feuer glühend zu werden. Diesen Zustand der Seele weiß ich keinen schicklicheren, angemesseneren Namen als *Enthusiasmus*. Denn das, wovon dann unsere Seele glüht, ist göttlich, ist (menschenweise zu reden) *Strahl, Ausfluß, Berührung* von Gott; und diese feurige Liebe zum Wahren, Schönen und Guten ist ganz eigentlich *Einwirkung der Gottheit*, ist (wie Plato sagt) *Gott in uns*.
> Hebt eure Augen auf und sehet: was sind Menschenseelen, die diesen Enthusiasmus nie erfahren haben; und was sind die, deren gewöhnlichster, natürlichster Zustand er ist? – Wie frostig, düster, untätig, wüst und leer sind jene? Wie heiter, warm, wie voller Leben, Kraft und Mut, wie gefühlvoll und anziehend, fruchtbar und wirksam für alles, was edel und gut ist, diese! Schwärmerei ist Krankheit der Seele, eigentliches Seelenfieber; Enthusiasmus ist wahres Leben! – Welch ein Unterschied in wesentlicher Beschaffenheit, Ursach und Wirkung!" (Wieland 1879/80: 369f.)

Es ist diese Unterscheidung, die das Deutungsmuster Enthusiasmus für die europäische Revolutionsdynamik evident macht. Religiöse Intensität gibt es nicht nur als Fanatismus der Konfessionskriege, sondern auch als Revolutionen entzündenden Enthusiasmus.

Kunstreligion und Nationalreligion

Ich komme zur zweiten Frage: Der revolutionäre Enthusiasmus ist ein relativ flüchtiges Phänomen. Meine These ist, dass er als konstitutives Element in zwei neue Religionen eingegangen ist, die im frühen 19. Jahrhundert entstehen: die Kunstreligion und die Nationalreligion. Wo immer sonst auch Enthusiasmus auftaucht, in der Sakralisierung der Kunst und in der Sakralisierung der Nation hat er eine Heimat gefunden, kann er stabilisiert werden.

Es ist vielfach gezeigt worden, dass die Heiligung der Nation und die Heiligung der Kunst um 1800 nicht zuletzt im deutsch-französischen Theorietransfer entstehen. Die Kunstreligion, die die deutschen Romantiker stiften, ist auch eine Antwort auf die Nationalreligion in Frankreich. In seinen berühmten Reden über Religion schreibt der junge Friedrich Schleiermacher, dem wir den Terminus Kunstreligion verdanken: „Nicht der hat Religion, der an eine heilige Schrift glaubt, sondern der, welcher keiner bedarf und wohl selbst eine machen könnte." (Schleiermacher 2002: 91). Religion „muß also ein Prinzip, sich zu individualisieren, in sich haben, weil sie sonst gar nicht da sein und wahrgenommen werden könnte." (Schleiermacher 2002: 165). Und in der Tat beginnt man in romantisch revolutionären Kreisen neue Bibeln als Kunstwerke zu schreiben. Für den jungen Hölderlin ist alle Religion „ihrem Wesen nach poetisch" (Hölderlin 1994: 568). Und der Bergbauingenieur und Dichter Novalis sekundiert: „Wenn der Geist heiligt, so ist jedes echte Buch Bibel." (Novalis 1981: 462).

Kunstreligion entsteht in Deutschland als Anspruch auf eine im Vergleich zu Frankreich höhere, edlere und universellere Revolution. So heißt es bei Friedrich Schlegel: „Die Französische Revolution wird erst durch die Deutschen eine allgemeine werden." (Schlegel 1800: 20). Und an anderer Stelle:

> „Die wenigen Revolutionärs, die es in der Revolution gab, waren Mystiker, wie es nur Franzosen des Zeitalters sein können. Sie konstituierten ihr Wesen und Tun als Religion; aber in der künftigen Historie wird es als die höchste Bestimmung und Würde der Revolution erscheinen, dass sie das heftigste Incitament der schlummernden Religion war." (Schlegel 1962: 330)

In Frankreich stabilisiert sich der neureligiöse Revolutionskult der Märtyrer der Freiheit in einer Sakralisierung der Nation. 1793 erklärt ein Jakobiner:

> „Frei von Vorurteilen und würdig die französische Nation zu vertreten, werdet ihr auf den Trümmern des entrümpelten Aberglaubens die einzige universelle Religion gründen können, die weder Geheimnisse, noch Mysterien kennt, deren einziges Dogma die Gleichheit ist, deren Kanzelredner unsere Gesetze und deren Oberpriester die Beamten sind, und die den Weihrauch der großen Gemeinschaft nur auf dem Altar des Vaterlands, der gemeinsamen Mutter und Gottheit entzündet." (zitiert nach Soboul 1973: 312)

Im Übrigen nehme man nur einmal den Text der Marseillaise bewusst zur Kenntnis, mit ihrem Refrain: „Marchons marchons qu'un sang impur abreuve nos sillons (Vorwärts, marschieren wir! Damit unreines Blut unserer Äcker Furchen tränke)!"

Nun hat man in der Forschung immer wieder Kunstreligion und Nationalreligion als Ersatz- oder Pseudo- oder Quasireligion bezeichnet. Ich gestehe, ich habe nie verstanden, was eine Ersatzreligion ist. Religionen sind Formen, in denen Individuen mit einem Absolutum in Verbindung treten. Dies kann verschieden attribuiert werden, als Schöpfer der Welt, als liebender Vater, als Allmutter Natur. Man kann von Transzendenz sprechen, vom ewigen Weltgesetz oder vom *deus absconditus*. Für Kunst- und Nationalreligionen sind die Attribute des Unendlichen und des Ewigen tragend. Für den Philosophen Fichte geht es bei der Vaterlandsliebe um ein Mittel „des Ausblühens des Ewigen und Göttlichen in der Welt, immer reiner, vollkommener und getroffener im unendlichen Fortgange." (Fichte 1978: 131). Große Kunst – so versichern kunstreligiöse Praktikanten – besitze ewigen Reiz. In ihren Werken offenbart sich eine außeralltägliche Weite und Unendlichkeit. Kunstreligion und Nationalreligion sind ein bisweilen verfeindetes Zwillingspaar. Die Gegenwart des Absoluten in der Welt stellt sich nationalreligiös in einem Kollektiv dar, kunstreligiös eher im Individuum oder im von einem kleinen Kreis verehrten Werk. Dass es immer wieder die Dichter gewesen sind, die das Volk aufrufen, oder die sich ein Volk imaginieren, ist bekannt (Giesen 1999). Wer ein aktuelles Beispiel braucht, befasse sich mit der Lyrik und Dichtung von Radovan Karadžić.

Die Effekte beider Religionen für politische Systeme sind ambivalent. Nationalreligionen können politische Herrschaft stützen, aber auch unterminieren. Kunstreligionen können das Erhabene der Kunst als so höherwertig gegenüber dem ‚niedrigen' Politischen ansetzen, dass Eliten politikunfähig werden (Pornschlegel 1994). Aber sie können auch Kulturstaatsideale oder progressive politische Utopien motivieren. Diese Ambivalenzen sollen abschließend an zwei berühmten politischen Attentaten aufgezeigt werden.

Ambivalenzen in der Praxis

Am 23. März 1819 ermordet der 23-jährige Student Karl Ludwig Sand den Schriftsteller August Kotzebue in Mannheim. In einem Bekennerbrief heißt es: „Schriften und Reden wirken nicht, – nur die Tat kann *einen*. Möchte ich wenigstens einen Brand schleudern in die jetzige Schlaffheit und die Flamme des Volksgefühls, das schöne Streben für Gottes Sache in der Menschheit, das seit 1813 unter uns aufgeregt ist, unterhalten, mehren helfen!" (von Müller 1925: 149). Das Opfer des Attentats war kein Tyrann, sondern einer der populärsten Schriftsteller seiner Zeit, der mit seinen unterhaltsamen Theaterstücken Adel und Bürgertum gleichmäßig moderat verspottete. Die triviale klassenübergreifende Massenunterhaltung kupierte den revolutionären Enthusiasmus. Kotzebue galt als Verräter der bürgerlichen Sache, zumal er als Agent die russische Regierung mit Berichten über Linksradikale an deutschen Universitäten versorgte. In seinem Tagebuch nennt Sand als sein Ziel: „im Volke den reinen Rechtszustand, das ist den einzig gültigen, den Gott gesetzt hat, gegen alle Menschensatzung mit Leben und Tod zu verteidigen, die reine Menschlichkeit in mein deutsches Volk durch predigen und sterben einführen" (von Müller 1925: 130). Und er notiert: „Dank Dir, oh Gott, für diese Gnade, oh welche unendliche Kraft und Segen verspüre ich in meinem Willen; ich zittre nicht mehr! Dies ist der Zustand der wahren Gottähnlichkeit." (ebd.).

Der Berliner Theologieprofessor de Wette schrieb in seinem Brief an die Mutter des Attentäters:

> „So wie die Tat geschehen ist, durch diesen reinen frommen Jüngling, mit diesem Glauben, mit dieser Zuversicht, ist sie ein schönes Zeichen der Zeit. (…) Ein Jüngling setzt sein Leben daran, einen Menschen auszurotten, den so viele als einen Götzen verehren. Sollte dies ohne alle Wirkung sein?"[2] (zit. n. Büssem 1974: 129)

Kotzebue war kein kunstreligiöser Autor. Wie sehr nationalreligiöser Enthusiasmus mit der Unterhaltungsbranche kollidieren kann, das haben die Teilnehmer der Bambi-Verleihung an den Filmstar Tom Cruise im Dezember 2007 erleben können. In dem Film Valkyrie spielt Tom Cruise den Hitler-Attentäter Graf von Stauffenberg. Die Laudatio bei der Bambi-Preisverleihung hielt der FAZ-Herausgeber Frank Schirrmacher. Tom Cruise schloss seine Rede mit den Stauffenbergworten: „Es lebe das heilige Deutschland!"[3]

Von vielen Kommentatoren wurde diese Szene als gespenstisch und peinlich empfunden. Dass sich Hollywood an die Verfilmung des Hitlerattentats machte, konnte noch als eine für das Ansehen Deutschlands in der Welt förderliche Sache betrachtet werden. Die Besetzung der Stauffenbergrolle mit einem bekennenden Mitglied der Scientology Church sorgte dann schon etwas mehr für Aufregung, und ob am Originalschauplatz der Hinrichtung der Attentäter, dem Bendlerblock, einer Kultstätte der Bundeswehr, gedreht werden durfte, war umstritten. Gespenstisch und peinlich war, den letzten Ausruf von Stauffenbergs vor seiner Hinrichtung, der jahrzehntelang bei den Gedenkfeiern zum 20. Juli von Festrednern unaussprechbar war, nun aus dem Munde Tom Cruise' zu hören.

Dabei ist unter Zeitzeugen und Historikern noch nicht ganz sicher gemacht, ob der Hitlerattentäter „Es lebe das heilige Deutschland!" oder nicht „Es lebe das geheime Deutschland!" dem Hinrichtungskommando entgegen gerufen hat. Damit

---

2   De Wettes Brief wurde publiziert und führte zur Entlassung aus dem preußischen Staatsdienst.
3   Zur Bambi-Verleihung, siehe u. a. Berliner-Zeitung vom 24. Mai 2008. Online verfügbar unter: http://www.berlinonline.de/berliner-zeitung/archiv/.bin/dump.fcgi/2008/0524/seite3/0014/index.html (Stand: 12.09.2008).

hätte sich von Stauffenberg auf den Titel eines Gedichts des deutsch-jüdischen Dichters Stefan George bezogen, dem Mittelpunkt einer kunstreligiös gestimmten Intellektuellengruppe, der auch von Stauffenberg angehörte (Hoffmann 2007; Fest 1994; Karlauf 2007). Im geheimen Deutschland bündelten die Georgianer all die verstreuten unterirdischen geistigen Potentiale, die in der Geschichte Deutschlands noch auf ihre Verwirklichung warteten, und die in der Dichtung Georges verschlüsselt kulturpolitisch aufgerufen wurden: der legendäre Stauffenkaiser Friedrich II., der politisch-spirituell geformte deutsche Ritterorden und die Ideen eines neuen Reiches. Stefan Breuer hat dies ‚Ästhetischen Fundamentalismus' genannt (Breuer 1995). Dies ist zu kurz gedacht. Es handelt sich um ästhetischen Enthusiasmus.

Ich komme zum Schluss. Bei beiden Attentätern ist in unterschiedlichen Konstellationen eine Verflechtung nationalreligiöser und kunstreligiöser Motive erkennbar. Kunst, die nur unterhaltsam ist, steht auf der Gegenseite, seien es nun Kotzebues Lustspiele oder Hollywood. Der Enthusiasmus lässt uns – so könnte man vermuten – manche Gewalttat als gerecht und legitim erscheinen. Wir verabscheuen den gewalttätigen Fanatismus der Glaubenskriege, in dem wir den Fundamentalismus der Gegenwart wiedererkennen. Aber wir sind geneigt, die andere Form religiöser Intensität, nämlich den Enthusiasmus, in gewissen Ehren zu halten. Gesellschaften ohne Fundamentalisten kann man sich wünschen, Gesellschaften ohne Enthusiasten wohl kaum. Das politische Sicherheitsrisiko wäre vielleicht zu groß.

Literaturverzeichnis

Aly, Götz (2008): Unser Kampf. 1968 – ein irritierter Blick zurück. Frankfurt/M.: Fischer Verlag

Behler, Ernst (Hrsg.) (1962): Kritische Friedrich Schlegel Ausgabe. Paderborn et. al: Schöningh

Bosc, Henri (1973): La Guerre des Cévennes. 1705-1710. Montpellier: Presses du Languedoc

Breuer, Stefan (1995): Ästhetischer Fundamentalismus. Stefan George und der deutsche Antimodernismus. Darmstadt: WBG

Büssem, Eberhard (1974): Die Karlsbader Beschlüsse von 1819. Die endgültige Stabilisierung der restaurativen Politik im Deutschen Bund nach dem Wiener Kongreß von 1814/15. Hildesheim: Gerstenberg

Büttner, Stefan (2000): Die Literaturtheorie bei Platon und ihre anthropologische Begründung. Tübingen/Basel: Francke

Eßbach, Wolfgang (2008): Varros drei Religionen und die soziologische Religionstheorie. In: Faber, Richard (2008): 124-140

Eßbach, Wolfgang (2009): Lauf Genosse. Eine Antwort auf Götz Aly. Online verfügbar unter: http://www.perlentaucher.de/artikel/5392.html (Stand: Mai 2009)

Faber, Richard (Hrsg.) (2008): Rückkehr der Religion oder säkulare Kultur? Kultur- und Religionssoziologie heute. Würzburg: Königshausen & Neumann Verlag

Fest, Joachim (1994): Staatsstreich. Der lange Weg zum 20. Juli. Berlin: Siedler Verlag

Fichte, Johann Gottlieb (1978): Reden an die deutsche Nation (1808). Hamburg: Felix Meiner Verlag

Giesen, Bernhard (1999): Kollektive Identität. Die Intellektuellen und die Nation 2. Frankfurt/M.: Suhrkamp

Hölderlin, Friedrich (1994): Über Religion. In: Hölderlin, Friedrich (1994): 562-569

Hölderlin, Friedrich (1994): Sämtliche Werke und Briefe. Bd. 2. Frankfurt/M.: Deutscher Klassiker Verlag

Hoffmann, Peter (1992): Claus Schenk Graf von Stauffenberg und seine Brüder. Stuttgart: DVA

Hume, David (1987): Essays, Moral, Political and Literary (1742-1754). Essay X: Of Superstition and Enthusiasm. Indianapolis: Liberty Classics

Kant, Immanuel (1964): Streit der Fakultäten. Kant Werke. Bd. XI. Frankfurt/M.: Suhrkamp

Karlauf, Thomas (2007): Stefan George. Die Entdeckung des Charismas. München: Karl Blessing Verlag

Landauer, Gustav (Hrsg.) (1919): Briefe aus der Französischen Revolution. Bd. 2. Frankfurt/M.: Rütten & Loening

Marty, Martin Emil/Appelby, R. Scott (Hrsg.) (1991): Fundamentalism observed. Chicago: University of Chicago Press

Müller, Karl Alexander von (1925): Karl Ludwig Sand. München: C.H. Beck

Niewöhner, Friedrich (1988): veritas sive varietas. Lessings Toleranzparabel und das Buch von den drei Betrügern. Heidelberg: Schneider Verlag

Novalis (1981): Vermischte Bemerkungen. Blütenstaub. In: Novalis (1981): Bd. 2

Novalis (1981): Schriften. Die Werke Friedrich von Hardenbergs. Darmstadt: WBG

Pornschlegel, Clemens (1994): Der literarische Souverän. Studien zur politischen Funktion der deutschen Dichtung. Freiburg: Rombach Verlag

Reinhard, Wolfgang (Hrsg.) (1995): Die fundamentalistische Revolution. Partikularistische Bewegungen der Gegenwart und ihr Umgang mit Geschichte. Freiburg: Rombach Verlag

Schäfer, Heinrich Wilhelm (2008): Kampf der Fundamentalismen. Radikales Christentum, radikaler Islam und Europas Moderne. Frankfurt: Verlag der Weltreligionen

Scheuch, Erwin (Hrsg.) (1968): Die Wiedertäufer der Wohlstandsgesellschaft. Eine kritische Untersuchung der ‚Neuen Linken' und ihrer Dogmen. Köln: Markus-Verlag

Schlegel, Friedrich (1800): Ideen. In: Athenaeum 1800(3): 4-34

Schlegel, Friedrich (1962): Philosophische Lehrjahre, 1796-1806, nebst philosophischen Manuskripten aus den Jahren 1796-1828. Erster Teil. In: Behler, Ernst (1962): Bd. 18

Schleiermacher, Friedrich (2002): Über die Religion. Reden an die Gebildeten unter ihren Verächtern. Göttingen: Vandenhoeck & Ruprecht

Schwabe, Karl Heinz (Hrsg.) (1990): Der gesellige Enthusiast. Philosophische Essays. München: C.H. Beck

Shaftesbury, Anthony Earl of (1990): Brief über den Enthusiasmus [1708]. In: Schwabe, Karl Heinz (1990): 5-40

Soboul, Albert (1973): Die große Französische Revolution. Bd. 2. Frankfurt/M.: Europäische Verlagsanstalt

Wieland, Christoph Martin (1879/80): Schwärmerei und Enthusiasmus. In: Wieland, Christoph Martin (1879/80): Bd. 32

Wieland, Christoph Martin (1879/80): Wielands Werke. Berlin: Verlag Gustav Hempel

Plenen

Die Zeit(en) der Transformation

Einleitung zum Plenum: Die Zeit(en) der Transformation

Clemens Albrecht, Bettina Dausien und Herbert Kalthoff

Ob soziale Transformationsprozesse zu Sicherheit oder Unsicherheit führen, hängt auch damit zusammen, auf der Basis welcher Zeiterfahrung und Zeitschemata sie wahrgenommen, interpretiert und bearbeitet werden. Zeit ist kein unveränderliches Kontinuum, das allen gesellschaftlichen Ordnungen in gleicher Weise zugrunde liegt; zugleich existieren starke Interferenzen zwischen der Zeit- und Sinndimension. Auf der Basis dieser Grundannahmen lassen sich typologisch folgende Zeitmuster ausmachen: 1. die Lebenszeit der Individuen, die endlich und irreversibel ist und bestimmten kulturellen Modellen folgt, etwa dem Muster von Aufstieg und Abstieg; 2. die Zeit der sozialen Situation mit ihrer paradoxalen Struktur von Kohärenz und Sequenzierung, Flüchtigkeit und Trägheit; 3. die soziale Zeit von Kollektiven, die je nach historischer Situation der Nation, der Religionsgemeinschaft, der Ethnie etc. als Aufstieg oder Abstieg gedeutet werden, zyklischen oder eschatologischen Modellen folgen kann, und 4. die Zeit von Institutionen und Systemen, die in geregelten Abläufen von Verfahren in Entwürfen (etwa Unternehmenszielen) und in Programmen (etwa Curricula) objektiviert wird. Aufgehoben und konserviert werden diese Zeitmuster in verschiedenen gesellschaftlichen ‚Speichern': etwa in individuellen Körpern, Archiven, Memorabilien und Erinnerungsorten.

Im Begriff der Zeit bündeln sich unterschiedliche Modi der Konstruktion von Vergangenheit, Gegenwart und Zukunft. Zeit ist, mit kulturell variierenden Bedeutungen, eingeteilt in wiederkehrende Einheiten (Tag/Nacht, Sommer/Winter etc.) und schreitet unaufhaltsam linear fort (Jahreszahl, Alter, Entwicklung). Subjektive und objektive Zeit können in Einklang gebracht werden oder auseinander fallen. Die Zeitanforderungen von Institutionen führen häufig zu widersprüchlichen Zeitanforderungen, die im Alltag dennoch ‚lebbar' gemacht werden (müssen) und eigene Zeitpraktiken hervorbringen. Zeit ist zugleich eine Entität, die zu nutzen und (richtig) zu managen ist.

Ein Wandel der gesellschaftlichen Ordnung ist in der Regel mit Veränderungen der Zeitkultur und Zeiterfahrung verbunden. Sicherheit und Ungewissheit sind Erfahrungen, die mit der Irritation oder gar der Zerstörung von Zeitordnungen zu tun haben. Beispielsweise kann der Einzug kapitalistischer Produktionsweisen in traditionale Gesellschaften als massive Verunsicherung erfahren werden und zu Sinnzusammenbrüchen führen. Sichtbar wird hier, dass die Systemzeit der Ökonomie und die soziale Zeit des gelebten Alltags unterschiedliche Tempi ausbilden und damit ein Nebeneinander von Ordnungen sowie Prozesse der Inklusion/Exklusion bewirken.

Gesellschaftliche Transformationen sind heterogene Phänomene, mit denen soziale, politische und ökonomische Veränderungen bezeichnet werden. Je nach Dominanz individueller, kollektiver oder institutioneller Zeiterfahrung lösen sie Verunsicherung oder Handlungssicherheit aus. Jugendliche reagieren auf soziale Veränderungen anders als Alte. Individualisierte Gesellschaften müssen Fortschritte von Transformationsprozessen innerhalb einer Lebensspanne genießbar machen, während andere auf die Zukunft des Kollektivs in fernen Zeiten verweisen können, um die Opfer der Gegenwart abzusichern. Institutionen können sich bewusst ,der Zeit' entgegenstemmen und völlig andere Lebensentwürfe bereithalten (Kloster) oder sie sehen sich selbst in einem permanenten Anpassungsprozess an Transformationen (,Marktentwicklung'), die zeitlich (,Trends') objektiviert werden müssen.

Der Soziologie steht eine Vielzahl von Begriffen und Konzepten zur Verfügung, mit denen sie Zeitphänomene und temporale Ordnungen von Gesellschaften analytisch beschreiben kann. Gleichwohl stellt das Verhältnis von Zeit und Transformation ein wiederzuentdeckendes Terrain für die Soziologie dar: Von „Zeit(en) der Transformation" zu sprechen, ist daher der Versuch, Prozesse sozialen Wandels systematisch auf ihre Zeit und Zeitlichkeit zu befragen. Die Beiträge von *Werner Rammert* (Berlin), *Gerd Sebald/Jan Weyand* (Erlangen), *Hanns-Georg Brose* (Duisburg) und *Heidrun Kaupen-Haas* (Hamburg) gehen diesen Fragen am Beispiel unterschiedlicher Gegenstände nach.

Gedächtnis und Transformation

Gerd Sebald und Jan Weyand

Die Soziologie hat sich in den letzten beiden Jahrzehnten ausgiebig mit Fragen der Transformation von Gesellschaften beschäftigt. Dabei ist unter anderem deutlich geworden, dass gesellschaftliche Transformationen keine homogenen Ereignisse sind, sondern in eine Vielzahl von Prozessen mit unterschiedlichen Geschwindigkeiten ausfasern. Für die Deutung jedes einzelnen dieser Transformationsprozesse ist der Bezug auf Vergangenes zentral – sei es, um eine ‚neue' Gegenwart von der Vergangenheit abzugrenzen, sei es, um die Gegenwart als Fortsetzung oder Wiedergeburt der Vergangenheit verständlich zu machen. In diesem Sinne kann man sagen, dass der Begriff der gesellschaftlichen Transformation auf den Begriff des sozialen Gedächtnisses verweist.

Natürlich hat die Transformationsforschung diese Beziehung untersucht. Erstaunlicherweise jedoch wird das soziale Gedächtnis vor allem als Objekt von Transformationen begriffen, etwa in der umfangreichen Literatur zur Transformation von Erinnerungskulturen (z. B. Faulenbach 2006). Im Unterschied dazu ist es nach unserer Auffassung an der Zeit, das soziale Gedächtnis nicht nur als Objekt, sondern selbst als erklärenden Faktor für Transformationsprozesse zu begreifen. Ansätze, die in diese Richtung weisen, argumentieren mit dem Begriff der ‚Mentalität' (Alheit et al. 2006), der ‚Generation' (Sparschuh 2005) oder bauen auf dem ‚legacy'-Konzept neoinstitutionalistischer Ansätze (z. B. Ekiert/Hanson 2003) auf. In allen Fällen liegt der erklärende Faktor als statische Gegebenheit in der Vergangenheit. Offenbar gerät hier nur ein Aspekt der Beziehung von Transformation und Gedächtnis in den Blick: Der Aspekt der Restriktion der Gegenwart durch eine als feststehend gedachte Vergangenheit. Transformation bedeutet aber auch Modifikation, Um- und Neudeutung der Vergangenheit. Mit anderen Worten: Die Transformationsforschung bestimmt die Beziehung zwischen Transformation und sozialen Gedächtnissen nur in einer Richtung.

Wenn wir nach Gründen dafür suchen, finden wir sie weniger in der Transformationsforschung selbst als vielmehr in der gegenwärtigen Verfassung der Soziologie des sozialen Gedächtnisses.

Mit Ausnahme der Systemtheorie sind die aktuellen soziologischen Gedächtniskonzepte Reimporte, insbesondere aus den Kulturwissenschaften, die ihrerseits auf der Theorie des kollektiven Gedächtnisses von Halbwachs basieren. Halbwachs' Theorie und ihre aktuellen Derivate aber sind der modernen Gesellschaft in wenigstens zwei Punkten nicht angemessen. Sie reflektieren erstens die moderne Gesellschaft nicht als funktional differenzierte Gesellschaft, sondern binden soziales Erinnern an die Interaktion in Gruppen. Zweitens können sie unterschiedliche Medien in ihrer Bedeutung für soziale Gedächtnisse nicht fassen. Gerade die Unterschiedlichkeit von Medien ist in den hochgradig differenzierten Gesellschaften der Gegenwart aber ein wichtiger Faktor für die Konstitution und die Dynamik sozialer Gedächtnisse, weil einzig über sie Zugang zur Vergangenheit möglich ist.

Unser Beitrag beabsichtigt vor diesem Hintergrund Konstitutionsbedingungen für soziale Gedächtnisse herauszuarbeiten. Dazu fragen wir in einem ersten Schritt kritisch nach dem Stand der soziologischen Forschung zum sozialen Gedächtnis. In einem zweiten Schritt erörtern wir zwei Konstitutionsbedingungen sozialer Gedächtnisse, Medien und Generation, und führen den von Schütz geprägten Begriff der Relevanz in die Soziologie sozialer Gedächtnisse ein. Im zusammenfassenden Ausblick schließlich kommen wir auf die Beziehung zwischen Gedächtnis und Transformation zurück.

Theorie des Erinnerns und Theorie sozialer Differenzierung

Wir beginnen die Exposition des Problems mit Halbwachs, auf dessen Überlegungen die gegenwärtige Forschung zum sozialen Gedächtnis aufbaut. Der von ihm entwickelte Begriff des sozialen Gedächtnisses hat drei zentrale Aspekte: Halbwachs formuliert erstens einen rekonstruktiven Begriff des Erinnerns und des Gedächtnisses (etwa Halbwachs 1985a: 22, 1985b: 55f.). Wie sein Lehrer Bergson (1991), aber auch Nietzsche (1988) oder Freud (1999), geht er davon aus, dass Erinnerung sich nicht als ein Wiederauffinden von im Gedächtnis abgelagerten Eindrücken vollzieht, sondern als Rekonstruktion aus der Perspektive der Gegenwart. Zweitens ist für Halbwachs das soziale Gedächtnis ein kollektives Gedächtnis. In der Interaktion in Gruppen bilden sich kollektive Rahmen des Gedächtnisses, die Art und Weise, was wir wie erinnern. Diese Konzeption des Gedächtnisses hat ersichtlich Durkheims Begriff der mechanischen Solidarität zum Vorbild. Entsprechend steht bei Halbwachs das Familiengedächtnis exemplarisch für das kollektive Gedächtnis. Drittens betont Halbwachs die Funktion sozialen Erinnerns. Es dient der Orientierung von Gruppen in der Gegenwart. Wir wissen, wer wir sind, woher wir kommen und wohin wir gehen, weil wir uns selbst als Teil einer kollektiven Geschichte verorten können. Diese Funktion unterscheidet das kollektive Gedächtnis von der ‚toten‘ Geschichte, die nichts mit der alltäglichen Lebenspraxis von Gruppen zu tun hat und von Spezialisten gepflegt wird.

Die Unterscheidung zwischen Gedächtnis und Geschichte ist vielfach weiter entwickelt worden, etwa von Koselleck (1989), Nora (1998) oder Assmann (1988, 1999), dem gegenwärtig prominentesten Vertreter der Theorie des sozialen Gedächtnisses. Die wichtigste und auch die bekannteste Modifikation, die Assmann vornimmt, ist die Unterscheidung zwischen kommunikativem und kulturellem

Gedächtnis. Das kommunikative Gedächtnis bezeichnet „jene Spielarten des kollektiven Gedächtnisses, (...) die ausschließlich auf Alltagskommunikation beruhen." (Assmann 1988: 9f., s. a. 1999: 51ff.). Das kulturelle Gedächtnis ist im Unterschied dazu ein „Sammelbegriff für alles Wissen, das im spezifischen Interaktionsrahmen einer Gesellschaft Handeln und Erleben steuert und von Generation zu Generation zur wiederholten Einübung und Einweisung ansteht". In diesen Zitaten wird deutlich, dass Assmann in zwei wesentlichen Punkten am Gedächtniskonzept von Halbwachs festhält: Erstens ist das Medium des kommunikativen Gedächtnisses die Mündlichkeit und zweitens sind die Träger des Gedächtnisses Angehörige sozialer Gruppen, die in einem Interaktionszusammenhang stehen.

Wenngleich Assmann mit seiner produktiven Weiterentwicklung der Theorie von Halbwachs die Forschung zum sozialen Gedächtnis in den letzten Jahren bestimmt hat, so sind die Probleme der Gedächtnistheorie von Halbwachs doch nicht gelöst. Das hängt unseres Erachtens mit den Gesellschaften zusammen, an denen diese Unterscheidung entwickelt worden ist und für die sie Gültigkeit beanspruchen kann: Assmann hat sein Modell bekanntlich aus seinen Untersuchungen zu den ägyptischen Hochkulturen gewonnen. Für solche vormodernen Gesellschaften mag die klare Trennung von kommunikativem und kulturellem Gedächtnis und die eindeutige Zuordnung des Mediums der gesprochenen Sprache zum kommunikativen und anderer Medien zum kulturellen Gedächtnis plausibel sein. Auf eine moderne Gesellschaft lässt sich dies nicht ohne weiteres übertragen. Wir können nicht annehmen, dass beispielsweise eine nationalstaatlich vermittelte kulturelle Tradition auf die Interaktionspraxis von Gruppen bezogen werden kann. Wir können auch nicht annehmen, dass sich für das soziale Erinnern in einer funktional differenzierten Gesellschaft mit einer Vielzahl von medialen Formen die eindeutige Zuordnung von technischen Medien zu einer Form des Erinnerns aufrechterhalten lässt. Mit anderen Worten: Wir können die am Konzept der mechanischen Solidarität entwickelte Theorie des sozialen Gedächtnisses nicht einfach auf eine funktional differenzierte Gesellschaft übertragen.

Es ist die Systemtheorie Luhmannscher Provenienz, die auf diese Schwierigkeiten eine Antwort sucht. Luhmann bindet die Art und Weise gesellschaftlichen Erinnerns und Vergessens, die Grundlage und Voraussetzung von Kommunikation überhaupt, an die jeweils vorherrschende gesellschaftliche Differenzierungsform und an ein Leitmedium. So kann Luhmann die Entwicklung des sozialen Gedächtnisses in Beziehung zu der evolutionären Entwicklung der gesellschaftlichen Differenzierungsformen setzen: Von schriftlosen Gesellschaften, die über Sinnfestlegungen („Objekte") und Inszenierungen („Quasi-Objekte") Erinnerung und Vergessen prozessieren (Luhmann 1997: 585), über literate Gesellschaften, denen ein „mobileres Gedächtnis, das laufend neu erzeugt werden kann" (ebd.: 586), zur Verfügung steht, bis hin zur modernen Gesellschaft, die unter dem Begriff der ‚Kultur' eine eigenständige Gedächtnisfunktion ausdifferenziert. Nach Luhmann, und das unterscheidet ihn von den bisher diskutierten Überlegungen zum sozialen Gedächtnis, ist es in der Gegenwart nicht mehr möglich und auch nicht mehr sinnvoll, von dem sozialen Gedächtnis zu sprechen. Vielmehr differenziert sich das soziale Gedächtnis entsprechend der Differenzierung der Funktionssysteme, so dass Luhmann von den „Spezialgedächtnissen der Funktionssysteme" (Luhmann 1997: 591) spricht. Die Frage nach der Beziehung der Spezialgedächtnisse zueinander beantwortet dann das Theorem der strukturellen Koppelung.

Die Konzeption des sozialen Gedächtnisses bei Luhmann unterscheidet sich noch in einem zweiten Punkt von der etablierten Theorie: Die Evolution von sozialen Gedächtnissen wird an die Evolution von (Verbreitungs-)Medien gebunden. Esposito (2002) hat diese Beziehung zwischen Medienentwicklung und Gedächtnisdifferenzierung im Anschluss an Luhmann näher untersucht. An ihrer Untersuchung werden auch die Grenzen der systemtheoretischen Konzeption sozialen Erinnerns deutlich: die strikte Zuordnung von Medien und Differenzierungsform zwingt dazu, für die neuen, computerbasierten Medien eine neue, noch unbestimmte Differenzierungsform unterstellen zu müssen. Zudem finden die analogen Bildmedien wie Fotografie, Film oder Fernsehen keine Berücksichtigung.

Trotz des ungeklärten Verhältnisses verschiedener sozialer Gedächtnisse zueinander, das durch das Theorem der ‚strukturellen Kopplung' eher verdeckt als geklärt wird, und der nicht haltbaren Zuordnung spezifischer Medien zu spezifischen Differenzierungsformen geht die systemtheoretische Konzeption des sozialen Gedächtnisses entscheidend über die bisherige Orientierung der Theorie des sozialen Gedächtnisses an Durkheims mechanischer Solidarität bzw. an vormodernen Lebensverhältnissen hinaus. Daran schließen wir in drei Punkten an. Eine soziologische Theorie des sozialen Gedächtnisses muss:

- erstens davon ausgehen, dass in einer funktional differenzierten Gesellschaft an die Stelle einer Großerzählung eine Vielzahl von sozialen Gedächtnissen auf unterschiedlichen gesellschaftlichen Ebenen tritt, die nicht zwingend miteinander kompatibel sein müssen. Familien, Vereine, Netzwerke, Gruppen, Organisationen, Diskurse, Funktionssysteme etc. bilden je eigene Gedächtnisse aus. Diese Konstitutionsbedingung für soziale Gedächtnisse nennen wir hier nur. Sie wird im Weiteren nicht näher ausgeführt.

- Zweitens muss sie der von der Systemtheorie betonten Bedeutung von Medien als Konstitutionsbedingungen für das soziale Erinnern gerecht werden.

- Drittens kann der Begriff des sozialen Gedächtnisses nicht länger in der Ausschließlichkeit, wie dies in der Tradition von Halbwachs getan wird, an die Interaktionspraxis in sozialen Gruppen gebunden bleiben. Wir schlagen daher die Umstellung von Gruppen auf Generationen als ‚Träger' des sozialen Gedächtnisses vor. In diesem Zusammenhang erklären wir nicht mehr durch den Verweis auf die Interaktionspraxis in Gruppen, was und wie erinnert wird, sondern durch den Begriff der Relevanz.

Wir kommen nun zu unserem zweiten Punkt, den Konstitutionsbedingungen von sozialen Gedächtnissen. Hierbei werden wir Medien und Generationen in ihrer konstitutiven Bedeutung für soziales Erinnern diskutieren und den Begriff der Relevanz einführen.

Konstitutionsbedingungen sozialer Gedächtnisse

Vergangenes, darin bestand eine der genannten Einsichten von Halbwachs, wird in der Gegenwart in kommunikativen Handlungen rekonstruiert. Diese Rekonstruktion ist auf Zeichen, auf mediale (Re-)Präsentationen des Vergangenen angewiesen. Daher sind Medien für den Zugang zu Vergangenem konstitutiv. Medien sind aber nicht einfach ‚neutrale' Überträger der Vergangenheit, sie formieren vielmehr die Inhalte auf jeweils spezifische Weise in Bezug auf Verzeitlichung, soziale Reichweite und mögliche Anschlusspraxen.

Durch die notwendig mediale Repräsentanz von Vergangenheit tritt neben die „reale Realität" eine „semiotische Realität" (Luhmann 1997: 218) mit vielfältigen Verweisen auf unterschiedliche Vergangenheiten und Möglichkeiten der Wiederholung, der Zitation und der Aktualisierung. Sobald neben die Flüchtigkeit der Sprache Medien treten, in denen sich Vergangenheit semiotisch festhalten lässt, wird die Bildung von Archiven und damit die von Assmann so vorzüglich entwickelte Unterscheidung von Archiv und Funktionsgedächtnis möglich. Die Medien des Funktionsgedächtnisses differenzieren sich aus. Schon in so kleinen sozialen Einheiten wie Familien ist die Mediennutzung bei der kommunikativen Verfertigung von Familienerinnerungen recht vielfältig, wie entsprechende Studien (etwa Keppler 1994) zeigen: Tagebücher, Fotoalben, Dia- und Briefsammlungen, Videobänder etc. dokumentieren und konstatieren Vergangenheit in meist nicht-öffentlich, also dialogisch oder individuell gebrauchten Medien. Auf der anderen Seite des Spektrums und in die Familie hinein wirkend steht die über Massenmedien organisierte gesellschaftsweite Kommunikation in differenzierten und pluralen Öffentlichkeiten (Dewey 1926: 112ff.). Weil dasselbe Medium je nach dem Teilbereich der gesellschaftlichen Kommunikation, in dem es fungiert, einen unterschiedlich großen Wirkungsraum haben kann und in jedem Teilbereich eine Vielzahl von medialen Angeboten zur Verfügung steht, verbietet sich eine feste Zuordnung von Medienform zu sozialem Gedächtnis ebenso wie eine mediendeterministische Deutung: prinzipiell ist die Beziehung zwischen Medienangeboten und Rezipienten textoffen

(Sutter 1999: 291). Diese Textoffenheit ermöglicht differente Formen der Aneignung, des pragmatischen Einbaus und der sozialen Aushandlung der (massen-) medial formierten Inhalte in den je eigenen Erfahrungszusammenhang und damit die Konstitution von spezifischen sozialen Gedächtnissen.

Zur zweiten Konstitutionsbedingung sozialer Gedächtnisse, den Generationen: Gesellschaften, an denen die Unterscheidung von kommunikativem und kulturellem Gedächtnis entwickelt wurde, waren durch eine weitgehende Stabilität der Erfahrungsräume – und damit: der Erwartungshorizonte – gekennzeichnet. Für differenzierte Gesellschaften gilt das gerade Gegenteil. Dies ist nicht nur eine Voraussetzung der gerade einmal etwas über 100 Jahre alten Vorstellung, Geschichte sei eine Konstruktion aus der Perspektive der Gegenwart. Mit der raschen Veränderung von Erfahrungsräumen und Erwartungshorizonten verändert sich auch das Verhältnis der Generationen zueinander, die nun in unterscheidbaren Erfahrungsräumen leben und entsprechend eigene Perspektiven auf die jüngste Vergangenheit entwickeln. War in vormodernen Gesellschaften diese Beziehung über Generationen weitgehend stabil (exemplarisch: Koselleck 1989: 359ff.; Durkheim 1977) und damit eine Bedingung der Möglichkeit der Ausbildung von Generationen übergreifenden Kollektivgedächtnissen auf der Basis mechanischer Solidarität, so ist diese Beziehung in einer differenzierten Gesellschaft dynamisch. Wenn die These stimmt, dass nach wie vor intergenerationelle Kommunikation ein wichtiger Transmissionsriemen von Vergangenem ist, die jeweiligen biografischen Erfahrungsräume und damit die Deutungsschemata aber unterschiedlich sind, konstituiert sich gerade an der ‚Nahtstelle' zwischen den Generationen soziale Erinnerung bzw. soziales Vergessen.

Wenn wir annehmen, dass sich soziale Gedächtnisse grundsätzlich zwischen den beiden Polen des Erwartungshorizonts und des Erfahrungshintergrunds bewegen und sich zwischen den Generationen unterscheiden, so steht dies quer zu der von Halbwachs bis Assmann vertretenen These, die Interaktionspraxis in einer Gruppe sei Bezugspunkt der Erinnerung, Motor ihrer rekursiven Variation und Grundlage der identitätsstiftenden Funktion des sozialen Gedächtnisses. Daher können wir nicht mehr einfach wie Halbwachs auf die veränderte Interaktionspraxis in einer Gruppe verweisen, wenn wir begreifen wollen, warum zu einem Zeitpunkt A ein Ereignis anders erinnert wird als zu einem Zeitpunkt B. Dafür dient uns stattdessen der Begriff der Relevanz.

Dieser zentrale Begriff der pragmatischen Lebenswelttheorie (Srubar 2005) bezeichnet nach Schütz dynamische Selektionsmuster, die sich im alltäglichen Handeln, Denken und Sprechen, den drei konstituierenden Momenten des menschlichen Weltzugangs (Srubar 2003), an neue Situationen anpassen, während sie gleichzeitig Handeln, Denken und Sprechen in diesen Situationen strukturieren. Sie entstehen und verändern sich in der ständigen Auseinandersetzung mit der sozialen

Umwelt und sind in unterschiedlichem Grade sozial geprägt (Schütz/Luckmann 1979: 302 ff.).

Nicht alle Relevanzen ändern sich in gleicher Weise. Sie weisen unterschiedliche Grade von temporaler Stabilität auf (etwa Schütz 2004: 219ff.). Zudem setzen sie nicht vorab auf Identität als Funktion von sozialen Gedächtnissen, sondern lassen andere Möglichkeiten zu. Schließlich ist auch davon auszugehen, dass auf gleichen oder ähnlichen Erfahrungszusammenhängen in signifikantem Maße typische Ähnlichkeiten in den Relevanzsystemen aufbauen (vgl. dazu oben die Entwicklung des Generationenbegriffs) – eine Überlegung, die durch die Ergebnisse der vergleichenden Tradierungsforschung auch als empirisch gesättigt gelten kann (Rosenthal 1997; Welzer 2002).

Der Begriff der Relevanz ermöglicht es uns, Verschiebungen zwischen den Deutungen unterschiedlicher Generationen zu erklären. Es darf jedoch nicht von einem einfachen generationellen Relevanzsystem ausgegangen werden – hinter diesem Begriff steht eine komplexe Verschränkung von Generationserfahrungen (von Engelhardt 1997) in unterschiedlichen individuellen, sozialen und temporalen Strukturierungen: Durch die Zugehörigkeit zu sozialen Altersklassen und dem Agieren in einem vergleichbaren Erfahrungsraum wird die Generationenfolge überlagert und ergänzt. Die zyklische Grundstruktur (ebd.: 57) wird durch den beschleunigten Wandel der Erfahrungsräume der jeweiligen Generationen in differenzierten Gesellschaften linearisiert. Die daraus resultierende Dynamik, so unsere Vermutung, bildet die Grundlage einer für differenzierte Gesellschaften spezifischen und charakteristischen Variation von Relevanzstrukturen. Mit Hilfe der Unterscheidung von intrinsischen und auferlegten Relevanzen (Schütz 2004) ließe sich zudem, so meinen wir, die spezifische Konstitution und Artikulation von sozialen Gedächtnissen in und durch Medien, gerade unter Berücksichtigung der jeweiligen medialen Eigenlogik und der spezifischen diskursiven Machtlage, in den Griff bekommen.

Die Bedeutung von Gedächtnissen für Transformationsprozesse

Der Relevanzbegriff ermöglicht uns, die Differenzierung und Pluralisierung von sozialen Gedächtnissen in der Gegenwart auch begrifflich zu fassen. Inwiefern sind die vorgestellten Überlegungen nun geeignet, die eingangs benannte einseitige Thematisierung der Beziehung zwischen Transformation und sozialem Gedächtnis in der Transformationsforschung zu ergänzen?

Die skizzierten Konstitutionsbedingungen sozialer Gedächtnisse ermöglichen eine Dynamisierung (und Erweiterung) der eher statisch aufgefassten Begriffe Mentalität, Generation und legacy. Mit Dynamisierung meinen wir die Erweiterung der unseres Erachtens richtigen, aber einseitigen Auffassung, die Vergangenheit sei eine Determinante der Gegenwart. Die soziale Vergangenheit ist uns qua materiellen Objektivationen und durch soziale Gedächtnisse gegeben. Beide werden in der Perspektive gegenwärtigen Orientierungsbedarfs gedeutet. Sie werden durch Medien formiert und in generationell unterschiedlichen Konstellationen von Erfahrungsräumen und Erwartungshorizonten interpretiert. Und sie werden *neu* interpretiert. Diese neuen Deutungen, die in radikalen Versionen eine Vielzahl von Handlungsweisen, die vor der Transformation als legitim galten, nach und nach als illegitim erscheinen lassen, deuten darauf hin, dass die Vergangenheit nicht nur eine Determinante der Gegenwart, sondern die Gegenwart ebenso sehr eine Determinante der Vergangenheit ist. Entsprechend wären Transformationsprozesse nicht nur als Wirkung von Vergangenheit, sondern ebenso als Modifikation der Vergangenheit zu analysieren. Dann könnten die Ungleichzeitigkeiten von Transformationsprozessen als verschiedene Formen der Vergegenwärtigung von Vergangenem interpretiert werden.

Literaturverzeichnis

Alheit, Peter/Szlachcicowa, Irena/Zich, Frantisek (2006): Biografien im Grenzraum. Eine Untersuchung in der Euroregion Neisse. Dresden: Neisse Verlag

Assmann, Jan (1988): Kollektives Gedächtnis und kulturelle Identität. In: Assmann, Jan/Hölscher, Tonio (1988): 9-19

Assmann, Jan (1999): Das kulturelle Gedächtnis. Schrift, Erinnerung und politische Identität in frühen Hochkulturen. München: C.H. Beck

Assmann, Jan/Hölscher, Tonio (1988): Kultur und Gedächtnis. Frankfurt/M.: Suhrkamp

Bergson, Henri (1991): Materie und Gedächtnis. Eine Abhandlung über die Beziehung von Körper und Geist. Hamburg: Meiner

Bohn, Cornelia/Hahn, Alois (1999): Selbstbeschreibung und Selbstthematisierung. Facetten der Identität in der modernen Gesellschaft. In: Willems, Herbert/Hahn, Alois: 33-61

Dewey, John (2001): Die Öffentlichkeit und ihre Probleme. Philo, Berlin/Wien: Amer

Durkheim, Emile (1977): Über soziale Arbeitsteilung. Frankfurt/M.: Suhrkamp

Ekiert, Grzegorz/Hanson, Stephen (2003): Capitalism and Democracy in Center and Eastern Europe. Assessing the Legacy of Communism. Cambridge: Cambridge University Press

Esposito, Elena (2002): Soziales Vergessen. Formen und Medien des Gedächtnisses der Gesellschaft. Frankfurt/M.: Suhrkamp

Faulenbach, Bernd/Jelich, Franz-Josef (2007): Transformationen der Erinnerungskulturen in Europa nach 1989. Essen: Klartext

Freud, Sigmund (1999): Erinnern, Wiederholen, Durcharbeiten. In: Freud, Sigmund (1999): 126-136

Freud, Sigmund (1999): Gesammelte Werke. Band10: Werke aus den Jahren 1913-1917. Hrsg. von Anna Freud. Frankfurt/M.: Fischer Verlag

Habermas, Jürgen (1984): Wahrheitstheorien. In: Habermas, Jürgen (1984): 127-183

Habermas, Jürgen (1984): Vorstudien und Ergänzungen zur Theorie des kommunikativen Handelns. Frankfurt/M.: Suhrkamp

Halbwachs, Maurice (1985a): Das Gedächtnis und seine sozialen Bedingungen. Frankfurt/M.: Suhrkamp

Halbwachs, Maurice (1985b): Das kollektive Gedächtnis. Frankfurt/M.: Fischer Verlag

Keppler, Angela (1994): Tischgespräche. Über Formen kommunikativer Vergemeinschaftung am Beispiel der Konversation in Familien. Frankfurt/M.: Suhrkamp

Koselleck, Reinhart (Hrsg.) (1989): Vergangene Zukunft. Zur Semantik geschichtlicher Zeiten. Frankfurt/M.: Suhrkamp

Liebau, Eckart (1997): Das Generationenverhältnis. Über das Zusammenleben in Familie und Gesellschaft. Weinheim: Juventa

Luhmann, Niklas (1997): Die Gesellschaft der Gesellschaft. 2 Teilbände. Frankfurt/M.: Suhrkamp

Nietzsche, Friedrich (1988): Unzeitgemässe Betrachtungen. Zweites Stück: Vom Nutzen und Nachtheil der Historie für das Leben. In: Nietzsche, Friedrich (1988): 243- 334

Nietzsche, Friedrich (1988): Kritische Studienausgabe. Band 1. Hrsg. von Giorgio Colli und Mazzina Montinari. München: dtv

Nora, Pierre (1998): Zwischen Geschichte und Gedächtnis. Frankfurt/M.: Fischer Verlag

Renn, Joachim (2006): Übersetzungsverhältnisse. Perspektiven einer pragmatischen Gesellschaftstheorie. Weilerswist: Velbrück Wissenschaft

Ricoeur, Paul (1996): Das Selbst als ein Anderer. München: Wilhelm Fink Verlag

Rosenthal, Gabriele (1995): Erlebte und erzählte Lebensgeschichte. Gestalt und Struktur biographischer Selbstbeschreibungen. Frankfurt/M.: Campus

Rosenthal, Gabriele, (Hrsg.) (1997): Der Holocaust im Leben von drei Generationen. Familien von Überlebenden der Shoah und von Nazi-Tätern. Gießen: Psychosozial Verlag

Schütz, Alfred (2004): Das Problem der Relevanz. In: Schütz, Alfred (2004): 57-249

Schütz, Alfred (2004): Relevanz und Handeln 1. Zur Phänomenologie des Alltagswissens. Hrsg. von Elisabeth List. Konstanz: UVK

Schütz, Alfred/Luckmann, Thomas (1979): Strukturen der Lebenswelt. Band 1. Frankfurt/M.: Suhrkamp

Sparschuh, Vera (2005): Von Karl Mannheim Zur DDR-Soziologie. Generationendynamik in der Wissenschaft. Berlin: Kramer Verlag

Srubar, Ilja (2003): Handeln, Denken, Sprechen. Der Zusammenhang ihrer Form als genetischer Mechanismus der Lebenswelt. In: Wenzel, Ulrich et al. (2003): 70-117

Srubar, Ilja (2005): Die pragmatische Lebenswelttheorie als Grundlage interkulturellen Vergleichs. In: Srubar, Ilja et al. (2005): 151-171

Srubar, Ilja/Renn, Joachim/Wenzel, Ulrich (Hrsg.) (2005): Kulturen vergleichen. Sozial- und kulturwissenschaftliche Grundlagen und Kontroversen. Wiesbaden: VS Verlag

Sutter, Tilmann (1999): Medienkommunikation als Interaktion? Über den Aufklärungsbedarf eines spannungsreichen Problemfeldes. In: Publizistik 44: 288-300

Vansina, Jan (1985): Oral Tradition as history. Madison: University of Wisconsin Press

Von Engelhardt, Michael (1997): Generation, Gedächtnis, Erzählen. Zur Bedeutung des lebensgeschichtlichen Erzählens im Generationenverhältnis. In: Liebau, Eckart (1997): 53-76

Wenzel, Ulrich/Bretzinger, Bettina/Holz, Klaus (Hrsg.) (2003): Subjekte und Gesellschaft. Weilerswist: Velbrück Wissenschaft

Willems, Herbert/Hahn, Alois (1999): Identität und Moderne. Frankfurt/M.: Suhrkamp

Das Gleichzeitige ist ungleichzeitig. Über den Umgang mit einer Paradoxie und die Transformation der Zeit

Hanns-Georg Brose

1. Zeit(en) der Transformation – Transformation der Zeit

Das Thema des Plenums ‚Zeit(en) der Transformation' scheint absichtsvoll vieldeutig formuliert zu sein. Die Art, wie Zeit und Transformation sich (wechselseitig) bedingen (wird die Zeit an der Veränderung sichtbar oder die Veränderung in der Zeit?) bleibt ebenso offen, wie die eingeklammerte Mehrzahl von Zeit(en) andeutet, dass hinsichtlich dessen, was Zeit *ist*, keine Eindeutigkeit unterstellt werden soll. Wir gehen deshalb von einer Fragestellung aus, die sich von diesen Vieldeutigkeiten abstößt: Was immer das Verhältnis von Zeit und Transformation sein mag und wie viele Begriffe und Vorstellungen von Zeit wir gelten lassen, wir nehmen an, dass die Transformation von gesellschaftlichen Verhältnissen mit einer Transformation von Zeitverhältnissen einhergeht. Und unsere These lautet, dass die mit der Transformation gesellschaftlicher Verhältnisse in der Gegenwart einhergehende Transformation sozialer Zeit sich in deren Strukturen und Semantik als *Gleichzeitigkeit des Ungleichzeitigen* interpretieren lässt. Bekannte Phänomene, auf die mit diesem Konzept aufmerksam gemacht wird, z. B. das ‚Gestern im Heute' (Shils 1981; Assmann/Assmann 1994; Huyssen 2003) oder ‚Tradition und Moderne' (Giddens 1996; Stichweh 2000), gewinnen neue Prägnanz, und neue Erscheinungsformen der Gleichzeitigkeit des Ungleichzeitigen treten hervor.

Unsere zunächst erfahrungsbasiert entwickelte These (Brose 2002, 2004b; s. a. die Beiträge in Brose 2004a) werden wir im Folgenden in Anknüpfung an die Überlegungen der neueren Systemtheorie systematisch zu begründen versuchen. Auch wenn Luhmann die *Gleichzeitigkeit des Ungleichzeitigen* gelegentlich als Konzept zur „Absorption von Anomalitäten" bezeichnet (Luhmann 1997: 422), so werden wir zu zeigen versuchen (Abschnitt 2), dass – gerade wenn man die zeittheoretischen Überlegungen der neueren Systemtheorie (Luhmann 1980, 1990 passim; Nassehi 1993) ernst nimmt – die *Gleichzeitigkeit des Ungleichzeitigen* eine Paradoxie ist, die der Beobachtung von Zeit *zugrunde* liegt und in der Konstitution von Zeit (in historisch und mit der Evolution der Gesellschaft variierender Form) entfaltet und verdeckt wird. Die Analyse der Formen, die diese Paradoxie zu Beginn des 21. Jahrhunderts annimmt, scheint uns in besonderer Weise geeignet zu sein, die gegenwärtige Transformation der Zeit zu verstehen.

Damit grenzen wir uns gleichzeitig von Überlegungen ab, die die Entwicklung gegenwärtiger Zeitverhältnisse als Zeitlosigkeit (Castells 1996: 462) oder als sich selbst verstärkenden Beschleunigungszirkel (Rosa 2006) bzw. als Kombination von beidem, als ‚rasenden Stillstand' (ebd.), interpretieren. Derartige Vorstellungen von Zeit bleiben einem Zeitbegriff verhaftet, der mit dem Anschauungsmodell der gerichteten Bewegung arbeitet. Ein solcher Zeitbegriff wird wegen seiner Wahrnehmungsaffinität im ‚zuhandenen Wissensvorrat' (Schütz 1932) bleiben, auch wenn er, wie Luhmann meint, Ausdruck eines „cultural lag" (Luhmann 1980: 296) ist und durch einen abstrakteren Zeitbegriff ersetzt werden sollte (Luhmann 1984: 176): durch einen Zeitbegriff, der Zeit als „Aggregatausdruck für die Gesamtheit der in der [Sinndimension] Zeit aufbrechenden Zeitmöglichkeiten" (ebd.: 131) fasst, und eine Semantik, der Zeit als ein „disponibles Medium" bzw. „als eine unkoordinierte aber gleichzeitig strömende Menge von Jetztzeitpunkten" (Luhmann 1990: 126) erscheint, die in unterschiedlichen Formen gekoppelt werden können. Es ist nicht unsere Absicht, diesen Andeutungen eines abstrakteren Zeitbegriffs durch Luhmann hier nachzugehen (dazu aber Esposito 2006). Wir verstehen unsere Bemühungen, die Struktur und Semantik einer ‚zeitgemäßen' Beobachtung von Zeit mit dem Konzept der *Gleichzeitigkeit des Ungleichzeitigen* zu fassen, jedoch durchaus als Versuch, zur Entwicklung eines solchen Zeitbegriffs beizutragen.

2. Gleichzeitigkeit

2.1 Evolution der Strukturen gesellschaftlicher Differenzierung und die Transformation der Zeitverhältnisse: Simultaneität und/oder Sequenz

Luhmann (1980) hat die Transformation der Strukturen und Semantik sozialer Zeit als ein Korrelat der Transformation von gesellschaftlicher Differenzierung beschrieben. Diesen Zusammenhang zwischen der Entwicklung gesellschaftlicher Differenzierung und der Veränderung von Zeitverhältnissen beschreibt er am Beispiel des Übergangs zu funktionaler Gesellschaftsdifferenzierung. In der Zeitdimension lasse sich dieser Prozess der Veränderung von Differenzierungsformen als Temporalisierung von Komplexität interpretieren. Temporalisierung von Komplexität ist eine Folge zunehmender Komplexität. Sie übersetzt die Notwendigkeit der Reduktion von Komplexität im Verhältnis der Systeme zu ihrer Umwelt und zu ihrer Binnenkomplexität durch die Temporalisierung ihrer Elemente. Komplexität wird dadurch definiert, dass Systeme sowohl im Verhältnis zu ihrer Umwelt als auch zu ihrer eigenen Binnenkomplexität nicht mehr in der Lage sind, jedes Element zu jedem anderen in Beziehung zu setzen (Luhmann 1984: 46). Es gibt also keine „Punkt-für-Punkt–Übereinstimmung" zwischen System und Umwelt (ebd.: 47), auch weil *gleichzeitig* immer schon etwas anderes geschieht. Das bedeutet, dass Komplexität zur Selektion zwingt. Und für diesen Selektionszwang ‚entschädigt' sich das System durch die Verlagerung seiner Ordnungsnotwendigkeiten in die Sequenzialität. Im Nacheinander ist mehr möglich, als gleichzeitig verknüpfbar und aktualisierbar wäre. Luhmann sieht deshalb als Folge der Temporalisierung von Komplexität den Übergang von Ordnungsbildungen von dem, was *simultan* nicht (mehr) möglich ist, in die *Sequenzialität* des Nacheinander. Um im Nacheinander dann mehr Verschiedenes möglich zu machen, müssen die Elemente des Systems, deren Verknüpfung durch Strukturbildung ermöglicht wird, ihrerseits ‚vergänglich' sein. Sie müssen die Möglichkeit für ihre Ersetzung durch andere Elemente zulassen. In diesem Sinne sind die Letztelemente des Systems derartige vergängliche Elemente wie Handlungen, Ereignisse und Entscheidungen. Es sind Elemente, die den Anschluss an andere Elemente und die Herstellung veränderter Verknüpfungen zulassen. Durch diese Verlagerung der Ordnungsbildung von der Differenzierung im Zugleich des Nebeneinander in die Differenzierung im Nacheinander, aus der „Simultaneität in die Sequenz" (Luhmann 1980: 296), rücken die Differenzen von vorher und nachher bzw. von Vergangenheit und Zukunft in den Aufmerksamkeitsfokus der Beobachtung von Zeit. Und damit prägen sie zunehmend auch die entsprechende Semantik von Zeit. Zeit wird für Sinnsysteme so zur „Interpretation der Realität im Hinblick auf eine Differenz von Vergangenheit und Zukunft" (Luhmann 1984: 116).

Luhmanns Beobachtungen stimmen insofern mit den Analysen überein, die das moderne Bewusstsein von Zeit im Wesentlichen dadurch beschreiben, dass dieses sich gegen eine Vergangenheit abgrenzt (antiqui et moderni) und sich in einer als linear wahrgenommenen Entwicklung einer offenen Zukunft zuwendet (u. a. Rammstedt 1975); einer Zukunft, in der mehr möglich ist, als die Vergangenheit realisiert hatte. Die Moderne schließt gewissermaßen einen Pakt mit der Zukunft (Luhmann 2003: 56f.) und legt die Vergangenheit als Geschichte ab.

Seit dem Ende des 20. Jahrhunderts beobachten wir jedoch nicht nur, dass der Pakt mit der Zukunft nicht mehr ohne weiteres hält. Zukunft wird zunehmend nur noch als Risiko beschrieben (Beck 1986; Luhmann 2003). Gleichzeitig nehmen die Formen der Vergegenwärtigung von Vergangenheit, die das Gestern im Heute zur alltäglichen musealen Erfahrung werden lassen (Lübbe 2000), unübersehbar zu. Die Vergangenheit kann so zu einer ständigen Reinterpretation unterzogen werden: Historismus als Alltagskultur.

Auch, und darauf hatte Luhmann selbst hingewiesen, ist neben der für die Moderne typischen Form der Ordnungsbildung in der Sequenzialität des Nacheinander zunehmend – wenn man will: wieder – eine Differenzierung im Zugleich zu beobachten. Das Beispiel, auf das sich Luhmann bezieht, sind Biografien und Karrieren, für die das Ordnungsprinzip einer geregelten Abfolge von Sequenzen zunehmend untergraben und durch das Nebeneinander von Ereignisverläufen überlagert werde (Luhmann 1990: 128).

In unserem Beitrag verknüpfen wir diese Wahrnehmung der nachlassenden ordnungsstiftenden Wirkung einer Differenzierung im linearen Nacheinander und der alt-neuen Bedeutung der Differenzierung im Nebeneinander (Simmel 1892) mit der These, dass durch diese Bedeutungsnahmen von Gleichzeitigkeit vermehrt Abstimmungsprobleme auftreten, die als Ungleichzeitigkeiten interpretiert werden können. Im Folgenden (2.2) werden wir uns zunächst dem Konzept der Gleichzeitigkeit zuwenden und uns um eine grundlagentheoretische, systemtheoretische Rekonstruktion dieser, einer Konstitution von Zeit zugrunde liegenden ‚Proto-Zeitlichkeit' bemühen, um uns dann der empirischen Bedeutung des Phänomens zuzuwenden (2.3). Des Weiteren werden wir die aus der unterstellten Bedeutungszunahme von Gleichzeitigkeit in Gegenwartsgesellschaften resultierende *gleichzeitige* Vermehrung und Bedeutungszunahme von *Ungleichzeitigkeit* betrachten (3.).

2.2 Gleichzeitigkeit und die Paradoxie der Zeit

Wir hatten bisher die Veränderbarkeit von Zeitvorstellungen in Abhängigkeit von gesellschaftlicher Evolution, insbesondere der Entwicklung von Formen gesellschaftlicher Differenzierung betrachtet. Simultaneität bzw. Sequenzialität sind also Formen des Umgangs mit bzw. der Reduktion von Komplexität in der Zeitdimension, die von dem Entwicklungsstand der Gesellschaft abhängen (Luhmann 1971: 60; 1980). Das Verhältnis von Zeit und Gleichzeitigkeit lässt sich jedoch in einem noch grundlegenderen Verständnis rekonstruieren. Gleichzeitigkeit ist demnach eine der Zeitdimension von Sinn zugrunde liegende Gegebenheit der Welt. Alles, so lautet die These Luhmanns, was geschieht, geschieht gleichzeitig (Luhmann 1990: 98). Nichts, was in der Welt geschieht, kann aus der Aktualität der Gleichzeitigkeit in die Zukunft vorauseilen oder in der Vergangenheit zurückbleiben. Das Geschehen ist entweder gleichzeitig oder ungleichzeitig. Das heißt, es ist entweder *vor* dem jeweils *aktuell gleichzeitigen* Geschehen passiert oder es wird *nach* diesem aktuell gleichzeitigen Geschehen möglicherweise passieren. Mit dieser Differenz von vorher und nachher bzw. von Aktualität und Inaktualität werden Möglichkeiten der Ordnungsbildung sortiert. Was gleichzeitig geschieht, kann nicht kontrolliert werden. Dazu fehlt die für kausale Zusammenhänge notwendige Zeitdifferenz. Unkontrollierbarkeit bedeutet dann aber auch Unbetreffbarkeit. In diesem Sinne kann das, was gleichzeitig geschieht, dann auch ausgeblendet, weitgehend ignoriert werden (Luhmann 1990: 99). Dies ist nachgerade auch erforderlich, denn sonst müsste „alles auf einmal erlebt und verarbeitet werden" (ebd.: 108). Zur Entwirrung dieses „Alles-auf-einmal" dient die Zeitdimension (ebd.). Das gleichzeitige Geschehen muss de-simultaneisiert werden. Und dafür bilden Systeme ihre jeweils eigene Zeit aus, die sie befähigt, durch Strukturbildung ihre Erfahrungen und Erwartungen zu ordnen. Damit gewinnen sie Autonomie gegenüber dem

Chaos eines sich gleichzeitig vollziehenden Weltgeschehens, dem sie gleichwohl nicht entrinnen können. Damit die Welt nicht im „schwarzen Loch der allzeitigen Gleichzeitigkeit kollabiert" (ebd.: 115), lassen Systeme das, was für sie gleichzeitig ist, schrumpfen. „Da Gleichzeitigkeit immer Unbeeinflussbarkeit bedeutet, schrumpft mit dem Schrumpfen der Gleichzeitigkeit auch die Unbeeinflussbarkeit" (ebd.). Mit dem Schrumpfen der Aktualität bzw. Gegenwart auf einen Moment werden die inaktuellen Zeiträume – die nicht mehr aktuelle, schon bestimmte Vergangenheit und die noch nicht aktuelle, unbestimmte Zukunft – von Moment zu Moment verändert: die Zukunft als ein sich stetig regenerierender Raum von Unbestimmtheit und die Vergangenheit als ein Gedächtnis, in dem Erfahrungen Spuren hinterlassen, an die das System sich bei der Bildung von Erwartungen selektiv erinnern kann. Da die Zukunft unbekannt und kontingent ist, erfolgt die Bildung von Erwartungen also immer gewissermaßen „rückwärts in die Zukunft" (Luhmann 2003: 43). Was als Antezipationen künftiger Ereignisse in Systemen also entwickelt wird, beruht auf der selbstreferenziellen Inanspruchnahme der eigenen Geschichte, die über das Gedächtnis selektiv erinnert werden kann. Vor dem Hintergrund der unhintergehbaren Gleichzeitigkeit des Weltgeschehens operieren Systeme also von Moment zu Moment, indem sie ihre Operationen – ebenfalls gleichzeitig – in dem doppelten Horizont von Vergangenheit und Zukunft bestimmen. Die Gegenwart wird in ihrer Momenthaftigkeit dadurch zum Differenzpunkt von inaktuellen, zukünftigen und vergangenen Zuständen und Ereignissen, und die Zeit ist die Einheit dieser Differenz von Aktualität und Inaktualität, sie ist die *Gleichzeitigkeit des Ungleichzeitigen.*

Wir halten also fest, dass aus der Sicht der neueren Systemtheorie Zeit paradox konstituiert ist: Zeit besteht in der Entfaltung dieser Paradoxie der Einheit der Differenz von Vergangenheit und Zukunft, der Gleichzeitigkeit des Ungleichzeitigen. So wie wir diese zeittheoretische Perspektive rekonstruiert haben, resultiert aus der unhintergehbaren Gleichzeitigkeit des Weltgeschehens, dem Chaos des „Alles-auf-einmal", die Notwendigkeit der Einführung von zeitlichen Differenzen im Vorher und Nachher bzw. im gleichzeitigen Hinblick auf Zukunft und Vergangenheit. Diese Herstellung einer zeitlichen Autonomie, die die Herstellung von Ungleichzeitigkeiten nutzt, wird von den verschiedenen Systemen, die Sinn verwenden, in potenziell völlig unterschiedlicher Weise umgesetzt.

2.3 Gleichzeitigkeit und Synchronisation

Das zentrale Problem, das sich demnach stellt, ist also das der Synchronisation der mit der Vielfalt von Systemtypen und der Zahl ihrer jeweiligen Exemplare variierenden Eigenzeiten. Denn: Synchronizität, die als Gleichzeitigkeit ja immer gegeben ist, stellt noch keine Synchronisation dar. Luhmann unterscheidet dabei zwischen Nah- und Fernsynchronisation. Nahsynchronisation findet unter anderem in der symbolisch vermittelten Interaktion unter Anwesenden statt, die die Fähigkeit voraussetzt, „zur gleichen Zeit man selbst und ein Anderer zu sein" (Mead 1980: 295). Die Unterscheidung von Nah- und Fernsynchronisation verweist darauf, dass in der Nahsynchronisation die Wahrnehmung, für die mehr gleichzeitig möglich ist als etwa für das Bewusstsein und die prinzipiell seriell funktionierende Kommunikation, in Anspruch genommen werden kann. So kann aktuelles Erleben zeitlich synchronisiert werden (Luhmann 1971: 56), kann die vereinfachende Annahme, dass „für alle die Zeit gleichmäßig fliesst" und alle Menschen gemeinsam und gleichmäßig altern (Schütz 1932: 111ff.), konstruktiv wirksam werden. Luhmann vermutet, dass Fernsynchronisation, die der Nahsynchronisation hinzugefügt wird, im Wesentlichen durch die Teilnahme an Kommunikation getragen wird und am nachhaltigsten durch den Entscheidungsbedarf in Organisationen bestimmt ist.

Letztlich geht es darum, „nicht gleichzeitig vorhandenes, nicht aktuell wahrnehmbares überhaupt zur Anschauung zu bringen" (Luhmann 1990: 118), um Synchronisation zu ermöglichen, also über Gleichzeitiges und Ungleichzeitiges sinnvoll so zu disponieren, dass (notwendig selektive) Anschlüsse passend hergestellt werden können. Wir können diese Überlegungen hier nicht vertiefen. Als historisch variierende Möglichkeiten werden dazu sowohl das (soziale) Gedächtnis (Esposito 2002) als auch – für Zukünftiges – Divination und Technik genutzt bzw. entwickelt. Unter den Techniken sind es insbesondere die Technik der Zeitmessung und die Entwicklung von Kalendern, schließlich eines welteinheitlichen Zeitstandards und einer verbindlichen Chronologie. Waren früher Kalender dazu geeignet zu regeln, dass zur gleichen Zeit Gleiches getan wird, also zum Beispiel gebetet oder gearbeitet bzw. Feste gefeiert werden, so legt der moderne Kalender dies nicht fest, sondern ganz im Gegenteil, er ermöglicht es, dass zur gleichen Zeit Verschiedenes getan wird (Luhmann 1990: 123). Dass zu bestimmten Tageszeiten gleichzeitig etwa die Arbeiter arbeiten, die Kinder in der Schule sind und die PolitikerInnen auf Wahlkampfreise.

Jenseits dieser über die Technik des Kalenders herstellbaren Form der Koordination von Zeitstrecken und Zeitpunkten ergeben sich in bestimmten Phasen kultureller und sozialer Entwicklung auch *Zeitregimes*, die die Rhythmen und Zeitperspektiven verschiedener gesellschaftlicher Funktionsbereiche sich so auf einander einschwingen lassen, dass der Eindruck einer in ihren Teilbereichen synchronisierten Gesellschaft entsteht. Das Zeitregime des Fordismus beispielsweise perfektionierte die Logik einer ökonomischen Verwendung der Zeit im Bereich der Produktion. Die dadurch mögliche Steigerung der (Massen-)Produktion ließ, vermittelt über die wohlfahrtsstaatliche Stabilisierung der Nachfrage, den Bereich der Konsumtion stetig wachsen und auch freie Zeit zu einem knappen Gut werden. Die Trennung der Lebensbereiche von Arbeiten und Leben, von Fabrik, Familie und Feierabend wurde so verstärkt und die geregelte sequenzielle Organisation von

Lebensphasen und Tätigkeiten im Alltag zum dominierenden temporalen Ordnungsmuster.

Der auf stetigem ökonomischen Wachstum, Verkürzung der Arbeitszeit und einem Zuwachs an Freizeit beruhende „kurze Traum immerwährender Prosperität", so der Titel des Buches von Burkart Lutz (1984), ist im letzten Viertel des 20. Jahrhunderts ausgeträumt worden. Damit wurde auch die Vorstellung eines die wesentlichen Funktionsbereiche der Gesellschaft synchronisierenden Zeitregimes in Frage gestellt. Dies wird für Individuen an Erscheinungsformen wie der Flexibilisierung von Arbeitszeit, einer zunehmenden Fragmentierung alltäglicher Zeitstrukturen, dem Problem der (Un-)Vereinbarkeit von Familie und Beruf sowie der Parallelisierung oder rekurrenten Gestaltung von Bildungs- und Arbeitsphasen im Lebenslauf deutlich.

Auf der Ebene von Organisationen lassen sich vermehrt Strukturbildungen erkennen, die im Hinblick auf Veränderbarkeit, also dynamisch stabilisiert sind. Bürokratische Organisationsformen, in denen sequenzielles Operieren vorherrscht, werden dafür als zunehmend dysfunktional betrachtet und netzwerkförmige Organisationen, die konnexionistisch strukturiert sind, gewinnen an Bedeutung. Synchronisation ist dann immer weniger planbar und muss auf dezentraler Ebene gewährleistet werden, wenn sie nicht ganz der spontanen Ordnungsbildung auf Märkten überlassen wird, für die Organisationen dann nur noch durch die Bereitstellung von Reagibilitätsreserven Vorsorge tragen können.

Auch die Synchronisation der Eigenzeiten zwischen den gesellschaftlichen Teilsystemen gelingt immer weniger. Die Eigendynamik, Uneindeutigkeit und Disparatheit ökonomischer Entwicklungen – Wachstums- und Abschwungszyklen überlagern und überholen sich, sind regional und/oder sozialstrukturell ungleich verteilt – führen dazu, dass die (strukturelle) Kopplung der Wirtschaft mit den Agenden der Politik zunehmend lose erfolgt, Synchronisation tendenziell zum Zufall wird oder eben durch die Zuschreibung als Ungleichzeitigkeit (‚das Europa der unterschiedlichen Geschwindigkeiten', dazu Eder 2004) bearbeitet wird.

2.4 Gleichzeitigkeit als empirisches Phänomen

Was wir unter dem Thema einer empirischen Bedeutungszunahme von Gleichzeitigkeit im Einzelnen assoziieren, soll hier kurz skizziert werden:

Im alltäglichen Handeln, sei es im Bereich von organisierter Arbeit, sei es in der Sphäre von Familie, Freizeit und Medienkonsum, nehmen Formen des Multitasking zu (NBGK et al. 2007). Auch wenn immer wieder auf die Dysfunktionalitäten und Effizienzverluste von Multitasking hingewiesen wird (Mark et al. 2005), so hat sich – besonders nachdrücklich im Umgang mit den neuen Kommunikationsmedien – diese Form der Verteilung von Aufmerksamkeit in einer Weise verbreitet, die ihre eigenen Ordnungsformen emergieren lässt. Organisationen haben zwar schon immer das „Wunder" vollbracht, gleichzeitig ablaufende Ereignisreihen zu koordinieren (Luhmann 1997: 837). Aber auch hier zeigen neuere Konzepte, z. B. des *simultaneous engineering*, dass es nicht nur darum geht, durch Parallelisierung der Operationen Zeit zu gewinnen und schneller am Markt zu sein als die Wettbewerber. Es verändert sich auch die ehemals rein sequenzielle Logik des Prozesses: Erst Forschen, dann Entwickeln, schließlich Produzieren und Vertreiben. Durch die zeitliche Überlappung dieser Einzelprozesse im *simultaneous engineering* sollen nun Rückkopplungsmöglichkeiten zwischen den Teilprozessen eingebaut und die sequenzielle Logik durch zirkuläre Prozesse ergänzt werden.

Zweifelsohne von besonderer praktischer Bedeutung für die Zunahme an Gleichzeitigkeit in der Operationsweise von (organisierten) Handlungssystemen ist die Nutzung der Kapazitäten von elektronischen Datenverarbeitungssystemen, in denen – an der Optik von Windows sinnfällig nachvollziehbar – immer mehrere Fenster gleichzeitig geöffnet sein können und, auch wenn sie letztlich durch die Maschine sequenziell genutzt werden, dennoch den Aufmerksamkeitshorizont der Nutzer zerstreuen und konnexionistische Strukturen begünstigen.

Für die Erfahrung von Gleichzeitigkeit in der gesellschaftlichen Kommunikation besonders prägend sind jedoch die veränderte Sichtbarkeit der Weltgesellschaft auf unseren Bildschirmen (Stichweh 2000: 207) und die telematische Erreichbarkeit der Welt (Esposito 1997). Wie sehr es zur Selbstverständlichkeit geworden ist, zu jeder Zeit jeden Winkel in der Weltgesellschaft sichtbar werden zu lassen, wird dann deutlich, wenn es in Ausnahmesituationen, wie bei den Unruhen im Iran im Jahre 2009, zu einer Abschaltung der Massenkommunikationsmedien und ihrer Übertragungen kommt, und die Nachrichtenberichterstattung auf die mit Handys übermittelten Videoclips angewiesen ist. Auch für den ‚Normalverbraucher' ist die Gleichzeitigkeit des Mannigfaltigen auf den Bildschirmen seines Home-TV wahrnehmbar, wenn in bestimmten Fernsehprogrammen die übereinander ablaufenden Börsen- und politischen Nachrichten ein gleichzeitig laufendes Unterhaltungsprogramm unterlegen, das außerdem noch mit so genannten ‚breaking-news' unterbrochen werden kann (s. a. Hoskins 2004).

Diese Form der erlebten Weltgleichzeitigkeit, die von einigen Beobachtern als Vernichtung von Raum und Zeit[1] interpretiert wird, ist nun nicht nur ein Problem der zunehmenden Mannigfaltigkeit des Wahrnehmbaren in der Welt, es ist vor allem auch ein Problem der angemessenen Reduktion bzw. des Umgangs mit dieser unabweisbaren, überbordenden Komplexität. Was hiermit angedeutet werden soll:

---

1   Zur Kritik an diesen Thesen vgl. u. a. Schlögel (2003).

Die Gleichzeitigkeit des Weltgeschehens ist nicht mehr ‚nur' ein systemisches apriori für die Konstitution von Sinn und Zeit. Sie ist eine empirisch erfahrbare Realität geworden, der sich die gesellschaftliche Kommunikation nicht entziehen kann. Und unsere These ist, dass aus dieser empirischen Bedeutungszunahme von Gleichzeitigkeit auch neue Formen der Bedeutung von Ungleichzeitigkeit erwachsen.

3. Gleichzeitigkeit des Ungleichzeitigen

3.1 Begriffs-/Ideengeschichte

Das Konzept der Gleichzeitigkeit des Ungleichzeitigen hat eine ideengeschichtliche und wissenschaftliche Karriere hinter sich. Inhaltlich wurde es gegen Ende des 18. Jahrhunderts thematisiert, als „in der Expansion Europas und in der zunehmenden Sichtbarkeit von extrem unterschiedlichen Zivilisationszuständen" die Idee entstand, dass wir „gleichzeitig in ungleichzeitigen Phasen der Evolution stecken" (Luhmann 2005: 186). Was damit inhaltlich angesprochen worden ist, wurde zunächst von Wilhelm Pinder (1928) in seinen kunsthistorischen Überlegungen zum Konzept der Generationen als „Gleichzeitigkeit des Ungleichzeitigen" bzw. als „Gleichzeitigkeit des verschieden Altrigen" (ebd.: 2) apostrophiert. Karl Mannheim hat sich in seinem Aufsatz über die Generationen auf Pinder bezogen und das Phänomen der Gleichzeitigkeit des Ungleichzeitigen an dem gleichzeitigen Neben- und Miteinander verschiedener Generationen veranschaulicht (Mannheim 1964: 517). In den 1930er Jahren hat Ernst Bloch der Formel von der Gleichzeitigkeit des Ungleichzeitigen eine zeitdiagnostische Wende gegeben, indem er sie zur Kennzeichnung der Mentalitäten und Ideologien im frühen Faschismus anwendete. Die Kombination von Blut-und-Boden-Romantik mit futuristischen und technizistischen Modernismen im Faschismus ist hierfür ein bekanntes Beispiel. So wortgewaltig und prägnant diese Formel von Bloch auch angewendet und popularisiert wurde, so hat sie doch, außer in einer wissenschaftlichen Arbeit von Beat Dietschy (1988), eher im Feuilleton und in der Werbung überleben können.[2] Dort wird sie als Formel für die Kombination von Tradition und Moderne[3] (z. B. Laptop und

---

2   Das mag auch daran liegen, dass Blochs Unterscheidung von objektiver und subjektiver Gleichzeitigkeit, die auf den marxistischen Kern seiner Argumentation verweist, und sein Festhalten an dem Konzept des Fortschritts (Bloch 1970) in postkolonialen Zeiten, in denen man nicht mehr vorgibt zu wissen, wer objektiv auf der ‚Höhe der Zeit' ist, nicht mehr als zeitgemäß erscheint. Siehe auch Schäfers Kritik an der „Ideologie" der Ungleichzeitigkeit (Schäfer 1994).

3   Stichweh diskutiert die Gleichzeitigkeit des Ungleichzeitigen ausschließlich als Konzept zur Bestimmung der Differenz von Tradition und Moderne. Diese Unterscheidung (und damit das Konzept der Ungleichzeitigkeit des Gleichzeitigen) hält er einerseits nicht für weiterführend und

Lederhose) benutzt oder von süddeutschen Wirtschaftsstandorten, die sich mit Bodenständigkeit (Geschichte) gepaarte ‚globale' Kompetenz (Omni-Potenzialität) zuschreiben, als Werbeslogan formuliert: „Wir können alles außer Hochdeutsch".

Auch wenn sich das Konzept der *Gleichzeitigkeit des Ungleichzeitigen* in diesen zuletzt zitierten Varianten abgenutzt zu haben scheint, so hat es zumindest in der Geschichts- und Kulturwissenschaft einen nach wie vor systematischen und für unsere Überlegungen anschlussfähigen Stellenwert. Koselleck etwa postuliert, dass sich die moderne Geschichte „aus einer Vielzahl nach Kalenderrechnung gleichzeitiger, aber nach Herkunft Ziel- und Entwicklungsphasen ungleichzeitiger Abläufe" zusammensetze (Koselleck 1975: 595; 1979, 2000). Die Des-Integration kulturspezifisch variierender, aber gleichzeitig Geltung beanspruchender Zeitperspektiven (Wohlrab-Sahr 2004) oder Erinnerungen (Giesen 2004) sind aktuelle und höchst virulente Beispiele einer solchen, an diesen Diskurs der Geschichtswissenschaft anschließbaren Vorstellung der Gleichzeitigkeit des Ungleichzeitigen.

3.2 Verschiedenheit sozialer Zeiten oder Gleichzeitigkeit des Ungleichzeitigen?

Die Tatsache, dass im Nebeneinander der gesellschaftlichen Funktionssysteme gleichzeitig einerseits auch eine Vielzahl verschiedener sozialer Zeiten, sozialer Rhythmen und Perspektiven gegeben ist, gehört zweifelsohne zu den Erscheinungen, in denen die Gleichzeitigkeit des Ungleichzeitigen zur Geltung kommt. Andererseits gehört diese „Multiplizität sozialer Zeiten" (Gurvitch 1958) gewissermaßen zu den Implikationen funktionaler Gesellschaftsdifferenzierung und zu den damit verbundenen Formen der Temporalisierung von Komplexität (Nassehi 1993). Dass die deshalb erforderlich werdenden „time-schedules" (Parsons 1964: 302) und die sich entwickelnden Zeitregimes den Eindruck einer gelingenden Synchronisation gesellschaftlicher Teilbereiche hervorrufen können, hatten wir oben bereits erwähnt. Gelingende Synchronisation, so könnte man auch formulieren, verdeckt die an sich gegebene gleichzeitige Ungleichzeitigkeit. Misslingende Synchronisation lässt Ungleichzeitigkeit dagegen sichtbar werden, verursacht sie aber nicht.

Die Paradoxie der Gleichzeitigkeit des Ungleichzeitigen, so hatten Luhmanns Überlegungen gezeigt, wird dadurch bearbeitet, dass die sinnverwendenden Systeme sich aus der Gleichzeitigkeit des „Alles-auf-einmal" durch Konstitution und Asymmetrisierung der je eigenen Zeit ausklinken, aber gleichwohl mit der „Umwelt

---

will sie durch ein „Interesse an Diversität" (Stichweh 2000: 214) bzw. ihre Erklärung ersetzt wissen. Dafür schlägt er evolutionstheoretische Ansätze vor. Andererseits sieht er in der funktionalen Differenzierung, wie auch in dem Phänomen der Regionalisierung der Weltgesellschaft, „wahrscheinliche Quelle[n] von Diversität und von Perzeptionen von Ungleichzeitigkeit in der Weltgesellschaft" (Stichweh 2000: 218).

ausweglos gleichzeitig operieren" (Luhmann 1997: 84). Die Möglichkeit der Synchronisation der verschiedenen systemeigenen Zeitperspektiven ergibt sich als Folge bzw. Erfordernis dieser ausweglos gegebenen Gleichzeitigkeit von System und Umwelt. Weil für das System in der Sach- und Sozialdimension keine Punkt-für-Punkt-Zuordnungen mit der Umwelt möglich sind, ist deshalb „eine *Identität der Zeitpunkte* und ihrer Beziehungen in System und Umwelt erforderlich, also ein gleichmäßiges Fliessen der Zeit" (Luhmann 1984: 254, Hervorhebung H.G.B.). Und die Entwicklung einer abstrakten, datierbaren und standardisierten Weltzeit fungiert in der Moderne (genauer: seit der zweiten Hälfte des 19. Jahrhunderts) als Bezugspunkt und Garantie für die Ermittlung und Herstellung von Gleichzeitigkeit. „So bleiben die Zukunfts- und Vergangenheitshorizonte von System und Umwelt integrierbar, lassen sich also zu Welthorizonten zusammenschließen" (ebd.). Vor dem Hintergrund dieser durch den Kalender und die Zeitmessung immer ermittelbaren und herstellbaren Gleichzeitigkeit lassen sich dann in sachlicher und sozialer Hinsicht völlig unterschiedliche Ereignisse und Aktivitäten koordinieren. Das nennt Luhmann Synchronisation. Synchronisation ist also mehr als Gleichzeitigkeit. Synchronisation bezieht sich auf die Herstellung passender Anschlüsse zwischen ungleichzeitigen Ereignisreihen.

Wesentlich für diese Operationsweise ist jedoch die Annahme, dass in der Gleichzeitigkeit des Weltgeschehens Kausalität ausgeschaltet ist. Was gleichzeitig geschieht, kann sich nicht betreffen. Und deshalb kann das, was gleichzeitig geschieht, auch weitgehend ausgeblendet werden, es wird in hohem Maße als ignorierbar behandelt (Luhmann 1990: 99).

Die Grenzen sozialer Systeme und/oder die sozial-räumlichen Grenzen verstärken diese Filterwirkung. Sie blenden das, was sich gleichzeitig jenseits der systemspezifischen Aufmerksamkeitslogik und/oder der territorialen Grenzen (vormals sogar: Eiserne Vorhänge) in anderen Systemen oder dritten Welten vollzieht, weitgehend aus. Und so können Systeme gegenüber der Umwelt – durch Vorsorge und Inanspruchnahme ihres Gedächtnisses – Zeit gewinnen (Luhmann: 1997: 84), die zur Synchronisation genutzt werden kann.

Was nun aber, wenn die Sichtbarkeit des gleichzeitigen Weltgeschehens dazu beiträgt, dass die Risken dieses Ignorierens und Ausblendens stärker hervortreten und die Annahme, dass Gleichzeitigkeit den Ausschluss von Kausalität bedeutet, problematisch wird? Die Verknüpftheit von Ereignisreihen in der globalisierten Ökonomie und die Wahrnehmung und Beobachtung dieser ‚Interconnectedness' (Giddens 1996) in den Massenmedien und dem World Wide Web, lässt die Ausblendung gleichzeitigen anderen Geschehens zu einem dauerhaften und sichtbaren Risiko werden.

Esposito betont, dass die Zirkularität von telematischen Operationen, bei denen fast gleichzeitig stattfindende Operationen in ‚Echtzeit' (etwa auf den Finanzmärkten) aufeinander zu reagieren versuchen, die Annahme, dass Gleichzeitigkeit

die Kausalität ausschließe, untergrabe. Ihr Befund lautet deshalb: „Weder Gleichzeitigkeit [im Sinne der Ausschließung von Kausalität durch die Gleichzeitigkeits-
annahme] noch Synchronisation" (Esposito 1997: 26). Die verschiedenen, gleichzeitigen Ereignisreihen, die jeweils für sich und im Verhältnis zueinander Ungleichzeitigkeiten prozessieren, geraten potenziell in einen Zusammenhang der Wechselwirkung. Im Unterschied zur Austauschbarkeit der Perspektiven in der Nahsynchronisation fehlt ihnen die symbolische Vermittlung. Die „Hypertrophie der Simultaneität" (ebd.) erschwert so nicht nur die Synchronisation von Handlungen,
Ereignissen und Kommunikationen in der Gesellschaft, sie lässt auch die resultierenden Überraschungen und Unabgestimmtheiten als Ungleichzeitigkeit erscheinen. Darin sehen wir – neben der mit funktionaler Differenzierung gewissermaßen
zwangsläufig verbundenen gleichzeitigen Ungleichzeitigkeit – eine neuartige Form,
in der die Gleichzeitigkeit des Ungleichzeitigen Geltung beansprucht und irritiert.

4. Strukturen und Semantik der Gleichzeitigkeit des Ungleichzeitigen

Wir hatten zunächst auf vertraute Erscheinungsformen der Gleichzeitigkeit des
Ungleichzeitigen hingewiesen, z. B. ‚das Gestern im Heute' oder ‚Tradition und
Moderne'. Dann hatten wir zu zeigen versucht, dass die *Gleichzeitigkeit des Ungleichzeitigen* eine vielfach nur verdeckte, im Grunde aber unhintergehbare Voraussetzung der Zeitkonstitution ist, die in die Beobachtung von Zeit und unsere
alltäglichen Praxen wie selbstverständlich eingelassen ist, z. B. in das Verhältnis der
Generationen. Wenn man erst einmal auf das Phänomen aufmerksam geworden
ist, wird man seiner immer häufiger gewahr. Inwiefern – so fragen wir weiter –
lassen sich, vor dem Hintergrund der von uns behaupteten *empirischen* Bedeutungszunahme der Gleichzeitigkeit des Weltgeschehens, auch neuartige, signifikante Formen der Ungleichzeitigkeit des Gleichzeitigen feststellen.

Grundsätzlich lässt sich vermuten, dass die Gleichzeitigkeit des Ungleichzeitigen in dem analogen Neben-ein-ander, In-ein-ander und Mit-ein-ander der verschiedenen Merkmale bzw. Merkmalsausprägungen, zwischen denen die Beobach-
tung/Messung von Zeit variieren kann, zu suchen ist; also nicht mehr ausschließlich in dem digitalen, disjunktiven Gegen-ein-ander und Nach-ein-ander[4] dieser

---

4   Mit der durch Bindestriche trennend-verbindenden Schreibweise versuchen wir auf die möglichen
    Paradoxien (In-ein-ander) hinzuweisen, die in der üblichen Schreibweise überschrieben werden.
    Uns ist bewusst, dass mit der Hypostasierung von derartigen Hybridformen als Beobachtungsob-
    jekte die Durchführung methodisch kontrollierter Beobachtungen, die zur empirischen Überprü-
    fung unserer Annahmen führen könnten, nicht erleichtert wird. Darauf wird bei empirischen Ar-
    beiten zum Thema besonders zu achten sein. Auch die Theorie reflexiver Moderne unterstellt ge-
    nerell die Geltung einer hybriden „Sowohl-als-auch-Logik" (Beck et al. 2004: 16). Diese Bestim-

Variablen bzw. ihrer Ausprägungen: z. B. in Bezug auf Kontinuität und Diskontinuität, Reversibilität und Irreversibilität, lange und kurze Dauer, Beschleunigung und Entschleunigung; geringe und große Reichweite des Zeithorizonts, gegenwärtige Zukunfts- und Vergangenheitsperspektiven.

Beobachtet man so, dann wird u. a. sichtbar, dass z. B. *Diskontinuität*, die als Veränderung beobachtet wird, als allmählicher, langsamer (Dörner 1996) Prozess und als schneller Wandel gleichzeitig ablaufen und beobachtet werden kann und dass auch bei abruptem sozialem Wandel, etwa infolge historischer Großereignisse, die Folgen dieser scharf markierten Diskontinuität für unterschiedliche Generationen sehr ungleich sein und *Ungleichzeitigkeiten* hervorrufen können. Die Lebenslaufforschung (Diewald et al. 1996) hat das für die Folgen des Mauerfalls überzeugend belegt. Beobachten wir die Reichweite der *Zeithorizonte* von Akteuren oder der Bindungswirkung von Verträgen, so lassen sich Beispiele für die Transformation langfristiger Verbindlichkeiten in kurzfristige (Finanzmärkte) und umgekehrt: von kurzfristigen in (relativ) langfristige, etwa bei Beschäftigungsverhältnissen in der Zeitarbeit, finden. Wir sehen darin Beispiele für die Bearbeitung ungleichzeitiger Zeithorizonte. Nehmen wir als weiteres Beispiel die gegenwärtig viel Aufmerksamkeit absorbierende Gegenüberstellung von *Beschleunigung* und *Entschleunigung* bzw. die Frage, ob Beschleunigung das dominierende und Entschleunigung nur ein residual, reaktives Moment der gesellschaftlichen Dynamik sei, wie Rosa behauptet (Rosa 2006). Die Entwicklung in der seit 2008 andauernden Wirtschaftskrise in Deutschland zeigt, dass Beschleunigung – des Konsums – zur Entschleunigung – des wirtschaftsstrukturellen Wandels – genutzt werden kann. Keineswegs ein ,neues' Phänomen, wie die lange Geschichte und (die gewollten) Trägheitseffekte von Subventionen zeigen. Aber auch ein Beispiel für das ,systemische' In-einander von Beschleunigung und Entschleunigung. Insgesamt dürfte der Verlauf der Wirtschaftskrise in Deutschland seit 2008 ein Evidenzerlebnis in Bezug auf Ungleichzeitigkeit sein.

Eine signifikante Ursache und neuartige Erscheinungsform der Gleichzeitigkeit des Ungleichzeitigen ist fraglos das World Wide Web. Es fehlt hier der Platz, darauf ausführlicher einzugehen (dazu z. B. Holtgrewe 2004). Soviel zumindest sei angedeutet: Häufig wird das Internet als Herstellung einer weltumspannenden, ,ubiquitären Gleichzeitigkeit' (Rosa 2006) beschrieben. Dass damit aber keineswegs ,gleichzeitig' die Synchronisation der Weltgesellschaft verbunden ist bzw. sein kann, möchten wir hervorheben (s. a. Esposito 1997). Im Gegenteil scheint es so zu sein, dass mit der Nutzung des Internets zwar eine Gleichzeitigkeit auf der „Ebene eines universellen Maschinenverbunds" hergestellt wird, die aber „durch

mung bleibt aber unserer Ansicht nach noch vager, als unsere (in Bezug auf die Zeitdimension spezifizierte) Paradoxievermutung an Präzisierungen erlaubt bzw. verlangt.

Benutzeranfragen in Orte und Zeitpunkte aufgelöst werden muss" (Luhmann 1997: 530). D. h., dass die Ungleichzeitigkeiten der Verwendungskontexte nicht nur nicht ausgeschlossen, sondern nachgerade stimuliert werden. Auch die heterarchische, z. T. anachronistische Struktur des über das Internet abrufbaren Wissens dürfte eine Quelle von Ungleichzeitigkeit – in der Online-Gleichzeitigkeit des www – sein.

Das Konzept der *Gleichzeitigkeit des Ungleichzeitigen* dient also kaum mehr der *Absorption von Anomalität*. Es verweist vielmehr auf die paradoxe Struktur *gegenwärtiger Zeitverhältnisse*, die in der zeitgenössischen *Semantik* verdeckt, entfaltet oder nach einer Seite hin aufgelöst wird. So bezieht sich der Begriff der ,Echtzeit' auf die eine Seite der Paradoxie und ,verdrängt' die ,Kehrseite', in der Ungleichzeitigkeit vorkommen kann, in die Virtualität. Ein weiteres Konzept aus dem Repertoire der zeitgenössischen Semantik – das der ,Nachhaltigkeit' – verdeckt die Paradoxie der gleichzeitigen Ungleichzeitigkeit eher, indem es die Unbekanntheit der Zukunft durch die Orientierung an dem, was ,nach-gehalten' werden soll, kaschiert. Mehr Unbestimmtheit lässt das Prinzip der ,Erneuerbarkeit' zu, das dem Eigenwert des ,Neuen' Konkurrenz zu machen beginnt. Entfaltet wird die Paradoxie dagegen sehr anschaulich im Umgang mit der Geschichte und dem sozialen Gedächtnis. Als Beispiel mag die von David Chipperfield gesicherte, instand gesetzte und vervollständigte Ruine des Neuen Museums in Berlin dienen, das „einer enthistorisierenden Rekonstruktion ebenso entgehen [soll] wie einer romantisierenden Alt-Neu-Rhetorik oder der Monumentalisierung seiner Zerstörung" (David Chipperfield Architects 2003: 5). Wir hätten zu prüfen, wie hier die verschiedenen Zeitschichten und Geschichten in-ein-ander, neben-ein-ander, zu-ein-ander in Zeitverhältnisse geraten. Damit, so die These, sehen wir dann mehr: Die Gleichzeitigkeit des Ungleichzeitigen.

Literaturverzeichnis

Altner, Günter/Leitschuh, Heike/Michelsen, Gerd/Simonis, Udo E./von Weizsäcker, Ernst U. (Hrsg.) (2002): Jahrbuch für Ökologie. München: C.H. Beck

Assmann, Aleida/Assmann, Jan (1994): Das Gestern im Heute. Medien und soziales Gedächtnis. In: Merten, Klaus et al. (1994): 114-140

Beck, Ulrich (1986): Risikogesellschaft. Frankfurt/M.: Suhrkamp

Beck, Ulrich/Giddens, Anthony/Lash, Scott (Hrsg.) (1996): Reflexive Modernisierung. Frankfurt/M.: Suhrkamp

Beck, Ulrich/Lau, Christoph (Hrsg.) (2004): Entgrenzung und Entscheidung. Frankfurt/M.: Suhrkamp

Beck, Ulrich/Bonß, Wolfgang/Lau, Christoph (2004): Entgrenzung erzwingt Entscheidung. Was ist neu an der Theorie reflexiver Modernisierung? In: Beck, Ulrich/Lau, Christoph (2004): 13-62

Bloch, Ernst (1962): Erbschaft dieser Zeit. Frankfurt/M.: Suhrkamp

Bloch, Ernst (1970): Tübinger Einleitung in die Philosophie. Frankfurt/M.: Suhrkamp

Brose, Hanns-Georg (2002): Zeitkulturen im Umbruch. In: Altner, Günter et al. (2002): 123-136

Brose, Hanns-Georg (Hrsg.) (2004a): Cultures of Non-Simultaneity. In: Special Issue of Time & Society 13(1): 2004

Brose, Hanns-Georg (2004b): Towards a Culture of Non-Simultaneity. An Introduction. In: Brose, Hanns-Georg (2004a): 5-26

Brunner, Otto/Conze, Werner/Koselleck, Reinhart (Hrsg.) (2004): Geschichtliche Grundbegriffe. Historisches Lexikon zur politisch-sozialen Sprache in Deutschland. Band 2. Stuttgart: Klett

Castells, Manuel (1996): The Rise of the Network Society. Cambridge, Mass.: Blackwell

David Chipperfield Architects (Hrsg.) (2003): Neues Museum. Museumsinsel Berlin. Dokumentation und Planung. Berlin: Druckteam Berlin

Diekmann, Andreas/Jaeger, Carlo C. (Hrsg.) (1996): Umweltsoziologie. Sonderheft 36 der Kölner Zeitschrift für Soziologie und Sozialpsychologie. Wiesbaden: VS Verlag

Dietschy, Beat (1988): Gebrochene Gegenwart. Ernst Bloch, Ungleichzeitigkeit und das Geschichtsbild der Moderne. Frankfurt/M.: Vervuert

Diewald, Martin/Huinink, Johannes/Heckhausen, Jutta (1996): Lebensverläufe und Persönlichkeitsentwicklung im gesellschaftlichen Umbruch. Kohortenschicksale und Kontrollverhalten in Ostdeutschland nach der Wende. In: Kölner Zeitschrift für Soziologie und Sozialpsychologie 48(2): 219-248

Dörner, Dietrich (1996): Der Umgang mit Unbestimmtheit und Komplexität und der Gebrauch von Computersimulationen. In: Diekmann, Andreas et al. (1996): 489- 515

Eder, Klaus (2004): The two faces of Europeanization. Synchronizing a Europe moving at varying speeds. In: Brose, Hanns-Georg (2004a): 89-107

Esposito, Elena (1997): The Hypertrophy of Simultaneity in Telematic Communication. In: Thesis Eleven 51(1): 17-36

Esposito, Elena (2002): Soziales Vergessen. Formen und Medien des Gedächtnisses der Gesellschaft. Frankfurt/M.: Suhrkamp

Esposito, Elena (2006): Zeitmodi. In: Soziale Systeme 12(2): 328-344

Giddens, Anthony (1996): Leben in einer posttraditionalen Gesellschaft. In: Beck, Ulrich et al. (1996): 113-194

Giesen, Bernd (2004): Noncontemporaneity, Asynchronicity and Divided Memories. In: Brose, Hanns-Georg (2004a): 27-40

Gurvitch, Georges (1958): La Multiplicité des Temps Sociaux. Paris: Centre de Documentations Universitaires

Habermas, Jürgen/Luhmann, Niklas (1971): Theorie der Gesellschaft oder Sozialtechnologie. Frankfurt/M.: Suhrkamp

Holtgrewe, Ursula (2004): Articulating the Speed(s) of the Internet. In: Brose, Hanns-Georg (2004a): 129-146

Hoskins, Andrew (2004): Television and the Collaps of Memory. In: Brose, Hanns-Georg (2004a): 109-128

Huyssen, Andreas (2003): Present Pasts. Urban Palimpsets and the Politics of Memory. Stanford, Cal.: Stanford University Press

Koselleck, Reinhart (1975): Einleitung. Artikel Geschichte, Historie. In: Brunner, Otto et al. (2004): 593-595

Koselleck, Reinhart (1979): Vergangene Zukunft. Frankfurt/M.: Suhrkamp

Koselleck, Reinhart (2000): Zeitschichten. Studien zur Historik. Frankfurt/M.: Suhrkamp

Lübbe, Hermann (2000): Schrumpft die Gegenwart? Über veränderte Gegenwart von Zukunft und Vergangenheit. Vortragsreihe „panta rhei" der Hans Erni-Stiftung. Luzern: Verlag Hans Erni-Stiftung

Luhmann, Niklas (1971): Sinn als Grundbegriff der Soziologie. In: Habermas, Jürgen/Luhmann, Niklas (1971): 25-100

Luhmann, Niklas (1980): Gesellschaftsstruktur und Semantik. Frankfurt/M.: Suhrkamp

Luhmann, Niklas (1984): Soziale Systeme. Grundriss einer allgemeinen Theorie. Frankfurt/M.: Suhr-
    kamp
Luhmann, Niklas (1990): Soziologische Aufklärung 5. Konstruktivistische Perspektiven. Opladen:
    Westdeutscher Verlag
Luhmann, Niklas (1997): Die Gesellschaft der Gesellschaft. 2 Bde. Frankfurt/M.: Suhrkamp
Luhmann, Niklas (2003): Soziologie des Risikos. Berlin/N.Y.: de Gruyter
Luhmann, Niklas (2005): Einführung in die Theorie der Gesellschaft. Darmstadt: Wissenschaftliche
    Buchgesellschaft
Lutz, Burkart (1984): Der kurze Traum immerwährender Prosperität. Frankfurt/M.: Campus
Mannheim, Karl (1964): Wissenssoziologie. Berlin/Neuwied: Luchterhand
Mark, Gloria/Gonzalez, Victor M./Harris, Justin (2005): No Task Left Behind? Examining the Nature
    of Fragmented Work. CHI PAPERS: Take a Number, Stand in Line (Interruptions & Attention
    1). Portland, Oregon
Mead, George Herbert (1980): Gesammelte Aufsätze. Band 2. Frankfurt/M.: Suhrkamp
Merten, Klaus/Schmidt, Siegfried J./Weischenberg, Siegfried (Hrsg.) (1994): Die Wirklichkeit der
    Medien. Opladen: Westdeutscher Verlag
Nassehi, Armin (1993): Die Zeit der Gesellschaft. Auf dem Weg zu einer soziologischen Theorie der
    Zeit. Opladen: Westdeutscher Verlag
Neue Gesellschaft für Bildende Kunst (NGBK) (Hrsg.) (2007): Multitasking. Synchronität als kulturelle
    Praxis. Berlin: Vice Versa
Parsons, Talcott (1964): The Social System. New York: The Free Press
Pinder, Wilhelm (1928): Das Problem der Generation in der Kunstgeschichte Europas. Leipzig: Verlag
    E.A. Seemann
Rammstedt, Otthein (1975): Alltagsbewusstsein von Zeit. In: Kölner Zeitschrift für Soziologie und
    Sozialpsychologie 27: 47-63
Rosa, Hartmut (2005): Beschleunigung. Die Veränderung der Zeitstruktur in der Moderne. Frank-
    furt/M.: Suhrkamp
Schäfer, Wolf (1994): Ungleichzeitigkeit als Ideologie. Frankfurt/M.: Fischer Verlag
Schlögel, Karl (2003): Im Raume lesen wir die Zeit. München/Wien: Hanser Verlag
Schütz, Alfred (1932): Der sinnhafte Aufbau der sozialen Welt. Wien: Springer Verlag
Shils, Edward (1981): Tradition. London/Boston: Faber and Faber
Simmel, Georg (1890): Über soziale Differenzierung. Soziologische und psychologische Untersuchun-
    gen. Leipzig: Duncker & Humblot
Stichweh, Rudolf (2000): Die Weltgesellschaft. Soziologische Analysen. Frankfurt/M.: Suhrkamp
Wohlrab-Sahr, Monika (2004): Integrating Different Pasts, Avoiding Different Futures? Recent conflicts
    about Islamic religious practice and their judicial solutions. In: Brose, Hanns-Georg (2004a): 51-70

Beschleunigung der medizinischen Wissensproduktion am Beispiel von endoskopischen Fortbildungskongressen

Heidrun Kaupen-Haas

Am Beispiel einer in der Medizin situierten, kleinen klinischen Disziplin, der Endoskopie des Ernährungs- und Verdauungs-Traktes, soll der Versuch gemacht werden, Prozesse der Organisation des Wissens und des sozial-technischen Wandels im Hinblick auf Wissenssicherheit und Zeitstrukturen zu befragen. Diese Disziplin organisiert jährlich in Hamburg einen Fortbildungskongress, den weltweit größten in seinem Format. Dies geschieht mit Hilfe eines regionalen interklinischen Netzwerks (Endo Club Nord) von drei Endoskopiezentren, die ,vor Ort' (Hamburg) konkurrieren und kooperieren, sowie unter Beteiligung von Informations- und Telekommunikationstechnologien, die Operations- und Kongress-Ensembles aus aller Welt fast zeitgleich verschränken. Merkmal des Kongresses ist zwar sein klinischer und lokaler Kern, er ist aber vor allem ein Forum, in dem nationale und internationale Teilnehmer in sechs verschränkten Arenen kollektiv (transnational) agieren sowie interagieren und kommunizieren:

1. Endoskopie des Magen-Darm-Trakts als Gegenstand des medizinischen Wissens,
2. Endoskopische Operations- und Krankenhaus-Ensembles als Patienten, Diagnostiker, Therapeuten und Wissensproduzenten,
3. Expertenforum mit Klinikern (Ärzten und ärztlicher Assistenz) als Instanz der Supervision, Kontrolle und Evaluation,
4. Auditorium (Ärzte und ärztliche Assistenz) als Zielgruppe der Fortbildung,
5. ,Partner' aus der Bio-, Nano-, Informations- und Telekommunikationsindustrie und
6. Organisation der Fortbildung als Initiator und Teil eines interklinischen regionalen Netzwerks.

Durch die Erfindung weit reichender, technischer Netze (via Satteliten übertragen) wird das endoskopische Forum zu einem transnational empfangenden und ausstrahlenden Vektorfeld. Seine raumzeitliche Regulation wird durch Elemente der Elektronik möglich, die sich zu einer Vielzahl von Schaltkreisen organisieren lassen, welche eine Vielzahl von Zwecken gleichzeitig und raumübergreifend erfüllen kann. Die Kombinationen von Bio-, Nano- sowie von Informations- und Telekommunikationstechnologien ermöglichen nicht nur die endoskopische klinische Praxis, sondern auch die weltweite Versammlung der Akteure zu einer Organisation des Wissens als Diskurs-Formation und, da die Bildgebung von zentraler Bedeutung ist, als ‚Viskurs-Formation' (Knorr Cetina 2001), die meist in Dialog- oder Trialogform prozessiert wird.

Wir gehen davon aus, dass es sich um Prozesse handelt, die ähnlich denen sind wie die von Knorr Cetina herausgearbeiteten ‚globalen Mikrostrukturen der Weltgesellschaft' (Knorr Cetina/Brügger 2005: 145), d. h. es handelt sich um die Verschaltung von kurzen, lose gekoppelten dyadisch oder triadisch angeordneten Zeitgemeinschaften. Die hier vorgenommene methodische[1] und theoretische Vorgehensweise orientiert sich an Erving Goffmans ‚Interaktionsordnung', deren Fokus auf Begegnungen „mit körperlicher Anwesenheit" und „Kopräsenz" (Goffman 1994: 55, 61, 68f.) liegt. Allerdings muss hier eine, bereits von Goffman nahe gelegte Erweiterung vorgenommen werden: Während Goffman (1994: 69f.) Kommunikationsmedien wie Telefon und andere Medien nennt, werden jetzt neuartige Video und Kommunikationstechnologien eingesetzt. Während Goffman sich vor allem mit tradierten, milieuweltlich bzw. alltäglich geübten Ritualen und Sinnbildungsprozessen – mit Mikrophänomenen also – befasst, verschiebt unsere Mikroanalyse der Fortbildung die Perspektive und bringt vor allem jene Goffmanschen „lose(n) Koppelungen zwischen Interaktionsordnung und sozialer Struktur zum Vorschein" (Goffman 1994: 87), die sich über „Zeit und Raum ausbreiten und wieder verschwinden" (Goffman 1994: 63). Gemeint sind Verfahren, die es ermöglichen, dass sich von Fall zu Fall (z. B. von Operation zu Operation) bestimmte „Versionen der Wirklichkeit offiziell durchsetzen" (Goffman 1994: 104). Es geht um die Synchronisation von Interaktionen, die mittels der unsichtbaren Informations- und Telekommunikationstechnologie erfolgt. Diese technologisch erwirkte Synchronisation ist es, welche die Endoskopie des Magen-Darm-Trakts erst möglich macht und Handlungsspielräume für Entwicklungen und neue, virtuell erstellte Kopräsenzen eröffnet und zur Entfaltung verhilft.

Diese Konzeptualisierung der Fortbildung als Netzwerk in Interaktion impliziert lose, technisch vermittelte Koppelungen an operative Teile der Klinik ‚vor Ort', von Experten, die abwesend (als Operateure) oder anwesend (Supervision, Evaluation) Wirkung entfalten können sowie eine völlige Entkoppelung von der klassischen Klinik, die das Moment der Dauer in Form von stabilen Regeln im

---

1 Die Analyse beruht auf teilnehmender Beobachtung, Text- und Videodaten (teilnehmende Beobachtung in der Klinik für Interdisziplinäre Endoskopie des Universitätsklinikum Hamburg-Eppendorf als Teil von medizinsoziologischen Praktika, Promotions- und Forschungskooperationen; teilnehmende Beobachtung von Jahreskongressen des Endo Clubs Nord seit 2003; zufällige Gelegenheiten zu Gesprächen auf dem Campus; Fachliteratur, Internetrecherchen, graue Literatur).

Umgang mit Buchwissen, Akten und stationären Belegzeiten ausgebildet hat. Es unterscheidet sich ebenso vom Modell der auf Dauer gestellten Herrschaft, die durch „stabile Machtverteilung", durch einen „Herrschaftsapparat" in Gestalt einer „Bürokratie" mit „entwickeltem Schreib-Rechenwesen" gekennzeichnet ist und eine Erledigung „von Fall zu Fall" prinzipiell ablehnt (Weber 1972: 549f., 567, 639). Dies trifft potenziert und viel radikaler auch für die Industriepartner der Netzwerk-Akteure zu, die sowohl anwesend z. B. in der Lobby ‚vor Ort' (Industrieausstellung) als auch abwesend sind, indem sie im technischen Vollzug hinter den Technologien völlig verschwinden und die weit reichenden Wirkungen – nicht zuletzt durch die unsichtbare Beschleunigung – entfalten können.

Die folgende Analyse geht mikroanalytisch vor und unterscheidet sich damit methodisch von den bekannten makrosoziologischen Analysen zum Thema Zeit und Beschleunigung wie sie beispielsweise Nassehi (1993) und Rosa (2005) vorgenommen haben. Dabei wird sich herausstellen, dass die unterschiedliche Herangehensweise zu unterschiedlichen Ergebnissen führt.

1. Ausgewählte Fallstudien

Die Endoskopie des Magen-Darm-Traktes hat sich aus den beiden klassischen klinischen Fächern Innere Medizin und Chirurgie herausdifferenziert. Im Unterschied zu diesen betrachtet sie den Körper als offene Form und, anders als die Chirurgie, den Magen-Darm-Trakt als minimalinvasiv zugängliche und mit Hilfe von bildgebenden Verfahren kontrollierbare und zugleich therapierbare Passage. Die folgenden Fallbeispiele aus der Fortbildung, die der Endo Club Nord organisiert, konzentrieren sich nicht auf die endoskopische Routine, sondern auf den Umgang mit Innovationen, also auf die ‚Baustellen' der Disziplin.

1.1 Beispiel: Dünndarmdiagnostik mit der Videokapsel

Ein ungewohntes Bild zeigt sich dem Auditorium auf den ersten Blick: Auf dem Bildschirm ist eine sitzende Frau zu sehen, die einer eher alltäglichen Beschäftigung nachgeht, nämlich dem Stricken. Gleichzeitig unterhält sie sich sichtlich angeregt mit dem anwesenden Arzt. Dies ist nicht zuletzt deswegen bemerkenswert, weil gleichzeitig eine Diagnostik des Dünndarms mittels eines Kapselendoskops durchgeführt wird. Im Unterschied zur konventionellen Endoskopie zeichnet sich dieses Kapselendoskop durch das Fehlen eines Einführungsschlauchs aus. Es hat die Form einer leicht zu schluckenden Kapsel von 26 x 11 Millimetern und erfordert keine Anästhesie der Speiseröhre. Die Technologie nutzt Magnetismus, um die Bewegungen des eingeführten Gegenstandes zu steuern. Während dieses Trans-

ports, der synchron zum Gespräch gezeigt wird, fertigt das Kapselendoskop Bild-
aufnahmen der Speiseröhre, des Magens und Darms an. Die Innovation, die sich
vor den Augen des Auditoriums abspielt, liegt in einer eigens untersuchenden
Kombinatorik aus industrieller Entwicklung, dem Roboter, der Bilddaten produziert und aussendet, und der Motilität bzw. Trägheit des Körpers (peristaltischen
Bewegungen des entleerten Magens und Darms).

Auf dem Kongress wird dreierlei zeitgleich auf dem Bildschirm sichtbar: die
Interaktion des OP-Ensembles, also im lebensweltlichen Sinne eine Außensicht,
die Abläufe im Körperinnern im Modus von Bilddaten sowie die medizinische
Diagnostik im Gespräch mit dem Patienten (Aufklärungsdiskurs). Sind bisher drei
Szenen in ihrer Gleichzeitigkeit angeführt worden, so müssen – bezogen auf die
Kongresssituation – zwei weitere genannt werden: das Auditorium sowie die Su-
pervisoren, die das Geschehen begleiten, kommentieren und ggf. unterbrechen.
Durch die Gleichzeitigkeit von OP-Ensemble, von sichtbar gemachtem Körperinnern, von medizinischer Aufklärung, von Auditoriums- und Supervisionspräsenz
passieren strukturelle Umordnungen. Die klassischen Unterscheidungen zwischen
‚innen‘ und ‚außen‘ des Körpers, zwischen der Klinik und der Fortbildungsstätte
lösen sich auf und es vollzieht sich eine Art ‚Delokalisierung‘, d. h. die klassische
Verortung mit ihren je unterschiedlichen Zeitlichkeiten wird zu einem in sich vielfältigen Szenarium zusammengebracht.

Diese technisch ermöglichte Verschränkung von Raum und Zeit verweist auf
neue Formen des globalen Handelns, die nicht nur medizinspezifisch sind. Während bisher in der Medizinsoziologie die Face-to-Face-Situation zwischen Arzt und
Patient unter dem Label Arzt-Patient im Mittelpunkt des Interesses stand und die
verschiedenen Aktionsräume separat untersucht worden sind, zeichnet sich jetzt
ein anderer Untersuchungsgegenstand ab: Es geht auch um die „Face-to-Screen-
Situation" (Knorr Cetina/Brügger 2005: 147) und es geht gegenüber der klassischen Klinik darum, neue „Zeitgemeinschaften" (ebd.: 166f.) in den Blick zu nehmen. Beziehen sich diese neuen Untersuchungsgegenstände auf Interaktion und
Kommunikation, so ist die Frage der Wissensproduktion berührt. Die aufgeführten
Szenen und Arenen machen „mehrere Ebenen der Wissensproduktion" (ebd.: 149)
sichtbar. Sie schaffen eine „strahlende und blickfangende Präsenz auf den Bildschirmen" (ebd.: 159) und machen die Beteiligten aus unterschiedlichen Provinzen
und Kontinenten zu globalen Zeitgenossen der Bildung durch Bilder und Diskurse,
wofür Knorr Cetina (2001), wie oben schon angedeutet, in ihrer Kernphysikstudie
den Begriff ‚Viskurse‘ geprägt hat. Die reziproke Verschränkung von Zeit- und
lokalen Raumdimensionen generiert ein „vielschichtiges Hybrid" (Knorr Ceti-
na/Brügger 2005: 165), einen globalen Überwachungsraum ohne das Moment der
Dauer, der sich transnational schnell ausdehnt und ebenso schnell wieder verschwindet. Für dieses Geschehen hat Knorr Cetina in ihrer Finanzmarktstudie den
Begriff „globale Mikrostrukturen der Weltgesellschaft" (ebd.: 145) geprägt, eine

Prägung, die auch für den diskutierten endoskopischen Bereich in Anschlag gebracht werden kann.

Weiterhin lässt dieses Beispiel eine neue Wendung im Verhältnis von Innovation und Routine aufscheinen, das im zweiten Fallbeispiel noch deutlicher wird. Die Kapseldiagnostik erscheint im Vergleich zur bisherigen Methode in mehrerer Hinsicht als klar überlegen. Diese Klarheit ist der Grund dafür, dass die Diagnostik, obwohl noch im Status des Experiments vorgeführt, bereits den Anspruch und die Geltung eines normalen bzw. normalisierten Verfahrens hat. Damit ist zugleich gesagt, dass der Übergang von Experiment in Routine sich mit zunehmender Beschleunigung vollziehen kann.

Darüber hinaus wird noch eine anders gelagerte soziale Dimension deutlich. Die auffällige Miniaturisierung der Apparatewelt (Kapsel) hat auch die, ebenfalls global zu beobachtende Reduktion von Personalressourcen zur Folge. Das genannte OP-Ensemble setzt sich in diesem Fall aus Technik, Patientin und, wohl gemerkt, einem Arzt zusammen, d. h. die Tendenz zum Ein-Personen- oder ‚dienstbotenlosen' Betrieb (Giedion 1987) ist erkennbar.[2]

1.2 Beispiel: Narbenlose Eingriffe

Das zweite Beispiel ist der Hervorbringung unterschiedlicher Zeitstrukturen und deren Wirkung im Sinne der Verschiebung von Wissensformen, -feldern und -gegenständen gewidmet. Es betrifft die Entfernung der Gallenblase und des Blinddarms, ohne dass diese Eingriffe sichtbare Spuren auf der Außenhaut hinterlassen. Erstens gibt es die bekannte klassische Behandlung, die Operation, die nur noch ausnahmsweise praktiziert wird. Zweitens gibt es die zurzeit überwiegend praktizierten minimalinvasiven Eingriffe mit starrem Endoskop, auch ‚Schlüssellochチ-Chirurgie' genannt (Laparoskopische Cholezystektomie, Appendektomie).[3] Drittens gibt es den Eingriff mit dem flexiblen Endoskop über die natürlichen Körper-

---

2   Ein weiteres Beispiel aus der Universitäts-Endoskopie in Hamburg, das aufgrund einer organisatorischen Panne auf einer Jahrestagung des Endo Clubs Nord nicht gezeigt worden ist, stammt aus dem Bereich Extrakorporale Stoßwellenlithotripsie (ESWL). Es handelt sich um die Zertrümmerung von Gallenblasensteinen, eine relativ häufige Erkrankung, die erst behandelt werden muss, wenn Beschwerden auftreten. Sie war über viele Jahrzehnte eine Domäne der Chirurgie. Mit der Einführung der ESWL wurde das Behandlungsspektrum durch ein nebenwirkungsarmes, nichtoperatives Verfahren erweitert. Auch in diesem Fall ist eine Sedierung nicht zwingend notwendig, wird aber meist von Patienten gewählt. In diesem Fall besteht die Möglichkeit, dass der Patient in die Steinzertrümmerung aktiv involviert wird; er bestimmt über Geschwindigkeit, Rhythmus und die Dauer der Sitzung mit. Der Arzt behandelt ohne Assistenz.

3   Ärztekammer Hamburg, Weiterbildungsordnung der Hamburger Ärzte und Ärztinnen vom 21.02.2005: 18 (Facharzt für Viszeralchirurgie).

öffnungen (Mund, Anus oder Vagina). So aufgezählt, erscheint das Beispiel kaum der Rede wert. Interessanter ist aber schon der Umstand, dass in der Weiterbildungsordnung Methode 1 und 2 anerkannt und für die Facharztausbildung relevant sind. Das heißt es zeichnet sich nicht eine am Fortschrittsgedanken orientierte Figur der Abfolge ab, sondern die Figuren der Gleichzeitigkeit und der Vielfältigkeit. Die dritte Variante, der Eingriff mit dem flexiblen Endoskop über natürliche Körperöffnungen, befindet sich im Stadium des Experiments. Eine Kodifizierung gemäß deutscher Facharztausbildung erscheint möglich, denn vom Experiment geht eine große Faszination aus. Diese bezieht sich sowohl auf die Operateure, die sich den Bauchinnenraum als neues operatives Handlungsfeld erschließen wollen, als auch darauf, dass sie von Massenkommunikationsmedien unter dem Gesichtspunkt der Narbenlosigkeit begrüßt wird (*Hamburger Abendblatt* vom 04.11.2006, 12.11.2007). Beginnt sich diese dritte Variante schnell als möglicher „attraktiver Weg in die Zukunft" in der Medizin als Experiment zu etablieren (Hagemüller et al. 2007: 525ff.), so gilt sie im fernen Indien, wo sie in technischer Zusammenarbeit mit einer sehr renommierten US-Klinik entstanden ist, bereits als evaluiert, obwohl noch keine verbindliche wissenschaftliche Referenz dafür aufgeführt werden kann.

Der sich in vollem Gang befindliche internationale Wettstreit zeugt von einem, das Verhältnis von Experiment und Routine, ‚neu' und ‚alt' betreffenden, grundsätzlichen Problem. Es geht um die Leitlinien zur Standardisierung von Curricula – wie das Experiment in Standard überführt wird, was die Frage nach Konstitution und Geltungsbereich der Routine einschließt. Es geht außerdem um neue Anwendungsfelder und nicht zuletzt darum, welche operative Disziplin sich die neue Technik und die neuen Arbeitsfelder am schnellsten aneignen kann (Morel 2008: 12f.),[4] oder wie – nach welchen Kriterien experimentiert, qualifiziert, Wissen beurteilt und evaluiert wird – und welche Instrumente dazu neu entwickelt werden müssen.

Zur Erläuterung: Auf dem Hamburger Fortbildungskongress wurde – im Unterschied zum ersten Fallbeispiel – die neue Methode zunächst nicht nur als in Indien praktizierte Therapiemethode im Stadium eines Experiments präsentiert, sondern auch von einem externen Expertengremium supervidiert und ein Tag später evaluiert. Im Anschluss an die Präsentation wurde in einem Streitgespräch zwischen den Repräsentanten des ‚alten' und ‚neuen' Verfahrens über die möglichen Vor- und Nachteile gestritten und es wurden einige Kriterien, die zukünftig gelten sollten, genannt. Dabei wird schon deutlich, dass ein relativ kleines Ereignis – durch die Direktübertragung des Experiments aus einem indischen OP qua Bildschirm auf den Hamburger Fortbildungskongress – sehr großes Interesse wecken

---

4   Dabei geht es darum, welche Disziplin – Innere Medizin oder Chirurgie – sich am lernfähigsten erweist. Dazu werden Lernkurven gemessen und verglichen.

kann. Die Ankunft via Informations- und Telekommunikationstechnik fand große Aufmerksamkeit im Auditorium, die durch die Supervision durch ein Experten-team wissenschaftlich hochkarätig gerahmt und damit aufgewertet wurde. Im For-mat des Streitgesprächs, in dem die indischen Experimentatoren und die Repräsen-tanten der ‚alten' Methode anschließend zu Wort kamen, wurde die Aufmerksam-keit wach gehalten. Auch als anderentags ein Expertengremium die ‚Highlights des Vortags' erneut bewertete, war das Interesse am indischen Experiment besonders groß. Es zeigt sich: Dieser Transfer aus Indien weckt Neugierde, geradezu Wissbe-gierde, die durch eine groß angelegte Inszenierung nicht nur während eines Kon-gresses, sondern über mehrere Kongressfolgen hinweg, nicht nur gefördert, son-dern auch institutionell gebahnt wird.

Während im ersten Fallbeispiel ein reibungsloser Übergang von ‚alt' zu ‚neu' zu beobachten war, wird in diesem Falle ein komplex gestaltetes Verhältnis hergestellt. Die minimalinvasive Methode muss, um der Delegitimierung zu begegnen, weiter-entwickelt werden. Die neue Methode muss sich in dieser Konstellation bewähren. Für dieses Beispiel heißt das: Gegenüber der Narbenlosigkeit mit ihren positiven Folgen (wie etwa schnelle Rekonvaleszenz oder keine Anästhesie) muss sich die alte Methode neu positionieren, woraus eine konflikthafte Gemengelage resultiert.[5] Man kann auch sagen, die alte Methode wird Bestandteil der Prozessierung der Innovation (Nelson 1997: 103ff.).

Damit ist ein Gegensatz zur klassischen, in den Weiterbildungsordnungen nie-dergelegten Form hervorgebracht. Während sich die klassische Form auf das Mo-ment der Routine beruft, tritt zunächst das Experiment als ein wichtiger Motor der Fortbildung hervor. Aber auch die institutionalisierte Routine, zum Vergleich mit der Innovation gezwungen, gerät in Bewegung, um überhaupt noch institutionelle Stabilität bewahren zu können. Sie muss sich erneut wissenschaftlich vergleichen-den Prozeduren unterwerfen, d. h. sie wird revidiert und revidiert sich. Der Endo Club Nord ist die Organisation, die den komplizierten Übergang bzw. die Gleich-zeitigkeit von ‚alt' und ‚neu' darstellt und austrägt.

Beide Beispiele ermöglichen Einsichten in die wechselhaften Verhältnisse zwi-schen Endoskopie als Klinik und Industrie. Im ersten Beispiel hat die Weltfirma Olympus die technische Basis für die klinische Innovation bereitgestellt, im zweiten Beispiel gerät sie, weil sie den technischen Anschluss nicht gefunden hat, unter Marktdruck. Ihre daraus resultierende Strategie besteht darin, dass sie europaweit

---

5 Sie wird als zukunftsträchtige, weil ‚minimalinvasivere' (ohne Anästhesie), ‚narbenlose' Methode mit kürzerer Rekonvaleszenzzeit vorgestellt. Indem die Maßstäbe verschoben bzw. neue Maßstä-be eingeführt werden, erhält die ‚alte' Methodik Minusvarianten. Sie wird in die Anormalitätszone gerückt (Link 1997: 320ff.), d. h. es entsteht für die Standardmethode, nicht nur für die Innovati-on Legitimierungs- und Vergleichsdruck, wobei sich die Maßstäbe für den Vergleich verschoben haben.

eine Forschungsinitiative ergriffen hat, welche ihren Kundenkreis über Forschung bindet (Olympus).[6]

1.3 Beispiel: ‚Der besondere Fall'

Unter dem Gesichtspunkt der Wissensbildung zwischen Regel/Routine und Innovation/Experiment ist der Umgang mit seltenen Krankheiten, wie er auf dem Kongress organisiert wird, interessant. Für den Fall, in dem es kein Wissen bzw. keine standardisierte klinische Regel der Diagnostik und Therapie gibt, hat das endoskopische Forum ein spezielles Verfahren entwickelt. Es versammelt den ärztlichen Nachwuchs, der seine Umgangsweisen mit dem Patienten in dem ‚besonderen Fall' bewertet und seine Lösung des Falls nicht nur vor dem Auditorium vorträgt, sondern sich versichert, wie das Auditorium auf seinen Vortrag reagiert. Es geht in diesem Fall nicht um Akzeptanz bzw. die Entlastung durch Experten, weil es ja auch gar keine allgemeinen Beweise für die Richtigkeit des Handeln geben kann, sondern um eine kulturelle Akzeptanz des individuellen Tuns (Verantwortungsethik), in der Verantwortung für das eigene Handeln übernommen wird, in Form der Akklamation im Auditorium. Diese Vorgehensweise ist deswegen relevant, weil es keinerlei begründete Sicherheit im Sinne systematischer Forschung im individuellen Fall geben kann. Dieses Beispiel stellt geradezu den Umstand aus, dass ein Arzt mit unsicherem, medizinischem Wissen umgehen muss.

1.4 Beispiel: Eine Indikation entfällt

Während im ersten und zweiten Beispiel eine standardisierte Methode durch eine Innovation infrage gestellt wird, im dritten Beispiel singuläre Fälle, für die es keine Regel gibt, zur Diskussion und Abstimmung gestellt werden, geht es im vierten Fall um eine regelhaft geübte Praxis (Routine), die – wie sich durch eine Follow-up-Studie herausgestellt hat – den erwarteten Erfolg nachhaltig nicht zeitigt. Die Studie impliziert den Verzicht auf eine Handlungsempfehlung zugunsten einer Therapie für den Fall, dass keine gesicherte Therapie anzubieten ist. Es wird die Konsequenz gezogen, dass keine Therapie für den Patienten besser ist, als eine, die nicht statistisch abgesichert ist. Der Vollzug einer Therapie in statistisch genügender Anzahl ist Voraussetzung, um mittels Wahrscheinlichkeitsrechnung – bekannt unter dem Begriff evidenzbasierte Medizin – Abweichungen von der erwarteten

---

6   Olympus unterstützt die Einrichtung von Euro-Notes-Forschungsfonds. Presseinformation vom
     16.07.2007.

Regel feststellen zu können. Dieses Verfahren ist auch in der endoskopischen Fortbildung platziert, um zwischen sicherem und unsicherem Wissen zu trennen und sich von scheinbar sicheren Therapien zu verabschieden. Da aber die evidenzbasierte Medizin auf Wahrscheinlichkeiten beruht und erst nachträglich Argumente zeitigen kann, bietet sie keine Entscheidungshilfe in der Anfangsphase auf dem Weg zwischen Experiment und Routine.

2. Zusammenfassung

Zur Beschreibung und Analyse der Art und Weise, wie dieser Kongress fortbildet, eignet sich der – wie schon erwähnt – von Knorr Cetina/Brügger eingeführte Begriff „globale Mikrostrukturen der Weltgesellschaft" (2005: 145). Geht es bei Knorr Cetina und Brügger um die spezifische Funktionsweise von Finanzmärkten, so wird der Begriff hier für die Vernetzung von medizinischen Prozessen mit dem industriellen Komplex in Anspruch genommen. Es geht um die Koppelung von kleinen Einheiten (z. B. lokale und kurze Operationssituationen) mit weltweit gestreuten Aktions- und Reflexionseinheiten (z. B. kurze Kommentare aus dem Kreis der Experten, Begutachtung, Kritik, Supervision), die zu kurzen Zeitgemeinschaften verschaltet werden. Die Herstellung von Zeitgemeinschaften als Integral unterschiedlicher Zeitzonen und Parallelwelten (Arenen des Kongresses, West/Ost, Klinik/Industrie, Ärzte/Nicht-Ärzte inklusive Patienten, Endoskopie/andere klinische Disziplinen) führt zu Multiperspektivitäten in der Wissensproduktion im Sinne von verschiedenen, potenziell sinnvollen Aussagen im Unterschied zur Vorstellung einer objektiven Erkenntnis als klassischem Ideal eines vom Alltäglichen und allem Widersprüchlichen gereinigten, in Gestalt des Lehrbuchs verfestigten, medizinischen Wissens. Die flexible Koppelung zu Zeitgemeinschaften beschleunigt also die Wissensproduktion in Richtung Vielfalt. Sie fördert aber auch nachhaltig – was meist nur zeitverschoben möglich ist – die klinische Sicherheitsproduktion und zwar nicht nur, indem sie außerklinische, längerfristige Evaluationen (EBM) einführt, da wo situationsbedingt die eigene Kontrolle als ambulante Medizin endet, sondern auch durch Qualifikation und Kooperation, die symmetrisch organisiert und verschränkt sind.

Gegenstand der Untersuchung war die unsichtbare – nicht die gefühlte –, durch Informations- und Telekommunikationsmedien möglich gewordene Beschleunigung von Wissensdaten. Diese Beschleunigung eröffnet Handlungsfreiräume, denen die kleine Disziplin Endoskopie des Magen-Darm-Trakts ihre Entstehung sowie disziplinäre, lokale und globale Entfaltung verdankt.

Literaturverzeichnis

Giedion, Siegfried (1987): Die Herrschaft der Mechanisierung. Ein Beitrag zur anonymen Geschichte. Frankfurt/M.: EVA

Goffman, Erving (1994): Die Interaktionsordnung. In: Goffman, Erving (1994): 50-104

Goffman, Erving (1994): Interaktion und Geschlecht. Frankfurt/M.: Campus

Hagemüller, F./Immenroth, M./Berg, T./Bally, K./Rasche S. (2007): Das Konzept der narbenlosen Eingriffe („scarless surgery'). In: Chirurg 78(6): 525-530

Hamburger Abendblatt (2007): 04.11.2006

Hamburger Abendblatt (2007): 12.11.2007

Heintz, Bettina (2004): Emergenz und Reduktion. Neue Perspektive auf das Mikro/Makro-Problem. In: Kölner Zeitschrift für Soziologie und Sozialpsychologie 56(1): 1-31

Heintz, Bettina/Huber, Jörg (Hrsg.) (2001): Mit den Augen denken. Strategien in wissenschaftlichen und virtuellen Welten. Wien: Springer Verlag

Hirschauer, Stefan (2008): Die Empiriegeladenheit von Theorien und der Erfindungsreichtum der Praxis. In: Kalthoff, Herbert et al. (2008): 165- 87

Honer, Anne (2008): Verordnete Augen-Blicke. Reflexionen und Anmerkungen zum subjektiven Erleben des medizinisch behandelten Körpers. In: Raab, Jürgen et al. (2008): 379-387

Kalthoff, Herbert/Hirschauer, Stefan/Lindemann, Gesa (Hrsg.) (2008): Theoretische Empirie. Zur Relevanz qualitativer Forschung. Frankfurt/M.: Suhrkamp

Knorr Cetina, Karin (1989): Spielarten des Konstruktivismus. In: Soziale Welt 40(1): 86-96

Knorr Cetina, Karin (2001): ‚Viskurse' der Physik. Konsensbildung und visuelle Darstellung. In: Heintz, Bettina/Huber, Jörg (2001): 305-320

Knorr Cetina, Karin (2008): Theoretischer Konstruktivismus. Über die Einnistung von Wissensstrukturen in soziale Strukturen. In: Kalthoff, Herbert et al. (2008): 35-78

Knorr Cetina, Karin/Brügger, Urs (2005): Globale Mikrostrukturen der Weltgesellschaft. Die virtuellen Gesellschaften von Finanzmärkten. In: Windolf, Paul (2005): 145-171

Lindemann, Gesa (2002): Die Grenzen des Sozialen. Zur sozio-technischen Konstruktion von Leben und Tod in der Intensivmedizin. München: Wilhelm Fink Verlag

Link, Jürgen (1997): Versuch über den Normalismus. Wie Normalität produziert wird. Opladen: Westdeutscher Verlag

Morel, Philippe (2008): What is NOTES and what happened so far? In: Swiss Knife 2008(1): 12-13. Online verfügbar unter: http://www.swiss-knife.org/Issue/2008-01/Research%20Swiss%20knife_1_08.pdf (Stand: 18.11.2009)

Nassehi, Armin (1993): Die Zeit der Gesellschaft. Auf dem Weg zu einer soziologischen Theorie der Zeit. Opladen: Westdeutscher Verlag

Nelson, Richard R. (1997): Recent Evolutionary Theorizing About Economic Change. In: Ortmann, Günther et al. (1997): 81-123

Ortmann, Günther/Sydow, Jörg/Türk, Klaus (Hrsg.) (1997): Theorien der Organisation. Opladen: Westdeutscher Verlag

Pfadenhauer, Michaela (2008): Doing Phenomenology. Aufgrund welcher Merkmale bezeichnen wir ein Handeln als ‚kompetentes Organisieren'? In: Raab, Jürgen et al. (2008): 339-348

Powell, Walter W./Smith-Dorr, Laurell (1994): Networks and Economic Live. In: Smelser, Neil J./Swedberg, Richard (1994): 368-402

Powell, Walter W. (1997): Institution und Evolution in der Organisationstheorie. Ein Interview von Günther Ortmann mit Walter W. Powell. In: Ortmann, Günther et al. (1997): 579-587

Raab, Jürgen/Pfadenhauer, Michaela/Stegmaier, Peter/Dreher, Jochen/Schnettler, Bernt (Hrsg.) (2008): Phänomenologie und Soziologie. Wiesbaden: VS Verlag

Rammert, Werner (2008): Technographie trifft Theorie. Forschungsperspektiven einer Soziologie der Technik. In: Kalthoff, Herbert et al. (2008): 341-367

Rosa, Hartmut (2005): Beschleunigung der Zeitstrukturen in der Moderne. Franfurt/M.: Suhrkamp

Schubert, Cornelius (2006): Die Praxis der Apparatemedizin. Ärzte und Technik im Operationssaal. Frankfurt/M.: Campus

Smelser, Neil J./Swedberg, Richard (Hrsg.) (1994): The Handbook of Economic Sociology. Princeton: Princeton University Press

Weber, Max (1972): Wirtschaft und Gesellschaft. Tübingen: Mohr Siebeck

Windolf, Paul (Hrsg.) (2005): Finanzmarkt-Kapitalismus. Analysen zum Wandel von Produktionsregimen. Kölner Zeitschrift für Soziologie und Sozialpsychologie. Sonderheft 45. Wiesbaden: VS Verlag